烽火海陀

林　遥◎主编

中国文史出版社

目　录

第三编　在重重包围中前进

第四编　团结起来，夺取最后的胜利

血沃海陀(代序)

罗存康[①]

1937年8月,中国共产党在洛川会议上明确提出在冀察边境开展游击战争、创建抗日根据地。聂荣臻临危受命,率所属部队约3000人创建五台山根据地。

1938年5月25日,在平西组建八路军第4纵队,宋时轮任司令员,萧克任政治委员。第4纵队的具体任务是挺进冀东,协助当地党组织进行冀东暴动,创建冀热察边区抗日根据地。冀热察是晋察冀抗日根据地的重要延伸,是巩固和发展晋察冀的前沿阵地。5月31日,第4纵队东进冀东,沿途留下几支地方武装,滦(平)昌(平)密(云)联合县政府就是这时建立的地方政权。这些零星、小块的根据地,确保了这条通往冀东的秘密交通线的安全。由于冀东暴动失败,挺进军返回平西,北平以北的这些地方武装也于10月后陆续返回平西。

1938年10月,广州、武汉相继失守,中国抗日战争进入相持阶段。敌人开始将侵华主力用来进攻中国共产党领导的敌后根据地。

1939年6月,根据八路军总部《冀热察军事行动方针》的指示,挺进军第34大队和蓟遵兴游击队1支队奉命挺进平北。由于执行政策有误,遭受重大损失,一个月后返回平西。

1939年10月,平北工作委员会在平西成立。王伍任书记,史克宁为组织部长,李熔旭为宣传部长,钟辉琨负责军事。11月,八路军冀热察挺进军司令员萧克致电中共中央军委,提出"巩固平西,坚持冀东,开展平北"的"三位一体"的战略任务,明确提出了开辟平北抗日根据地这一战略思想,并将

---

① 作者系中国人民抗日战争纪念馆党委书记、馆长。

平西、平北、冀东三块根据地统一规划，为平北抗日根据地的创建提供了理论指导。晋察冀军区决定派出小股部队梯次挺进平北，开展游击战，实行从隐蔽到公开，站稳脚跟，逐步前进，根据地“从小到大”发展的方针。八路军冀热察挺进军第三次挺进平北，创建根据地。

平北抗日根据地是指当时北平（今北京）以北、平（北京）承（承德）铁路以西、平（北京）张（张家口）铁路以北、长城内外的一片地区。它包括伪满洲国的热河省丰宁、滦平，伪华北自治政府的河北省昌平、怀柔、密云、顺义，以及伪蒙疆自治政府的宣化省的崇礼、宣化、龙关、赤城、怀来、延庆，察哈尔盟的康保、宝源、张北等县，是伪满洲、伪蒙疆、伪华北三个伪政权的接合部；西北至东南约200公里，东北至西南约125公里，面积约25000平方公里，包括15个县市。北部为广阔草原，中部为山丘地带，南部为平川，燕山坐落其间，白河、潮河、黑河和妫水河纵横境内。

平北的战略地位至关重要，是“拱卫京畿、屏蔽中原、连接三北（华北、东北、西北）”的重要门户，战略地位独特，历来为兵家必争之地。在平北建立抗日根据地，等于在三个傀儡政权心腹插了一把“尖刀”，也等于是扼住了敌人关内外联系的咽喉，有效地阻止了敌人西向内蒙古扩张、连接山西，进而从北面威胁陕甘宁抗日根据地的企图。

1940年，日伪在平北地区已建立了军事、政治、经济等方面系统、稳固的殖民统治。从1940年初开始，八路军第三次挺进平北开辟根据地，经过多半年的艰苦斗争，终于在平北创建抗日根据地，并最终站住脚跟。

元旦刚过，平北工作委员会和冀热察挺进军9团8连及平北地方游击队30余人，以及以胡瑛为首的20多名地方党政干部组成平北游击大队，钟辉琨任大队长，刘汉才任政委，一同开进平北。1月5日，在霹破石创建昌延联合县。

4月初，苏梅率挺进军军部特务连以及以徐智甫为首的地方干部已经进入昌延“后七村”，攻克千家店、杨木栅子两据点。7月，平北地委来到海陀山区，驻地西坡村。

4月20日，10团参谋长才山、政治处主任吴涛率3营和团直一部挺进平北，为主力挺进丰滦密地区做好了准备。

5月，龙赤抗日联合县在纪宁堡成立，耿伟任县长，张廷森任工委书记。5月下旬，白乙化率冀热察挺进军第10团主力梯次开赴平北；5月29日打响了沙塘沟之战,之后又全歼南天门、琉璃庙之敌,与3营会师,创建丰滦密联合县。

6月,平北工委派高平、蔡平到海陀山西侧创建龙延怀联合县。6月底,平北军分区政治部主任段苏权、7团参谋长彭寿生率部分干部和7团2营(营长熊尚林)的4个连及分区警卫排挺进平北,经昌延,进入海陀山区,往东挺进滦平、丰宁地区,成立丰滦办事处。

7月,平北军分区司令部在平西成立,由程世才担任司令员;是月,程世才和团长陈仿仁率7团1营和3营在滦平与2营会合,并转战丰宁、赤城、龙关、崇礼、延庆地区,平北军分区司令部迁至海陀山东侧的南、北碾沟,平北抗日根据地进入迅速发展期。9月,程世才奉命率7团返回晋察冀。平北的10团和游击1支队由段苏权指挥。

1943年2月,中共中央北方分局做出《关于三年来平北工作总结的决定》,对平北根据地的创建与巩固做了历史评估,充分肯定了平北党和全体军民在开辟平北根据地过程中的艰苦奋斗和流血牺牲。为了贯彻北方分局对平北工作的指示,1943年5月初,平北地委在龙赤县西坡召开扩大会议。参加会议的除了地委委员外,还有县委书记、县长和部队负责同志共40余人。5月30日,通过了《全面开展反"蚕食"斗争》等一系列文件,结束了为期20天的会议。会后,平北党政军群各级组织认真贯彻执行分局指示,在减租减息、合理负担、改造村政权和群众武装建设等方面,发动和依靠基本群众,认真执行党的政策,积极开展工作。经过艰苦奋斗,平北军民逐步扭转了被动局面。西坡会议是平北历史上具有极其重要意义的一次会议。

1945年8月23日,平北军分区率领平北军民解放了张家口。这是八路军靠小米加步枪解放的第一个省会城市,为中国共产党治理大城市积累了经验。张家口成为当时晋察冀边区的政治、军事和文化中心,享有"边区首府"、"第二延安"和"东方模范城市"等多种美誉。

平北抗日根据地是中国共产党领导的中华民族抗日战争的重要组成部分。平北军民在党的领导下,广泛开展山地游击战的战术战法,众志成城,英勇抗敌,凝聚起抵御外侮、救亡图存的共同意志,谱写了感天动地、气壮山河的壮丽史诗。其间虽经历了一波三折,但终使之成为巩固的抗日阵地,连接平西、冀东抗日根据地的桥梁,反攻东北的前哨,对坚持晋察冀敌后抗战和夺取全国胜利做出了重大贡献。平北抗日根据地地位独特,影响深远。

对平北这段抗战历史的研究，位于北京延庆的平北抗日战争纪念馆取得了较为丰硕的成果，出版了《巍巍海陀山》（全4册）、《海陀风云》（全10册）、《平北抗日战争史话》、《平北抗战故事——永远不能失去的记忆》、《平北抗日烈士纪念园》等20余部作品。但是，这些作品多以回忆录或抗战故事形式展现，缺乏统一的整体规划，特别是缺少一部能够反映平北八年抗战的整体画卷的专著。面前的这部由林遥参考以上书目重新编写的《烽火海陀》，尽管还不是一部反映平北抗战的史学专著，却做了一次很好的尝试，将平北地区的抗战史事做了比较系统的梳理，字里行间充满了崇高的爱国热忱、英勇献身的斗争精神和誓与山河共存亡的浩然正气，感人肺腑，催人泪下，也为将来撰写一部反映平北抗战的史学专著做了必要的准备。我们期待，未来有更多关于平北抗战历史的通史类著作出现，让更多的人关注平北抗战的光荣历史。

第一编

平北抗日根据地的艰难开拓

第一章　长城脚下的抗日烽火

第一节　北进烽火耀长城

一、挺进平北

1937年7月，艰苦卓绝的抗日战争全面爆发。

1937年8月，中国共产党召开了洛川会议，很快第二次国共合作实施，抗日民族统一战线正式形成。

洛川会议是中国共产党在历史转折关头召开的一次重要会议，它明确了中国共产党在抗日战争时期的主要任务，也拉开了广大平北地区波澜壮阔的抗日游击战争的序幕。

关于北平以北、长城沿线的广袤地区，从1937年8月至1938年9月，毛泽东多次讲到雾灵山①。

在洛川会议中，毛泽东指出：红军可以一部于敌后的冀东，以雾灵山为根据地进行游击战争。

1938年2月9日，毛泽东指出：雾灵山为中心之区域，有广大发展前途，且是独立作战区域。派出部队应较精干，且不宜过多。军政党领导需要独立应付环境之能力……应准备在适当时期，派高级领导去雾灵山。

1938年5月，毛泽东在《抗日游击战争的战略问题》中对雾灵山根据地

---

①　雾灵山，位于河北省北部承德市兴隆县境内，地处北京、天津、承德、唐山四市之间，距北京140公里，距天津180公里，距唐山148公里，距承德135公里，地属燕山山脉，是燕山山脉的中段。抗日战争时期，雾灵山是八路军抗日根据地，八路军以雾灵山为中心开展游击战争，创建了兴（隆）滦（平）丰（润）、承（德）兴（隆）平（泉）等八个抗日联合政府。

寄予厚望，指出：长白山、五台山、太行山、泰山、燕山、雾灵山、茅山等根据地是抗日战争的堡垒。

1937 年 10 月下旬，中共中央决定八路军 115 师主力南下，开辟新战场，留下该师政治委员聂荣臻，负责在以五台山地区为中心的晋察冀三省边界创建抗日民主根据地。11 月 7 日，在五台山区成立晋察冀军区，聂荣臻任司令员兼政治委员；下设 4 个军分区，杨成武担任第一军区司令员，邓华①担任政治委员。12 月中旬，将 4 个军分区各编成一个支队，加上平西②国民抗日军共 5 个支队，邓华在第 1 支队。

晋察冀军区第 1 支队在政委邓华的带领下，来到斋堂村不久就创建了平西抗日根据地，司令部设在斋堂村中的聂家大院。抵达平西地区，邓华就把党员和群众骨干编成工作组，分赴各个村庄发动群众，建立武装，一场轰轰烈烈的抗日救国运动在平西地区展开。

许多青年学生、爱国志士和国际友人从这里奔向根据地和延安，奔向抗日战场。大量的军用、民用物资，秘密地从敌占区经这里运往边区，我党的干部也从这里深入敌占区，开辟北平市内的地下工作。平西抗日根据地犹如一座高耸入云的山峰，抵御着敌人疯狂"扫荡"的风暴，为八路军挺进冀东，开辟游击战争提供了坚持和发展的有利条件。

1938 年 5 月，为支援冀东人民抗日起义，执行中共中央关于开展冀东敌后游击战争，创建以雾灵山为中心的抗日根据地的战略任务，由八路军第 120 师组建的雁北支队，从河北蔚县桃花堡进入平西门头沟，在杜家庄村与 3 月份进驻门头沟斋堂村的晋察冀军区第 1 支队会师（后扩编为第 6 支队）。

根据中央的决定，第 120 师雁北支队和晋察冀军区第 1 支队合编为第 4 纵队，宋时轮任司令员，邓华任政治委员，李钟奇任参谋长，伍晋南任政治部主任，辖第 11、12 支队和独立营、骑兵大队，共 5000 余人。邓华和宋时轮会合后，在被当地村民称作"总统府"的一处四合院里，奉命商量合兵组建部队的相关事宜。

---

① 邓华（1910—1980），湖南郴州人。1927 年 3 月，加入中国共产党。经历长征。抗战时期，任 115 师独立团政委，同杨得志团长一起首战平型关。后任八路军第 4 纵队政委。1955 年被授予上将军衔。

② 平西，由北平（旧称北京为北平）西而得名。平西地区包括宛平（今北京丰台区）、房山、涞水三个县大部，昌平、延庆、良乡（今北京房山区）、涿鹿、涿县、蔚县、宣化、怀来等县一部。

第 4 纵队是一支接受过枪炮洗礼、拥有丰富革命经历的部队，寄托着中共中央对于开辟敌后抗日根据地的希望。

二、东进留火种

"快跑啊，土匪来了！土匪来了！"

1938 年 6 月，刘国梁①是从平西派到平北开辟根据地的干部。一行 10 多人刚走进延庆的东三岔村，见到他们的老百姓就大喊着四处躲藏。东三岔是个小山村，在延庆大庄科南，与昌平十三陵接壤。大庄科设有日伪警察所，所长王小猴及其伪军横行霸道、搜刮民财、欺压百姓、侮辱妇女，当地老百姓对其恨之入骨。再加上附近土匪打家劫舍，东三岔老百姓整日诚惶诚恐，不得安宁。今天见到背着子弹、挎着枪的人进入村子，老百姓怎么会不害怕呢？

刘国梁刚坐在一块石头上准备休息一下，听到身旁窸窸窣窣地响。他扭过头来，发现墙根堆放的玉米秸上的叶子在簌簌地抖动，便嗖地站起身来，轻轻拉开秸秆，一个头发上沾满玉米叶的妇女正瞪着一双惊恐的眼睛望着他。

"大嫂，您出来吧，我们不是坏人，我们是老百姓自己的队伍。"刘国梁蹲下来，微笑着向藏在柴草里的妇女解释。

妇女一言不发，还是惊恐地看着眼前的一切。

"大嫂，我们是来打鬼子的，是为穷人翻身解放、救国救民的。"刘国梁盘腿坐在地上，挽起袖子接着说，"我们是八路军，就是过去的红军——鬼子说我们身上有红毛，青面獠牙。您看，哪有呢？"

妇女见刘国梁像庄稼人一样坐在地上，说话又那么和气，渐渐消除了恐惧心理，在战士的帮助下从柴草中钻出来。

跑走的村民没有听到枪声和打骂声，又悄悄溜到村头小心地东张西望。看到战士和没有来得及跑的村民你一句我一句地聊得热闹，便纷纷跑进村来。

"你们真是八路军？"这是村里一个叫傅伍一的老乡，他曾听说八路军是好人，现在看到背着枪的人，惊喜地问。

"没错，我们就是八路军！"刘国梁拉着傅伍一的手，笑着说。

---

① 刘国梁（1910—1975），陕西省绥德县人。1929 年，加入中国共产党。抗日战争时期，曾任第 4 纵队民运科科长、滦昌密联合县工委书记等职。中华人民共和国成立后，曾任天津铁路管理局局长、北京铁路管理局局长、党委书记、甘肃省委委员等职。

村里来八路军了，这个消息像长了腿似的，一会儿就传遍了全村。不知是出于好奇还是出于对八路军的好感，上至七八十岁的老头老太太，下至七八岁的孩子，都出来看八路军了。刘国梁和同行的张书彦亲切地和大家招手、交谈。

夕阳落下山去了，晚霞把整个天空照得红彤彤的，夕照中的东三岔村也变得火一样红。

夜深了，刘国梁等住宿的屋子里的灯光，很久很久还没有熄灭。几名党派来开辟平北抗日根据地的干部，正在商谈着如何建立抗日政权、如何开展抗日工作的大事。

第4纵队在杜家庄村完成改编以后，兵分两路挺进冀东。

一路由司令员宋时轮、政治部主任伍晋南率领第12支队，过居庸关，经昌平、延庆、怀柔、密云，先一步向冀东开进。其中，在1938年6月4日，34大队2营攻打昌平县城，缴获一批武器弹药后主动撤出，在不到一个月的时间内，八路军两次攻打昌平县城，打击了日伪军的气焰，扩大了八路军的政治影响。

另一路由政委邓华、参谋长李钟奇率领第11支队，沿康庄、延庆、永宁、四海进入怀柔，沿途袭击康庄之敌。6月1日攻打延庆县城，并进入永宁，强袭四海日军据点，攻下两个炮楼，进入怀柔、兴隆，也向冀东前进。

邓华支队袭击康庄之敌后，大队人马打扫完战场，就沿着京包铁路往东行军，到了四孔桥顺着大浮坨村西沙河套往北奔袭延庆县城。这时，在大浮坨村西沙河套边，刚刚16岁的龚海庆正猫腰给毛驴割草。他累了直起腰时，发现一大队穿灰军装、戴灰军帽的人过来了。他想跑已经来不及了，心想：跑，也得被他们抓住。反正我是个穷孩子，看他们能把我怎样。

这时一位挎盒子枪的人向他走来，问："小孩，你们这是什么村？"

龚海庆睁大了眼睛，想瞒过他们，上下打量了一下这些人，心里开始琢磨了：不能！听他们说话挺和气，是好人！想到这儿，龚海庆高声说："我们村叫大浮坨！"

那人"呵"了一声，又问："小孩？你今年多大啦？"

"我今年16岁了。"

那位当兵的说："跟我们当八路军好不好？打日本鬼子，解放受苦受难的穷苦大众。"

他反问："你们不嫌我小，个子矮？"

那人连连解释说："多一个人，多一份力量，我参军时和你一样小，现在不也长大了？"

龚海庆听了战士这番话,脑瓜子转了转,斩钉截铁地说:“我家也很穷,常常吃不饱饭,我愿意跟你们当八路军去!”

龚海庆没有回家,让别人给家里捎个口信,就到部队去当了一名小通信员,跟邓华支队走了。

邓华支队在 1938 年 6 月 11 日,进入沙峪(现属北京怀柔),在参谋长李钟奇的指挥下,歼灭日军板垣师团教导营一个中队 120 余人,缴获步枪 80 余支、轻机枪 3 挺、掷弹筒 3 个。这是继平型关大捷后,八路军又一次打击日军精锐部队——关东军板垣师团。

当时,第 4 纵队为了开辟和控制由平西通往冀东的走廊,防止敌人切断这两块根据地的联系,在平北地区留下两部分队伍进行活动:一部分是挺进大队,由队长邓典龙①、政委钟辉琨率领,活动在昌平北山“后七村”②和延庆南山一带;另一部分是 36 大队和骑兵大队,由伍晋南、詹大南③、唐家礼、王季龙率领,活动在千家店、花盆村一带,开展游击战,1938 年 6 月中旬,在花盆村(今属北京延庆)与伪满洲军 35 团 2 营相遇,于村南孤山一战,将 2 营 300 余人全部消灭,击毙日军数名。

34 大队在队长易耀彩、政委王再兴、党支书张汉明的率领下,经过十三陵进入“后七村”,打下了大庄科日伪警察所,继续东进支援冀东暴动,留下刘国梁等进入大庄科东三岔村,仅两天时间,他就把群众发动了起来。

三、始建民主政权

一轮红日从青黛色的群山中冉冉升起,炊烟袅袅的小山村瞬间沐浴在金色的阳光中。枝头的鸟儿清脆地啼啭起来,清幽的树林变得热闹起来。随着几声犬吠,村里的场院上聚满了人。

---

① 邓典龙(1905—1944),江西于都县人。共产党员。经历过长征。曾任晋察冀军区 40 团副团长等职。1944 年在攻打新营子战斗中壮烈牺牲。

② “后七村”,指的是明十三陵后山的 7 个村子,分别是铁炉村、沙塘沟、景而沟、霹破石、慈母川、董家沟、里长沟,分布形如北斗七星,是八路军在平北最先站稳脚跟的地方。今属北京市延庆区。

③ 詹大南(1915—2020),安徽金寨人。1936 年加入中国共产党。经历过长征。抗日战争时期,曾任平北军分区第四任司令员。中华人民共和国成立后,曾任志愿军 27 军副军长、人民解放军 28 军军长、兰州军区副司令员兼甘肃省军区司令员、南京军区副司令员等职。1955 年被授予少将军衔。

男男女女，挨挨挤挤的，有的来晚了，不住地踮起脚尖隔着一个个头顶往前看。原来，刘国梁正在召开全村群众大会。他讲了国内大事，讲了共产党的主张和宗旨，最后向全村父老乡亲宣布："今天，我们正式成立了滦昌密联合政府。我们有了自己的政权，才能更好地领导大家抗日，才能把日本鬼子赶回老家去。"

大家听了，激动地鼓起掌来。

会议结束了，有的向刘国梁问这问那，有的接过战士手里的布告，学着战士的样子在大街上贴起来。东三岔村，处处洋溢着节日的喜庆气氛。

傅德玉的心怦怦地跳着，撞击着自己的胸膛，手心里也湿漉漉的满是汗水。他听着刘国梁的讲话，忽然想起了昨天早晨的情景。

昨天，傅德玉吃过早饭，像往常一样扛着锄头出门，不料和一个人撞了个满怀。傅德玉定睛一看，眼前站着一个身材高大的人。来人一边擦着额头淌下的汗，一边用一双明亮的眼睛望着他。没等傅德玉开口，来人认真地说："我是中共滦昌密联合县工作委员会书记刘国梁，滦昌密联合县政府成立了，你把这张布告贴出去，叫老乡们都知道。"傅德玉伸出满是老茧的手，接过布告转身回到屋里。他用铁锅做熟了玉米面糨糊，倒在一个白瓷碗里，拿上刷锅用的炊帚，把布告揣在怀里，向大街走去。

走到街中心，傅德玉看到南街有一处较高的房子，山墙全是用石头垒的，很显眼。他刚把手伸出去又缩了回来，自言自语道："不能，这里住着八路军，小鬼子看见了，把房子给烧了咋办？"傅德玉又往前走了几步，在一个猪圈前停住了脚步：如果把布告贴在猪圈墙上太低了，不好看，如果鬼子看见，这家该受连累了。八路军有铁一般的纪律，哪能因一张布告惹出乱子来呢？

突然，他想到了一个好地方，撒腿就往前跑。他跑到村东的龙王庙前停下来，"哗啦哗啦"几下就把布告贴到砖墙上了。

"联合县政府成立了！"人们奔走相告，全村男女老少都来看了。70多岁的张大爷拄着拐杖也来了。他瞪大眼睛，上上下下左左右右反复地看，因为不识字，咋看也是白纸画黑道道。他说："我目不识丁，布告上的字认识我，我不认识它，谁给我念念？"人们哄的一声都笑了。旁边一个小伙子自告奋勇："我念，让您这老脑筋也开通开通。"说着，他一字一句地念起来：

朱彭总副司令，下了一个命令。
成立一路精兵，军名叫作挺进。
可恨日本鬼子，对我久怀野心。

发动七七事变，四海三江并兵。
敌人铁蹄所到，杀人盈野盈城。
抢劫金钱财宝，焚毁乡村市镇。
无数姐妹同胞，老少都被奸淫。
修筑铁路马路，挖我祖宗坟陵。
贩卖白面毒品，毒杀我国人民。
强求青年壮丁，一条锁链加身。
劳役如同牛马，吸血剥皮抽筋。
破坏学校报馆，删改各科教程。
歪曲我国历史，灭我民族精神。
破坏我国独立，毁灭华夏文明。
形同毒蛇猛兽，说来发指痛心。
还有卖国汉奸，枉为炎黄子孙。
衣食住在中国，屈膝侍奉日本。
忘了自己龙脉，卖国卖祖卖宗。
满腹狼心狗肺，不义不孝不忠。
真正罪该万死，理应鸣鼓而攻。
本军出师华北，转战冀热察晋。
……

滦昌密联合县政府

县长：张书彦

四、支援冀东

冀东北倚巍巍燕山，南邻浩瀚渤海，囊括京津冀三处之地。山地平原相互交错，让冀东风景秀丽且物阜民丰。东北沦陷后，日本伪政权在冀东落地生根，打破了冀东人民平静的生活。腰带山①位于丰润县北部，是燕山余脉的主峰，海拔 648 米，东西横贯 7 公里，山体面积 24 平方公里。山内悬崖峭壁，沟壑纵横，地形非常险要。

1938 年 7 月，冀东武装起义首先在滦县港北村、丰润县岩口镇爆发，接

① 腰带山，坐落于河北省唐山市丰润区（原丰润县）东北火石营镇，距唐山 45 公里，距秦皇岛 140 公里。

着遵化县地北头、蓟县邦均镇及开滦矿区也相继爆发起义，并在滦县杨家院、遵化县玉皇庙等地打退日伪军的进攻。起义浪潮很快波及20多个县，参加起义的人数达20余万，并组成7万余人的冀东抗日联军和近3万人的其他抗日武装。冀东抗日联军与第4纵队转战冀东，一度切断北宁铁路，收复平谷、蓟县、玉田、迁安、卢龙、乐亭等县城和广大农村，初创了以蓟县、平谷、密云为基本区的冀东抗日游击根据地①。

8月中旬，冀东抗日联军主力与第4纵队在遵化县铁厂镇会合，下旬成立冀察热宁军区和冀察热宁行政委员会。会议研究决定，第4纵队以山区为依托创建根据地。经过一段时间的尝试，发现都山村落稀少，加之处于伪满边境，日军修了环山公路，戒备很严。进军都山之时，正值连绵阴雨，各种困难交织在一起，4纵队放弃了原来的计划。

从都山撤回，第4纵队在迁安莲花院召开了5天会议，对冀东起义后的形势及纵队面临的现实问题，进行了讨论研究。第4纵队和暴动武装的大动作，使日军惶恐不安，惊呼“延安触角伸进热河”，遂调集10个县的民团和日军一部，布防于通州、密云、蓟县、平谷、兴隆一带企图造成大包围的态势，消灭第4纵队。得到可靠消息后，起义部队人员复杂、战斗力差亟须整训的问题成为会议的主要议题。平坝子上青纱帐倒了之后，部队将暴露在日军的枪口之下。会议最终决定，有秩序、有组织地转移到平西根据地，依托晋察冀边区，对新组织的游击部队进行整训，有计划留置必要部队在冀东分散进行游击战争。暴动胜利带动了冀东抗日游击战争的发展，是创建抗日根据地起决定作用的基础。

10月下旬，冀东抗日联军5万余人随第4纵队主力向平西转移。

34大队由热河省丰宁县经黑河进入赤城县境内。10月4日晚，在大队长易耀彩、政委王再兴的带领下利用部队抓到的俘虏叫开城门，巧取赤城县城，毙伤和俘敌200余人，缴获大量枪支弹药和棉花、布匹等物资。之后，相继攻下独石口、龙门所、后城等许多敌人据点，打了十几个胜仗。所到之处纪律严明，爱护群众，野餐露宿，不扰百姓，用粮付款，秋毫无犯。后来转战到海陀山区途经纪宁堡，给当地百姓留下了深刻的印象。

---

① 冀东抗日游击根据地，即冀东抗日根据地。1937年七七事变，全国抗战开始后，中共冀热边特委根据中共中央的决策和中共中央北方局的部署，开始在冀东创建抗日根据地，大概分为腰带山根据地、鲁家峪根据地、盘山根据地，到抗战胜利，大体经历了创建、坚持和巩固发展三个阶段。

五、平北第一个农村党支部

1938年立秋过后，天渐渐凉爽起来。漫山遍野的槭树、杏树，经秋风一吹，几天工夫一片火红。田里的庄稼成熟了，红的高粱、黄的稻谷，散发着浓浓的五谷清香。第4纵队支援冀东武装起义后，返回平西，再次路过平北，留下一个排的战士及地方工委，刘国梁任队长，民运干部史克宁[①]也留了下来。

分别了一个夏天，两个战友见面有说不完的话。史克宁谈完支援冀东暴动的事，刘国梁又迫不及待地讲起建立滦昌密联合县政府的事。两人滔滔不绝地聊着，竟然忘记了吃饭。

1938年10月，八路军在东三岔建立起抗日联合政府的消息也传到了沙塘沟（今属北京延庆）。沙塘沟的老百姓吃尽了日伪军和土匪的苦头，早就想和八路军接头了。正当他们苦于无法联系时，八路军干部刘国梁、张书彦、陶元庆、史克宁、李平来到沙塘沟。沙塘沟的百姓知道他们是八路军，热情地接待了他们。

刘国梁等人为了熟悉村内情况，边帮老乡收割庄稼，边和老乡唠起家常来。夜晚召集群众开会，给老乡讲抗日道理，讲全国抗战形势，讲党的性质和宗旨，老百姓渐渐明白了，共产党是为老百姓服务的，是领导人民打鬼子的。八路军是党领导下的军队，是老百姓自己的军队，军民是一家人。明白了这些，老百姓对八路军就更加信任和亲热了。

12月12日这一天，刘国梁、陶元庆等悄悄地把经常跟他们行动的村民张福、张朴叫上，领着他们径直出了村，向村后的山里走去。张福和张朴心里直打鼓，不知道要干什么，在后边紧紧地跟着。走到一个最隐蔽的山洼，刘国梁和陶元庆停了下来。张福和张朴紧盯着刘国梁和陶元庆，想从他们脸上寻找出答案。

“别紧张，今天把你们俩找到这里，是党组织要吸收你们为党员。”刘国梁拍了拍张福和张朴的肩膀，郑重其事地说。

“我们？”张福和张朴相互看了一眼，异口同声地说。

---

① 史克宁（1914—1971），河北涿鹿人。1938年加入中国共产党。抗日战争时期，曾任平北工委组织部部长、昌延联合县县委书记等职。中华人民共和国成立后，曾任国务院建委城市局副局长。

“怎么,不相信吗?”刘国梁看着眼前这两个青年,在他们肩头用力捶了一下,“从今天开始,你们俩就是中国共产党正式党员了。”

“太好了,我们终于盼到这一天了。”张福和张朴眼睛睁得大大的,闪烁着兴奋的光芒。

张福和张朴成为平北地区发展起来的第一批党员。

不久,张福和张朴两人又介绍张瑞、张银、张殿、胡殿鳌等人入党。他们在一个隐蔽的山沟里成立了党支部,这也是平北地区第一个农村党支部。

在党支部的领导下,村里的救国会也成立起来了,并建立了自卫军。过去村民搞“伙会”[①]购买的19支枪,包括子弹,全都献了出来。到年底,联合附近村民还建立起一支游击队。从此,平北不仅有了第一个党组织,还有了第一个民间自己的抗日武装——游击队。

游击队成立的消息像一阵风,很快就传开了。正在这里做木匠活的赵起[②]听说后沉吟片刻,放下手里的锛子、刨子,出门迈开大步就往沙塘沟走。出门时红日已经坠落山头,只一会儿工夫,天就完全黑了,到处都是黑黢黢的,好在赵起常年在外耍手艺,对通往各村的道路早已了如指掌。

赵起是沙塘沟东北的里长沟人,父亲赵永亭给地主扛长活,一家5口勉强度日。有一年春天,父亲出外谋生久久未归,身为长子的赵起担负起家庭的重任。起先,他给地主家里放牛放羊,年龄大一点了,就在大庄科(今属北京延庆)给地主扛长活。到十七八岁,不仅做一手好农活,而且五行八作,样样精通。修鞋、糊顶棚、编筐篓、扎纸活儿、安门做窗、上檩挂椽,哪样活都干得有模有样。

1937年初,伪满洲国在大庄科设伪警察所,日伪警察拉赵起去做木匠活,干了20多天,分文没给,他憋了一肚子气。正在这时,伪警察强奸了他磕头兄弟董学升的媳妇,董学升邀请赵起给他出气。于是,他们组织了49个农民,捣毁了大庄科伪警察所,打死了全部伪警察。事情发生后,伪满洲军一个营进驻大庄科,他们这伙人撤到南张庄。不久发生了七七事变。8月,日

---

① 伙会,即合伙入会的意思,最早出现在清朝末年,也叫“联庄会”。抗日战争时期,一些地方伙会和人民武装一起对日寇进行过斗争,也有部分地方伙会被日本帝国主义利用来镇压抗日人民。

② 赵起(1898—1941),原名赵奇,延庆里长沟村人。1939年,加入中国共产党。1940年5月,任挺进军游击大队3中队队长。1941年7月,为掩护战友拉响手榴弹与敌同归于尽,时年43岁。

本军队占领了延庆,他们曾跟日本人打了几仗,受到人民群众的热烈拥护。但是,这些人没有远大的理想,更没有严明的纪律,打家劫舍,欺男霸女,无所不为,俨然一群土匪。赵起不屑与他们为伍,毅然离开他们,到柳沟一户地主家做长工。

想着这些年自己不幸的遭遇和枪林弹雨的经历,赵起不知不觉已经来到沙塘沟。

刘国梁听了赵起的想法和经历,握着他的手连声说欢迎。赵起虽然年纪大,但样样干在前面。出操认真,打仗勇敢,给群众担水扫院子,帮群众干活更是一把好手。很快,他就担任了二班班长。

1939 年农历正月初五,部队在东二道河北梁石江口一带,袭击了伪满洲军运送武器的军车,缴获步枪 50 余支,手榴弹百余枚,还有两箱子弹。回到沙塘沟后,发现本班战士小刘没有回来。赵起带着 3 名战士到石江口去找,见小刘已经牺牲了,枪没了,衣服也被扒光。他们把小刘掩埋好,到二道河村去调查,得知小刘战斗负伤,被二铺村特务董维柱发现,他夺过小刘的枪,将小刘打死,带着这支枪到永宁(今属北京延庆)向伪满洲军请赏去了。

有人告诉赵起,董维柱在永宁南关有一个姘头,这会儿一定住在那里。赵起带着一腔怒火,赶到永宁。半夜,在董维柱姘头家把这家伙掏了出来,连夜押回沙塘沟。经过审讯,这个特务对他杀害小刘及其他一些罪行都供认不讳。经党工委批准,赵起亲手处决了这个特务,为乡亲们除了害。

这件事一传十,十传百,加入游击队的人更多了。

一天,刘国梁得到情报,日军有两辆军车从永宁出发前往大庄科的据点运送军火。刘国梁立即布置游击队埋伏在二道河北梁。等到两辆日军军车进入埋伏圈,一通手榴弹炸毁了两辆军车,十余名日伪军也全被消灭,缴获机枪 2 挺、步枪 50 余支、子弹 2 箱。

不久,刘国梁又得到情报,伪满洲军几十人分乘三辆军车去大庄科重新设立局子。这次,刘国梁把伏击地点设在二铺。路旁有一棵大树,刘国梁看了看,便有了主意,他让战士进村找来一把钢锯和一条大绳子,然后把树干锯断多半,上面拴上绳子,隐蔽在丛林中。等到汽车进入到预测距离,战士用力一拉树干,大树便倒了下来,正好砸在第一辆车上,紧接着手榴弹雨点般抛向汽车。车上 20 余名日伪军全被炸死,汽车也被炸毁,后面那两辆车见势不妙,掉头就跑了,算是便宜了他们。

这两次伏击的胜利,不但武装了游击队,鼓舞了游击队士气,也为扩大武装游击队创造了条件。

第二节　二次挺进平北

一、收编“黑马队”

1938年10月份的一天，距延庆城西南12.5公里的耿家营村驻扎的“大帮”孙元洪的黑马队，中午得到敌人的内部消息，下午4点日本鬼子要来耿家营“讨伐土匪”。得知消息后，孙元洪立即决定严阵以待，要和日本鬼子拼杀一场。他看着身边的两个人，征求他们的意见。

“我同意，打他个狗日的！”一个高个子大汉挥着紧握的拳头，咬着牙低声说。

“打可以，但我们必须做好充分的准备。”旁边一个捋着根根朝上的络腮胡子的人，不慌不忙地说。

“好，打！”

命令一下，所有的人立即进行战前准备。孙元洪一点也不敢放松，和高个子大汉、留着络腮胡子的人在所有隐蔽的地方转了几遍，反复叮嘱后也隐蔽起来。这个留着络腮胡子的人，名叫蔡平①。过了一会儿，一个哨兵气喘吁吁地跑来说鬼子进村了。话音刚落，就听村东北、东南、正东各打一枪，紧接着便传来嘈杂的脚步声和打枪声。原来，从三个不同方向传来的枪声，是日伪军从佛峪口、延庆城、康庄调集的兵力发出的信号，到齐后直奔耿家营进攻，遍地的日伪军就像一个扇面似的到了村边。

孙元洪的黑马队是“不见鬼子不打枪，鬼子不到跟前不打枪”。眼看日伪军端着刺刀，嗷嗷怪叫着进了村子，孙元洪举起手枪，一声大喝：“打——”随着啪的一声枪响，噼里啪啦的枪声响成一片。孙元洪的黑马队打得勇敢，打得坚强，打得出神入化：有的骑在房脊上打，有的趴在墙头上打，还有的战士可街跑着打，有的边打边喊：“打呀，冲呀，为中国人民报仇呀！鬼子汉奸听着，不怕死的来呀！”战斗从下午4点一直打到晚上8点左右，打退鬼子多

① 蔡平（1911—1965），陕西平利人。1936年加入中国共产党。抗日战争时期，曾任平北龙延怀联合县县长、平北军分区武装部部长等职。中华人民共和国成立后，曾任门头沟区区长、北京市商业局局长、北京市宣武区区委书记兼区长等职。

次进攻。鬼子不服气,仍哇啦哇啦叫着往上冲。见到这种情况,黑马队兵分三路,以散兵群的方式,快速猛攻猛打,把鬼子打得四六开花,滚的滚,爬的爬,鬼哭狼嚎地跑回老窝去了。

1938 年初,晋察冀军区派在斋堂村的蔡平同志北进平北,争取黑马队加入抗日队伍。

1938 年 10 月,孙元洪带着队伍途经耿家营。蔡平来到黑马队,开始做孙元洪的思想工作,让他改编成八路军。

此前,赤城县(今属河北张家口)阎家坪村以姬永明①为首的伙会,已被八路军接收改编。听说蔡平要做黑马队头目孙元洪的工作,阎家坪伙会头目姬永明派其弟弟姬永泰,来黑马队协助蔡平做收编工作,正碰上黑马队在耿家营村和日本鬼子打仗。姬永泰找到黑马队司令孙元洪后,就立即协助黑马队指挥作战,可惜在这次战斗中壮烈牺牲了。

经过这次战斗,孙元洪终于同意改编为八路军了。

1938 年 7 月,孙元洪和雷云兰拜堂成亲。雷云兰因为孙元洪是土匪不光彩,整天哭天抹泪,甚至跳井自杀。蔡平知道了,对雷云兰说:“你不要难过,就安心和他生活吧,你觉得他名声不好可以改变。这个人不错,有正义感。话说多了你不清楚,以后你就会知道我们都是好人了。”蔡平不慌不忙地捋着络腮胡子,说得头头是道。雷云兰听了,改变了对孙元洪的看法。

1938 年 11 月,孙元洪把妻子雷云兰接到北京城里,之后送到平西斋堂。

1939 年 9 月,在北京辗转了三个住处的雷云兰被接到平西斋堂抗日根据地。她在村里看见到处是军队。他们说话和气,办事公平,不打人骂人,不抢不夺,军民好像一家人。勤务兵给雷云兰领回粮食让她自己做着吃,还让她上识字班学文化。雷云兰吃惊地问:“你们是哪一杆的?大官是谁?”

勤务兵听了,咯咯咯地笑了。雷云兰眼睛睁得大大的,有些不知所措地看着勤务兵,长长的睫毛不停地闪动着。

勤务兵放下捂着嘴的手,轻声说:“我们没杆,是八路军,是咱们老百姓的军队,是打日本侵略军、解放劳苦大众的军队。我们的大官儿是萧克、杨

---

① 姬永明(1909—1950),赤城县阎家坪村人。1940 年,在平北党组织影响下,他将联庄会武装改编为龙延怀联合县县大队,任大队长。曾担任平北地委参议。1950 年 10 月,被错杀。1989 年 1 月 17 日,怀来县人民法院宣布其无罪,恢复其名誉。

成武,咱们是官兵一致。”

“官兵一致?”雷云兰嗫嚅着,怎么也想不通这个词到底是啥意思。

过了几天,蔡平来了,一进门,他就大声说:“怎么样,我们是好人吧?我不是土匪,是八路军,孙司令也改编成八路军了!”

“我知道你们都是好人。”雷云兰想起来和孙元洪结婚时蔡平说的话,脸一下子红了起来。

“在这儿习惯吗?”蔡平看了看收拾得干干净净的屋子和放在炕上的白面问。

“别急,过一两天呀,你们小两口就能见面了。”蔡平没等雷云兰开口,早跨出门槛,说,“有什么事和勤务兵说。”

等了几天,孙元洪果然带着大队人马回来了。看到雷云兰,孙元洪先是一愣,然后走近了,低声说:“我原来是土匪,是强迫你和我结婚的,不讲人道。我现在不是土匪是八路军了,是人民的军队,今后要和全国人民一道抗日。你不愿意和我在一起,明天就派人把你送回家。”

“咱们已经生米做成熟饭了——这些日子的事我都亲眼看见了,我很愿意和当兵的接近,他们都是好人,你投奔八路军也变成好人了。我听蔡平同志的话,愿意和你在一起。”说完,雷云兰羞怯地低下了头。

孙元洪一把把雷云兰搂在怀里,搂得紧紧的。

“快松开,别让别人看见。”雷云兰挣脱开孙元洪有力的臂膀,揉着酸胀的胳膊,嗔怪着,“你都把人家勒疼了。”

孙元洪自责地抖着双手,吞吞吐吐地说不出话来。

雷云兰看了,扑哧一声捂着嘴笑了。

二、冀热察挺进军

中共中央十分重视冀热察地区开展游击战争,在第 4 纵队撤回平西后,决定组建冀热察挺进军和冀热察区党委负责开辟平西、冀东和平北根据地的战略任务。

根据党中央和八路军总部指示,1939 年 2 月 7 日,晋察冀军区在平西八路军第 4 纵队基础上与冀东起义部队合编组成冀热察挺进军,并以萧克、马辉之、伍晋南、宋时轮、邓华组成冀热察军政委员会,萧克任委员会书记兼司令员,程世才任参谋长,伍晋南任政治部主任,统一指挥平西、平北、冀东地区的抗日武装斗争。同时,撤销八路军第4纵队番号。随后成立了冀热察区党委,马辉之任区党委书记。1939年11月,萧克致电中共中央军委,提出“巩固平西,坚持冀东,开展平北”的“三位一体”的战略任务。

1939年冬,按照八路军前方总部发出的整军训令,晋察冀军区对挺进军进行统一整编,分为6、7、9、10四个团:原第4纵邓支队的31、32、33大队和房涞涿游击支队改编为6、7团,原第4纵宋支队的第34、36大队及骑兵大队改编为第9团,由青年大学生为主的“抗日民族先锋队”与冀东暴动的武装合编为第10团。

1939年6月,冀热察区党委和挺进军派遣34大队和蓟遵兴游击队1支队再次挺进平北,执行开辟平北任务,大队长刘开锡①、政委吴迪所部在十三陵受阻,返回平西。

1939年8月,冀热察区党委在平西地区组建了中国共产党龙(关)赤(城)工作委员会,王伍②任书记,史克宁、刘国梁为委员,蔡平为游击队政治部主任,试图开辟龙赤地区,建立抗日根据地。

1939年9月,中共冀热察区党委和八路军冀热察挺进军军政委员会正式公布“巩固平西,坚持冀东,开展平北”三位一体的战略任务。为此后5年的平北抗战工作指明了方向。

9月,挺进军先行组建了以孙元洪为司令、刘国梁为政委、蔡平为政治处主任的延怀游击支队,和地方干部共计130余人,再次进军平北。

部队行至马刨泉(今属河北张家口怀来),遭遇敌人袭击,部队大部伤亡。补充两个警卫连后,部队越过永定河,横穿边城长城,抵达小纸坊屯(今在官厅水库淹没区)。天色已晚,部队原地休息,准备翌日早晨奔赴海陀山,与伙会头目姬永明会面。

孙元洪的拜把子兄弟单成元,看看没人注意,悄悄地潜入茫茫黑夜之中。

单成元是个好吃懒做的无耻之徒,早在孙元洪投奔八路军的时候,单成元已心怀二意。当了八路军后,从前那肆意妄为的日子一去不复返,习惯了

---

① 刘开锡(1905—1942),湖南桑植人。1927年参加红军,经历长征。1939年任冀热察挺进军34大队大队长,1940年4月任平北游击第1支队支队长,1941年11月调任冀热察军区第9团团长。1942年6月在一次试验新式手榴弹时,不幸以身殉职,时年37岁。

② 王伍(1915—1988),浙江椒江人。1939年秋,与刘国梁、史克宁等组成龙赤工委率先进入海陀山区。10月,王伍任第一任平北工委书记。

声色犬马的单成元早已心猿意马。在日本特务的拉拢下，他渐渐萌生了杀害孙元洪的恶念。就在孙元洪进入龙赤地区的时候，忘恩负义的单成元勾结日本宪兵队，一起策划了一个在小纸坊屯暗杀孙元洪的阴谋。

当初，孙元洪在耿家营挫败了日伪军的“讨伐”。吃了败仗的日伪军怀恨在心，到处抓捕孙元洪，可连个影子也扑不着，于是，派一群伪警察包围了单成元的家。谁知单成元没回来，就把单成元的父亲单老头来了个五花大绑，押往康庄日本宪兵队。经过马坊村时天色已晚，就把单老头捆在村当街戏楼里的一根大柱子上，找地吃饭去了。

孙元洪得知消息后，像被绑走自己的父亲一样着急，骑着马一溜烟地往南奔向马坊村。他在村中遇到一个老人，得知这些人在光棍老拐子家吃饭。孙元洪走到门旁边偷偷往里一看，本村的伪甲长刘成明正在殷期地端饭端菜，伪警察们一声不响地吃得正香。孙元洪乘着这伙人全神贯注吃饭的机会，冷不防地蹿上去，左手一下子把刘成明按在地上，还没等伪警察发觉，立即用右手开枪打死了六个。活着的见势不好，转身从窗户往下跳，正好掉在窗前的菜窖里，还没等他爬起来，也被打死了。孙元洪跑向戏楼，把单老头从柱子上救了下来。

孙元洪待单成元如自己的亲兄弟，对他极为信任。

孙元洪的部队驻扎在小纸坊屯外，但是始终没看见事先派出的侦察员回来报告，就再次派人进村查看。

过了一会儿，一个农民打扮的人急匆匆地走来说：“孙司令，快到庙里看看吧，你的人在跟老乡要钱呢。”

孙元洪听了勃然大怒，拔腿径直走向了村中的大庙。

孙元洪自从加入八路军以后，他更注重军队要严格遵守群众纪律的教育，容不得一点损害群众利益的行为。敌人利用孙元洪这个治军特点，设计了在大庙暗杀孙元洪的阴谋。

孙元洪走进大庙，连一个人影也没看到。他知道中了敌人的奸计，拔出枪刚想隐蔽，子弹就打进了他的胸膛。战士们准备过来接应，围上来的敌人先开火了。战斗结束，一百多人的队伍，有的牺牲了，有的打散了，仅剩蔡平一人。

蔡平跑到大庙，看到孙元洪倒在血泊中，走近了才发现，头已经被敌人残忍地割去了。蔡平含泪把孙元洪埋在一棵松树下，然后大步向海陀山的方向走去，去阎家坪找姬永明会面，密商联合抗日的大计。

三、伪蒙疆政府出笼

塞外九月,天气已寒。

呼呼作响的寒风漫天卷地,草原上白草随风摇曳。

在孙元洪牺牲的9月,距离他牺牲地130多公里的张家口,正在上演一出傀儡“新政府”的大戏!

早在1933年7月,在日本的策动下,内蒙古各盟旗王在绥远百灵庙召开自治筹备会议,次年成立“蒙疆政府联合委员会”,在联合委员会下以归绥(今呼和浩特)、大同、张家口三地为中心,设立了“蒙古自治政府”“晋北自治政府”“察南自治政府”。当时的德穆楚克栋鲁普(简称“德王”[1]),主张蒙人自治,他凭借霍硕都因楞亲王的爵位,很为一般蒙民所尊重。前不久曾表示“愿意接受冯玉祥指挥”,转眼投向日本。1936年5月12日德王在德化市(原化德县改名)组成“蒙古军政府”。

1937年10月28日改名“蒙古联盟自治政府”,以归绥为都,并改名为厚和豪特(后简化为“厚和”)特别市。1937年10月28日,在日本的授意下,第二次蒙古大会在归绥召开,宣布成立“蒙古联盟自治政府”,日本方面指定云王为“自治政府”主席,德王为副主席。

1937年11月,日本侵略者为便于对察、绥、晋北统一实行殖民统治,指使蒙、察南、晋北3个伪政权派代表签订协议,在张家口成立了“蒙疆联合委员会”。其职能为处理三政权有关“产业、金融、交通及其他重大事项”,日本人金井章次任代理总务委员长兼最高顾问,凌驾于三伪政权之上,控制了经济、交通等命脉。

1938年3月,云王病死。7月,德王又主持召开第3次蒙古大会。会议推选德王继任“蒙古联盟自治政府”主席(仍兼政务院院长),李守信继任副主席。

为进一步收买和控制伪政权首脑,德王、李守信等人及伪蒙疆各种军政代表团曾受邀多次访问日本,受到日本天皇、内阁总理大臣等军政要人的接

---

① 德王(1902—1966),内蒙古王公,主张内蒙古独立,抗日战争时期与日本侵略军合作在察哈尔、绥远两省境内(今内蒙古自治区中部)建立了傀儡政权“蒙疆联合自治政府”,并担任要职。1963年春获准特赦出狱,被聘为内蒙古文史馆馆员。1966年5月23日在呼和浩特去世。

见和款待。

1939 年 4 月，日本驻军又宣布德王为联合委员总务委员长。9 月 1 日，当德王还沉浸在受到日本天皇、内阁总理等军政要人接见和款待带来的快乐时，一个要把汉族占优势的“察南自治政府”、“晋北自治政府”与“蒙古自治政府”合并的命令让他有些不能接受。但他不能接受也得接受，谁让一开始就听日本人的呢。

新的“蒙疆联合自治政府”成立了，张家口为“首府”，并将其改为直属蒙疆的特别市。政务院下设总务、财政、保安、民政、畜产、交通、教育、司法等部。日本最高顾问是金井章次。

至此，在平北地区，伪满洲、伪华北和伪蒙疆三个伪政权相继成立，成为日本军国主义进一步控制中国的工具。

第二章　创立抗日根据地

第一节　第三次挺进平北

一、霹破石光照“后七村”

1939年10月，平西成立了中共平北工作委员会，王伍任书记，史克宁任组织部长，李熔旭①任宣传部长。同时组成了昌（平）延（庆）联合县政府班子，决定由平北工作委员会20多名干部和冀热察挺进军9团8连，以及留在“后七村”发展的30多人的游击队，联合组成平北游击大队，钟辉琨②任大队长，刘汉才任政委，第三次挺进平北。

第三次挺进，采取的是小股部队梯次进军平北的办法，开展游击战，实行从隐蔽到公开，站稳脚跟，逐步前进，根据地“从小到大”发展的方针。

以钟辉琨为队长的游击大队，担任第三次挺进的第一梯队和先锋，以白乙化③为团长的10团为第二梯队，后来在1940年，粉碎敌人对平西根据地春季大“扫荡”的7团为第三梯队。

---

① 李熔旭（1916—1940），本名李亚钟，云南人。1935年，参加中国工农红军。1940年，任中共昌延联合县县委委员兼中心区区委书记。1940年秋，到十三陵地区的太平庄村检查工作时被敌人包围，突围时壮烈牺牲，时年24岁。

② 钟辉琨（1911—1994），江西宁都人。1934年，加入中国共产党。经历过长征。抗日战争时期，曾任平北军分区副司令员。中华人民共和国成立后，曾任华北军区空军第7师师长，军政干校校长，北京卫戍区副司令员、顾问等职。1955年，被授予少将军衔。

③ 白乙化（1911—1941），辽宁辽阳人。1930年，加入中国共产党。抗日战争时期，曾任晋察冀军区第10团团长、平北地委委员等职。1941年2月4日，在密云马营西山（即降蓬山）战斗中牺牲。

1940年初，钟辉琨率领部队和干部经过艰苦的行军，于1月5日夜到达“后七村”中的霹破石村（今属北京延庆），当即宣告昌延联合县抗日民主政府正式成立。胡瑛任县长，张子丰、杨俊廷为秘书，分管民政粮食工作。

平北工委首先深入了解1938年、1939年这两年间，八路军两进两出“后七村”及马场川一带后，当地干部和群众伤亡和损失情况，给予安抚、慰问和救济；在群众中广泛宣传开辟根据地的意义，并表明八路军干部、战士在此地扎根的决心。

经过工作，打消了群众认为“八路军好是好，就是站不住脚”的顾虑，确信“现在八路军真的要在这里扎根了”。游击队接受挺进军军政委员会的指示，游击队集中力量，肃清了“后七村”一带各山头的零星土匪，又在十三陵泰陵地区将一百多人的土匪消灭，为当地百姓除一大害，老百姓无不拍手称快。同时，收编了劣迹较少的祁秉元的土匪队伍，编为平北游击大队5中队，由祁秉元任队长，吴殿义任指导员。接着，又袭击大观头（今属北京延庆）敌据点，全歼伪警察30余人，缴获大枪20余支，手枪2支，子弹、手榴弹各1箱。随后，在白河堡（今属北京延庆）歼灭日军一部，毙敌指挥官一人，缴获一批枪支弹药。

由于获得几次小的战斗的胜利，群众情绪高涨，该地区工作比较顺利地开展起来。地方工作主要是深入群众，宣传、组织群众起来抗日，建立抗日救国组织和区村政权。为此，工委干部分成4个小组，到下面发动群众，筹建区政权：一组李熔旭负责“后七村”；二组周楚华负责台自沟、东三岔；三组张更生①负责十三陵及北山；四组史克宁负责马场川。到村以后，先经过伪甲长，再深入基层群众，开始组织救国会先让保甲长、上层人士参加，群众也就敢于参加抗日救国组织，就不怕保甲长或是上层人士向敌人报告他们“私通八路”了。经过4个月的工作，建立起中心区（“后七村”一带）、台自沟区、马场川区、泰陵区和隐蔽区延庆南山根据地及附近地区5个行政区，直到后来下辖13个区。

“同志们，敌人天天‘扫荡’、搜山，我们要抗击敌人的进攻，开辟抗日根据地，必须有自己的武装，没有武装斗争，是站不住脚的。”在霹破石的场院里，聚拢了好多人。在清幽的月光下，一个圆脸、中等个子、皮肤黝黑的小伙

---

① 张更生（1914—1941），辽宁人。1937年，加入中国共产党。曾任东北救亡总会华北分会书记，昌延联合县十三陵地区工作组组长、区委书记，中共丰滦密联合县委委员等职。1941年8月，在怀柔与敌遭遇，壮烈牺牲，时年27岁。

子站在一块大石头上，正慷慨激昂地讲话。一个警卫员样的人挎着枪，站在旁边机警地观察周围的情况。

原来，场院里正在召开霹破石县政府干部会。

这个讲话的小伙子，就是年仅 29 岁的昌延联合县县长胡瑛。胡瑛是湖北人，1933 年投身革命参加工农红军，1934 年加入中国共产党，参加中央苏区第四次、第五次反“围剿”斗争，历任红军排长、连长、营长。刚上任不久，凭借坎坷的斗争经历和丰富的斗争经验，胡瑛很快就熟悉了“后七村”的环境和复杂的工作，做起群众工作来井井有条。这不，每一句话总能说到老百姓的心坎上。开完会天已经很晚了，大家才议论着陆陆续续地散去。

二、首任昌延县委书记

1940 年初，萧克在《挺进报》上发表了著名的《挺进军的三位一体任务》，全面阐释了平北地区的重要战略地位：

> 平北位于平绥与通古铁路之间，它与平西根据地夹着平绥铁道，与东南面的冀东游击队根据地夹着通古铁道，东北的热河，是伪满统治地区。平北开展起来，便成了平西及冀东、热河开拓的前进阵地，成了平西与冀东的交通支点，也就是将来冀东与平西连成一片的接合部，是开展冀热察边区游击战争所必须开辟的地区。
>
> 平西的巩固，需要平北的开辟与冀东之坚持；冀东之坚持，需要平西的巩固与平北的开辟；平北的开辟，需要平西的巩固与冀东之坚持。这三个基本任务无论在军事上、政治上都是互相关联、互相依存的，虽则其相互依存关系有程度之不同。

1940 年 4 月的平西地区，花红柳绿，处处莺歌燕舞。

徐智甫告别了学习、工作近两年的平西根据地，踏上了前往平北的征途。

徐智甫，原名徐睿，字智甫。1908 年 5 月 26 日生于河北省蓟县周官屯村（今属天津市）的一个农民家庭。少年时在本村初级小学读书，后到县城第一高级小学学习。他学习刻苦，成绩优异，经常考第一。1926 年夏，考入通县师范；这里环境不错，条件较好，信息灵通。徐智甫在这里开始接触到进步书刊，阅读了一些马克思主义书籍，学习研究陈独秀、李大钊等早期中国共产党人的文献，接受了革命理论，并与同班好友卜荣久[①]、王少奇[②]等一起组织进步活动，寻求救国救民真理。

1931年，日本侵略者发动九一八事变，侵占中国东三省，爱国学生义愤填膺，声讨日本帝国主义侵略罪行。徐智甫一腔爱国热忱，率先参加了中国共产党的外围组织——“反帝大同盟”，向同学和民众热情宣传“天下兴亡，匹夫有责”的道理。他和王少奇、卜荣久等一道，前往香河县城、渠口镇和刘宋镇等地，发表演讲、书写标语、散发传单、高唱抗日救亡歌曲，号召群众抵制日货，积极参加抗日救亡活动。10月21日，受学生救国会委托，与王少奇、卜荣久等研究起草致张学良将军电。五六小时后，收到张学良将军复电，内称“尔等爱国热情，实堪钦佩”。

1932年春，保定二师师生发起大规模的抗日护校运动，遭到国民党当局镇压的消息传来，在徐智甫、王少奇、卜荣久、王恕吾等组织领导下，通县师范师生举行罢课，声援保定二师学潮，在城内贴满抗日标语，要求释放保定二师被捕的同学，打倒反动政府。之后，国民党军警包围学校，进行了全校性大搜查。当局的残暴行径，激起了学生的愤怒，他们包围了前去搜查的警察，质问当局为什么武装搜查学校，警官无言以对，见势不妙匆忙逃走。学生围追不放，一路高呼口号，把他们赶出学校，并一直追到国民党县党部。

由于徐智甫在抗日救国和进步革命活动中表现突出，这一年他光荣地加入了中国共产党，从此成为一名共产主义战士。

1933年春，《塘沽协定》签订后，包括通县、香河和蓟县在内的冀东二十几个县，沦为日军控制下的所谓“非武装区”，华北形势愈加严峻。徐智甫目睹祖国河山沦陷，极为愤慨，他与王少奇、卜荣久等秘密活动，并发动同学组织请愿团奔赴南京呼吁停止内战，痛斥国民党当局的误国政策。就在这年夏天，徐智甫结束了学业，按照党的指示，前往他所熟悉的香河县任教。由于他学习成绩不错，又常参加宣传讲演，因而国语教得有声有色，受到同学们的普遍欢迎。在任教期间，不仅有意识地对学生进行抗日救亡教育，还把自己的大部分工资用作抗日宣传活动的经费。为把握形势，更好地做抗日

---

① 卜荣久(1908—1944)，蓟县人，中国共产党党员，冀东抗日大暴动时，任蓟县抗日救国会主任，后任冀热边行署秘书长，在丰润牺牲。

② 王少奇(1912—1944)，香河县人，中国共产党党员。冀东抗日大暴动时，任蓟县抗日救国会宣传部部长，后任冀东军区卫生部政委，在丰润牺牲。

救亡的宣传工作，徐智甫经常与在北平大学医学院和中国大学读书的王少奇、卜荣久联系，沟通抗日活动信息。

1935年6、7月间，《何梅协定》签订后，冀东地区进一步殖民地化。为适应抗日救国斗争形势，同年9月，中共蓟县临时县委重建，书记李子光[①]恢复和发展党的组织，先后开辟了龙山学校、太平庄完小、朱华山小学、龙湾完小、段甲岭完小等为党的活动联系点。由于工作需要，应太平庄完小校长王济川[②]之邀，徐智甫回到家乡蓟县，先后在龙山、太平庄学校继续以教学做掩护，从事抗日救国的宣传、组织工作。为了做好工作，他不仅把工资捐出盖了校舍，还多次通过其兄徐良向家里要钱，用于抗日救国活动。

1937年七七事变后，中共蓟县县委在冀热边特委的领导下，开始了抗日暴动的组织发动和武装准备工作，于10月12日召集徐智甫、王少奇、卜荣久、王作勋(王磊)、铁华、张筱蓬等以登山为名，在县城东南的翠屏山举行秘密会议，决定在全县范围内组织各种救国会，向群众广泛宣传中国共产党的抗日主张，号召群众以各种方式投身到抗日救国行列中来。

1938年4月3日，徐智甫参加了在盘山千像寺召开的中共蓟县县委扩大会议，会议决定进一步开展统一战线工作，放手发动群众，开展抗日救国宣传，积极发展救国会员，争取民团武装和进步士绅，准备暴动。根据会议的分工，徐智甫负责州河以北救国会分会的工作，由于他全身心地投入抗日暴动的准备工作，这个分会发展到东起遵化县境内的石门、夏庄、鹿角河一带，西至二区池庄子、潘庄子、穿芳峪一带的各个角落，并争取了许多开明士绅和民团骨干参加抗日。在徐智甫负责的二区，就有13名保甲长和民团队长参加了救国会，其中有7名甲长和民团队长，后来参加了冀东抗日大暴动。

当时，徐智甫已患有严重的肺结核，但在暴动的日子里，他顾不得自己，为筹枪、筹粮，他冒雨蹚着齐腰深的水过太和洼到上仓、下仓收枪，并带头捐出家中的五石七斗粮食支持暴动。8月31日，他父亲徐长荣被伪满洲军骑兵打伤，不幸于9月4日去世。由于工作繁忙，他甚至无暇参加父亲的丧礼。

---

① 李子光(1902—1967)，原名贾一中，蓟县人，1926年加入中国共产党，后为中共冀东区党委委员兼蓟(县)平(谷)密(云)联合县县委书记、十四地委书记、热河省第一副主席；中华人民共和国成立后，任中共河北省委常委、副省长。

② 王济川，原名王作梅，又名王森，蓟县人，1931年加入中国共产党，冀东抗日大暴动时，任冀东抗日联军第18总队总队长，后任丰(宁)滦(平)密(云)联合县县长；中华人民共和国成立后在中央水利电力部工作。

他对母亲说："父亲出殡不要等我了，眼下正是暴动紧张的时候，不打跑日本鬼子，乡亲们就永远没有好日子过。有国才有家，没有了国哪还有家？"

1939年春，徐智甫在平西参加了冀热察区党委党校首批学习班，徐智甫认真学习了毛泽东的《论持久战》，听了姚依林①"关于党的抗日民族统一战线政策"的报告。学习班结业后，被留在党校担任教务主任。其间，受区党委指派到涞（水）易（县）县委，帮助县委传达贯彻中共六届六中全会及区党委会议精神。他在冀热察区委领导下，参与谋划开辟平北工作。1939年2月及6月，分别有"蓟遵兴"游击第1支队及蓟县游击队，先后到延庆南山开展抗战活动。1940年1月5日，昌延联合县政府成立，组织任命徐智甫作为中共平北工委委员兼昌延联合县县委书记（对外称抗联主任）。1940年4月到达平北。

三、艰难开辟侧写记

平北地区多属山区，环境艰苦，局势险恶。

徐智甫到任后，就同县长胡瑛及县委其他人一起，以"后七村"为基地，逐步向十三陵地区和龙、赤（今属河北张家口）方向开辟根据地，组织救国会，发动群众抗日，建立区、村政权，开办党员培训班，并发展了一百余名党员。

4月时节，青黄不接，粮食奇缺，中心区的牲口都杀了充饥。鸡、狗、鸭、鹅，凡是会出气的动物都杀光了，连驮机枪的大骡子也被胡瑛杀了，分给伤病员吃。没粮食吃，医药、蔬菜更缺，伤员伤情随之加重。经过长征的贺力宝同志感叹地说："长征虽苦，可是，现在平北比长征还艰苦。"

见到这种情况，徐智甫开始想办法筹集粮食。当时他正患着严重的疟疾，浑身出虚汗，气喘吁吁，脸色苍白。虎峪村新参加抗日的老侃和十三陵区的王毅搀扶着徐智甫，走走停停。太阳快落山了，终于走到马圈子村。

房东给做一锅香喷喷的小米饭。吃完饭，徐智甫说："走吧，出发！"老侃看看老徐，忧虑地说："我和老王先下去看看，你留在这里吧！"

---

① 姚依林（1917—1994），安徽池州人，曾用名姚克广。1935年11月加入中国共产党，并先后担任北平学联秘书长、党团书记，一二·九运动的主要领导人之一。1938年，参与组织冀东暴动，1939年2月任冀热察区党委宣传部部长，1939年7月起调任晋察冀北方分局、中央局秘书长。

“来回好几十里山路，怕你吃不消啊。”王毅也有些担忧。

老侃回过头来，叮嘱房东侃大叔：“拂晓时，我叫小五（房东小孩）放哨，注意南天门和西大梁（南天门下去就是南口，西大梁下去就是居庸关。那里住着鬼子），如有情况，你就赶快把老徐藏起来。对，交通员也留下来。”

徐智甫见老侃安排得妥妥帖帖，不得不服从安排了。

老侃和王毅出了侃大叔家，通过灌木丛生的十里虎峪沟。这条沟峭壁陡立，高达四五丈，石体上分布着许多山洞。据说是古代打仗时为了藏军而挖的，真是“一夫当关，万夫莫开”。色厉内荏的敌人，怎么敢进山呢？

离虎峪村4里有一个姓潘的人家，名字唤作潘家房，至今500多年仍是单传。现在这家有爷爷、儿子、儿媳、孙女，一家人靠东山根盖着3间小瓦房，没有院墙。房后开垦了几块梯田，养着一头驴，依靠种地为生。

走到沟口，天已黄昏，老侃对路熟，顺着虎峪村一直往南走，约两小时到了马池口。进村公所看到一个乡丁，他听王毅的口音，知道是八路，匆忙出去找来乡长。

王毅说：“马上给部队准备300斤小米，大部队很快就要来了。”

乡长吩咐乡丁从他家先借80斤米送来。乡丁匆匆地去了，没一会儿就背着两袋小米汗流满面地回来了。王毅对乡长说：“不要出来送我们，我们马上就走。”王毅和老侃每人背一袋小米，大步流星地往回赶。俗话说，十里无轻担。大约走了一个小时，老侃气喘吁吁地说：“老王，咱们休息一会儿吧。”王毅说了一声好，一扭身，双手用力拎着把米袋子放在地上。这时，汗水已流到裤脚上，浑身上下的衣服都湿透了。一阵山风吹来，身上凉飕飕的。他们擦了一把汗，继续赶路。他们越走越累，休息了四五次，回到了潘家房天已大亮。房东做好了饭菜，他俩谁也不想吃，因为累极了。老侃叫潘老头赶着毛驴送到岔口，他俩又背起小米进西沟，到马圈子村约二里路。这两里路步步上台，用的力气胜过夜间走30里。

徐智甫见王毅和老侃背回了粮食喜出望外，打开袋子用手抓起一把小米，然后松开手指任小米从手指缝水一样流进袋子，激动地说：“快说说，在哪儿搞到的？”王毅把事情经过简单汇报给他，他让王毅和老侃休息后，马上令交通员借老乡的毛驴把粮食送到梁北。

他们睡得正香，被房东叫醒吃鸡。这真有点莫名其妙，哪里来的鸡？原来，是潘家姑奶奶（潘老头孙女）用猎枪打下的野鸡。他们3人每人一碗，真香啊！

王毅悄悄地对老侃说:“咱俩吃一碗,留一碗给老徐下顿饭吃吧!”不料,让潘老头听到了。他说:“这不稀罕,俺们常吃狍子、山羊。你们吃吧,吃完再去打。”

潘老头说姑奶奶专打会飞的,此话引起了王毅的好奇心,老侃和徐智甫一听也来了精神。下午,王毅跟着姑奶奶去打猎。她带的大黄狗在前边跑,忽然好像闻到什么似的慢下来,接着伏在地上。姑奶奶见状,也放慢脚步把枪托了起来。正当王毅纳闷的时候,只见狗向前一扑,野鸡“扑、扑、扑”地从草丛中飞起来,只听“砰——”的一声枪响,一只飞到半空的野鸡应声摔到地上。大黄狗蹿过去,将鸡叼了回来。

“你真行啊!”王毅看呆了,见到大黄狗把鸡叼回来放在脚下才回过神来。

“这个简单……”

“砰——”

话还没说完,姑奶奶一抬手,又打中了一只。

狗再找野味,她再打,一下午就打了四五只野鸡。

王毅边往袋子里装野鸡,边好奇地问:“用步枪你能打着吗?”

“也能打,但用得不多。”说着话,双手一甩,装满野鸡的袋子就上了她的肩膀。

姑奶奶芳年 19 岁,有男孩子风度,她的枪法很准,能打下飞着的鹁鸽。一阵山风吹来,姑奶奶前额的头发飘动起来,颇有些绿林女侠的气概。

王毅和姑奶奶满载而归时,徐智甫正站在院子里观察周围的山势。

潘老头说:“往西走,翻过几道梁就是居庸关,有 20 多里。走上南天门就能望见南口。这两个地方都住着日本军。往北走,20 多里是果庄,往东翻过几道大沟才能到十三陵。这里自 19 路军撤走后,前年八路军从这里走过,再没有队伍来。”

周围果树、庄稼郁郁葱葱,很茂盛,真有点世外桃源之感。

王毅对徐智甫说:“老大爷人很实在,你留在这里,把身体养好再走。”

“今夜咱们一块儿走!”徐智甫坚定地回答。

“你若是垮了,昌延县政府怎么办?”王毅不同意。

“就这一条通路,暴露目标,工作就更困难了。”

看着徐智甫坚毅的眼神,王毅没有再说什么,因为他知道这个县委书记的脾气。在冀东就患疟疾到现在也没好,不管别人怎么劝就是不愿意休息。

王毅摇了摇头,无奈地笑了:“那你一定照顾好自己。”

徐智甫听了,笑着点了点头。

第二天,交通员回来交给徐智甫一封信、一支大枪、20元伪钞、一包金鸡纳霜药丸。他对徐智甫说:“钱是胡县长给的,药是李区长给你的,每次饭后吃两丸。”

李区长是一区区长,是一位悬壶济世的医生,在这一带很有名,会针灸,很得人心,因此担任了一区区长。他当区长后,热心抗日工作,伤病员都由他护理。

徐智甫看完信后,对王毅说:“这支枪给老侃,这是昨天老胡抓了3个逃兵,把人放走,3支枪留下了。现在中心区多日没有敌人搜山,只有少数的武装特务活动,你俩早点吃饭,出山筹点粮。马池口的乡长虽然很可靠,但是,也不能连着去。不暴露目标最好。”

这次,老侃动员他小舅子参军,3人弄回约200斤粮。

徐智甫说:“你们3人好好休息,今天下午咱们一块儿回去。”

王毅看着徐智甫浮肿的脸,心里酸酸的:老徐只考虑工作,不考虑自己。

到了大同沟附近,见到胡瑛县长和李区长,大家商量第二天捉特务。

这时,来了两个年轻人,要求参军。其中一个手持步枪,身体魁梧,眼神逼人,络腮胡子,颇有李逵之态。他是山东鲁西人,随着父亲逃荒到此。父亲病死,他做了房东的养老女婿,经常打猎。这次日伪军把他的房子烧了,他在沟岸上一块大石头底下挖了一个洞,紧挨洞门搭了一个马架子,用几块石头垒了锅灶,老婆、孩子3口人。他女人被两个日伪军特务侮辱了,因此,他找到县长要求抗日。胡瑛很高兴,把这次背来的小米给了他3升。

另一个青年面青虚肿,也拿着支大枪。他是李区长介绍来的。李区长给他看病时对他爹说:“这孩子叫他跟着我吧,不然,你们全家没有粮食吃,都得饿死!”他爹很高兴,他也同意参军。胡瑛送给他3升米,吩咐他送回家去。

安排完两个新参加队伍的人,大家分头行动。王毅领着几个人去捉大庄科的特务。山秃光秃光的,没地方隐蔽,只有蹲在沟底下望着去大庄科的路。一直到太阳落山没见一个人影。大家无精打采地向集中点转移,太阳落山时,来到山下一个人家。胡瑛指着身旁的两碗玉米粥、一碗树叶子,说:“你们吃饭吧。”正吃着,狗又叫了几声,见东梁上老侃他们3个人回来了,处决了2个特务,缴了2把很新的匣子枪及4袋子弹、1盒子烧饼,交给胡瑛县长。

“哈！没有枪，没有炮，敌人给我们造。”胡瑛精神来了，“来，你们俩有功。每人奖一把匣子枪。”

老侃不接，他说他用惯了大枪。老赵两眼盯着枪，接了过来，把大枪交给老侃。

那盒烧饼每人分 2 个，留 4 个给徐智甫。

老赵边吃烧饼边说：“这两个特务经常在铁炉一带活动，作恶多端。我们开枪打死了他们。”

天已经晚了，大家都倚着草垛睡着了。

胡瑛看到草堆上的同志睡熟了，怕大家着凉，叫大家到屋里去睡。他却低下头，和徐智甫书记工作起来。

四、怀柔第一党支部

“军粮一到位，腾出水缸和饭柜；热炕头，让给咱们八路睡；大树下，石洞里面去开会……”在怀柔区九渡河镇庙上村，至今还流传着这样一首顺口溜，讲述的是庙上村军民齐心抗日的故事。

庙上村位于长城以北，怀柔、延庆交界处，抗日战争时期属昌延联合县。距离东南部的怀柔城区 90 里，往北可达延庆四海、永宁等重镇，西与平北抗日根据地腹地大庄科乡相邻。这里地处军都山山脉深处，翻过大山可直通口外，自古以来是物资、兵员的重要转运站。

1940 年初，幽静的庙上村来了一位教书先生。这位先生身材魁梧，谈吐儒雅，像一股和煦的杨柳风，给小山村带来春天的讯息，全村人打心眼里喜欢他。他不是教书的先生，而是中共昌延联合县二区区委书记高万章。

经过几个月的考察、串联、宣传抗日，高万章觉得小山村群众基础好，抗战热情高。10 月，高万章介绍王起田、齐利田、韩存好等村民加入了中国共产党，成立了党支部，齐利田任书记。外面北风呼啸，屋内热血沸腾。庙上村村民的入党，标志着怀柔地区第一个农村党支部诞生了！中国共产党播下的革命火种已经在黑夜中发出光亮，这光亮成为军都山下的村庄希望的曙光！

庙上村党支部成立后，积极组织村民对敌抗战。他们接受的 3 大任务是，看住敌人、打击敌人、引走敌人。距离庙上村 5 里的范围内，有日伪 9 个据点。日伪军时常上山“扫荡”，逼问村民八路军及军粮的去向。党支部带领全村男女老少，时刻监视日伪动向，一有动静就往外传递消息。党员和群众时常夜间行动，冒着生命危险引开敌人。有一次发现敌人进山，他们便几个人凑在一起，在山坳口大声喊："打啊！冲啊！一连冲，二连掩护！"他们虚张声势，吓得敌人晕头转向，以为是遇到了八路军主力，急速往回逃。党支部为群众转移赢得了时间。

还有一次，山下据点里的伪军来搜粮，抓住了已怀孕4个月的妇女。这名妇女被几个伪军押着上了山，妇女心想：军粮在哪儿，一个字都不能说。就带着他们在山上瞎转悠，专爬不好走的崎岖山路。几个伪军跟着妇女兜兜转转，累得直喘粗气，也没有找到一点线索。伪军气急败坏，抄起大棍子朝妇女身上一顿乱打。那位妇女几乎是爬着回家的，回来后不省人事，晚上孩子就流产了。一个普通的农村妇女，面对残暴的伪军凛然正气，彰显出民族气节。党支部带领群众对敌斗争，形成坚不可摧的抗日力量。

庙上村党支部是平北抗战的重要堡垒，在后来长期的对敌斗争中，村里涌现出一批勇敢坚定的共产党员，如被敌人用刺刀划破肚皮，依然守口如瓶的宋普臣；运送军鞋途中，被敌人逮捕宁死不屈，牺牲在敌人铡刀下的英雄王起顺；为传递情报，被敌人抓走抽了300皮鞭，从不屈服的韩存好……这些英勇的共产党员，他们的事迹永远存留在平北抗战的史册上。

第二节　团结是斗争的基础

一、赵顺和小"老铁"

时间退回到1938年的深秋，海陀山东部山沟侯庄子村整整走过了一天八路军。他们在纪宁堡五里坡一带集结，准备夜间越过平绥返回平西。

侯庄子村村民赵顺（人称五羊倌）第二天早晨到山岭上放羊，忽然看见一个十五六岁的孩子穿着肥大的军装，万分焦急地在山头来回转悠寻找。他在阵阵寒风中瑟瑟地抖着，一双惶恐而无奈的眼睛到处寻找着。赵顺和蔼地问："孩子，不要怕，我是放羊的穷人，知道八路军是救国救民的穷人的队伍。"小战士目光呆滞的眼睛里瞬间充满了希望。他告诉赵顺自己是八路军第4纵队34大队的，支援冀东群众大暴动返回平西时经过赤城、龙关，还解放了赤城县城。敌人从张家口派出汽车，沿路围追堵截。昨天晚上在这里掉队了，不知部队的去向了。说着说着，说到了自己是雁北人，父亲被日本鬼子杀死，母亲改嫁。为给父亲报仇，他参加了宋（时轮）支队，人们叫他

"老铁",今年16岁。

"老铁"说的八路军第4纵队就是邓宋支队,支援冀东大暴动后随宋时轮从黑河、龙门所到了赤城。打下赤城县城后,日军驻张家口司令部惊慌失措,派百余辆汽车,由酋长岗率部千余围追堵截。部队一部转移到侯庄子。他们是4纵队34大队,钟辉琨当时是连指导员,与"老铁"是一个营。"老铁"年龄最小,练兵、打仗十分勇敢坚强,全营乃至全大队无人不知无人不晓,大家都爱他。由于他性格刚强,人们送他绰号"老铁"。那天夜晚,部队急行军过铁路,渡永定河,通过延怀平川敌人重重封锁线到平西斋堂后,发现"老铁"不见了,干部战士十分焦急,派人到永定河边、铁路两侧寻找,终无音信。大家认为他已经牺牲,万分悲痛地离开了。

"老铁"不敢在山里乱走,挨到天亮终于碰到了赵顺。娓娓地讲述着自己的经历,"老铁"的肚子竟倏地咕咕叫了起来。赵顺知道小战士饿了,拿出干粮和水葫芦递给"老铁"。吃喝完毕,"老铁"有了精神,站起身要走。赵顺说:"四面都是敌人据点,太危险了。不如这样,你先和我回家,打听到部队的下落再设法送你走。""老铁"一人遗落深山,人地两疏,年龄又小,虽然他心里着急,还是跟着赵顺回家了。

赵顺四处打听八路军大部队的消息。有人说过了铁路,有人说过了永定河,谁也说不清确切地址。日军从汽车上跳下,沿途追击,山头架起大炮,村边支起机枪,问老百姓八路军跑到哪里去了。此后,敌人三天两头儿搜山,为确保小战士安全,赵顺将小战士极不合体的肥大军装脱下,换上自家的百姓衣裳,又给了他一把羊铲,日出进山,日落而归,让他和自己进山放羊。对外说新雇了个羊倌儿,以掩汉奸特务耳目。小战士知道打听不着部队去向,知道关山阻隔路途遥远,要找到队伍得经过敌人无数条封锁线,便安下心来等待时机。情绪稳定了,整天和赵顺走山逛洼,说是放羊,实际是在山里玩,挖猪苓,摘榛子,打野鸡,套兔子。春天到了,草长莺飞,山花绽放,蝶飞蜂舞,溪水流淌。小战士"老铁"陶醉在无限美丽的大自然风光中,玩得十分惬意。赵顺待他比自己儿子还亲,只怕冷着饿着。一葫芦水两人喝,一块菜饼子掰开,总把大的一半交给小战士。

晚上回家,赵顺不叫小战士上街。他说:"人心隔肚皮,人多嘴杂,还是注意点好。"他叫老伴把羊圈烧得暖暖的,陪着小战士讲故事,讲自己的身世,却不问小战士"老铁"的真名字、部队情况,他知道八路军的秘密不能问。每晚还给小战士"老铁"在火盆烧上几个山药,金黄金黄的,外焦里嫩,小战士可爱吃了。昏黄的油灯一闪一闪的，把两个面对面坐着的影子投到墙上。他们喝着山茶水，倾听着心语。赵顺望着羊圈外茫茫的夜空，若有所思地说："我自幼家贫，9岁就给地主家当小羊倌子，早出晚归，风里来雨里去。地主稍不遂意非打即骂，再不就不给吃饭，经常饿着肚子放羊。有苦无处诉，只好抱着小羊流泪。"

赵顺用结满老茧的手擦了一把泪，接着说："在河西堡熊二寡妇家、龙占山、张桂芳家都做过活。到今年已整整31年了。人们都忘记我叫啥了，知道我排行老五，都叫我'五羊倌'，年轻人也有叫我'老五爷子'的。鬼子来了，地主恶霸和他们穿一条腿裤子，苛捐杂税……'屋漏偏逢连夜雨'——老百姓咋活呀！"

赵顺收回眼神，望着小战士"老铁"，说话的声音高了："你们八路军为咱穷人打天下，咱天下穷人是一家呀。我家就是你家，有我在就有你在，别管特务汉奸横行，别怕鬼子伪军'扫荡'，只要在我这儿，你尽管放心，保险你不会出事儿。也别客气，有啥不周你提出来，啊——"小战士"老铁"说："在我危难之际，你收留了我，你的大恩大德我终生难忘。政委说：'抗日必胜，将来的中国必将是穷人的天下。'"赵顺好像听懂了，高兴得笑起来，被皱纹簇拥的眼睛里，竟笑出了明晃晃一汪眼泪。

1939年入秋，赵顺就整天满脸笑容地到地里劳动。因为儿子尚文把河西堡村张家闺女张秀英娶回来了。"男大当婚，女大当嫁。"看着尚文和秀英小两口恩恩爱爱，赵顺和老伴笑得合不拢嘴。秀英小名叫秋月，不但长得俊俏，而且家里家外都是一把好手。过门那天，尚文牵着一头披红挂彩的毛驴，唱着一路山歌把秀英接进家门。没有敲敲打打，也没有八抬大轿，更没有摆下八碟八碗的酒席，只杀一口猪，搬来几坛老酒，酒席就置办好了。这全是秀英的主意，她知道公公婆婆日子难。只是赵顺不落忍，觉得对不住秀英。在新郎官尚文的陪同下，秀英给几桌乡亲敬完酒就算和大家认识了。

但赵顺一直琢磨着让"老铁"归队的事。

二、赵松和的故事

延庆魏家营村东有一棵古柏树，树龄300余年，干径64厘米。老柏树长势旺盛，树下撑起一片浓荫，村里的男女老少总爱在树下纳凉聊天。

1939年，县城的日伪收编了伪蒙疆派遣的数百人的骑兵大队，俗称3大队。这个骑兵大队原是蒙古草原的土匪,极其野蛮残忍。日伪收编为其效劳,他们是日本侵略军的凶猛鹰犬。他们凭借马队,来去迅速,横行川里,见人就抓。日伪还收罗了部分土匪、地痞流氓,公开成立特务班,头子苏雨田。经过几次改编,特务系统逐步健全,常配合3大队四处活动,侦察八路军军政人员和村干部以及抗日积极分子的行踪,或密报,或枪杀,甚至伪装成八路军战士或干部,欺骗群众,煽动民心,诱降、诱捕地方干部。在这种情况下,各村的村干部安全受到极大威胁。

在魏营村谁也不愿意当村长,宁可暗中帮助八路军办事,做抗日的积极分子,也不愿意挂个村长的名,成为日伪欺压、残害百姓的帮凶。最开始,就以各家土地的多少来安排顺序,地多的先当,一个月一轮换,谁当村长有了事情,就召集大伙儿到老柏树底下来说。这样一来,村长不固定,日军来了还得先打听。再以后,魏家营老百姓便用聪明才智与日伪进行斗争。

延庆县城的日军了解到魏家营的村干部一个月就换人,觉得里面有问题,认为八路军有可能就在这村子里。村干部不停地换人,日军认为这里面一定有秘密,说不定就是八路军给出的主意。于是,准备暗中查个水落石出,出其不意,抓捕村干部,顺藤摸瓜,逼问出八路军下落,然后将八路军一网打尽。

日伪特务们纷纷奔魏家营而来:有的装作商人进村打听收购古玩,有的装作是过路的进村找水喝,有的伪装成八路军的通信员,有的装成牲口贩子买骡子买马……这些特务们见到村里人时态度和蔼,一脸堆笑,似乎是不经意地问:“村里谁是村长呀?”

不管是大人孩子,男人还是妇女,都会告诉:“赵松和。”

特务们就又会问:“他在哪儿住呀?”

人们的回答也一样:“在村东头。”

这些特务回到延庆日伪总部一碰头,都说魏家营的村长是赵松和,就住在村东头。日军觉得这个消息绝对可靠,便开了一辆卡车,三四十个鬼子荷枪实弹,直奔魏家营村东头的柏树下,问哪家是赵松和的家。村里人都指着柏树说:“这棵树就是赵松和!因为我们村没有人当村长,村里人就选了这棵树当村长。”

日伪扑了个空,很窝火。满以为精心策划、秘密侦察,定能一举抓获村长,查出八路军的下落。没想到村长是一棵古树,又气又恼又无奈,只好自我宣泄地说:“赵松和已抓到,现将赵松和当场击毙!”特务便朝着树干砰砰放了两枪,很威风地说:“打道回府。”日伪军呼噜呼噜地上了车,一溜烟似的走了。

三、女英雄张金香

张金香出生于1925年，是位于永宁东南十多里远半山区王家山村人。

家中虽然贫寒，整天吃糠咽菜，但张金香仍出落成一个水灵灵的大姑娘，干净整洁的衣服显得身材更加匀称，加上皮肤白皙，明眸皓齿，成为十里八村拔尖的美貌女子。金香性格温顺，勤劳朴实，见人总是笑脸相迎，乡亲们都特别待见她。17岁时，金香嫁到村西南也是半山区的彭家窑村。婆婆、小叔子，加上丈夫和金香，组成幸福的一家人。丈夫彭四江是个棒小伙，聪明勤劳又能干。婆婆不多言不多语。小叔子拾柴挑水，特别听话。

一家人和和美美，虽然日子不太富裕，但很幸福。

日军发动侵华战争后，地处南山根儿的彭家窑村离永宁城十来里地，不断受到满洲军的骚扰，抢粮、抓鸡、烧房，还强奸妇女。翻过南山梁就是八路军的根据地，昌延联合县政府就设在霹破石村。为了抵抗日伪暴行，团结抗日，袭击大庄科敌伪据点儿，八路军号召农民参军抗日，组织村民支前，送情报、做军鞋、送粮食。金香的丈夫彭四江毅然参军，在延庆打了几仗随队伍开到了东北。后来，传来丈夫牺牲的噩耗。宴尔新婚的张金香擦干眼泪，含着悲痛参加了抗日队伍，发誓要报杀夫之仇、解破家之恨。她勇敢善良，对日伪恨之入骨，对共产党八路军爱如亲人。参加抗日队伍不久，金香被分配到区政府组织的妇联会，送情报，护军粮，做军鞋，还当上了妇联主任。区政府分下来的任务完成得最快最好。对乡亲们和蔼可亲，妇女们都拥护她，把她当作主心骨。婆婆、小叔子也爱她、帮她。金香除了操持家务、侍奉婆婆、照顾小叔子、缝衣做饭种庄稼，还全身心地投入到抗日活动中。

金香热心工作，在那个年代没有任何报酬，她任劳任怨，一心拥护共产党八路军，用实际行动参加抗日工作。有一次，金香送情报把鞋都跑丢了，脚扎得尽是窟窿，她没叫过苦，没喊过疼。平时只要一有空，金香就纳鞋底、做鞋帮。金香把又黑又长的头发绾在脑后，搬来小马扎坐在院里的树荫下忙碌起来。她低着头，咬着银牙，眼睛盯着该扎的位置，手里紧紧地攥着锋利的锥子，使劲儿地扎着鞋底儿，时不时地摇着锥把儿。她每扎一锥子，就好像扎瞎了鬼子的一只眼。扎好一个眼儿，再把麻绳抿一口唾沫，用针顺锥眼儿穿过去，噌噌地把麻绳拉紧，完成一个针脚。那时做军鞋的布料、麻等，是由区政府发的，麻要搓成绳子才能用，做鞋底子的袼褙就要自家做，区上发的东西往往不够,那就要自家垫上。那时候家家都穷,遮体的衣服都没有,哪有什么旧衣裳,但材料不够时大家就把自己身上穿的衣服脱下来做军鞋。区上发下了东西,也就下达了任务。金香把东西带回来,留够自己的一份,再分发给村中的其他妇女,她好言好语地劝说,宣传抗日的道理,宣传妇女在抗日战争中的重要性和应肩负的重任,宣传提高妇女的地位等。每每有各种原因发放不完的时候,金香就带回家自己完成。晚上点着煤油灯,眉眼熏黑了,鼻子孔熏黑了,头发熏着了,也要天天继续干。完成了自己的任务,还要帮助别的妇女。为了抗日,为了报仇,她完全忘掉了自己。为了美满幸福的今天,她付出了多少呀!

后来,金香入了党,知道了更多的事情和道理,更加坚定了斗争的信心。

四、铁嘴钢牙杜春林

杜春林生于1904年,延庆大庄科乡小庄科村人。小时候读过几年私塾,粗通文墨。稍长,到张家口做买卖。到了20世纪30年代,社会动荡,买卖也不好做,他就回到家乡种自家祖辈留下的十几亩薄田。因为他在外边闯荡了些年,见过世面,又能说会道,办事公道,所以村里人有什么事情,都爱找他去讨主意。因其能言善辩、善于周旋,当地人送绰号“铁嘴钢牙”。

1937年5月1日,村里出了砸局子事件,地主曹腾甲纠集附近村民49人,捣毁了日本人设在大庄科的警察分驻所,打死了所里全部伪警察。伪满洲军35团2营进驻大庄科,全村老百姓都跑到山里去躲避。

十几天过去了,也不知道伪满洲军走了没有。眼看种地的时节到了,乡亲们不能老是躲在山里。许多人找杜春林商议,杜春林觉得现在唯一的办法就是回村看看,但是谁也不敢回去。杜春林放大胆子,找了个小青年做伴,回到大庄科。刚进村,就遇到了伪满洲军,把他带到曹家大院,伪满洲军的营部就安在这里。

“你是干什么的?”一个当官模样的人,操着一口东北口音。

“我是本村人,种地的。”杜春林回答。

“村里人都到哪儿去了?”

“村里人都在山里躲着,不敢回来。”杜春林镇定下来了。

“那你为什么敢回来?”那人质问杜春林。

“该种地了,我想什么军队也得让老百姓种地呀!”杜春林看着那个人。

“那你去叫老百姓，让他们回来，我们只找曹腾甲算账。”随后，又问，“你们这里谁是甲长？”

“曹腾甲是甲长。”杜春林说。

“他不能再当了，你们找出个人来当甲长。”当官的上下打量了一下杜春林，说，“看你能说会道的，就当甲长吧。以后有什么公事，你给办就行了。去把老百姓都叫回来。”

就这样，杜春林当上了伪甲长。

伪满洲军 35 团 2 营驻进大庄科，砸局子的人都跑到梁北的南张庄，那里是察哈尔省的地界，所以伪满洲军也没有越界去追。只是悬赏捉拿曹腾甲父子及其他一些起事的人。这些悬赏被捉的人之中，有一个叫王达山的，是龙泉峪村人。他并没有参加曹腾甲他们的行动，只是在局子被砸的第二天早起上山打柴，在路上遇到从大庄科逃出来的伪警察王志贤，他用柴刀把这个作恶多端的伪警察砍死在路边。这件事不知怎么就让伪满洲军知道了，所以悬赏捉拿的人中有王达山。

一天夜里，王达山偷偷地找到杜春林家中。

“杜大哥，你得救我一救。”王达山恳求着。

杜春林想了想，说：“你有胆子没有？你要有胆子，跟我去投案。你咬定没有见到王志贤，我保你。我刚当甲长，估计他们要利用我，不会驳我的面子。”

王达山一想，也只有这个办法。

第二天，杜春林领着王达山去四海警察署“投案”。杜春林对伪署长说：“王达山是个老实的农民，没有参加曹腾甲他们的事。要不为什么不去找曹腾甲而来你这里自首呢？”

“有人说他在龙泉峪村北把王志贤打死了。”伪署长说。

“我听说打死王志贤的是王臣，他和曹腾甲一伙砸了局子，回家时遇到王志贤，就又把王志贤打死了。”杜春林说得有模有样。

“王臣哪儿去了？”署长追问。

“王臣大概也在梁北曹腾甲那里，你们捉住王臣就知道了。”杜春林慢条斯理地说。

“你敢保王达山没事吗？”署长的眉毛扬了起来。

“敢保。”杜春林斩钉截铁地说，“我是甲长，有事拿我是问。”他又进一步凑近署长说：“我刚当甲长，就这么点事都办不了，老百姓今后咋听我的呢？

今天你当署长给我这点面子，老百姓见你署长支持我，今后不就好办事了？”

伪署长听杜春林说得有道理，就把王达山放了。

1938年6月，滦昌密联合县政府成立后，游击队把伪甲长集中到沙塘沟受训，给他们讲爱国抗日的道理。随后，发动群众在各村成立救国会，吸收伪甲长任会长，他们表面是日伪政权下的甲长，替日本人办事，暗地里是救国会的会长，替人民和八路军办事，这叫“白皮红心”。杜春林参加受训后，提高了觉悟，坚定了给人民办事的决心，真正成了“白皮红心”的伪甲长。

1939年冬，日本人要公粮，八路军也要公粮。杜春林为了不增加人民的负担，就想了一个办法。白天他满街吆喝让老百姓把公粮送到甲公所，煞有介事地宣扬，这些公粮明天要送往四海，交到日伪粮库。晚上，秘密通知八路军，告诉他们明天向四海送粮要走的路线。第二天，杜春林亲自押着牲口驮子，驮着粮食向四海进发。走到半路，游击队来了几十个人，把公粮“劫”往根据地去了。杜春林跑到四海伪警署对伪署长大哭公粮被劫了，叫署长赶紧派人把劫去的公粮夺回来。

“杜甲长，你别哭，回去再收一份来不就行了？”伪署长安慰杜春林。

“乡亲们把粮食都交了公粮了，连吃的都没有，再也收不上了。你警察署是维持治安的，公粮被劫了你也不管。”杜春林又哭又闹，闹得伪署长没办法，左说右说，才把杜春林劝走。

第二年交公粮前，杜春林拿着八路军昌延联合县政府的信，送到伪警察署。

“你这信是哪儿来的？”伪署长问。

“八路军敌工部的任民让我送来的。”杜春林答道。

伪署长听了，指着杜春林的鼻子说：“你好大的胆子，竟敢给八路军来送信！”

“他叫我送，我不敢不送。”杜春林说，“他还叫你看了给他回信，要不说我没把信送到。”

伪署长只好当着杜春林的面拆开信看，然后交给杜春林：“杜甲长，你看看。”

原来信上是说不准伪警署强迫老百姓给日伪政权交公粮。

“不交公粮，你署长向上面交代不了。”杜春林假惺惺地说，“交多了，八路军不答应。我看，今年的公粮，给上边交一点，也给他们送点，只要别让日本人知道就行，咱们都是中国人，弄个两边和气，署长看这样行不？”

“你看着办吧，只要别让日本人知道。”伪署长只得就坡下驴。

第三章 大“扫荡”的破坏

第一节 白乙化神龙天降

一、赵立业[①]带队出征

北方的2月春寒料峭，树枝、衰草随风摇曳，山川、田野、村庄迟迟不肯脱去冬衣。春天的脚步渐渐近了，因为在一间屋子里正充满浓浓的暖意。

“我们已经开过会了，决定由才参谋带一个营先去平北，明天就走。你在根据地工作过，有经验，所以让你跟才参谋一块儿到平北。”

“是，白团长！”

“才参谋！”白团长对着门外喊了一声。

“白团长！”

随着一声清脆的应和声，一个穿着军装、身材瘦削的年轻人走了进来。

“这是才治安，才维诚，维诚，好几个名字——不过，后来改名叫才山啦，东北人，我的老乡，也是我们的参谋长。”白团长笑着把赵立业指给才山[②]，“这是赵立业赵连长，要和你们一块儿到平北去。”

---

① 赵立业(1908—1994)，陕西省靖边县人。1935年加入中国共产党，经历长征。抗日战争时期，历任八路军第4纵队34大队2营教导员，第10团3营副营长、团参谋长等职。解放战争时期，任陕北馨德军分区10团团长，独1师1团团长兼政委。中华人民共和国成立后，历任东北坦克3师机械化团团长、河北省畜牧局副局长等职。1983年6月离休。

② 才山(1911—1945)，辽宁黑山县人。1937年，加入中国共产党。抗日战争时期，曾任八路军晋察冀军区第10团参谋长、冀热辽军区副参谋长等职。1945年7月，在遵化县杨家峪遇敌包围，英勇牺牲。

“你好!”

才山和赵立业两双大手紧紧地握在一起,这对初次见面的战友将出生入死地战斗在一起。

“根据军部的指示,先去一个营把去冀东的道路打开,以保护李运昌司令员和单成贵带领的干部安全抵达冀东。”白团长坐下来,用坚毅的眼神望着才山和赵立业,声音洪亮地说,“还有问题吗?”

“没有。”

“没有。”

才山和赵立业纷纷点头同意,向白团长行了个军礼转身走出来。

“白团长待人真热情啊。”赵立业回头朝白团长的屋子看了看,低声和才山交流。

“可不是,白团长是东北汉子,热情自然不用说了,还是一个打仗的好手呢。他在家乡组建‘平东洋抗日义勇军’,指挥打仗机动灵活,人送绰号‘小白龙’!”

“那你快讲讲白团长!”

“好,咱们边走边聊!”

……

为贯彻萧克司令员提出的“巩固平西,坚持冀东,开展平北”的战略,赵立业接受挺进军政治部主任伍晋南回平北的命令,补充到白乙化率领的10团。1940年4月,才山带领10团3营从平西出,经过数天的行军到达了龙泉寺召开会议,安排3营营长翟非带领7连、教导员王波①带领8连、赵立业带领9连。

会议结束,才山对赵立业说:“你带领一小连,今晚通过青龙桥和康庄这条铁路,我带两个连,明晚通过这条铁路。你们连一直挺进到冀东边界,返回在白道峪以东、牛道峪一带和我会合。我带两个连,紧跟在你后边,打开平西到冀东的道路。”

赵立业带领部队通过铁路,进到马厂的时候,康庄的敌人来了。他指挥部队和敌人打了一仗,打死打伤二三十人,敌人被打垮了。赵立业所带连队也伤亡了几个人,特别是王连长牺牲了,是个不小的损失。赵立业带领部队

---

① 王波(1911—1943),原名王慕禹,辽宁沈阳人。1937年,加入中国共产党,曾任丰滦密区队政委、中共丰滦密县委委员等职。1943年11月,在密云南香峪战斗中被炮弹击中头部,落入敌手,惨遭杀害,时年32岁。

继续东进,沿途经过数次战斗到达平谷县见到了游击队。赵立业给13团领导写了封信,交给游击队员让他们送去。游击队员问:"赵支队长,你不去吗?"

"我现在到10团开辟平北,李司令和单司令带大批干部回冀东工作,河西由我们部队送,河东由你们接。"

冀东的游击队员听到这个消息,高兴得手舞足蹈。这时,平谷县的干部闻讯也赶来了,他们跑上来问这问那,然后说我们冀东的人民有了希望,边说边把一头百十斤的大肥猪抬了过来慰劳部队。

赵立业带领连队住了一天,晚上返回潮白河,通过铁路到了牛道峪,见到了才山。两个人研究决定,赵立业带领一个连返回"后七村",迎接白团长。赵立业这次返回不走原路,改从汤河口以南再开一条路。两人商量好后,赵立业带领部队从牛道峪出发,路过仓米道和敌人打了一仗,把敌人拖垮继续挺进,到了"后七村"和钟辉琨带领的平北游击大队胜利会合了。

二、10团夜宿西庄户

暮色苍茫中,眼前是一幢幢被烧毁的房屋、一处处残垣断壁,焦黑火燎的房架上搭着几片草帘;院场堆积着断砖碎瓦,这种荒凉景象与平西反"扫荡"后的农村一模一样。

1940年5月27日,白乙化率领10团在十三陵地区的西庄户度过了平北的第一个夜晚。

这儿是平北抗日游击根据地的中心区,几经敌人"扫荡"烧劫,现在仅四五十户农家。妇女儿童都躲进深山里,只有男人出来迎接。他们亲热地嘘寒问暖,像亲人似的,使战士们心里一阵热乎乎的,感到心里踏实了。大家十几个人挤在一条土炕上,躺下去就翻不过身来。大家什么也不想,一会儿就响起了此起彼伏的鼾声,因为战士们的两条腿酸软得实在不能动弹了。

东方破晓,战士们还在酣睡,小王的头枕着老张的大腿,小陈的头顶着老李的屁股,鼾声四起。没有经历过战争的人,怎么也想象不出这种疲劳的情形。

冀热察区党委机关报《挺进报》主编金肇野①坐起来,昨天急行军的情景

① 金肇野(1912—1995),辽宁省辽中县人,满族,原名爱新觉罗·毓桐,参加革命后改为现名。1938年在延安参加"抗战文艺工作团"奔赴敌后抗日根据地,次年加入中国共产党。解放后曾任辽宁省农业厅厅长,辽宁省计委副主任,中联部东欧研究所副所长,中联部五届顾问及第二、第三届全国人大代表。

又浮现在眼前：

1940年5月26日，10团团长白乙化奉命率领1营和团直属队从平西百宝岭出发，到密云开辟丰滦密根据地。出发前，白乙化向萧克司令员立下军令状："完不成开辟平北的任务，生不回平西，死不离平北。"

第二天一早，白乙化就率领队伍向平北进发。金肇野出发前想一天要走120里路，特地换了双新布鞋，没想到走了一会儿脚就疼得钻心。白乙化走过来问："老伙计，听说你的脚磨出了泡，你不该穿新鞋长途行军。还疼吗？"

金肇野不好意思地说："不疼了，已经用碘酒烧干了。"

金肇野的心暖乎乎的，他觉得10团的每个人都熟悉行军打仗，他们的提醒很重要。于是，坐在一块石头上，熟练地打起绑腿来。

出发时已近黄昏，部队在茫茫黑夜里，直奔东方，躲过南口、昌平重镇据点，又避开村庄，穿越田野，用疾驰的步伐，在荒漠的大地上前进。27日拂晓前，10团在白乙化指挥下横跨平绥铁路。山区青年农民战士没有见过铁道，他们过铁路时伏在铁轨上，欣喜地用手抚摸着。在通过敌伪统治的"爱路村"时，向敌伪通风报信的一片鬼哭狼嚎似的怪叫声扰得人们心神不安。在过路前的公路旁立着一排电线杆子，周围拉起铁丝保护，在墨黑的夜里谁看得见呀？第一个人绊倒了，行军急，后边跟上来的一个个都摔倒下去，倒了一大串。战士们忍不住地大骂向导瞎带路。

天微明，大家看到南口山上灰色的碉堡群。上边传下命令，要求继续前进，到康陵休息。走近康陵，两条腿确实没有劲了，可以说是拖着走的。康陵村农家房舍吐出一缕缕乳白色的炊烟。街道房屋门大开，门外摆一长桌，几个饭碗，桌前有一桶冒热气的白开水和一个洗脸盆。前边口令：就地休息。人们蜂拥而上，抢碗舀水。金肇野找个石礅坐下休息。电台台长何轰在对面院里架上电线，准备和平西联系，向萧克司令员汇报部队已顺利通过铁路到达十三陵。

这时，白乙化带最后一个连也赶到了。只见他胸前挂着望远镜，两眼炯炯有神，大声问师军参谋："军士哨放出没有？"就登上屋顶，边举着望远镜向南口方向望去边说，"请大队长来！"

"大队长带着队伍先走了，现在可能已到德胜口。"师军参谋站在团长身后说。"你看看。"白乙化把望远镜递给师军参谋，跳下平房，严声厉色地向年轻司号员说："命令队伍紧急集合，向德胜口跑步前进。"

小号兵紧随团长，用力鼓起腮帮子吹起紧急集合音阶。街头立即哨声四起，嘟嘟嘟的非常紧急，战士们神色紧张地扛起步枪跑向村口。何轰急忙下炕。正在这时，村北的军士哨打响一颗手榴弹，步枪应声而起，随后互相射击声骤发。白乙化镇静地两眼看着何轰，等他把电线下完，背起收发报机，沉着地对金肇野说："伙计，咱们走吧！"

金肇野随团长大步向村东走去，敌人一颗炮弹从北山射过来，落在一户农家房顶，冒出一团浓浓的黑烟。歪把子机枪在村北嗒嗒嗒惨叫，村里孩子哭女人叫乱成一团。老汉牵出毛驴，老婆抱着母鸡，男女老少你推我搡，拼命朝村外奔跑，顿时一片混乱。

此刻，天已大白，部队像巨龙沿着蜿蜒的小道把头伸展到北山德胜口，默默地向山谷爬去。

山岭上响起机枪声，战士们迅速地把子弹推上枪膛，步枪扛在肩上，加快了脚步。金肇野紧随白乙化行走在田坎下的河道里，白乙化不显紧张，镇静自如地迈开大步，而金肇野已是不停地小步跑了。敌人的子弹从他们头上嗞嗞地飞过；白乙化手摇马鞭，昂起头，边走边看北山地形，注视敌人火力发射点。金肇野弯着腰靠近沟坎，隐蔽前进。一片郁郁苍苍的松林，环抱着明万历皇帝朱翊钧的陵寝建筑。

白乙化催促部队跑步前进，争取时间抢夺德胜口。金肇野急忙把手枪机头打开，迈开大步，踏着碎石和流水，向沟里冲去。

刚刚跑进沟口几步，西壁悬崖上忽然飞出一排机枪子弹，炸在乱石面上，激起耀眼的火花。敌人已抢先占据了崖头。山岭上的步枪声也猛烈地响起来。白乙化仔细辨别这些声音，听出高山上的步枪好像是八路军尖兵部队射击过来的。几个战士跑过去举枪还击。

白乙化把手一挥，喊道："别乱跑，躲在拐角那疙瘩射击。"说完，用背挡着金肇野，又对前边战士说："别慌，沉着气，瞄准再打。"他自己却提着驳壳枪，一个箭步闪过火力口，跳到对面斜立的石堆后面，两个警卫员年轻腿快随他跃过去。一颗西瓜形的手榴弹从崖顶抛下来，滚到溪水浅处。金肇野和几个战友靠近崖壁卧倒，圆弹滚个圈儿轰的一声爆炸了，冒出一团浓重的黄色硝烟，抛出锋利的碎铁片和碎石。过了很久，硝烟才慢慢飘散。他们站起来，互相看看，没人受伤。头上的枪声仍很激烈，他们身后还有队伍陆续进山。主力可能早已冲过去了，山里却无枪声。白乙化提前出发，准备和1营营长王亢①会合。

时间慢慢过去，山上枪声时断时续，金肇野不敢贸然冲过去。在这焦急

---

① 王亢（1911—1992），辽宁营口人。1937年加入中国共产党。抗日战争时期，曾任晋察冀军区第10团第二任团长、平北军分区参谋长兼热西支队支队长等职。中华人民共和国成立后，曾任西藏军区副司令员、铁道兵顾问等职。1960年晋升为少将军衔。

万分的时刻,高山上突然响起了清脆的机枪呼啸声。

"听,是我们的双管机枪上来了。"一个战士兴奋地欢叫起来,他歪着头听着枪声说,"我们控制了西山制高点,老鬼子要完蛋了。"

顿时,敌重机枪对德胜口的射击停止了,只有山岭上的步枪交锋还在持续,但不激烈。金肇野站起来,拍掉落在身上的尘埃,和战士顺着河道迅速向北挺进。走出七八里,山岭上的枪声已沉寂,但从德胜口的南边传来了遥远的枪炮声。

在果庄,白乙化正坐在窗台上向西山张望,王亢带着三十几个扛着长枪的战士从山岭上走下来,他们是掩护小分队,胜利归来。白乙化见金肇野过来,举手挥挥帽子说:"老伙计,没有把你拖垮呀,还算行。快上来歇歇腿。"他用手拍拍窗台。金肇野走近前,看到秦晓光和卫生队的同志们都在屋里,问秦晓光:"那两个病号呢?"

秦晓光说过德胜口后都随主力去了。白乙化眯缝着眼,捋捋胡须说:"这一夜急行军走了150多里,人困马乏,那两个病号换着骑我的马,闯过德胜口,碰到他们的连队,说什么也要归队,连队同志们也欢迎回去,帮助他们扛枪、背东西。"警卫员送来开水、白面烙饼和几条酱瓜子。

白乙化看着眼前的一堆东西,说:"咱们也吃点东西,填补肚子,吃完上山,钻树林子休息,部队再拉就垮了。"他说完跳下地,伸伸懒腰,又说,"不过不宜在这儿宿营,也不能久留,吃罢晚饭转移,再走十四五里到西庄户,那里群众条件好,是游击根据地,可以安生地睡睡觉,好好休息。明天我要和苏梅①、吴涛②见面了。至于敌人让我们在十三陵休整几天,那就难说了。现在的任务是吃饭、休息。"

三、进入沙塘沟

在西庄户吃过早饭后,王亢带领1营和直属队出发了,白乙化从衣兜里掏出银壳怀表看看说:"苏梅和吴涛在去沙塘沟路上沙梁子等我们,现在我

---

① 苏梅(1909—1992),辽宁庄河人。1933年加入中国共产党。抗日战争时期,曾任八路军第4纵队政治部副主任、平北地委书记等职。解放后,曾任东北铁路总局副局长、铁道部工务局副局长、科技馆馆长等职。

② 吴涛(1912—1983),辽宁沈阳人。1935年加入中国共产党。抗日战争时期,曾任晋察冀军区第10团政委、平北军分区政治部主任等职。中华人民共和国成立后,曾任内蒙古军区政委、北京军区副政委兼内蒙古军区第一政委等职。1955年被授予少将军衔。

们也走吧。”他站起来紧紧腰带，背起麦秸大草帽，挎上军用地图皮包，挺起胸脯，跨出房门。

师军、警卫员、通信员早已站在门旁，看到团长出来，紧跟身后步出西庄户，向村北山冈小道走去。

燕羽山的早晨，景色清明秀丽，空气特别清新怡人。部队转过山坳，远远看见前边山坡上的一棵枝叶繁茂的大树下坐着几个人。白乙化的警卫员眼尖，欢叫一声：“吴主任！”

苏梅、吴涛也看见白乙化，都站了起来。走到一起，白乙化把草帽向大树底下一扔，解开领扣，坐在树根上，举手指向山下问吴涛：“这是什么地方？”苏梅的细哑嗓子抢着说：“铁炉子，‘后七村’的堡垒村，那条道直通大庄科据点，能走汽车。”说完扭头望着山地的东边大岭说，“岭东还有一条大道通山南泰陵、长陵据点。北至大庄科、永宁，是伪满的战略公路。”

白乙化急忙问：“这些地方驻多少敌人？装备和战斗力怎样？”苏梅眨巴一下眼说：“一个团驻永宁、大庄科。关于敌人情况，老吴比我知道得具体，请老吴先给你汇报汇报。”吴涛，沈阳人，蒙古族，和白乙化在中国大学是同学。白乙化是满族，辽阳人；苏梅，汉族，庄河人；金肇野，满族，辽中人。他们都是辽宁省籍。

吴涛1940年4月带3营进入“后七村”，不久前攻克塞外重镇独石口，打败了蒙古骑兵。他看着白乙化，有节奏地说：“这一带敌人兵力，主要是伪满洲军第2旅35团，装备好，弹药充足，受过日本人特殊训练。团长阎冲是锦州人，骄傲自负，是平北各县伪政权的太上皇。我军来后，他对‘后七村’多次围攻‘扫荡’，把延庆划归他的管辖范围，人民受到涂炭，损失巨大。我们曾通过关系做他的工作，但收效甚微，看来不用武力教训他，光讲大道理是行不通的。他把家眷也带来了，两个孩子在北平念书。35团团部在永宁，兵力分布在永宁、四海、大庄科、琉璃庙等地。永宁是一个营，轻重机枪7挺；大庄科一个营，其中有日本人；四海有步兵连和骑兵连，迫击炮2门，轻重机枪6挺，弹药装备都比其他连好，战斗力也强。各营附近都有几个据点，驻‘讨伐队’。延庆县城驻伪蒙疆独立混合旅团骑兵一个大队200多人，日本军30多人，柳沟骑兵20多人，自卫团60多人，宝山寺自卫团40多人。汤河口伪警察80多人，迫击炮1门，轻机枪2挺。琉璃庙伪警50多人……我来以后，一个多月时间，和他们几乎都接触过，敌主力战斗力较强，‘讨伐队’、自卫团、警察等都是日本侵略军的爪牙，一些流氓地痞，打仗不行，祸害群众厉害。他们的靠山是日本指导官和35团。至于伪蒙骑兵主力驻张家口、宣化，接触不多。”

他说完看看苏梅：“请老苏补充，尤其敌伪县区警特情况，老苏掌握得多。”

苏梅多年从事地下工作，七七事变前任中共东北特区书记，受彭真直接领导。七七事变后，刘少奇派他到平西参与建设根据地，为人聪明精干。1940年4月来平北，接替王伍担任平北工委书记，率挺进军军部警卫连进入平北，攻克了千家店、杨木栅子两据点。为适应斗争需要，平北游击大队升格为游击1支队，刘开锡任支队长，钟辉琨任政委，成为开辟平北西部地区的主力。

苏梅满口辽东沿海浓重口音，说得很快：“伪自卫团、警察局是敌人统治人民的基层组织，设有日本人指导官和几十个特务，如柳沟据点特务多达十多人，后城据点特务六七人；至于伪警也和其他地方不同，是日本专门训练的‘国境警察’，防止所谓非‘满洲国’人进入他们的伪满洲国境。换句话说，是专门对付我们的，但有些地方经过我们的工作，对我军政干部和群众的态度有些好转。如高山寺的警察队长戚振伍就是这样。”

说到这儿，苏梅脸色严肃：“特务就不同，坏得很！都是死心塌地的汉奸走狗，活动非常猖狂，白天晚上查户口。我们的工作极度严密。敌人化装八路，到处打听刺探；但谁也不告诉他一个确实的消息。老百姓能认清谁是敌人谁是朋友，他们不说，敌人也无可奈何。可是我们也经常化装，尤其地方干部，只有穿便衣才能在群众中工作，并得到群众的拥护。因此，有时也发生误会，闹出笑话。尤其是夜间活动，在相距不远的地方，更不易认清敌我。你问他是干什么的，他也问你是干什么的。你说八路吗，如果对方是敌人咋办？如冒充敌人，对方是自己人又如何呢？曾发生过两次笑话。一次是县委书记徐智甫等4个同志在夜间碰到对面来两个人，那边问：‘干什么的？’问完就卧倒，这个动作证明对方有枪。老徐他们也立即卧倒。他们4人有3支枪，对面枪响了，他们便连还3枪。对面两个人跑了，他们才起来走。但他们从各方面估计，来人路经的村落和距离据点的方向，感到恐怕是误会。当老徐回到目的地，知道我们有两个同志出动工作，马上派人去找，果然是自己人。还有一次，史克宁的小鬼小柱子(原名刘广义)从川里上山来，正碰到两个伤员下山，都穿的是便衣。小柱子恐怕对方是从山里回来的敌探，而伤员则以为小柱子是从延庆进山来的敌探。双方都没有枪，又恐怕对方有枪。

伤员首先问：'干什么的？'小柱子回答：'35团的。你们是干什么的？'他们立刻回答：'警备队。'这些话都被庄稼地里的老百姓听到了，以为来了几个汉奸，立即通知我们在附近的部队，同时把这几个人一起捆起来送去，结果都是自家人。像这类事很多，在我们游击队1中队，十分之八九穿伪军服装，还有穿日军服装的，敌人也化装成我们的人。这样在山里、川里活动，经常发生误会，互相打起来。

"可是日本鬼子特别残暴。"苏梅紧皱眉头，指着北边不远的村子说，"这个沙塘沟是我中心区，最近敌人'扫荡'时，老乡们都躲到大山里，敌人围攻搜山，杀害了四五十人，多数是妇女儿童，只有两个男人；小姑娘遭残杀的更多。我们一个干部的老婆，是北平人，被奸污后又被杀害。另一名妇女被轮奸后不能行动了，被杀害的都是用刺刀挑的，非常野蛮残酷。那儿的住房几乎都被烧了。我现在住的大青沟，只剩下两三户，只能住我们了。"他停一会儿，又说，"这并不能说明敌人强大。在前次平西反'扫荡'中，延庆群众被敌人强迫征去当'夫子'，随军参战，使他们亲眼看到了敌人的惨败相，回来特别高兴。而汉奸报纸《新民报》还吹嘘什么'皇军胜利'。群众完全了解敌人的欺骗宣传，一传十，十传百，用亲眼看到的事实，揭露敌人的欺骗，当笑话谈。在最近这次，延庆南山战斗中，群众参战就特别英勇。他们预料敌人要烧房子，当敌人纵火烧房时，他们只有仇恨。烧就烧吧，有命在就好办。因之，他们勇敢战斗。平北人民自卫军（起初的民兵组织）比平西表现还好。县政府住的那家房子，在敌人'扫荡'中烧了。房东早已料到，便在山沟里先建一座草屋，准备敌人烧了旧房住新房。"他看了看大家，继续说："这儿是游击区，又是敌占区，斗争非常尖锐，在延庆川，敌特汉奸活动非常猖狂，在交通要道设卡子，扣截从川里来的老百姓，不准他们给中心区送粮食。我们在川里活动都是秘密的。敌人昼夜查户口，我们只能在群众掩护下工作。"

金肇野草草记录下"满蒙汉三兄弟"在沙梁子相会的谈话。山南山北云雾中的敌据点一片沉寂，预示着接下来的一场大的战斗。

太阳快下山时，部队进入沙塘沟。这是个比较大的村庄，也是平北开辟比较早的村子。走进村便看到烧焦的瓦砾、一堆堆乱石头、歪歪扭扭的焦黑的房梁立柱、颓坍的断墙残壁、一片片烟熏火燎的显赫的斑痕，触目惊心，非常凄惨。战士们帮助老乡清扫庭院。何轰同志在大树的枯枝上拉起电线，他准备和挺进军司令部联系，向萧克司令员报告他们的行动了。

炊事员蹲在炕前，架起柴火，准备烧火做饭了。

王亢向团长白乙化报告部队宿营情况,并说泰陵来了一卡车日本兵,全副武装。白乙化听后,带着营连干部登上村北山冈,观察地形。这是他每到驻地必先办的事,以防不时之需。金肇野也跟着白乙化在村周围走了一圈,看着忙碌的白团长,金肇野想起了白乙化的传奇经历。

四、白乙化的故事

热血青年

白乙化,字野鹤,满族。1911 年生于辽宁省辽阳县石坊峪村,幼名玉龙。他一生绰号很多,有“白才子”“平东洋”“小白龙”等,其中最有名气的是“小白龙”和“平东洋”。这两个英雄绰号,曾使敌人闻之丧胆。

白乙化天资聪明,幼年在妈妈和老师的严格教导下,攻读许多经典。他 13 岁就能写一手好字,吟诗作画无所不通,乡里人都称他是“白才子”。

1921 年,白乙化 10 岁的时候,日本侵略者窜到辽阳,寻找可供掠夺的矿产资源,硬要在白乙化家的坟地上钻探,白乙化的妈妈执意反对。这时,那些惨无人道的日本侵略者狠狠一脚踢到白乙化妈妈的腹部,造成身怀有孕的妈妈流产,因流血过多不幸死去。时值大年三十,邻居们皆张灯结彩,辞旧迎新,而白乙化和年仅 16 岁的姐姐却在为妈妈守灵,幼弟弱姐,凄凄惨惨,悲恸欲绝。邻里乡亲新朋故友,见此情景无不为之泪下。

白乙化的父亲白锡武,远在黑龙江省富锦县谋事,久不归家。白乙化只有姐弟二人相依为命,靠帮人做工维持温饱。第二年姐姐因劳累过度,身染重病,因无力医治而不幸早亡。年幼的白乙化满怀悲愤,把姐姐埋葬在妈妈坟旁。从此以后,白乙化开始过独立生活。

白乙化学习刻苦,仅用 3 年时间就读完小学 5 年课程。15 岁那年,经师友们资助,考入辽阳县立中学。当时中国还处在大革命时代,他因受中国民主主义者孙中山先生的三民主义影响曾两次和同学们一起闹学潮,受到留校记大过处分,但这并没有改变他的爱国意志。

1927 年,中国大革命失败后,日本帝国主义利用中国国内的混乱局面,派兵占领了辽阳。为了民族的独立和生存,白乙化再次和同学们一起进行抗日救亡宣传和抵制日货活动。那时,学校当局外怕日伪军,内怕学生,只好找来资助白乙化上学的亲友,对白乙化进行劝阻。可是,白乙化义无反顾,他坚定地说:“我爱学习,更热爱中华。学习,就是为着中华民族的强盛,要不,学习还有啥用呢？不给我资助,还可以想别的办法,不让我热爱中华,那是办不到的!”因为白乙化坚持爱国救亡的宣传,被学校当局开除了他的学籍。

1928年,日本帝国主义为阻挠中国国民革命军北伐,野蛮地出兵胶东,侵占山东省会济南,制造了骇人听闻的济南“五三”惨案,使中国外交官蔡公时在内的5000多名中国市民无辜惨死在日本帝国主义的屠刀下。与此同时,日本侵略东北的阴谋也在加紧进行。白乙化看到日本帝国主义一系列的野蛮侵略活动,认识到只有武装斗争才能担负起抗日救国的重任。他立志从军,学习兵法,掌握武装,便考入东北军讲武堂的学兵队(沈阳东北军教导队)。白乙化由于学业成绩优异,经教官们的推荐,升入东北军讲武堂步兵本科。这时,白乙化已经是东北军的一名初级军官了。

白乙化在东北讲武堂期间,经友人介绍认识了中国共产党满洲省委工作人员邹大鹏。他们在不断的接触中,成为很要好的朋友。这时,白乙化已经开始由民主主义思想体系,逐渐向共产主义思想体系转变。也就从这个时候起,白乙化和东北讲武堂的教官们,在政治思想上发生了一系列的严重分歧和根本对立。

白乙化是为抗日救国而考入东北讲武堂的。他说:“我学本事是为了打日本鬼子用的。”而在当时的东北军中,有些人却经常和日本侵略者勾勾搭搭,甚至是依附于日本帝国主义。

白乙化是反对国内军阀混战的,而当时的奉系军阀还热衷于向关内打。对此战争,白乙化异常气愤地说:“他们(指各派系军阀)放着外国洋鬼子不打,却在那里热衷于自己人打自己人,使东洋鬼子乘虚而入,那些被打死的人,他们死得值得吗?”

白乙化是欢迎国民革命军北伐的,而此时的东北军却生怕孙中山的政治主张——三民主义。他自己以民族独立、民权自由来回敬那些教官们。

白乙化是信仰共产主义的,并十分崇敬中国共产主义的革命先驱李大钊同志,而当时东北军头头,却以反对赤化为名,残酷地杀害了李大钊同志。

就在这一系列思想的冲突中,白乙化于1929年秋愤然离开东北讲武堂,到北平去继续求学。

到北平后,他没有亲戚朋友的资助,只好靠拉“洋车”(人力车)谋生。于1929年秋,白乙化考入中国大学预科,攻读政治经济学。

白乙化在大学学习期间,结识了许多进步师友,攻读了许多马克思列宁著作,对苏联十月革命,对中国革命和中国共产党有了更进一步认识,他立志要为共产主义和无产阶级的解放事业奋斗终生。1930年秋,他加入了中国共产党,成了一名共产主义的光荣战士。

白乙化考入中国大学的第二年,即1931年,九一八事变爆发。白乙化心中怒火燃烧,寝食不安。这时,国民党的不抵抗政策同中国共产党号召所有的党员广泛地发动组织群众拿起武器建立抗日武装、狠狠打击日本侵略者、收复东北失地形成鲜明的对比。这使白乙化看到了中国未来的曙光和希望,使他进一步认识到只有中国共产党才能救中国。于是,他甘愿放弃求学深造的机会,毅然投笔从戎。在他向中国大学当局提出抗战杀敌的申请中写道:"大敌当前,还能有心求学吗?国家兴亡,匹夫有责。吾当先去杀敌,再来求学。如能战死在抗战杀敌的战场上,余愿得偿矣!"他还向同学们说:"在国难当头的时候,一切有血性的中国青年,杀敌就在今朝!"

白乙化这种为了拯救中华民族的存亡无所畏惧的献身精神,感动了许多师生。学校当局同意白乙化的请求,并通知白乙化,在抗敌期间,保留学籍,一旦杀敌结束,再回校完成学业。

1932年,白乙化受党的委托,历尽千难万险,越过重重封锁线,返回了他的故乡——辽阳石坊路,开展抗日救亡工作。父亲为了拢住白乙化这颗好闹事的心,让他与一个比他大3岁的农村姑娘成了亲。这没能阻止住白乙化的革命决心。两个月后,他告别了妻子,悄然出走,迅速组建起一支抗日武装——东北青年抗日救国义勇军。他们首先捣毁了辽阳县日伪警察署,缴获了十多支步枪,然后,借着青纱帐的掩护,向着抗日前线——锦州西部地区进发。这支队伍发展迅速,当打下凌源县日本兵站和日伪警察署后,声威大振。就是在这时,"平东洋"成了这支部队的司令——白乙化的绰号,也成了这支部队的称号。只要提起"平东洋",人们就欢欣鼓舞,敌伪则心惊胆战。从此,工农商学兵各界,一切爱国志士,挥戈而从,在很短的时间内,队伍发展到3000人。他们转战辽西和热河县东部山区,屡战皆胜,使凶恶的日本侵略者闻名丧胆。

白乙化在历次战斗中,冲锋在前,退却在后,关心战士胜过关心自己。对伤员爱护无微不至,亲手给伤员换药、喂饭、洗脚,深受干部、战士的拥护。他率领这支部队,在将近一年的战斗生涯中,连战连捷,给予日伪军以沉重打击。然而,令人愤慨的是:1933年春,当这支部队处在最困难的时候,国民党32军以援助为名,把这支年轻的队伍骗到冷口强行缴械遣散了。

东北义勇军绥西垦区

白乙化满怀悲愤地回到北平。北平到处都是东北难民,饥寒交迫,衣不遮体,目不忍睹。这时他想,爱国抗战杀敌无错,为什么国民党就不让呢?我这次失败,只怪自己年轻幼稚,轻易地相信了32军。我本人没有败在日本人手中。没关系,失败了重新再干起来!反正不打走日本鬼子就誓不罢休!

他边走边想,嘴里不停地唱着:“不要皱着眉头,大众的歌手,路途是多荆棘的,黑夜总有个尽头,要提防掉进陷阱里,跌倒就爬起来,挺起胸膛走,黎明就在前头!”

他走到铁狮子胡同,在东北救亡总署院内,认识了各路义勇军的领导人,他们是任作田、武梦久、才治安(才山)、乔水昶、秦晓光等人。他们抓住九一八事变后那个时期的国民政府实业部部长朱霁青和绥远省安置难民的机会,共同筹建东北义勇军绥西垦区(绥远即后来称绥远省和硕公中垦区,1935年4月1日挂牌),并亲自到河套地区做实地考察。白乙化和才山的设想:要想打回东北老家去,只能依靠武器。而搞武装国民党是不会同意的,只有借朱霁青这块招牌,顺水推舟。既要建立武装,又不让朱霁青和国民党察觉。垦区就是最好的兵营,垦民就是最好的士兵,一旦条件成熟,就是一支武装队伍。“流汗在西北,流血在东北。”朱霁青提的这个口号很好,一定要借用,放长线钓大鱼,耐心地等着,努力去争取,事在人为,准能搞成一支像样的武装。

1934年春,白乙化一方面协助任作田筹建垦区,一方面又与中国大学联系复学,这都是为了将来组建一支武装部队。他留在北平洞察时局的演变,在斗争中选拔物色出色的同路人。白乙化返回他的母校北平中国大学,被编入政治系第13班。白乙化的一切费用,仍和从前一样,靠勤工俭学,半工半读来维持。他长期住在劈柴胡同洋车行里,课余时间(夜间)去拉洋车;另一个职业是代课和撰写稿件,从这些微薄的收入中,来维持一般市民生活水平。

白乙化经过一年多的努力,于1935年夏季出色地完成了大学的全部课程,毕业后因成绩优秀被留在学校负责做学生运动工作,不久,被选为中国大学学生会主席。

1935年,中国共产党北平临时工作委员会成立了,白乙化又找到了党的组织,恢复了党的生活。当中国共产党的《八一宣言》传到白乙化的手中时,他以无比激动的心情读完后，便积极从事对《宣言》的复制和传播工作，使中国共产党抗日救国主张，迅速传播到广大爱国师生和市民的抗日救亡的运动中去。

1935年是日本帝国主义企图灭亡中华民族的狼子野心暴露得更加充分的一年，也是日蒋勾结更加露骨的一年。白乙化以他那锐敏的眼光时刻注视着形势的变化和发展。他开始联合东北同学组织起“东北问题研究会”等一系列抗日救亡组织，并为这些组织撰写了大量文章，积极宣传抗日救国的道理。

1935年秋，黄河泛滥成灾，白乙化在“黄河水灾赈济会”中，为救济灾民积极参加义演和募捐活动。这一年，是华北多灾多难之年，外有日伪军肆无忌惮的入侵，内有卖国贼军警特务的统治，天灾人祸，民不聊生。北平的青年们被逼得喘不过气来，“华北之大，已安放不下一张平静的书桌了！”在中国大学对日伪军的抵抗中，白乙化成为一个不可缺少的人物。

1935年12月9日早晨，国民党突然出动大批军警，把中国大学的校门团团围住，军警们喊着：“只准进，不准出！”看来中国大学的同学们，已经不能同北平以及其他各校的同学们一起参加抗日大游行了。这时，白乙化率领同学们，在校门前摆了一个迷魂阵后，却从中国大学后院翻墙而出，冲过国民党军警的包围和封锁，在劈柴胡同集合好队伍，走向北大街，游行队伍浩浩荡荡，肩靠着肩，胳膊挽着胳膊，迈着整齐的步伐，沿途唱着“工农兵学商，一齐来救亡，拿起我们的武器刀枪”等救亡歌曲，高呼着“打倒日本帝国主义！打倒汉奸卖国贼！”的口号，朝国民党军事委员会北平分会驻地走去。

北平“一二·九”学生们的爱国示威游行，像晴天霹雳，震撼着日伪军。国民党当局慌了手脚，为了缩小学生游行示威的影响，赶紧派出大批军警进行拦阻，使学生们的游行不能正常进行。在国民党军警层层封锁面前，白乙化指挥着广大同学，冲破军警的阻拦，继续高呼口号和演讲。军警们动武了，他们手挥着警棍、皮鞭、大刀、水龙等武器，向手无寸铁的学生行凶下毒手。这时，白乙化率领着同学反扑过去，同军警们扭打在一起。在这场大搏斗中，白乙化充分体现了他的爱国热情和大无畏的革命精神，同学们都称他是一员“虎将”。

在北平“一二·九”和“一二·一六”两次爱国学生抗日救亡游行示威中，仅中国大学受伤的同学就达百人之多，白乙化等为了揭露国民党镇压爱国学生的罪行，以北平学生联合会的名义，于12月16日，在中国大学逸仙堂内举办血衣展览控诉大会。白乙化为展览会写了一条横幅——“血淋淋铁的事实!”通过展览,进一步揭露国民党“内战内行,外战外行”的真面目,使爱国青年进一步认识到“抗日救国,国民党是靠不住的,必须脱离国民党拿起武器,上山打游击去!”

同学们在一起议论上山打游击的话,被国民党特务们听去了。1936 年 2 月 24 日,国民党指派军警 1000 多人,把中国大学团团围住,闯进学校强行严密搜捕,当场捕走 50 多名同学和老师。当时,白乙化正在俄文学院由北平学联组织的集会上发表演讲,义正词严地声讨卖国贼,强烈要求国民党政府出兵抗日收复东北三省,解救那里 3000 万东北父老同胞。这时,国民党军警冲了进来,逮捕了白乙化等几十名同学。一条手铐锁两个人。白乙化和吴涛被锁在一条铐子上。

监狱就是战场,白乙化带领着被捕同学,同国民党的顽固派展开了针锋相对的斗争,并征得看守们的同情,为他们传递信息。在他们英勇斗争和社会的强大舆论压力下,国民党不得不把这群爱国师生全部释放。

白乙化出狱后,介绍吴涛到绥西东北义勇军垦区去协助任作田、才山开展工作。“你先去,不久我也去,这里不是我们久留之地,只有那里才有我们的活动天地!”

白乙化送走吴涛之后,又以北平学生联合会的名义,组织“西山夏令营”。白乙化被选为总队长,并亲自讲授游击战法。

白乙化的一切革命活动,早就被国民党特务机关所注意,他和董毓华的名字都被列入黑名单中,随时都会有被逮捕和杀害的可能。党的地下组织察觉后,通知他速离开北平,到新的地区,开辟新的工作。

1936 年夏季,白乙化以东北流亡学生的名义,来到了东北义勇军绥西垦区。绥西垦区是一个特殊的组织:因为任作田曾参观过苏联集体农庄,垦区是按那种模式——军事共产主义方式建立的。这里天高皇帝远,谁也管不着。白乙化在这里先后任中共绥西特委委员、垦区工委书记、垦区特委书记等职。偏僻的垦区,也存在着三种政治势力,一是以垦区办事处主任任作田为代表的天堂派人士,他们原来是东北义勇军的人,失败后退到苏联,1933 年从海参崴回国;二是以垦区办事处副主任汪春亭为代表的国民党;三是以白乙化为代表的共产党。

白乙化运用在北平同国民党斗争的经验,依照北平“民生”的模式,在垦区也建立了一个党的外围组织——中华民族抗日先锋队,简称“抗先”,代号为“KC”。他开展广泛的社会活动，联系浙江省新安旅行团等组织来垦区访问，使垦区的抗日救亡活动同外部的抗日救亡联系起来。

白乙化为了团结垦区中更多的人，以小学老师的身份，亲自教学生和垦民们唱歌，并自编自演文艺节目。他教的第一支歌是《义勇军进行曲》。他还写了一首垦区歌，歌词是：

乌拉山旁，黄河套里，
开辟起我们新的天地。
吃饭就得做工，
做工必须努力。
不受剥削，不分阶级，镰刀锄头，
是我们战胜一切的武器。
我们今天流汗，明天流血，
结成一支铁的队伍，
打回东北老家去。
把日本强盗赶过鸭绿江，
把整个中国建设成为一个更新的天地。

1936年，绥东抗战爆发，白乙化代表垦区，赴绥东前线慰问抵抗日本侵略者的爱国军民，并做了战地实地考察，为抗日先锋队的军事训练，提供了活生生的更实际的教材。这一年，西安事变后，西安东北军队被迫解散，一批东北流亡学生又流浪到北平，白乙化将这批学生中的大部分接到垦区，为抗日先锋队增添了新的活力。

垦区抗日先锋队，已经初步具备了一支武装部队的雏形，成为垦区一个具有广泛群众的革命组织。在这个组织的掩护下，党的工作十分活跃。抗日先锋队进行定期的军事训练，白乙化是最受欢迎的老师，他经常向学员（其大部是中共党员）们讲：“只有健全自己，才能影响别人（指党员模范榜样作用）。”这一指导思想，对巩固和发展抗日先锋队的组织起到了很大的推动作用。

垦区抗日救亡力量极为活跃，吓坏了汪春亭，他跑到绥远向傅作义和国民政府告状，南京派朱霁青来垦区视察。白乙化以纪念九一八事变为名义，搞了一次象征日伪军来了难民逃难的演习，接着就是文艺演出，以生动的表演,影响感染了朱霁青,使汪春亭又一次一败涂地。

抗日民族先锋队

1937年,七七事变后,抗日救国的烽火在全国普遍燃烧起来。中华民族的优秀儿女们,一切不愿当亡国奴的人们,都团结起来,共同抵抗日本帝国主义的侵略。这时,垦区的三种政治力量,各自向垦民们提出了不同的政治主张。

任作田主张:垦区先撤到五原县,然后经宁夏、甘肃,绕道去西安。这种主张实际上是行不通的。

汪春亭的主张:把垦区的一切,全都交国民党骑兵第7师。这种主张苦了那些携带家眷的垦民,人们坚决反对。

白乙化的主张:垦区的人们应该南渡黄河,经东胜县去榆林找邓宝珊,然后经陕北去西安,这里不仅路途近,而且也比较安全。

三种力量,三种主张,互不相让。白乙化和汪春亭的矛盾太为激烈。汪春亭趁白乙化不在垦区的时候(去北方局请示工作),和骑兵第7师勾结起来,对任作田采取武装威胁,逼任作田就范。

在这种紧急情况下,垦区特委的临时负责人王志成同志发动垦区暴动,把垦区的全部武装掌握在抗日先锋队的手里。汪春亭几个人夹着尾巴灰溜溜地逃走了。

暴动的第二天,白乙化同北方局的王德回到垦区,劝说任作田率领着众垦民,携凡能带的全部财产南渡黄河去榆林。后来,任作田成为陕甘宁边区的重要人物,成立了延安针灸研究所,推广针灸医术。

抗日先锋队诞生在国民党军队层层包围之中,随时都有被国民党军队吃掉的危险。白乙化通过党在马占山部队中的代表——中校军械处长邹大鹏——的关系,和马占山的挺进军建立联系。抗日先锋队被正式命名为国民革命军挺进军抗日先锋总队。1937年11月,白乙化说服了马占山,由抗日先锋队开路,作为挺进军的先头部队,渡过汹涌澎湃的黄河,踏过无边无际的库布齐沙漠,在荒无人烟的蒙古草原上,克服了种种困难,闯过无数艰险,胜利到达接近陕北的绥远省东胜县。国民党设在挺进军中的特务机关——政训处,极力制造谣言,挑拨马占山同抗日先锋队的关系,处处同先锋队作对。白乙化为了先锋队的命运,率领抗日先锋队,脱离了马占山的部队,途经神木、府谷两县,东渡黄河,到达晋西北河曲县的娄子营村。这是一个比较大的市镇。抗日先锋队同党的组织恢复了联系。在地方党的协助下,抗日先锋队经过补充、整休和训练,已经发展成为一支很像样的武装部队。

1938年春,日伪军数万人,大举向晋北进犯,国民党的军队纷纷溃败,退到黄河以西。抗日先锋队在白乙化的指挥下,迈着雄健的步伐,高唱着“枪口对外,齐步前进”的歌曲,朝着敌人来犯的方向迎击敌人。此时此地,抗日先锋队中有人想不通,说这些堂堂正正的国民党正规军都顶不住日伪军的进攻,而我们这些年轻学生刚组织起来的队伍能战胜敌人?主张也退到黄河西边去。

白乙化说:“同志们,还是那个话,我们从北平到绥西,从绥西到这里。今天嚷嚷抗日,明天也嚷嚷抗日,现在日本鬼子就在眼前,哪能不打就走呢?”话语不多,说服了同志们,稳住了军心,极大地鼓舞了战士们的斗志。几天以后,抗日先锋队初战煤窑沟,一举获胜,从此军心大振。接着,又配合八路军120师,转战晋西北各县,取得了胜利,粉碎了敌人的春季进攻。

1938年6月,抗日先锋队两次穿越平绥铁路,在雁北广灵县内的东河南镇,和359旅胜利会师。359旅是抗日先锋队的良师益友。白乙化以极大的魄力和决心,把抗日先锋队的全体干部抽调出来,送359旅随营学校进行实战培训,把适应在机关工作的干部送到359旅各团的司、政、供、卫、机关去实习。4个月后,抗日先锋队的这批大学生们,全面系统地掌握了团、营、连的战术要领。从此,抗日先锋队在白乙化的率领下,成了一支全新的武装,在粉碎日军对雁北地区的秋季大“扫荡”中,配合359旅做出了一定的贡献。

1939年春,白乙化奉命率队进军平西,路过紫荆关地区,数百里内老百姓没有颗粒粮食供部队食用,全都以杨树叶、柳树叶子充饥。白乙化抓住时机,和干部战士们说:“我们这苦是短时的,这同当年红军长征时吃草根皮带一比还好得多呢!”树叶子摆到眼前,战士们不肯吃,白乙化大口地带头吃起来,这才渡过难关。事后人们讲起这件事,都说白乙化是吃苦在先的榜样。

1939年5月,抗日先锋队奉命挺进到平西抗日根据地后,归八路军挺进军萧克司令员指挥。1939年初夏,白乙化在宛平县的马拦村(东斋堂南7里处)和全体官兵一起,对部队进行了严格的整顿与军训管理,加强了部队的思想政治工作,使抗日联军的面貌焕然一新。不久,部队奉晋察冀军区命令收编为八路军挺进军第10团,白乙化任团长。

10团在白乙化的指挥下,先打官厅小仗,收拾掉敌人派出的勘探队,为掩住敌人耳目再打雁翅,紧接着就大战沿河城,3 天之内连战连捷。日军占领沿河城后,妄想兵分两路,夹击东斋堂。日军从沿河城出击,来势凶猛。白乙化站在娄儿岭上巧施小计,把日军引进娄儿岭沟。他同警卫员小吕,悄悄绕到日军侧面,亲自把大岛的旗语指挥兵击毙,使敌指挥系统失灵,趁其混乱之际,迅速命令万鹏程率 1 大队(营)冲入敌群,日军被打乱了。经过一天的激战,敌大岛大队长及许多日本兵当场被击毙,砍掉了敌人进攻斋堂的主要臂膀。紧接着,白乙化利用天将傍晚的机会,派刘吉福排长偷袭猪窝。这里是日军后方物资基地。一阵突击,顺利得手,缴获了日军全部轻重武器,迫使猪野太郎等 3 个日军官长自杀在下马岭北沟山神庙里。秋季,日军九路"扫荡"。白乙化为粉碎日军的进攻,在青白口强行阻击,使日军不能越过永定河。日军派飞机助威,徐廷扬一举把敌机击落,然后部队南出房山县,从日军手里夺取布匹和棉花,北击幽州劫获敌运粮队,东攻妙峰山直捣日军心脏,给日军以沉重打击。1940 年春节,奇兵袭击了平西重镇门头沟,夺回被日军从根据地抢走的大批粮食和牲畜,使小林寺一再也不敢轻易进攻平西。

1940 年春,日军发动惨无人道的十路围攻,三光政策使平西地区人烟稀少,炊烟断绝。白乙化指挥 10 团化整为零,同敌人日夜周旋,直到把敌人赶出平西为止。

一年来,战斗经历证明 10 团已经成为一支巩固和扩大平西根据地的主力部队之一,为平西根据地巩固和发展做出了巨大贡献。

1940 年 5 月,白乙化奉命率领 10 团开赴平北。

五、大战沙塘沟

一阵激烈的枪响,把金肇野从梦里惊醒,翻身坐起,天已大亮。

敌人的机枪在东山梁嗒嗒怪叫,密集的子弹从沙塘沟晴空嗞嗞掠过。战斗开始了。

金肇野揉下眼睛看看窗外,警卫员神色紧张地站在门口,王亢正在院里向团长报告情况。金肇野跳下炕,跑出门,听王亢说:"各连队都按昨夜部署,已进入阵地……"白乙化听王亢说完,仔细倾听敌人打过来的枪声。他扭过头看看身旁的作战参谋师军,说:"立即传达下去,没有命令不准还击。

敌人正在用火力侦察我们的主力方向,要沉着,不要暴露。"

王亢对团长说:"我到前边去看看。"说完,飞步跑了出去。

原来,这天上午,昌平、黄花城、大庄科和永宁3000多名敌人来犯。白乙化和1营营长王亢,昨天刚到达沙塘沟就部署警戒,敌人一来就被派出的侦察员发现了。

白乙化即刻命令3营副营长赵立业和第36大队政治处主任钟辉琨率队阻截南口、昌平的敌人,自己率主力对付伪满洲军35团2营和一部分日军。

白乙化抬头望望村前的山冈,走出大门。苏梅从西街走过来,紧跟着白乙化从村头的西坡登上山冈,脚下的碎石哗哗滚落山下。

金肇野也弓腰跟随他们从翠绿的杏树丛穿过,踏着坡地野草走上去;树叶、蒿棵上的露水珠儿一串串滚落下来,染湿战士的衣裤鞋袜。

东南山里,传来枪声,在十几里外,可能是赵立业所率领的9连和敌人接触了。

再望东岭脚下,有两间茅屋,看不见有人出入,却听到家犬对生人的狂吠声。白乙化和苏梅密切观察山岭那边的变化,寻觅敌人火力点。

"那边树枝有点摇动。"白乙化从警卫员手里拿过望远镜,走到王亢身边,站在一棵大松树阴影下低声说,"树林里有人影活动,刺刀尖闪耀白光……"

"大队长!"一小通信员尖叫一声,好像发现什么奇异迹象。

"什么事这样大声叫喊?"王亢生气地轻声斥责通信员。

"树林里有人,你看。"通信员感到有点委屈。

敌人在对面山上立即反应。

小通信员大声喊叫:"那儿还有一个,大队长!"

听了小通信员的话,金肇野用双手遮着射来的阳光,眯着双眼小心地观察敌情。

子弹划空飞来,发出咝咝哨音。白乙化意识到情况危急,急忙推金肇野一把,恼怒地命令:"快到后边去!"

金肇野站起身向后转,刚爬上山头,一梭机枪子弹风吼似的扫过来,弹头吱吱吱射进他刚才坐的那块草地里,冒出一朵朵白色烟尘。白乙化却在大树下稳立不动,用望远镜寻找敌人射手和位置。

步枪弹丸在头上嘶鸣,射在杏树枝叶上,翠绿色的圆形叶片被打得纷纷飘落，几颗肥胖的青杏坠落下来，在草地上滚动。

王亢两步走到白乙化跟前，白乙化递给他望远镜说："黑松林。"王亢举起镜子看一眼，放低声音："二排长，对准松树毛子那疙瘩给我狠狠地打，打完挪个窝。"

命令刚下达，机关枪便兴奋地欢叫起来。子弹壳迸出来，在地上跳跃几下，闪闪发光。山下的战士、民兵、卫生队员们都被机枪射手所鼓舞。

金肇野又爬上山头，挤进一个掩体里，飞来的子弹忽高忽低，威胁不大。一发迫击炮弹横空飞来，擦过头顶，落在身后的山坡上，在空旷的菜园里炸开，向四周抛出细碎的弹片，尘土四面飞扬，炸裂开一团团黄白色的浓浊烟雾，散发出刺激鼻喉的强烈气味。留在村里的几个老乡，背着铺盖卷，牵着驴，从硝烟里冲出去，向西山奔跑，狂呼。

东南方东岭一带枪声激烈，北面的董家沟、景而沟也都打响了。白乙化脸色显得非常严峻，扭过头说："南北都打响了，敌人行动挺快呢。但主攻方向还不明朗，看来他们没有摸清我们。"

苏梅听听东南的枪声说："东岭地形很好，如果只泰陵那几个敌人，9连和游击大队能够顶住他们。"

白乙化两眼望着他说："大庄科敌人如果要进犯沙塘沟，一定经过沙门这个山冈，冲过王八盖子下边的小井沟，抢占沙塘沟后山。"他停了一下，心情沉重地说："估计，这一仗非常重要，我说能不能打垮他们，刹住阎冲这小子的狂妄气焰，对开展平北地区关系非常重要。"

小通信员回来，左腕挎着一个柳条筐，右手提着一把水壶，放在面前，揭开筐上白毛巾，露出一摞粗瓷饭碗和几个热腾腾的黄金塔、咸萝卜条，然后斟了几碗白开水。

苏梅喝口开水说："钟辉琨游击大队一直在这一带活动，对东岭地形很熟，对泰陵据点也很了解，只有几十个伪军，好对付。游击大队1中队是从9团挑来的老战士，营长当连长使用。这方面比较放心。"

苏梅取过窝窝头咬一口，看看吴涛说："老吴，你说赵立业的9连也能顶得住吧？我看麻烦的还是大庄科，虽然只有伪满洲军35团一个营，200多人，但战斗力很强，又有日本人参战，永宁离这儿很近，打起来，他们要增援的。"

吴涛沉思一下说："单独顶住泰陵几个敌人没问题，怕情况变化，南口日本人来增援；我们要和9连密切联系。"他想了想又说，"大庄科这个2营营长苏庆生性情凶狠残暴,杀人不眨眼,无恶不作,对自己战士也经常打骂虐待,在战场上提着盒子枪督战,谁稍不听指挥,就任意枪杀,比杀小鸡还容易。伪军对他既怕又恨,逃亡现象严重,所以这个营还不到200人。”

吴涛又说:“我们游击队,枪支破旧,新兵多,没作战经验,又缺弹药,吃过敌人不少亏,现在好多了。今天,敌人是不是把我们当成小股游击队了?所以,同意白团长意见,不要过早暴露我方力量,先打消耗战,最后集中主力和他决战。”

山下枪声突然紧急,白乙化站起来说:“我到后山去看看。”吴涛站起来随他走去。

金肇野和苏梅走进一家大院,5间正房只剩下烟熏火燎的4堵半截土墙和歪斜矗立的焦黑梁柱,看样子是最近一次敌人“扫荡”时烧毁的。

院子里正聚集着50多名青壮年,有人戴着破边的酱斗篷高粱眉编的草帽,腰扎麻绳,手举碗粗的柳木杆子,也有人扛着门板,一看就知道是担架队,他们聚精会神地在听县长胡瑛讲话。

胡瑛身披一件青布棉袄,站在石碾盘上,南方口音,嗓门很高,生怕人们听不见:“大家都要服从命令,听从队长指挥,沙塘沟的自卫军就要听沙塘沟的队长张福同志指挥,必须服从命令,不能乱跑,注意伤员安全,抬下战场就立即送到急救站,就是这个东厢房,卫生队秦队长和送护人员都在这儿。”

胡瑛这时有些急躁,嘴唇上一戳黑胡须显得很严肃,声音沙哑地喊:“各队必须认真检查担架,架杆坚不坚实,绳子捆得紧不紧、牢不牢,丝毫不能马虎”。

枪炮声沉寂一会儿后,又激烈起来了。小伙子们扛起担架,在院子里排成队伍,陆陆续续爬上山冈。从院子里望到远远的山岭间、沟汊里、山坡上、丛林里,到处都是来来往往的人影,非常紧张、忙碌。

张福和张瑞、张银抬着沉重的担架从山头的碧绿丛林里钻了出来,裤脚袖口都被酸枣刺儿扯破,粗红的腿肚皮向外浸出一串串的红血珠儿。

金肇野急忙奔上前,扶他们走下陡坡,抬进大院里的临时急救站。敌人的炮弹还在不停地飞过,落在村外旷野。

这时候,东边的战斗很激烈,枪炮声震动大地。

敌人天上有飞机,地上有汽车。

一次进攻不成,敌人就接二连三地发动冲锋。

这次战斗持续了一天,到黄昏时分,10团成功打退了伪满洲军发动的7

次冲锋，击毙伪营长苏庆生等60多人，伤40多人。伪满洲军和部分日军见势不妙，仓皇逃窜。

这是10团进入平北后打的第一仗，给日伪军以沉重的打击，坚定了平北人民群众抗日的决心和信心。

根据计划，10团主力继续前往密云，去开辟丰滦密根据地。

“部队打了一天，把东边前进路上的敌人打垮了，但伤亡也不小。我们部队要尽快摆脱敌人东进。今晚出发，南道不行走北道。”

白乙化看了一眼赵立业和钟辉琨，说：“赵立业同志，你的任务是在这里坚持，把敌人拖住，以便我们部队摆脱敌人，办法你有，这一点我放心，知道你能完成任务。我最不放心的是他们去冀东的二三百干部。钟辉琨同志的游击大队，上这个北山，袭击一下敌人，通过白青川向北移动，到赤城一带活动。这样，你们有什么意见？”

钟辉琨和赵立业摇摇头说没有。

胡瑛听完他们的具体安排，看了看工委书记徐智甫，问：“白团长，我们县政府怎么办？”

白乙化稍加思索，说：“你们和赵立业同志一起活动吧。”

“好，我们和赵连长一起活动！”胡瑛看了看旁边的徐智甫，又看了看赵立业，坚定地说。

夕阳隐没在连绵起伏的群山中，余晖把经历了一场山崩地裂般战斗的山村映照得像火一样红。

第二节　保卫根据地

一、7团挺进平北

经难北归段苏权

1940年春，白乙化率领10团由沙塘沟转移到丰滦密地区以后，制订了详细的创建丰滦密抗日根据地方案，抽调出40名骨干组成地方工作团，与上级派来的工作队一起深入各村广泛发动群众。不到一个月的时间，中共丰滦密联合县工作委员会和丰滦密联合县于6月建立，白乙化兼任县委书记。

同年5月，龙赤联合县成立，耿伟①任县长，张廷森任工委书记。

6月初，平北军分区政治部成立，段苏权②担任主任，从此他在整个抗日战争时期，就没有离开平北。

段苏权是湖南省茶陵县尧水乡高径村人，1916年出生，1930年投身轰轰烈烈的农民运动中，同年入党，时年14岁。

1932年8月，段苏权任湘赣苏区红八军政治部青年科科长。1933年，任湘赣军区红6军团的宣传部部长（军团长是萧克）。1934年10月，红6军团先行离开中共苏区向湘黔边的红2军团靠拢，组成以贺龙为总指挥的红2方面军。红2方面军计划从贵州杀回湘西，为了牵制敌人掩护主力，决定由一批老弱残兵和部分地方武装500人组成湘东独立师留下来打游击，师长为王光泽，师政委则为段苏权。他们率领湘东独立师与敌人展开积极的游击战，前前后后作战20余次，调动和牵制了敌军1万多人，成功地掩护了主力向湘西进军。在打了将近一个月的游击战后，独立师准备东进湘西和主力会合，却不幸遭到敌人围攻，有200多人被分割，几乎全部遇难。

段苏权、王光泽率领剩下的600多人退入梵净山，随后由贵州松桃县进入四川秀山县。在进攻古镇梅江场时，段苏权的右脚踝被乡丁击碎，无法站立。从梅江场撤出，遭遇到各地民团的围追堵截，独立师减员严重，弹尽粮绝，渐陷绝境。为了不拖累部队突围，躺在担架上的段苏权主动向师长王光泽提出就地养伤的请求。所谓"就地养伤"，在当时险恶的环境下，基本就意味着死亡。但形势迫人，为了让独立师轻装摆脱敌人，让剩余为数不多的战士杀出一条生路，也只能如此了。于是，师长王光泽让4名抬着担架的战士把段苏权抬到秀山县雅江乡的丰田村寻找可以留下的地方。

丰田村是一个隐蔽在深山窝里的小村，只有几户人家。师长王光泽找到老实巴交的穷裁缝李木富，让他想办法照顾段苏权。李木富对革命大道理不是很懂，但他心地善良，看到段苏权伤得很重，就答应下来。李木富认为如果让段苏权住在他的破房子里很不安全，便告诉师长王光泽，山上有一

---

① 耿伟（1910—1964），河北阜平人。1937年加入中国共产党。抗日战争期间，曾任平北龙赤联合县县长、县大队队长、龙崇赤联合县县长等职。1943年春季，调回晋察冀。（解放后不详）

② 段苏权（1916—1993），湖南茶陵人。1930年加入中国共产党。经历过长征。抗日战争时期，曾任平北地委书记兼军分区政委。中华人民共和国成立后，曾任东北军区空军司令员、福州军区副司令员、军政大学副校长、军事学院政委等职。1955年被授予少将军衔。

个月牙形的山洞，洞内有泉水，用水方便，是个躲藏的好地方。于是，战士们就跟着李木富，把段苏权抬到山上的山洞里。

寒冬腊月，李木富家一贫如洗，连个破棉絮也提供不上，只能和妻子杨桂花抱来一些稻草给段苏权当被褥。李木富夫妇每天送点红薯稀饭、草药来维持段苏权的生命。

段苏权伤势稍好，就问李木富："李大爷，您能帮我找两根木棍吗？"

"要木棍做啥？"李木富停下抹草药的手，看了段苏权一眼，然后又涂起药来。

"我想离开这儿，不然不但我活不了，还会连累您。"

"走不了路——你咋离开？"

"走不了也得走，不然留在这里只有死路一条。"段苏权看着饭碗里刚盖住碗底的红薯稀饭，"只要有两根木棍，我一定能离开这儿。"

"好，我帮你找！"李木富知道段苏权的意思，自己家里早揭不开锅了，怎么能照顾段苏权呢？

李木富回到家里，请邻居苏仕华帮忙。苏仕华是丰田村颇有名气的木匠，十里八村修船盖房没有不请他帮忙的。苏仕华听了李木富的话，给段苏权做了一副拐杖。锯了一段竹筒，钻一个窟窿，拴上绳子挂在拐杖上当作讨饭碗。那天清晨，段苏权浑身上下只穿着一条破裤衩，拄着两根拐杖一瘸一拐地上路了。

段苏权一路乞讨，来到湘西永顺县的王村镇。滔滔酉水自村中流过，岸边来往船只络绎不绝。酉水上接沅水，下通岳阳。在酉水边，段苏权遇到了一艘前往岳阳的商船，在好心船老板的帮助下，得到了一件破棉袄，并搭上了顺风船，顺利到达岳阳。在岳阳，段苏权爬上了一列运煤的火车到达醴陵站，然后继续沿路乞讨，于 1935 年 7 月 17 日到达攸县黄土岭车站。

在攸县黄土岭车站，段苏权遇到了刘维初。

刘维初是茶陵人，在醴陵渌江桥附近开了一家小豆腐店。这天恰巧到黄土岭圩场办事，遇到了正在行乞的段苏权。听着段苏权操着一口浓重的茶陵口音，他产生了恻隐之心，详细询问了段苏权的来历和境况后，把段苏权扶回自己家里，给他换上干净衣裳，理了发，抓药帮他治疗脚伤。

段苏权在刘维初店里一共住了 42 天，身体基本恢复，这才告别刘维初，回到了茶陵县尧水乡高径村。

回到家里，段苏权一直都在惦记着独立师的战友。但他不知道，独立师已于1934年11月28日全军覆没，师长王光泽被敌人枪杀在四川省酉阳县龙潭镇。

1937年9月的一天，老乡谭毛狗从西北回来，告诉段苏权，红军去了西北，正在那里抗日。段苏权听到这个消息，再也待不住了，在谭毛狗、父亲和妻子的帮助下，从茶陵到长沙，又千里迢迢抵达太原八路军办事处，见到了从前在红2方面军任政委的任弼时。

面对突然出现的段苏权，任弼时大吃一惊："段苏权，我们已在方面军党代表会上给你开过追悼会了，原来你还活着！快坐下，说说到底是怎么回事！"

重新找到组织的段苏权，于1937年秋，进入延安抗日军政大学第3期学习。1938年春结业后，任抗大政治教员，同年6月调任中共中央军委总政治部宣传部教育科科长。1939年春，段苏权进入中央马列学院攻读政治理论，毕业后被派到平北根据地工作，任晋察冀军区平北军分区政治部主任、平北地委书记、平北军分区政委。

两进两退

1940年6月，平北军分区政治部共计20多人，挺进平北海陀山，这些人包括政治部主任段苏权、组织科科长、总务科科长、民运干部、电台队长、通信班长以及译电员、通信员等。

执行护送段苏权等人任务的部队，是刚组建的7团2营，率队首长有团参谋长彭寿生①、团政治处副主任张振元和2营营长熊尚林②、教导员李荣顺③。部队由平西出发，经过4天跋涉，于6月27日早晨越过平绥铁路，跨进了平北地界。当战士们看到雄伟的海陀山时，紧张的心情变得轻松起来。

就在这时，从怀来（河北张家口）方向开来两辆载有日军的汽车，向佛峪

---

① 彭寿生（1915—1993），江西信丰人。1933年加入中国共产党。经历过长征。抗日战争时期，曾任晋察冀军区第7团参谋长。中华人民共和国成立后，曾任天津市警备区参谋长、副军长，山西省军区副司令员等职。1955年被授予少将军衔。

② 熊尚林（1906—1942），江西高安人。1931年参加中国工农红军，经历过长征。1939年2月，任7团2营营长。1940年任平北游击支队2大队大队长。1942年6月在崇礼县范家西沟草场沟村因与副大队长产生严重分歧，被副大队长开枪杀害，时年36岁。

③ 李荣顺（1917—1948），湖北荆门人。1933年参加红军。1935年加入中国共产党。经历过长征。1945年任晋察冀军区第10团团长，1948年任独1师副师长。1948年在承德地区苔山战斗中牺牲。

口(今北京延庆)方向疾驰而去。

当八路军战士行进到距佛峪口约1.5公里时,日军跳下汽车在公路北侧向八路军射击。

熊尚林战斗经验丰富,立刻指挥7连迅速抢占有利地形向日军还击,同时命令6连卡住佛峪口,阻击由延庆方向增援的日军。

彭寿生、李荣顺带领5连先于日军占领制高点,掩护全军战斗并接应政治部机关人员进入山区。

激战中,虽然击毙击伤不少日军,但7连伤亡也很严重。战斗刚一打响,张振元带领前卫部队准备去解决佛峪口据点伪警察,没想到被日军子弹射中腹部壮烈牺牲。7连副指导员用手枪连毙2名日军后,又拾起一支三八大盖和日军拼刺刀,连续挑翻2名日军后自己也不幸中弹牺牲。

看到形势危急,熊尚林命令8连出击,掩护7连撤出战斗。就在7连同日军拼死战斗的时候,6连在佛峪口和增援的敌人交了火,最后也与日军拼起了刺刀。

八路军的刺刀均系平西土造,钢质不纯,突刺几下便成了月牙儿。战士们就以枪当棒,猛击敌人,一时间钢盔的叮当声和日军的惨叫声响成一片。战斗快要结束时,6连一个班长发现一个活着的日军,便用刺刀对准了他的胸膛。指导员见状高喊:“不要杀他,抓活的。”话音刚落,这个日军就冲指导员开了一枪,指导员中弹倒了下去。战士们气急了,一起开枪击毙了这个日军。

这场战斗共持续了3个多小时,毙伤日军80多人,八路军方面牺牲干部战士30多人。为避免更大的伤亡,熊尚林命令8连掩护,其他战士迅速撤向海陀山区。转移中间,熊尚林听说把伤员丢了,便跑去查看。当查清伤员都在时,深情地拥抱每一个伤员,并亲自为他们打绑带。此时此刻,这位当年率部强渡大渡河的英雄连长止不住流下眼泪。

伤员们见营长如此,也个个热泪盈眶。部队转移到海陀山区的朱家沟,将伤员就地安置,然后积极掩护段苏权及机关干部越过长城,进入伪满洲国地界。

7月,龙延怀联合县成立,蔡平任县长,高平任工委书记。同月,平北地委建立,苏梅代理书记,张致祥任专署专员。

同时，平北军分区司令部建立，程世才[①]任司令员，率队伍一部，转战到延庆五里坡、海沟深山区，在南碾沟搭起窝棚安营扎寨。一个月后程世才调回晋察冀军区，覃国翰[②]调任平北军分区司令员，常驻南碾沟、纪宁堡、西坡、朱家沟一带。

从此，平北党政军领导机关即以大海陀为依托，领导平北地区的抗日战争，直到取得最后胜利。

7月，7团奉命从平西全部开赴平北。出发前，萧克做了动员讲话，他提醒部队远离根据地赴敌占区作战有种种困难，要充分做好精神准备和一定的物质准备。

动员之后，全团指战员和军分区领导机关及警卫部队2000余人，浩浩荡荡地从永定河淤泥坑村出发了。沿途百姓纷纷传说："八路军几万人进入平北。"敌人大为震惊，急忙从平北、张家口等地调集十几个团的步兵和骑兵，围追堵截。部队经过一天一夜的急行军，水米未进，极度疲劳，生病掉队的很多，减员不少。

部队先在龙赤地区稍事休整，随即向东北方向挺进到平北伪满洲国丰宁大阁一带开辟工作，以营为单位分散活动，相机打击敌人。

在丰宁五道营子，这天拂晓，发现被敌人包围。9连奉命阻击敌人，连长谢守义、副指导员巍罕带领战士迅速占领阵地，并派一个排占领主阵地前的一个山头。从早晨战至中午，这个排打退敌人数次进攻，敌人仍然疯狂地往上冲。

谢守义来到前沿阵地亲自指挥，又击退敌人数次进攻。临近黄昏，谢连长双腿负了重伤。这时，敌人又以更猛烈的炮火轰击八路军前沿阵地，并再次发起进攻。为减少伤亡，谢连长命令排长带领全排撤向主阵地。通信员要背谢连长一同撤退，谢连长说："快走，我来掩护。"他要过通信员背的两袋手榴弹捆在腰间，然后把手枪和皮包交给通信员，严肃地说："把它交给副指导员，快走，这是命令！"通信员含泪回到主阵地，向副指导员巍罕报告连长

---

① 程世才（1912—1990），湖北大悟人。1931年加入中国共产党。经历过长征。抗日战争时期，曾任平北军分区首任司令员。中华人民共和国成立后，曾任公安军第一副司令员、沈阳军区副司令员兼沈阳卫戍区司令员等职。1955年被授予中将军衔。

② 覃国翰（1912—1996），广西都安人。1930年加入中国共产党。经历过长征。抗日战争时期，曾任平北军分区第二任司令员。中华人民共和国成立后，曾任广西军区参谋长、广东省军区副司令员等职。1955年被授予少将军衔。

的情况。日军号叫着冲上山头,只听一声巨响,一团浓烟腾空而起,谢连长和敌人同归于尽了。天黑时,副营长李恒臣来到9连,命巍罕代理指导员,2排排长徐德功代理副连长,9连为后卫,随团部继续前进,来到赤城、丰宁之间,与先期到达这里的2营会合。

为了避开敌人的进攻,团首长研究决定以营为单位分散活动。1营由陈仿仁带领活动,2营由参谋长彭寿生带领在丰宁汤河口一带与敌人周旋,3营由军分区政治部主任段苏权、7团副团长曹学志、7团政治处主任李水清带领,一直向北走到坝上,进入茫茫草原。

草原上没有敌人,但是也没有老百姓,找不到粮食,战士们只能忍饥挨饿。时令到了深秋10月,塞外已经很冷了,战士们却穿着单衣,日日行军,鞋子破了也没换的。

营党委研究决定,中秋节这天,长途奔袭到伪满洲边境上的独石口。一经首长动员,战士们兴奋极了,自发地喊出口号:“打下独石口,就会有鞋穿!”打下独石口后,部队将所有鞋店的鞋全部买下来,分发给战士们。有个战士闯进邮政局局长家,将桌上的十几个鸡蛋拿走了。段苏权知道后,立即通知部队照价赔偿,并在门前燃放了一挂鞭炮,以示八路军严明的纪律。部队在独石口驻扎5天,战士吃饱了肚子,还买了一些布匹准备冬衣。后来,因进攻的敌人几路合围,3营于夜间主动撤离。

敌人十分害怕7团在平北站稳脚跟,以重兵连续追击合围。7团各营几乎每天都在白天战斗,夜间行军转移。敌人多是骑兵,即使7团一夜行军走出七八十里,第二天上午日伪军又追上来。因此,部队无法得到休整,只能在高山露营隐蔽,除了日晒雨淋以外,蚊虫叮咬也让八路军苦不堪言。有时突降冰雹,战士只好顶起背包防砸。尤其困难的是,平北山区人烟稀少,地瘠民贫,既缺少粮食,也没有食盐。开始还可以买一点土豆、玉米,后来土豆、玉米也难以买到。

两个月后,7团召开一次高级干部会议,由段苏权主持,讨论如何执行挺进军总部电报指示问题。电报是团部作战参谋吕展送来的,会上,因2营人员损失较多,团参谋长彭寿生和2营营长熊尚林止不住哭出了声。会议认为,部队在伪满丰宁一带没有工作基础,敌人的据点林立,“扫荡”频繁,两个月减员过半,决定留下两个主力连由3营副营长李恒臣、副指导员熊应松领导,其余部队全部撤回平西根据地。

7团虽然没有在平北站住脚,但是仍起到了一定的积极作用。正是由于

7 团的活动,在北部伪满地区吸引和牵制了大量敌人,相应减轻了敌人在南部地区对游击 1 大队和 10 团的压力,为他们积极开辟根据地创造了条件。

这一时间里,昌延联合县的中心区工作,在“团结战胜一切”“谁有群众谁就胜利”“高度地发挥革命的创造性”三大口号的鼓舞下,开辟工作进展较快。然而,抗日军民的斗争,引起了日伪军的惊恐,狂呼“延安触角伸向满洲”。对于插入敌人心脏的这把尖刀,日伪必欲除之而后快,妄想把这块新生的根据地扼杀在摇篮里。

1940 年 9 月 9 日,日军集中 4000 多兵力,向密云以西延庆以东根据地采取“铁壁包围”“捕捉奇袭”“纵横扫荡”“反转电击”的战术,进行了 78 天的大“扫荡”。在昌延地区对中心区采取报复性的烧杀抢掠,将“后七村”的民房几乎烧光。由于我军运用了机动灵活的战略战术,地方工作有了相当的基础,敌人的“扫荡”被粉碎了,根据地得到进一步的发展和巩固。昌延中心区横跨长城内外,屹立于伪满、伪蒙疆和伪华北 3 个傀儡政权的接合部,成为敌人的心腹大患。

二、赵顺和小“老铁”(二)

“老铁”在赵顺家住了两年,时间进入 1940 年的 5 月。

这一天,“老铁”吃完早饭拿着鞭子刚要出门,赵顺把他叫住了。

“尚文,今天你帮爹去放羊吧,家里有你妈和秀英照看。”赵顺边把“老铁”拉进屋,边对在院子里忙活的儿子喊,“记着,快下崽的羊留家里啊!”

“老铁”跟着赵顺进了屋,一下子愣住了。

炕上摆着叠得整整齐齐的军装,还有毛巾、牙刷、茶缸。

“大爷,您要撵我走……是我哪儿做得不好惹您生气了,还是……”“老铁”嗫嚅着。

“孩子,咱们出头的日子到了!”赵顺把军装递给“老铁”,长长地吁了一口气,“我打听好了,八路军又回来了,今天送你回部队。”

“真的?”“老铁”抑制不住激动的心情,惊呼起来。

“真的。”说话时,赵顺眼圈红红的。

“老铁”穿上军装,又换了双新鞋新袜。两年了,“老铁”在赵顺的精心呵护下出脱得很快,已长成高大的小伙子,又肥又大的军装这回穿在身上十分合体。

收拾停当，赵顺领着“老铁”出发了。

山中一片葱茏，阵阵微风迎面吹来，一股馥郁的花香直沁肺腑。路畔的野花正开得绚烂，伴着潺潺的溪流尽情地舞蹈着，仿佛在欢送亲人远行。蜿蜒曲折的30里山路，到处回荡着鸟儿婉转的歌唱。

不到中午，两人已经找到了在海陀山里南碾沟游击1支队。政委钟辉琨见了他们，听赵顺说明来意，钟辉琨一惊，上下端详了小战士片刻，急切地说：“哎呀，我的小‘老铁’，可把我急坏了——你还活着？”钟辉琨大手不停地拍打着小战士“老铁”粗壮的肩膀，爱抚着端详着：“长大了，长高了，像个战士了！”

钟辉琨问：“大爷，您是怎么打听到我们的？”

“昌延联合县在南山成立，我们这儿都听说了，部队来到南碾沟呀，是后来的事——这连老百姓都知道，何况俺这儿有‘老铁’要归队呀。”赵顺不紧不慢地回答。

钟辉琨紧紧握着赵顺的手说：“老大爷，我代表八路军感谢你，感谢你救了我们的战士！”

“还是那话，天下穷人是一家。一家人咋说两家话哩！你们为穷人打日本保家乡救中国求解放，我做这点事还不是应该的！”赵顺松开钟辉琨的手，转而对“老铁”深情地说，“孩子，我总算把你交给你们的首长了，好好干。多多杀鬼子救中国！”

老铁“咔”地一个立正，敬礼，接着又跪下磕头：“你就是我的亲爹，大恩大德永世难忘！”

赵顺忙伸出手，拉住“老铁”的胳膊：“快起来，咱们都是一家人。”

“俺家小子大了，俺也想送他参军。他们哥俩熟识，谁也不愿意离开谁。”赵顺拉着“老铁”看了看，“就是不知道俺那小子行不行。”

“欢迎欢迎，只要愿意打鬼子，我们都欢迎。”钟辉琨笑着说。

“我们的队伍越来越壮大了！”随着响亮的说话声，从门外走进一个人来。

“我来给介绍一下，这是救了‘老铁’的老乡——赵顺赵大爷！”钟辉琨把赵顺指给来人看，又指着来人对赵顺说，“这是赵立业同志，前几天，在沙塘沟和日伪军打了一场，现在，部队转移到北山一带，到这儿来打鬼子了。立业同志，咱们欢迎‘老铁’归队。”

在场的人听了，都鼓起掌来。

赵顺回到家，看着三里五村的男男女女给八路军做军鞋、军衣，有的把家里的小子送去当兵，赵顺心里有些着急："打鬼子是大家的事，我赵顺家也不能落后。"

赵顺带头为儿子尚文报名参军，为侯庄子的青年树立了榜样。很快，在赵顺家乡周围的村子组建了3个中队的地方武装。

尚文参军不久，儿媳秀英就当上了小区委员、村妇救会主任，因为抗日事事做在前面，在群众中很有威信。村里的妇女全不识字，妇救会成立后，组织青年妇女识字。秀英已经认识了一些，区委有意识地培养她，经常带她到乡里开会。经历多了，秀英给妇女讲话通俗易懂，工作开展得有声有色。

平北根据地开辟初期，环境恶劣，医疗条件很差。部队行军打仗，伤病员屡屡增加，给部队的压力很大。

赵顺主动将自己3间房腾出来，收拾得干干净净，办起了"家庭病房"，把伤员安置在里边，而自己一家则另觅住处。"家庭病房"没有护士，他动员妻子、女儿护理伤病员，每天为伤病员洗伤口、换药、喂水喂饭。为了给伤病员治病，他带领全家翻山越岭，采集中草药并亲手为伤病员煎熬。

战士们没有粮食吃，他就和全家人吃糠菜糊糊，把节省下来的粮食留给伤病员。寒冬腊月，气温常在摄氏零下30多度，他将伤病员睡的炕烧得热热的，半夜还要起来几次给灶里加柴，并把仅有的两床烂被给伤病员盖。碰到日伪军到侯庄子"扫荡"时，他就提前将伤病员转移到西沟半崖碴的山洞里，洞里有宽大的火炕，有较为整齐的门窗，保证伤病员能安全地养伤。

在整个抗日战争期间，住在赵顺家、经他一家人亲自护理好的八路军伤病员共有100多人。根据地的军民，都称赵顺是"子弟兵的慈父"。

1941年，儿子赵尚文在攻打平定堡的战斗中英勇牺牲了。赵顺化悲痛为力量，又先后把3个女儿送到部队和地方工作，并鼓励儿媳张秀英为抗日多做工作。

赵尚文的牺牲，让秀英难过了好长一阵子。尚文牺牲消息传来的时候，婆婆见秀英年轻，就和赵顺商量，让秀英改嫁。

"妈，我哪儿也不去，我要永远守着您和爸爸，守着这个家，我们一块儿打鬼子，为尚文报仇！"秀英咬了咬嘴唇，哽咽着说。

"孩子，咱谁也不离开谁！"婆婆含着泪，把秀英紧紧地搂在怀里。

小姑玉珍领着玉娥站在旁边，也跟着一言不发地流眼泪。

夜深了，躺下已经很久了，秀英怎么也睡不着，眼前总是尚文大大的眼睛和甜甜的微笑。

记得尚文入伍后部队驻扎在五间房时，秀英和小姑玉珍一块儿去看过他。尚文的战友逗她说："刚刚结婚的小媳妇，不想呀？你不拉他回家呀？"秀英很大方地笑着说："为了打日本鬼子，拉什么后腿呀？"战士们听了，都笑着竖起大拇指。一个战士笑着说："尚文，你可真寻了一个好媳妇啊！"尚文听了，羞赧地看了秀英一眼，摸着后脑勺痴痴地笑了。

想着想着，秀英心里压着的那块大石头搬走了，一丝新婚的幸福再度洋溢在她的面庞上。清亮的月光透过窗纸，隐隐地照在秀英的脸上。忙碌了一天的秀英，在丈夫的"陪伴"下甜甜地睡了。

翌日清晨，秀英早早地起来了，把早饭准备好，拿着一个窝头就出发了。八路军侦察员今天要去秀英娘家河西堡村，秀英要去协助他们做侦察工作。龙赤联合县5个区，南北长60里，东西宽20里，一个行政村包括几个自然村。一条条密布在山间的羊肠小道，把一个个自然村连接起来。秀英缠的是小脚，每走山路都疼痛难忍，但她却没有因此落下一次工作。

1940年8月，张秀英在区委书记李兴的介绍下入党了，成为赵顺家第一个党员，更是龙赤联合县第一个女党员。

尚文牺牲一年多了，上门提亲的人都被秀英一一挡了回去。当地乡绅李恩和赵顺挺熟悉，想给秀英另找一个人家。按照旧习惯，这是办好事。当他满心欢喜地走进赵顺家门，没等开口，秀英就反感地说："别的事进屋商量，要是提亲，您就走吧。"李恩见此情景，只好离开了。

一次秀英到区里办事，正好与区委书记李兴走了个脸对脸。李兴停住脚步，小声问："秀英同志，你以后打算怎么办？"秀英知道李兴书记问话的意思，毫不犹豫地说："李书记，公婆眼力不好，工作又忙，小姑玉珍出嫁了，玉娥年龄还小——我先不考虑自己的事情。"

"嗯，我和组织尊重你的意见。"李兴书记听了说，"有什么需要及时和组织提出来。"

"好，李书记，那我走了。"秀英好像怕李书记再次提起自己婚姻的事，迈开脚步一溜烟似的跑了。

赵顺的家既是招待所，又是中转战，地、县、区干部进村就到赵顺家，常常这拨人走了，那拨人又到。秀英在家一天做十几顿饭是常事。

有一次，敌人调集重兵，"围剿"海陀山。平北根据地的部队机关计划转移外线。龙赤联合县留下县委书记赵振中、县长王森、公安局长杨森等一批领导干部，区不离区，县不离县，带领群众坚持反“扫荡”斗争。

很多机关干部的家人和挺进报报社及体弱女同志，四五十人都到了5区的中心地侯庄子，云集在赵顺家里。

秀英和婆婆忙前忙后地照顾他们的饮食起居和安全保护工作。县委、地委敌工干部成黄和任火炎两位同志，因工作需要须常年住在赵顺家里，秀英像对兄长一样尊重和关照。八路军和地方干部都亲切地叫秀英“秋月子”，“张秀英”这个大名却没人提了。

1943年夏，秀英从专区开完会又到县里开会，走路又累又渴，汗流浃背地回到家在阴凉处休息，喝了一口凉水，不料得了霍乱，过早地离开了人世。

从1941年起，赵顺又承担了为部队筹集军粮的工作。当时龙赤联合县二、三区的公粮都要交到侯庄子村，由他负责收粮登记，然后组织发送和安排“坚壁”。为了保证军粮供应，他常跑出二三十里，到各村动员交送，凡送来的粮食，都由他和侄儿亲自藏在山洞或地窖中，没有丢过一粒。他没有文化，就用玉米粒计数，不会写字，就用画道道的方式记账，并想尽一切办法把粮食尽快运到部队。龙关、赤城一带是山区，八路军的干部、战士每年都需要大批军鞋，为保证八路军指战员穿上鞋子，赵顺每次都把买来的布裁剪成片，送到各村各户去缝制，做好以后集中起来交给部队。赵顺还为八路军侦察敌情，传递情报，为过往的干部战士安排食宿，并为八路军保管过许多重要的物资、文件，掩护过许多同志。每次他都能出色地完成上级交给的任务，并做到万无一失。

1943年12月，赵顺由平北专署专员张孟旭介绍光荣地加入了中国共产党。1944年12月，出席平北英模会，被授予“拥军拥政模范”的光荣称号，还被选为出席晋察冀边区群英大会的代表。平北根据地的军民还把他的事迹编入了当时的小学课本，还编了一首歌颂扬他的事迹：

众位乡亲们，听我表一番；表表咱赵顺，拥军好模范。
热爱子弟兵，护理伤病员；病员躺满炕，全家照顾全。
全家六口人，跟前只一男；送儿上前线，保国保家园。
征粮又送粮，不怕路途险；细心不大意，自动给坚壁。
一九四四年，平北选模范；赵顺真光荣，到处美名传。

新中国成立后，赵顺先后担任过农业社主任、村党支部书记。1951年，他代表平北人民出席了在北京召开的老区人民代表大会。1959年，住进了张家口市烈属疗养院(今社会福利总院)安度晚年。1989年10月1日，因病去世，终年92岁。

三、杜春林再次出马

伪满洲军第2旅35团团长叫阎冲，锦州人，家住在永宁，儿子和三弟都在北京上学。1940年春天开学的时候，两个孩子坐着永宁路五子赶的轿车，从永宁去康庄上火车。车到吴坊营附近的高家坟，被八路军游击队截住送往南山。

阎冲得信，立即派2营进驻大庄科。

一天夜里，阎冲的副官拿着礼物，秘密来到杜春林家中。

“杜甲长，你给往那儿跑一趟，把两个孩子放出来。”副官说。

“我不敢去。”杜春林回答。

“这事只有你能办。”副官说，“阎团长说了，看那边要什么条件，你去一趟，千万别让孩子受制。”

“我不敢去，叫日本人知道了，还不要了我的命?”杜春林说。

“阎团长说了，一切他负责帮你，保你没事儿，你就大胆去吧。”副官说。

“那我就去试试。”杜春林说。

第二天，杜春林来到根据地，见到5中队队长和指导员。

“要20条大枪、20箱子弹。”队长说。

杜春林听了，没有说话。

沉默了一会儿，指导员哈哈大笑说：“我们是八路军游击队，不是土匪。绑票只有一个条件，告诉阎冲，今后少糟害老百姓就行，今天你可以把人领回去。”

就这样，杜春林带着两个孩子，坐着路五子的轿车把他们送到永宁。

又过了几天，副官对杜春林说，两个孩子的手表和金戒指被八路军扣下了。杜春林把这件事反映给昌延县政府，县政府对这事非常重视，一查才知道，原来是游击队中的一个土匪出身的队员把这些东西夺去了。县政府把东西追回来，交给杜春林，杜春林将这些东西交给阎冲。

过了几天，阎冲在大庄科摆了十几桌席，请他手下连长以上的军官。他让杜春林坐上座，向大家讲话说：“杜甲长是我的恩人，今后杜甲长说什么就是我阎冲说的，大家都要听杜甲长的。”

自此以后，阎冲的35团不再和游击队为敌，即使奉日军命令来“扫荡”，也是只冲着天放几枪，然后转身就回去了。

1940年春天，日本人要修四海到大庄科的公路，这段由伪满洲政府出资20万元、包给日本人的一个“土木课”，规定每个民工每天给二升米和三角钱的工资。但民工们做了十几天的活儿，土木课一个子儿的工资也不给。杜春林找到土木课大柜，主持大柜的是日本人，会说中国话。杜春林问他为什么不给民工发工资。大柜说：“你们中国民夫做工没工钱。”

“你知道我是谁吗？”杜春林说，“我是杜甲长，这条路是你包的，政府给了你20万。你克扣民工的工资，我去告诉他们。”这个鬼子也听说过杜甲长的大名，连忙说：“杜甲长别生气，我马上就给发钱。”他乖乖地给大庄科的民工们发了工资。

秋天到了，永宁到大庄科的公路修完了，日本人不让民工回家，又全部赶到四海去修东北口到琉璃庙的公路。这次离大庄科远，工资也不发了。傅祥云他们12个大庄科的民工，从工地上逃跑出来，谁知有人告了密，他们被捉回工地。日本工头为了镇吓其他民工，硬说傅祥云他们是八路军，并把他们捆绑起来押往杨树底下警察署。这些人在杨树底下遭到严刑拷打，坐老虎凳、灌凉水，非让他们承认是八路军不可。杜春林听到消息后，就赶往杨树底下去保这12个人。

“这些人都是我们甲的良民。”杜春林说。

“那他们为什么逃跑？”伪署长问。

“他们从春天出来修路，到现在已经半年多没让回家了。冬天到了，他们还穿着单衣，冻着哪能干活？”杜春林理直气壮地说。

伪署长听了，哑口无言，将这12个人交给杜春林，由他保出去。

杜春林的活动，终于引起日本人的注意。1941年冬季的一天，日本人把杜春林捆走了，一直押往丰宁大阁的日本宪兵队。宪兵队是阎王殿，各种酷刑令人不寒而栗，坐老虎凳，灌辣椒水……犯到他们手里，很少有人活着出去。

过堂的是宪兵队长。

“你去过南山没有？”日本人问。

“去过，不止一次。”杜春林说。

“去干什么？”日本人问。

“头一次去是受训。”杜春林说。

“受什么训？”日本人以为这次可捉住杜春林的把柄了。

“八路军政委刘国梁给讲抗日报国，”杜春林要给这个日本鬼子上课了，“他们说……”

“你去还干什么？”日本人连忙打断他的话。

“还去送过粮。”杜春林说。

“你给他们送粮就是私通八路。”日本鬼子怒气冲冲地说。

“不送不行啊，不给他们送，他们就把粮食都抢走，不是连公粮也交不上了吗！”杜春林不慌不忙地说。

“你替八路军送过信没有？”日本人显然知道杜春林给伪警察署长送信的事儿。

“送过，而且不止一次。”杜春林说。

“谁给你的信？送给谁？”这个鬼子急切地问，显然他是不信任那些汉奸。

“八路军敌工科的任民给我的信，他们叫送信，我敢不去吗？信给了阎团长、警察署长……”杜春林扳着手指头，说了一连串的收信人，这些人都是汉奸。

“信上都写的什么？”这个狡猾的日本人，想知道汉奸们是怎样与八路军勾结的。

“人家封着口，我也不敢看。”杜春林说。

“阎团长的儿子，是你给领回来的吗？”小日本儿又问。

“是，阎团长给皇军办事，他的孩子遭了难，我冒着生命危险把他救回来。”杜春林说。

“八路军对你好吗？”那小子又转话题了。

“他们骂我是走狗汉奸，还叫我改邪归正……”杜春林又接过了进攻的武器。

“不要说啦！”这个日军发怒了，打断了杜春林的话。

停了一会儿，杜春林见这个日军没词儿了，就发起了进攻：“日本人要在中国建立王道乐土，我给你们办事，你们还这样对待我，老百姓能服吗？”

杜春林对答如流，说的都是大实话，日本宪兵队队长本想听出一些破绽，杜春林却凭他的铁嘴钢牙说得滴水不漏，押了他 9 天，只好把他放了。

1942 年，日本人将满洲军 35 团调走了。伪团长阎冲在临走的时候对杜春林说:“时局要起变化,我走了后,你这个甲长也不好当了。日本人早想对你下手,你还是出去躲一躲吧。”杜春林离开大庄科,又去了张家口做买卖,直到解放后才回到家乡。他一直在永宁供销社工作,20 世纪 60 年代中期退休。历次政治运动中,对他那段当伪甲长的历史进行过审查,但群众没有一个说他不好的。尤其是他从敌人虎口中救出过 190 多人的事迹,更是有口皆碑。

早在他当甲长时,就曾向党组织提出过加入中国共产党的要求。当时组织对他说,他不入党有利于工作,所以没有入党。解放后,他又提出入党要求,由于“左”的思想影响,没有人敢发展他。改革开放以后,他以 80 岁高龄,再次提出入党要求,终于在 1989 年实现了多年的愿望,光荣地加入了中国共产党。那是七一前夕,他由两个年轻人搀扶着,进入大庄科庆祝七一大会会场,站在党旗前,举起右手,庄严地宣了誓。这年他 85 岁。

第三节　守住咱的根据地

一、心诚义收联庄会

1940 年 7 月,大海陀小学校内人来人往,热闹非凡。龙延怀联合县县长蔡平和联庄会首领姬永明朋友重逢,兴高采烈地聊了起来。

姬永明,1909 年出生,赤城县大海陀乡阎家坪村人,地主出身。七七事变之前,由于军阀割据,“大帮”与“土匪”到处抢劫民财,烧毁民房,奸污妇女,无恶不作,搞得百姓生命不得保障,生活不得安宁。在这种动荡情况下,董庄子村童希金、阎家坪村姬永德联络各村富户自筹资金,购买枪支弹药,组织起伙会,打土匪,保家乡。各村伙会为了扩大对大股土匪的防卫力量,逐步联合起来,成立了以阎家坪为中心的联庄会,推选童希金为会长,姬永德为副会长。由于童希金、姬永德在这一带声望很高,联庄会势力逐渐扩大,由阎家坪村发展到龙关县东南的东山庙、头炮、大海陀、西大庄科一带,延庆以西的东安庄、胡家营、佛峪口、下营一带,怀来县京张公路以北的董庄子、金家口、于庄子、旧站堡、东洪站、甘泉庄、草庙子、常庄子、杨家山、站家营等 40 多个村庄。武器装备先后购置步枪 100 余支、机枪 5 挺、手枪 20 余支、冲锋枪 10 余支。联庄会队员都是各村身强力壮的青壮年,多达 1500 名。他们平时为民,战时为兵。联庄会成立后,在延庆东门营村、龙关县东山庙一带曾多次抗击“大帮”和“土匪”的骚扰,保护了富户的财产和乡里百姓安全,安定了民心,受到了当地群众的认同,并成为龙延怀三县一支强大的地主武装力量。

1937年秋冬,日军先后侵占龙关、怀来、延庆后,企图把联庄会变成屠杀中国人民的反动武装力量,龙关县日伪警察队曾派雕鹗维持会会长张进功到阎家坪一带强行收缴联庄会的枪支弹药,遭到会长童希金和副会长姬永德的反对。对此,日本警察队很不满意,即将童希金、姬永德二人抓捕,押往龙关伪县公署,仍逼他们交出联庄会的枪支,又被拒绝。童希金和姬永德的民族气节、正义行为,激怒了日伪汉奸走狗,恼羞成怒的敌人下了毒手,将二人杀害。童希金、姬永德二人被害后,龙关的日伪、汉奸仍不甘休,直接到联庄会收缴枪支。联庄会得到消息后,在姬永明的领导下,率领联庄会队员,在姜庄子村北与日伪军交战,打了一个胜仗,打死2名日伪军士兵,逼使日伪军撤回雕鹗。从此,日伪军更把联庄会视为眼中钉。

敌人采用软硬兼施的办法,一面继续派汉奸张进功到各村要枪、要钱、敲诈勒索,一面以“防共保卫团长”之职,诱骗姬永明交出武装。联庄会万般无奈,拿出一些破旧不能使用的步枪和一挺机枪应付敌人,将好枪分户隐藏起来。姬永明面对敌人强逼缴枪不低头、高官诱骗不动摇的正义行为,赢得了群众的信赖,他们推选姬永明、童希悦为联庄会头目。

1938年5月,邓华、宋时轮率领第4纵队,支持冀东大暴动返回,路经阎家坪、大海陀、蔡窑子等地,并在大海陀住了一段时间。平北地方工作人员蔡平,与联庄会首领姬永明接了头。

1939年9月,孙元洪率领延怀游击支队本想与姬永明会合,不料孙元洪中途遇难。

1940年6月,按照冀热察区党委、挺进军军政委员会关于“巩固平西,坚持冀东,开展平北”三位一体的指示精神,区党委派苏梅和刘开锡率部队又一次开辟平北抗日根据地,成立了龙延怀联合县委和县政府,县委书记高平,县长蔡平。

县政府成立后,为争取联庄会这支队伍,扩大八路军武装力量,蔡平邀请姬永明到大海陀小学校,商谈抗日救国大计。参加商谈的八路军方代表有延怀联合县县委书记高平、县长蔡平和支队长刘开锡,联庄会方有姬永明、排长乔永太、毛喜顺等人。经过两天的协商,姬永明接受了中国共产党的抗日救国主张,同意改编联庄会。

姬永明带过来的武装队伍有100多人、步枪100余支、机枪6挺和万余发子弹，建立起一支抗日武装，命名为“龙延怀游击大队”，姬永明任大队长，蔡平任副大队长，王启刚①任政治委员兼政治处主任。游击大队下设3个中队。姬永明接受改编后，积极配合八路军政工人员动员董庄子村童希悦、草庙子村李长基、石盘口村陈升、常庄子村许秀峰、东洪站村张全有、甘泉庄村张元正、杨家山村焦德义等伙会头目，加入游击大队，壮大了力量，游击大队发展为5个中队，500多人。

在改编联庄会的过程中，县政府还对各村的上层人物进行抗日教育，晓以抗日道理，团结一切抗日力量共同抗日，邀请当地知名人士成立县参议会，姬永明为参议长，刘凤来、童希悦、童明远、何宝光、崔福成、许秀峰、王维忠、王明宾等为参议员。同时，还有的上层人物到政府部门任职、参政，许秀峰任三区区长，张全有任三区农会干部，充分发挥知名人士参政议政的作用，团结各阶层人士共同抗日。

姬永明被任命为游击大队长后，带领这支队伍积极抗击日军的侵略和“扫荡”，在阎家坪保卫战、打东山庙据点及反“扫荡”等战斗中，善于指挥，英勇作战，屡建战功，受到上级称赞。

阎家坪是龙延怀联合县政府驻地，敌人视八路军年轻政权为眼中钉，在阎家坪周围长安岭、王家楼、佛峪口、雕鹗等村庄设立了据点，并多次调兵，妄图摧毁龙延怀政权和八路军武装力量。1940年8月，长安岭据点调集二三百名敌人进攻阎家坪。姬永明带领县游击大队在阎家坪西梁打退了敌人的多次进攻，战斗中排长乔永太负伤。这是龙延怀游击大队第一次独立作战。这次战斗打击了敌人，锻炼了队伍，鼓舞了斗志，保卫了县政府，为后期段苏权指挥的奔袭狮子沟、向西挺进宣化的赵川、向东抵达妫水河南岸平绥铁路以北小北川一带的行动奠定了基础。

1946年，县游击大队改编时，姬永明被调任军分区司令部高级参议。1947年，国共合作破裂。这年姬永明骑着一头大骡子，从阎家坪到金家口探家（家属已迁到该村居住），与国民党13军遭遇，经奋战虽然脱身，但是国民党已经知道姬永明跑到了金家口，随即派重兵包围了该村，将全村百姓圈在一个大院逐个审问。这个村大部分人姓黄，当审问到赵天义（原是瓦房人）

① 王启刚（1915—1996），安徽六安人。1933年加入中国共产党。经历过长征。抗日战争时期，曾任晋察冀军区40团政委、龙延怀联合县县委书记、平北军分区政治部副主任等职。中华人民共和国成立后，曾任蚌埠医学院、安徽医学院党委副书记等职。

时,国民党一听只他一人姓赵,便怀疑他是姬永明,遂命令打手多次毒打,惨不忍睹。这时,姬永明再也忍不住,不能再让百姓受苦了,毅然挺身而出,承认自己是姬永明,同时交出了自己的儿子。

国民党把姬永明父子二人押送延庆监狱,因为他有较大的声望,延庆北川 72 村联名上保,条件为:放出后只能为地方干事不能再为八路军干事。由于众乡亲保状,释放后,姬永明违心地当了两个多月由 20 余名青年组成的“金刚队”队长,后来逃至怀来。1948 年 12 月 30 日,姬永明被怀来县公安局抓捕。1950 年 9 月 10 日,经原察哈尔省核准,被怀来县法院以奸特杀人罪判处死刑。

一个人为民做了好事,人民就不会忘记。

1982 年,赤城县召开老干部党史资料征集座谈会。座谈中,原平北根据地的老干部提到姬永明,认为姬永明是平北的主要统战对象,是开辟根据地举足轻重的人物,他在抗击日本侵略者的过程中功绩显著。会后,县党史办印发了姬永明专题资料。姬永明的儿子、女儿写了要求为父亲平反的申诉。赤城县党史办与延庆县、怀来县有关部门共同对姬永明“反革命杀人案”进行了调查核实。在调查中发现,姬永明的主罪不实。后来与怀来县党史办、公检法机关共同组织了姬永明案复查小组。经半年多内查外调,证实原案不实之词,应予推翻。

经怀来县人民法院复查,上报河北省高级人民法院批准,确认姬永明为错杀,并宣告姬永明无罪。在姬永明错案平反的过程中,原平北地委军分区段苏权及覃国翰、钟辉琨、葛启等老首长给予了关怀和支持。

纵观其历史,姬永明虽组织过伪军,但无劣迹。他国难当头、誓死抗日的精神,开创与发展平北根据地的英雄业绩,永留平北人民心间。

二、洒碧血英雄铸丰碑

1940 年 8 月 27 日傍晚,胡瑛和通信员程永忠到黄土梁王金喜家。王金喜的老伴儿给搅玉米疙瘩、拌黄瓜。

饭后,天黑下来,胡瑛写了一封信,叫王金喜送到小金房子村。为了壮胆子,王金喜又找到在大灰岭村当长工的老刘一同去。

在小金房子村,王金喜见到徐智甫。他接过信,就着油灯看完后,就跟王金喜一同回到黄土梁。他和胡瑛在屋里谈得很激烈,主要内容是组织抗日武装，集中兵力反“扫荡”，关心群众生活，注意工作方法。

后半夜，徐智甫写了封信，叫王金喜送到牤牛沟村，那里的工作人员又写了回信，他立刻带回交给徐智甫，这时天已大亮了。

早饭后，他们3个人在屋里睡觉。王金喜在房前牵着拉碌碡的毛驴轧场，准备秋收脱粒。不大一会儿，从老窝沟出来很多穿黄军装的伪军，他们去西二道河一带“扫荡”。后来才知道，这是伪满35团3营，营长姓于。他老远就问王金喜：“你是哪一个？”

王金喜赶紧回答：“我是老百姓。”

这时，胡瑛走出门准备去厕所，一看敌人来了，立刻“啪啪”打了两枪，转身就往西北山垭方向跑去。日伪军见胡瑛往西北山上跑，就用乱枪扫射。当他跑到半山腰，腿被枪弹打断，坐在地上。日伪军想活捉胡瑛，一窝蜂地冲上来。胡瑛举枪就打，击毙两个伪军。敌人见无法靠近，就向胡瑛打来数发子弹。霎时，胡瑛倒在血泊中，英勇牺牲了。

胡瑛打枪，是暗示屋里的徐智甫和通信员有情况了，快跑，快藏。徐智甫和通信员程永忠听到枪声，知道敌人来了，就往西南顺河道跑去。徐智甫让通信员程永忠保护胡瑛突围，程永忠不幸被敌人乱枪射中，倒在胡瑛牺牲地不远处。徐智甫利用河道大石头做掩护，向东南方向边打边撤，但终因寡不敌众，不幸中弹。当敌人逼近时，徐智甫把最后一颗子弹留给自己，决然举枪自殉，壮烈牺牲。

敌人跑上山，从胡瑛口袋里搜出印章一看，是胡瑛县长，又搜出一个小本儿，里面记着霹破石村给八路军藏的东西。为了请功，就残忍地把胡瑛和徐智甫的头割下来，找了两个筐抬走，送到大庄科伪35团的营部。

当地百姓闻讯，纷纷跑来祭奠两位英雄。

秋风轻啜，万树悲鸣。

白云俯首，心怀抗日英雄事；峻岭扬眉，泪忆捐躯勇士魂。

徐智甫和胡瑛牺牲之后，敌人以为他们取得了极大的胜利，已经摧毁了昌延县政府，对于击毙县长胡瑛大吹大擂，“治安部大臣对此赫赫之战果大为嘉赏，乃授予赏金1000元，以资鼓励”（1940年9月20日刊于伪《盛京时报》）。徐智甫和胡瑛的牺牲，的确是昌延联合县的巨大损失，给工作造成相当大的困难。广大干部群众虽然十分悲痛，但仍然团结奋斗，坚持了下来。

为了恢复昌延工作,中共平北地委立即决定让史克宁代理县委书记,高镇平代理县长,苏建国代理县游击大队长。至9月16日,7团供给处主任郝霖调任昌延县长,高镇平为教育科长,张子丰任县政府秘书。9月下旬,组成新县委领导班子,史克宁任县委书记,徐亮任组织部长,王毅任宣传部长。县委为徐智甫和胡瑛开了追悼会,并宣誓:坚决继承烈士遗志,把日军赶出中国去。由于县委的坚强领导,昌延各区的工作迅速恢复和发展了,形势开始好转。

三、坚持锄奸和对敌斗争

砸"探子"

果树园的小金房村是一个小山村,全村18户人家,多数姓司。前后都是大山,遇到敌情时,八路军容易隐蔽和躲藏。因此,这里成为南山八路军的根据地,也是沙塘沟到延庆川的必由之路,地理位置非常重要。

在延庆和永宁驻扎的日伪军都知道这个小山村是八路军活动和驻扎的地方,于是常派探子到村里来查问八路军的下落。

一个夏天的傍晚,史克宁带着通信员来到小金房,因为天色已晚和奔波劳顿,他们便住在村内司文兴家。司文兴是史克宁的结拜兄弟,每次史克宁到此落脚都住在他家。

第二天上午,司文兴出门查看,因为家里住着史克宁,保护史克宁和通信员的安全是他的头等大事。偏巧这个时候有3个手艺人来到了小金房。一个是修面罗的罗匠,另两个是小炉匠。这让司文兴感到奇怪,一天来了3个手艺人,这在以前从来都没有过,而且光小炉匠就来了两个,他觉得蹊跷。想到这里他上前搭讪,问他们从哪儿来、是哪儿的人。虽然3个手艺人不在一起展露手艺,但说话都是外地口音。每个人在与村里人说话时都要问:"这几天八路军来了没有?八路军都爱住在谁家?"被问的人都回答说:"好长时间没见到八路军来了,就是来了,都是悄悄的,也不知住在谁家。"

有一个村里人拿出来一个裂璺的锅让小炉匠修补,把锔子。小炉匠推说不合算,让修锅的人再买一口新的。这引起了司文兴的怀疑,他立刻转身回家,把这个情况告诉了史克宁。史克宁听了这个情况,立刻从炕上跳下来,边穿鞋边说:"这3个人可能是探子,老司,你把司文亮找来,咱们一块儿去收拾他们!"

司文兴找来了司文亮,于是就和史克宁及通信员来到了街上。这3个手艺人正在各家门口查看脚印。史克宁于是断定这3个人就是探子。乘那3个人低头看脚印的工夫,分别把他们按倒,用枪顶住了后脑勺。这3个人吓坏了,几乎没有反抗,就被捆进司文兴家的院子。史克宁亲自审问探子。

审问结束,史克宁觉得情况严重,决定杀掉探子,免除后患。他让司文亮赶紧找人到村外挖坑。不大一会儿,挖坑的人就回来了。史克宁问:"坑挖好了吗?"

"挖好了。"

"在哪儿?"

"蕨菜洼。"

"行,让他们上路!"

于是,几个人牵了3个探子向蕨菜洼走。到了那儿,让3个探子跳到坑里面去。3个探子挣扎着不下去,史克宁就叫通信员从附近搬来大石头,把探子一个个都砸死了。司文兴就知道八路军缺子弹,砸死敌人是常有的事儿,可不知道为什么史克宁非要砸死探子。史克宁说:"他们回去一定向他们的主子报告,敌人知道了我们在哪儿可能来报复。到时候遭殃的不仅仅是我们,还有乡亲们。把探子砸死了,挖个坑埋了,敌人就不知道探子去哪儿了。"

站在一旁的人点头称是。史克宁又交代了处理探子物品的办法,等到埋好探子尸体、做好伪装,大家疾步回村。

后来,敌人还真到别的村里打听过探子的下落,却不想他们早已命归西天了。

智除叛徒

夜幕降临,黑暗笼罩着只有五十几户人家的小山村——小泥河村。北山坡上部队打仗时挖的战壕里躺着一个喝得醉醺醺的男人,旁边有两个十几岁的男孩儿,是他强拉来给他放哨的。这个男人就是远近闻名的吴斌,他原来是八路军区政府的一名干部,后来被日军抓住叛变了。吴斌叛变后做了不少坏事,破坏八路军的交通站,抓捕抗日干部,残害抗日家属,因此早已上了八路军区政府的锄奸黑名单。

做贼心虚的吴斌时刻担心八路军找他算账,每次回家都是偷偷的,不敢在家里留宿。吴斌曾一度把老婆孩子也接到了县城敌占区居住。吴斌的老娘为了儿子的安危,曾找来算命先生为吴斌算命。常言道:人算不如天算。

这一天，吴斌从大泥河儿拎着两瓶酒偷偷回到家中，看天色已晚不能再回县城，只好到北山坡上的战壕里喝酒吃肉睡觉。为以防万一，他骗来村里的两个小孩儿为他站岗。

这是一个秋天的夜晚，夜深人静，喝得醉醺醺的吴斌一会儿便进入了梦乡。突然，两个孩子发现北面大泥河儿方向有手电筒的亮光，而且越来越近，已经到了山坡的下面。

吴斌蒙眬中似乎觉察到了什么，不由得喊一声："哪一个？"没听到回答，只是手电筒亮光没有了，脚步声更近了。吴斌顿时慌了神，酒也醒了，睁开眼睛看看，放哨的两个男孩儿早已不知去向。他感到大事不好，连滚带爬地从山上下来，一口气跑到村里，藏在村东头姬大娘家的地窖里。

区长王满带领游击队战士穷追不舍，一会儿就把姬家围得水泄不通。

"吴斌，出来吧，你跑不了啦！"王区长对叛徒吴斌采取了攻心战术。双方僵持了大约半顿饭的工夫，区长决定向窖里射击逼他出来。刚要发布命令，突然听到一声巨响，滚滚浓烟从地窖里冒出来，土块纷飞……原来，吴斌自感大势已去，在劫难逃，就拉响了身上的一枚手榴弹。血债累累的叛徒吴斌被除掉了，王区长和战士们一片欢腾。乡亲们也奔走相告，纷纷谈论着这个汉奸的罪恶下场。

端"局子"

高庙屯是日伪的三分局驻地，村里设一伪警局，昌延联合县政府决定端掉这个"局子"。

这天晚上，住在小金房的史克宁突然找到司文兴，很严肃地说："今天夜里我们准备端掉高庙屯的局子，你再找两个人，和我们一块儿去。"。

听说要和史克宁一起端"局子"，司文兴很高兴，他简直没有思索，就提出两个同行的人，一个是司文成，一个是司文亮。史克宁听了，点头同意。

司文兴把司文成和司文亮找来，史克宁分配了任务："你们 3 个人，主要是锯电线杆割电线，电线一断，我们就进攻'局子'。记住，割下来的电线要盘好，能带回来多少就带回来多少。"

入夜，史克宁带着 20 多个战士出发了，司文兴等 3 个人拿着锯子，走在队伍的前面。他们来到高庙屯附近，很快就找到了敌人通电话的电线杆。没有任何停顿，就开始锯电线杆。锯断后，一个人盘线，另两个人抬着电线杆向远处走，一直走到村头那个沟处，才把电线杆扔掉。史克宁方面的战斗已经打响,也就是 10 多分钟的样子,战斗就结束了。原来局子里的敌人不知道来了多少八路军,一听到枪响只顾个人逃命。八路军进了局子,把能够带走的全部带走,包括粮食。

战斗很顺利,可是令史克宁头疼的事儿发生了。到了小金房,史克宁清点人数后发现少了两个人,不知道是牺牲了还是走散了。找又不知该向哪个方向去找,只得等待天亮。

第二天,史克宁找到司文兴,他一脸严肃,低沉地说:“昨天夜里我们两个战士没回来,到现在也不见人影。这样,老司,你扛把斧头,假装是抛柴的,到咱们去端‘局子’的路上找一找,如果发现了,把他们领回来,我怕他们人生地不熟的走丢了。”

司文兴二话没说,扛上把斧头就走了。他来到了大山上,一路查看,也不见人影,好不容易看见了一个人影,也不像是八路军,因为男人的手里没枪,再细看,那人挎着筐,显然是捡粪的。他转悠了大半天,也没有发现史克宁说的那两个人,只得回村。

到了家,史克宁告诉他,那两个人已经回来了。为了表示对司文兴的感谢,史克宁代表县政府送给司文兴一袋白面。

第 二 编

平北根据地的恢复和发展

第一章 “围剿”中成长

平北抗日根据地的建立，犹如在敌人的心脏插入了一把尖刀，引起了日伪的恐惧，必欲除之而后快。

《华北治安战》一书中，有多处记载侵华日军的哀叹：“华北治安之癌，并非国民党政府，而是中共及其军队”“中共游击战和地下工作异常巧妙”，使日军被迫打了一场“不分昼夜、连续不断、永无休止的战争”“没有明确战线的战争”“陷入泥潭的浴血战争”，“日军在华北有 9 个师团和 12 个旅团的强大兵力被钉死在那里”，导致日本军队的“整个战局陷入完全被动的局面”。

为此，日伪采取“三分军事、七分政治”的总力战，对新建立的平北抗日根据地进行“围剿”，但平北军民在敌伪经营统治已久的战略后方进行艰苦卓绝的斗争，使革命根据地得以不断恢复和发展。

第一节 平北地区的严峻形势

一、一张“良民证”

1933 年 1 月以后，日军侵入平北地区，平北地区的老百姓生活受到极大限制。日本侵略者为加强其统治，先后建立起一系列的政治、经济、文化等统治机构。在这些机构中，日本侵略者掌握着统治大权，为镇压人民的反抗活动，还设置了宪兵队、特务组织、伪警察署警察大队和“讨伐队”等。

日本侵略者在平北地区成立县公署，县下设镇公所、乡公所，乡下以村为甲。乡乡有日伪警察局，村村设伪保甲长。伪镇长、乡长由县指派，甲长大多为村地方上层人物或地痞流氓，主要利用原有旧势力人物，也有的按地亩轮流担任；在县城、村镇成立地方“维持会”，然后在各地实行保甲制、“十户连坐法”（其中有一人犯法，十户连坐），同时还建立户口登记、指纹鉴定，

16岁以上男女照相,发放“良民证”(即身份证),老百姓出门如忘记携带良民证,轻则挨打、罚款、找保人,重则逮捕下狱。苛捐杂税数不胜数,粮食全部征缴,然后计口分配。他们就是利用这些傀儡政权、伪基层政权组织,加强政治统治,收“出荷”、抓劳工、摊派捐税,剥削欺压百姓,为其侵略战争服务。

在日本侵略者的统治下,因为一张小小的良民证,多少百姓死于非命。延庆营城村的吴坤,在抗日时期就因为良民证三次遇险、三次逃脱。所以说起他,大家都说他是属“猫”的人,因为传说猫有九条命,吴坤命像猫一样大。

吴坤本来是一个普通老百姓,日本鬼子给当地百姓办良民证的时候,他把自己的名字写成了吴申,少写了一个土字旁。良民证办完半个月后,永宁城的鬼子来村里收公粮,打听吴申是谁,得知全村就一家姓吴的,叫吴坤不叫吴申。

永宁城的日伪军气急败坏:良民证上写假名,这还得了?编造假名蒙骗皇军,肯定是共产党八路!抓住他,审!一定要顺藤摸瓜,找到八路军的组织或者成员。审完了怎么办?杀啊!

日伪军气势汹汹进村抓人,第一个见到的是村民池得宝,问:“吴坤家在哪儿住?”

池得宝以为是来收粮,回答道:“最西头第二家就是。”

那天,正是锄二遍地的时候,吴坤还真的在家,睡醒午觉,扛上大锄正要去地里,就看见邻居二老郭房上有俩日伪军。

吴坤疑惑:二老郭是个老光棍,抓他干什么?坏了,肯定是抓我,弄不好鬼子知道了我写的是假名,脚底下抹油——赶紧溜吧!吴坤假装没看见鬼子,不慌不忙地走了出来,出了门,一拐弯,估计房上的日伪军看不见自己了,赶紧就跑。

原来啊,池得宝记错了吴坤家的地址,村子最西头,住着大老郭一家,紧挨着是他弟弟光棍二老郭,第三家才是吴坤家。冥冥之中仿佛有老天爷照应,吴坤侥幸逃过了一劫。

这次没抓到吴坤,可是吴坤也不敢回家住了,只好东家住一晚,西家住一晚。十多天过去,也没见鬼子再来抓他,他以为鬼子把他忘了,就大着胆子回了家。可谁知,一天半夜,吴坤到院子里撒尿,就听街上有纷沓的走路声。“坏了,一定是鬼子来了!”吴坤翻墙就去了二老郭院子,又翻墙到了大老郭家,从大老郭家后门跑到西沟里去了。

日伪军又扑了个空，吴坤第二次遇险逃脱。可是“半夜不在家，肯定是出去秘密开会了”，这更让日伪军认为吴坤绝对是共产党。

贫穷的老百姓，除了回家还能去哪儿啊？这天吃晚饭的时候，日伪军又来了，把偷偷回家吃饭的吴坤绑走了，关在永宁城天主教堂西面的大磨坊里，连夜审问，吊起来打，吴坤死活不承认自己是共产党。他不敢承认，他知道承认了就是死！他相信自己的老婆砸锅卖铁也会想办法救自己的。

果然，吴坤的老婆急疯了，找到保长刘进生，哭哭啼啼地央求保长去找鬼子求求情。保长心里明白，就算他出面去找鬼子说情，也是瞎子点灯——白费啦(蜡)！可是这种事也不能拒绝，一个村的老乡亲，有事总得要帮忙。

第二天一早，保长就到永宁城去找日伪军，见着一个伪军小队长，小队长说：“你管的村里出了八路，你都没有发现，你还来说情，赶紧回去，再啰唆连你也一块儿毙了。”还说过一两天就把吴坤脑袋割下来挂城门上示众，“谁敢当八路军，下场和吴坤一样”。

保长垂头丧气地回到村里，正遇见木匠刘贤臣扛着锛子挎着兜子从罗家台做木匠活回来。保长拦住刘贤臣，俩人蹲在村边老榆树下抽烟。

保长诉苦：“这是什么世道？说杀人就杀人。你说这事我可咋和他媳妇说呀？”

刘贤臣当时已经秘密加入中国共产党，可是现在情况紧急，一时半会儿和组织联系不上，怎么救吴坤呢？两个人想不出办法，一口一口闷头抽着烟。当时老百姓抽烟，抽的是旱烟叶，用的是烟锅子，也没火柴，用火镰。一锅烟抽完，刘贤臣在工具兜子里找火镰的时候，看见兜子里有钉棺材盖的大长钉子，8寸长，眼前一亮，便有了主意。说：“只能让他自己逃跑了，行不行就看他运气了！”

保长和刘贤臣到了吴坤家，告诉吴坤的老婆：“你给他做顿饭吧。”吴坤老婆一听，这是别让他当饿死鬼的意思啊！顿时就瘫软在地。刘贤臣拿出来8寸铁钉：“这顿饭是救命饭。”

吴坤老婆用铝饭盒蒸一盒小米饭，保长亲自送给押在永宁城的吴坤。吴坤是真饿了，打开饭盒就吃，吃着吃着，看见一个大铁钉，立刻就明白这是让他用钉子掏墙洞。

当时的房子都是用土坯垒的。一夜的时间，完全能够用铁钉挖出来一个小洞。吴坤顾不得吃饭，把大铁钉子埋在墙角地面的浮土里，手攥着拳头，擦着墙边走，用手背贴着土坯缝隙，细细感觉哪里透风——透风的地方掏洞省力一点。找好了挖洞的地点,吃完了小米饭,吴坤对看守说:“我咸菜吃多了,给我弄一饭盒水来。”看守给弄来一饭盒水,吴坤接过来一口气就喝光了,说:“再弄一盒,留着晚上喝。”看守没多想,就又给倒了一饭盒水。

大约夜里11点钟,天黑得伸手不见五指,看守已经睡着了。吴坤冲着他找好掏洞的地方尿尿,浸湿了墙面,用钉子一划拉,土就掉了一层,又用饭盒的水浸湿墙面,继续挖,手心被钉子帽磨流血了,脱了鞋垫在钉子帽上仍继续挖。

第二天天一亮,大磨坊的墙壁上留下一个大窟窿!吴坤第三次死里逃生。

当时伪满州、伪华北地区日本侵略者给百姓发的身份证叫良民证,伪蒙疆地区发放的就叫作身份证。名称不同,作用相同,都是为了加强其反动统治,限制百姓自由。今天在北京延庆档案局就存着这样一张特殊的档案资料——蒙疆时期的蓝皮身份证,它见证了日本帝国主义侵华的史实。

这张伪蒙疆身份证采用成吉思汗纪年,持证者是来自今天延庆东小河屯村村民赵元玉的母亲赵郭氏,上面记录着赵郭氏和女儿赵满玉的年龄、性别等基本情况。这个身份证是1944年日本侵略者占领张家口地区后所建立的伪蒙疆联合自治政府为沦陷区居民办理的。

小河屯村在延庆城西,当时隶属察哈尔省,因此称为察南。身份证上这样记录:察南延庆县小河屯村小河屯甲,赵郭氏,女,年龄43岁,有照片,号码模糊不清;赵满玉,女,年龄18岁,照片已不存在,编号为37820,上面还有两人左右手食指指纹,并加盖“县长”钢印。该证于成纪736年12月2日发,到738年12月1日止,按照成吉思汗纪年,相当于1944年至1946年,有效期两年。

身份证还列出了注意事项共十条:第一条,本身份证须随时携带,不随时携带者处拘留或50元以下罚金;第九条,贷予本身份证书与他人者处3个月以下之徒刑,或拘留,或200元以下之罚金。这是当时伪蒙疆政府限制群众人身自由的证据。

二、“剿共治安战”

身份证管理只是日本反动统治的一个方面,日军之所以把平北作为“模范治安区”,是因为他的反动统治渗透到各个方面。在思想上进行欺骗宣传，以文化为主要手段，加大宣传力度，在教育中渗透亲日防共方针，把日军的侵略说成“日满亲善，日察民族协和”等。在沦陷区办俱乐部（赌场）、大烟馆、妓院，大好良田，强逼遍植鸦片，然后全部掠夺，公开推行毒化中国人民的政策，从而实现既毒害中国人民的身体，又麻醉中国人民抗日斗争意志的目的，以其卑劣手段破坏中国良好社会风气，消除民族意识和斗志。确定奴化方针，完善奴化教育体系，利用学校给青少年洗脑，绞尽脑汁、千方百计加强思想控制，通过一系列奴化教育、愚民政策，使占领区的老百姓成为无反抗意识的“顺民”。

为加强其军事政治控制，日本侵略者收编土匪、地痞、流氓，扩充侵略武装；在重要村镇建立据点，日伪军及警察数十人驻守；铁路沿线经过的火车站设警务段，驻有铁路警察，均有日本人监督。

1940 年至 1941 年期间，平北地区周围驻扎的日军约 16000 人，主要为独立第 2 混成旅团 8000 人（驻扎在张家口、宣化、怀来铁路沿线及怀安蔚县来源地区）、独立 15 混成旅团 8000 人（北平近郊及平谷路沿线）及分驻各县的数千人的伪治安军。

哪里有压迫，哪里就有反抗。

到 1940 年 8 月，活跃在华北日军占领区的八路军不仅成功粉碎了日军一系列残酷的“扫荡”，保存并壮大了自己的队伍，发展了根据地，而且还发动了一场震撼日军的反击战役——“百团大战”，使日军第一期的“肃正作战”在尚未完成时便被打乱，更使日本侵略者认清：“华北治安的致命祸患是共军，只有消灭这个党、政、军、民有机结合的抗战组织，才是现阶段治安肃政的根本。”

为了确保华北新占领区的安定，日军决定以对八路军施策为重点，“在 1941 年度要彻底进行正式的剿共治安战”。日华北方面军一面立即组织报复性“扫荡”，一面总结失败经验，推行“治安强化运动”（伪蒙疆联合政府称为“施政跃进”运动），实行无人区政策。

1940 年 5 月至 8 月，日伪军集中 3000 多人对昌延中心区“扫荡”3 个多月。9 月 13 日起，又先后两次对平北根据地开展大“扫荡”，一次是以 4000 多兵力对丰滦密地区进行 78 天大“扫荡”；另一次以 1500 余兵力，在宣化以东，怀来以北，分四路围攻“扫荡”海陀山地区。1941 年，日军在军事上调集重兵，连续进行大“扫荡”，共发动 500 人以上的大小“扫荡”32 次，仅大规模的“扫荡”就达 11 次之多，奔袭 40 次，零星“清剿”1540 次。平北地区村干部、抗日积极分子被杀害约430人，被捕1100余人，被烧毁房屋约25580间，群众损失粮食3630余石（145万多斤）、牲畜2100余头。

1941年春起，日本侵略者大力扶植、利用汉奸和伪军，日伪合作，对华北敌后抗日根据地进行所谓“三分军事、七分政治”，集军事、政治、经济、文化、交通、特务为一体的“总力战”，以达其确保占领华北之目的。

日军由此把“治安肃正运动”发展成为“治安强化运动”。“治安强化运动”是日本帝国主义“以华治华”“以战养战”方针的具体运用。为实现其战略目标，日军把华北划分为三种地区：一是“治安区”（即日军占领区）；二是“准治安区”（即游击区）；三是“非治安区”（即敌后抗日根据地）。对这三种地区，日军分别采取以“清乡”为主、以“蚕食”为主、以“扫荡”为主的方针。

从1941年春到1942年底，日军在华北连续推进了5次“治安强化运动”，发生在1941年的就有3次，规模一次比一次扩大，手段一次比一次凶残毒辣，给沦陷区老百姓的生命财产造成了严重危害。

日本侵略者的铁蹄在平北地区的土地上践踏，到处留下了血肉模糊的蹄印，这些蹄印是平北地区人民难以平复的伤痛，也是日本军国主义分子无法抹掉的一个又一个的罪证。

第二节　重重包围中的发展

一、根据地初创时势

平北抗日根据地四周的敌伪兵力强大，有“北支派遣军”“关东军”“驻蒙派遣军”“满洲军”“蒙疆军”“治安军”“警防队”。

平北地区是伪华北、伪满洲国、伪蒙疆的接合部，是敌人的心脏地区。同时，它也是平西和冀东两个抗日根据地的交通要道，是八路军挺进东北的阵地。因此，它是敌我必争之地。

平北抗日根据地最初创建时，热河境内两县已经沦陷八年，其他各县也多已沦亡四年至五年。且平北地近伪华北政府的首府北平和伪蒙疆政府的首府张家口，以及伪满洲政府热河省省会承德等城市，敌伪统治力量较强，并建成了一套较严密的统治机构，当地没有游击战争，也没有中国共产党的工作基础。

抗日战争进入战略相持阶段，日伪方面增强了他们的后方统治力量，所以就抗日根据地来说,平北是敌寇统治较强、革命力量较弱的地区,这是开辟平北工作的不利条件。但是,另一方面,由于这里地处伪满、伪蒙疆、伪华北政府的接合部,敌人对这里残酷的掠夺和奴役,激发了广大人民对敌人的仇恨和抗日的要求,以及有平西和冀东人民的斗争为依托,又是开辟工作的有利条件。

长征中,部队的普遍情绪是不怕打仗阵亡,就怕负伤;不怕急行军、夜行军,就怕害病掉队,这是没有根据地作战的反映。怎样建立抗日根据地呢?必须正确执行党的各项政策,采取巩固地向前发展的方针,在战术上只能梯次用兵,发动和依靠群众,用分散、隐蔽的办法,先开辟小块根据地,随着武装力量的不断壮大和根据地的发展巩固,进而逐步开辟成大块根据地。

当时确定创造六块小游击区:(一)"后七村"(即昌延地区);(二)龙赤地区;(三)黑河区;(四)白马关区;(五)阎家坪;(六)赤城以西龙关以北(即龙崇赤地区)。这个目标,到1941年已基本实现。

平北大部分地区都有了县区村等抗日政权组织、地方武装,成立了妇救会、青救会、儿童团等群众组织。

二、党组织迅猛发展

两百党支部

三司村村口高大的白杨树茂密的树叶被狂风吹得哗啦哗啦地响,仿佛为了故意制造紧张气氛,又仿佛为了偷偷藏起树下破旧土坯房里那些低沉而庄严的声音,可是那些被故意压低的声音如同拥有神奇的力量,直钻到人心之中。

> 我宣誓:一、终身为共产主义事业奋斗;二、党的利益高于一切;三、遵守党的纪律;四、不怕困难,永远为党工作;五、要做群众的模范;六、保守党的秘密;七、对党有信心;八、百折不挠,永不叛党。

入党仪式是秘密举行,党员向党宣誓很郑重。

这一版本的入党誓词由当时的中央组织部规定,1940年党内刊物《共产党人》第4期刊载,作为抗日战争时期中国共产党标准的入党誓词,为新党员入党宣誓时广泛使用。

这一时期的入党誓词不再强调"阶级斗争",而是强调"要做群众的模范"和"对党有信心"。其思想更加饱满,内容更加丰富,要求更加具体,反映了党当时团结带领广大人民群众为争取抗日战争最后胜利而不懈奋斗的坚定决心和英雄气概。

宣誓结束,6只有力的拳头轻轻放下,紧紧握在一起。"从今天起,我们都是同志了！千万记住两点:这件事谁都不能告诉,要做群众的模范。咱们一定会胜利的!"刘景礼异常激动,他是史克宁亲自发展的党员,今天这5位同志又是他发展的一批党员。

中共平北地委成立后,平北地区现辖区内大部分县党的工作归刘景礼领导,各县均先后成立了县委、区委。截至1941年底,平北地区共有:昌(平)延(庆)、龙(关)赤(城)、丰(宁)滦(平)密(云)、龙(关)延(庆)怀(来)、滦(平)昌(平)怀(柔)、龙(关)崇(礼)赤(城)6个联合县(以下简称昌延、龙赤、丰滦密、龙延怀、滦昌怀、龙崇赤联合县)。

这些抗日政权,以山地为依托,在长城内外、白河两岸开展抗日游击战争,并抽调干部组成地方工作团,深入群众,宣传抗日,团结各界进步人士,建立抗日救国会,成立自卫军(民兵)和抗日民主政权及抗日群众团体。凡是已开辟的抗日根据地,都发展了党员,建立了党支部。

这些党员是在抗日斗争中发展起来的,他们对敌斗争坚决、勇敢,在各项工作中都能起到骨干作用。党支部在农村的主要作用是:争取在村中对各种组织与斗争的领导,加强统一战线的教育,广泛开展统一战线工作,争取并掌握与敌伪有关的两面分子,逐渐建立村民主政权,领导群众对敌的合法斗争,做好教育群众工作等。

据1941年12月25日的统计,党组织情况如下表:

地域	党员数	支部数	分布在	
			区	村
昌延(1940.1)	1000余人	81	8	81
龙赤(1940.5)	469人	54	7	54
龙延怀(1940.6)	207人	26	3	26
龙崇赤(1941.3)	32人	3	4	11
丰滦密(1941.8)	700人	70	5	70
滦昌怀(1941.6重建)	不详	不详	不详	不详
总　计	2400余人	234	27	242

各县委、区委、村党支部建立后，特别注重党的组织发展工作。

各级干部深入群众，了解情况，物色党的发展对象，培养教育，在农民中吸收先进分子入党，建立农村基层组织，从而为党组织的发展壮大奠定基础。通过举办农民夜校、组织穷人会等形式，向广大贫苦农民进行反剥削、反压迫、反帝反封建的宣传教育，并一次次发动农民向地主和官绅做斗争，多次取得斗争胜利，在群众中打下基础。

第一批农村党员，一般是由区委书记或党员干部直接培养发展。各村建起基层党组织后，由各村自行发展或到外村发展党员。准备吸收入党的都是群众中的抗日积极分子、有活动能力的贫雇农。确定发展对象后，经过一两个月的了解，进行多次个别谈话、启发，再通过斗争实践稳步吸收。在抗日战争时期恶劣的环境中，发展党员只能秘密进行。除介绍人外，党员互相之间不知道彼此身份。同时规定“上不告父母，下不传子女”，也不许向妻子透露。

区委对各村党支部是单线领导的，党员之间的工作也是单线联系。支部之间没有横的关系。在一面政权地区，党员多的村建立了支部，党员少的建小组；在两面政权地区，没有建立党组织，党员之间不公开。党支部秘密进行组织生活，开会、上党课、开展批评和自我批评，主要教育党员起模范作用，学会搞隐蔽斗争，遵守铁的纪律，保守党的秘密，被捕后不动摇、不叛变。但囿于敌我斗争严酷形势，支部会、小组会不能经常开。每个支部都有一两名绝对秘密的党员，不参加党的小组会，由区委或县委直接领导，准备环境突变时建立点线工作。

截至 1941 年底，凡是已开辟的抗日根据地，都发展了党员，建立了党支部。

昌延联合县开始建立了 5 个区委，到 1940 年 12 月底，发展到 8 个区委，但大都只有一个区委书记，组织委员和宣传委员也没有配齐。县区干部到村，在可靠的贫雇农家落脚，建立通信点，几个通信点便形成通信网。通信点都是基本群众，经过一段时间的教育和考验，大部分都发展为中国共产党党员。同时，县委开办训练班 4 次，把各村物色的根基比较好的积极分子，集中到南山经过十天半个月的学习，便将其中表现好的吸收入党。一个村中有 3 个以上的党员，便建立党的支部。到 1941 年 12 月底，建立党的支部 81 个，有党员 1000 余人。为了加强党的思想建设，县委由王毅负责办不定期油印《昌延导报》——这是延庆地区中国共产党办的第一张小报，内容是转载毛泽东同志的《论持久战》,同时自编一些通俗易懂的抗日故事和歌谣等。

昌延联合县地区扩大了,外来干部有限,工作主要靠本地干部。史克宁同志很注意培养干部,办法有两种:一种是带徒弟的办法;一种是办训练班的办法。或者是二者结合起来,先动员出来工作,然后再参加训练班学习。

比如五区,首先脱产的是刘景礼、刘广义父子二人。史克宁在1939年夏季就常在小金房果树园的独户人家刘家,经过培养,将刘家父子发展为党员。史克宁把刘景礼介绍给五区书记刘全仁,二刘结合在一起,一个是外来的,一个是本地的,开展工作就方便多了。因此五区的工作进展很快。后来刘全仁调到七区任区书记,不久又调到龙延怀县委组织部工作。这个时候,刘景礼即被提拔为五区书记。刘广义,人们都叫他"小柱子",当时只有14岁,是史克宁的交通员,入党时史克宁是介绍人,后来担任一区的区委委员,做青年工作。还有六区北张庄的姜国亭①,原来是当店员的,有些文化,他的入党介绍人就是刘景礼。1941年六区书记田梦熊牺牲后,姜国亭由六区委员,被提为六区书记,后升任延庆县委书记。

史克宁办的党员干部训练班除讲党员课本外,还结合实际,自编讲稿。据受过训练的同志回忆,讲的内容有革命人生观、历史唯物主义、思想方法论、联共党史等,通俗易懂。

史克宁能写善画,他画的毛主席马恩列斯伟人像,给人印象很深。他还会吹口琴,领导学员唱革命歌曲十分活跃。政权干部训练班由县长主办,有的脱产,有的半脱产。培养对象由各区委推荐。学习内容除政权建设工作外,着重学习毛主席的《论持久战》。凡是经过训练的人回去后都安排工作,充实基层组织。农民文化低,大字不识几个,可是通过上几天短期训练班,很快心里就亮堂多了,工作起来很起劲。这些土生土长的本地干部起来后,比外来干部更得力。在1942年的残酷环境下,在延庆川工作的外来干部或牺牲或调离,但本地干部仍坚守着岗位。

昌延联合县五区在延庆南山根一带,当时是敌人的确保占领区。敌人建立了一整套统治秩序。昌延联合县县委书记史克宁派刘全仁、刘景礼二

① 姜国亭(1921—2018),原名周德先。1940年,八路军挺进军开辟平北抗日根据地来到延庆,他积极参加抗日活动,很快便入了党,出任昌延联合县六区区委书记,后任六、十联合区委书记。解放战争时期,任中共延庆县委书记,兼县游击大队政委。中华人民共和国成立后,调涿鹿县任县委书记,后调东北水电勘测设计院,再到水利部淮河水利委员会。1984年初,水利电力部天津勘测设计院党委书记位上离休。2018年逝世。

位同志去那里开辟工作，史克宁就说："你们每到一个村庄，都要公开地、大胆地宣传抗日救国，扩大我党我军影响，激发群众爱国热情。宣传活动要公开，大造声势。但是行动要秘密，以防暗害。"

两人接受了任务，首先来到三司村，找到伪甲长，召开了群众大会，宣讲了抗日救国道理，当场宣布成立抗日救国会，全体群众都是会员。会后，刘景礼到熟悉的一个贫农家里，先是宣传抗日救国道理，接着提出建立通信点，通过他又找到两个基本群众，就在他家建立了第一个通信点，又通过他们介绍继续开展工作。之后用同样的办法，在石河、宝林寺，宣传抗日，成立抗日救国会，建立通信点。再以宝林寺为基点，向南通过井庄、石河、二司直到三司、四司，又经二司、果树园、口子里直到小金房；向北经香村营到前吕庄；向东经小庄科到吴坊营；向西经艾官营、南老君营直到曹官营，形成了一个通信网，宝林寺就成为他们的通信站。各通信点都是党的干部落脚的地方，如果有人要找八路军，必须通过通信点才能找到。党的干部往来于各通信点之间，在多次接触中，对通信员逐步加深了解，经过一段时间的工作考验，将其大部分都发展为中国共产党党员。

牺牲无处不在

1940 年 8 月，昌延联合县委书记徐智甫、县长胡瑛牺牲后，史克宁继任县委书记，县长为郝沛霖。两人在霹破石村南洼召开县委扩大会议，会议由郝沛霖主持，他强调继续贯彻执行巩固根据地，开辟延庆川总任务的简短讲话后，史克宁部署了当前四项具体工作："一、用毛主席《论持久战》为指南，深入学习。二、用带徒弟和办训练班的方法，把经得住考验和有才能的干部，提拔到领导岗位上来。完善干部队伍。三、隐蔽发展中国共产党员，发挥党员作用，搞好党的组织建设。四、加强对游击队、区卫队和民兵队伍建设，用机动灵活的游击战术打击敌人。"

会后，史克宁根据县委、县政府人员分工，带领县干部靳子川、田梦熊等 7 人，到马场川、井庄、沈家营、大柏老一带开辟延庆川。经过一段艰苦斗争，在各村普遍建立抗日政权基础上，先后新建立 6 个区公所，根据地逐渐向延庆川发展。

在敌后建立根据地的实际过程中，中国共产党的干部，冒着极大的危险，稍有疏忽，轻则坐牢，重则牺牲。因此，那时候进村工作，都要先把自己伪装起来，或扮成挑货郎挑卖杂货的，或扮成收购山货人等各种买卖人，多在夜幕降临时进村,先寻一贫户人家住下,夜里和这家主人闲谈生活琐事,聊得投机,便成为朋友。在全面了解对方情况之前,绝不暴露自己的身份。最初发展党员的方针是争取上层人士,同时秘密发展。干部到了哪个村,先利用敌伪的保甲组织,这些人大多是当地的头面人物,有比较开明赞成抗日的,也有落后反动的。通过利用伪保甲长的关系,党的干部就有了吃饭、睡觉、休息的地方,站住了脚,然后再进行工作。那时相互都称呼为"先生",并且让这些上层人物、伪保甲长帮助做些工作,逐步培养发展。党的干部在接近基本群众中,发现积极分子,有针对性地找这些人谈话、了解情况,宣传一般的阶级斗争知识,比如穷人为什么穷、抗战胜利后我们建设什么样的国家等革命道理,同时交给他们站岗、放哨、送情报、探听敌人消息等任务对其进行考验。在对敌斗争中表现英勇顽强、工作突出的人才能入党。入党时反复强调一定要保守秘密,在对敌斗争中不妥协、不动摇,叛变可耻,为党为国牺牲光荣,教育他们在群众中要起模范带头作用。

1940 年秋后,龙延怀联合县县委派石玉明到小北川东山沟一带去开展党组织建设,开辟三区工作。东山沟位于一区和二区之间,沟长 30 余里,它像一条漫长的瓜蔓,将北起瓦房、南至土木等十几个村联结在一起。由于过去兵荒马乱闹土匪,老百姓最怕也最恨当兵的。石玉明为了便于接近群众开展工作,经常穿一身农民衣帽,手里拿根鞭子,遇到陌生人,他就说是"放羊的",或是"驴跑了去找毛驴"。这样,石玉明接近了许多给有钱人家扛工、打短工的穷苦人。他一边帮人干活,一边宣传抗日救国的革命道理,很快和一些穷哥们儿熟悉起来,首先在瓦房村发展了阎枝明、阎枝忠、王永泰 3 人入党。接着,又到金家口村发展了 4 名党员,到石盘口村发展了 4 名党员。1941 年 7 月,在草庙子发展了 5 名党员,并建立了党的组织,开展起地下活动。之后,石玉明又配合县委组织部部长刘全仁,一路播撒抗日火种,从而使党的力量不断发展壮大。

在县、区、村各级党组织的领导下,龙延怀联合县各村武委会、农救会、青救会、妇救会、儿童团等群众抗日组织都很快建立起来,并投入轰轰烈烈的抗日斗争。这道防线的建成,不仅构成阻挠敌人进攻平北抗日根据地的阵线,而且成为打击敌人的有力前沿地带。

敌强我弱、敌多我寡的情况下,在开辟平北根据地、进行抗日斗争中,同志们在条件艰苦、环境艰险中坚持工作。他们有时几天见不到粮食,只能以野果、草叶充饥;他们不敢在老乡家热炕头上睡觉,山林洞穴,是他们经常住宿的地方,即使睡在老乡家里,也夜不脱衣,时时警醒,有时一夜之间要转移好几个地方,身上的衣服由于长年得不到洗换,虱虮成堆,同志们风趣地把它叫作“革命虫”。

这些年轻的干部,每行动一步都要冒着生命危险,因为一旦泄露行踪,就会遭到不测。在平北开辟的日子里,很多优秀的干部为了党的事业献出年轻的生命。

1940 年秋,昌延联合县一区区委书记李熔旭(原名李亚钟,曾用名李熔旭、李荣旭)去十三陵开辟工作,被敌包围,中弹牺牲。

1941 年春,滦昌怀办事处主任张更生,在顺义开辟工作时,由于汉奸告密,被伪军包围,不幸牺牲。

1941 年春,昌延十四区区长徐达天、工作人员甄山水,在半壁店遭敌袭击,战至弹尽,突围时壮烈牺牲。

1941 年秋后,昌延联合县十三陵区(三区)区委书记常嗣先①,在泰陵园村被泰陵伪警备队包围袭击,他英勇抵抗,身负重伤,烧掉机密文件后壮烈牺牲。

1941 年 10 月,昌延联合县八区党委组织委员阎玉典(阎志光),在簸箕营被下屯大乡队伪军包围逮捕,在严刑拷打下英勇不屈,被敌杀害后割下头悬挂在日伪县政府南城门上,威吓抗日军民。

1941 年冬,昌延联合县县委宣传部部长王毅,因叛徒告密,在怀柔县黄坎村被伪满洲军抓捕。

侦察员傅福清(交界河人)在西台子二道河被敌人杀害,头被铡刀铡下来,送到怀柔琉璃庙伪警察所用以请功。

1941 年,丰滦密十三区区长马云龙②在长哨营大沟村被汉奸出卖,遭敌杀害,敌人将其头割下来挂在长哨营据点东门外,以恫吓抗日群众,还借此在汤河口、长哨营、七道河一带大肆搜捕“国事犯”。

丰滦密联合县第九区区长袁宗礼在卧龙岗村被敌包围,受伤后牺牲在怀柔县城。

---

① 常嗣先(1915—1941),四川人,延安抗大五期毕业。1940 年初任昌延县三区区委书记。1941 年秋,因汉奸告密,在昌平泰陵园村被日伪军包围,壮烈牺牲,年仅 26 岁。

② 马云龙(1917—1941),原名马玉龙,河北遵化县东流庄人。1938 年参加冀东暴动,后改名马云龙。1940 年加入中国共产党。1940 年 4 月任丰滦密十三区区长。1941 年 8 月在二道河北圈子开会时被敌人包围,在战斗中壮烈牺牲,时年 24 岁。

丰滦密联合县四区青年干部姚顺在鹞子峪村张万山家被敌杀害。

龙赤县委派宣传部部长周楚华等开辟九、十区，在夏家村、雀沟被敌包围，周楚华同志壮烈牺牲。参加开辟工作的县府秘书韩俊儒、区委书记巍善、张志华等，亦先后牺牲。蒋进新被捕。

1941 年 12 月 28 日(农历十一月十一日)，龙延怀联合县三区区委书记石裕民带领武工队，深入八宝山、鸡鸣驿、新保安、东八里、西八里、大黄庄一带开辟工作，曾几次遭致疯狂"围剿"，石裕民①因叛徒出卖被捕，遭敌百般折磨后，被敌残忍杀害于下花园。临死前他依然向被组织观看的群众宣传中国共产党才能救中国。

1943 年，昌延联合县九区区委书记兼区长吴永顺②，在开辟桃峪沟一带工作时，因坏人告密被捕，然后杀害。

……

1940 年至 1942 年敌人大规模"蚕食"进攻之前，是平北地区中共党组织迅猛发展时期。

这一时期，群众斗争情绪高涨，工作开展得比较顺利。但其特殊发展时期，残酷斗争的客观条件所限，造成当时也存在一定问题：

(一)党务工作力量薄弱。党组织的发展不够广泛，党员数量少，分布也不平衡。当时县级党务干部配备很弱，昌延联合县有县委委员 2 人，其他各县只有 1 人。据 1941 年的党员人数统计，全平北有党员 2400 余名，昌延联合县人数最多计 1000 余名，占 1/3 强。昌延联合县党建工作发展较快原因之一应为党务干部配置较强。各区区委书记或负责人，大都兼公开工作。专做党的工作的区委，除昌延联合县每区有 1 人外，其他县都很少。

(二)没有严格的入党手续。入党人不须填表，也不须写入党志愿书，只要经过 1 名工委委员同意，即被批准，入党宣誓都是个别进行。

(三)吸收时特别注意阶级成分，主要发展贫、雇农。据相关规定，贫雇农入党没有候补期(候补期相等于现在的预备期)，中农出身的人入党有 3

---

① 石裕民(1911—1942)，宛平沿河城(今属门头沟)人。1940 年任龙延怀联合县三区区委书记等职。1941 年 12 月，由于叛徒告密，不幸被捕。1942 年 4 月在后堡河滩被敌人杀害，时年 31 岁。

② 吴永顺(1911—1943)，北京延庆小丰营村人。1939 年参加八路军，同年加入中国共产党。1940 年任昌延联合县政府八区助理。1941 年任九区区委书记兼区长。1943 年不幸被捕牺牲，时年 32 岁。

个月候补期，地富家庭出身的人入党有半年的候补期。如在1942年，昌延联合县的党员中，贫雇农党员占党员总数的80%以上，昌延联合县二区党员统计数字显示，雇农党员占17%，贫农党员占69.5%，中农党员占23.5%。

（四）对党员质量的重视不够，有过"拉夫"现象，有些党员是在受训时发展的（有的受训者是村里雇的）。部分党员入党动机不纯，据1942年5月《昌延工作考查》总结，部分党员入党动机有：1. 入党就是参加八路军；2. 入党后可以改善生活；3. 私人拉拢，因私人感情入党；4. 投机，企图改变自己的生活地位；5. 模模糊糊无所谓者，当时用"东南"代表支部，发展党员说"东南不错，你参加吧！"这样有的人连党是什么都不知道便参加了。因此，一旦遇到危急情况，就有叛变的可能。事实也正是这样，在敌强我弱的情况下，敌人对平北抗日根据地进行"扫荡"，有的村党员叛变，有的党员被捕，区与村失掉联系，县与区联系不上，许多村干部向外跑，出现了混乱现象。"扫荡"过后，不得不重新整顿，清除掉一批不合格的党员，改换一批不合格的党支部。

（五）党员作用发挥不大，主要原因是党员与群众联系少。1941年秋，时任中共冀热察区党委宣传部长张明远，到昌延联合县视察工作。他指出："党员不起作用的主要原因是没有发动斗争和改善群众生活，昌延联合县今后在党的建设中必须发动斗争和领导斗争。"

平北地委根据实际情况，总结经验教训，整顿党的支部，加强对党员的思想政治教育。主要采取大量印刷党员识字课本、出支部小报、设立支部教员、开办训练班等多种形式，对党员进行党性教育和革命气节教育。针对党员与群众联系少的问题，采取改变分组形式，密切党群关系：以地区分组，每个党员分别掌握几户，以便联系群众；同时，把原来按入党先后编组的办法，改为按群众组织编组，如在青救会的党员编为一组，在农救会的党员编为一组，使其在群众组织中发挥党的作用。

三、自己的抗日民主政权

军地合一巩固政权

政权建设是抗日根据地建设的基础，在中国共产党的领导下，军队战斗到哪里，就在哪里发动群众，建立政权，同时，因为建立了抗日民主政权，就有利于长期支援游击战争。在"团结战胜一切""谁有群众谁就胜利""高度地发挥革命的创造性”三大口号的鼓舞下，平北地区抗日政权开辟工作进展较快。

昌延、龙赤、丰滦密、龙延怀、滦昌怀、龙崇赤6个联合县顺利建立，在县下设区，区级政权设区长、区委书记，建区救国会，各区基本配备了财粮、公安助理。公安助理负责开展对敌斗争，锄奸反特。财粮助理负责向村政权、救国会派征粮、征款、征集鞋袜等工作任务。

区政权最初阶段工作重点是宣传动员群众。宣传口号是“打日本，不当亡国奴”“有钱出钱，有力出力，有人出人”，主要宣传当前形势，包括将国际、国内战况与本地实际相联系进行宣传动员。消息来源一是上级指示精神，一是敌伪的报纸。宣传工作鼓起了人民的抗日情绪，群众积极性很高，发展了党组织，建立了村政权。村政权有村长，设村公所，建救国会、青年救国会等。村政权干部一般是指定的，因为村干部担风险，有很多干部及家属在“扫荡”中被杀，所以一般人不愿干，也不敢干。

平北抗日根据地各级政权建成后，从各方面展开攻势，团结各阶层共同抗日，加速瓦解敌伪统治，把坚决的敌伪帮凶者变为动摇不坚决者；由动摇变成接近我们；使敌后人民在政治上精神上依附我们。在政权建设中，很注意地方干部的思想建设。

1940年9月，昌延联合县政府县长郝沛霖到任后，不管条件多么艰苦，流动性多么大，也要办政权干部训练班，培养地方干部。除学习政权工作建设外，还学习党的统战政策，学习毛泽东的《论持久战》。通过学习，提高干部的觉悟和工作能力，在坚持根据地的斗争中起了重要作用。

平北抗日根据地的开辟是极其困难的，而其发展又采取了独具特色的斗争方式：根据地的扩大采取隐蔽的波浪式推进政策。

土地革命战争初期，以毛泽东为代表的中国共产党人，对中国革命的道路进行了艰难的探索，逐步找到了建立农村革命根据地，以农村包围城市，最后夺取城市的道路。方志敏及其领导的赣东北红军和根据地，对此也做出了重要贡献。赣东北地区环境较为封闭，没有外援。他们从当地实际和革命斗争的需要出发，创造性地开展工作，实行有根据地的、有计划地建设政权的、深入土地革命的、扩大人民武装的路线，波浪式地发展政权，使红军和根据地不断扩大，被称为“方志敏式的革命”。

平北地区由于经济、文化极其落后，大部队给养难以解决，兵力补充困难。当地没有党组织，抗战的影响非常模糊，群众基础极其薄弱。平北根据地的开辟、巩固和发展,充分吸取和发展了这一经验。

1940年初,第3次挺进平北时,总结经验教训,决定采取波浪式的发展,在发展中求稳固的方针,在战术上以小部队多点渗透,发动和依靠群众,隐蔽开辟,站稳一点再找一个新点,由点到面,党政军民形成合力,先开辟几个小块根据地,再逐步发展巩固连成大块根据地。

在干部使用方面,平北抗日政权的创建时期,采取了先从外部派遣骨干,再培养当地干部的办法。

为扩大根据地,每取得一个巩固的立足点,平北地委首先派遣工作团开辟新区,采取隐蔽发展之策,包括熟悉地形、民情、敌情等,力量壮大再逐步公开,由点到面互相连接,使之成为一块小战略区。

工作团有党、政、军、民和各个方面的人才,统一领导,统一行动,既能打游击,又能开展地方工作。文职人员如专员、区长、县长亦同时进行武装斗争,他们同八路军干部一样,只不过分工不同而已。平北的干部起初都是由平西根据地派遣,但外来干部在这样的区域极不易立足,只能派遣极少数宣传教育及负责干部。在武装斗争的配合下,随着各抗日政权的建立,陆续举办干部训练班,培养在实际斗争中涌现出来的积极分子,进行政策理论与组织教育。

1941年后,平北抗日政府各区的区委书记多由派遣干部担任,区长及以下干部多系本地生长,这是过去工作的重大成就,也是根据地能够坚持的极好条件和支柱。

在这样恶劣艰苦的环境下,广大基层干部从各方面展开攻势,广泛地影响到敌后的同胞,动摇与孤立敌伪的统治。到1941年,平北已建立了民兵及工农青妇等群众组织,从初创的6小块游击区发展为大块的平北游击根据地。

为实现冀热察区党委和挺进军提出的“巩固平西,坚持冀东,开展平北”三位一体战略任务,10团挺进丰滦密地区后,采取了内线开辟与外线作战相结合的方针,由10团抽调40余人组成地方工作团,从事广泛发动群众,争取地方上层人士,组织抗日救国会,组建地方游击队等工作。马云龙就是由10团抽调出来的排长,后任丰滦密联合县十三区区长。

马云龙任区长后,受到了恶劣环境的严峻考验。丰滦密联合县十三区位于伪满洲国滦平的西部,是敌伪统治最严密的一个地方。区内有汤河口伪警察署、长哨营伪警察分驻所、喇嘛沟门伪警察分驻所等伪据点。在敌人眼皮底下活动，不入虎穴，焉得虎子。马云龙上任后，就仔细地分析了敌情，熟悉了环境。

一天，他听说古洞沟有一个姓王的财主家大办丧事，下请帖请了敌伪的机关头目。马云龙化装成乞丐，凑着这桩丧事的热闹，目睹了鬼子、特务、伪警察花天酒地的丑态。他趁敌人不备之机，向两个伪警小头目宣传一番抗日救国的道理，从伪警嘴中侦察了敌情，并且还弄到了一些子弹。

马云龙了解到长哨营伪警察所所长日本人田中很坏，但对该伪警察分驻所内部情况不明，想深入内部侦察一下。他拜访了二道河地方绅士彭光贵，由彭介绍认识住在长哨营的一个特务李风信。经李风信给弄到一身伪教官军装，骗过岗楼，混进长哨营伪警察分驻所院内瞭望一番，得知了它的底细。

1941 年的一天，马云龙只身去喇嘛沟门八道河村发动群众做军鞋，筹措粮食。途中突然与两个伪警相遇，马云龙当时头戴草帽，身穿长衫，肩披"捎马子"（背兜），是一位行医者的打扮。两个伪警看他面生，刚要盘问，马云龙机智勇敢地来个先发制人："喂！你们二位要大烟土吗？"伪警一听有大烟土，乐得直流唾液赶紧围过来。只见马云龙"嗖"地从捎马子里掏出了双枪对准两名伪警，喝令："不许动！"两名伪警吓傻了，乖乖举手连声求饶。马区长把他们的三八式大枪卸下来，采取以贼擒贼的办法，叫一个伪警把另一个伪警先捆起来，最后他把这个伪警捆上。之后对两个伪警察训话，训得两个伪警连声许愿，保证今后立功赎罪，不打八路军，还答应给八路军送子弹。

1941 年 8 月 6 日，马云龙在长哨营的二道河北圈子召开村干部会议，进一步宣传抗日，组织发动群众支援抗战。不幸走漏了风声，二道河子反动地主彭大贵骑着毛驴到长哨营伪警分驻所向田中告密。田中立即派伪警尉补傅景阳、伪警长王忠率 17 名伪警，前往二道河北圈子村包围了会场。

马云龙临危不惧，指挥大家突围。在突围中他左胳膊腕挨了一枪，受伤后躲避在遥岭后沟"堡垒户"彭大爷家。隐蔽到天黑，又先后转到南七道梁李桐家、大沟村地主王子庄家。不料，当时的两面派村长王守贵和地主王子庄表面热情，暗中设下圈套，向长哨营伪警察分驻所报告。马云龙被敌包围，英勇战斗，终因寡不敌众，壮烈牺牲，被残暴的敌人铡下头街头示众 3 天，年仅 24 岁。

王子明 3 次开辟特三区也是曲折反复，历经多年方取得成功。

王子明原名孟宪鲁，孟醒、王子明都是他用过的化名。1940 年 6 月，王子明同志调到平北地区龙赤联合县二区;7月,又调到三区并任区委书记,做敌后抗日根据地的开辟工作;1941年10月,龙赤县委派王子明同志,到长城以外的丰宁境内万全寺附近,做开辟特三区的工作,并兼任特三区区委书记。当时被称为特三区的地方,是被伪满热河省丰宁县管辖的黑河川的南部。因其靠近抗日根据地,敌人控制得很严,伪满军第5旅有两个团驻在黑河川,白草和东卯警察署驻有宪兵队。要在这里开辟抗日根据地,有相当大的困难。

王子明同志接受任务后,很快就带领王满银、褚殿恩、陈明德等人,带2支大枪、2支短枪、20多颗手榴弹,进入这个地区。他们先是晚上来特三区,夜间行动,开展工作,天亮以后仍回三区去。后来,利用王满银、褚殿恩在当地的亲戚关系,进入大龙池、小龙池、虎叫、古子房等大村,一点一点地扩大工作范围,做敌保甲工作,教育他们要认清抗战必胜、日本侵略者必败的形势,及早立功赎罪,不要死心塌地地当汉奸。经过一段时间的工作,争取了一些人。同时宣传党的抗日主张,有钱出钱,有人出人,动员青年参加抗日武装。

王子明等同志的活动,引起日伪军的恐慌。1941年11月,日伪军从东卯给万全寺增派了一个宪兵队,其中包括负责通信的鸽子班、特务班、军警班、密探组等,到处镇压靠近八路军的群众。12月的一天夜里,王子明在偷袭夜宿缸房的宪兵特务时,因天色太黑,道路不熟,失脚从一房高的土坎上掉下来,腰部受了重伤,养了3个多月才能活动,从此落下了终生残疾。

1942年3月,王子明基本恢复了健康。他们又在三区区卫队的配合下,第二次进入丰宁开辟特三区。这次在以前的基础上,先后在大龙池、小龙池、虎叫、万全寺北沟等村建立起抗日救国会,并让伪保甲长公开担任救国会主任,给他们布置任务。另外组织由靠近中国共产党的穷人参加的秘密救国会,来联系更多的群众,监视敌伪的活动。到1942年夏天,成立起20多人的区卫队,有了六七条大枪和几十颗手榴弹。同时发展了一些党员。秋天,由于宪兵特务的策动,区卫队发生叛变,又使这次开辟工作中断。

1945年7月,在抗日战争胜利前夕,平北十二地委决定成立丰宁工委和丰宁办事处。任命王子明为丰宁工委书记,领导开辟丰宁的工作,基地建设在龙门所。王子明同志和他的战友们,这次进入丰宁境内,活动的范围已不仅仅是特三区了。他们很快就在整个黑河川的茨营西沟,白草的老牛沟、花盆和千家店,建立起3个区,成立了群众团体,建立地方武装,帮助群众做拆人圈的工作。同时开展政治攻势,争取敌伪人员。“八一五”日本侵略者投降后,1945 年 10 月 25 日,王子明和工委、办事处的同志,配合主力部队,解放了大阁,王子明正式担任西丰宁县第一任县委书记。

波浪式前进

政权建设并非一帆风顺,而是波浪式前进的过程。

1942 年 1 月,时任平北地委书记的苏梅在《关于平北政权建设问题》中指出对政权的性质、任务、建设方针等方面的定位和方向,明确提出 1942 年以前,平北地区政权建设存在的问题。

> 今天敌后各级政府,不仅不是抗战前的政府,更不是社会主义的政权或苏维埃政权,现在的政权是民族革命阶段的统一战线政权,是建设新民主主义的政治,它在现阶段是顾及各阶层的利益,团结各阶层共同抗日,但是为了更广泛地领导起广大的群众,在改善生活这个问题上,是采取逐渐改良的办法的,对一些不愿进步,或进步慢的分子,是采取说服督促的办法,使其逐渐进步。

对于存在的问题,平北地委也进行了认真的思考:

> 第一,党代替政权的问题。政权的任务是政权的负责同志在党的绝对领导下完成党所给予的任务,也就是以公开的合法的名义,把党的任务在具体环境中完成。过去两年来,平北的政权,在这一点上做得非常不够,有时形成一种依赖现象,有许多问题应该由政权首当其冲解决,但是往往依赖党委,因此也就必然形成党来代替政权,结果公开的机关变成不起作用,这是今后必须纠正的一种倾向。我们必须了解在今天民族革命战争过程中,号召群众最有力的是公开的机关,而不是秘密机关。最能把党的政策具体化,并深入到各阶层中去的也是公开机关,今后政权负责同志,必定要成为在群众中最活跃的同志;党的各种政策必须要以政权的名义公开宣布,同时具体执行以实际行动解除各阶层的误解。这正是善于利用公开合法,公开与秘密的有机配合。在今后的形势下必须掌握合法的号召(即政权的公开号召),只有这样才能扩大我们的工作范围,才能克服我们的工作限制在狭小的秘密圈里的现象。

因此今后政权负责同志,必须最清楚地了解党的政策,并且能最灵活地使之实现,只有这样才能实现党所给予的任务。

第二,对政权的领导问题。过去因对公开机关(政权机关等)运用得不够灵活,对其作用与任务了解也差。因此政权工作同志,形成一种被动现象,在群众中形成一种八路军高于一切,工作人员解决一切的印象,但对于县政府很少提到,至于我们各级同志,在群众中也很少提到县政府,遇事则直接解决。这种现象一方面由于政权工作同志对政权效能发挥不够,另一方面由于我们党的负责同志对公开机关领导不够灵活。这种损失不能单纯认为是政权的损失,而是整个革命力量的损失。这种现象产生的原因是:1. 对今天政权的性质与任务了解得不够彻底。2. 由于某些同志,认为只有秘密的工作,才是唯一的办法,忽视了公开工作的作用。3. 党包办一切的观念作祟,限制了政权工作的发展。4. 因党性较差,有时在工作中弄得不协调,形成分家对立的倾向。5. 某些政权工作同志,迷于工作地位,往往对党的意见忽视,形成党内统一战线现象。

第三,"现在的政府是人民的政府"的认识没有深入人心。平北地区因敌伪统治时间较长,伪政权已有长时期的存在,致使群众对敌我政权真假莫辨。再加以平北地区抗日政权上某些弱点,未能在精神上粉碎敌伪的组织。当然也因为我们力量处在劣势,未能引起群众的注意,也是原因之一。但是今后必须明确提出,"现在的政府是人民的政府"。

第四,社会秩序有待加强。因环境不安定,平北地区的社会秩序,呈现出一片混乱状态,侵犯群众利益的事情层出不穷;加上敌探奸细暗中出入造谣破坏,扰乱社会治安,使社会秩序极不稳定。以前虽然屡次提出要好好解决这个问题,但始终未能很好执行。要求今后在公安局未成立之前,政权应负起维持社会秩序的工作。

第五,民选执行不到位。民选在平北已试验几次,但多半是半途而废,不但未收到效果,在群众中间,甚至区村干部中间,一点影响也没有。虽然某些县份在形式上成立了民意机关,但结果不起什么作用,"仍然不改旧家风"。这固然由于群众对民选了解不够,但主要是由于我们的干部没有从政治上理解这个问题的实际意义，对民选的宣传教育不够，因而未激发起群众的积极性。

根据马辉之[①]在《开辟平北》回忆录中总结，当时在政权和群众工作方面，有的地区未能及时建立正规的财政经济制度，造成物力、财力的浪费；有的地区群众工作还较薄弱；除领导群众对敌斗争外，对减轻群众负担，逐步改善人民生活注意不够。这些缺点，后来在晋察冀分局的领导下，逐步得到了克服。

四、壮大抗日武装

平北抗日形势，和全国抗日形势一样，从 1938 年开始，到 1945 年结束，大体可分为 3 个阶段，第一是发展阶段，第二是相持阶段，第三是战略反攻阶段。相持阶段，是坚持斗争最困难的阶段。

平北地区是伪华北、伪满、伪蒙疆 3 个日伪统治区的三角连接地带。当时，日伪正向华中地区大举进攻，整个敌后兵力比较空虚，平北地区虽然是日伪军对苏作战的战略后方，但他们兵力不足，鞭长莫及，因而除重要据点（战役性的和重要交通要塞）驻有日军主力外，一般据点则是伪军驻守。

这种情况，对执行冀热察区党委和冀热察军政委员会提出的“三位一体”的战略方针，无疑是一个良好时机。八路军通过开辟平北抗日根据地，把平西、平北和冀东 3 个地区连接起来，平西有了屏障，冀东有了依托，使冀热察抗日根据地从处于分割状态，变为连成一块的战略地区，对北平日本侵略者构成了半环形的威胁，具有重要战略意义。

1941 年 6 月 16 日，中共中央北方分局[②]在《关于冀热察形势及今后任务向北方局、中央的报告》中，对冀热察抗日根据地在这一时期的工作给予了充分肯定。报告说：“以冀热察边区为中心，创造大块游击根据地的任务，目

---

① 马辉之（1901—1994），湖南长沙人。1926 年加入中国共产党。抗日战争时期，曾任冀热察区党委书记兼挺进军军政委员会委员。中华人民共和国成立后，曾任中共中央东北局纪律检查委员会副书记、国家交通部副部长兼党组副书记等职。

② 中共中央北方分局于 1938 年 11 月成立，彭真任书记。1941 年初，彭真去延安，由聂荣臻任代书记，刘澜涛任副书记。1943 年 8 月，北方分局改称晋察冀分局，聂荣臻为书记，程子华、刘澜涛为副书记，在聂荣臻参加党的七大时期，由程子华代理书记。1945 年 8 月 20 日，中共中央决定将中共晋察冀分局改称晋察冀中央局。聂荣臻任书记，刘澜涛、罗瑞卿任副书记。

前基本上已经实现。因此，冀热察党目前工作中心应放在巩固现有阵地，在巩固中向前发展。”

1941年6月19日，《中共中央北方分局关于平北工作报告》中关于武装工作，这样写道：

> （一）地方性的基干兵团为十团与一支队，十团一千三百人，党员占百分之四十五；一支队一千二百人，党员占百分之三十强，计划今年11月前再建立一个小团。
>
> （二）县游击队东部很弱，只三十人，西部较强共五百五十人，并在1941年底扩大至一千一百人。游击队每区十人至十五人，共约五百人。
>
> （三）地方武装不断过渡给十团与一支队，先后共七八百人，枪支半数以上，影响县区游的扩大与巩固。现在确实（定）原则上不过渡，但在不妨碍地方武装发展的原则下，进行局部的成熟了的过渡。
>
> （四）地方武装战斗力强，干部大都是基本农民，剽悍善战；但在管理教育和战术素养上较差，部队成分复杂。
>
> （五）延庆川游击小组工作很好，其他地区较弱。因地方武装与游击小组活跃，延庆敌伪特务不敢出城活动（延庆敌伪特务兵一百四十四人，被我们打得只剩下二十余人），工作我占优势，这一经验可以推广到全平北和冀东。

当时，平北地区主力部队是10团和7团，地方武装主要为平北游击1支队及各县游击队等。分工上，10团负责昌延联合县和丰滦密联合县地区；平北游击1支队负责龙赤和赤源以北，直到草原区，由平北地委统一领导。此时，各县亦有七八十人的县大队，区里也有十几个人的武装。部队成分绝大多数是当地的子弟兵，与群众有着密切的联系。但在平北游击1支队中有一部分，如3、5中队和8、9中队，是由地主武装伙会和抗日土匪队改编的，平北地委派去干部，建立了党的组织。主力部队、县大队、区卫队，以及各村游击队，既是独立组织，而在对敌作战时根据形势需要又相互配合共同打击敌人。这样的有分又有合的行动，不仅增加了对敌斗争的战斗力，也锻炼了村游击组织的作战能力。到1942年春，平北游击1支队改编为40团，骑兵两个连改为大队，县改为县大队，区为游击队，整个平北武装已有3000多人，经过战火的考验提高了战斗力。

服从党的领导

北平外围的4个抗日根据地(平西抗日根据地、平北抗日根据地、平东抗日根据地、平南抗日根据地),在抗战时期,自始至终一直在彭真、聂荣臻和程子华等同志先后主持的中共中央北方分局(晋察冀分局)的统一领导下进行工作。这样,既便于统一调配干部、调动兵力,又有利于各根据地之间协调一致地开展对敌斗争。战争年代,党自上而下的一元化领导是敌后抗日根据地存在和发展的关键。

平北抗日根据地,是在抗日战争相持阶段开辟的,斗争虽然艰苦,但由于在政治上坚持了党的领导和统一战线,积极宣传抗日救国思想,在军事上坚持正规军和地方武装密切配合的人民战争思想,在经济上实行减租减息、合理负担等一系列爱民政策。从而在粉碎敌人一次又一次的"围剿"斗争中,不断发展自己、壮大自己,最终取得了民族战争的伟大胜利。

指导平北地区以及整个冀热察地区取得胜利的重要战略方针之一,是明确了挺进军的"三位一体"任务。这个三位一体战略方针是如何确定的呢?时任冀热察挺进军司令员的萧克同志,多年后在接受记者采访的访谈录中谈道:

> 从当时冀热察地区来说,我们的力量不算小,但主力不东进,平西地区的发展受到限制,而冀东地区的恢复证明那里是能够长期坚持发展的。如何使这两块交错相连的地区协同作战,怎样利用地理条件威胁日伪军指挥中枢和进入伪满洲国境,怎样配合华北各地以及正面战场创造反攻前进阵地等问题,就提到了冀热察挺进军领导的议程上。对于这些问题,我在一段时间里是处于迷茫状态的,找不出一条适合在这一地区大发展的路子。那段时间,我日夜思考,认真地读了六届六中全会文件、毛泽东《论持久战》以及《孙子兵法》和克劳塞维茨的《战争论》等著作,慢慢地形成了在冀热辽广大地区发展游击战争的概念,即"巩固平西,坚持冀东,开展平北"的方针。1939年11月间,我在区党委和挺进军军政委员会联席会议上正式提出"巩固平西抗日根据地,坚持冀东游击战争,开展平北新的游击根据地"。经过酝酿讨论,大家都同意这"三

位一体”的思想为我们的战略方针，并报中共中央、八路军总部批准。之后，我给干部做了报告，对“三位一体”的内容、相互关系、实现这一任务的条件和困难以及应克服的各种错误倾向等，做了详细的论述，基本上得到了上下认同。冀热察地区军民，经过几年的流血牺牲，努力发展，到1941年时平西、平北、冀东这三个地区真正变成“三位一体”了。在敌后比较深远的地方形成了三大块互相邻近、人口达320万的根据地。1940年冀中10分区划给挺进军指挥后，北平各郊区中国共产党领导的革命根据地的联系更紧密了。展开地图一看，就显示出一个大的近似椭圆的形状。北平这个千年古都，完全在八路军包围之中。东为冀东，西为平西，南为大清河，北为平北抗日根据地。老百姓也能看出大局，我城工部的干部说：“北平的老百姓都说京城被八路军包围了。”

冀热察区党委和挺进军提出“三位一体”任务后，上报中共中央、八路军总部批准，得到上级党军委的认可。

1940年2月11日，中共中央、军委关于挺进军的战略任务做出明确指示：“你们的计划是完全正确的，望照此坚决执行。”“中央规定你们的战略任务是确保平西根据地，发展冀东游击战争，直至热河山海关，并准备将来再向辽宁前进。这同你们所提的‘巩固平西，坚持冀东，开展平北’这些目前的任务是一致的。”并进一步指示：“因为你们区域敌情特别严重些，你们扩大军队的方针仍应是在巩固基础上力求一步一步地扩大，如同你们发展根据地的方针是在巩固基础上一步一步扩大是一样的。”同时提出了干部培养、经济建设等具体方面应对措施的要求。上级对工作的指导清晰、客观、具体。

1941年4月6日，时任冀热察挺进军司令员的萧克同志在《冀热察游击战争目前概况及今后工作的报告》中，对平北军事斗争提出了如下指示：“平北是整个敌后处于困难情况下开展的。这里的中心问题，是政策的正确执行。在军事方面，因估计到平北敌人统治较强，据点多，我们在开展发展时力量不足，敌人很强不能一下子克服等具体条件，故首先只能在敌人点线间隙间活动。因此，根据地的发展形势，首先采取发展一小块，然后再形成一大块。”平北地委即提出了在军事上“多建立小家（即小块根据地）”的工作方针。

中国共产党在平北地区遇到任何困难都始终保持乐观的精神，直面问题想办法，针对具体问题采取具体措施解决。

八路军与日伪军在武器装备方面差距巨大，于是平北军分区在大海陀山中建立兵工厂，自己制造手榴弹、地雷，以及修理枪支等，最大程度确保军备供应。敌人进行经济封锁，禁止食盐、布匹、粮食进入抗日根据地，想在生活条件上让平北地区军民困饿而死。八路军就开展反封锁斗争，一方面实行厉行节约，展开轰轰烈烈的大生产运动，广开财源，组织合作社，发展贸易，为了减轻地方上的负担，解决军需，部队在后河、苏家河、高家河、海沟等地自己建立被服厂，自己制作军服和军鞋；另一方面组织群众进行"反抢粮斗争"，把敌人抢去的粮食夺回来，发动群众，深入敌占区和城镇购买生活必需品、各种药品，通过"请财神"、办学习班等不同方式方法，把各村有钱户主请到抗日根据地，做思想工作，宣传《抗日救国十大纲领》，讲明道理，动员他们为抗日做贡献。敌人坚壁清野，平北军民就把东西藏起来，有的地区则创造了"背篓化"，平时把生产生活所需要的东西深藏起来，只将必备的锅碗等生活用具装在背篓内，敌人不来，安锅做饭，敌人一来，背篓上山，使"扫荡"的敌人得不到他们想要得到的东西，所到之处，处处皆空。

但是，并不是所有的政策制定之后，就机械地执行，一成不变，而是根据形势发展、客观实际，深入反思工作中的失误和不足，不断修正完善，勇于自我革新。

1940 年 2 月 11 日中共中央军委关于挺进军的战略任务的指示中明确："平北、冀东都具有发行边币条件，应将平西现有边币发行一部到平北去，吸收平北一部伪币，调剂平西贸易。"但是实际工作中"我之基本地区，经济过于落后，货币市场狭小，加以日后斗争的残酷，边币不易巩固"，因此并没有急于发行边币。

1942 年 7 月 8 日《中共中央北方分局关于平北工作的几个意见》，肯定了冀察热区地委与军政委员会的决议，能够用严格的自我批评精神揭发过去工作中的主要缺点，承认：

> （一）过去冀察热区党委与挺进军一部对平北的各个指示，虽尚未详细检讨，但基本上是一致的、正确的。但地委在执行这些指示时，未能正确把握原则，以致发生"左""右"的偏差。"左"的方面，例如群众组织、群众工作上的关门主义（农会成为秘密团体，不

要富农参加,青救会不吸收地主富农子弟),锄奸工作中乱打乱杀现象的严重存在,少数干部对上层分子的过分刺激;“右”的方面,主要是基本群众没有发动起来与对敌斗争中的着重退让,但在某些地区,由纠正“左”倾而走到右倾的现象,也有的。在目前形势下右倾已成为平北的主要危险。你们提出反对右倾的斗争是正确的。

(二)过去你们对隐蔽发展的了解是错误的。隐蔽发展是指不要过分刺激敌人,引起敌人对我发生超过我现有力量极度的注意,使我在敌之严重打击下无法生根立足。目前这种隐蔽仍然是必要的(如不大吹大擂,不轻易去破平绥路等)。但对于今天已是大块根据地,不是所谓“隐蔽根据地”,武装斗争是主要的斗争形式,坚持武装斗争是必要的。

(三)估计今后平北形势必将日趋严重,斗争将日益残酷(见分局1月指示)。过去平北大部地区应当脱离敌人负担,但今天因形势不同,对这个问题亦应有不同的认识。在我军事上能够控制之中心地区应做到单面负担,断绝群众与敌关系,领导群众对敌进行武装斗争;但在目前敌已占优势地区,一时不易恢复,我应采取两面隐蔽政策,以合法斗争为主,秘密的武装斗争为辅(如潮白、河川、延川)。有些地区我敌力量对比上虽然占优势,但尚不十分巩固,军事上尚不能加以控制。目前不必过于勉强脱离敌人负担,以致过于突出,遭敌摧残,而应领导群众以合法斗争配合非法斗争,力求争取缓和,减少对敌负担的次数与数量。敌我力量对比是我们决定对敌斗争方针的根基,应根据目前平北的新形势,慎重地具体地决定不同地区的斗争方针。

这些历史资料,充分反映了中国共产党对于平北地区工作存在的问题认识清楚,分析客观公允,所以具体工作指导意见才能够与时俱进,操作性强。

坚定必胜信心

决定战争胜负的关键是人,而不是武器。平北地区军队及地方武装,注重人才的培养和思想政治教育,坚定必胜信心。

强调学习教育的作用,并突出要针对不同情况,有的放矢地对干部进行培养训练。在工作中坚持群众路线,加强训练精兵强将,解决流寇思想。要求各级干部通过细致深入的工作,与群众建立密切的联系,将党的政策贯彻落实,反对“抓一把”的错误倾向,批评这种人实质上是没有决心去创造根据地,不愿意做艰苦的群众工作,建立地方武装不注意执行党的政策,他们的工作中心是“人、钱、枪”,这“抓一把”的结果必然脱离群众,无法建立根据地。

平北地区各联合县,分别举办了基层党员、干部训练班,为农村培养骨干。这些骨干深入广大群众,宣传抗日,先后建立起各种抗日救亡群众组织:农村自卫军、救国军、救国会、青救会、妇救会、儿童团以及被拉过来的伙会等,军民团结一致,向日军、汉奸进行了英勇的斗争。

1940 年 7 月,丰滦密联合县培训地方干部,举办了救国会干部训练班,白乙化多次为训练班讲课,并在训练班结业证书上题词勉励学员:“勇敢工作,艰苦学习,领导广大群众,为民族解放事业奋斗到底!”

主力部队与游击队相结合

平北地区的抗日斗争,坚持军队与地方党密切的配合,共同组织工作委员会,或党委会,统一党政军的领导,游击队受工委会的政治领导,保证游击队更能执行党的政策。

在反“扫荡”斗争中,根据党中央提出的“坚持斗争,积蓄力量,以待时机”的方针,针对敌强我弱的特点,八路军主要采取避开敌人主力,分散与集中相结合,跑到外线作战的游击战术,地方武装、民兵配合作战。比如龙门所伏击战,就是由正规部队和民兵游击队相配合而取得胜利的。在发展游击队的同时,十分重视主力部队的补充、扩大,保持“拳头”,作为坚持抗日根据地斗争的核心。人民群众踊跃参军,妻送郎,母送子,一批又一批地进入部队。

1940 年至 1943 年,敌强我弱,平北地区抗日的原则是:打得赢就打,打不赢就走。留得青山在,不怕没柴烧。为保存实力,绝不和敌人硬拼。在斗争中不断地发展壮大,进入 1944 年,主力部队和地方武装都壮大起来,遇到敌人,不再躲避,而是主动迎击。

人民战争是克敌制胜的法宝,平北地区以游击战争为主。中国共产党认识到一下子开大兵团去建立大块的根据地(如像抗战初期一样)是不可能的。

1940年挺进军军事报告中明确:“以短小精干的游击队进行活动,积极大胆地向外活动,打击敌之弱点(如打局子),取得小的胜利。随着群众工作的开展,逐渐增加兵力,建立许多小块的据点(开始要求多,不求大),逐步扩大我军的政治影响,提高群众抗日情绪,同时也利于减少敌人对我根据地的目标,使根据地工作能较顺利地进行。如游击队活动不积极,经常守在据点里面,不敢向外活动,终会被敌人击破,使根据地不能创造出来。”“在游击队积极行动下,配合地方党发展各个地区小游击队(哪怕是三五人)。这些游击队由主力派出干部去领导指挥,这是建立根据地的中心一环。如不注意建立地方游击队,只注意扩大主力(当然扩大主力也是重要的),企图抓一把走,这一定是失败的。”

民兵、游击队展开游击战术,坚壁清野,站岗放哨,封锁消息,对正规部队的作战有着极其重要的作用。根据具体情况,灵活采取三种游击战形式,或孤立作为,或相互配合进行:

第一种在铁路、公路和城镇周围开展“破袭战”,破坏敌人的交通、线路、桥梁等。

第二种在敌占区开展“地雷战”“麻雀战”,这两种方式是人民群众在对敌斗争中常用的两种机动灵活的战法。“麻雀战”人数不多,但对敌人威胁不小,常常是三两个人行动,在这里打几枪,又在那儿扔几个手榴弹,有时袭击岗哨抓个“舌头”,搅得敌人胆战心惊,日夜不安。

第三种在敌“治安区”和“半治安区”,开展“拔钉子”“锄奸”“政治攻心战”。

五、群众组织蓬勃发展

妇女抗日救国会

2014年7月7日,习近平总书记在纪念全民族抗战爆发77周年仪式上的讲话里,特别提到:“在这场救亡图存的伟大斗争中,中华儿女为中华民族独立和自由不惜抛头颅、洒热血,母亲送儿打日伪军,妻子送郎上战场,男女老少齐动员。北京密云县一位名叫邓玉芬的母亲,把丈夫和5个孩子送上前线。”

邓玉芬,1891年出生在密云县水泉峪村。幼年家境贫寒,因生活所迫,未成年就嫁到邻村张家坟村任家,丈夫任宗武。婆家更穷,婚后夫妻俩房无半间,地无一垄,只好借住在亲戚家,靠租种地主的几亩土地过活。从小在苦水里泡大的邓玉芬,生就一副刚强的性格,她不怕穷,不信命,相信只要儿孙满堂,总有过上好日子的一天。正是怀着这种希望,她年复一年,含辛茹苦地拉扯起 7 个儿子。

1933 年,古北口长城抗战失败后,密云长城以外的地区被日本侵略者占领,划入伪满洲国,邓玉芬的家乡从此坠入了日伪统治的水深火热之中。邓玉芬一家的日子愈加艰难,为了糊口,3 个大点的儿子只得离家外出去扛活,夫妻俩也被迫带着几个小儿子搬到张家坟村东南的猪头岭山上开荒度日。在日伪统治下,生活上的困苦还在其次,最让人难以忍受的是,日本侵略者不但不许中国人使用中国的年号,还强迫百姓忘掉自己是中国人。邓玉芬虽没有文化,也清楚这意味着什么,她心中充满了仇恨,每年祭祖时,她都一次又一次地叮嘱儿子们:“记住,咱们是中国人,到死也不能忘了祖宗!”

邓玉芬和乡亲们盼望着中国军队早点打回来,盼啊盼,终于盼来了八路军。

1940 年 4 月,10 团进入密云西部山区开辟丰滦密抗日根据地。6 月的一天,几个八路军来到了猪头岭。邓玉芬第一次见到八路军,当她得知这是一支抗日救国的队伍,是穷苦人自己的队伍时,真像见到亲人一样的高兴。她一遍遍地聆听八路军宣讲抗日道理,觉得句句都说在自己的心坎上,越听心里越豁亮。她开始懂得了只有穷苦人都行动起来,拿起枪杆打日本,才能救国救己。不久,10 团参谋李瑞征来到这里组织游击队。

邓玉芬和丈夫商量:抗日可是咱自己的事,别人家出钱出枪,咱不能眼瞅着,把儿子叫回来打鬼子去吧。丈夫二话没说,揣块糠饼子连夜出去找儿子。7 月,丰滦密第一支游击队——白河游击队在猪头岭上成立了,邓玉芬的大儿永全、二儿永水就成了这支游击队的战士。从此,邓玉芬的心就和八路军、游击队紧紧连在了一起。9 月,三儿永兴不堪忍受财主的欺压跑回家来,邓玉芬知道游击队正缺人手,又送三儿参加了白河游击队。3 个儿子不久都随着游击队升编为主力部队到外地作战,邓玉芬托人捎去话:“别惦记家,安心打鬼子。”

3 个儿子在外抗战,邓玉芬在家也积极投入抗日斗争。她承担起全部家务活,并带领几个小儿子开荒种地,让丈夫腾出手为八路军运军粮、背子弹、跑交通。邓玉芬冒着生命危险掩护和救治八路军以及县区干部。她的家是干部战士和伤病员的经常住所,她待他们像亲人,每个干部战士到了她这儿就像到了家一样。烧水做饭，缝补衣服，为伤病员接屎接尿，喂汤喂水，她从不嫌烦。她和孩子们以粗糠、树叶、野菜充饥，却把自家大部分粮食省下来招待亲人，甚至连杏干、杏仁、倭瓜子之类的小吃物也精心收攒起来，留着款待同志们。为了使伤病员早日恢复健康，她专门养了几只母鸡，下了蛋一个也舍不得给儿子吃，全用来补养伤病员。每当伤病员痊愈后离开她的家，她都像送儿子出征一样，把衣服洗净补好，带足干粮，仔细叮咛着，把他们送出老远、老远。自打八路军来的那天起，谁也说不清她究竟迎来送走了多少干部战士，养好了多少伤病员。那时，干部战士不怕战死，就怕受伤，一旦受伤，由于缺医少药、少粮，就意味着忍受巨大伤痛折磨后还会死亡。但10团指战员和丰滦密根据地县区干部、游击队员人人都知道，只要到了邓妈妈家，就有了生的希望，人人都知道，猪头岭上有个温暖的家，家里有一位亲切慈祥的好妈妈。

1941年秋末，日本侵略者对丰滦密抗日根据地发动了万人大"扫荡"，实行残酷的烧光、杀光、抢光、片光（片光青苗）的"四光"政策和"部落"化政策，疯狂制造"无人区"。邓玉芬的家就在"无人区"内，敌人到处烧房抓人，强迫百姓迁入"部落"。邓玉芬和一些乡亲们誓死不进"部落"，躲进深山坚持斗争。草房被烧就搭窝棚住，窝棚被烧再重新搭起来，有时一个月内连续被烧七八次。家什用具和家禽家畜统统被抢走，很多人惨遭杀害。敌人的残暴没有使邓玉芬屈服，她知道敌人搞"无人区"就是要把老百姓和八路军分离，八路军是鱼，老百姓是水，鱼离了水怎能生存？为了不让敌人的阴谋得逞，邓玉芬叫丈夫又把在外扛活的四儿、五儿找了回来，参加村里的自卫军模范队（即基干民兵），坚持"无人区"斗争。这年冬天山里格外寒冷，加之敌人"扫荡"频繁，为了安全，丰滦密抗日政府动员妇孺老弱到山外投亲靠友，邓玉芬和丈夫这才带着年幼的六儿、七儿暂时离开"无人区"，借住到山外亲戚家。

1942年春天，邓玉芬一家响应抗日政府的号召，决定重返"无人区"搞春耕。3月21日清早，邓玉芬收拾好亲友送给的农具和种子，送丈夫先回山里安摊儿。丈夫走后没几天，传来了噩耗，丈夫任宗武与四儿永合、五儿永安在百梯子不幸遭到马营据点日军偷袭，丈夫和五儿同时遇害，四儿也被抓走了！邓玉芬闻讯犹如五雷轰顶，悲愤交加，她几次晕厥过去。她和宗武这对苦命夫妻，相依为命30多年，感情深厚，两个儿子又都是她身上的肉，如今父子3人一夜之间死的死，抓的抓，作为妻子，作为母亲，怎能不悲恸欲绝？然而，邓玉芬没有被吓倒，没有屈服。她苏醒过来后，立刻决定了应该怎样去做。她谢绝了亲友的挽留，拉起两个小儿子，坚定地对他们说："走，回家去！姓任的杀不绝，咱和鬼子拼到底了！"就这样，邓玉芬怀着对日伪军的血海深仇毅然回到了猪头岭，接过丈夫使用过的镐头，没日没夜地刨地播种。她只有一个念头，把丈夫和儿子的活儿都干出来，多打粮食支援部队多消灭敌人。

这以后，不幸的事情接踵而至：1942 年秋，大儿永全在保卫冀东盘山根据地的一次战斗中英勇牺牲；1943 年夏，被抓走的四儿永合惨死在鞍山监狱中；1943 年秋，二儿永水在战斗中负伤回家休养，因伤情恶化无药医治死在家里。

一个又一个沉重的打击，坚强的邓玉芬都挺住了。她眼里没有了泪，有的是仇恨和怒火。她笑得少了，但对抗日工作更积极了，每天都拼命地干，春播、秋收、做军鞋、照料伤员，凡是对抗日有益的事样样干在头里，从早到晚一时不闲。她对子弟兵更亲了，在她的心里，每个八路军战士都是她的儿子，都是她的希望。她把更多的母爱给了两个未成年的儿子，她盼望着六儿、七儿快些长大，继承父兄的遗愿，早日把日本鬼子赶出中国。

1944 年春，敌人为了肃清"无人区"抗日力量，再次进行疯狂"扫荡"，一连七天七夜搜山剿岭，百姓纷纷躲进深山。邓玉芬的六儿跑丢了，她只好背着不满 7 岁的小七躲进一个隐蔽的山洞里，一藏就是好几天。山洞里又阴又冷，加上几天几夜没有东西吃，小七病了，浑身烧得像火炭，哭闹着要回家，要吃饭。邓玉芬百般哄劝，小七仍哭闹不止。这时正赶上敌人又来搜山，如果哭声被敌人听见，不但母子二人会落入魔爪，更严重的是旁边不远的山洞里还藏着许多乡亲，必然也会给他们带来杀身之祸。邓玉芬心急如焚，可孩子哪受得住饥饿的煎熬啊，还是大声地哭。眼见敌人越来越近，邓玉芬急出了一身冷汗。情急之中她再也顾不得许多，从破棉袄里撕下一团棉絮，一狠心塞进小七的嘴里。小七猛踢猛挣，邓玉芬紧搂住他，死死地堵住他的嘴。过了许久，敌人走远了，邓玉芬忙把棉絮扯出来，可怜的孩子已被堵得脸色青紫，没有气了。邓玉芬心似刀割，泪如泉涌，摇着孩子一声声地呼唤，小七这才慢慢回过气来。他可怜巴巴地望着妈妈，用微弱的声音喃喃地说："妈妈，我饿，饿……"

邓玉芬的心碎了，她真想冒险出去给孩子找点吃的，可这关系着附近乡亲们的安危，她不能这样做啊！当天晚上，连个大名都没有的小七连病带饿死在妈妈的怀里。邓玉芬再也承受不住这巨大的精神打击，当即昏死过去。当邓玉芬从昏迷中醒来时，已是躺在猪头岭上自家窝棚里，身边没有了小七，只有乡亲们。乡亲们含着眼泪告诉邓玉芬，敌人撤走了，小七埋在山坡上。邓玉芬挣扎着来到山坡上，扑倒在孩子的小坟上失声痛哭，泪水一滴滴渗入坟土之中。泪哭干了，她又一捧一捧地往坟上添着泥土，然后守在坟旁，坐了整整一宿。终于，在曙光重又出现的时候，坚强的邓玉芬，又一次战胜了失子的剧痛，重新站了起来。当乡亲们来安慰她时，她反倒安慰大家说："只要大家平平安安的，小七死了也值。"

邓玉芬顽强地生活着，她要亲眼看到胜利的那一天。这一天终于来到了。1945 年 8 月，抗战胜利，邓玉芬笑了，她用笑声告诉九泉之下的丈夫、大儿、二儿、四儿、五儿、七儿：咱们胜利了！

邓玉芬，一个普普通通的农村妇女，为了打败日本侵略者，无私地献出了丈夫和 5 个孩子。全国解放后，党和政府在生活上给了邓玉芬很好的照顾，为她在张家坟村盖了两间瓦房，冬天为她送棉袄，夏天为她送单衣，病了送她到医院治疗，即使在三年最困难时期，也为她送去足够的细粮。在物资匮乏的年代，她经常拿政府发给的粮食、衣物接济周围生活困难的邻居。

1961 年春节，邓玉芬光荣地出席了全市烈军属代表大会，受到彭真、刘仁、吴晗等领导同志的接见。面对政府的照顾，邓玉芬无比欣慰，但又为自己给国家增添负担而感到不安。为此，她 3 次谢绝了县领导要把她的家迁到平原富庶地区的好意。1956 年，国务院内政部一位负责同志接她到北京去住，她去了几天就硬要回家，临行前工作人员陪她逛了商店，并转达领导的话，要她买些需要的东西，由国家开支，但她只是饱了饱眼福，一分钱东西也不肯买。她说："政府对我那可是一百一，我很知足。眼下不缺吃不缺喝，怎能再给国家添麻烦？"

1970 年 2 月 5 日（农历除夕），邓玉芬因病医治无效不幸逝世，享年 79 岁。临终前，她嘱咐公社干部和亲人："别把我埋在深山里，把我埋在大路边，我要看着 10 团孩子们回来。"

2012 年，中共北京市委宣传部、密云县委县政府在石城镇张家坟村修建了"英雄母亲邓玉芬"主题雕塑和英雄母亲主题广场。雕塑高 5 米，花岗岩材质，基座为山石，英雄母亲邓玉芬伫立在山岩上，左手握布鞋，右臂挎针线筐，眺望着远方，盼望着亲人和战士们胜利归来。

在抗日战争时期，平北地区像邓妈妈这样为了国家大义，把亲人送上前线、自己熬夜做军鞋支前的妇女有千千万万，千千万万的妇女有着共同的心愿：打跑小日本，过上好日子。没有千千万万妇女的加入，抗战胜利也是不可能实现的。

1939年3月8日《解放》周刊刊印《中共中央妇委关于目前妇女运动的方针和任务的指示信》,明确妇女运动的总方针:“根据党六中全会的决议,根据党中央书记处的决定,在坚持抗战,扩大与巩固抗日民族统一战线的总方针下,目前妇女运动的基本任务是:动员与组织更广大的妇女参加抗战建国各方面的工作,以便坚持抗战到底与争取最后胜利;为了克服困难,准备反攻,缩短到抗战胜利的过程,抗战建国的大业,假使没有占人口半数的妇女积极参加,成功是不可能的。”

当时客观环境特别不利于妇女运动的开展,宗法社会的传统和家庭困苦情形、烦琐事务的压迫,造成当时最大多数的妇女在政治上、经济上、社会生活上处于非人的地位,日本侵略者对妇女的奸淫侮辱,使她们的生活更加雪上加霜,却也使无数妇女觉醒,走上抗日的政治舞台。

在地方工作中,往往最初没有女同志参加活动,党的干部通过组织识字班帮助青救会会员读书认字时,动员农救会骨干的家属来参加识字班,再通过这些妇女骨干成立妇救会。妇救会以18至45岁妇女为主,但会员的发展比较慢。

随着开辟平北抗战根据地的干部发展女党员,李淑君(李荣顺妻子)担任了昌延联合县第一任妇联主任。龙关监狱暴动事件的江虹,更是在战斗中成长为妇女干部。

当时村妇救会的任务主要有:

一是宣传抗日救国,妇女解放,男女平等,团结妇女积极完成各项抗日工作。各级妇救会干部坚决站在广大妇女一边,反对买卖婚姻和童婚,破除封建迷信,调解家庭纠纷,改善婆媳关系,促进家庭和睦等。随着发动和教育工作的不断深入,再加上各区、村妇救会普遍抓先进典型的带动,广大妇女特别是年轻的妇女们提高了认识,增强了同封建礼教斗争的勇气,砸碎了套在身上的枷锁,走上革命的道路。

二是组织妇女识字班,提高妇女文化地位。妇救会每晚组织妇女识字,在识字班教妇女唱抗日和妇女解放的歌曲,还教妇女扭秧歌、演小节目等,青年妇女们都很喜欢参加这些活动。识字班将学习内容和当时抗日活动结合起来,向妇女们宣传抗日救国的道理,动员妇女参加抗战。如开始先学一些人名及附近村名、路名等字,便于站岗放哨查路条等。接着学习“打倒日本帝国主义”“全中国人民团结起来”等较复杂的语句。女党员刘素贤在识字班里学了两年就能写简单的信。

三是动员妇女放足剪发。女党员和村妇救会干部都能起模范带头作用,当时流行的“四糊涂”歌:“人家的女儿走路快又稳——女儿走路把墙扶,妈妈娘你好糊涂——哎哟——我也要放足……”等四句。这支歌干部走到哪里教到哪里,妇女们都会唱了,它对解放妇女起到积极作用。刘海青从小没有缠足,什么活她都能干,她常现身说法教育妇女,效果很好,全村妇女没多久就放了足,剪了发。

四是给部队做军鞋、军袜、军棉衣,支援前线打鬼子。各级妇救会组织妇女担当做军鞋、缝军衣的任务,把广大妇女中蕴藏的抗日热忱及时引导到抗日斗争中来。广大妇女对这项工作很感兴趣,做工细心,讲究质量,按时完成。一个成年妇女一年要做8双鞋、1双布袜、1套棉衣。那时除棉衣发给旧料之外,鞋袜的所有材料全是妇女自备,后来才由抗日政府一年发给一个妇女8尺白粗布作为做军鞋、袜的原料。有的妇女把自己私存的一点钱拿出来买布料,有的用鸡蛋换材料,还有的把陪嫁的包袱皮也用上。她们想方设法来完成任务。任务急的时候,政府把布、麻、线鞋料发下来后,妇女们自动组织起来,5人一组,流水作业,又快又好。抗战期间,延庆地区太平庄妇联主任杜莲英不仅组织妇女做军鞋,还曾多次冒着生命危险组织几名妇女到北京去运布。一次返回的车上,杜莲英没忍住骂了动手动脚的伪警察“臭流氓!”伪警察恼羞成怒,对杜莲英等人拳打脚踢。众人忍气受痛,牢牢保护好裹在身上的布。

五是帮助抗日干部安置抚育小孩。妇女干部雷克兢的男孩出生几天就由刘海青安排在刘声槐家抚养。钟广玲的小孩放在阎成和家代养。部队干部牛玉贞的女儿出生第二天,用篮子装上送到海字村刘素贤家由刘的妈妈抚养,到五岁才接走。老乡们把抚养这些孩子当成一项抗日支前的光荣任务,都认真负责地精心照料。

六是护理、护送伤病员。1941年2月,阎家坪战斗后,有几名伤员要转移到蒋庄子一带,沈桂香立即组织村里妇女,绑上担架护送,妇女抬担架还是头一回,山路不好走,她们又怕伤员不舒服,一路上十分小心,五六里地抬了半天才送到。

七是站岗、放哨、查路条。这是儿童的工作,也是妇女的工作。各村妇救会把18至45岁的妇女组织起来,编为妇女自卫队,训练妇女担负起保卫村子安全、维持社会治安等任务。怀来县三区镇边城村妇女就是这样,一次区小队长彭兴羽到该村办事,着急忘记了带路条,抄小路进村,可是站岗的妇女把他拦住了,彭队长怎样解释也不放过,终于把他带到村公所交到村干部手里,证明是自己人才算完事。

八是送郎当兵,送子参军,军民一家亲。在抗日战争年代,八路军基本上是穿上军装的农民。由于频繁的战争,中国共产党扩兵的任务很大。各村的妇救会组织,在村党支部的领导下,积极宣传,发动鼓励广大妇女动员儿子、丈夫、兄弟参军,上前线打鬼子,使每次扩兵任务都能圆满、顺利地完成,并涌现出许许多多妻子送丈夫、父母亲送儿子、姐妹送兄弟的动人事迹。1941 年,中国共产党在根据地扩兵,草庙子村 20 多名青年报名参军,上前线打鬼子。其中刘金满、李元基等几名青年就是在妻子的积极支持动员下报的名。龙延怀联合县三区武家堡子村武任氏老大娘(寡妇)先后把 3 个儿子送去当兵或参军。

中国的妇女,一旦从封建的枷锁中解放出来,便是一支伟大的力量。在抗日战争中,妇女们充分发挥了女性独特的、男人不可替代的作用。涌现出许多叱咤风云的英雄、模范,也留下了许多可歌可泣的光辉事迹。

青年抗日救国会

“俺不上夜校。俺不认识字。”

“真逗,认识字还上什么夜校?”

几天后,当县领导再见到草庙子村的刘金满时,他正开心地与小伙子们唱着抗日歌曲。

“俺已经会写自己的名字了,还会写俺村名。”最崇拜文化人的往往是最质朴的农民,这个曾经大字不识的农民刘金满,通过夜校学习也成了文化人,这让他很开心。更让他开心的是,通过加入青救会,他明白了很多以前想不清楚的道理:我们为什么就得受日本人的欺负?我们怎么才能不继续受日本人的欺负?我们的孩子们如何才能过上好日子?只不过这份开心里还同时夹杂着愤怒和仇恨。

1941 年夏天,刘金满和同村的李元基、刘全福、梁存文、梁青山等 20 多名青年,通过夜校学习,扔掉了长工的扁担,丢下放羊的鞭子,翻山越岭奔向阎家坪参加了八路军,走上了抗日道路。

各联合县县委成立后建立县青救会,然后成立区、村级青救会。青救会会员一般是从农救会中挑选的一部分 15 岁至 25 岁左右的男青年组成,由青年中的骨干担任青救会主任和自卫队长。青救会会员既是自卫队员,他们是各村自己的群众武装组织(当时还无枪),也是以后成立区、县游击队的后备力量。

区青救会下设青年抗日先锋队干事、儿童干事。那时候青年工作的主要任务是:组织青年召唤民众,抗日救国,宣传青年参军参战,打击日本侵略者;号召青年积极行动起来,投入到抗日救国斗争中去。广大青年在县委、青救会的正确领导下,有组织、有领导地战斗在各自的工作岗位上,出色地完成了各项任务,为抗日工作做出了积极的贡献。

一是恢复农村小学校。日军入侵后,农村的小学校遭到了严重的破坏,大部分小学校倒闭,广大儿童失去了就学念书的机会。恢复学校,让儿童念书是当时一项重要工作。可是恢复学校一没教员、二没课本,怎么办?青救会发动群众出主意,想办法,教员从群众中挑选,如有的地方以识300个字为标准,挑选小学教师。没有课本就以《百家姓》《三字经》《千字文》《名贤集》《农谚杂字》等为教材课本。这样很快在山老区恢复了小学校,得到了社会和家长们的拥护。

二是办夜校学习文化。艰苦的战争,广大青年失去了上学读书的机会,使很多青年成了文盲、睁眼瞎。于是在抗联会的支持下,青救会在各村办了夜校,组织贫苦青年学习文化,教唱抗日救国歌曲。利用夜校这块文化阵地向广大青年宣传党的抗日方针、政策和路线,鼓舞青年抗日情绪,激发他们的抗日觉悟,这样既学到了文化知识,又激发了广大青年的抗日热情,把农村搞得非常活跃。

三是动员青壮年踊跃参军参战。青救会干部不仅是广大青年的领导者、组织者,而且还是宣传抗日的带头人。他们利用夜校,积极向青壮年宣传抗日救国的道理。号召青壮年只有扛起枪杆子,踊跃参军参战,投入抗日前线打鬼子,才能解放全中国。

四是为抗日前线选拔输送干部。青救会是培养青年、选拔干部、输送人才的大学校,当时有很多青年干部是从青救会这个组织走向革命道路的。在抗日战争中屡建战功,成为平北地区赫赫有名的民兵战斗英雄何金海①,

① 何金海(1925—1947),河北宣化人。1941年担任民兵小队长。1942年加入中国共产党。1944年任龙延怀"红石山游击队"队长。被平北地委和军分区授予"一级民兵战斗英雄"称号。1947年8月,在麻峪口战斗胜利后,遭敌增援部队袭击而壮烈牺牲,时年22岁。

就是由一位普通的青年农民成长为民兵干部的。武家堡村的武万升由儿童团长到龙延怀联合县三区青救会任儿童干事。还有石盘口村的毛成富,常庄子村的常兴元,草庙子村的梁奎山,焦家沟村的崔德,南山堡村的耿世昌,杨家山村的孙文华,东洪站村的吴金玉、刘堂等青年都先后提拔到区里参加了革命工作。王福堂同志原是龙延怀联合县五区青救会主任,后到了三区任区委书记。梁兴云同志原是龙延怀联合县二区青救会主任,后为四区区长。这些同志都是从青救会组织经过培养锻炼,然后输送到各个不同岗位上的领导干部,使他们在各条战线上发挥了更大的积极作用。

五是积极投入斗争前线。青救会是党的得力助手,为了配合党的抗日武装斗争,他们的活动开始由保卫村庄、埋地雷、站岗放哨,进而发展到游击小分队,向日伪据点进攻,打击日伪力量。他们利用传单、标语、广播宣讲等方式向敌据点开展政治攻势。原龙延怀联合县五区青救会主任王福堂带领青年向高栅子日伪据点宣传,动摇瓦解日伪警察,向敌伪人员宣传中国人不要当亡国奴,不要为日本鬼子卖命,要投入到抗日救国斗争中去。在喊话宣传的同时,他们还通过关系打入日伪据点内部,做抗日救国的思想感化工作,使敌伪人员支持八路军抗日,瞒着鬼子为八路军开辟工作来往抗日人员的行动安全给予方便。经过这样工作该据点不再限制农民运送抗战物资。

儿童团

平北抗日根据地,凡是有村政权的村,都有儿童组织,叫作"儿童团"。别小瞧这些儿童团的小孩子们,他们发挥的作用可不小。

"我们儿童团,抗日做模范,天天念书,又把身体炼,锻炼如铁蛋。哎嗨哟呵,哎嗨哟,锻炼如铁蛋。"果树林子里的柱子,正一边开心地唱着歌,一边摘果子吃,歌声断断续续的。

突然,儿童团团长一拉柱子:"别出声。你看是汽车不?"

柱子一下子紧张起来,并停止咀嚼嘴里的那一口苹果。手搭凉棚踮着脚望,影影绰绰看见远处尘土飞扬。

"你盯着,我赶紧回去告诉徐书记去。"话还没说完,儿童团团长已经拔脚跑开了。

北辛堡是个花果乡,村子掩藏在茫茫的树海里,不到跟前,根本就看不见村子。这就给放哨的人增加了困难,全靠耳朵听、眼睛观察,再加上脑子灵活,行动快。这些条件儿童团都符合。这一天,村里正要召开欢送新兵大会，日伪军200多人，乘坐4辆汽车，荷枪实弹准备包围村庄，被放哨的儿童团员及时发现报告，使正在准备开新兵欢送会的县、区，以及村干部及时转移到安全地方。日伪军走了，儿童团马上跑到5里远的墩台坡北山上把隐藏在那里的干部们叫回来继续开会。区委书记徐纯性同志非常感激儿童团，说“多亏他们发现得早，报告得及时，我们才得以安全转移”。

儿童团由党支部、青救会或抗联会负责组织成立，受青救会和抗联会的领导，根据孩子们的特点，发动儿童做各种工作，为抗日战争服务。一般会挑选3至5名儿童任儿童团干部，设儿童团团长、副团长、宣传委员、组织委员、锄奸委员、抗勤委员等。在儿童团内又分别组织了抗日先锋队、宣传队、锄奸防特队、抗勤队。千万不要小看儿童团，这些孩子什么工作都能干，站岗、放哨、查路条、送信、看消息树、斗恶霸、锄奸、反特、抓敌人……是最积极、也是最活跃的抗日力量。

儿童团大唱抗日歌曲，用唱歌宣传抗日道理。在平北根据地各村庄，儿童团在小学校唱歌曲，然后到大街上演唱。在游击区的村庄是到山沟里学唱抗日歌曲，回到村里以后三五人小声唱。随着形势的发展，由小声地唱到公开唱抗日歌曲。开始学唱的是开辟平北的歌曲，如：《一九四零年八路军到北山》《拥军模范赵顺同志送子参军上前线》《忆苦歌》《三大纪律八项注意》《抗日进行曲》等。他们的歌声大大激发了民众的抗日热情，起到了宣传群众、组织群众、教育群众的作用。抗日战争时期各级领导都很注重抓儿童团工作。

龙延怀联合县三区区委书记王福堂同志每到一村首先与儿童团干部交朋友，教他们学唱歌曲。那时期唱歌成了人们生活中不可缺少的活动。男女老幼、部队、民兵、县区干部人人都唱，训练场上唱，走路行军唱，农民田间干活唱，妇女在炕头上做针线也是小声唱。大唱抗日歌曲成了当时人们的习惯，大唱抗日歌曲是武装自己、打击敌人的一种有力武器。

儿童团中流传最为普遍的是：“我们儿童团，抗日做模范，天天念书，又把身体炼，锻炼如铁蛋。哎嗨哟呵，哎嗨哟，锻炼如铁蛋。”“八路军，八路军，平北抗日根据地，本是八路军开辟，解放数十万父母老乡亲，脱离日本的统治，八路军不容易。八路军，八路军，坚持平北根据地，保持群众的地犁衣，保家卫国为人民。唆拉叨，唆拉叨，八路军不容易。八路军，八路军，咱们大家去拥护，拥护咱们的八路军。”等5首儿童团战歌。

抗战期间，敌人常进山“扫荡”，“消息树”是老百姓发明的报告敌人消息的一个标志，把一根长杆立在山头上，看消息树的人时刻注视着远方，见敌人来了，就把消息树推倒，村里人见树倒了，知道是敌人来了，就赶紧跑到山上躲藏。敌人进村，往往是人去村空。孩子们查路条铁面无私，不管你是走亲访友，还是小商小贩做生意的，都逃不脱儿童团员的眼睛，对可疑的人随时报告，对外出村的人也要问清去向，晚上汇报，而后由抗联会、治安员调查处理。如土木（今属河北怀来）日伪大乡催粮要款的刘印，经常到北沟一带活动，很长一段时间不敢出来，怕碰上儿童团查路条。1943 年春的一天，刘印骑着一头毛驴，走到常庄子村边不敢进村，被放哨的儿童团员发现。多名儿童团员将他团团围住，把他交给区武委会主任李世隆同志，后他被区政府处死。

破交、割电线也是儿童团的一项经常性工作。

1943 年日伪在龙延怀联合县的石盘口、王家楼、长安岭、安营一堡、麻峪口增设了据点，架了专用电话线。王家楼通往石盘口要经过甘泉庄、草庙子两个村庄，约有 10 里，开始时儿童团员们学着民兵那样割电线，但不知从何下手。后来这两个村的儿童团员，利用上山打柴、割草、放牧等机会，就用镰刀头割断电线。草庙子村儿童团团长刘大楞（小名），甘泉庄儿童团团长张文，他们利用孩子们能爬杆、会上树的特点，有计划、有目的地带领儿童团团员张海泉、李玉德、常贡、何顺子等在村北坟儿沟、牙口梁、赵坡梁等地几次割断敌电线。开始儿童团员把电线割断，敌伪军又派人接上。后来儿童团员想办法割断电线不能叫敌人找到断头，一天几处把敌电话线割断，敌人还没有回据点，电话线又不通了，把敌人搞得狼狈不堪。最后，日伪据点的电话机变成了哑巴。

抗日民主政府号召根据地人民开展大生产运动，反对不劳而获的懒汉、懒婆。于是儿童团就组织儿童团员走街串巷，挨门挨户地检查不下地干活的人。他们在街上常有懒人坐的地方贴上纸条“磨光石”，整得地主老财和一些二流子懒汉，在大街上不敢闲坐，在家不敢闲待，只好拿上农具下地去干活。冬季农闲和春节前后，儿童团在抓赌博上最有办法，不管谁赌博都要向村治安委员汇报。儿童团的行动得到了社会和家长们的大力支持。

在抗日根据地村庄活动的神婆、神汉、算命、打卦先生等，一旦被儿童团发现，就对他们讲道理，进行说理斗争，从而使这些人再也不敢活动了。对一贯道的活动，儿童团严密侦察，随时向治安员汇报活动情况。草庙子村一贯道道首张存贵、张存根到进家沟地的窑洞里“修道变良”、扰乱治安，被儿童团发现，报告区治安员张明清，将其押送到县公安科改造几个月，放回村后召开了全村大会进行了交代，此后再也不敢欺骗群众了。

儿童团是八路军的好后勤，是拥军优抗的模范。逢年过节儿童团组织团员慰问军烈属，给军烈属打扫院子、扫房子、担水、送柴、贴对联等。平时儿童团把拥军优抗的具体任务分给每个儿童团员。平北军分区在海陀山建立了兵工厂，制作地雷、手榴弹没有废铁，于是就动员各村群众献铁，他们首先发动儿童团员捡废铁。如草庙子村发动儿童团捡废铁2000多斤。

战争年代传送情报和信件是一项紧迫而又艰巨的工作。有些情报、信件送不出去时，就把任务交给儿童团，利用他们人小、机灵、敌人不注意的特点，往往能够更好地完成任务。

根据不同的紧急情况，有不同的标志和不同的送信方法。没有信封，大多是叠个三角形。信里装根火柴，即火速转交；若是装根鸡毛，就表示特快特急。信不能大明大摆拿着，多是缝在衣服里，或是搁在粪筐里，或是赶着一头驴，把信放在驴鞍子里……孩子们利用上山打柴、割草放牧、玩要的机会巧妙地把情报和信件送出去。

1945年，延庆的地下工作者得到紧急情报，说敌人已经出发到耿家营和大纸坊屯村"讨伐"，当时这两个村都住着八路军和区干部，必须火速通知他们转移。儿童团团长赵彤廷把这封鸡毛信放在粪筐里，信上盖点草，从碾道弄些驴粪放在草上，穿着带补丁的衣服，赤着脚，快速地向大纸坊屯跑去。刚走到小南河湾这个地方，敌人大部队人马就到跟前，可巧眼前路边上有驴粪，他立即用手往筐里捡。

一个敌人过来问他："那么脏，捡它干吗？"赵彤廷一边捡着粪一边回答说："我爹说，多施粪倭瓜才能长大个。"敌人听了觉得是实话，就没有介意。等敌人走过，他撒腿就从另一个方向往大纸坊屯跑，把信及时送给区长晏凤，抗日干部马上转移，敌人扑了个空。

其他各群众组织在抗日斗争期间亦发挥了巨大的作用。如以贫雇农为骨干的农民抗日救国会（简称"抗救会"），几乎所有的农民都参加进来，农救会主任和委员是通过召开大会进行选举产生，扩大了党的影响。文化界抗日救国联合会，创作了大批抗日诗歌、抗日歌曲、戏剧曲艺等，当时流传在平北的民歌有《儿童团战歌》《八路军》《不当亡国奴》《组织起来打日本》等，有力地鼓舞了人民的斗志，打击了日伪汉奸，更重要的是平北《挺进报》的诞生，有了自己的报纸，就可以及时了解信息、传递信息，及时地把党的方针政策宣传给群众，把敌人的阴谋暴露于光天化日之下。

农民工会

抗日战争和解放战争时期，农民工会的兴起是中国共产党开辟农村抗日根据地的主要依靠力量。

广大贫苦农民在中国共产党的领导下，他们纷纷组织起来，从县、区、村建起了农民工会组织，领导农村中的无产者、半无产者（雇农、贫农、下中农），投入到了革命的洪流中去。农民工会是抗联会的一个所属部门，在党组织的领导下进行各项工作。它的主要任务是：领导农村无产者和半无产者，即贫雇农、佃户、长工、放牧工、女用人、童工从封建剥削制度下解放出来，投入到反帝、反封建、反剥削压迫的斗争中去，为翻身求解放，实行耕者有其田，解放全人类，人民当家做主，建设没有剥削、没有压迫、没有战争的和平、民主、自由、繁荣、富强的社会制度而奋斗。

1942年和1943年，平北地区根据地的村庄，在各级党组织的领导下，给长工增加工资工作开展得较早。在农村给长工增加工资是向大户、富户开的第一炮。各级政府认真发动群众，充分发挥农民工会的作用，大力宣传政策，召开贫农、佃户、长工会议，给他们撑腰做主，启发他们的阶级觉悟，同大户、富户进行说理斗争，要他们按抗日政府的政策办事，给长工增加工资。通过增加工资，解决长工们的温饱问题，调动他们的抗日积极性。

什么是长工？长工有几种？一是年工，一年为12月；二是长工为8个月；三是半个长工，就是从上工到完工，不论农忙、农闲都是两日轮换制，为4个月；四是包月工，大部分是包秋月工，期限为一个半月。这几种都在增加工资范围之内。

当时给长工增加工资是分两步进行的。第一步是给长工增加福利待遇，从解决必要的生活日用品开始。如每年要给长工一套单衣服、一顶草帽、一双布鞋、一双袜子、一条毛巾等物资。如果没有东西就折合成小米发给长工。那时一般村庄长工一年增加5斗到7斗小米。第二步是给长工增加工资。这项工作必须首先说服富户，通过算细账说明长工工资低、不合理。当时雇长工都是给小米，一个好长工一年最多挣1200斤小米(6石米)，一个小长工、小羊倌只挣600斤小米。但农忙季节富户雇一天临时工是给5、6、7斤小米，如果一个长工干8个月合240天的话，按中等水平6斤小米计算，那么就能拿到1440斤小米。这样就少给长工240斤小米。这样把富户算得低头认账。其次是按原工资给长工增加25%的工资，如当时龙延怀联合县三区草庙子村，全村260多户，耕地6000亩，种30亩地以上的户有72户，其中雇长工的富户就有43户，共雇长工、羊倌63人，其中外村的有3人。1943年夏，村党支部书记梁进喜、张有才，工会主任梁世友领导全村工会会员，在其他组织的大力协助下，经过半个多月的思想发动和说理斗争，给63名长工、羊倌增加了工资。

通过给长工增加工资，大大调动了农村中的雇农、贫农的抗日热情，他们的生活水平有了提高，对共产党的认识更加明确了，深知共产党好，共产党亲，共产党是穷人的救命恩人。紧接着又从农民工会中发展了一批共产党员，充实和扩大了农村党的队伍。

完成增加工资工作后又与富户订立了下年雇佣长工的协议，原则是：一是没有正当理由不准不雇长工；二是减少土地；三是增加劳动力，可以不雇或少雇。另外还可以今年雇几个，明年再雇几个。但有些富户打算不再雇长工，把土地租出去或半租出去。他们利用这样的办法与我政府对抗。但随着形势的发展，在农村又开展了轰轰烈烈的减租减息运动。

开展减租减息是农村党支部领导农民工会组织，发动贫雇农反对封建主义的高利贷、高剥削的一场斗争。要提高贫苦农民的生活水平，就必须从减轻债务入手。当时抗日民主政府提倡"发展生产，劳资两利，有利抗日，团结对敌"16字方针。为了发挥广大群众的抗日积极性和生产积极性，党中央和毛主席在抗日战争初期，就提出了减租减息这一英明的政策，逐步废除封建剥削，提高贫苦农民的生活水平。

减租：是指减少农民租种大户、富户的土地租子。

减息：是指减少农民借富户的钱、粮债务利息。

当时农村地租是按土地等级定产量，产1石交3斗，5斗最多交3斗，大部分是产1石交5斗，有的是按实产算，有的是按定产算，受灾不减租。借债利息更是多种多样，有年3分，也就是6个月算一年或是8个月算一年，年有5分，又加5厘，有驴打滚，借1还2，到期还不了的利加利，利滚利。如果3年还不了，那么借债1元，3年后就得还8元，5年还不了的就得还32元，这就是当时所流行的地主阎王债。

1942年，龙延怀联合县的根据地个别村庄开始了减租减息工作。大部分村庄是在1943年5月平北地委西坡会议后进行的。减租减息工作很复杂，难度大，政策性强，还要注意统战工作。一是贫雇农阶级觉悟低，减租减息不敢减；二是大户、富户不愿减；三是要注意抗日统战政策。针对这种情况，各区委派干部到各村亲自发动，在村党支部的领导下以农民工会为骨干，抗救会、妇救会、青救会、儿童团等部门有力配合，开展了轰轰烈烈的减租减息工作。这项工作大体分三步进行。

第一步是发动。主要从党内到工会，层层发动，启发党员、工会会员的阶级觉悟，大讲农村地主阶级对贫苦农民的残酷剥削。当时在农村流行着这样一首歌谣：农民头上两把刀，租米重、利钱高。农民面前三条路：逃荒（出口外）、上吊、坐监牢。这是农民处境的真实写照，致使终年辛勤地给地主扛长工的农民陷入糠菜半年粮的饥寒交迫的悲惨境地。通过对党员、工会会员的教育，解除思想顾虑，在提高阶级觉悟的基础上，由他们自己起来斗争。

第二步是自报核实。首先召开群众大会，认真贯彻中央减租减息政策，实行二五减租。减息，利息不超过1分5厘的计算精神，如果利息超过本的一笔勾销。其次是会后分别自报。一是债户、佃户自报，借谁的钱，多少元，利息多少，借了几年；租种谁家的地，多少亩，地租多少，种了几年，有无契约。二是放债户、出租地户自报，借债户是谁借债多少，几分利息，借了几年；租地户是谁，租种几亩地，地租多少。通过自报发现有个别户不对口，因此在减租减息斗争中又开展了反假报、反隐瞒的斗争。一是富户不想叫减，不实报钱数和借钱利息的年限；二是贫苦农民有思想顾虑不敢减，借多报少，还有个别富户与穷户订立“公约”都不报。针对这种情况，我们在做好思想教育、启发阶级觉悟的同时，从各个角落发动知情者进行检举。

第三步是按照政策规定核减。减租一般按25%，对高地租按37%。减息以1分5厘为限，超过部分减去。通过自报，双方对口的，逐户核减造册，公布于众，必须执行，不准不减，不准再要，不准再租加息。今后放债，利息不得超过1分，违犯者，要罚款，要惩处，强迫执行。

通过减租减息，减轻了贫雇农民的经济负担，增加了收入，提高了生活水平。如麻峪口村陈怀亮，租种草庙子村地主刘金钊30亩地，减少地租13石6斗。又如草庙子村贫农梁占元、梁德、梁廷谦、刘存祯等人，借以放债为生的地主孟存根的钱欠下债务，通过减息核算，已超过5年，付利已超过本，都给一笔勾销了。随着经济的逐步好转，群众从思想上亲近民主抗日政府了，知道共产党是为人民群众谋利益的。同时在斗争中长工、佃户和贫苦户亲眼看到工会组织的重要作用，只有参加农民工会，积极组织起来，才能共同对敌。于是要求参加抗联会、青救会、儿童团的人也越来越多,积极参军参战,站岗放哨打鬼子,在当时最为光荣。

1945年春、夏,龙关县(辖怀来4个区)根据中央和地委的指示,在巩固区村庄开展抽肥补瘦运动,贯彻中央耕者有其田的政策,使广大贫苦农民户户有地种,人人有衣穿。动员富户把多余的土地、耕畜、农具、粮食、房屋献出来,分给贫苦农民和抗日军人家属。这项工作是在增加工资和减租减息的基础上进行的。经过3年增资和减租斗争,3年"二五"减租,已在原地租的基础上减少75%,还剩地租25%,所以抽肥补瘦工作开展得比较顺利。在此项工作进行中继续贯彻抗日的宗旨:"有人出人,有钱出钱,有地出地,有物出物。"这一工作由党支部和农民工会共同做,向富户进行面对面的谈判斗争。经过一段工作和斗争,比较进步的富户自动献地、献粮、献耕畜,工会就表扬。如三区区委书记王福堂同志在石河村搞抽肥补瘦工作时,地主闻进来自动献粮、献地、献耕畜,拥护抗日民主政府的政策,被定为开明绅士,通报全区,并号召全区各村富户向闻进来学习。这一号召对全区各村的富户震动很大。所以常寨子村的李春长,常庄子村的李万年、徐尚清,草庙子村的景生太、张存善,石盘口村的王有典、陈福魁等富户也都自动献地、献粮、献耕畜。对于个别钉子户、死硬户,他们不开口、不表态,工会就集中力量拔钉子,根据其经济情况,硬派给他们任务。当时草庙子一个村就献地300多亩,粮食折合小米40多石,献羊50多只,由工会组织评议小组分给贫苦农民,有力地促进了抗日和生产的发展。

第二章　坚持顽强斗争

1940年9月到1941年底，是平北抗日的发展阶段，也是平北抗日较为艰难困苦的阶段。

这一期间，是敌人残酷“扫荡”和平北全体军民英勇反“扫荡”的时段，平北抗日处于发展阶段，也正处于胜利曙光之前的艰难阶段。

1941年，日本关东军第9独立守备队司令官安藤忠一郎少将，辖3个大队2416人，驻承德、古北口、青龙。伪满洲国第5军管区司令官赫慕侠中将辖步兵第5旅、步兵第8旅、混成第5旅，另从其他军管区调入热河14团作为机动力量。在丰滦地区，敌屯重兵于山边和山内村落，以古北口、半城子、石佛寺、兵马营、石匣、汤河口、琉璃庙、于营子、白马营、密云、渤海所等主要据点，分进合击，梳篦“清剿”。敌人多次出动千人到万人兵力，进行局部“扫荡”和全面“扫荡”。

挺进军主力从到达平北开始，紧紧抓住武装斗争这个中心环节，积极向敌伪展开游击活动。留游击大队和“扫荡”的敌人转山头，主力部队撤出外线，打击敌人据点，开辟新的抗日根据地。

平北军民在中国共产党的领导下，克服敌人围追堵截、大多数民众的无组织、军力的不坚强、武器装备差、兵力数量少、经济的落后、统一战线内部不够团结巩固等困难，在长期战争和艰难环境中，团结全民族各阶层抗日力量，军民一心，英勇作战，同敌人反复斗争，消灭了不少敌伪武装力量，连续取得战斗的胜利，基本上摧毁了敌伪的区村政权，迫使敌人龟缩到大中小城市和重要集镇，敌伪军的小股武装和汉奸特务也不敢轻易出来活动。

第一节　军威震虎狼

1940年底，平北5个联合县由30个区扩展为42个区，主力部队已拥有2500多人，地方武装发展到将近1000人，仅丰滦密的游击队就有350余人。

农村中的自卫军、妇联会、儿童团、救国会等也像雨后春笋般出现。

这样,中国共产党领导的抗日武装在平北扎下了根,立住了脚。根据晋察冀军区公布平北子弟兵 1940 年战绩:全军战斗 98 次,全年毙伤日伪军 40102 名,俘虏日军 190 名,俘伪军 3400 名,反正伪军 308 名,攻克据点 143 个,破坏铁路 329 里。

到 1941 年,平北军民进行了大小战斗共 414 次,平均每天 34.5 次。攻克大小敌伪据点 13 处,毙、伤、俘日伪军 2500 多人,争取伪军投诚 298 名。缴获炮 8 门、重机枪 63 挺、步枪 812 支、战马 287 匹。

1941 年 12 月 7 日,日本法西斯在太平洋同时向美英两国发起突然袭击,美英正式对日宣战。8 日,中国共产党为太平洋战争发表宣言,指出:“全世界一切国家、一切民族,划分为举行侵略战争的法西斯阵线,与举行解放战争的反法西斯阵线,已经最后明朗了。”

平北军民更加坚定了信心,誓死捍卫中国领土的完整和独立,为了迎接抗日战争的最终胜利战斗不止!

1938 年 11 月 6 日,毛泽东在中国共产党第六届中央委员会扩大的第六届全体会议上所做的结论中,谈到战争和战略问题,说:“在中国,主要的斗争形式是战争,而主要的组织形式是军队。其他一切,例如民众的组织和民众的斗争等等,都是非常重要的,都是一定不可少,一定不可忽视,但都是为着战争的。”

先后战斗在平北地区的八路军主力部队有 10 团、7 团、8 团、40 团等。1940 年,10 团和 7 团率先进入平北地区,后来 7 团在丰宁地区受到很大损失,撤回平西。

1942 年 4 月下旬,8 团在团长詹大南、代政委曾威[①]的率领下,从平西开赴平北。1942 年 2 月 23 日,平北游击 1 支队升编为晋察冀军区第 40 团。

10 团在平北地区抗日战争中,特别是在开辟丰滦密抗日根据地中,发挥了重要作用。白乙化、才山、王波、吴迪、李荣顺等老 10 团的指挥员,先后牺牲在平北这片土地上;70 多位跟随白乙化走向平北的北平大中学生,只有一半人看到了抗战胜利的曙光;1380 人编制的老 10 团,先后有 1200 多人长眠在平北抗日战场上。

---

① 曾威(1916—2004),江西泰和人。1932 年加入中国共产党。经历过长征。抗日战争时期,曾任晋察冀军区第 10 团政委,平北军分区政治部主任、司令员等职。中华人民共和国成立后,曾任北京军区工程兵政委、天津警备区政委等职。1955 年被授予少将军衔。

一、冯家峪战斗

1940年12月14日,时值大雪节气,冰封的白马关河静静地躺卧在山谷里,黎明前的山湾一片寂静,只有阵阵山风沿着河谷吹来。寒风吹透了八路军指战员单薄的衣衫,但他们不怕寒冷,毅然坚守在阵地上。一场惨烈的战斗即将打响。

冯家峪战斗,是10团开辟丰滦密抗日游击根据地以来,取得的一次重大的军事胜利。

到1940年底,日伪军以消灭10团、摧毁平北抗日根据地为目的的78天大“扫荡”,在平北抗日军民的打击下以失败告终,被迫开始分途撤兵。

12月初,10团1营接到下营村自卫军的情报,得知驻白马关、下营的日军铃木大队哲田中队及一批日军官将于近日内沿白马关河川向密云撤退,营长王亢决定抓住战机歼灭这股敌人,随即率部埋伏在敌人撤退必经的西白莲峪以北一带山上。然而,1连等了两天也没等到日军。

12月14日,八路军又接到情报:“敌人正在抓、要牲口。”判断日军即将动身。王亢立即率1、3连和4连一部共250余人,连夜赶至冯家峪南湾子埋伏下来。

南湾子是日军撤退必经之路,是设伏的好地方。南湾子在冯家峪村南面一里多地,白马关河自北向东南穿过冯家峪村,在这里被一座山峰拦住,河水绕山转了半个圈儿又向西流去。河东南岸,一道几十米高的月牙形峭壁环抱着清澈的河水,与西岸凸出的山峰隔河相峙,形成了一条环形河谷。这一地形对八路军伏击敌人极为有利,八路军埋伏在冯家峪至南湾子沟口东西两翼山头,控制了制高点。王营长命令1连埋伏在河西山峰的南侧,负责堵死山湾的出口;4连埋伏在西山北侧,负责卡断敌人的退路;3连埋伏在河东梯子峪沟口南侧峭壁上,负责拦腰截击敌人,布下了三面夹击的“口袋阵”。河东岸峭壁上有一棵松树,站在这里可看到整个阵地,营指挥所就设在这棵松树下。

12月15日清晨,日军哲田中队列队从下营出发了。前面是6名尖兵,相距约50米,后面是日军的大队人马,十多个骑马的军官走在队伍的中间,后面还有48个牲畜驮子,驮着辎重,这班日军都是老兵,在战场上从未遇过劲敌,因此极为骄狂,自诩为“常胜部队”。哲田是一个杀人魔王,老百姓对这个家伙恨之入骨。敌人进入冯家峪村,稍事休息,又按原序列出村,朝八路军阵地走来。看他们行进的样子,显然未在两翼山头派兵警戒,没有发现八路军的伏兵。他们做梦也没有想到,现在正一步步地走向自己的坟墓。

敌人越来越近了，营连首长立即通知各班排准备战斗，力求速战速决吃掉这股敌人，使敌人来不及增援。9时许，敌人开始进入山弯。300米、200米、100米、50米……全部进入了埋伏圈。王亢营长举起手枪，对准骑马的军官就是一枪，骑在马上的哲田中弹滚下马来。

枪声就是预定的战斗命令，各指挥所都响起了嘀嘀嗒嗒的冲锋号。顿时枪弹齐发，掷弹筒、手榴弹、轻重机枪和步枪，鞭炮般响了起来，在八路军战士枪弹猛烈射击之下，日军一下子倒下一大片，队形大乱，慌作一团。

但哲田中队是经过严格训练的部队，稍事镇定，便散开队形伏于河边堤坝下、大石后进行顽抗。一部分敌人钻到河东岸峭壁下，借陡峭的崖壁躲过八路军东面火力，以河边坝坎做掩体，架起轻重机枪向西山八路军狂扫。另一部分敌人缩在西山北侧山根下，避开八路军西面火力，用掷弹筒向河东岸峭壁上的八路军猛轰。在凶猛火力掩护下，一群日军向山上冲来，妄图抢占西山制高点，以扭转战场上的不利局面。

10团扼守西山的1连战士等日军靠近了阵地，数十枚手榴弹一齐飞向敌人，炸得日军血肉横飞，倒下了一片，其余敌人慌忙滚下山去。敌人为了夺取制高点，不惜孤注一掷，组织残敌再次扑向西山。西山头一时硝烟弥漫，杀声震天。八路军战士英勇顽强地坚守西山阵地，手榴弹用光了，子弹打尽了，眼看敌人就要登上山顶，战士们一个个跃出战壕，冲向敌人白刃格斗。日军终于支持不住，又抛下了一片尸体狼狈地逃下山去。经过这次打击，敌人已无力再发动新的进攻，只得龟缩在坝坎下固守待援。

这时，八路军吹响了冲锋号。10团3连首先沿梯子峪沟冲下山来，发现敌人的辎重驮子隐藏在沟口，3连战士一阵扫射，将押驮的十几个日军全部消灭。驮夫们乘机把十几个牲口驮子赶进沟里，变成八路军的战利品。3连战士冲出沟口，向西山根下的敌人冲去，但敌人的机枪封锁了沟口外的开阔地，冲锋受阻。

与此同时，1连也沿西南山坡冲向河东峭壁下的敌人。敌重机枪隐蔽在一座土桥下疯狂扫射，冲在前面的1连战士相继中弹倒下，后边的战士也被压制在山坡上。面对敌人重机枪火舌，指战员的眼睛都气红了。突然，1连连长鲁志华冒着弹雨奋不顾身滚下山坡，迅速接近土桥，猛然跃起一把抓住了敌人灼热的机枪管，大吼一声踢倒了敌射手。但鲁连长也被敌人的枪弹击中胸膛，壮烈牺牲。

战斗进行到下午4点多钟，只剩下20多名敌人仍在负隅顽抗。八路军正要发起最后的攻击，不料，石匣、董各庄等据点千余日伪军赶来增援，八路军未及全歼残敌和打扫战场，即主动撤出战斗。

这次战斗，共击毙哲田以下日军官兵 90 余名，缴获轻机枪 1 挺、步枪 40 余支及辎重一批。10 团亦付出了巨大代价，1 连连长鲁志华、指导员冯汝霖，3 连连长刘若海等 67 名指战员光荣牺牲。

10 团 1 营战前未及向团长白乙化请示。战后，1 营营长王亢做了详细汇报，并认真总结出 3 条战斗基本经验和教训：

第一，伏击敌人时战斗命令以暗号为好，如以枪声为命令等于先向敌人报警，敌人会过快地占领隐蔽地形。

第二，伏击阵地尽可能靠近敌人，各分队要分段包干射击目标。

第三，予敌以严重杀伤后，再收缴武器，避免增加无畏牺牲。

这几点经验在以后作战中，都发挥了重要作用。

冯家峪南湾子设伏，一举消灭日军铃木部队的哲田中队，创平北抗日根据地消灭日军新纪录。这一胜利，震惊了敌人，壮了八路军军威，提振了人民士气，进一步坚定了平北抗日根据地人民群众打败侵略者的信念，根据地得到了进一步巩固和发展。10 团也在斗争中壮大起来，由 1300 人发展到 1700 人，成了平北军分区一支主力军。

为纪念这一重大胜利，1944 年 5 月，丰滦密联合县冀东第五地区队为冯家峪战斗树立了“还我河山”纪念碑。碑文如下：

> 冯家峪战斗是民国二十九年秋①的战绩，此次战斗是王团长②亲手指挥的。歼灭敌寇一个中队——奥村中队③计九十余人。我们也付了最大血的代价，鲁连长、冯政指、张副政指、曹支书④等均壮烈牺牲。冯家峪战斗，敌寇惊魂丧胆，奠定了人民胜利信心，这是开丰滦密划阶段的一个伟大辉煌战绩。
>
> 倪蔚庭、师军、胡毅立⑤
>
> 中华民国三十三年五月

---

① 即 1940 年秋。

② 王亢同志指挥冯家峪战斗时为 10 团 1 营营长，1941 年 2 月以后才接任 10 团团长。碑文有误。

③ 据当年参加战斗的 10 团同志回忆和历史文献记载，敌中队长为哲田，碑文中的奥村为误。

④ 鲁连长即鲁志华，冯政指即冯汝霖，张副政指即冯君廉，曹支书即曹安德。

⑤ 倪蔚庭时任丰滦密联合县县长，师军时任冀东第五地区队区队长，胡毅时任中共丰滦密县委书记兼五区队政委。

70多年过去了，这块丰碑至今仍屹立在冯家峪的山上。10团指战员杀敌报国的献身精神将永远为人民所崇敬。

这一年的12月，赵立业率10团3营9连攻打周四沟敌据点，歼敌大部，缴获一部分武器弹药。敌人又集结重兵向延庆、怀来以北的游击根据地进攻，企图捞回损失，但遭八路军在东山庙的迎头痛击，歼敌100多名。敌进到姜家庄后又遭八路军猛袭，“扫荡”的敌人未能捞到什么好处和补偿，反而处处挨打。3天后，敌人不得不结束“扫荡”，迅速滚回老巢。

二、马营鹿皮关战斗

1941年，是法西斯势力最猖獗的时期，日本侵略者提出“确保华北”的战略后方，准备发动太平洋战争。因此对平北抗日根据地“扫荡”更加疯狂，叫嚣要“荡平平北，消灭10团”。敌人始则进行了全区域性的“扫荡”，继而是分片、分区域的“扫荡”：1月进犯龙关，2月攻龙赤，3月围海陀山，4月袭延庆，5月进犯平北抗日根据地中心区……

平北地委对敌斗争的方针是：大力巩固根据地，开展广泛的群众性的游击战争，把广大群众组织到游击战争中来，粉碎敌人的“扫荡”进攻。

1月至5月，敌人5次“扫荡”龙延怀地区，平北地区抗日主力部队转移到龙赤、昌延、滦昌怀、丰滦密地区进行游击活动。八路军进出琉璃庙子、五道营子、九松山和鲁营等敌伪据点之间，不断地出袭、搅扰、打击敌人，弄得敌人晕头转向，四下扑空，疲于奔命。

2月4日，白乙化在马营召开连以上干部会议，领着大家认真学习和领会毛泽东同志的《论持久战》和萧克同志当时发表的《目前冀热察形势与我们几个工作任务》的文章，缜密地研究分析敌我情况，引导大家学会从敌人貌似强大的现象中看到它的虚弱本质，从困难中看到光明未来，鼓舞大家的斗志，研究部署在新的一年中的战斗任务。

会议一致同意白乙化的意见：10团应继续朝北推进，以云蒙山的丰滦密抗日根据地为基地，继续向北、向云雾山区发展。冀东如能把雾灵山区建设好，这三座大山足能形成掎角之势，直接威胁敌人巢穴——承德。把战争推向敌占区去，争取在那里创建新的游击根据地。

同日，伪满滦平县警务科长，日指挥官关直雄指挥道田“讨伐队”及驻琉璃庙子的伪警察刘汉、王岳部计300余人，向丰滦密联合县第五区的白河川一带“扫荡”，欲乘平北军民过节之机捞点便宜。日伪军在拂晓前偷袭县基干游击大队，稍有所获，于是气焰益发嚣张，马上兵分两路，追赶包抄县基干游击大队直到马营以北鹿皮关。

白乙化遂令驻于石堂路的10团3营，沿白河西岸火速抢占鹿皮关西面的高山，居高临下指向敌人。自己亲率1营扑向鹿皮关东侧的一座山梁，指挥1营夺取了为敌所占的西南山梁，而后将敌压制到白河西岸至鹿皮关一线，下决心聚而歼之。

战斗刚打响，白乙化就赶到战斗一线，手执令旗站在降蓬山顶大青石上指挥。警卫员怕发生意外，硬把他拉下大青石。战斗进展得相当顺利，从上午10时，直打到下午3时，毙俘敌人117人，其余的敌人东逃西窜，被丰滦密联合县基干游击大队和当地自卫队的同志消灭。剩下少数几个残敌，龟缩在鹿皮关的烽火台里，利用长城的断壁残垣和烽火台，用机枪顽抗，妄图在天黑后再寻机逃掉。

部队的进攻受阻，白乙化见状又跃上大青石，手持指挥旗，命令1营长王亢率部向敌发起冲锋，高喊“王亢冲啊……”这时，敌人一颗罪恶的子弹，击中了白乙化的头部，白乙化壮烈牺牲，终年29岁。

噩耗传开，广大军民肝肠寸断，悲恸欲绝，10团更是一片呜咽声。

1941年4月28日，人民群众置当时的险恶环境于不顾，从四面八方赶来，一些老太太、老大爷行走不便，就骑着毛驴来，悲痛地呼喊着“小白龙”、“白团长”、白乙化的名字，含泪齐唱10团同志编写的《悼白乙化同志歌》。10团全体指战员、丰滦密联合县政府及广大群众有3000余人参加追悼会。

10团编印了《纪念白乙化同志》专刊，丰滦密游击大队教导员刘力生[①]挥泪赋《英雄恨——密云鹿皮关战斗痛悼白团长》诗一首：“名将星沉冀北踪，鹿皮关上夕阳红。兵麾白马身先死，旗指黄龙志未终。血泪家乡十年隔，风云事业一生匆。长河若解英雄恨，滚滚奔涛怒向东。”挺进军发表了《告全军同志书》：

---

① 刘力生（1915—1998），河北蓟县人。1938年加入中国共产党。抗日战争时期，曾任平北军分区政治部民运科科长等职。中华人民共和国成立后，曾任总政治部政治工作研究处常务副处长、八一电影制片厂首任政委等职。1960年晋升为大校军衔。

我们挺进军有名的英勇善战的白乙化同志，不幸在2月4日，平北马营战斗中光荣地壮烈地牺牲了。这不但是八路军挺进军的损失，而且是中国共产党和中华民族的一个损失！因为失去了一个有丰富军事经验的优秀指挥员，损失了一个有着长期斗争历史的坚强干部，损失了一个曾为民族独立不屈不挠、艰苦奋斗的民族英雄，损失了一个曾为阶级解放而再接再厉、英勇牺牲的无产阶级的先锋战士，我们是十二分悲痛的！追悼白乙化同志，我们应该学习他的说干就干，要干就干到底，别人怕干的自己先干，别人不敢干的自己去干，不畏惧，不迟缓，为人模范的工作作风。学习他冲锋在前，退却在后，自己和战士同样吃苦，在危险的地方，在最紧急的关头，沉着坚定、勇敢战斗的精神。追悼白乙化同志，我们应该踏着他的血迹，继承他的遗志，加倍努力工作，积极战斗，彻底完成挺进军"三位一体"的任务。克服内战投降危机，坚持团结，抗战到最后胜利。

同时号召平北军民化悲痛为力量，继承白乙化的未竟事业，夺取新的更大胜利。此后，组织上任命吴涛为10团政治委员、王亢为团长。

平北军民在马营东山脚下，建立了白乙化纪念碑。当地几位老人，生怕此碑被敌人破坏，就用宣纸把碑文拓下来，然后把石碑移到另一个地方埋起来。

1944年，密云县西部山区，为纪念白乙化同志，改名为乙化县，又由县委和10团共同为白乙化同志竖了一块纪念碑。20世纪50年代，白乙化同志的遗体迁往石家庄华北烈士陵园，纪念碑由时任北京市委书记的邓拓同志主持运回北京，陈列在首都博物馆。

英雄白乙化牺牲了，可是他燃起了平北军民更强烈的复仇怒火。多打胜仗，多消灭敌人，成了10团战士的钢铁意志和不朽信念。

追悼会刚一结束，恰巧敌人又集中了300兵力，分6路进攻丰滦密联合县中心区和军分区所在地。10团3营7连百里强行军，直捣怀柔花木村敌人据点，将数十名敌人全部生俘。接着3营的另几个连队又夜袭并焚毁了怀柔火车站，缴获物资一批，并给"扫荡"的日伪军以迎头痛击。之后又袭击了古北口以北的东营子、白马坡等地伪据点，连战连捷。

三、于营子血的教训

日本侵略者千方百计破坏平北丰滦密抗日根据地,推行其“固边政策”,在平北抗日根据地周围建立很多据点,于营子是其中之一。

于营子位于古北口西北 20 公里,白马关东北 10 余公里,是一个较大的村庄,它处于丰滦密联合县的东北边。日伪军看到了它的价值,认为这里可起到封锁和限制丰滦密抗日根据地的作用。为此,日伪军在该村东北角修了据点,以防丰滦密抗日根据地向东北方向发展,也便于对丰滦密抗日根据地的破坏。

这个据点靠北山根修了土围子,大门朝东,还有一个小门朝北,围墙有 2.5 米高;四角各有一个碉堡,每个碉堡可容纳一个班;围子中央有一个 3 层大碉堡,可容纳 50 人左右。北山上修有 3 个碉堡,每个可容纳一个排;每个碉堡周围有一列桩铁丝网。整个据点内敌人共有一个连伪军,另有 6 个日本兵,还有一些特务、汉奸、狗腿子。他们抓民夫、修工事、抢东西、刮民财,无恶不作。当地群众对他们恨之入骨。

10 团为打破敌人的企图,打击敌人的气焰,发展巩固丰滦密抗日根据地,决定打击于营子的敌人。这次战斗的总指挥是 10 团 1 营营长冯克武,他在西驼古村,把 10 团 1 营 1、3 连的干部召集到营部,在他自己画的一张白纸草图上给大家介绍情况,交代任务,指示注意事项。按照部署,1 连担任主攻任务,3 连担任掩护任务。

各连回到连里,又组织各排长进行具体的部署分工。1 连负责主攻,具体分工是:1 连连长周德礼,负责指挥全连战斗,并率突击排 3 排攻打土围子;指导员王凤竹率 1 排担任警戒,负责警戒和打援;副连长李成忠率 2 排为预备队,执行机动作战任务。

1941 年 3 月中旬的一天黄昏,冯克武率 1、3 连,从西驼古村出发,沿一条小路翻过东北山,顺沟而下,经过三道沟、南台子,大约夜里 10 点钟,到达于营子小河南岸。1 连由村南绕到村东大路边,首先看地形,将 1 排部署在对古北口、鞍匠屯方向,准备打敌增援。而后指挥 3 排肃静地接近敌人,争取一举奇袭成功。2 排跟在 3 排后尾前进。3 排的部署是:按 7、8、9 班顺序接近敌人,7 班攻占东北角碉堡,8 班进北小门夺取中心堡,9 班为排预备队。

3 排长张友仁率 7 班继续肃静地接近敌人,这时听到 3 连执行任务的方向狗叫得很凶,意识到敌人可能发觉,命令大家既要肃静又要快速接近敌人。他们到距敌人土围子50米处时,向导告诉3排长,前边就是敌人据点。为了群众的安全,3排长让向导原地停止,他率7班继续前进。7班前进到距碉堡还有30余米时,被东北角碉堡上的哨兵发觉。

敌人哨兵厉声问:“谁?”3排长边走边沉着地回答:“我!”敌人哨兵接着就喊:“口令!”3排长知道不能再秘密接近,立即下令:“冲!”7班两个小组带着小梯子一拥而上,敌人哨兵开枪射击,只打了两枪,见八路军冲来,就向后跑。7班长是个小老虎,噌噌两下已上了土围子的墙,向碉堡里塞进两颗手榴弹,轰轰两声,碉堡里的敌人正在睡大觉,还没有弄清怎么回事就被炸死三四个,7班随着手榴弹爆炸声冲进去占领了碉堡。

敌人打枪后,8班急速前进,到达北小门外,全班奋力砸开北小门,冲入院内。发现里面四周房子的敌人正在占领各自的射击位置,院子中央的几个敌人正在发射迫击炮,敌人见八路军冲入院内,放下迫击炮就向中心堡垒逃跑。非常遗憾,8班没有尾随敌人攻打中心堡垒,而是去搬迫击炮,使敌人安全地进入中心堡垒,将门封闭。

8班拉迫击炮出来,1连长周德礼问8班长:“中心堡垒攻下来没有?”他说:“没有,我缴获了一门迫击炮。”气得周德礼大骂:“你这个家伙真是个近视眼,快去攻打中心堡垒。”8班长见连长发火了,率全班返回院内。

中心堡垒里的敌人一排子手榴弹打下来,8班大部战士伤亡,班长负重伤。周德礼命令9班跟上,转过墙角刚进入院内,又是一排子手榴弹打下来,1连长周德礼头部负伤,于是命令3排长张友仁指挥9班、8班继续攻打中心堡垒。之后2排长率5班也一起攻打中心堡垒。由于敌人已经有了充分的准备,火力组织得更严密,攻打中心堡垒更困难,5班进院后不久,2排长负伤,和5班一起被敌人的火力封锁在北屋里。1连副连长把北屋后墙挖开,救出2排长和5班。不久,营长冯克武发出撤退号令。1连撤退到达南台子村边,天已大亮,经清查全连共缴获八一迫击炮1门、轻机枪1挺、步枪10余支。

虽然打了胜仗,但事后1连长周德礼进行了深刻反思:凡事都要从大局出发,而不能单看眼前利益,那次战斗,如果8班长不抢着先搬迫击炮,而是紧跟逃跑的敌人攻打中心堡垒,抓住有利战机夺取中心堡垒,就能减少很大伤亡。

8班长为什么对迫击炮这样感兴趣?部分原因是抗日战争时期,八路军武器奇缺,另外当时规定缴获一门迫击炮上级有5块银圆的奖励。

为了面前的小利,而忽略了战局,真是一次血的教训。

四、两分钟歼敌记

在开辟平北抗日根据地的艰苦岁月里,敌我之间始终处于敌强我弱的状态。尤其在武器装备上,八路军远远落后于敌人。可是,与日伪军的多次较量后,平北军民终于认识到:对日军作战,在敢于刺刀见红,不怕流血牺牲的同时,还要多动脑筋,力求智与勇互相结合,出敌不意,攻敌不备,方能实现损失最小、收获最大的目的。

1941 年 4 月中旬,10 团在东(西)白莲峪沟口打了一场漂亮的伏击战。

在密云县城北面的白马关、下营一线,日本关东军铃木部队,除了凭借古长城天险对八路军实行封锁外,又沿白马关川设了几个据点。据点内的敌人,经常窜到附近村庄抢劫敲诈勒索,当地人民恨透了这群野兽。10 团曾几次要收拾他们,都因敌我力量悬殊,未能下手。

10 团选好了歼灭敌人之处,一直在等待机会狠狠打击敌人。这个最好的伏击点就白马关川东白莲峪沟口,这里东西两侧高峰耸峙,中间一条南北走向的公路,是白马关、下营的日军通往密云的必经之道。在此设伏,行经此地的敌人插翅也难逃。

机会说来就来。4 月中旬的一个清晨,驻下营的日军铃木部队的 1 个小分队 20 多人,沿白马关川公路向冯家峪方向走来。这一情况,很快由各山头的瞭望哨用暗号传到团部。

团长王亢立即命令 1 营跑步进入埋伏阵地,1 连的两个排埋伏在公路两侧小山上,另一个排埋伏在西侧山脚下的拐弯处;2 连埋伏在公路东侧的台地上;3 连则作为预备队,隐蔽在东白莲峪沟口内,以便战斗打响时断敌退路。并抽出一个排向下营方向警戒,阻击敌军增援。

王亢隐蔽在路东一小山上指挥。上午 10 点钟左右,日军大摇大摆地闯进伏击圈,最近的仅距 10 团战士几米远的地方。王亢吸取此前冯家峪设伏的教训——那次因下令太早,致使敌人得以迅速展开,据险顽抗,未能全歼。这次王亢把枪响为令,改为信号旗语,战前已通告各轻机枪射手分段扫射,步枪射手几个人瞄准 1 个敌人,分工包干射击目标。

当敌人完全进入伏击阵地,王亢用旗语传出命令:射击开始!机枪、步枪同时向日军开火,除 1 名穿便衣的翻译官和 1 名被强拉来做向导的老乡得以活命，其余 21 人全部击毙。

整个战斗只用了两分钟，10 团战士无一伤亡。缴获机枪 2 挺、掷弹筒 1 个、步枪 10 余支、手枪 1 支和数百发子弹。当下营据点内的日军赶来增援时，10 团早已安全转移，他们只能收拾 21 具横躺竖卧的尸体返回。

这战斗胜利的获得，还有一个重要的因素，那就是群众的支持。敌人尚未走出据点，支持抗日的伪自卫队员就把情报送给 10 团。设伏期间，当地群众帮助封锁消息，使敌人完全变成瞎子、聋子。战争的胜负取决于民心向背，乃是古之至理！

五、伪乡长盗书记

1941 年，康各庄伪大乡长认贼作父，暗中给日军提供情报，破坏抗日工作。10 团团长王亢想：汉末时有蒋干盗书，我们是否也叫伪大乡长来盗书呢？经商议，大家认为伪大乡长既甘心当汉奸，就会为日军“盗书”，遂决定设计消灭敌人。

5 月 15 日，王亢告诉地方工作人员，通知康各庄伪大乡长召集各乡保长，16 日拂晓，区领导将在白道峪村开会布置工作，所有人一定按时出席。又特别嘱咐一定要注意保密，千万不能让日军得到开会消息。伪大乡长接到通知后，认为又是报效日军的好机会，急忙跑到西康各庄据点向日军告密。16 日拂晓前，23 名日军、30 多名伪军，果然包围了白道峪村。

白道峪村西、北、东三面矗立着 3 座山梁，像倒扣着的 3 支鼎足，村庄坐落在 3 足中间，站在山上，村内景物一览无余，如在 3 座山上设伏，敌人休想从村中逃走。王亢选择这里诱敌上钩，就是因为这里具备打伏击的优越条件。

日伪军包围白道峪村，不承想自己的包围圈正处在 10 团的包围圈之内，在他们身后的 3 座山上，10 团布下了一个更大的包围圈。

天亮了，日伪军收缩包围，冲入村内，却找不到一个抗日工作人员，才知上当，气急败坏地把村民从家中赶出来，在村中心广场集中训话。王亢埋伏在北山上，密切监视着日伪军的动作，一见战机到来，果断地用旗语发出了“打”的信号。只听机枪、步枪、手榴弹响成一片，10 团战士以迅雷不及掩耳之势从山上猛扑下来。日伪军突遭猛烈打击，不知所措。日军机枪手架起机枪刚要瞄准，即被 10 团战士飞脚踢翻在地。

战斗持续不到 20 分钟，除几个伪军逃跑外，余者全部被击毙或被俘，10

团无一伤亡。

白道峪一战消灭50多名日伪军，清除了汉奸，以后，康各庄附近的抗日工作得到迅速发展。到6月份，丰滦密联合县已由8个区发展到16个区，成为丰滦密抗日根据地发展史上的“黄金时代”。

日伪军屡遭伏击，也变得“聪明”起来，以后外出“扫荡”，行动诡秘，不走大道专拣小路或山脊走。

六、柏碴子战斗

日军在丰滦密地区迭遭失败后，又故技重演，搞起“以华治华”的把戏。

他们从东北调来6个伪警察大队，约2000人，把其中3个大队专门用来对付丰滦密地区和10团。这些警察大队在东北配合日本侵略者“清剿”杨靖宇抗日义勇军，双手沾满了鲜血，深受日本侵略者的青睐。

日军把这些警察大队分驻于滦平、密云等长城内外一带。

驻于琉璃庙子的唐马大队300余人，为了博得主子的欢心，每隔三五天就要派一个中队约100人出来骚扰破坏。

10团作战参谋海健（原名海宝玉，原日本石井少佐翻译，达峪战斗被我俘获，后自愿加入八路军编入10团）配合3营副营长师军，并同各连干部在这一带对敌侦察，很快获悉，敌人为加强各据点之间的联系，从琉璃庙经柏碴子到大水峪正在修筑公路，“讨伐队”姜振中队负责巡逻。于是，10团决定由3营设伏，打击这伙敌人。

战前，3营教导员王波，指挥7连、8连、9连，在柏碴子敌人必经道路两旁设下埋伏。

王波，原名王慕禹，辽宁沈阳人。王波出生在沈阳，家境贫寒，无力读书，但过人的才华得到岳父赏识并供其读书，彼时的王波立志当一名作家。

1931年，九一八事变爆发，血气方刚的王波告别新婚妻子，离别故土，流亡关内，之后考入北平中国大学，并接来妻子陪读。

此后日军进犯华北，平津危急，王波再也无法安心读书，决心弃学投身抗日救亡运动。

1937年，王波遇到中国大学学长白乙化，随他奔赴绥远垦区，加入中国共产党，参加垦区暴动，东渡黄河开赴抗日前线，开始了戎马生涯。

1940年4月，王波奉命率10团3营先期进入密云云蒙山区。由于云蒙山地处伪满与伪华北统治区的接合部,当地百姓不了解共产党八路军,见八路军进村就上山躲藏。

王波要求指战员严格执行纪律,并派出工作组,深入各村宣传抗日,发动群众,组建抗日村政权和救国会、自卫军等。他亲自到一些村做群众工作,用群众易于接受的通俗语言宣讲抗日救国道理,还亲笔书写抗日标语。在密云西口外村的石崖上,至今保留王波当年亲笔书写的一句标语:“反正杀鬼子,给东北同胞报仇,才是好男儿。”

7 月 20 日夜,3 营的战士踏着浓重的夜色,轻装巧行,在青纱帐的掩护下,悄然无声地埋伏在柏碴子村两侧。

按照部署,7 连在路西,8 连在路东,9 连埋伏在村北侧山上控制制高点,并连夜动员村民转移进了东沟。

次日清晨,为麻痹敌人,3 营还派出部分侦察人员装扮成田里干活的农民,把武器藏在草丛中,一切准备就绪,待“蛇”出“洞”。

太阳刚照满川,敌人果然出现了。前面押着 300 名修路的民工,姜振中队 50 名伪军大大咧咧地跟在其后。此刻战士们子弹上膛,刀出鞘,每人都狠狠地盯住目标,从第几名到第几名,由谁负责,分得清清楚楚。部队在青纱帐和有利地形的掩护下隐蔽得非常好。10 团团部要求,他们越接近敌人越好,甚至伸出手就能抓到敌人的双腿。

敌人丝毫不曾察觉他们已经步入死亡陷阱。当民工队伍走过后,发令枪打响了,7、8、9 连一齐开火,机枪、步枪同时并发,手榴弹接连在敌中心开花,随即战士们一跃而起冲上公路,战斗仅 10 来分钟便告胜利结束,将唐马大队的姜振中队 70 余人歼灭,并缴获轻机枪 3 挺、步枪 30 多支、手枪 2 支、掷弹筒 1 个。敌遭此沉重打击,惶惶不可终日。

柏碴子伏击战的胜利,极大地鼓舞了部队的士气,沉重打击了敌人的嚣张气焰,震惊了不可一世的崖谷龙一“讨伐队”。

崖谷龙一原为通化省警察署署长,是个中国通,因“围剿”杨靖宇将军的东北抗日联军有功,后升为热河省“太上皇”。这支残暴肆虐的“讨伐队”就是由他带进关的。这次战斗遭八路军打击之后,“讨伐队”便惶惶不可终日,侥幸逃回的“讨伐队”士兵一改傲慢之态,逢人便说“八路军厉害”。

不久,驻于董各庄的另一个警察大队的 2 个中队,在 1 名中队长和 3 名小队长的带领下,携轻机枪 6 挺、马枪 60 余支、手枪 4 支及全部弹药物资向 10 团投降。紧接着,密云的伪治安军 1 个中队 70 多人携械反正。

1941年秋末，日伪实行了残酷的“集家并村”，制造了东西、南北各长约120里的丰滦密“无人区”。

10团3营指导员王波临危不惧，在10团主力转移到平北西部的情况下，他带领3营坚守根据地。没吃的，就吃野菜、树皮，房子被烧，就搭窝棚住，窝棚被烧，就住长城楼子。丰滦密根据地不但没被摧毁，反而越战越强。

1943年11月11日，伪满军一个连窜到南香峪抢粮。王波率2连赶到南香峪，抢占北山有利地形打击敌人。敌人开炮轰击，一颗炮弹落在山顶上，横飞的弹片炸伤了王波的头部，他当即昏了过去。

王波苏醒后，敌人逼他投降，他却坚贞不屈，敌人恼羞成怒，挥刀将王波杀害，并砍下头颅带回去邀功，王波牺牲时年仅32岁。

王波牺牲后，战友为他树立了一块“救国救民”的纪念碑。王波的一生也正如碑文中所写的那样，好男儿王波“为中华民族解放事业流尽最后一滴血”。

七、“一撮毛”山战斗

在古长城以南，白河以东，有一座连绵起伏的大山梁，名叫驼骨梁。这架山梁顶部相当贫瘠，板结着一层硬硬的雨砂石，远远看去，就像钢铁炉里燃烧过了的炭屎，光秃秃的，不但没有树木，甚至连棵野蒿子都不长。偏偏在这架山梁的至高处，出人意外地生长着一丛荆条。于是，10团的同志就称它为“一撮毛”山。

在这架山梁的北部西侧的山脚下，有一个近百十户人家的村庄，村名由所处的地理位置而定，叫西驼骨村。由白马关通往密云县城的一条公路，蜿蜒曲折地从村子的西边而过。日本侵略军铃木部队朱狩中队的据点就设在这里。从西驼骨村爬上这架山梁，向南行走30来里下了南坡，再走不多远，就到了董各庄。这是一个较大的村庄，日本华北派遣军的一个据点就设在这里。

朱狩中队与董各庄据点的敌人联系相当频繁，几乎是每隔三四天就要去董各庄据点一次。朱狩中队在历次骚扰窜犯丰滦密联合县中心区时，虽没有遭到像哲田中队那种彻底覆灭的悲惨下场，但也迭遭10团伏击，吃尽了苦头。以往他们去董各庄都是在大白天，从白马关通往密云县城的那条公路上走，由于吃过几次伏击的亏，不再走那条公路了，而是从驼骨梁翻上翻下。虽说苦些，但他们仿佛觉得踏实一些，不那么提心吊胆。出发时间也调整为拂晓时，在董各庄吃过中午饭后，又沿着原路线返回。回到据点时，刚好夕阳衔山。

朱狩中队的这一活动规律被10团掌握到了，于是，下决心吃掉它。为了不至于打草惊蛇，在相当长的一段时间里，10团有意识地减少在该地域活动，以使敌产生一种此地无八路军的错觉。

1941年8月13日，10团根据掌握的情报和敌人活动的规律断定，第二天朱狩中队又该到董各庄据点去了，于是决定就在这天吃掉它，地点就选在"一撮毛"山南面不远处。这里大大小小的山丘星罗棋布，虽都低于驼骨梁，但便于机动，择其几个主要的山丘设下伏兵，不但不会引起敌人怀疑，而且也易于10团发扬火力，有效控制驼骨梁。于是，10团召开营连以上的军政干部会议，介绍敌情、地形等情况，周密地做出了合击朱狩中队的计划，指定了参战连队的位置，布置了战斗任务。

受领战斗任务的连队，情绪相当高昂。他们曾多次同日军较量，那种"大日本皇军不可战胜"的神话谁也不再相信了。而且在长期战斗中，大家形成了这样一种观点：打仗，对手越硬，越有打头，胜了也才更有意思，更光荣。因此，当时就有人说10团"专拣鬼子打"。

午夜刚过，同志们就已进入各指定位置严密地隐蔽好。1连和3连隐蔽于驼骨梁西南的东白莲峪；特务连隐蔽于头道甸子，位于驼骨梁的"一撮毛"高峰不远的正南面；2连隐蔽于驼骨梁东侧的古石峪，构成了3面合击敌人之态势。为了防止战斗中残敌漏网逃跑，王亢又派出了特别小分队在战斗打响后机动于主要道口。当地人民群众和自卫军紧密配合，自动站岗放哨，封锁消息。一切布置就绪，单等朱狩中队前来自投罗网。

第二天，狡猾的敌人似乎察觉到八路军设下埋伏似的，出发时间竟较以往提前了。待10团侦察员爬上"一撮毛"山头时，敌已通过，直奔董各庄而去。天刚微亮，敌人就已进抵至头道甸子，刚好与隐蔽在这里的特务连顶了个正面。战斗首先在头道甸子打响了，在东白莲峪的1连和3连也迅速投入战斗，2连迅速赶来。这样，特务连顶头截堵，1、3连和2连从左右两侧猛烈射击。慌乱中的敌人只顾拼全力对付正面的特务连和西面的1、3连。但也有10多个敌人一看形势不对头，早把"武运长久"的鬼话抛到九霄云外，趁混乱之际溜之大吉。恰逢2连趁机从敌之东侧包抄上来，断其退路，并组织人对逃跑之敌追歼，与敌激战。敌人极力寻找依托和隐蔽物，企图继续顽抗，怎奈这山梁光秃秃的什么也没有，他们完全暴露于10团指战员枪口之下。不多久多半敌人就被击毙。朱狩中队队长像条被打急了的疯狗,带着7个人好不容易才冲出重围。可是,他们刚逃出了东白莲峪沟口,转身向白马关逃窜时,脚还没有踏上公路,恰逢10团政治处主任吴涛率3营8连前来接应,封住了他们的逃路,又是一阵激烈的交锋,朱狩及其残部除1人被俘外其余56人全被击毙。

太阳当午时,战斗胜利结束,缴获敌轻机枪4挺、步枪数十支、手枪3支、望远镜3架及掷弹筒、战刀和弹药等。10团牺牲参谋李瑞征以下15人,伤副连长以下37人。

10团生俘的一名敌掷弹筒兵,被释放时,怕空手回去被杀头,求王亢团长交还他的掷弹筒,以表明他是突围出来的。王亢团长答应了他的要求,这名掷弹筒兵非常感谢,临走时向10团指战员深深地鞠了一个躬。

此战共毙日军56名,消息传到伪满新京长春,日军惊呼:"八路军大大的厉害!""一撮毛"山战斗以后,日军加紧对丰滦密进行"扫荡""围剿",以进行报复。

八、继续鏖战

1941年9月25日,10团一部将进至头道营之敌铃木大队井首中队消灭,毙伤敌猿狩中尉(代理中队长)、野村高桥少尉以下51名,俘日军及翻译官各1名,缴晋造机枪5挺、望远镜6个、步枪10余支、敌枪40余支、子弹2000余发。10团伤参谋排长以下53名。

日伪军规模空前的大"扫荡"开始了。敌人的此次"扫荡",采取了许多不同于过去的特点:

一是将3个伪政权的武装力量联合组织,统一指挥,避免过去那种各自为政。

二是兵力大。投入兵力达万余人。敌独立第2混成旅全部出动,5个大队出动了4个,伪满军派出了整整2个旅,还有"三联联队"、"伪治安军"、伪蒙军等一部分。敌联合指挥部设在古北口,对外是西南防卫司令部分部。

三是时间长,前后进行了整整两个月。敌人用这么多时间和兵力在平北全线展开"扫荡",这还是第一次。

四是既搞长途奔袭、分进合击,同时又挖沟筑墙,疯狂地"集家并村",大搞"人圈",残酷地制造"无人区",以便"蚕食"平北抗日根据地。

对敌人的这次“扫荡”,平北抗日根据地早有预见和准备,平北军分区疏散群众,坚壁清野,在军事部署上,只留一部分主力部队就地分散,与地方武装一起,配合党政民开展工作,在内线与敌周旋,相机打击敌人,扰乱敌人。大部分主力部队转到外线,在敌人的侧后广泛开展游击活动,并积极地向热河境内猛插,造成敌人后顾之忧。

敌人此次“扫荡”是从丰滦密地区首先开刀的,调来的600多名关东军老鬼子更是穷凶极恶,扬言要与10团决一雌雄。但10团主力巧妙地跳出包围圈,分别转移到昌怀、龙赤地区,只留下3营的一部分连队在内线与敌搞“捉迷藏”。

日军为阻止八路军继续向北发展,于10月中旬,不得不急调独立第2混成旅团3000余人向平北抗日根据地龙赤、龙延地区“扫荡”,遭八路军痛击,敌无所获。八路军一部继续向热察地区挺进,并于10月20日晚猛攻察东重镇多伦,烧毁敌仓库多座,八路军另一部于10月22日攻克平绥路上的新保安车站,歼敌40余人。

在平北根据地军民的打击下,敌人的“扫荡”不得不于11月中旬相继撤退。但此次万人“扫荡”中,敌人增加了许多点线,并留下6000多敌人不撤,这就清楚地告诉人们,一场更大的鏖战还将继续。

第二节　游击队显神勇

一、阎家坪战斗

1941年1月30日拂晓,有3股日伪军虽然被冻得哆哆嗦嗦,却蹑手蹑脚偷偷包围了阎家坪,他们想要一举消灭在此休整的龙延怀联合县游击大队。让他们没有想到的是,黑暗里一双警觉的眼睛早就盯死了他们,一队人马暗夜中悄悄行动,分头报告了上级。游击大队虽是休整期间,却时刻处于战备状态,丝毫没有放松警惕。

龙延怀联合县游击大队下辖3个中队400余人。大队长是原阎家坪联庄会头目姬永明,副大队长高昆山,政委兼政治处主任王启刚。1中队是平西开来的八路军老连队,战斗力较强;2中队是1940年夏季由游击小组扩编而成的新部队,缺乏战斗经验;3中队由联庄会伙会改编。全大队共有战斗人员400多人,多为新兵。所以,在1940年深秋,龙延怀联合县游击大队进驻阎家坪、姜庄子一带进行整顿，利用冬季休整之机抓紧军事、政治训练。

阎家坪原属察哈尔省龙关县，东、南、西三面是高山峻岭，形成了天然屏障，只有北面有个沟壑，通行较为方便。这里的地形易守难攻，很适合开展游击战争。阎家坪的四周，敌人设立了不少据点，往西20多公里是长安岭，往西南10多公里是王家楼和土木火车站，往东南10多公里是佛峪口，往东北是东山庙和雕鹗堡。这些据点之间交通方便，联络频繁，兵力雄厚，不但封锁了平北、平西抗日根据地的联系，而且还经常派出小股敌人和特务到平北抗日根据地内进行破坏，对根据地造成很大威胁。

在紧张的整顿和训练中，游击队并没有放松对敌人的警惕。大队部和3中队一个排，驻扎在阎家坪东堡子村，除了保卫大队部外，还向大庄科派出哨兵（龙延怀联合县政府当时驻地在大庄科）；其余两个排驻扎在西堡子，在西面山上制高点布置了班哨，构筑工事，警戒长安岭之敌；1中队驻扎在阎家坪南堡，向金家口和黄家冲派出警戒；2中队驻扎在阎家坪北面4公里的姜庄子村，向长安岭和雕鹗堡派出警戒。修整期间，游击队曾查获毛世功叛变一案，将其处决，并用毛世功投敌未成的实例，及时对全体战士进行民族气节教育。

伪蒙疆驻屯军日军独立第2混成旅团五十岚大队一部分，连同怀来、龙关两县伪警察队，计1000多人进犯阎家坪。一路经东庄子村企图抢占阎家坪西山上的两个制高点。另一路偷袭抢占姜庄子村西面山头阵地，意图截断游击队向大海陀的后撤路线。第三路是佛峪口据点的伪军，进行佯攻牵制，配合主力进攻。

敌人用心险恶，企图三面包围，将游击大队一举歼灭在阎家坪。

面对日伪军的进攻，大队部立即派2中队队长汤积德带两个班和两挺机枪占领西山阵地。又派人将情况通知驻在南堡子的1中队，要他们加强西南方山上的警戒。敌人一出东庄子村，就以战斗队形攻击前进，在天亮时已接近阵地前沿。政委王启刚带3中队2个排，携4挺机枪，已抢先一步占领了西山上的有利地形——鱼脊背，会同原坚守这里的两个班战士，向敌人猛烈射击，敌人趴在雪窝里，无法前进。敌人的炮兵因地形不利，发挥不了作用。同时姜庄子一路的敌人，被副大队长高昆山率领的2中队，拦截在姜庄子西山以外，使敌人截断游击大队后路的企图不能得逞。佛峪口出来的一股佯攻的敌人，被蔡平县长带领的县抗日政府警卫队阻击在塘子庙山上。

激烈的战斗，一直持续到下午5点左右。敌人有所不支，各中队开始全面反击。1中队除留一个排并一挺机枪坚守阵地外，副中队长陈友才率领2个排4挺机枪猛插敌人阵地右侧，一排长田润生指挥全排向敌人发起正面猛攻。同一时间内，3 中队除留少数部队固守阵地外，多数人在 4 挺机枪掩护下，从左侧直捣敌群。敌人乱了队形，首先是伪警察队四散逃命。日军也动摇后退了。有几个日军逃至长安岭据点后自杀，其中有 1 名小队长。其余日伪军有的逃至其他据点，有的逃回沙城。

这次战斗缴获敌人山炮 1 门、炮弹 10 余发、轻机枪 2 挺、掷弹筒 1 具、步枪 30 余支，还有不少子弹、手榴弹和一大批军用物资及食品，毙敌 30 多名，伤敌 20 多人。游击大队牺牲 5 人，伤 20 余人。

在战斗前后和战斗中，当地老乡大力支持游击队，他们向四周派出人侦察敌情，组织担架护送伤员，供应部分粮食、蔬菜，并给部队送来了很多慰劳品。战斗结束后，地方政府向群众做工作，告诉大家坚壁清野，转移人员，防止敌人的报复。果然，恼羞成怒的敌人不甘失败，连夜又从张家口调集了更多的日军，次日再次疯狂进攻阎家坪，但由于游击队早有准备，给了敌人以火力杀伤后，顺利撤出阎家坪。

阎家坪战斗发生在平北抗日根据地创建初期，这一战斗沉重地打击了敌人的嚣张气焰，鼓舞了士气，锻炼了队伍，增强了平北抗日根据地军民战胜日本侵略者的信心。

二、始建平北骑兵大队

1941 年春天，龙崇赤联合县政府成立，耿伟任县长，王子玉[①]任县委书记。活动于龙关县的北沟和崇礼县的枯杨、银盘梁、新墩坑一带，宣传群众，组织群众，开展抗日工作。开辟坝上地区，是以这里为前进基地的。

当时所说的坝上地区，是指大囫囵（现张北县、西辛营子和小厂，现属沽源县一带，地形多是丘陵和草滩，军事上利于骑兵作战和活动）。这个地区敌伪政权占统治地位；天主教的势力影响较大，群众信教者多；社会情况复杂，有流氓、兵痞、土匪活动，大股有 100 多人，小股几个人、几十个人不等，都有武器和马匹。这里的群众，在多种势力的压迫、剥削下生活。要开辟这一地区，没有骑兵是很困难的，因此，建立自己的骑兵部队是当时平北抗日根据地梦寐以求的事。

1941 年 5 月，平北军分区政委兼政治部主任段苏权带领平北游击 1 支

---

① 王子玉（1914—1996），河北唐山人。1934 年加入中国共产党。抗日战争时期，历任中共龙赤、龙崇赤、龙延怀联合县等县委书记，平北地委宣传部部长等职。中华人民共和国成立后，历任张家口市委副书记、河北省纪委副书记等职。

队的2、3中队，攻克崇礼县的狮子沟伪蒙警察据点，毙敌指导官渡边等多人，俘伪警察长王廷普以下30多人，缴获步枪30多支、战马40多匹。

为了适应坝上对敌斗争的需要，部队在石头堡子休整时，利用这些战利品，从各连选拔了一些会骑马的战士，组建了平北军分区平北游击1支队的骑兵1连。当时骑兵队只有三四支“三八式”步枪和一挺有毛病的捷克式机枪(只打单发)，其余全是“老套皮”，人员也只有四五十人。骑兵队组建后首要任务是扩充力量，可当时马匹非常缺乏，鉴于实际情况，采用了3种办法增添战马：一是买马，但只打欠条，日后还钱，虽然是赊，可老百姓知道部队是为了抗日，对军队十分信任；二是动员，部队每到一处都进行抗日宣传，号召人民群众支援部队，有钱出钱，有力出力，有马出马，群众很快掀起了献马高潮，不到一个月，骑兵连一下增加了130多匹马；三是缴获，到1941年秋，游击队曾两次袭击了张北和沽源间的敌重要据点大囫囵，缴获了敌人战马八九十匹，枪八九十支，骑兵得到了发展，已拥有200多匹马。

经过黄盖淖遭遇战、红嵯子反击战、西辛营子追击战、奇袭小河子等战斗，部队在战斗中更增强了力量。1941年9月18日，在崇礼县三道营子，成立了一个骑兵排，那时，骑兵连属1大队建制，骑兵排属2大队建制。到1941年底这个骑兵排已发展到一个连的规模，分区决定由骑兵1连抽出部分骨干组成了骑兵2连。为了统一指挥，编成了骑兵大队。大队长李忠志，副大队长吴广义，政委刘德彪，骑兵1连连长陈有才，骑兵2连连长田永生。这支骑兵部队，逐渐壮大，转战坝上，配合地方开辟工作，打击日伪，肃清土匪。

三、张四沟战斗

1941年春，敌人对平北抗日根据地连续不断地进攻“扫荡”，名“施政跃进”，妄图摧毁这块建立起来尚不巩固的根据地。平北抗日军民，奋起反抗，采取积极灵活的战斗，取得一个又一个的胜利。

5月，平北游击1支队4个中队，在赤城县的前后孤山、元寺、石头堡子一带集结、休整和训练。为庆祝春季反“扫荡”的历次胜利，从延庆川请来农村戏班子演出，助兴慰劳，演出到第4天，敌人的报复性“扫荡”又开始了。

从延庆来的敌人为一路，进到北山里的五里坡；怀来的敌人为一路，经石盘口、阎家坪进到大海陀；赤城的敌人增兵到后城；龙关的敌人增兵到雕鹗堡，并向东兴堡前进。敌人妄想分进合击，一举围歼八路军。

在敌强我弱的形势下，为了机动灵活地打击敌人，游击队采取敌进我亦进的方法，分头转移到敌占区作战。第一步是跳出敌人的包围圈，以摆脱被动作战的态势；第二步是寻找机会，袭扰、打击敌人。总之是打乱敌人的“扫荡”部署，消耗敌人力量，保存抗日有生力量，保护人民的生命财产，争取反“扫荡”的胜利。

当时，政委钟辉琨带1支队的2大队（大队长熊尚林，政委刘汉才）在赤城以北云州、马营地区活动，牵制敌人，迷惑敌人，避敌主力，击敌薄弱。1大队（大队长姬永明，政委王启刚）在军分区政治部主任段苏权和支队长刘开锡带领下，向东冲出敌人的包围圈，越过长城，进入伪满洲国，沿黑河北上，绕经白草、三道川，袭击独石口，随后进到崇礼县境内。

为调动敌人，5月20日夜里，钟辉琨带领2大队袭击赤城县城。部队摸到城根下，手榴弹、机关枪、步枪一齐开火。敌人摸不清游击队的虚实，恐慌不安，不敢出城迎战。2大队完成袭击任务后，向中心区转移途中，走到浩门岭岭头南边屯军堡附近，与日军遭遇。

这些从雕鹗堡出来“扫荡”的日军奔赤城方向行进，要当地的老乡走在前头探路，日军大队在后面跟进。

老乡们告知游击队的便衣侦察员：“日军200多人，还有牲口驮子。你们快躲躲。”

情况紧急，为占领有利地形，争取主动，2大队就地向后转，迅速爬上右侧张四沟的北山。日军发现游击队上了山，亦即转向张四沟方向，往东奔鸡冠山梁，企图夺占制高点，堵截游击队。岂不知从岭头到张四沟村东北的鸡冠山地形对游击队有利，游击队处于居高临下之势，抢先占领鸡冠山山顶。争夺鸡冠山的战斗开始了，200多日军凭借精良的武器装备，猛攻游击队阵地，游击队迅即展开火力，坚守阵地，拼力反击。日军的几次冲击未果，被压制在鸡冠山下的沟里，好似关进了死胡同，利用石峰做掩护，顽固抵抗，等待援兵。4中队机枪班班长曹殿斌利用有利地形，发扬机枪的火力，大量杀伤敌人，4班长于春永带一名战友利用石嵯的死角，隐蔽身体，摸到敌人近前，甩出几颗手榴弹，正中敌群，撤回阵地时，那位战友被敌击中，光荣牺牲。

在平北游击1支队2大队与敌争夺鸡冠山的同时，段苏权带领的平北游击1支队1大队的2、3中队也登上了鸡冠山南侧的轿顶山和蚂蚁墩梁。他们于5月18日攻克狮子沟伪警察据点后，向根据地中心区转移，在赤城县南面的窑上坡宿营，侦察敌人的动向。发现日军从雕鹗堡出发时，以为敌人可能迂回到背后对付自己，所以密切注视这股人的行动。为防不测，他们爬上了村背后的蚂蚁墩梁。

由于游击队两个大队之前没有联系，开始，2 大队把 1 大队当成了敌人，以为是另一路敌人来了；而 1 大队也把 2 大队误判为敌人。经过侦察员和号音的联络，两个大队确定彼此为自己人。顿时战斗情绪倍增，协同对敌。

这次战斗，从中午打响，持续到黄昏，游击队把手榴弹、子弹几乎打光了，无力将敌人消灭，形成对峙状态。当晚，日军从雕鹗堡经东兴堡、卧羊沟来接援，平北游击 1 支队 1、2 大队已经在夜幕掩护下，悄悄撤出战斗，分别安全转移。其中 1 大队 4 中队队长霍儒海带一个班摸下山去，在张四沟村东口找到敌人的辎重驮子，缴获十多驮子辎重，包括粮食、罐头、大衣，还有几箱迫击炮弹；毙伤日本鬼子近百人，打击了敌人的嚣张气焰。

四、井家庄伏击战

1941 年 8 月 3 日，平北游击支 1 队的第 5、6 中队，在延庆井家庄打了一个漂亮的伏击战，歼灭伪满洲军 1 个连，毁汽车 1 辆，缴获歪把子机枪 1 挺、掷弹筒 1 具、步枪 20 余支。日军少尉被当场击毙。

当时，日伪在延庆川的南北山边的白草洼、小鲁庄、佛峪口、永宁、柳沟、高山寺等据点，修了坚固的碉堡，驻有人数不等的伪警察，永宁则驻有伪满洲军 35 团的一个营，在伪军中装备和训练相对较好，延庆县城则驻扎一支伪警察队。他们封锁八路军的来往交通，连续不断进行“扫荡”、“讨伐”和“围攻”，企图摧毁平北抗日根据地。延庆县城驻扎的伪警察队，也叫“讨伐队”，由当地的土匪和地痞流氓组成，仗着日本人的势力，敲诈勒索，欺男霸女，老百姓对他们恨之入骨，管他们叫“讨饭队”“饱了横”，要求八路军惩罚他们。

平北游击 1 支队的第 5、6 中队，是刚由游击小队整编起来的新队伍，还没有经过大的战斗。为了开辟地区，打击敌人，保护群众，锻炼部队，平北游击 1 支队的第 5、6 中队积极寻找战机，准备消灭延庆县的伪警察队。

当地开明人士张华亭①是昌延联合县政府参议，他和驻在柳沟的伪警察头目关系较好。张华亭耐心做其思想政治工作，双方协商同意，八路军乘夜

① 张华亭（1903—1946），北京市延庆县后吕庄人。在平北根据地负责联络工作。1941 年出任平北军分区参议。1946 年 6 月，以投敌嫌疑被错杀。1984 年 9 月 18 日，北京市委组织部给予平反，恢复名誉。

向柳沟据点打枪佯攻,该伪警察头目多报消耗子弹数,实际上将子弹提供给八路军。于是平北游击1支队第5、6中队借机加紧实战训练,造舆论,壮声势,迷惑敌人。游击队做云梯,派担架,声言要打柳沟敌据点,有意把这些消息传到柳沟、延庆和永宁等据点。游击队采取声东击西的战术,造声势围点是虚,设埋伏打援是实,真正目标是延庆的伪警察队。

8月3日晚上,平北游击1支队第6中队抽出一个排,向柳沟据点发起"攻击",驻扎在柳沟的伪军马上给延庆、永宁的据点打电话,说八路军围攻紧迫,告急求援。等双方通话后,假消息被顺利传递给其他据点的伪军,游击队按计划将其电话线截断。

井家庄在柳沟北边,是通过简易公路由延庆到柳沟,或由永宁到柳沟的必经之路。

在平北游击1支队政治委员钟辉琨和第2大队政委刘汉才的指挥下,平北游击1支队第5中队和6中队的两个排埋伏在井家庄村北、河南边公路两侧青纱帐里,等延庆的伪警察队来援柳沟,就在半路上消灭它。埋伏将近两个小时,才听到汽车的马达声,眨眼间,汽车闯进了伏击圈,战士们不等命令,手榴弹、机枪、步枪一齐开火,一阵手榴弹甩过之后,双方短兵相接进行猛烈战斗。本次战斗击毁敌汽车,击毙两名伪军,其中包括一名伪军连长(日本人),大部分伪军被打伤、俘虏,个别伪军逃脱。战后,本着人道主义的精神,对俘虏进行教育后全部送回永宁。战斗时间实际只持续几分钟,是一次围点打援、速战速决的范例。

事后得知,本次"围剿"的是前来支援柳沟的驻永宁的伪满洲军一个连(不满员,只有30多人),狡猾的延庆伪警察队出援柳沟,没有走大路,选择从延庆出城奔莲花池,经高庙屯,绕二道河再到柳沟。

井家庄伏击战结束后,平北游击1支队两个中队撤回时遭遇刚刚抵达的延庆伪警察队,慌乱中开火,没能全歼敌人,让其逃窜回延庆据点。

五、一夜连拔九据点

1941年初,日伪军集中主力部队对平北抗日根据地大海陀中心区进行连续"扫荡",并先后在靠近中心区的前孤山、一道河、东山庙、雕鹗堡、佛峪口、常庄、王家楼、上昌等村庄建立多处据点,形成对八路军平北地区领导机关的包抄态势。为了粉碎敌人的进攻计划,平北游击1支队决定拔除海陀山周围敌据点，扭转被动局面，恢复龙延怀抗日根据地，任务交给了平北游击1支队3中队。3中队队长赵起，经过详细的调查，制订了周密的夜袭计划。

1941年旧历三月的一天，3中队傍晚从驻地出发了，夜里9点钟左右到达前孤山敌据点下。敌人岗哨发现来了人，就大喊：“口令！”走在队伍前边的赵起呵斥：“你咋呼什么！”站岗的伪军还要说什么，赵起已经到他面前，抬手一枪，伪军应声倒地。据点里的敌人听到枪响，顺着堡垒的枪眼往外打枪，赵起命令机枪手开枪掩护，十几名战士冲到碉堡跟前，每人把两颗手榴弹顺着枪眼送进碉堡。轰轰一阵巨响，据点里黑烟滚滚，烈火熊熊。五六个伪军冲出来，企图逃跑，立刻被击毙。其余伪军爬出碉堡，跪地投降。耗时不足20分钟，这个据点就被捣毁了。

3中队没有休息，立刻向长杆岭据点扑来。这个据点周围，修有一丈多高的围墙，敌人自以为工事坚固，万无一失，当3中队来到时，岗哨早已撤了。赵起带领侦察班摸进碉堡，30多名伪军正在押大宝，吆三喝四，满碉堡乌烟瘴气。

“不许动，举起手来！”八路军神兵天降，伪军们个个像触电一样，颤颤抖抖地把手举了起来。3中队一枪未发就拿下这个据点，缴枪20余支、子弹5000余发。赵起除留少数人处理俘虏和烧毁据点外，其余人兵分三路，每路奔袭两个据点，约定凌晨4点，在二炮据点前集中。3路勇士像3把利剑，每路都完成了拔除两个据点的任务。这些据点有的早有内应，有的已约定好八路军一到就缴械投降，有的则趁八路军来的机会自己放火烧掉据点，逃回城里去了。凌晨4点，3中队战士都按约定时间来到二炮据点下。只见据点里还亮着灯。起初以为伪军在换岗，等了一会儿不见伪军出来。赵起带着战士摸进据点一看，里面只有一个老头，坐在炉子边拿着烟袋打瞌睡，一问才明白这是一位老百姓，被伪军抓来唱“空城计”。伪军们有的回了家，有的找女人睡觉去了。赵起分配战士3个人去掏一个。不到一个小时，伪军全被掏出来了。除把伪军头子押回根据地外，其余均教育释放。

3中队一夜拔除9个据点，受到平北军分区表扬，在平北百姓中传为佳话。

组织完成一夜连拔9据点传奇战斗的3中队队长赵起，是平北地区的传奇人物。

赵起在八路军二次挺进平北时，就加入了队伍。1939年4月，队伍撤回平西整训，赵起还到冀热察区抗大学习，5月加入中国共产党，毕业后被编入挺进军9团8连。

1940 年 1 月，冀察热党委组建龙赤工作团，去开辟平北抗日根据地，并组成平北游击大队随团行动。赵起担任 2 中队副队长，成为平北抗日根据地最初的开辟者之一。

1941 年初，部队在昌延山区站稳脚跟后，平北游击大队升为游击 1 支队，赵起任 3 中队队长，却只给了他 2 个人、3 支枪、4 颗手榴弹，让他去建立队伍。赵起只用了一个多月，3 中队就发展到 70 多人。人多枪少，3 中队急需解决武器问题，于是 3 中队拔除柳沟据点，缴获机枪 1 挺、步枪 20 余支。

1941 年 6 月，3 中队在昌延联合县六区一带活动。六区是永宁以北的大柏老、太安山一带。在永宁北的佛爷顶上有一座大庙，庙里住着一股土匪，拦路抢劫过往客商，并扬言自己是赵起领导的八路军游击队，弄得路断人稀，商贩绝迹。日本人和汉奸也趁机大造谣言，侮蔑中国共产党八路军。当地老百姓因此对八路军又恨又怕。3 中队所到之处，群众闻风远避，无人敢接近。

赵起很是气愤，对同志们说："损坏我赵起个人名誉是件小事，损毁共产党、八路军的声望是大事。不消灭这股土匪，不恢复我党我军的声望，就难打开局面。"赵起带队剿灭了土匪，缴获长短枪十五六支。将庙内存有土匪抢来的布匹、棉花、白面、莜面以及成群的骡马牛羊等物资分毫不动，还给受害商贩。这一下，群众奔走相告，交口称赞，说八路军是神兵，赵起是来无影去无踪的大侠。

赵起带领的 3 中队受到群众的欢迎，为扩军工作的顺利开展创造了有利条件。此后 3 中队转战赤城、独石口一带，他们打游击、攻打沽源县城，屡立战功。不幸的是，1941 年 7 月 8 日，赵起在八宝山战斗中英勇牺牲，终年 43 岁。

六、长伸地伏击战

1940 年至 1941 年间，驻赤城县日军警卫股、伪宪兵队有一辆军用汽车，专门行驶在龙门所至后城公路上，随时出动袭击八路军，抢劫百姓物品，并承担运送往返龙门所、后城的官兵、弹药给养及一些特殊的任务等。对活动在这一带的区、村干部生命造成很大威胁。1941 年夏，龙赤联合县三区武委会主任郭仲山，被车上敌伪军用枪打死。为了给牺牲的同志报仇，为民除害，龙赤联合县三区区委决定打掉这辆敌车。但几次设伏，均未等到汽车经过。

1941 年 10 月 5 日，农历中秋节，三区干部率队回到根据地陈台子、小水洼，总结上半年的工作。10 月 6 日中午，区小队司务长刘满正在公路边的商店买烟，听到远处有汽车响。他立即藏到店铺中的栏柜底下观察，看清车上有3个戴钢盔的日本兵、30多伪军，车头上架着一挺机枪，在车中间还立着一棵小松树，奔后城方向驶去。待车开过，他立即跑回小水洼向区委报告情况。龙赤联合县三区区委书记孟醒、区长高力平和农会主任郭树贵率领区小队共15人马上集合出发，大家边走边商量打汽车的办法，最终采纳了武学文意见，埋伏在长伸地南门外黄龙王庙，因该地两面山高，中间路窄，便于发挥手榴弹的威力。当时区干部和区游击小队武器数量不足，主要是手榴弹。

到了目的地，龙赤联合县三区区委书记孟醒进行战斗部署：区小队长陈士华带张福同志埋伏在公路东侧南崖嵯上，任务是监视敌车，待敌车开来时，立即开枪，作为战斗开始信号；区长高力平带4人埋伏在公路东侧中间，任务是炸敌汽车；孟醒带王元、陈明德等同志，埋伏在公路东侧北面垒起的小石墙上边，以便堵截敌人（石墙是游击队员为拦截敌车专门垒起的）；陈明新、杨顺二人带上两条好枪，埋伏在公路西侧一块大石头后面，负责打敌汽车轮胎、打司机，使敌车不能运行，若战斗出现不利情况，则掩护公路东侧的同志撤退；最后派一人带一颗手榴弹，拿两面小旗（红、白）到南边的山尖上放高哨。

一会儿工夫，敌汽车从后城方向驶来，一进入伏击圈，陈士华队长立即开枪，但是枪没打响，战斗信号没发出。经孟书记同意，王元开了第一枪发出信号，所有埋伏的同志一起开火。战士们一齐向敌人扑去，农会主任郭树贵手拿大刀，一气砍倒四五个敌人。这时战场周围正在耕地的百姓也同声高喊助威。敌人被这突如其来的打击打得晕头转向，无法还击，只好到处躲藏逃跑。

不到半个小时战斗结束，毙敌7人，伤6人，俘20人，只逃走1人，缴获轻机枪1挺、步枪11支、照相机1架、子弹2000多发，汽车被烧毁，区小队无一伤亡。区卫队以少胜多，敢打汽车，缴获机枪，这在龙赤县还是第一次，这是地方武装打的一次漂亮伏击战，给全县地方武装树立了榜样。从此以后，敌人再不敢在这条公路上随意出动了。

七、里应外合攻雕鹗

雕鹗镇在海陀山北麓，为龙赤地区的南大门。龙关、赤城通往沙城、北京的公路均经于此，公路四通八达，是重要交通枢纽。四周群山环绕，山势嵯峨高耸，自古为兵家必争之地。

1937年10月,日军占领龙关地区后,便在这里设立一个大的中心据点,以加强龙关南部山区的统治。1940年八路军在海陀山区建立了平北抗日根据地后,这里又成了当地日伪军的大本营和“扫荡”龙赤、龙延怀联合县的跳板。雕鹗像一颗毒钉,钉在海陀山的北大门,对抗日工作威胁很大。

1941年3月,龙赤联合县决定攻打雕鹗,教训一下敌人,鼓舞抗日军民斗志。

如若强攻,不仅要付出大的代价,也很难奏效。必须通过内线,里应外合,方能成功。龙赤联合县七区区委书记陈策(原名吴涤新)争取了雕鹗据点伪军密探张敬贤(张海中),张敬贤又争取了伪军陈荣、陈以英。3人作为内线,约定在城内接应八路军。龙赤联合县委副书记张建森化装成农民,到县城附近绘制了平面图。平北游击1支队队长刘开锡派特派员郭元则在雕鹗城北山上约见了内线陈荣,具体商讨了攻城事宜。

一切准备停当,攻城开始了。

子夜,呼啸的北风猛卷着雪花,吹打着塞外的崇山。平北游击1支队队长刘开锡领着1连战士,集结在西城门外。一个多小时从海陀山下来的急行的人热汗淋漓,凉风吹来,不禁打着寒战,恨不得飞进城去,与敌人展开一场激烈的拼杀。但是没有命令,他们只好忍着,在城外野地里爬冰卧雪等待。

子夜零时整,东西门城头上突然亮起了点点灯火,是内线陈荣、陈以英按事先部署发出信号,二人随即放下了事先备好的大绳。1排战士迅即攀上城头,又兵分两路,一路打开城门,一路向城头敌人发起攻击。

城门打开后,在内线引导下,2排直奔敌营房,3排直捣敌伪大乡。霎时,嗒嗒的机枪声、轰轰的手榴弹爆炸声响成一片。“缴枪不杀”的口号声此起彼伏,城中一片混乱。营房敌人从睡梦中惊醒,正待拿起武器抵抗,明晃晃刺刀、黑洞洞枪口已对准了脑门,无奈只好乖乖投降。伪乡公所人员更是不堪一击,毫无抵抗,便束手就擒,此战同时抓住了叛变投敌的民族败类奚崇法。

一个小时后,战斗结束,俘虏伪军50余人,缴获枪支50余支、部分子弹。被俘士兵愿意参军的随部队撤离,愿回家者教育释放。3名内线随部队返回海陀山,参加抗日工作。

八、民兵当棍兵,智斗日伪兵

1941年,昌延联合县南北山根据地,普遍建立起群众抗战组织,积极开展对敌斗争。斗争形势逐渐恶化,敌人到处安据点修围子,日伪军不断向抗日根据地大“扫荡”。

驻延庆柳沟据点的敌人,为扩充伪自卫队员,计划将全乡青年分期分批军训一次。首批军训任务是:柳沟及附近的井庄、石河、二司、果树园5个村的50名青年,军训20天。

日伪军把军训任务下达到各村后,扬言谁“抗命”谁就“没命”。为此干部群众产生三怕思想:一怕参加敌人军训,抗日政府不答应;二怕“抗命”,敌人会对百姓下毒手;三怕军训后被扣留,给敌人当炮灰。为此,不少干部秘密找昌延联合县县委书记史克宁和县参议长温克明①商议对策。史、温立即召开干部会,经讨论做出“将计就计”的对策:一是做好干部群众思想工作,不给敌人当亡国奴;二是派得力民兵参加军训并侦察敌情;三是内外结合开展对敌斗争。

1941年12月28日上午,伪甲长带领所谓“青训队员”到柳沟据点关公庙操场报到,伪大乡长给每人发一红臂章和一根木棍儿当枪用,因此被群众叫“棍儿兵”。驻柳沟伪满军3大队队长,外号叫李大鼻子,满脸横肉,像头猪,鼻子底下长两撮黑毛胡子,身穿“黄狗皮”,斜挎破手枪,耀武扬威地对“棍儿兵”训起话来:“皇军到中国来,是为了大东亚共荣圈,我们要练好兵,把共产党消灭,百姓才能过上太平的日子。”大家越听越生气,心里骂:“胡扯,把你们消灭,百姓才能过上好日子呢!”接着伪大乡长赵基础(满脸麻子,人称赵大麻子)讲了军训任务和纪律制度,他说:“谁若不听指挥和违纪,是要受到严惩的。”之后,身穿黄军衣手拿藤子棍的张翰林和外号叫李三儿的两个教练开始教起“棍儿兵”来。训练科目包括队形、步法和枪法。谁要是做错了动作,轻则骂重则打。

虽然给敌伪当了“棍儿兵”,但百姓一心向八路军,依然是坚定的民兵战士。

井家庄村当“棍儿兵”的民兵康满金、席满全,以过去给财主家扛过活的交情,一天拜访了郭全(柳沟伪甲长),从而得知最近县城要集中五六百日本兵和满洲军到永宁以东“讨伐”。康、席二人回到村里,立即向村武委会主任康玉全汇报。12月31日夜里,在游击队掩护下,县武装部长带领井庄、石河等6个村的100多名民兵(包括“棍儿兵”),在延永公路的金牛北山北侧执

---

① 温克明(1884—1943),北京延庆柳沟村人。1939年参加革命。1940年加入中国共产党,任昌延联合县议会议长。1943年在石佛寺开展抗日工作时不幸被捕,同年5月在南口被日军杀害,时年59岁。

行割电线和埋地雷任务，炸毁装满数辆鬼子兵的大卡车，炸死炸伤鬼子宪兵三四十人。后边跟随运送鬼子兵的汽车，见状灰溜溜地掉转车头滚回县城。

1942年1月2日晚上，温克明来到距柳沟据点岗哨不足百米远的东关街邢家院，请县议员邢世录和当“棍儿兵”的胡连芳，向伪县政府当官员的邢世录大哥邢某索取敌人“讨伐”情报（注：邢某同情抗战，曾多次提供可靠情报、武器和药物）。

邢世录和胡连芳二话没说，带上“良民证”，冒着大西北风，以家中80岁老母病逝叫大哥速回家料理丧事为由，闯过敌人的一道道关卡，获取敌人将于1月3日组织包围“扫荡”的重要情报。

两人把情报装在袜筒里，从东城头用绳索系出县城，一路小跑往返50里路，凌晨3时许，把情报交到温克明手里。温克明又速派当“棍儿兵”的郭连山、王怀山，将情报分别送到果树园、口子里游击队长手里。

拂晓前，300多日伪军凶狠赶到，游击队和群众已转移到山上，敌人扑了空。气急败坏的敌人把口子里、小金房的18户90多间民房全部烧毁，把50多头牲畜、粮食和财产全部抢光，村武委会主任司文青等二人因掩护群众转移被抓捕，严刑拷打，坚贞不屈，惨死在敌人屠刀下。

当天中午，在温克明指挥下，区武委会主任带领柳沟（城外的）、果树园、头司的30多名民兵，在柳沟西山和土沟布下两个地雷阵。下午敌人返回县城路过这里时，被炸死炸伤20余人。

敌人组织“棍儿兵”训练，反而为八路军锻炼了民兵。从此柳沟伪据点再也不敢向村里要人搞军训了。据了解，奉命当“棍儿兵”的50人中，先后有31人加入10团或游击队，浴血奋战在平北抗日战场上，其中18人为国捐躯。

九、基干队智擒日伪军

1941年2月4日傍晚，马营鹿皮关战斗结束后，张家坟基干队布置好岗哨，人们又恢复了宁静的生活。忽然，在南庄头几十米远，岗哨发现3个黑影，在茫茫夜色中，黑影肩上好像还扛着什么东西。啊！会不会是被打散的日伪军呀？两个基干队员交换一下眼色，机警地躲在路旁的玉米秧后，仔细观察。果然是3个日伪军走进村来了。一个基干队员去报告中队长任永儒，一个则尾随在3个敌人的身后。

3个溃兵既惊又怕，背着两支手枪一支大枪，还有一挺机枪，想找个人家休息一下，再找点东西吃。3人磕磕绊绊走进临街的任老六家，留下一个伪军在院外警戒，另两个扛着枪闯进了屋门。

此时任老六的媳妇正在整理锅灶，准备烧火做饭，一见两个端着枪穿着伪军服装的人闯进来，先是一愣神，随后就镇定下来，心想：溃兵心虚，先稳住他们再说。两个伪军进了堂屋，端着枪四处一查看，发现只有一个女人在家，惊慌的心情有些平复。其中一个伪军斜楞着眼，用枪点着任老六媳妇说："有什么吃的快拿来给我们！"老六媳妇强忍着对敌人的仇恨，装出一副惊慌害怕的样子说："早晨出去的，刚回来哪有什么吃的？"两个伪军见老六媳妇被吓得哆里哆嗦地端着瓢去拿粮食，放松了警惕，顿时觉得又饿又乏，他俩瞥了一眼在门外站岗的那个伪军，便坐在炕沿上打起盹来。

任老六媳妇拿着瓢走到门口，就看到监视3个伪军的基干队员任小虎等人，向他们轻轻点点头，便到墙根处取粮食去了。这时基干队中队长任永儒已经集中了7个人，分成两个战斗小组，每组3至4个人，分别对付外面和屋内的3个日伪军。

在院门口流动放哨的那个伪军来来回回走动，稍有响声就一惊一乍地举枪。一个基干队员躲在门外，手里拿着一根绳子，说时迟那时快，放流动哨的伪军忽然觉得背后被一个什么东西顶住脑壳，随后，一只有力的大手将他的嘴牢牢捂住，耳边传来一声断喝："不许动，动就打死你！"他还没明白怎么回事，就被一条绳子捆住，像一头死猪似的被拉出门外。

与此同时，负责抓屋内伪军的3个人也迅速闯进屋内，与任老六媳妇共4个人，抄起柜上放着的机枪，抓起炕沿靠着的步枪，对准两个敌人，敌人乖乖投降。4个人七手八脚地将两个敌人捆绑起来，押到中队部。

几个基干队员仅用20分钟的时间，巧捉了3个日伪军，缴获歪把子机枪1挺、三八大盖步枪1支、手枪2支。张家坟基干队受到上级的嘉奖。10团首长为了鼓励他们，奖给他们步枪10支。从此，张家坟的基干队用钢枪武装起来了，他们的抗日热情更加高涨了。

十、扩充八路军40团

抗日战争相持阶段的平北地区，落实中央精神，加强地方游击队建设，加强游击队与主力部队、与抗日群众的配合，在敌后广泛开展主动灵活的游击战争，大大牵制了日军的战斗力，鼓舞了平北地区人民的抗日斗志，为抗日战争进入战略反攻阶段储备力量。

1941年6月19日《中共中央北方分局关于平北工作报告》中说："地方性的基干兵团为10团与1支队，10团一千三百人，党员占百分之四十五；1支队一千二百人，党员占百分之三十强。"此时，平北各县亦有70多人的县大队，每个区里也有10多个人的武装。

平北游击1支队及各县游击队是主要地方武装力量。平北游击1支队负责龙赤和宝源以北直到草原区，由平北地委统一领导。

经过一次次战斗，平北地方武装提高了战斗力，各游击队不断成长、壮大，逐渐变为正规军，军事力量得到扩充。1941年6月，10团扩编为3个营，丰滦密游击大队在赶河场编入10团2营，营长赵立业，教导员刘力生，主要活动地区在怀柔境内；1941年9月，独立游击大队编为10团特务大队；1942年2月23日，平北游击1支队升编为晋察冀军区第40团，团长钟辉琨，政委王启刚，参谋长邓典龙，副参谋长高昆山，政治处副主任刘汉才。原平北游击支队在龙关前孤山村升编为晋察冀军区第40团，团长钟辉琨，政委王启刚，参谋长邓典龙，副参谋长高昆山，政治处副主任刘汉才，受平北军分区直接指挥。

1941年12月，为贯彻平北地委、平北军政委员会《关于游击队和武器建设的指示》，龙延怀、龙赤、龙崇赤三县之县区，均建立了人民武装委员会，成立了县大队、区小队；村设自卫队和游击小组，凡18至50岁的青壮年，均编入自卫队。

第三章　坚持统一战线

平北抗日根据地在经济上文化上极端落后，在军事政治上又处于伪满、伪蒙与伪华北政权的接合部，敌伪统治较薄弱，给了平北抗日根据地以发展的空隙。平北地区广泛运用统一战线这一方针，取得各阶层人民对中国共产党、八路军长期的支援与拥护。

第一节　改造两面政权

一、王秉蘅的故事

村级政权相当重要，是政权建设的基础，是中国共产党必争之地。平北武装工作队，深入敌后，开辟新区，创建根据地，首先要抓好村级政权。

在怀柔渤海所西北约 20 里的大榛峪村，是一个居住相当分散、有 100 多户人家的山庄。

这个村庄的北山是延庆四海地区岔石口村的南山。同时，四海也是伪满洲军盘踞的地方，大榛峪地处南北敌人中间，尤其南面渤海所伪满洲军团，不断到村中骚扰，向老百姓要这要那，搜集八路军方面的情报，“围剿”八路军和地方游击队。为了进一步维持他们的统治，在大榛峪也建立了保、甲组织。当时，伪保长由地主王德才担任。因为他年纪太大，办事不力，1938 年换上了王维权（字秉蘅）。王秉蘅当时二十四五岁，读过几年私塾，心眼挺灵活。

王秉蘅接任保长后，共产党工作人员李贵森、李芳伶相继到大榛峪开辟根据地，秘密建立共产党组织，发动群众抗日，抵抗伪反动统治。经过共产党地方工作人员的教育和争取，王秉蘅既当保长又当村长，一方面掩护八路军、游击队、地方工作人员，到敌占区为八路军游击队购买物资，另一方面应付满洲军要工、要草、要牲畜、要情报。王秉蘅就在敌我来回拉锯的情况下既应付了敌人，又为八路军办了许多事。

日伪满洲军向王秉蘅要情报时，他真真假假从来没给过实底儿。八路军来了，他派人送情报说我村没有八路军；八路军走了，他叫人送情报说我村来了八路军。日伪军来搜扑了个空，他说我送情报时八路军还在，现在他们已经走了。日伪军如果来得少，他通知游击队能打就打；日伪军来得多，他通知八路军迅速转移。有一次，王秉蘅派人送情报说我村没有八路军，渤海所据点就派兵来了，等走到洞台村东马莲桥快进大榛峪村时，被八路军痛打一顿。为迷惑敌人，王秉蘅立即派人抄近道走山路给渤海所据点送情报，说我村突然来了很多八路军。由于日伪军挨了打，对情报产生了怀疑，就派人把王秉蘅押到渤海所审问，烧红了烙铁威胁说："你为什么送假情报？"他临危不惧，面不改色地与敌人周旋。后在渤海所长的劝说下才把他放回，避免了大榛峪一场灾难。

还有一次，日伪特务来大榛峪抓共产党赵廷相，在村口与赵廷相相遇。由于日伪军是听别人的报告而来，不认识赵廷相，就叫赵廷相领着去找"赵廷相"。赵廷相脱不开身，只好与特务搪塞拖延。正在相持当中，恰巧王秉蘅到场。他一看不好，心想不能这样久拖，便指着赵廷相说："二哥，你快把几位领回家，先烧点水喝。"他又对特务说："我是保长，有什么事儿冲我说。"赵廷相心领神会，借找水壶的机会逃走了。王秉蘅带着特务兜了几个圈子，最后给打发走了。

伪满洲军一个团部长期在渤海所驻扎，经常向周围村庄要这要那。大榛峪也要给他们送柴送草、派民工等各种勤务。王秉蘅对此一般都是软磨硬泡，能不交就不交，实在不行就少交。时间一长拖欠的柴草越来越多，不仅被敌人觉察，而且在附近村庄的保长中也引起议论。一次，为了催要柴草，伪军王团长亲自参加会议，在会上提出：大榛峪在第二天必须交齐，不然就拿王秉蘅是问。王秉蘅一看情况不妙，灵机一动，立刻提出大榛峪居住分散，离渤海所 20 多里，第二天送到实在来不及，请渤海所保长先暂拨 2000 斤替我们交上，事后必定归还。渤海所保长在王团长面前也不得不答应。后来，渤海所保长向王秉蘅要这部分柴草，王秉蘅说："我们以前交的柴草钱全入了你们的腰包，这次替我们交点还不应当？"因为他们心里有数不但没让还,反而通过一些手段把大榛峪所欠的柴草全部销账,还在账面上记余1200斤。

渤海所住的伪满洲军“讨伐”大水峪村,向大榛峪村要18头毛驴随队运物资。结果王秉蘅没有给派,一头也没送去。因为伪满洲军用得急没顾上催,临时从渤海所村抓了十几头毛驴走了。“讨伐”回来,伪军王团长说非把王秉蘅抓起来杀了不可,不然就把大榛峪烧光。王秉蘅深知此行有难,但是想到自己是被群众委任的村长,为了大榛峪的安全硬着头皮被敌人押走。他半路央求押着他的人,允许他到渤海所村找到高风山、马明远陪他去见王团长。这两个人在王团长面前反复为他讲情,结果把王秉蘅放回家了。类似这等事件也记不清有几次了。后来王秉衡想,总这么僵持也不是办法,就以个人关系跟伪军王团长套近乎。伪团长好打麻将牌,王秉蘅就凑着和他打牌,打牌之中明能赢也得输,输了还得掏腰包应付一番。由此,王秉蘅又多了一个绰号“王瞎打”。这个绰号,八路军地方工作人员及三里五村熟悉他的人都知道。

1941年至1942年间,伪满洲军一个连驻进了洞台村。在离大榛峪村一里的洞台村山上(大榛峪的西山梁)修了两个炮楼,炮楼上的敌人昼夜不停地监视着大榛峪村的动静。这时期,八路军工作人员为了进一步加强抗日活动,到大榛峪来的人员和次数越来越多。由于西山有敌人监视,大部分工作都得夜间去做。为确保工作人员安全,只要工作人员一到,就得连设几道岗监视敌人。敌人一出动,立即通知工作人员就近隐蔽。有时在夜间由王秉蘅和其他人员护送工作人员到洞台、南冶、沙峪、兴隆等村去工作。由于王秉蘅的掩护,八路军工作人员在大榛峪没受过任何损失。

八路军工作机构需要的办公用品,当时得到敌占区甚至北平城去买。可那时大榛峪村没有几个人去过北平,即使有人去过,来去得经过敌人几道封锁线,不具备应变能力也不行。县委有关领导根据以前对王秉蘅的了解,几次安排他去北平买油印机、钢笔等办公用品。他深知这是生死攸关的大事,可是他几次都把东西藏在大棉花包等物品中运回。半路中遇到敌人检查,都巧妙地应付过去了,从来没受损失。

1945年底,抗战胜利,王秉蘅不再任职。土改中因为他当过伪保长,家中亲属又有被斗争镇压的人,所以王秉蘅被关押接受审查。后来,根据大榛峪村广大群众的意见和一些老干部的证明,王秉蘅被释放并推荐为本村小学教师,大榛峪很多人都是他的学生,可谓“桃李满天下”了。

二、双重政权的斗争

村政权的建设是在改造两面政权、双重政权的斗争中进行的。改造伪村政权是各抗日联合县、区干部开辟根据地时的重要任务。如宣化县南山抗日游击区、根据地开辟创建重要的一环是做好当地联庄、土匪的争取转化工作,把他们的多数争取过来,变消极因素为积极因素(联庄是在卫村保家抵御抢劫时形成的武装,人员组成极其复杂,有的发展为集伙抢劫绑票成为土匪,有的迫于日伪势力成为伪军)。

平北游击根据地的村政权有多种形式:

抗日一面政权:一心抗日,不事敌;

亲日一面政权:敌人严密控制的镇、村;

双重政府:一个行政村有两套政权机构,一套是抗日的,一套是应付敌人的。具体又可分为两种情况:一种是八路军摧毁敌人政权后建立起来的抗日政权,又经敌人摧毁而变为双重政权;一种是在敌人伪政府的基础上建立两面政权,再发展为双重政权。双重政权多在山区,八路军优势较大,比较容易掌握。

两面政权:即一个行政村只有一套政权机构,既支应八路军又事敌,具体又可分为三种情况:抗日两面政权——多倾向于抗日,但又不得不应付敌人;中间两面政权——敌我双方都支应,都不敢得罪;亲日两面政权——倾向于敌,但又不敢不支应抗日。

当时在较巩固区抗日一面政权为主;在平川地区,抗日两面政权为主,但政权游动性大;在游击区,双重政府较多,个别的村还有抗日隐蔽政权,暗中拿抗日捐、交救国粮。平北抗日根据地的任务是积极争取两面政权的逐渐进步,由对敌善意中立到变成中间派两面应付,由两面应付到对我善意中立,向抗日一面政权转化,缩小敌占区,扩大根据地。这是中国共产党抗日统一战线的一项极其重要的工作。

抗战时期农村政权这种复杂的多种形式的出现,是由于敌我双方力量决定的。在军事上敌强我弱,在政治上我强敌弱,其发展变化,又是在剧烈的斗争中进行的。村政权在斗争中的变化发展,明显地反映着敌我双方在斗争中力量的彼消此长的大趋势。因而,这斗争贯穿于整个抗日战争。

为什么会出现这种情况？

平北抗日根据地是在抗日战争进入相持阶段，敌人已经建立起一整套的统治之后，八路军从敌人手中硬夺过来的游击根据地，在政治上深得民心，处于优势，敌人奈何不得，想赶而赶不走；但在军事上，八路军还没足够的力量，能将敌伪统治机构彻底摧毁，完全建立抗日政权，并有强大武装给予保护。所以，不得不暂时利用伪政权，先站住脚跟，积蓄力量，逐步发展，对伪政权分别不同情况相继加以改造，使之逐步转化为抗日政权。而伪政权的掌握者又多是上层人士或由他们控制的人，因惧怕抗日政权打击汉奸，使他们的财产受损失，也不敢不支应抗日工作。有的当权者为求村中无事，也不得不两面支应。而且共产党有抗日民族统一战线的政策，在伪政权的上层人物中有相当影响，能够使他们同抗日政权采取合作的态度。如有的伪保长对敌人说："我们不给八路军交粮，八路军就要把我们当汉奸杀掉，谁来支应你们？"敌伪也无办法，只好默认。所以，这种多种形式的村政权是由敌我双方力量决定的，是经过斗争形成的。这种斗争表现得异常复杂激烈，反复性很大。

平北抗日根据地初创时期，凡抗日工作能够到达的村庄，完全是双重政权或两面政权，经过长期艰苦的政权改造，才将双重政权或两面政权改造成一面政权。

昌延联合县直到1941年初，二区的东三岔和解子石才自动转为抗日一面政权，不再事敌。

据1942年5月统计，昌延联合县双重政权村有：一区12村，二区20村，四区13村，五区16村，六区19村，七区2村，九区11村，共93村。两面政权的村有：三区15村，四区10村，五区10村，六区10村，七区31村，八区15村，九区10村，东三区30村，共131村。三项合计共224村。

改造两面政权的办法主要有：一是武工队集中打击敌人；二是分散发动群众，工作队员走村入户，秘密活动，宣传党的抗日主张，接近贫苦农民，改造转化村级政权，变亲敌一面政权为两面政权。一旦有了村级政权掌握者的掩护和支持，开辟工作就有了栖身之地，就能宣传抗日政策，争取群众抗击日伪，改变群众对中国共产党、八路军的误解，揭露日伪的欺骗宣传，澄清群众中的混乱思想。唤起民众，同仇敌忾，一致抗日。甲长是一村之长，在日伪政权中占着举足轻重的地位。甲长的成分非常复杂，差异很大，有自愿当的，有被迫推举出来挂名的，也有勉强当差的，非自愿当甲长的，实际和日本侵略者离心离德的。要摸透甲长的心理状态,然后反复地做艰苦细致的工作,使他们认识并了解中国共产党,转变态度,接近中国共产党的干部,为抗日服务。如果一个村有了中国共产党干部插足之地、安身之处,即具备了两面政权的起码条件,逐渐为中国共产党派款、纳粮、派工等,这是一种渐变的过程。这种性质的两面政权由山区、半山区及游击区向平川区延伸。平川区及日伪占领区的两面政权一直延续到抗日战争胜利。还有一种两面政权是突变形成的。有个别的村,日伪控制很严,甲长顽固不化,死心塌地地为日本效劳,针插不进,水泼不进,对这样的日伪甲长,采取果断措施,坚决踢开,另找人选。

延庆川的八里店和广积屯两个村的甲长,就是亲日派的日伪甲长,敌人要什么给什么,对八路军却是应付,只答应,不办事。

这两个村属昌延联合县四区管辖,时任四区区委副书记兼区小队政委王志宏,开会专门研究如何打开这两个村的局面。一天,王志宏、王廷昆、董玉亭、崔明等六七个人化装成日本宪兵特务,大摇大摆到了八里店,找见伪甲长,命令:“我们是县日本宪兵队宣抚班的,今天来,要召开全民大会。让村民带着良民证来。”伪甲长见他们穿着打扮像是日本宪兵队的特务,不敢怠慢,低头哈腰连说几个“是”字,就赶紧召集村民去了。街门口,两名四区干部收良民证,每进来一个,就先把良民证扣下。人到得差不多了,王志宏安排好自己人暗中看住伪甲长,然后宣布开会。他说:“老乡们,你们知道我们是什么人吗?我们是八路军区干部。”会场哑然,伪甲长也傻了眼,他竟没认出他们是八路军,脸色一阵苍白,身子微微发抖。想给日本人送信,门口有持枪站岗的,根本不可能出去,只好老老实实地站着不动。王志宏放开了嗓子,讲了抗日救国道理,又讲了讲国际形势,他号召大家起来抗日,不要当亡国奴,更不要当汉奸,他说:“有个别人死心塌地当汉奸,见了日本人比见了他爹还亲。我要奉劝那些认贼作父的汉奸,如不改邪归正,人民是不会饶恕他们的!”散会以后,王志宏对伪甲长说:“你面前有两条道,一是亲日,一是抗日,何去何从,你自己选择吧。”伪甲长连忙承认错误,表示要痛改前非,改邪归正,今后和八路军一个心,共同抗日,表态说:“今后八路军方面有什么任务,尽管吩咐,我要是做不到,甘愿受人民的惩罚。”王志宏等人用同样的办法也打开了广积屯的局面。

这类甲长只是不办事,并不害人,只要给八路军办事,继续让其当甲长。

还有一种死心塌地为日本卖命的甲长,对他们就不客气了。大营村有个伪甲长，姓肖，因为长得胖，人们都叫他肖胖子。肖胖子效忠日本主子，对八路军派的任务不理不睬。一次八路军向肖胖子派粮，肖胖子答复："你们明天来吧。"第二天，王志宏和青年干部小程来到大营村，肖胖子大吃一惊，因为当时大营村是敌占领区，八路军都是夜间进村工作，他没想到王志宏没带一兵一卒的在白天出现。肖胖子赶忙让王志宏坐下说："你来了就好办，我这就去找人催粮。"过了一会儿，肖胖子回来了，说粮食一会儿就凑齐。正在这时，外边传来纷杂的跑步声和喝喊声。王志宏和小程从后门跑了出去，发现前边有敌人，又返回伪甲长院里，钻进了没人住的一间小屋。就听见伪甲长肖胖子对敌人说："你们早来一会儿就好了，八路军刚从后门跑了。"敌人没有追到，向肖胖子交代了任务，赶紧回康庄据点。王志宏知道他是个铁杆汉奸，敌人走后把他带到大营村南庄稼地里处决了。

四区小丰营村甲长刘重义，是个大烟鬼，为人奸诈狡猾，外号叫"滑稽屎"。他看不起八路军，说土八路成不了气候，说日本人有洋枪洋炮，铁桶江山倒不了。因此他效忠日本，给日本人交粮交款。八路军让他交粮，他说你们派游击队来保护，我才收交。王志宏听到这话，知道这小子有阴谋，他要探探这个虎穴，没带游击队，只带了几个区干部就去了。"滑稽屎"见区干部来了，就点头哈腰，虚伪地说："我早就盼着你们来呢，你们不来，我这工作真不好做。老王今天来了，给村民开个会讲讲抗日工作，让群众也懂一点抗日救国道理。"一面心里就打坏主意。王志宏答应了他的要求。伪甲长说："好，我这就去通知人。"出了甲公所，他首先派人给康庄特务队送信，然后才召集村民开会。会议进行中，就听街上有人喊："堵住前门，别让他们跑了！"敌人包围了会场。借助天黑路暗，王志宏等人突出重围，在庄稼地里躲过一劫。第二天王志宏带领游击小队抓住了伪甲长刘重义，刘重义对密告敌人逮捕革命干部的罪行供认不讳，经请示县领导，在南山将其枪决。

自从杀了几个铁杆汉奸和日本特务，四区所属行政村，也就是在敌人眼皮底下的行政村，再也不敢看不起八路军了，都积极地交粮、交税、交军鞋，从亲日一面政权村，变为两面政权村了。

还有一种甲长，不亲日，也不与八路军接触。石河营村的甲长宋进才就是这样。原因是石河营村有个大烟鬼，姓王，这家伙跟敌人勾串着。宋进才受姓王的制约，怕他向敌人汇报，所以一直不敢和八路军见面。王志宏了解到这个情况，便带着一个小队和10团一个连去石河村召开群众大会，经县公安局同意，把姓王的逮起来，姓王的承认跟敌勾结，他抽的大烟都是日伪方面供给，任务是给日伪方面收集情报。王志宏把他交给县公安科，带到南山枪毙了。除去了姓王的大烟鬼，宋进才产生了一种恐惧心理，就更不敢见八路军了。石河营村的工作还是没法开展。

王志宏向县里汇报了这个情况，县委书记葛震出了个主意，让他采取封建拜把的方法，消除他的恐惧心理，然后再争取他，说服他。这招果然有效，宋进才就不再躲着王志宏了。俩人见面，称兄道弟，甚是亲热，积极完成任务，还主动帮助游击队联系买枪，不幸的是后因有人告密，日伪军以勾结八路军、给八路军购买枪罪将宋进才杀害。

两面政权建设，具有策略和战略意义，扩大了党的政治影响，动摇了侵略者的根基，增强了群众对党的认识和信心，锻炼培养了一批抗日骨干，在粉碎日伪的经济封锁、粉碎敌人的“施政跃进”“强化治安”“扫荡”中，都起了积极作用。有了两面政权，也就有了中间地带，能起到桥梁作用。有了倾向于中国共产党的两面政权，可通过他们传递情报，了解日伪真实情况，给敌人送假情报，欺骗敌人。中国共产党的干部借助政权两面性的掩护，能更隐蔽高效地开展工作。

第二节　改编土匪武装

一、收服“天下第一团”

改编联庄会和土匪武装，正确执行土匪政策，对根据地的开辟和发展具有重要作用。

当时，平北根据地对土匪政策是：原则上根据地内不许有土匪部队存在，对根据地内扰害人民的土匪，不能争取的，在有把握的条件下坚持以武力解决，但反对个别收枪杀戮的错误办法；对敌占区土匪不能争取者，应与其建立统一战线，订立互不侵犯约定，不轻易去打击他；对于争取过来的土匪部队，编入主力部队，对暂时不能编入主力部队的，派得力干部去领导，保证执行党的政策。

平北地区地广人稀，从明清开始，就向这一地区大批迁置逃荒移民。进入20世纪三四十年代，由于军阀连年混战，百姓涂炭，土匪蜂起，许多触犯法律的人员，为逃避惩罚也纷纷潜逃到这一地区隐藏。再远一些的察北地区，更有“藏龙卧虎之地”之说。加上日军进攻平北地区，国民党军队仓皇撤退时,遗弃了大量武器弹药,均被百姓收藏。因此,这一地区占山为王的绿林队伍、土匪、散兵游勇和不甘压迫与穷困揭竿造反的流氓无产者多如牛毛,百姓省吃俭用的节余往往被土匪一抢而光。即使是新中国成立后,党和政府也用了很大力量剿匪,才稳定了当地的社会秩序。

七七事变前后,平北地区各地地主以保卫乡里安宁为名,自付经费,购置枪支弹药,选拔青壮年和猎手组织起伙会,一庄有匪,联庄支援,故又名联庄会。比如龙延怀联合县境内,较大的联庄势力就有姬永明、蓝九吉、梁子元、王从福、戴宗义、王建民等6股。他们熟悉当地的地理民情,在一定范围内是一支较强大的地方武装力量。争取这股势力,对于八路军在平北的活动和争取群众,联合一切可以联合的力量共同抗日,具有重要的意义。

早在1938年,八路军第4纵队第一次挺进平北,就利用当地的伙会武装建立起一支100余人的游击队。昌延沙塘沟村的伙会把19条枪全部献出,并在延庆城西收编了土匪孙元洪的“黑马队”,很快打开了局面。而1939年第二次挺进平北,由于对土匪执行争取、改造的政策上有偏差,致使部队受到日伪军和土匪的两面夹击,不得不撤出。随后,平北工委及时总结了经验教训。

根据地各县政府成立之后,第一件事就是研究如何壮大抗日武装力量,各地区坚持抗日的土匪队,多数为生活所迫,有人,有枪,有抗日思想,是团结和统一的重点对象。

龙延怀联合县政府成立后,便研究设法收复马鞍山号称“天下第一团”的土匪队。闫东成、周成如是土匪队的一、二把手,土匪中大部分是被生活逼迫的穷苦青少年,也有个别不务正业的地痞二流子、散兵游勇。马鞍山天高皇帝远,但少吃少喝,生活环境十分恶劣。为了生存,他们只得下山绑票,敲诈有钱有势的地头蛇。因他们不扰民,杀富济贫,穷人对他们没有恶感,并且还称他们是梁山好汉,地主老财却是恨透了他们。

1937年9月,日伪军侵占了怀来,他们开始打鬼子,整天和敌人周旋于山中。在一次与日伪军进山“扫荡”遭遇中,他们一次打败敌人一个营,从此精神大振,打出旗号,自称“天下第一团”,闫东成担任团长,周成如担任副团长。

由于环境闭塞,闫东成、周成如对中国共产党八路军不了解,只听说八路军是领导穷人打土豪分田地抗日打鬼子的队伍,但始终没见过是啥样,所以对八路军既不反对,也不敢接近。

龙延怀联合县成立后，为收服“天下第一团”，便派人做他们的工作。然而就在县委人员打进“天下第一团”时，一天晚上，来了几个人，说他们也是“胡子”，在坝上被鬼子打散，投奔而来，要求收留，共谋大业。

闫东成是个只讲义气不讲原则的人，信以为真。将几人纳入队伍。其中一个名叫侯三的，年轻精明枪法好，被封为团副。没想到侯三暗地拉帮结派搞分裂，拉出一部分人投降了敌人。这件事对闫东成、周成如教训很大，终于认识到只有投奔八路军才是唯一的出路，将威震一时的马鞍山“天下第一团”解散，带领队伍参加八路军。

平北抗日根据地初创时期，收编改造土匪，联络伙会组织扩大抗日武装起到了重要作用。例如昌延游击大队5中队就是祁秉元土匪队改编；6中队是周之匀和江文同志联络伙会拔除后城据点，在战斗中发展壮大起来的，该队一直打到独石口；姬永明的联庄会改编为龙延怀联合县游击大队；王荣和袁水①的两支队伍分别组成白马关和白河游击队，后来其中一部分升为10团主力部队。

二、“水字杆”改编为团特务大队

袁水“水字杆”改编为10团特务大队的事，可以看到土匪改编过程的艰难、凶险和曲折。

在丰宁地区有一支农民自发武装起来的抗日队伍，领导这支队伍的头目叫袁水。

袁水出生于贫苦家庭，1927年春，因生活无路，他和一伙穷哥们儿在窄岭西沟小营子拉起“杆儿”来。干了半年时间，袁水感到拉杆当土匪最终不是正当出路，就到黑河川喜峰砦（今属河北赤城）一带当了保甲。

1933年，日伪军侵占丰宁县城之后，袁水与当地抗日志士李正一、孙贤等一起将三区团保甲改称为“抗日联庄会”，开展抗日活动。1934年，抗日联庄会被日伪强行解散。此后，袁水先于家中隐居，后到北平等地做买卖，但无论走到何地，坚决不给日伪办事。

1939年底，活动在丰滦交界地带的九江（于九江）、八河（八和尚）、申七

---

① 袁水（1892—1945），字福林，化名袁照东，丰宁塔黄旗乡塔前村人。1941年3月参加八路军。1944年12月出席平北地区群英大会。1945年在昌平黑山寨不幸被捕，同年8月获救，不久因病去世，时年53岁。

点、老商干、寺喇嘛、三省、小河子等几股土匪计200余人联手，托人请袁水出山当“杆子”总头。袁水推辞无效后，即约法三章：一、不许奸淫妇女，胡作非为；二、不许祸害穷苦百姓，要杀富济贫；三、不许绑票，要打日本、打据点、打砸“大满号”（日本收购鸦片的专门机构）和兴农合作社（日伪收购粮食的专门机构）。

1940年春末，在密云县水石古三道楼子，一支自发的农民抗日武装诞生了，这就是袁水任总头目的“水字杆”。

在抗日战争中，袁水领导的这支农民抗日武装，经常接近八路军，协同作战，互相帮助，与八路军建立了密切关系。1940年6月，八路军10团、7团在丰滦密地区活动时，发现袁水率领的“水字杆”有正义感和民族气节，抗日坚决，就积极争取袁水共同抗日，向他讲述了中国共产党、八路军的抗日主张和中国共产党抗日民族统一战线的政策。

1940年7月，平北军分区政治部主任段苏权率7团在滦平五道营子北面老米沟活动时，了解到袁水的事，决定会一会他。见面那天，袁水头戴小瓜帽，身穿布褂子，腰里别着驳壳枪，走起路来晃悠悠。

段苏权没有以貌取人，而是迎上前去把对方让进屋，以礼相待。段苏权对袁水详细讲解了共产党和八路军的抗日主张与政策，并真诚邀请袁水与八路军共同抗日，保家卫国。随后，还挽留袁水吃了晚饭，在当时部队艰苦的条件下特意为他买了一只鸡。

袁水甚为感动，回去后跟自己的弟兄们说：“我乍见到八路军，心里很不踏实。可是这次见到段主任，他身上不带枪，说话也很和气，一点架子也没有，咱们也就放心了。”

这次会见，使袁水坚定了加入中国共产党抗日队伍的决心。10团白乙化团长为进一步争取“水字杆”，从6月到8月，多次派人与袁水联系，跟袁水座谈，还几次请袁水到10团团部做客，并专门派出一名排长到袁水队伍里负责联络工作。

8月，袁水领导的“水字杆”和另一支农民武装“老商杆”合手，准备攻打丰宁大阁，行进到南关时，被日伪军4辆汽车包围。他们几经拼杀，才得以突围。不得不转移到后营上甸子，经石人沟、高应、上方营转南大梁撤到关里。不久，日伪军对丰滦密进行“扫荡”，袁水率队在西驼古和南大梁一带活动，打据点，砸分驻所，配合八路军进行反“扫荡”。

袁水这支农民抗日武装的活动，使日伪军极为不安，他们在采取军事行动的同时,加紧了政治诱降和内部分化。“水字杆”中以李守和为首的少数土匪恶习不改,对袁水的纪律约束和他靠近八路军极为不满,暗中与日伪勾结,并威逼引诱袁水率部投敌。袁水抗日意志坚定,不为所动。李守和等狗急跳墙,杀害了八路军派到“水字杆”中做联络工作的梁排长,带十余人投降了日伪军。他们用杀害梁排长来向日本邀功,也为了逼迫袁水无法投奔中国共产党八路军。

“水字杆”的分裂和梁排长的被害,使袁水感到对不起段苏权和白乙化,更使他深深感到,离开中国共产党八路军,自己的队伍是没有出路的。而此时,杀害梁排长投敌后的李守和等人,并没有得到日伪军的信任,在围场被日军杀掉。袁水得知这个消息后,坚定了他的决心。

1941 年春,袁水派人带着一封信和队伍里最好的一支盒子枪,主动去找 10 团白乙化团长,请求把“水字杆”正式改编为八路军。

这时,白乙化已在鹿皮关战斗中壮烈殉国,10 团新任团长王亢,立即派 1 营到丰滦交界地带活动,一边打击敌人,一边寻找袁水部队。

1941 年 3 月,丰滦密联合县游击大队在密云对大峪、石老虎沟一带碰见了袁水。10 团政治处主任彭烈、丰滦密游击大队长师军和教导员刘力生,热情接待了袁水,初步谈了收编的事。当时决定:袁水的队伍编制、职务和活动地区都不变,队伍番号为 10 团独立游击大队,受中国共产党、八路军领导,斗争重点是打据点、砸大满号和兴农合作社,规定部队不绑票,不抢老百姓东西,不杀老乡的猪、羊,把部队马匹都还给老乡;并发给他们 50 身军装,还有臂章、帽子。从此,袁水队伍正式打出八路军的旗号,坚持在伪满统治区丰宁、滦平一带开辟新区。

1941 年夏,10 团政委吴涛和参谋长才山,派侦察参谋李文芳和通信员刘泽到关外找到袁水的独立游击大队,准备把他们带到关里整训改编。当时袁水独立游击大队有六七十人,分两个中队。袁水听说到关里整编,态度很坚决,马上带队登程,昼伏夜行,向关里进发。第二天夜间,走到离白马关不远的一个村子住下时,以 1 中队长为首的一些人,害怕八路军纪律严、生活苦,不愿到关里整编,密谋哗变。这事被通信员听到,立即报告袁水。袁水一听就急了,掏出驳壳枪顶上子弹,拿上藤子手杖,直奔 1 中队住处。他进屋大吼一声,命令大家都把枪放在炕上,气愤地说:“你们这些没良心的东西,想造反啦!把枪都给我放下。我引你们走上正路,你们想杀我,今天我非先杀了你们不可!”说着就用手杖一阵乱打,大家纷纷跪到地上求饶。最后,把

3 个组织叛变的首要分子拉到村外处决。李文芳和刘泽劝袁水不要杀，带回关里算了。袁水说："这样的人，带到咱们的部队，早晚是祸害，李守和杀梁排长的事给我的教训够了！"

在途中整顿了 1 中队，由 2 中队调去一些骨干当干部，这样袁水带着游击大队顺利到达了赶河厂附近的白岩村云县北石片沟鹰翅岭，把队伍交给了 10 团。10 团团部召开联欢会，热烈欢迎他们。

1941 年 9 月，经萧克司令员批准，袁水的独立游击大队改编为 10 团特务大队，袁水为大队长，派去参谋李文芳、教导员王凤珠，1 连指导员谭金明，1 连副刘兆云，2 连指导员李德金，2 连副孙兆义，侦探员朱兰普、李金刁、王文禄。整编后，发给每人一身灰棉衣、一个毡帽头，还有一些手榴弹。部队已经成为八路军正式部队，要求不许绑票，不许到村里杀猪宰羊，大吃大喝，要爱护群众，吃饭给钱或给开条顶公粮，部队给养菜金，完全和其他连队一样。

特务大队在关外活动 3 个月后，又拉回关里根据地休整，学军事，学文化，学政治，部队素质不断提高，士气越发旺盛，一扫过去"拉杆子"的习气，土匪黑话听不见了，严格遵守八路军各项纪律制度。袁水本人的政治觉悟也提高很快，他处处以身作则，虽然不识字，但经常组织开会，带头学习、下操、唱歌，纪律严格，战士们都很拥护他。

1942 年 8 月，10 团根据中央和平北军分区"精兵简政"的指示，将特务大队建制撤销。袁水被调到平北军分区司令部当管理员。冬天，袁水又被选为丰滦密联合县的代表，参加了晋察冀边区第一届参议会。开会回来，仍在军分区管理科任副科长及招待所所长。

由于袁水成绩突出，他被选为平北军分区的模范工作者，于 1944 年 12 月 10 日，光荣地出席了平北地区群英大会，受到了平北地委专署和军分区领导的表扬和奖励。

1945 年 1 月间，袁水外出采购时，在昌平黑山寨不幸被捕，押入承德监狱，定为"国事犯"，判无期徒刑。苏联红军进承德后，把狱中 3000 多犯人解救出来，打开监狱时，有些人被折磨得走不动路，就爬着走。袁水更为严重，被抬出监狱，派人用车把他送到窄岭，袁水家里人把他接回家中。

袁水在病体垂危、昏迷不醒的时候，仍不忘抗日杀敌，口中常喊："机枪开槽了！冲啊！"出狱回家不到一个月，由于刑伤过重，与世长辞。

袁水从一位"绿林英雄"成长为坚贞不屈的抗日战士，在严酷的考验面前，表现了对革命、对人民的无限忠诚。

第三节　争取伪军，瓦解敌人

一、深入敌后策反

创造条件，抓住时机，争取敌伪人员，为抗日做工作，是中国共产党贯彻抗日统一战线的一项极为重要的工作。

在抗日战争复杂艰苦的背景下，党的干部为瓦解敌人、争取伪军，置个人安危于不顾。1941 年的春天，距日伪军东山庙据点仅二里的郑家梁村便是敌人卵翼下的禁地。特务、警察常来常往，催款要粮，骚扰百姓。村中甲长李老九是村内首户，有钱有势。他和两个儿子李章、李阁为敌效劳，残害百姓。龙赤联合县七区区委书记陈策（原名吴涤新）为此忧心忡忡。为了瓦解与争取敌人，建立广泛的抗日民族统一战线，扩大根据地，不顾个人生死，决定深入虎穴，到郑家梁甲长家，亲自登门拜访，对其父子晓以大义，进行宣传教育，启发他们站到人民一边，共同抗日。

一天深夜，陈策带领通信员任文先、郝忠孝二人从驻地出发，拂晓前赶到甲长李老九家，马上将李家父子控制起来，封锁了消息，不准李家人外出，切断对外联系。然后向李家父子说明来意，进行抗日的宣传教育。真是冤家路窄，正在这时东山庙据点的日伪警长祁展勋带领张兆宏等一班人闯来。

祁展勋进院即喊："老九爷子在家吗？"陈策让李老九回答："在！"随后祁展勋和张兆宏进了屋，见炕上有客人，老九爷子浑身筛糠面如土色，大惑不解。

陈策镇定自若，主动做了自我介绍："我就是你们整天要抓的武主任（陈策对外人称武主任）！"两个伪警一听霎时不寒而栗，不知所措。

甲长李老九强压惊慌，但仍然颤抖地说："这是东山庙的祁警长和小张。"陈策接着问："你们来了多少人？"祁展勋答："十几个。"陈书记说："让他们也进来。"

陈策料定敌人一定认为四周有八路军伏兵，不敢轻易动手，便故意大声对通信员喊："传我命令，不要伤害这几个弟兄！"伪警察顺从地进了屋，陈策又做了自我介绍，然后说："今天咱们有缘相遇，咱们都是同宗同族的中国人，绝不兵戎相见。"随后讲了国难当头，匹夫有责的抗日道理。又说："你们多数人当警察也是为碗饭吃,但是我们不能永远当亡国奴。抗日是正义事业,人心所向,要当个有骨气的中华男儿。为鬼子卖命为虎作伥,到头来绝无好下场。”

陈策从容不迫义正词严:“摆在各位面前有光明大道,就是为抗日做好事,做贡献,可以身在曹营心在汉嘛。只有这样,不管你是警长警尉,有无罪恶,共产党八路军抗日人民都会既往不咎。如果再与抗日为敌,别忘了中国那句老话,恶有恶报,善有善报,如若不报,时辰不到,时辰一到,一切全报。大家都是当地人,你们的言行群众有本账都会给你记着的。路就在大家面前,如何选择全靠自己了!”陈策一番话把伪警察惊呆了,个个神情木然。

祁展勋大着胆子问了句:“武主任你带枪没有?”

陈策泰然自若,掏出一把橹子,递给了祁展勋,祁展勋看了看还给了陈策。陈策要求伪军拿出300多发子弹,为抗日贡献。祁展勋十分为难,近似哀求地说:“一枪未放不好交代,敬请宽限宽限,300发子弹定会送到。”陈策表示同意,定下转送子弹工作由李阁负责,随即对门外喊了句:“通信员!”任文先、郝忠孝二人心领神会地荷枪实弹,全副武装跑进屋。

“传我命令,送弟兄们出村,保大家的生命安全。”

伪警们在任、郝端枪押送出村后慌慌张张地撒腿跑回据点。陈策也与通信员离开李老九家。

当晚李阁从东山庙据点取回300发子弹,转给陈策。后来陈策又通过李老九对祁展勋、张兆宏做了大量工作。两人送情报、送子弹,最终反正过来,安排当了区干部。李老九也从两面支应的村长,变成了亲近八路军的两面甲村长。七区的根据地扩大了,也更加巩固了。

平北抗日根据地初建时,中国共产党是进入敌人的统治区,由无到有,由小到大,由少到多,由弱到强,在发展过程中,首先是军事打击,再就是靠政治攻势。对日军工作有日本反战同盟支部;对朝鲜军的工作有朝鲜义勇军;对伪满洲军和当地伪政人员,都有专人并发动群众通过各种关系,利用各种方式争取、瓦解、消灭敌伪军。为达此目的,还制定了一系列有关政策。对日军要揭露其非正义的侵略战争性质,激发起厌战情绪;对伪满洲军启发其民族自尊心。中国共产党在山石上写有:“满洲军兄弟们,枪弹进膛,细细思量,子弹射击,何人受伤?”“中国人不打中国人!”等,经过中国共产党的宣传和做思想争取工作,有的伪满洲军与八路军打仗时往天上打枪,有的还特意给八路军丢下子弹。对当地的伪军政人员的争取就更为有利,因为他们都是本地人,许多人家在乡村,可以通过各种关系,向他们做工作,争取他们不当死心塌地的汉奸亡国奴,为自己留后路。对于死心塌地的汉奸,集中打击,以保护一切拥护抗日的人员,对一般伪组织人员,只要不妨碍抗日工作,一概不杀不抓。

昌延联合县六区区长是姜国亭,延庆人。姜国亭等区领导干部对六区各村给敌人干事的军政人员了如指掌,谁表现如何,家庭情况怎么样,如何进行争取工作等,都进行分析。然后通过各种关系进行争取、瓦解工作。军分区政治部敌工干事李文山同志常到六区,和区里同志一道进行争取伪军政人员的工作。建立起的重要关系有延庆县的伪自卫团头头、永宁镇的伪镇长等,工作很有成效。

1940 年夏,平北抗日根据地开辟,沈爽①调到中共平北地委敌工部,分工负责丰滦密地区的敌工工作。他温文尔雅,倥偬戎马十来年,仍像个教书先生,但工作上却有胆有识。为了迅速打开敌工工作局面,他把自己的家属安置到一个反动的伪保长家居住,一下就把这个伪保长镇住了,从此再不敢与日伪往来。

沈爽常化装进出日军戒备森严的县城,多次住在伪政府要员大绅士苏俊峰家。从敌占区征收的抗日捐,经常装在点心匣里带出。他还把工作做到伪商会、伪新民会、伪县政府以及伪警察队、特务队等反动组织里去,在这些伪组织中发展了能为抗日政府办事的秘密人员。通过这些秘密人员,不仅使中共丰滦密县委、县政府及抗日军队得到了日伪军"讨伐"、"扫荡"的许多有用情报,而且还从敌占区买回了一批枪支、弹药,以及根据地急需的紧缺物资,如医疗用品、布匹、染料、印刷用品等。

1941 年伪满洲军程斌"讨伐"大队一部及密云伪警备队张博中队携械反正投诚,沈爽对这些人都做了许多策反工作。

喇叭沟门有一个警察分驻所,丰滦密联合县十三区区长马云龙了解到警察分驻所头头对日本侵略者的暴行有所不满,常流露出愤恨的情绪。

马云龙经过周密分析,决定把这个警察所瓦解出来。他化装成商人模样,只身来到警察所,通过内线的协助,把警察召集起来开会,讲抗日救国道理、全国抗日斗争形势、中国共产党的政策、国家的前途,对伪警察震动很大,都表示以后愿意暗中支持抗日,从思想上解除了他们的武装。临走时,

---

① 沈爽(1896—1942),吉林省双城人。1931 年加入中国共产党。抗日战争时期,曾任平北丰滦密联合县县长。1942 年在臭水坑战斗中牺牲,时年 46 岁。

还带上了100多发子弹、400来块大洋用于抗日事业。古洞沟村的一个王姓反动地主死了,家里大办丧事,日军头目、伪警察、特务及附近的地痞数百人前去吊唁。马云龙不顾个人安危,也到了吊唁现场,在人群中秘密活动,和伪警察头目不停地交谈、周旋,了解了许多敌人内部情况,还争取了两个伪警察头目。日后在他们的协助下,八路军得到了不少弹药补充。

由于政策执行得比较好,反正、起义或掩护八路军活动的伪军、伪组织为数众多,成为平北地区抗日斗争的重要力量。比如日本侵略者认识到,仅仅依靠日本关东军消灭战斗在丰滦密地区的10团是办不到的,于是先调集伪满军甘珠尔的部队把丰滦密根据地围住,依据地势,由南往北分割成几块,实行残酷毒辣的"三光"政策,又从东北的通化、敦化、锦西等地调来3个伪满警大队。

白乙化带领10团立即对伪军开展政治攻势。当这3个伪警察大队进入丰滦密后,看到到处都是"中国人不打中国人!""联合起来打倒日本帝国主义!""打回东北老家去!"等标语口号。这些传单标语到处都是,在10团强大政治攻势下,石井身边的海健和铃木身旁的庞通先后率部起义,给敌人当头一棒。

1941年,延庆地区的说书艺人王立,因为生活所迫,在25岁这年当上了伪警察,被分派到上阪泉守据点,把守由玉皇庙进山、经后河、达五间房及大海陀等抗日根据地的山道。

王立擅长西河大鼓书,会说唱《罗成破孟州》《五女兴唐传》《小八义》和《杨家将》等曲目,非常动人,只是赶上兵荒马乱年月,无处卖艺,才混到伪警察里。他出来进去,弦子、大鼓不离身,麻烦了就说一段,高兴了唱一段,吊儿郎当,不像个"警察"。虽然有的人看他不顺眼,但也只能瞎磨叨,因为大多数伪警察被他的说书迷住了,几天听不到他的书,就寻点烟酒央求:"王师傅来一段吧!"

1941年底,形势非常紧张,通北山里头的各道山口都被日伪军、警严密把守。一天,原小鲁庄炮楼的头目王庆春突然来找他:"老帮(王立别名),这些日子还说书不?"王立跟王庆春都是八里庄人,说话不隔心,便顺口答:"白天不允许,有时晚饭后来一段给大伙儿解解闷儿。"王庆春瞟瞟周围没人,悄声说:"明天晚上你来几段热闹的,把站岗的查口子的迷住两三个钟头。"

"为什么?"王立很奇怪。

原来王庆春表面给鬼子当伪警察,实际为八路军干事,经常偷偷地给山里送东西、送武器,让王立说书,就是让他迷住伪军,给进出山的人开路。

冬天的夜太难熬,值班的伪警察总是挨着不想出去站岗,经常叫王立说书消磨时光。前些日子王立正说《小八义》,被城里的一个特务撞上了,上了一本,让他挨顿臭骂,就搁下了。

这天夜晚,王立借着酒劲问他们:“还想听吗?下面这段是徐文标妻子贾秀英爱上了在她家读书的表弟周景隆……”“听呀!”“这么冷的鬼天气,先舒服一会儿吧。”“别闹了,山口那边出事咋办?”伪警察们七嘴八舌地乱说着,王立已笑呵呵地敲起了钢板,先来个《猪八戒背媳妇》小书段,把人黏住了,接着又继续说起了《小八义》。

王立越唱越起劲,越唱越迷人,将伪警察们弄得神魂颠倒,忘掉了站岗巡逻,忘掉了把守山口。等他们离开书场钻进凛冽的寒风里站岗时,由大海陀兵工厂往山外运送手榴弹的游击健儿早出山了。

这个事除了当事者之外,是神不知鬼不晓,但王立心里老发毛,更觉得给日伪军干事不够人味,便在第二年夏初,脱掉黄皮回家了。

通过对日伪据点采取派进去、拉出来等方式,使不少日伪据点都有了八路军的关系。如新保安警察署长许守诗,为八路军开辟八宝山一带给了很多方便。石盘口的警察署长马正九,一遇八路军通过此地运送粮食、军衣、军鞋等物资时,据点之敌不放一枪,当八路军顺利通过后他们乱打一阵,表示抵抗,同时还给八路军送了不少子弹。王家楼大乡长郝廷方,为了应付鬼子,警察们每次出发前他都派人通知八路军提前准备免遭损失。在八路军抗日活动的影响下,崇礼日伪警察李金有等 8 人不满日伪军血腥统治,从西弯子伪警察大队逃出,准备投奔八路军,沿途组织起 40 多人的抗日队伍,韭菜坪村的刘海珠等也是因不满日伪统治,自发地组织起一支抗日队伍,后来这两支队伍便合在一起,共同打击敌人。崇礼县的一个伪警察队 10 多人,在素有抗日思想的队长史文龙(后改名贾德珍)的带领下,连同其妻及弟史文生向 7 团反正。

二、顽固不化,决不手软

对于罪大恶极的汉奸、日军忠实的走狗,平北抗日根据地也决不手软。

开展锄奸工作,可以让群众拍手称快,同时也对敌人震慑很大,使敌人从此不敢再轻举妄动,随便出来“扫荡”祸害百姓。

耿家营的赵宝林伪装抗日,与到村中开辟根据地的龙延怀联合县政府财粮科科长兼一区区长郭廷杰建立密切关系,实则早与康庄日本警察队大队长单成元结成把兄弟,试图巧言蜜语说服郭区长叛变,事成之后报请日本驻康庄的指导员请功。

为除掉此人,郭区长假意同意。一天夜里3点,郭区长提出要与单大哥见面深聊,把赵宝林从家中骗出,在小纸坊屯村北黑土坑将其枪毙。处决赵宝林后,群众反映非常好,说:"八路军的干部是真革命的,郭区长和赵宝林那么好,最后发现赵宝林是汉奸特务,亲手把他打死,真是抗日救国的英雄好汉,说一不二。"

怀来地区的刘占敖为了伪蒙疆给的间谍活动经费,死心塌地给日本侵略者搜集八路军的情报。可是他万万没有想到,没当几天特务,就被共产党地下工作者发觉了。一天早上,他打扮成小贩到黄家冲去活动,刚到村口,就被区工作队员抓住了,当天晚上,就被拉到村后山沟里"砸核桃"(用石头砸死)了。

怀来地区伪警长刘仲环坏事做尽,他爹死时,他摆阔气拿侵吞工人的血汗钱在家给他爹"念大经"。游击队研究认为,刘仲环一定会单独回去给父亲送葬。所以晚上,游击队员在山路口埋伏等候,抓住了装扮成乞丐的刘仲环,就地正法,把他"砸核桃"了。

怀来北辛堡村地主刘恒谋,外号"大姐枣",一直把持村长地位几十年。可是,自打日本鬼子来了,村长就不好当了。日伪三天两头要捐、要款、要饲草、要粮、要羊、要粉条、要猪肉、要大白菜……稍稍应承不上去,不是打就是骂,弄得他日夜不得安生。"大姐枣"是个老滑头,他应付不了,拍了下脑瓜子,想了个鬼主意:每月出3块大洋,让老光棍高麻子(高志谋外号)给他做替身当村长,他在后头操纵,演起"双簧"。自打高志谋当了村长,全村人更遭难了,高志谋除了为敌人效劳,还借此机会巧立名目,多派多要多捞钱。更可恨的是,高志谋通过当村长的自由方便,四处打探八路军在村里活动情况,给日伪送情报。因为他的密报,20多个村干部和群众被城里宪兵队抓进大狱,有的还被杀害。区、县领导得知上述情况,研究认为,汉奸高志谋是甘心为敌效劳的忠实走狗,如不及早除掉,势必给开展抗日工作带来严重损害。因此,一天夜晚,趁高志谋不防备,突然从家里把他掏出来,押到北山西坡南大沟"砸了核桃",为民除了一条祸根。

1941年夏,延庆的伪县政府,任命铁杆汉奸赵麻子为二道河乡公所所长。赵麻子对共产党怀恨在心,又怕得要命,带着乡公所人员和“家当”连夜逃到村北的柳沟敌据点,继续干起反动勾当,经常配合日伪军到根据地“讨伐”、“扫荡”、抓捕共产党干部和群众,欺压百姓。抗日政府决心要除掉他。当年冬天的一天夜里,正是天寒地冻,北风呼啸。昌延联合县马场区区长雷英和民兵大队长黎光辉,带领30多名民兵,兵分两路,一部分民兵包围了关公庙的伪乡公所,一部分民兵做掩护,以防敌人发觉。

雷英和黎光辉化装成两个伪军,和民兵摸到伪乡公所大门岗哨时,两个哨兵忙问:“哪一个,口令?”“浑蛋!你们还不知道老子是巡逻查岗的!”雷英回答。两个哨兵被吓得连声说:“小的有眼无珠,得罪了!”哨兵刚松下一口气来,雷、黎一个箭步蹿到哨兵跟前喊道:“我们是八路军,缴枪不杀!”二哨兵不知所措,被吓得筛起糠来,雷、黎下了岗哨的枪,民兵将他们捆住并看守。雷、黎带民兵立即闯进伪乡公所,这夜正好赶上是赵麻子值班,在里屋打着呼噜做着美梦。他听见外面有响动,正掏枪欲抵抗,3把手枪枪口已经对准了他的脑瓜门。雷、黎对赵麻子喊道:“我们是八路军,赵所长你被捕了!”赵麻子被吓得全身颤抖起来,忙央求说:“请八爷饶命,请饶命!”话未说完,民兵已经将他捆绑起来并用毛巾堵住他的嘴。雷、黎吩咐民兵把乡公所的“秘文”和坑害百姓的账目册等,统统装在口袋里。这时候已是凌晨2点了。后经请示上级抗日政府批准,将罪大恶极的赵麻子处决。经教育,两个哨兵自愿当了游击队员。

第四节　团结士绅阶层

一、温克明和胡成

1940年1月,时任昌延联合县宣传科科长史克宁(8月任县委书记)在马场搞开辟,经常秘密到柳沟南城下百米远的南窑洞里,找同情抗战的士绅温克明和胡成商谈抗战工作。

温克明和胡成在各阶层人士中颇有威望。不久,他们在南堡街轩家院赌博场,秘密建立起抗日救国会,向民众宣传抗日主张,宣传统一战线和对敌斗争,并搜集敌人情报和筹集公粮。城内住的张德芳、张休芳和胡寿录等,多次利用被迫给敌人铡草、喂马、出城种地和放羊机会,把敌人活动情况及时报告给温克明和胡成,温、胡再将情报派人送到抗日政府或游击队。

一次他们在柳沟城外筹集3500斤公粮(小米),温克明担心被敌人发现抢去,即派人连夜人背驴驮,爬山越岭往返40多里送到沙塘沟县政府,解决八路军急需。还有一次夜里,八路军主力部队奉命从南山去海陀山执行任务,温克明打通了局子敌人上下关系,敌人假装不知晓,队伍从柳沟东一里顺利通过。

温克明1937年组织民众抗战,1940年加入中国共产党,1941年3月14日至16日在"后七村"景而沟召开的联合县首届议会上,被选为昌延联合县参议会议长。从而,他进一步坚定了抗战信心,积极开展统战工作。温克明在当年"砸旗产"时,就和张华亭关系很好。1942年张华亭在县伪自卫团当团长,温克明劝他弃暗投明,史克宁、刘国梁接待了张华亭带队反正,任命他为7中队长。后来,张华亭在收编土匪、战场杀敌中都做出了巨大贡献。

1943年,10团在太子沟战斗中,消灭伪满军一个营,活捉了罪大恶极的营长赵海臣,昌延联合县政府决定在马场、莲花滩召开军民公审大会。

为保证会场的安全,温克明通过伪县官员邢某(温与邢某是好友,邢某同情抗战,曾为10团秘密搞过部分弹药和药物)了解敌人活动情况。

温克明派邢某三弟邢世录(昌延联合县县议员)秘密向邢某探听敌人动向。经邢世录与邢某秘谈,邢某同意向抗日政府提供可靠紧急情报,告知县城敌人调集800多日伪军,将于当夜拂晓包围莲花滩,企图将抗日政府和游击队一网打尽。邢某连夜派人把邢世录用绳索系出延庆东城。邢世录跑步30里绕过敌人岗哨,拂晓前,将紧急情报送到莲花滩抗日政府人员手里。抗日政府和游击队及时转移到马场南山上,让敌人扑个空。

胡成也是柳沟村人,曾经当过村政,办事公道,颇受民众拥护和爱戴。他接受了史克宁、温克明的抗战主张,1941年被选为昌延联合县议会议员(不脱产)。抗战期间,他明着为敌人办事,暗中搞抗战,在敌人眼皮底下,积极宣传中国共产党抗战主张,在搞统战、搜集敌情报和支援前线等方面做出贡献。

1941年夏的一天晚上,胡成接到县政府的一封密信,信上说:"当前山里(指南山根据地)粮食急缺,势必影响工作人员和游击队对敌斗争,请你尽快征集部分公粮送到沙塘沟。"

胡成的家住在距柳沟南城门敌岗哨200米的南窑上。柳沟的日伪军昼夜出城巡逻大搜查,为八路军征集公粮不是件容易的事情,再说又是百姓青黄不接、家家缺粮的季节。胡成对儿子胡连芳说:"他们饿着肚子怎能搞抗战？”于是把自家仅存的 6 石小米和 2 石玉米（折合 1500 多斤）送去沙塘沟，以解燃眉之急。

当天夜里，胡成动员来 12 个抗日群众，拉着 8 头毛驴，以上山割柴为名，用人背驴驮的办法秘密送粮。送粮人刚一出村，日伪巡逻队听见村边有人畜脚步声，以为是八路军刚出村，要开枪射击，伪保长忙上前劝阻说：“老总，这是村里上山割柴的，千万别开枪！”送粮队伍这才躲过一场灾难。为不招敌人注意，胡连芳带送粮人摸黑分两路，一路走北盘道，一路走小盘道，攀过海拔 1000 多米、绵延 20 多里的燕羽山，拂晓前把粮送到县政府。史克宁握住胡连芳的手说：“我们太感谢胡成先生了，把这么多自家好粮献给政府解决急需，这是雪中送炭呀！”又对送粮人说：“你们为了支援抗战，冒着生命危险不辞辛苦把粮送来，太感谢你们了！”送粮人吃过早饭，再到山上割了 8 垛柴，然后大摇大摆地回了家。

1941 年秋的一天，史克宁和胡成在土窑洞里研究对敌斗争问题，因汉奸告密，驻柳沟局子的伪警察队长外号叫李大鼻子，带领 30 多名伪警察，以查户口为名搜查八路，包围了土窑洞。史克宁一看情况不妙，掏出枪要突围，胡成一把抓住他说：“不行，快跟我来！”胡成把史克宁藏到早已准备好的一间土炕洞里躲藏，把洞口伪装好，然后很从容地在炕洞前与敌人周旋。不一会儿，李大鼻子带几个伪警察到土炕洞屋里，手持刺刀翻箱倒柜找八路。他看见胡成在屋里干活，用枪逼住他大声骂道：“胡成，有人告你暗藏八路，你把八路暗藏在哪里啦？难道你就不怕杀头吗？”胡成信誓旦旦地说：“李队长，这是你错打了算盘，有人想害我，给泼脏水。你明知道八路是我的死对头，我怎么能干出暗藏八路的事呢？”李大鼻子听胡成说得句句在理，才把枪放下来说：“胡先生请息怒，请息怒，我这是执行公务，不必在意！”说着就带上手下人离开了。史克宁安全地从炕洞里走了出来。

二、参议会制度

“在龙崇赤抗日根据地，有一个大地主桑普老头，经常给八路军办事买东西。敌人发现后，也把他抓捕入狱。他在龙关西头有一份财产，孙女经常给他送钱送东西。他给了我 10 元钱，让我买东西吃。”“我们通过桑普叫他孙女给买些莜面来……”

这是平北抗日根据地 40 团副参谋长高昆山在《关于龙关监狱暴动的回

忆》一文中记述的两段话。

桑普，崇礼县棋盘梁人，地主成分。思想开明，办事公道，主持正义。曾任棋盘梁村自卫团长。日军侵占崇礼县之后，到处烧杀抢掠，祸害百姓。桑普对日军的野蛮罪恶行径深恶痛绝。1941年夏，龙崇赤联合县建立之后，县抗日政府民政科科长兼三区区长梓阳（曾任龙赤联合县政府秘书）到棋盘梁一带开辟工作，了解到桑普有强烈的民族意识，仇恨日军，同情百姓，于是到棋盘梁村首先到桑普家里，向桑普宣传中国共产党的抗日主张和抗日民族统一战线政策。桑普感到很合自己心意，表示拥护党的政策，愿为抗日救国出力。从此，他和梓阳成了知心朋友。梓阳每次到棋盘梁村都住在桑普家里，桑普不光管吃住，还安排家里人站岗放哨，探听敌人活动的消息，保护梓阳和其他区干部的安全。

日本侵略军为了加强对龙崇赤抗日根据地的“围剿”，在离棋盘梁村不远的太子城安设据点，建立伪大乡，并让后沟上五村的自卫团长孟腾云当大乡长。梓阳了解到孟腾云有一定民族意识，决定对其进行教育争取工作。由谁去找孟腾云谈呢？想来想去还是桑普最合适。就和桑普谈了争取孟腾云的想法，桑普痛快地答应：“我们两人熟，我去。”经过桑普几次与孟腾云交谈，孟腾云愿为抗日出力，成为梓阳在敌人内部的内线关系，经常为抗日政府提供情报和弹药。

由于日伪军对抗日根据地的封锁，抗日根据地物资非常缺乏。桑普就利用和敌伪上层乡甲长、伪警察熟人多的关系，经常出入敌伪据点，为县、区干部和军队买紧缺物资。后来被敌发觉，将桑普抓捕关入龙关监狱。桑普虽身陷囹圄，但对抗日矢志不移。

1942年，当他得知40团副参谋长高昆山也被关进龙关监狱时，尽管互不相识，也十分着急和关心。借狱中放风时，将10元伪蒙疆币塞给高昆山，让他买东西吃，保养身体，告诉高昆山自己叫桑普。高昆山知道桑普是崇礼地区积极支持抗日的上层人物，对他很相信，还托他孙女给狱中同志买东西。这就是高昆山在回忆中描述的那一段。后桑普花钱托人保释出狱，于1946年病逝。

中国共产党在平北地区贯彻执行统战政策时，采取“利用上层统一战线，发动群众建立根据地”的政策。一方面团结了广大工农群众，积极抗日，另一方面还团结和争取了广大知识分子，具有爱国热情、正义感、拥护中国共产党抗日主张的上层人物、开明绅士，在党的领导下团结抗日，把他们的抗日热情及时引导到伟大的抗日洪流中来。

筹建地方政权时,一般采取先争取上层分子,而后逐渐开展与深入下层工作的方式。在村镇先经过保甲长,先让保甲长和上层人士参加,再深入基层群众,组织救国会,群众也就敢于参加抗日救国组织,而不怕被保甲长诬为“私通八路”。根据中央精神,平北地区抗日期间,村政权实行“三三制”(即党员、群众、上层人物各占三分之一参议会)。

1941 年龙崇赤联合县开辟过程中,争取了当地绅士石庄沟上层人物、国民党员任敬贤,又经任出面联络了附近村的张文藻、徐立柱、孙长安等人,开辟了马营、松树堡一带抗日根据地。

为了更好地团结开明人士抗日,在建立各联合县政权时,都及时成立了参议会。吸收那些有声望、有代表性、有爱国热情的上层人士参加政权,如龙赤联合县参议会参议长岳国良,龙延怀联合县参议会参议长姬永明、参议联庄会头目焦德义、张元正及国民党龙关县党部宣传部部长王维忠等。

参议会的任务是参政、议政,联合各阶层人士共同抗日。因参议员绝大多数在村里有权势或有较高威望,在广大人民群众还不真正了解党的抗日救国主张的情况下,这些人的抗日行动对群众无疑是极好的教育和启发,对团结各阶层人民共同抗日的主张是无声的宣传。

1943 年至 1944 年,平北党组织领导人民群众开展“双减一增”和实行合理负担等工作,牵连着参议会中这些人的切身利益,但首先得到了参议会中这些开明人士的积极支持,对工作的开展起到极大的推动作用。由于平北地委模范执行了统一战线政策,许多民主人士主动为民族独立和解放承担责任。

姬永明主动给长工增加工资,把土地分给部分贫困户耕种;龙延怀联合县参议员崔福成主动放弃债务利息。他们回村还主动协助区村干部搞好“双减一增”工作。不少民主人士经过教育、培养,不但接受了共产党的抗日主张,还成为信仰马列主义的同路人,有的还担任了各级政权的领导。如王维忠、焦德义、张元正后来都成为各区的区长。事实证明,在日伪统治多年的平北地区,不能过早地强调阶级分化,环境越残酷,越应争取团结大多数人,阶级斗争应服从和服务于民族斗争。

1941 年 8 月,彭真同志根据许建国、姚依林考察后给中共中央北方局的电报中指出:“这里的统一战线可能也必须比北岳区、冀中区更为广泛些,否则,冀东、平北局面绝不能长期坚持。”“某些县议会已吸收了大批有声望的绅吏、联庄首领参加，在敌我接连区应选开明士绅为村长，这有很大的成效。各县应普遍运用此经验，只有这样才能争取多数，孤立敌人。”

八路军及地方干部初到昌延联合县，就很注意上层统战工作，每到一村，先通过地方上层人物，向他们宣传中国共产党抗日救国的主张和政策，动员他们参加抗日工作，参加救国会。多数上层能接受抗日统一战线的政策，拥护中国共产党的抗日主张，并能帮助做些抗日工作，如筹粮筹款、购买物品等。更重要的是通过他们深入下层，有利于发动广大基本群众参加抗日。

为加强统一战线工作，更广泛地团结地方上层人士，昌延联合县政府于1941年3月召开临时县议会，聘请27名县议员在景而沟村开会，其中二分之一是地方上层人士，有沙塘沟的王明德，柳沟的温克明、胡成，彭家窑的彭子明，韩郝庄的张泰等。会期3天，讲国内外形势，坚定抗日信心。议员们提了不少议案，情绪高涨，达到了团结上层的目的。柳沟的温克明被选为县议会议长。

经过1942年的艰苦斗争阶段，形势发生了极大变化，1943年初，将县议会改为县参政会，并清除了不称职和投敌叛变分子，较广泛地吸收工农分子参加，重新聘请一些赞助抗日的地方绅士，扩大了统一战线的范围，并巩固了统一战线的营垒。

第五节　群众支持是胜利之本

一、一切依靠群众

“1940年，八路军到北山，宣传老百姓，组织抗日，还有青抗先；打鬼子，捉汉奸，纪宁堡子南碾沟，成了平北小延安；五里坡做军服，杨树河造炸弹，‘饱了横’[①]不敢来欺侮咱，受苦难的老百姓笑开颜。”

这是抗日战争时期在平北地区群众中流行的一首歌曲，唱出了广大人民群众对中国共产党、八路军的信任和拥护。

一切为了群众，一切依靠群众，启发群众的革命觉悟，把广大人民群众发动、组织起来共同奋斗，这是抗日斗争和整个革命事业取得胜利的保证。

① 伪军，群众称伪军吃饱了发横。

平北地区经济、文化落后，人民群众的负担沉重。广大劳动人民在支应伪政府税款、粮食摊派、雇佣费、伪县署费、甲公所费等对敌负担之外，还受到地租、高利贷、雇工的严重剥削和敌伪人员数不清的敲诈勒索，生活极为困苦，常以野菜充饥。

南碾沟一带成为平北抗日根据地的中心后，当地部队发扬八路军光荣传统，春天帮助百姓送粪播种，秋天帮助百姓收割打场，平时百姓看病吃药一律免费。政治部宣传队经常教唱歌、演话剧，部队机关总动员，修整出一块平地当操场，既可进行打篮球等运动，又可在开军民大会时当会场。逢年过节，组织军民扭秧歌、踩高跷，有时还请延庆川的农村戏班子上山来演出，军民团结如一家。

1940 年夏天，八路军 7 团挺进到热河的丰宁、滦平一带(今属河北承德)时，正是青黄不接，阴雨连天，喇叭沟门西北沟几个小山庄和转山子附近，群众把刚能煮着吃的嫩玉米棒子、小土豆、倭瓜蛋供部队食用。7 团在丰宁、滦平一带坚持了两个月后撤离该地。冬天，平北军分区政治部主任段苏权，特意派警卫连连长王景照带人给丰宁、滦平的群众送还嫩玉米棒的粮食钱，谱写了一曲军爱民、民拥军的颂歌。

党的干部不仅在日常工作中，时时处处关心群众生活，解决群众困难，而且采取积极措施减轻人民群众的负担，适当改善人民群众的生活，奠定了长期抗战的基础。

在经济政策方面，实行合理负担，如减租减息、增加工资、整顿财经、精简节约、开展大生产运动、反敌伪敲诈勒索等改善人民生活的政策。这些政策的贯彻执行，都是通过宣传党的政策，把党的政策变为群众的行动，让群众当家做主，发动群众自己动手来实现的。

实行合理负担方面，当时提出有钱出钱，有力出力，不是平均摊派，而是有阶级原则，公粮由地主和富农分摊，做军衣和军鞋都经过村政权分派。有条件的地方设税卡，入境不收税，出境要收税。鼓励经商和开作坊，活跃经济，打破敌人封锁。既保证了军队和地方的财政开支，也合理调节了各阶层的负担，照顾了广大人民的生活，调动起广大人民抗日斗争的革命积极性。

1941 年 6 月 19 日，许建国、姚依林在检查平北工作后，对于减轻群众负担问题，提出五项解决办法："一、切实建立正规供给制度，特别是经费开支、粮食开支、抗战勤务办法。根据晋察冀的经验，规定具体办法执行，克服浪费，严惩贪污。二、减少对群众动员项目，军衣、军帽、大衣、皮衣、雨伞、慰劳品，一律停止动员，改用购买办法。三、整理税收，实行合理负担（有些地方还未实行合理负担），整理税收机关，增加过境税收入，停惩田赋。四、在我工作已占优势地区，坚决打击敌伪政权，不对敌负担。五、村财政仍极混乱，对我对敌开支都庞大，应切实加以清理。”

1941 年夏天，平北地委召开一次扩大会议，研究贯彻经济政策，扩军、发展地方武装和对敌斗争等问题，会议指示：“加强对敌斗争，对于我在军事上能完全控制的敌我两面负担地区，停止百姓对敌负担，但在我军事力量尚未能完全控制区域允许群众对敌负担，以求减少敌寇的烧杀破坏，麻痹敌人是必要的。在我工作已有基础地区，在广大基本群众的要求下，用仲裁协商办法，依双方自愿，以低于边区政府法令之规定为原则，求得雇主地主债主在租息上的让步，以改善基本群众的生活。”

共产党、八路军用实际行动让百姓认识到，这是一支真正抗日的队伍，这是一支时刻维护群众利益的队伍，这是一支为了人民得到解放和幸福而宁愿牺牲自己生命的队伍。

二、送粮记

抗日战争期间，八路军靠人民来养活，人民积极缴公粮、送公粮。在敌人严密封锁的情况下，送公粮是一件很艰难也很危险的事。

平北抗日根据地中心在海陀山，山上没有车道，只能用小毛驴驮，而且还不能白天走，都是夜里走，碰到情况突变，八路军随时转移，这就更给送粮的人造成困难。

1941 年初春，海陀山部队缺粮。玉皇庙村张云山那年 29 岁，既是民兵骨干，又是粮秣干事，他从各户收集了 150 斤小米，夜里赶着小毛驴，驮着小米进山送粮。山路崎岖不平，上梁下坡，走起来非常艰难。水口子沟里的残冰余雪还没融化，牲口一步一打滑，他只好把米口袋卸下，先拉着驴慢慢地过去，把驴拴在山柴棵上，然后再把米口袋扛过去放在驴身上继续走。走着走着，突然蹿出一只野牲口，可能是只狍子，把毛驴吓得往旁边躲，驴身上的小米口袋被甩到了地上，摔了个大口子，小米直往外流。张云山赶紧把自己的裤带解下来，把口子捆住，用一根山榆条系上裤子。深夜，空荡的山谷，万籁俱寂，只有那头小毛驴的驴蹄敲打在山石上发出嗒嗒的声响，以及张云山脚上穿着的那双补了又补足有五斤重的老山鞋，深一脚浅一脚踏在山石上发出的嘎吱嘎吱的声音。天蒙蒙亮时,他终于把粮食送到了杨家河。区干部见他这身打扮,动情地说:“等到抗日胜利,这裤带应该送到博物馆展览。”张云山说:“要展览也是展览我脚下穿的这双鞋,足有四五斤重,我穿着它翻山越岭来送粮。”大家都说:“不容易,真是不容易。”

1941 年 11 月中旬,北山八路军又要断炊了。张老营保长张殿考接到筹粮任务,连夜征集了 4 石小米,派村里青年张玉平、张德勇、张岩岭 3 人赶 4 头毛驴连夜出发。黑夜,伸手不见五指,山高坡陡,柴草丛生,特别是阴坡,积雪还没融化,有的地方结成冰,走起来来回打滑,一不小心就会掉下山去。大家赶着牲口深一脚浅一脚地走了 20 多里,来到预定接收地点——后沟村。结果大家傻眼了,这里刚被敌人“扫荡”过,房子都被烧了,有的地方还冒着火苗,有的地方冒着浓烟,村里一个人也没有。找不到队伍和区里同志,粮食交不了怎么办?见不到八路军,绝不能把粮食卸下来留给鬼子!送粮的队伍又继续走了 10 多里路,来到龙门口村,不想这里也是一片废墟。送粮的队伍继续走,继续找,大家有的衣服撕破了,有的脸被山柴划伤了,有的鞋子坏了、丢了,脚被山石划伤在流血,有的磕碰了腿,走道一瘸一拐,但没有一个人叫苦叫累。第二天下午 4 点钟,送粮队伍转了好几个村子后,终于在海陀山后的花沟村找到了八路军,把粮食交到部队手里。等大家回到家里时,鸡已叫 3 遍,已经是第 3 天清晨了。

在抗日斗争最艰难的时期,平北地区的老百姓宁可自己饿肚子,也要把活命的口粮让给打仗的战士们。

1941 年秋,敌人重兵把守交通要道,试图把大海陀山军分区司令部困死在山上。部队的粮食主要是靠山下的平川运来,如今在敌人层层封锁下,无法接运粮食了;部队在山上开荒种下的庄稼,被敌人毁光了;附近的老乡家,也被敌人抢得净光。生活一天比一天困难,战士们只能靠挖野菜、采野果充饥。当时军分区司令员覃国翰、政委段苏权等人住在白老四家。一天,房东白老四把一筐萝卜背到营房,送给同志们吃。覃国翰知道白家也被敌人抢光了,全家老小也在饿肚子,拒绝收萝卜。白老四说:“你们说不定什么时候又要打仗,可不能让同志们饿肚子,我们家好凑合。”晚上,白老四将地窖里仅剩的一小盆棒子面做了一盆片汤给司令员、政委端来,他说:“你们白天晚上都要办公,光吃野菜、喝萝卜汤是不行的。”大家特别感动,但是知道白老四的脾气,送来的东西一点不收是不行的,就对他说:“好,我们的好房东送来了,我们就收下,你先回去吧。”可是白老四不走,非要看着司令员、政委吃完。覃国翰偷偷把片汤端给白老四的孙女,孩子还没吃完,就被白老四发现了。他狠狠地批评老伴:“人家司令员、政委3天没吃面食了,你干吗把面汤拿回来!”让老伴受了一场委屈。一天深夜,发生敌情,军区领导慌忙起床穿棉衣,感到口袋沉甸甸的,伸手一摸,每人兜里都被装了几个山药蛋(平北当地称呼土豆为山药蛋)。原来白老四见军区领导几天粒米未进,很想给大家找点吃的,家里已经什么东西都没有了,他就跑到地里,在已经挖过的地里挖了又挖,还真又挖出十来个山药蛋,煮熟后偷偷放进大家棉衣口袋。

平北人民,为了支援抗战,舍生忘死,克服一切困难,筹措各种物资支援前线,为了抗日不惜倾其所有。

1941年冬的一天,一夜风雪交加,狂风呼啸。刚转移到陈家沟平北军分区骑兵大队的同志们清晨醒来,突然听到洪亮的呼唤:“大队长在哪里?大队长在哪里?”只见一位老大爷,身披大羊皮袄,头戴狐狸皮帽,脚穿半筒毡鞋,脸额黑里透红,四五寸的白胡须上挂着长长的冰挂,迈着矫健的步伐,边挥手边呼喊。

大队长吴广义快步迎上去,双手扶住他:“哎呀,张大爷,这么大的风雪,你怎么来的呀?快到炕上去暖和暖和。”这位张大爷挪步跨上热炕,抚弄着冰冻得硬直的胡须,爽朗地说:“嘿,找得我好苦。我走了一天一夜,大雪封了路,都走转向了,差点闯进沽源城敌伪营里去……”

吴广义叫人端来一碗高粱酒让他暖暖身子。他端起碗一饮而尽,说:“到了你们原来的驻地,找不见人,我想,你们总不会飞到天上去呀?陈家沟没有,到蔡家沟去,总能找到你们的……”原来张大爷住在离陈家沟100多里外的野马图,那是骑兵大队经常活动的地方。他是个贫苦农民,好客,豪爽,热心抗日。因此,他的家就成了骑兵大队的据点,大家都叫他“老房东”。他知道部队缺乏子弹,便想方设法通过伪军内的熟人,一次一点地偷偷买子弹,积攒了500多发子弹准备送给部队。但近期骑兵大队没到野马图活动。于是,他便用麻袋装上子弹,随身带点干粮,骑上毛驴冒雪来找部队了。当时,对八路军来说弹药极其缺乏,每名战士只有三五发子弹,子弹是最珍贵的物资。八路军想补充一些弹药,往往要花很高的代价,通过敌伪内线购买,一颗子弹要花蒙疆伪币三四块钱,相当于八只母鸡的价钱。张大爷想办法以几毛钱一颗的价钱陆续买到这批子弹,对骑兵大队是最有力的支持,更可贵的是他不避艰辛、不顾生命安危雪中送弹的抗日精神。政委刘德标听了缘由后,又是感动又是心疼又是埋怨:“张大爷,您不要这样急嘛,等我们回去时再拿也不迟呀!”张大爷说:“部队等子弹用要紧呀！而且我听到一个消息,要赶紧告诉你们,驻扎野马图附近的敌人,正准备春节前夕进行重点‘讨伐’,他们是想抢劫,捞点油水过年哩。”张大爷送来的子弹和这一重要情报,给骑兵大队提供了消灭敌人的好机会。

三、军民一家亲

在平北地区,像张云山、白老四、张大爷这样积极支前的抗日群众,每个村都有很多。

武家堡村(新中国成立后与石盘口村合并)是老游击根据地,属龙延怀联合县三区,党群关系特别融洽。村中武万春全家,都是抗日积极分子,和县、区干部、战士亲如骨肉。武万春的母亲武大娘是一位热爱中国共产党、热爱八路军、支持革命、爱护革命同志的革命老妈妈。武大娘把干部战士当作自己的亲儿女一样对待,烧水做饭,缝缝补补,洗洗涮涮,就连同志们脚上的鞋带子都是大娘亲自给缀。家里经常住满了干部、战士,她给这些战士、干部洗衣做饭,从未嫌弃过。有的同志怕麻烦大娘,把该洗该补的衣服藏起来,大娘就不高兴地说:“你们这些孩子,钻山越岭打鬼子,东跑西颠为的啥,还不是为叫老百姓过上好日子。我为你们洗几件衣服又有什么不应该呢?”武大娘像亲人一样地关怀爱护战士,所以战士们都把武大娘的家当成自己的家,把武大娘当成自己的亲妈。每当区县干部开会研究工作时,武大娘总是主动地到院外去站岗放哨,两眼盯着山头上的消息树,一旦消息树倒了,马上跑回屋去报告,让干部们转移。白天站岗看消息树,夜里站岗则是听动静。有一次区委书记王福堂开会回来,和爱人孙文华一起住在武大娘家,大娘就在院子里为他们放哨。凌晨,听见村南的狗叫得很厉害,大娘马上让王福堂、孙文华夫妇二人及时转移,免遭敌人的毒手。武万春担任村武委会主任,媳妇陈翠莲担任村妇救会主任,二弟万生当儿童团团长,小弟弟万明只有10岁,也经常送信、站岗、查路条。全家人各负其责,各司其职,都为抗日做出了积极贡献。

为了把日本鬼子赶出中国去,就必须进行武装斗争。而每一场战役之后,都会有八路军战士负伤。为了躲避敌人的“扫荡”、“围剿”,战士们在密林中穿行,在山洞里居住,昼伏夜出,风餐露宿,也有很多人因恶劣的条件而生病。救治、保护伤病员的任务,经常由支持抗日的百姓承担。

龙赤联合县黑河川千松台村赵振武，是村里第一个加入中国共产党的人。他家里经常住着八路军伤病员。当时部队行军打仗，没有医院，赵振武家就成了临时诊所，每天都要接送过往伤员。那时候在赵振武家的伤病员很多，既无伙食费，又无津贴，赵振武靠自己的经济来源为他们治病养伤。每批伤员痊愈后，赵振武都要给他们换套新衣服归队。当时布匹昂贵，人们大都穿树皮、麻片，赵振武毅然将自己5间北房卖掉，用于伤病员医疗、更换新衣。后来又把自己20多亩地卖掉，自己领着全家住山洞。由于山洞潮湿，又因舍不得吃东西，两个小儿子双双死去。可是对待伤病员他一点都不吝啬，尽量让他们吃得好些。

1940年8月11日，赵振武见一个战士赶着一头毛驴，护送来一个戴草帽、穿大褂的人，原来正是《挺进报》的主编金肇野，随军走到这里，病倒了。部队一走，鬼子、汉奸、特务就到村里搜查，赵振武怕金肇野出危险，每天五更自己抱块毯子，提一壶开水，叫儿子赵玉杰把金肇野背上悄悄送到村外的秘密山洞里。等到夜深人静，再悄悄背回家来。当时人们生活极其困难，赵振武一家吃粮很紧缺，为了让金肇野身体尽快恢复健康，他们一家人吃山药和野菜，把大米白面和自家鸡下的蛋给金肇野吃。鸡蛋供不上，赵振武和他老伴忍痛把老母鸡杀了，又买了一只羊，给金肇野补养身体。

在赵振武一家精心护理下，金肇野身体一天天好起来，很快归队。金肇野病好归队后，特务把赵振武抓到白草警察署，用鞭子抽打，灌辣椒水，用烙铁烫，往肚里灌小米水，把肚子灌鼓了，再用脚踹，使米从鼻孔里、嘴里往出冒。赵振武不向敌人屈服，敌人就反复折磨他，直到被折磨得奄奄一息。

村里人急了，就去找瓦房沟村日伪军大村长张涛。

张涛在八路军初到平北时，也曾参加过救国会，表示愿意抗日，当八路军队伍离开后，又为敌效劳，当了大村长。

这天早晨，乡亲们相互簇拥着来到张涛家中。张涛正在吃早饭，见到村民在院子里黑压压地站了一大片，忙站了起来，赔着笑脸说："乡亲们，有什么事？""有什么事？你心里清楚！"赵振武的妻子含着眼泪悲愤地说。

"我清楚——什么事我清楚？"张涛装作一脸茫然的样子。

"明人不做暗事，"一个胆大的村民警告张涛，"若不放出赵振武，我们也去找日本人，端出你的老底！"

张涛知道日本人翻脸不认人，真要叫大伙儿把他参加抗日历史捅出，也吃不了得兜着走。他沉思片刻，郑重其事地说："咱都一道沟的乡亲，哪方面来我也得应酬,这是无奈之举。”

“是啊,你是咱们这道沟有头有脸的,是大村长,放不放赵振武还不是你一句话?就看你放不放了!”乡亲们进一步要挟说。

“我也是中国人,我怎能眼睁睁看着中国人被鬼子折磨、杀害呢!”张涛看着大家,然后低下头,边想边说,“我托托人……想个好办法,乡亲们先回去……”

张涛通过瓦房沟警察署特务找到了白草日伪军队长唐尚,说赵振武只是“嫌疑犯”,不是“政治犯”,过去一贯是“大大的良民”,大村愿意保释,这才把赵振武放了出来。

三渡河乡北沟的曹进祥全家也是护理伤病员的典型。

曹进祥,1945年8月入党,他的母亲,人称为革命的老妈妈,他的妻子于桂兰是抗日时期的妇女主任。从1938年八路军进入北沟地区开始,抗日战争以及解放战争期间,曹家一直是中国共产党的“堡垒户”,无论在掩护部队、掩护工作人员,还是在支援革命战争方面,都做出了很大贡献。在极端艰苦的岁月里,他们省吃俭用,节省下粮食给部队、干部吃,拿出自己的被褥给战士盖。敌人来了,掩护同志们转移;伤病员送来了,像对待自己亲生儿女那样去护理。曹进祥被敌人抓去了,在敌人刺刀下不屈服,不妥协,始终严守党的秘密。根据他们全家对革命的贡献,1951年,中央人民政府北方老根据地访问团,赠给他家奖状一张、奖章一枚。奖状上印有毛主席亲笔题写的“发扬革命传统,争取更大光荣”。

1938年,怀柔沙峪战斗后,八路军伤员被送到北沟一带村庄。曹进祥一家主动安排了不少伤员。曹进祥的母亲和妻子参加了抢救伤员和护理伤员的工作。他们烧开水,给伤员洗伤口,对不能走动的伤员,给他们接屎接尿;对自己不能吃饭的伤员,就熬点小米粥,加些白糖一口一口地喂他们。这是他家接收的第一批伤员。

1940年,10团开辟这一地区以后,更是一批一批不断地接受这种任务。一次,重伤员宋庭红由于子弹穿伤头部,完全不省人事。曹进祥的母亲像看护自己亲生儿子一样,整天整夜地看着他,给他洗伤口、上药、灌米汤。这样坚持了半月,宋庭红才脱离危险,完全清醒过来。正在这时,传来情报,渤海所据点敌人来北沟一带“扫荡”,曹大妈急忙扶宋庭红上山躲进石洞,外面再用柴火堆上隐藏。宋庭红伤好准备归队时,深情地拉着曹大妈的手:“大妈为了救我熬夜受累,真比我的亲娘还亲。”有几次伤员多,情况又紧,不敢在家住,就让伤员住在半山坡曹家羊圈的窝棚里。曹进祥的妻子于桂兰每天几次给伤员送饭。有一次曹进祥的舅妈从渤海所来这儿串亲戚,见曹进祥的妻子烙了不少的饼,就问:"这是给谁吃的,烙这么多饼?"曹进祥的母亲想,她虽然是自己的娘家人,但是八路军的秘密是谁也不能告诉的,就说:"干活的都在地里吃饭,山坡地远,给他们送饭去,免得回来耽误工夫。"

掩护干部对曹家来说是习以为常的事儿。一天傍晚,丰滦密联合县的科长肖尊一住在曹进祥家,来了几个特务。曹大妈急中生智,卷起炕席,叫老肖躲进去,又用一些破衣服塞在席筒口里。特务要进房门检查。大妈说:"我儿媳妇坐月子,不方便。"特务不信,掀开门帘往里看,但见炕前一盆血水,一个妇女歪歪斜斜地躺在炕上的稻草堆上呻吟,特务心里暗叫倒霉,悔不该进这"月房屋",立即退了出来。原来那盆血水,是大妈用红颜料泡的,竟然把一群特务蒙过去了。还有一次,丰滦密联合县一区区长李方龄,带几十名战士在曹进祥家休息。下午,渤海所送来情报,说第二天敌人要出来搜索。曹进祥劝老李连夜出发,老李没听,第二天一早区长李方龄不幸被捕。敌人知道这支队伍是从北沟来,一定是在曹进祥家待过。为了弄清李方龄到底是什么人,敌人把曹进祥抓到渤海所据点审问,用特制的竹鞭抽他。这种竹鞭是用许多劈开的细竹片扎在一起的,一鞭子打下去竹条之间的缝隙张开,待打到身上,他们又紧紧地合在一起,夹着一块块的肉皮,就像刀子割在身上一样疼痛。敌人用尽了各种酷刑,费尽了心机,也没从曹进祥嘴里得到一点消息,就把他关进水牢里。这时已是深秋天气,水牢中寒气逼人,没过脚面的水冻得人发抖,被打得已经不能站立的曹进祥,只能蹲在水牢里,身上的伤口,碰着冷水,就像刀子割一样。后来,曹家买东西向特务送礼,党组织也积极援救,曹进祥才被放回家。

宁冒杀头险也要精心护伤员的支前群众,还有红旗营村天桥沟佟九州一家。天桥沟是红旗营沟里龙潭上的一个小沟岔,沟口有很高的石崖,沟里山高林密,只住着佟九州一户人家,很是僻静。佟九州是个勤劳憨厚的农民,当时 30 多岁,住着 5 间草房,生活贫苦。1941 年农历六月十三日早晨,突然有人用门板抬来了几名八路军伤病员,他们是肋部受伤的李文、腿部受伤的祝庆廷、夜间打仗摔伤的张小勇、生病的吴纪春,以及跟着的小通信员王义。佟九州二话没说,就把同志们让到屋里,安排好休息地方,赶紧让媳妇做饭。前沟门村甲长孙兰和红旗营牌长欧福山也常来看望伤病员,送来米和一只羊,并请来医生蔡先生给伤员治疗。当时,日伪军经常出来"扫荡”，遇有情况时，甲长就派人来送信。只要有危险预警，不管是阴天下雨还是黑夜，佟九州一家人就立即背着伤病员钻到山上树林里隐蔽起来，并且把每个伤病员单放一处，以防发生意外，他们按时给伤病员送水、送饭。牌长送信说敌人走了，佟九州再把伤病员一个个由山上背到家里。佟家本来很穷，当时又正是青黄不接的时候，家里粮食很快吃光了，佟九州就把采摘的杏核轧了，用杏仁掺上粮食，做杏仁粥给伤病员吃，而自己家则全以糠菜度日。坚持到秋天割地时，这几位伤员同志才痊愈，怀着无限感激的心情，告别了佟九州一家，去方营沟找部队去了。

在平北抗日根据地，很多村子全村照顾保护八路军伤员。

1941年7月的一天下午，10团1营因与日军部队激战两小时，牺牲20多人，负伤多人，其中重伤3人。部队转移时，把这3名重伤员交给高营村甲长宋亚奎，责成他掩护安置伤员养伤。当时日伪统治很严，“通共”的事如被发现，不但本人有掉脑袋的危险，而且全村都要遭殃。接受任务的当天夜里，宋亚奎就秘密组织人把伤员抬到高挑子沟里二道岔炭窑。那里只住傅存一家，比较隐蔽。傅存是个贫苦农民，忠诚可靠。虽说秘密安置，但沟里安家村的人都知道，于是宋亚奎就给各户开会：“八路军伤员放到咱们这儿养伤了，这是咱们大家的责任。如果暴露了，谁也脱不了干系！这件事大家千万小心，无论如何都不能让伤员出闪失。为使这事不暴露，一是不准孩子出去乱说；二是住家姑奶子让多住些天，先不要回婆家去；三是外村来亲戚不要让过夜，再近的亲戚也不能露一点口风；四是警察万一扫着风抓谁审问，就是打死也不能暴露一点。谁要是暴露了伤员，带累了全村，村里饶不了他！”

傅存一家，对伤员照顾得十分精心，每天天不亮就把伤员一个一个地背到山上炭窑里。太阳落山后，怕在山上受凉，再一个一个地背回家里，天天如此。家里鸡下蛋平时是为换咸盐的，现在都给伤员吃了。买不到伤药，就满山刨草药，用草药给伤员治伤。战士如果疼得太厉害，傅存就买点大烟给烫着止疼。经过20多天的精心看护，伤员的伤好了。不久，警察特务就嗅到了消息，把安家村的安凤财抓去镶黄旗警察署审问。

临走时，宋亚奎悄悄嘱咐他：“凤财，咱们全村几百口老少的性命都在你身上了，可千万别乱说呀！我一两天内就去找人，一定把你保回来！”安凤财小声说：“大叔，你放心！要死就死我一个，我决不能胡说连累乡亲！”警察署审问时，无论敌人怎么用刑，安凤财始终没露一字，一口咬定安家村没住过伤员。

第3天,宋亚奎凑了一些钱,到警察署上下打点一番,才把安凤财保了出来。

以上只是平北拥军模范的部分代表。其实在抗日战争中,整个平北的老百姓对中国共产党、八路军以及革命干部的热爱,都是如此,他们全力支持抗日,精心护理伤病员,机智勇敢地掩护区县干部和工作人员,为中国抗战做出了突出贡献。人民群众成为巩固与发展平北抗日根据地、争取抗日战争胜利的最大也是唯一的靠山。

第四章　惨案重如磐

1937年,日军发动七七事变后,宣称"三个月灭亡中国",迅速发动了全面侵华战争,日军所到之处,制造了无数惨绝人寰的惨案。大量血的事实,暴露日军凶、狠、残、暴、野的本性。日本为了实现所谓的"大东亚共荣圈",妄图以野蛮手段,征服中国人民。在他们的眼里,中国是只配成为掠夺、榨取、统治对象的劣等民族,"支那人"根本就不是人,是"征伐"与消灭的对象。

日军在平北地区践踏中国人的生命和尊严,他们手段凶残,毫无人性,所犯下的暴行和欠下的血债,罄竹难书。

八路军领导平北军民与日伪军展开坚决斗争,根据地群众为此付出了巨大牺牲。

第一节　践踏家园,"扫荡"根据地

日军在平北推行治安强化行动,军事上调整重兵,连续进行大"扫荡"。每次"扫荡"如同蝗虫肆虐,阴霾密布,昏暗无光。日军为了扩张区域疯狂屠城,使富庶安宁的村镇,变成"处处残垣断壁,家家戴孝埋人"的人间地狱。

一、密云惨案

密云位于北京市东北部,属燕山山地与华北平原交界地,是华北通往东北、内蒙古的重要门户,故有"京师锁钥"之称。日军为了控制这个战略要地,建立了伪密云县政府,并对密云群众进行了疯狂屠杀。1933年3月7日清晨7时30分,进攻密云古北口的日军西羲一第8师团全部及骑兵第3旅团,并配有空军和炮兵,在古北口上空轰炸,继而用大炮掩护步兵向古北口阵地发起总攻。防守古北口的中国军队第25师等进行了顽强的抵抗,保护着阵地。

经过一个月的激战,日军伤亡惨重,他们不甘心惨败,闯进村庄,对手无寸铁的老百姓进行报复。日机进行惨无人道的空袭,妄图割断八路军与后方的联系,削弱抗战力量。

刺刀挑向古堡潮河关

1933 年 4 月 14 日拂晓,驻密云县古北口长城一线的日本军队第 8 师团师团长西羲一,命令 100 多名日军闯进潮河关村,进行复仇性报复。

日军放火烧了村东吴子衡家的房子。他们端着明晃晃的刺刀,把村里的老百姓驱赶到街头的 4 棵大槐树下,杀人不眨眼,一个一个地用刺刀挑死,刺刀上沾满无辜百姓的鲜血。贾德明一家 5 口人,被刺死 4 口。他媳妇被日军挑破肚子,10 个月的孩子趴在妈妈身上呼喊着,弄得满身血糊糊。一个日军把孩子用刺刀尖挑起来,再恶狠狠地摔在地上,幼小的孩子被摔成肉饼。左英魁一家 4 口,在家的 3 口,刚走出家门,就被日军一刀一个地挑死。

没有被赶到大槐树下的群众也不能幸免。何国庆起早在菜园子里种菜,日本兵进来,照他后背猛刺一刀。何国庆还没有回头看是怎么回事,就倒在血泊中死去。李发一家 4 口,日军在街上追上了他哥哥,一刺刀就给扎死了,又把他父母亲捆在一起,拽到屋内。2 个日本兵前后一人喊着号子,像做杀人游戏一样,一块儿下手把老两口挑了。当时李发 10 多岁,日本兵对他也不放过,在他身上连扎了 4 刺刀,李发昏死在父母的尸体旁。日军又把他家 3 间房子泼上汽油点着火,在噼噼啪啪的燃烧声中,狂笑着走了。李发苏醒过来后,听着燃烧的声音,忍着疼痛,从冒着火苗的屋里往外爬。刚爬到外屋台阶上,房子轰隆一声烧落了架。这时候,天已大亮,一切都看得清楚了。李发看见日军就跑,日军随后就追,开枪把他的破棉袄打了几个窟窿。李发跑到下甸子村东沟里,又遇上日军的飞机扔下的炸弹,掉在地上没炸,总算捡了一条命。李发的伤流了半年脓血,伤好后留下几个碗大的伤疤,记录着日军的罪证。村西头朱天福一家藏在白薯窖里。日军进屋见没人,听见孩子的哭声,吼叫着让他们爬出来。出来一个,被日军凶狠地刺死一个。全家 4 口人,都惨死在日军的屠刀下。

4 月 16 日,惨无人道的日军见到潮河关村残存的房子里还有炊烟,又来寻衅。他们把 10 多个人集合在一起,用手榴弹炸死 3 个 70 多岁的老太太。日本兵在赵家扔了手榴弹,赵家 8 口人只剩下 3 人。李才家 2 口,魏廷杰家

4 口,都被日军刺死。村里的尸体横七竖八,任饿狗撕啃。饿狗吃红了眼,看见外村的活人也扑上去撕咬,当地人见狗就打,或者躲藏,如同见了日军一样。

日军"找碴儿"以后,幸存者逃到外地,有的至今下落不明。村里人死的死,逃的逃,无人掩埋尸体。10 多天过去了,尸体腐烂臭味难闻,中国军队 17 军 25 师派人请来国际红十字会的人,埋葬了尸体。这一年本是雨水充裕,应当会有好收成的。可是全村土地荒芜,村庄内长了一人多高的蒿草,一派荒凉。

潮河关村惨案是日军进入平北后的第一起惨案。潮河关村,这个仅有 80 户人家 400 来间房屋的小山村,在日军一手制造的惨案中,83 人被杀,360 多间房屋被烧,200 多头牲畜被烧死。一个个数字,是一个个鲜活无辜的生命,是日军侵华的罪证。

轰炸密云城

"小日本,坏心肝,坐着飞机扔炸弹。先炸长城古北口,后炸石匣密云县。军民挥刀上战场,杀死鬼子保江山。"这是在密云地区流传着的一首歌谣。

1933 年 4 月 16 日上午 8 时,日军飞机狂轰滥炸石匣和密云县城。随着防空警报声响起,日军飞机从东南和东北方向各飞来 9 架飞机。18 架双引擎重型轰炸机,3 架编为一队,排成人字形。每 9 架编成一个三角队形,先后侵入密云上空。开始轰炸时保持原编队飞行,水平投弹,后又队形分散变为俯冲投弹轰炸。目标先是对准城内高大建筑物及商业区、居民区,后又对准城内运输车辆、行人及商贩,在密云县城上空盘旋,轮番轰炸。密云县城东西长 1530 米,南北宽 1109 米,日机在这个小县城内炸了整整一个钟头,投下多少罪恶的炸弹,制造多少深重的灾难!

日机这次轰炸,对城内文物破坏极为严重。地处四街的真武庙为明代建筑,寺内塑像栩栩如生,殿堂雄伟壮观,壁画为三国故事。轰炸过后,保存 500 多年的大佛寺成为一片瓦砾,寺门前留下 6 个大弹坑。城内一街南面清真寺,是清代建筑。轰炸后寺门外东南角有 2 个直径 3 米多、深 2 米的大弹坑。清真寺内房屋 7 处被震坏。密云城最高点的钟鼓楼,始建于明代万历年间,有 400 多年历史,是县内重点文物之一。钟鼓楼的楼座,东西长 30 米,南北宽 12 米,高 8 米,中间有城门洞,南北大街由此门洞通行。楼座东西两边由古城砖砌成坡道,供上楼之用。楼座上立有明代石碑,建有3层楼房,楼高10米,东西长8米,南北宽3米。楼内东面有高大的木质鼓架,架上大鼓直径1.5米,牛皮鼓面,鼓架周围装有木制擂鼓台,可容4名鼓手同时擂鼓。楼内西面有高大的铸铁钟和钟架,钟高4米,钟口直径3米,钟架是用30厘米硬质方木做成。钟架高5米,涂有红色油漆,大钟悬于架上。钟架上装一横梁,有2条铁链垂下,撞钟木长1.5米,直径15厘米。撞钟时,钟声响亮,音韵悠长,声闻10多里。楼中间有3层,每层均为1个大厅、2个小厅。厅内皆是木质雕刻,阁、扇雕梁画柱,富丽堂皇,气势雄伟。日军轰炸时,将石碑炸碎,大鼓炸飞,大铁钟被炸坏,残钟掉在楼座上。木质油漆雕刻的檀柱、阁扇、门窗等都已荡然无存。价值不菲的文物就这样毁灭在日军轰炸中,湮灭在硝烟战火中。

日军飞机轰炸后,街巷里血肉横飞,惨不忍睹。这一天,正值县城大集,赶集人推车挑担,牵着牲口,赶着马车在集市上买卖粮食、布匹和农具。熙熙攘攘的人群布满城内。

警报响起,人群乱作一团,来不及躲藏。日机投下一个个重型炸弹,不少群众惨死在街巷内。街上浓烟翻滚,火光四起,弥漫天空,血肉横飞,惨死在街巷内的有200多人。有的老百姓听到警报,躲进防空窖内,也不能幸免。县城南门外南菜园村何德功一家5口人,听见警报后,在家的4口躲进白菜窖里。日军飞机的炸弹正巧炸在窖棚上,窖里的4人被活活炸死。南街路西广益和估衣铺,在自家后院挖了个防空窖。此窖长7米,宽2米多,深3米,窖顶用石条棚盖,还有几尺厚黄土,建筑很坚固。日军飞机扔下的炸弹落进窖口,窖内有广益和掌柜及邻居29人全部被炸死。窖顶的石条被炸飞,有一块抛到南街路东李家的房上,把房子砸个大窟窿,砸坏了锅台和饭锅。窖内人的胳膊、大腿、衣服片飞出窖外很远,抛落在墙上、房上和树上。收殓被炸人尸体时,无一人全尸。当时街巷、商业区、居民区内弹坑累累,轰炸过后第3天,清理街道时,从弹坑旁和尘土里清理出10多具尸体。

据不完全统计,日军轰炸时,躲在房屋或地窖内被炸死150多人。县城及附近村庄被炸死、烧死250多人。炸毁房屋170多间,炸弹引起火灾,烧塌房屋60多间。

炸伤致残更是无法统计。当时一街一名妇女生小孩,躲在城墙防空洞内,虽未被炸死,但受到惊吓,造成终身病患。被炸致残的老百姓数以百计,他们无钱医治,在病痛折磨中度过余生。

侵华日军飞机轰炸密云县城以后,老百姓失去了家园,失去了财产,失去了亲人。他们流离失所,背井离乡,成了难民。仅县城东5里的檀营,一个难民所就收容千名难民,这些人衣食维艰,挣扎在死亡线上。

二、血洗万全城

万全城地处河北北部,位于张家口西北30里处的翠屏山长城脚下。这是一座古老的城池,四周筑有瓮圈,留南北门,俗称“轿子城”。东西两侧虽然无门,却也筑有类似瓮城一样的城墙,仿佛轿子两边的杠穿。两条自然形成的河床分置两边,又如同两条轿杆将轿子抬起。城内居住着1000多户人家,5000多口人。他们日出而起,日落而息,过着宁静的田园生活。

1937年7月11日,日本关东军东条机械化部队由北路出古北口,经多伦、张北向张家口进犯。8月24日,日军击败驻守万全县坝头一带的中国第七集团军副司令刘汝明部,侵占了万全城。8月27日,侵入万全城的日军对手无寸铁的无辜百姓施以暴行。他们如同野兽一般,见人就杀,见物就抢,百般践踏蹂躏。日军的刺杀声、狞笑声响起来,顿时万全县城腥风血雨,哭声震天。大街小巷、院里院外,横七竖八的尸体汩汩流着血,受伤者的喊叫声、呻吟声混合在一起,悲怆的场面令人惨不忍睹。

一位姓罗的老人正在街上担着水往回走。老人耳朵聋,日军喝令他站住。耳聋当然听不见,脚步不停地继续走。日军冲上去就是一刀,从肩头斜着把人劈成了两片,血水和桶水洒满一地。弥陀寺的一位和尚,被日军抓住,拔掉他长长的胡子,在他疼痛之时,又将他杀死。日军一边杀人,一边搜捕,看见妇女兽性大发,当场进行奸污。对于怀孕临产的更加残忍,强暴后被剖腹,将未足月的胎儿吊在树上,练习打靶。有个妇女被扒光了衣服,吊在门梁上,打得皮开肉绽,再用刺刀剖开肚子,挑出血肉模糊的胎儿,狂笑取乐。有个妇女,被30多个日军围住。这些畜生竟然排起了队,一个跟着一个施暴,妇女当时昏死过去。日军轮奸完,还不放过,一刺刀将她劈成了两段,鲜血溅得很远。嗷嗷待哺的孩子趴在血泊中母亲的身上找奶吃,母亲的鲜血把孩子染成血人。

日军杀人杀累了,抓了几个妇女,拿她们寻欢作乐。强迫她们脱光衣服,赤脚在西大街上扭来扭去。日军盯着低头裸体的妇女,发出阵阵淫笑。有的妇女不甘受侮,自杀身亡;有的精神恍惚,身心遭受极大伤害。有一个叫马巨通的老人,躲在山药窖内,听到日军糟蹋妇女。善良的老人从窖内爬出来,准备上前营救,被一个日军一刀劈在脖子上,人跌下地窖,头却留在了地上。日军将搜城抓来的500多名群众,让他们全部脱光衣服,搜身后赶入栈房巷内进行审讯。他们任意毒打,采取各种酷刑,其行径令人发指。

8月30日,日军把关押在司令部里的37人,全部赶到东城墙瓮圈边,逼着他们跪下。群众昂首不跪,日军就用刺刀一个个地挑,挑入坑内再用机枪扫射。37个鲜活的生命,只有一人幸免,其余全部倒在血泊中。

日军强占万全城时,包括飞机炸死的、用刀砍死的、强奸致死的、刑讯逼死的、集体枪杀的,有300多人。

三、活人做靶

1942年春,日军纠集伪蒙古军、伪满洲军6000多人,分6路"扫荡"海陀山东麓。敌人包围了根据地石头堡村,抓住18名群众。

冷风残雪中,一个日本军官向手下士兵讲话后,进行了残忍的杀人胆量训练。他们将抓来的群众分两部分押到村边站好,日军手持棍棒、枪托、战刀,分成几伙各围一个人,用尽力气劈头盖脸地照他们猛打、狠击、狂砍,受害者叫声凄惨,撕心裂肺。短短的几分钟,张永路、王石祥、李八魁等7人脑浆迸裂,七窍喷血,肠肚流出,悲惨地睁着愤怒的眼睛死去了。另一部分人也难以逃脱恶魔的掌心,日军把他们押到村边的一个沟渠旁,用刺刀逼着群众挖坑。此时戒备森严,高处架着机枪,四周满是端着枪的士兵,生怕手握铁锹的群众反抗。大坑挖好了,日军官一挥战刀,几十个士兵蜂拥而上,将挖坑的群众猛地推到坑内,然后用大石头、土块雨点般砸去。这些群众在坑里挣扎,日军推下去的黄土石块很快埋到他们腿上、胸间、头顶。郑洪山、张旭、张普、张林等11人全部被活埋。日军还在大坑上乱踩乱跳,为他们"自掘坟墓"的杀人方法发出得意的狞笑。年轻士兵仅存的最后一丝人性完全丧失了,变成了兽性。

日军在施家村"扫荡"时,同石头堡一样也是把群众当成活靶子。

日军抓捕群众28人,其中21人被作为靶子,供日军新兵练习枪法。这些毫无人性的侵略军,端着枪乱放乱打,有的射击三四枪打倒一个,有的打了七八枪,还有的打了十多枪才打倒一个。日军新兵互相比赛,还喊着数字,故意要多练几枪。活生生的群众被打得伤痕累累,血肉模糊。剩下的7

人，被日军百般折磨后，把他们一个个拴在树上，放出十多只狼狗扑上去撕咬。随着凄惨的叫声，衣服被狼狗的利爪撕成树叶一样的碎片，一块块滴着鲜血的肉从他们头上、脸上、身上啃下来。他们胸膛被咬开了，肠肚流在地上。有的人还有气息，血肉模糊的躯体，疼得剧烈地抖动着，日军看着被狼狗吞噬的惨烈场面狂笑。

四、斑斑血泪

1944年夏天，日军驻张家口的独立第2混成旅（由步兵、骑兵、炮兵等各种兵混合编成的独立旅），纠集了延庆、怀来、龙关3县日伪军5000多人，南由佛峪口，北从雕鹗，西经长安岭，分3路向大海陀根据地气势汹汹地扑来，企图摧毁抗日根据地，一举荡平海陀山。由于日军频繁"扫荡"，部队转移前线作战，村里的群众也进山隐蔽。

姜庄子村郭正武一家3口，转移到了村东南的九道沟，搭起窝棚生活。6月3日，郭正武的妹妹、村妇联主任郭凤荣带着5个孩子，与婆婆及胡满的女人一起躲到了郭正武的窝棚里。14日，日军从姜庄子村出发，在海陀山山岭上布满了士兵。15日，日军便以梳篦式开始搜山。这天早晨，郭正武和妹夫阎尚义一起喝了点稀粥，便为八路军筹措粮食去了。郭正武的妻子及3家10口人留在了九道沟。饭后，她们打算隐蔽到柴林中，但蒙蒙细雨下个不停，山路泥泞不堪，老人和孩子行动不便，准备雨停了再出去躲藏。由于叛徒告密，突然窜来一小队日军。日军穷凶极恶地喝令张秀莲、郭凤荣交出男人，交出村干部和八路军。张秀莲、郭凤荣两位妇女，面对凶恶的日军，蔑视地看着他们，闭口不言。日军问不出所要的东西，便恼羞成怒，开枪将张秀莲、郭凤荣、胡满打死，将郭凤荣60多岁的婆婆用乱刀戳死在石缝草窠中。张秀莲3岁的男孩见母亲倒在血泊中，大声哭喊着向母亲扑去，凶残的日军见状，一脚将孩子活活踢死。杀人成性的日军又把郭凤荣的5个孩子（最大的8岁，最小的2岁）一个个提起再摁倒，用刺刀刺死。日军将3家10口人杀害后，把锅砸碎，把窝棚一把火烧掉。

郭凤荣的丈夫从海陀山东边回来，走到山梁上，发现日军在九道沟行凶，便躲藏起来。待日军走后，他跑回一看，只有小女儿奄奄一息。孩子望着爹爹走来，用尽力气喊："爸，我娘呢?"这位父亲用颤抖的双手将小女儿抱在怀里，泪水和怒火从眼里冒出。小女儿由于伤势过重，在他的怀里死去了。躲在山上窝棚中的妇孺都被日军杀害了。九道沟悲咽无语。

抗日战争即将取得胜利的前夜,日军嚣张的气焰并未熄灭,反而更加疯狂地残杀中国人民。

1945 年 3 月 27 日,日军闯入怀柔县龙潭沟村,一大早就从龙潭沟的自然村鸭子峪、大八地、涝洼子东坡、青蛇岭、石片、交界河北沟、下五道河西沟等处,抓了无辜群众 24 人。他们灭绝人性,连白胡子老人、未满周岁的婴儿、身怀六甲的孕妇也不放过。

中午 11 时,被抓的群众被日军驱赶到龙潭沟口。日军让他们排成队跪下,面对已架起的黑洞洞的机枪,群众知道难逃一劫。一位老人就向敌人说明:“我们都是老百姓,不是别的什么人,你们……”还没等他把话说完,日军照前胸射过去,一声枪响,老人应声倒在血泊中。接着,日军机枪啪啪地就响起来,射出一颗颗罪恶的子弹。跪在地上的群众死的死,伤的伤,全部倒在血泊中。敌人看着尸体纵横,仰天狂笑。忽然听到有小孩哇哇的哭声,返回来照小孩又开了一枪,又给其他群众补了几枪,确认全都死了,这才扬长而去。这次惨案,24 名群众倒在日军枪口之下。

第二节　欲扑灭抗日星火频施暴行

在艰苦的战争环境中,八路军和地方干部在中国共产党的领导下,依靠人民群众,不屈不挠地坚持抗日斗争。日军为了摧毁抗日根据地的武装力量,消灭八路军和党的干部,割断军民联系,大肆抓捕群众,逼问八路军的消息。他们对抓来的群众,以及监狱中的同胞刑讯逼供。富有民族气节的群众以沉默的方式,反抗敌人,遭到报复性的残杀。

一、化稍营惨案

化稍营位于宣化、阳原、蔚县、怀安 4 县接壤之处,是张家口、阳原、怀安蔚县两大公路干线的重要交通枢纽。日军向华北大举进犯,处在交通枢纽的化稍营,成为他们作恶之地。

1938 年 2 月 18 日,刚过完农历正月十五。化稍营村恶霸地主田润等人组成维持会,为了迎日取宠,宴请日本警备队全体队员。席间,田润父子向警备队长小泊虎报告说:“本村韩德是红匪,若不除掉这一祸根,太君休想在化稍营待住。”小泊虎一听，顿时火冒三丈，立即命令警备队马上集合，“剿斩”韩德全家，鸡犬不留。

上午10点，全副武装的日本警察队在汉奸田尧年的引导下，直扑进韩家大院。他们先登梯子上了南房，架起机枪，枪口对着北房正屋的窗户一阵扫射。日军认为给韩家一个下马威，而后蜂拥冲进院里，边打枪边朝屋里闯。毫不知情的韩家老小被突如其来的子弹吓蒙了，继而哭喊声一片。有的被枪打死，有的被刀砍死，其余全被拖到院里，日军用刺刀捅，用枪托砸，用洋刀劈，场面惨不忍睹。接着日军又把住在东屋的4个人拉出来用刺刀挑死。日军还不甘心，点起大火，把韩家前后两处院22间房和财物全部烧毁，滚滚黑烟冲上天空，火光一片，整个化稍营被照得通红。凶残的豺狼连吃乳的孩子都不放过，韩斌4岁的女儿大哭着要找妈妈，被鬼子狠踢两脚后，抓起来扔进火中。孩子撕心裂肺的哭声渐渐微弱，被熊熊燃烧的大火活活烧死。

一片混乱过后，田尧年发现韩德住在外面未被杀害，便带着警察队到“天主堂巷”去找。韩德发现韩家惨遭屠杀已经躲藏。日警进院后见人就杀，一枪就把韩德的邻居刘喜明妻子打死在地，接着又扑进隔壁周普院里将周妻一刀砍死。韩德侄子韩兴安的妻子被日警一刀扎破肚子，肠子流在外面，躺在地上呻吟而亡。残暴的日军残杀无辜百姓16人，其中韩家祖孙4代10人，7个大人，3个小孩。

7月20日下午2时，日军动用3架飞机，对化稍营空投炸弹，炸伤无辜百姓10多人。

日伪联合起来血腥镇压无辜百姓，使人民生活在水深火热之中，挣扎在死亡线上。

二、长城脚下“寡妇村”

大水峪村是怀柔县长城脚下一个古城，四周筑有城墙，城内住着100多户人家，城外还有几十户，全城有700多人，过着衣食无忧的生活。

1941年10月13日拂晓前，日军偷偷地包围了大水峪村，封锁了每个路口。日军进村后，端着刺刀挨门挨户搜查。人们从睡梦中惊醒，惶恐不安地被赶到村中真武庙前集中，老人、妇女、小孩挑出去，留下204名青壮年。日军用刺刀、枪托逼着这些人上了汽车，车上装满了，余下的人用绳索捆住并串在一起，分成4路纵队跟随在汽车后面，向县城走去。妇孺老人望着家里的顶梁柱被日军押走,腾起的尘土渐渐模糊了熟悉的背影,他们恐惧,悲愤,担忧,哭声一片,不知今后的日子怎么过。

下午3时,这些青壮年被关进怀柔县监狱大院,当晚开始过堂审讯。敌人把赵进顺、王贺功提了出去,审问大水峪村抗日情况。赵进顺是抗日自卫队中队长,无论敌人审问他什么,他只是3个字:“不知道。”敌人恼羞成怒,凶狠地抄起沉重的铁夹,夹得他昏了过去。用冷水泼过来,再夹,这样反复多次,赵进顺还是回答“不知道”。敌人没办法,又开始审问村抗日救国会成员王贺功。狡猾的敌人对他采取了软硬兼施的办法,边用刑边用圈套进行诱供,结果泄露了一些情况,敌人又顺藤摸瓜地审问了两天。

第3天,日军把这些青壮年全部赶上了火车,押运到古北口日本关东军宪兵队的大院里。点完名字后,给每个人戴上了脚镣、手铐,用绳子串起来编成队,关进宪兵的拘留所。日军继续审讯,仍然是审这个,让那个听着;给这个上刑,让那个看着。或者诈降:“你们村某某都说了是救国会的,你知道不知道?”然后就是“某某说你也是救国会的,你是不是?”千方百计进行诱供逼供,不说就用皮带抽、竹简打、铁夹子夹、灌凉水等,动用各种惨绝人寰的刑罚。审问赵九州,问他是不是自卫队员,给八路军站岗、放哨没有。赵九州拒不承认,日军按住就给灌辣椒水,他还是不承认。禽兽不如的日军见赵九州怎么也不说,竟然毫无人性地使用“猪鬃探马眼”(即用铁丝刺进尿道)的刑法。施刑后如针穿心,连续几天尿血,痛苦不堪。自卫队分队长姜希,被打得遍体鳞伤,审讯出来时,血肉模糊皮肉耷拉着,鲜血汩汩地往外涌着。他因失血过多而嗓子冒烟干渴无比,拖着皮开肉绽的身体走进屋后,竟顾不得污秽的脏水,抱起痰桶一气儿喝了个干净。

受尽百般折磨的群众,无时无刻都在寻找逃出虎口的机会。一天夜里,看守的敌人趴在桌子上睡着了,钥匙放在桌上。少数解开脚镣的人把它偷偷地拿过来,悄悄地打开手铐,解开绳索。蒋云秀、田飞岐、杨照发等人豁出命地跳窗逃了出去。敌人发觉后,抓回来加重刑罚,又给他们全部戴上了脚镣,并在每个人的背上写上醒目的编号。

在古北口宪兵队拘留所期间,除去日军认为是无罪释放的和通过各种关系保出的以及冒着生命危险逃出的76人,其余128人全部分期分批陆续被押到承德监狱。

到了承德监狱,给每个人分别换上了大铁镣,轻的也有10多斤,重的达30斤。凡是被认为是重要人物的,单独一人一屋监禁;一般人物,一屋要关

40 多人。在拥挤不堪的大狱房里，人们端着手铐、拖着脚镣日复一日地站着、坐着。四角放着马桶，吃喝拉撒都在屋里，各种臊臭的气味熏天，苍蝇蚊子一团一团在屋里乱飞。由于每天喝着清水一样的米汤，人们瘦成了一把骨头，勉强地支撑着瘦弱不堪的身躯，有气无力地熬着。尽管这样，仍然无时无刻地遭受敌人的百般蹂躏，不时从里面传出阵阵令人揪心的惨叫声。

在承德监狱，这 128 人分别受到“军法特别治安庭”的判处，15 人被判处死刑。判处死刑的，有的被敌人用绳套勒死，有的被砍死。其余的分别判处无期或有期徒刑被押送到东北“满洲国”，如奉天、抚顺、哈尔滨、本溪、营口、安东、铁岭、马鞍山等 30 多个大监狱。

每个监狱里都有几个大工厂，如抚顺监狱有被服厂、缝纫厂、五金厂、铁工厂等。还有的监狱设在矿山上。无论是在工厂还是在矿山，在零下 30 多度的严冬里，每人只发给一身秋衣和一身苇毛絮成的薄棉衣。一日三餐，几乎见不到粮食粒，吃不到什么菜。每天天不亮就开始做工，一直干到天黑月亮出来。每天至少干 17 个钟头，甚至 20 个钟头。不知有多少人因冻饿、疾病、劳累过度而死亡。抚顺监狱天天往外抬死尸，有时一天抬出的死尸达五六具。

大水峪全村不足千人，就有 204 人被抓走。这些人除四五人尚未结婚外，其余均已成家。有的家庭人口众多，主要劳力被抓后，给家庭生活造成极大困难。蒋跃歧一家被抓走父子 3 个人，家里留下母亲、妯娌 2 个和 4 个幼小的孩子。全家老幼妇女 7 口人，生活苦不堪言。方志友的妻子女儿 3 口，住着冬不避风、夏不避雨的小草屋，衣食无着，只好带着孩子回娘家住。姜希的妻子一人带着 4 个年幼的子女，家里连块门帘都挂不上，冬天任凭寒风往屋里灌。类似这样无依无靠的家庭几乎占全村一半以上。日军抓走青壮年，大水峪村又驻进了日军，生活上无依无靠的孤苦妇女，又遭受了日军野蛮凌辱，她们饱受物质和精神上的蹂躏。

惨遭日本侵略者残害的大水峪村，被称为“寡妇村”。全村近一半的家庭有寡妇。孤苦伶仃的妇女日复一日、年复一年地熬着盼着，望眼欲穿。一直盼到日本投降以后，被判刑的 128 人仅回来 21 个，其余的 107 人死的死，伤的伤，有的一直下落不明。

当颠沛流离的 20 多人辗转回到曾经熟悉的家乡时，村里的真武庙依旧肃穆，村头的大槐树依旧枝繁叶茂，但村庄满目疮痍，凄凉一片。

三、西羊坊惨案

西羊坊在延庆县城北15里处,126户人家。这里依山傍水,风景宜人。

1941年10月6日,延庆的游击队攻下伪军在小鲁庄的一个岗楼,消灭伪军30多人。日伪军气急败坏,听说端岗楼的是西羊坊人,肆意进行报复。

1941年11月4日,日军纠集伪蒙疆骑兵3大队、特务队、伪政府人员和警察1、2中队等800多人,以“清剿”地下党、游击队为名,连夜偷袭西羊坊,包围了全村。

次日凌晨,村庄从沉睡中刚刚醒来,上空升起缕缕炊烟。日军端着刺刀,闯进村子,踢开街门,挨家挨户搜查。把村里所有男女老少400多人赶到村南的大场上,把村民分为3排,又从中挑出27名青壮年。其中李永来看势不妙,悄悄跑走。日军官挥着东洋刀嗷嗷吼叫,要人们说出谁是共产党、谁是游击队员。村民看着残暴的入侵者,没有一个人吭声。日本军官暴跳如雷,一声令下,日军在全村放火,火焰四起,成了一片火海。村民在大火中奔跑,在大火中号叫,在大火中翻滚,在大火中倒下……随着火势的蔓延,村中房子大部分落架、倒塌,浓烈的烧焦味在村里弥漫。

中午,日军把26名青壮年用绳子绑着双臂,连成一串押往县城。途中有两名青年趁机跑掉,其余24人被日伪关进阴暗的延庆监狱。在狱里的9天内,日伪对他们逐个拷打审问,逼问八路军、游击队的情况。他们仍然沉默一字不说。日伪就用棍棒打,用香烧,用开水烫,用通条烙,把他们折磨得遍体鳞伤,血迹斑斑。

11月13日,日伪把两名十六七岁的少年留在监狱继续关押,将其余22人押到康庄刑场上。把他们圈在铁丝网内,反绑在木桩上,架起机枪打“人头靶”。10名青年倒在日军凶残的枪口下,含恨而死。接着放进10多条洋狗,反反复复地撕咬活着的12名青年,看着他们痛苦地挣扎,听着凄惨的叫声,日伪围在四周取乐,发出阵阵狞笑。不一会儿,惨叫声连成一片,受害者有的被咬开胸膛,露出骨头;有的被撕掉脸上的肉,成了半边脸,惨状目不忍睹。

西羊坊惨案有22名百姓无辜丧生,5户绝了后。烧毁民房490多间,损失粮食860石、猪50口、鸡450只,抢走大牲畜无数。农具、木材家具、衣服等生产、生活用具全都成了灰烬,整个西羊坊村成了一片焦土。人们有家不能归，除 4 人留在村里，其他人或者投靠亲友，或者四处流浪，从此流落他乡。

四、血洒“臭水坑”

“臭水坑”位于密云县白河西岸黄花顶山中、东西走向大山梁之阳坡处。它四面环山，中间是一个盆地，当中有一个夏季积水的坑。当地人称为“臭水坑”，其实名不副实。坑水并不臭，它经年水清如碧，细水长流，可直接饮用。这里山高谷深，且多悬崖峭壁，地形极为险要。同时灌木丛生，有一人多高。附近没有村庄，也没有一户住家，只有两间简易的破草棚，是老百姓进山烧木炭的住处。

在“臭水坑”屯兵，既无食水烧柴困难，又比较隐蔽，因此是当时八路军 10 团选择的军事活动站之一。

1941 年和 1942 年，是世界法西斯势力最为猖獗的时期，也是抗日战争进入相持阶段以来最困难的时期。日本侵略者挑起太平洋战争后，企图迅速稳住它在中国的占领区，一则好抽出手来进行太平洋战争，二则好把中国变成它在太平洋战争的后方基地。因此，在已停止对中国做正面战略进攻的情况下，倾其主要力量来对付八路军所建立的各个抗日根据地。在平北地区，除在军事上进行反复“扫荡”外，特别着力实行“治安强化”运动，对山地中心区不择手段地加以“清剿”，急欲铲除而后快。丰滦密地区在当时的平北抗日根据地中，无论是其地理位置还是其政治影响，都是日军不能忽视的地方。

为了更有力地牵制和打击敌人，保存有生力量，避开敌之锋芒，10 团主力 1 营和 3 营，由政委吴涛、参谋长才山率领跳到外线(昌延和龙赤联合县)积极活动，寻机打击敌人。王亢率领 2 营配合党、政、群工作，坚持在丰滦密地区与敌伪军开展极其残酷的斗争。

1942 年，王亢率领 2 营 6 连及团机关部分人员住在“臭水坑”。不久，丰滦密县政府机关也迁进来了，还有八路军 10 团供给处、卫生队等军政机关，连伤病员 120 多人。当时山外各大伪据点，诸如古北口、石匣、密云、怀柔等处的敌人，都没有什么变化。为防备敌人偷袭，王亢要求注意上面各大据点敌人的增减变化和动静。“臭水坑”北、东、西三面背靠敌人制造的“无人区”，虽有伪满洲军 35 团团部驻于四海，但其下辖分队大都驻于永宁、大庄科、渤海所等处，距离“臭水坑”较远，唯有伪满洲军 34 团一个营驻大水峪附近。对这颗“毒牙”,部队时刻保持着警惕。

4月7日,县政府机关得到后山铺自卫军送来的情报,后山铺伪警察队向村中老乡征派毛驴,明天到莲花瓣一带搜山。接到情报后,王亢立即同丰滦密联合县县长沈爽和团特派员邱阜研究,为了打击伪警察搜山,由王亢带着6连的两个排去莲花瓣伏击敌人,家里留下1个排掩护机关,由邱阜同志负责指挥。地方上的事,由县长沈爽负责。出发前,王亢特别提醒和交代沈爽和邱阜,一旦遇有紧急情况,即向莲花瓣方向靠拢,与王亢带的部队会合。

按照部署,王亢带着分队翻过“臭水坑”的北大梁,进抵二道沟。黄昏时,分队休息做饭,以备伏击时用。在此期间,王亢又派出两名侦察员去莲花瓣村后山铺方向警戒,拂晓时分队进入伏击阵地。不久,侦察员急匆匆报告,鬼子已到莲花瓣村。王亢紧皱眉头,分析了形势,认为这是后山铺伪警察怕遭到打击,抢先一步到了莲花瓣村。

战场上的情况往往瞬息万变。王亢看到在莲花瓣村伏击不成,临时改变计划,令部队向“臭水坑”驻地返回。当他们爬上二道沟南山梁时天已拂晓,赶到“臭水坑”北大梁一线时,天已大亮。王亢命令分队就地稍事休息,他端起望远镜,对四周环视观察,观察莲花瓣方向有没有动静、南山边和平原一带有没有可疑情况,结果都没有发现异常。

等王亢观测到“臭水坑”北大梁北坡半山腰时,发现了散开成战斗群的日伪军,密密麻麻,正往大山梁头爬,却看不到也听不到“臭水坑”方向我们部队哨兵的任何动静。看到这里,王亢心想,不好,鬼子要攻打“臭水坑”!

王亢心急火燎,当即命令两挺机枪和步枪等射手,朝着敌群猛烈地扫荡,试图用鸣枪报警的办法提醒“臭水坑”驻地的军民注意,让他们向王亢分队枪声处靠拢。

王亢发现在二道沟底下,还有一股敌人向着二道沟通往大牛圈的鞍部方向前进。他立即意识到,分队也处于敌人的包围之中。

根据作战经验,王亢指挥分队迅速选择了突围方向。如果就此下山顺山沟向南突围,出口处肯定有敌重兵把守,很难冲出去,于是率分队下了大山南面陡坡,折向西面,直奔枣树林东北沟。等到达比较安全地带,才听到由“臭水坑”方向传来的激烈枪声。

王亢不放心,爬上莲花瓣西南大山隐蔽时,“臭水坑”方向的枪声已经停止。他随即又派侦察员前去查明情况,因为数十名敌人把守着二道沟与大牛圈的鞍部,侦察员无法通过。后来,王亢绕到所在大山南侧,用望远镜观察,发现在鞍部及南侧的山头上依然布满着敌人,看到这阵势,王亢感觉心里就像悬挂着一块铅,直往下沉。他多么希望同志们像推测的那样,早已突出重围,也转移到别处,也多么希望敌人的此次奔袭,还像以前一样,徒劳一场。

下午 3 时,奔袭"臭水坑"的敌人陆续撤出。王亢急匆匆带着分队赶到"臭水坑"。迎接他们的不是同志们的笑容,而是一幅人间惨景。

"臭水坑"被敌人破坏得一塌糊涂。牺牲了的同志尸体横七竖八地倒在血泊里,面目模糊。他们有的机枪压在身上,手还保持射击的姿势;有的两手抱着大石头,向前倒着;有的手里紧握着大木棒……为了守住"臭水坑"这块阵地,在生命的最后一息,这些同志还在和敌人做殊死撕拼。

据"臭水坑"惨案中侥幸突围的同志叙述,以及事后探听,日伪军采取了长途奔袭的手法,企图将平北党政军机关和工作人员一网打尽。由于叛徒告密,日伪军纠集了附近大水峪、琉璃庙、后山铺、汤河口等敌据点 1000 多人,一大早就把"臭水坑"围了个水泄不通。敌人居高临下,向"臭水坑"疯狂扫射,沈爽、邱阜赶紧集合队伍,埋掉机密文件,在一个班战士和 40 多人有枪干部的掩护下向南突围。

"臭水坑"是两道沟,部队驻西沟,沟南头是绝壁,只有翻过东梁进东沟才有向南的出口。沟南出口已被大水峪敌人堵死了,沈爽率队两次冲锋,都被敌人顶了回来。大家只得顺山沟向北且战且退。这条沟北头直通北山梁,原在北梁阻击敌人的两个班,在王德礼率领下殊死搏斗。半山腰守不住了,就退到树林内继续抵抗。当敌人从四面山上扑来的时候,留在家里 6 连的一个排和所有军政机关工作人员,在邱阜的指挥下,英勇地迎击敌人。危急关头,大家都把突围的希望、生的希望留给别人,没有一个后退投降的。不少人员虽然没有武器,但他们没有坐以待毙,而是赤手空拳跟敌人去拼,抱住敌人朝悬崖下滚。

沈爽牺牲前对他的警卫员说:"出去告诉同志们,多大的困难也要坚守根据地。"警卫员朱显奎两腿负伤,没能冲出去,敌人将他包围了。日伪军在向他开枪之前说:"用东西把头包上吧,免得你害怕!"面对敌人的嘲弄,年轻的警卫员咬紧牙关,挣扎着站起来,鄙夷地说:"怕死就不当八路军了!打吧,狗崽子们,我就站在这里!"英勇地倒在他终日相伴的首长、战友身旁。团卫生队队长郭庭章宁死不当敌人俘虏,战斗到只剩最后一颗子弹时,饮弹自戕。

日伪军血洗“臭水坑”,以为将丰滦密地区的抗日军政主要领导组织给消灭了,还以为把团长王亢也打死了。当日伪军见到遇难同志遗体中有一个穿黄颜色羊皮板军裤的人时,便领赏似的大喊大叫:“看哪!王亢在这里!”“王亢被打死在这里了!”为辨真实,敌人把被俘后当了叛徒的王郎子(丰滦密联合县县委组织部长胡毅[①]同志的交通员)叫到跟前辨认。王朗子走近仔细看了看说:“这是10团供给处乔主任,不是王亢团长。”听说不是王亢被打死,敌人大失所望。气急败坏的敌人,残忍地将沈爽县长的头割下来带走,悬挂在大水峪村头“示众”。

1942年4月8日,丰滦密联合县地区“臭水坑”惨案,震惊整个平北抗日根据地。

在这次惨案中,丰滦密联合县县长沈爽及10团供给处主任乔永昶、卫生队长郭庭章和地方、军队机关工作人员等30多名同志牺牲;县政府财粮科科长李昨非、团卫生队医生张云阁等50多人被俘,没过几天也被敌人杀害。

整个丰滦密抗日政权蒙受了自建立以来最大的损失,是一桩令人触目惊心、永世难忘的惨痛事件。

“臭水坑”惨案发生后,敌人更加疯狂嚣张,并扬言鼓噪:丰滦密联合县县长被打死了,县政府被消灭了,丰滦密抗日根据地完蛋了……敌人如意算盘打错了,革命是扼杀不了的!“野火烧不尽,春风吹又生。”烈士们英勇不屈的精神,化成一种力量,激励着战士勇往直前,更加坚定早日消灭日军的决心和斗志!

1944年5月,丰滦密根据地抗日军民,在“臭水坑”建立纪念碑以追念惨案的死难烈士。纪念碑由当时丰滦密联合县县长倪蔚庭、县委书记胡毅和第5地区队长师军3人署名,正面书写着4个大字“卫国爱民”,背面镌刻着碑文:

> 沈县长、乔处长、郭处长千古:沈县长吉林双城人,乔处长十团供给处长,吉林敦化人,郭处长十团卫生处长,吉林人,以及张朴、曾志儒、崔子毅、高会德诸同志,于民国三十一年四月八日同时壮烈牺牲。这是坚持丰滦密最高血的代价,也是一笔最大的血债。

---

① 胡毅(1915—1945),原名胡保森,山东荣城人。1936年夏加入中国共产党。曾任10团党总支书记、组织股长、中共丰滦密县委书记等职。1945年1月1日,被混进抗日干部队伍中的阶级异己分子王孝鹏开枪杀害,时年30岁。

他们坚决顽强与敌搏斗的精神是中华民族的光荣，是八路军的光荣。

倪蔚庭(师军　胡毅　敬奠)

中华民国三十三年五月

为缅怀“臭水坑惨案”牺牲的烈士，在纪念世界反法西斯战争胜利 50 周年之际，密云县石城镇人民政府在云蒙峡内修建云蒙峡纪念碑，碑刻“革命烈士纪念碑”，记载“臭水坑”发生的惨案。

第三节　抓劳工多番虐待

日本侵略者为了支持全面侵华战争，发动和维持太平洋战争，需要庞大的物力、财力和人力资源，一方面从占领区攫取大批财物；另一方面强行劫掠和榨取占领区的大批廉价劳动力，为他们修筑工事、生产军需物资、开掘矿产资源，同时，为了弥补日本国内劳动力不足的问题，还强行把中国劳工押送到日本做苦力。日军通过劳工榨取财富，却还残酷地迫害他们，犯下滔天罪行。

一、龙烟铁矿惨案

在河北省燕山山脉的中部，张家口市宣化区庞家堡镇有一座古老的矿山——龙烟铁矿(龙关一带的辛窑、庞家堡和宣化烟筒山的简称)。

1938 年 5 月，日本人组织 15 人调查队，对龙烟铁矿勘探调查，发现碾盘山下埋藏着储量丰富、品位很高的赤铁矿，很有开采价值。因此，对龙烟铁矿进行了开采。

随着矿山规模的扩大、产量的提高，劳力不足问题越来越突出，特别是到了 1939 年 11 月龙烟铁矿采矿所成立以后，劳力不足的问题更加严重。为了解决这个问题，日军采取了两种办法：一种是用硬的办法，强行把人们抓到矿山；另一种是软的办法，把人们骗到矿山。

从河北、河南、山东、山西等地，被骗、被抓来的劳工们，还未到矿上，就死去了很多人。在运输过程中，他们被塞进车里，人多拥挤不堪，高温且又无吃无喝，连续几日致使劳工大批死亡。1941 年冬天，日军从太原把 500 多名劳工用铁丝捆着押进闷罐车,车到大同就死了60多人,到了宣化又从车上扔下100多具直挺挺的尸体。1943年7月,日军从河北南部把700多名劳工装进5个闷罐车里,车到矿山就死了一大半。

幸存活下来的劳工到了矿上,就是到了日军铁蹄践踏下的人间地狱。满山遍野是阴森可怖的日军炮楼和密密麻麻的电网。在各交通要口站岗的日军,一个个荷枪实弹,盯着每一个过往的人。山上的一些重要路口,他们把守得更严。为了镇压劳工反抗,防止劳工逃跑,在山头上,修筑了14座炮楼。每座炮楼都有日军持枪把守,昼夜不撤。

为了牢固地统治龙烟铁矿,日军还专门设立了一套统治机构,豢养了一批汉奸、流氓,对劳工盯梢跟踪,监视劳工的行动。日军驻张家口司令部还给矿上派来80多名日本兵,组成"宪兵队",驻扎在沙子地。宪兵队设了一座审讯室,审讯室里摆着老虎凳、辣椒水、钉子板、火烙铁等各种刑具。日军利用这些统治机构,残酷迫害无辜的劳工。

半山腰一排排又低又破四面透风的工棚,一层层又小又窄又黑暗潮湿的土窑洞,就是劳工们每天生活的地方。工棚四周的墙是泥坯砌的,经过风吹雨打,顶上的泥皮松得像土面,加上无人维修,大部分都透着光。夏天,外面下大雨,棚里下小雨,赶上连阴天,漏得满地都是泥浆水,连站脚的地方都没有。墙皮受了风雨的冲刷,也一层层一块块地掉下来,露出了里面的泥坯。冬天西北风卷着漫天飞雪,从坯缝吹进来,工棚冷得像冰窑。有些工棚虽然也蹲了一座土炉子,但没有烟筒,经常是浓烟四溢,气味呛人,熏死人的事经常发生。

凌晨,矿山还是一片漆黑,山上便响起了刺耳的、催人上工的汽笛。日军、汉奸手里提着皮鞭、端着镐把和枪支到各个工棚、窑洞粗野地叫骂着,催人上工。有的劳工生病上不了工,他们就用脚踢着劳工的脑袋,狼一样地号叫着:"只要脑袋还是硬的,就得给我上工!"

劳工们每天抡着十几磅大锤,用钢钎打眼儿采矿。采下的矿石从又低又窄又潮湿泥泞的斜井里往上背。沉重的矿石把劳工压得直不起腰,喘不过气来。劳工们吃力地向上爬行,走一步,滑一下,汗水和身上的红矿粉和成了红泥巴。

坑道里烟熏火燎,红尘飞扬,人脸都蒙满了矽铁粉,黑紫黑紫的,就像霜打的茄子。吐口唾沫都是红的,很多人都得了矽肺病。天长日久身体渐渐消瘦,直到呼吸困难,被夺去生命。在暗无天日的矿坑里,超强度繁重的劳动,他们饥渴难忍。为了活命,劳工只好偷喝坑下的红泥浆水,无异于饮鸩止渴。

劳工们进行着艰苦非人的劳动,也随时面临着落顶的威胁。

1943年11月,在西五坑6号洞采矿的劳工,听到顶板发出异常的响声,接着顶板又往下掉渣,掌子面的石头也不断往下掉。一些有经验的劳工知道情况不妙,就催大家赶快撤。可人们还没到洞口,就撞上日军,把住坑口,被训斥一顿赶了回去。不多时,一声闷响,30多名劳工全部被砸在里面。

日本侵略者为了大肆掠夺矿产资源,还采取"紧红"运动,即"强迫劳工加紧出矿,以人换矿"。在"紧红"日子里,每个劳工连续工作17个钟头以上不准出坑,否则将被活活打死。有一次抓来2000多名劳工,刚刚过了一个冬天,剩下不足200人,那1800个鲜活的生命无声无息地惨死在日军的屠刀下。

非人的待遇,使劳工们的身体孱弱不支,矽肺病、心脏病、肠胃病、关节炎等疾病折磨着他们。有的劳工还在干着活,突然一头栽倒,再也没有起来。疾病缠身卧床不起的劳工,更不能逃脱日军的魔爪。日军不管劳工是否还活着,凡是他们认为不能再干活的人、患霍乱传染的人、不能再榨油的人,都被强行拉到碾盘山下的一个大坑里,扔一层,埋一层;再扔一层,再埋一层。在这里,不知有多少劳工被日军榨干了最后一滴血,尸骨越积越多,大坑渐渐填平,形成骇人听闻的"万人坑",俗称"肉丘坟"。

日军侵占龙烟铁矿期间,平均生产每千吨矿石,就要付出9个劳工的生命。仅1945年上半年,即死亡8000多人。日军侵占张家口的8年间,残杀劳工22700人。庞家堡至今仍保存着3个万人坑。许多尸骨,都用铁丝捆绑在一起,除"万人坑"外,还有不少的尸体暴露于荒野、山沟内。

"万人坑",一个充满血腥和恐怖的地方,埋葬的累累白骨就是日军侵华暴行的铁证。

二、狼窝沟惨案

如果说龙烟铁矿劳工还有生还的人,那么修建狼窝沟军事工程的劳工,几乎全部葬身淖海,更是惨不忍闻。

狼窝沟在张家口北面40里的野孤山之上,海拔1100多米。野狐岭以北是广阔无际的坝上草原,岭南是陡峭险峻的万丈深渊,东西绵延数千里。黑风口好像是神剑把野狐岭劈开的山口,形成通道。这就是狼窝沟长城要隘,历来是兵家必争之地。

1939 年的秋天,日军为了防御苏联红军的南下进攻,确保张北县阴山山脉战略要地的安全,在野狐岭两侧的山脉筑起 600 多里点线结合固若金汤的钢骨水泥工事。这是日军修筑的第 14 处大型筑垒工事。

日军在“扫荡”中,从平北抗日根据地抓来 6000 多劳工赶修军事工程,同时从怀安、万全、崇礼、沽源、康保、尚义、怀来、绥远、张北当地,每年每县强征数百名民工,调来 500 多日伪军进行监工。在日本人的指挥下,定人员定工程,修封锁沟,将狼窝沟村 20 户人家强制赶往异乡。沿坝头所有耕地一律封禁,不仅不能耕种,连放牧牲畜也绝对不能进入。

每年数千民工在日本鬼子的刺刀下,挖战壕,修碉堡,凿山洞,就如同到了阎王殿,遭受大鬼、小鬼百般折磨。每天要干 17 个小时以上的沉重苦役,天不亮就被驱赶到工地,一直干到月亮升起来才让收工,把他们当成连轴转的机器。坝上是气候变化的分水岭,寒冬腊月零下 30 多度的天气,天寒地冻,再加上山石坚硬,一刨一个白牙印,一崩一个小洞孔,施工非常困难也异常危险。

日军为了确保工程保密,每完成一项工程就处理一批。对于年轻力壮有利用价值的人,拉到东北抚顺煤矿和日本国内继续当劳工;对于接触工程关键机密的人,送到东北 731 部队当细菌实验的活体动物。更多的是就地杀害。就地杀害完全采用的是独特而又秘密的方式,在每年冬季进行。为了不走漏风声,一切行动完全由日本人亲自干,汉奸只有警长以上人员为其在外围站岗放哨。

日军每次杀人灭口,将劳工捆绑推上汽车押送,后面车上架有多挺机枪随行。一直到安固里淖,这个水草肥美的淖海,成了日军杀人的场所。日军将劳工先拉下车来,关押在事先架设起来的帐篷里。在他们身上进行各种实验。劳工身穿单衣或者裸体实验多长时间人即冻僵,然后采用什么措施能恢复过来。日军进行了惨无人道的实验后,待劳工奄奄一息,再推至湖水中,完全是在与世人隔绝的情况下进行的。

安固里淖是张北县最大的内陆湖,有水面积 9 万多亩,水深 3 米多。到第二年春天,冰消雪化后,安固里淖的水面上漂起一层尸体,水变成红色。老鹰啄食尸体,把内脏叼挂在树上;岸边的尸体被野狗拉到岸上,野狼争食发出嗷嗷的叫声,场面极其恐怖。

人们看到水面漂浮着实体和衣帽等物，才使日军秘密杀人的罪恶暴露于光天化日之下。日军此后又用绳子铁丝把大石头捆绑到受害者躯体上坠于水下。这种惨绝人寰的杀人行为，每年进行数次。每次少者一两辆汽车，多者数辆汽车不等。

1943 年冬到 1944 年春，日军在安固里淖的冰上架设布帐篷 10 多个，一连数十日。仅从黑风口东山修筑工事的工地上，拉到安固里淖的所谓政治犯就有 200 多人。

从 1939 年到 1945 年，日本侵略者每年在这里杀害劳工 200 多人，多时数百人，7 年间不少于 3000 人。

日军投降后，人民政府为纪念为中国人民的解放事业牺牲的苏蒙联军烈士和无辜的被害同胞，先后 3 次在野狐岭的狼窝沟建立烈士纪念塔，并立碑撰文。

三、岔道“万人坑”

岔道，位于延庆八达岭长城脚下，自古是进出北京的重要门户，由北京向西北去的商道交会点。道路由此岔开，一条向西通往山西，另一条往北通向张家口和内蒙古大草原方向，故而称岔道。

1943 年春天，日军对平北各抗日根据地实行“施政跃进”“强化治安”“固边政策”“联合讨伐”等阴谋，更突出的就是“蚕食”进攻。

日军为切断昌延抗日根据地南北两山的联系，准备修筑一条“封锁沟”。“封锁沟”西起八达岭长城的岔道，东至永宁，全长 80 里，沟宽 8 米多，深 10 米，每隔 2 里建一个炮楼。日军给这条沟起名为“惠民沟”，老百姓憎恶地叫它“毁民沟”。

3 月，日军从绥远、张家口、张北等地抓来 6000 多劳工，用罐子火车装运，行程 600 多里，整天不给他们吃、喝，劳工拉屎撒尿都在车上。很多劳工经过几天的颠簸，有的就死在车上，有的闷出了毛病。被抓来的民工到工地以后，晚上睡在潮湿的露天地上。每天天不亮就被日军监工的皮鞭刺刀赶起来上工，每天干 17 个小时以上的劳役。

岔道地处风口，大地还未解冻，再加上山石坚硬，施工非常困难，又非常危险。劳工们有的被塌方砸死，有的放炮被崩死，被摔伤、砸伤、冻死的不计其数。干的是牛马活，可吃的是发霉的黑豆面和高粱米，喝的是脏水。日军怕劳工们吃得多,饭不让做熟,还要掺进很多沙子和泥土。由于过度的劳累和非人的折磨,不少劳工得了痢疾。日伪用一尺长的玻璃管插入肛门内,往肚子里灌凉水,使病情严重恶化。

还有不少人得了肺病、心脏病、关节炎等各种疾病。尤为严重的是,春夏时节霍乱流行,日军叫作"虎烈拉",这是一种蔓延很快、死亡率很高的恶性传染病。嗜血成性的鬼子哪管这些,仍然用刺刀逼着劳工去干活,对那些病情严重、实在干不了活的劳工,就把他们关进"集中营"。

"集中营"就是在地上挖一个有6间房子大的地窖。地窖里终日见不到阳光,阴暗潮湿,地上埋一口大缸解大小便。到了夏季,地窖臭气熏天,苍蝇蚊子成团,跳蚤多如牛毛,老鼠成群结队。几百病人在狭小的空间,不能躺,不能坐,只能挤在这个地窖里。最可怕的是夜间,不管蚊虫如何叮咬或拉肚子,不经过批准不准走动,以致弄得地上、铺板上到处是大小便。凡是被关进这里的人,就踏进了死囚牢、活地狱,连发了霉的高粱面窝窝头都不给吃。断食以后,一些劳工就饿死、病死在里面。劳工当中流传着这么几句话:"手里端着霉烂饭,身上披着麻袋片。到集中营再一看,民工病死一大半。"是当时真实的写照。

眼看生病的民工再也不能干活了,日军就下了毒手,把一批批民工从地窖拉出来,从10多米高的岔道西北城墙上推下去。有的当场摔死,有的摔得半死不活。又把他们拉到西北山脚下,推入一个方圆20多米、深10多米的大坑,在坑里架上干草木柴,浇上煤油,纵火焚尸。有的人还活着,就拼命挣扎着往上爬,又被日伪用刺刀挑入火坑。随着滚滚浓烟和烧焦的煳味,随着冲天的火光和阵阵凄厉的惨叫声,近千劳工活活被烧死在"活人坑"内。

劳工经受不起魔鬼的蹂躏,伺机逃跑。日军杀一儆百,凡有抗拒行为者或逃跑抓回者,有的扒光衣服,高吊悬梁,皮鞭抽身,灌辣椒水,铁丝串胛骨,狼狗叼阴部,折磨到直至断气。有的用铁丝将手脚捆绑推入数十米深渊摔死。有个20多岁的青年,逃跑后被抓了回来。日军将他的衣服剥光,反剪两手捆在一根木桩上,身上涂满沥青,两眼染成红色,放到烈日下曝晒。青年被晒得像油煎一般,但始终没有求饶,只是破口大骂,半天工夫,这个硬汉就被折磨死了。日军百般残害后,还不放过惨死的人。把劳工的人头一个个割下来,挂在四周电网的木桩上、大门口、厕所里、过道旁,甚至吃饭的地方,震慑着其他劳工。

日军的残酷暴行,激起了民工的强烈反抗。不少人聚众暴动,拆除沟墙,还有的在夜间打死监工,一起突围逃走。1943 年秋,八路军 10 团 3 个连队到处袭击监督挖沟的日军,再加上宣传瓦解,一个多月就跑散 2000 多民工。

日军修筑的“封锁沟”,历经一年多时间也没有修成,最后不了了之。

1965 年,延庆民政局组织力量对岔道“活人坑”进行挖掘,一具具尸骨,还保留着当年的惨状。有的缺脚断臂,手足成灰,额烂头焦。后来,在此建成岔道“万人坑纪念亭”,以使人们永远记住这桩滔天罪行。

四、佛峪口惨案

佛峪口,位于延庆城西北 30 里,距京张公路 2 里,地处隘口,是延庆通往龙关的重要通道。

1942 年春,日本侵略军修佛峪口公路,战略目的是为了破坏平北抗日根据地,侵占内蒙、外蒙,妄图进攻苏联。修好这条公路,可以从佛峪口往北到赤城、沽源、崇礼县,从沽源、崇礼往西可到哈巴嘎、锡林浩特、二连浩特、呼和浩特、西包头、后套一带,往东可去热河、吉林、辽宁、黑龙江省,从佛峪口往南到康庄,往西到怀来,往东到怀柔、密云,接着也能到达东三省,从丹东市过鸭绿江进朝鲜,返回日本。修好这条公路,对运往中国的枪支、弹药、粮油、物资、士兵等,可从天津海上来,从北京坐火车来,还可从内蒙古来,畅通无阻。

这条路,从佛峪口沟南起到赤城县的阎家坪、大海陀,40 多里的石头山沟,所过之处,山连山,水接水。前山,寸草不长;后山,年久日深,积土 1 米多厚,有草有树,有野生动物。沟里有条河,叫塘子沟河,沿着山石、草缝向南流去,与山外妫水河汇合。在这样的深山沟修路,异常艰难。每开拓一步必须打眼放炮,当时没有开山的先进工具,全靠人力。

日军把从延庆县抓来的劳工分成两班,城东各村为一班,干一个月;城西各村为一班,干一个月。民工们从家带粮食自己做饭,住在佛峪口水磨上。每天出工 600 多人,早晨 5 点必须吃完饭,5 点半点名,点一个人就在其背上盖一个图章作为记号,收工回来背上如果没有图章,就按没出工处理。日军强迫他们跑步进入沟内工地,他们坐在 3 辆大汽车上在后边催路,车上每人手里拿着皮鞭子或者大木棒子,一路抽打着走得慢的民工。对于那些跑不动的民工,用绳子捆上,扔进方圆 1000 多平方米、3 米多深的大水坑里,活活淹死。

工地四周山头均有岗哨,民工干活时不准说话,不准直腰,不准休息,不准大小便。日军把劳工当成机器和牲畜,肆意摧残。放炮崩下的石头大小不均。两臂长的大石头,需要两个人推着翻三四滚,才能推下小沟。如果推不动,日军监工抄起刺刀捅民工的屁股。半间房大的石头,10 多个人往山下推。推不动时,日军就用棒子打,直到民工把石头推下山沟才不挨打。推石头时不管人身安全,砸死人经常发生。从阎家坪三道梁往下推石头,砸死砸伤的民工无法统计。

砸死、打死、病死的民工,日军一律不管。在佛峪口附近住家的民工,将尸体偷着抬回去。远处的民工死了,被扔到山沟里喂野兽。日军觉得打民工太累,便心生毒计,看谁干活不顺眼就拉过来,让两个人相互打脸,谁不使劲打就拿棒子狠狠打谁。在日军的逼迫下,只有互相打得鼻青脸肿,顺嘴流血,才让停止。还有其他手段,往鼻子孔里灌辣椒水、凉水;还有用铁丝在身上捆块石头,活活扔进老坝坑内淹死。

佛峪口公路,从 1942 年春施工,秋季结束,被日军残害大约 1300 人。日军撤退后,附近群众把大水坑打开一个豁口放出水,从里边捞出两具民工尸体,掩埋在山沟里。修这条公路,由伪县政府土木科管理。他们到处搜刮的民财,全让日军、汉奸据为己有,坑害人民、杀害民工的罪恶罄竹难书。

日军的暴行与侵略战争如影随形。

太平洋战争爆发,日本劳工短缺矛盾日益尖锐。1942 年 11 月 27 日,日本内阁召开会议,制定华人劳工事项文件,日本劳务需求特别紧张,特别是重体力劳动不足更为突出,为了解决这个矛盾,抓捕、诱骗劳工,也残酷迫害劳工,"宁肯多出一吨煤,不怕多死几个人,中国的苦力大大的有"。日本公开叫嚣着罪恶的企图。富有反抗精神的劳工,并非忍辱含垢、任人宰割,他们采用锄奸、绝食、怠工、逃亡等方式反抗日军的残酷迫害,维护做人的尊严和对侵略者的刻骨仇恨。正如《劳工歌》中唱道:"全体众人等,好似同胞生……国仇和家恨,牢记在心中。"

第四节 屠杀惨绝人寰

日军在平北广袤的土地上的杀戮、破坏和掠夺暴行令人发指,很多屠杀惨绝人寰,骇人听闻。

一、血染南壕堑

南壕堑，位于河北省尚义县中部，1937 年 9 月，日军穷凶极恶地窜至坝上南壕堑居民区，对全镇手无寸铁的平民进行了大搜捕、大屠杀。

日军像是红了眼的野兽，逢人就砍，见人就杀，不分男女老幼。在东滩阎家院，枪杀阎家父子。在曹家大院，把男人赶到磨坊集体枪杀 13 口。曹风为护其妻子、孩子，行动稍稍迟缓一点，日军指挥官挥舞指挥刀将其头部连砍数刀。无辜的曹风血肉横飞倒在血泊中，其妻见其惨状怒视强盗，日军猛冲过去，用刺刀直刺其奶头部，鲜血喷泉般溅满白墙，含冤惨死。两岁的孩子不知道爸爸妈妈已死，号哭着，挣扎着要爬向妈妈的怀抱吃奶。两个野兽像饿鹰抓小鸡般叽里咕噜怪叫着，各揪孩子一条细嫩白胖的小腿，用力拉扯。在孩子撕心裂肺的惨叫声中，活活将两岁的孩子分尸。

农民张二，被日军抓捕后，押上大街，几个日军用棍子边走边打。张二强忍怒火猛转回身，从日军手中夺过棍棒，手起棒落，血浆四溅，一个日军的脑袋开了花。他抡起棍棒，左右开弓，前后几个日军被打趴在地。有个端枪的日军扑过来，张二猛冲上去，中弹身亡。张二死后，那根棍子还紧握在手中。

50 多岁的阎老聪，看到一批批人被赶到辘轳把水坑被害，高喊："乡亲们，和小日本拼呀！"日军向他扑去，他顺手从地上抄起一块砖头，砸瞎了日军一只眼，疼得那日军嗷嗷叫。后来日军把他绑在树上，他破口大骂，日军割掉了他的舌头，他怒目圆睁，运足气力，喷了日军一脸血。日军恼羞成怒，用刀把他身上的肉一块块割下并砍掉了他的胳膊。阎老聪虽然被害了，但他不畏强暴、宁死不屈的铮铮铁骨，也吓坏了凶残的日军。

另一伙日军在西头郝家顺豆腐坊附近搜查出几十名老百姓，用枪赶着，推搡着，驱赶到西河滩，强令他们跪下，用机枪疯狂地扫射。开枪前，郝家顺见势头不妙，夺命逃跑，钻入树林，方得幸免，其他人都惨死在日军黑洞洞的枪口下。在邓家大院，把邓五老头儿枪击在灶火坑前，又把一个姓席的打死在院里。不大一会儿，瞿金元、王玉家房被烧，火光冲天，烧红半个村子。日军所到之处，枪声此起彼伏，惨叫不绝于耳，尸体遍地，血染中山长街。恶贯满盈的日本强盗，一旦搜出妇女，兽性大作，即在光天化日下强行奸污。西头杨广仁和他新媳妇，被从防空洞搜出。日军看见，一把抓起他媳妇，拉进屋内轮奸。杨欲救其妻，返回看了一眼，一枪被打死在窗前。

与此同时，在桃卜山、瓦窑沟一带，群众提前躲在山里，日军搜索进村，在河沟枪杀正要离村的老年皮匠宋石子。进村后，胡乱射击，翻箱倒柜，几乎砸碎所有家具。找不到老百姓，就连猪、狗也不放过，全部打死。把全村鸡捕捉一空，讽刺的是，全村只有一只鸡掉进窨里才幸存下来。

这场大屠杀持续了5个多小时，据后来维持会统计，残害无辜百姓230多人。经过这次惨绝人寰的大屠杀，使南壕堑这座有居民千余口的塞外名镇，呈现一片凄惨景象。商店停业，学校停课，两月有余萧条冷落。每到黄昏，家家关门上锁，不掌灯火。特别是遇害之家，更沉浸在悲愤与哭泣之中。

二、王家窑惨案

王家窑地处河北省怀安县中部，张大、张怀公路交会过境，地理位置优越，交通十分便利。

1937年，七七事变后，日军沿平绥县突破了南口、张家口。8月28日古镇柴沟堡沦陷，8月30日，日军从柴沟堡南下，妄图吞并怀安城，向天镇、大同进犯。驻守怀安城的国民党29军143师2旅，在日军南下的公路上挖沟横木，阻截他们。日军便在沿路后所堡、任家窑、东沙城等村驻扎。村里的人们听说日军到处烧杀抢劫、奸淫俘虏，人心惶惶。

9月1日，驻在任家窑的两个日本兵去王家窑抓鸡取蛋，看到村民王和的两个姑娘如花似玉，动手调戏。王和见状，怒火中烧，手持镰刀扑去，他们见势头不妙，仓皇逃回任家窑。大家预料到日本兵不会善罢甘休，就赶紧互相转告，迅速向村外撤离躲避。

不出所料，这天下午2点左右，10多个全副武装的日本兵杀气腾腾再次来到王家窑村施以报复。他们见村里没人，便到村外搜查。在一块庄稼地里抓到村人王守仁、王相，日军问他们群众都藏到哪里去了，两个人谁也不说，日军开枪打死了他们。下午3点左右，在村东80亩地沟发现了躲藏在这里的34名妇女、儿童，日本兵把妇女拉到高粱地里强行奸污，其中一个年仅17岁的姑娘被奸污后，划开肚皮，装满石头，情形惨不忍睹。就连年迈的小脚妇女也要裸身扭舞，他们在一旁作乐寻欢。日军强暴妇女后，把所有人带回王家窑，关在王昌家大院子里。一个兵曹模样的日军和他的随从咕哝几句，要把妇女带到任家窑供他们主子调弄。妇女们哪里肯从？日军先是鸣枪恫吓，又用刺刀挑死了刘三恩的妻子，肠肚都流了出来。日军企图逼迫这些妇女就范，但是妇女们不怕死，互相鼓励，顽强抵抗。日军无计可施，便下了毒手。

院里有两个山药窖，日军要把他们塞进窖里烧死，妇女们紧紧抱着孩子，呼天叫地，一片恐怖。残暴的日本兵从母亲怀中夺过嗷嗷惨叫的孩子，一个个扔进山药窖内。王昌云两个弟弟，一个 11 岁，一个 3 岁，全被扔下。王母气愤至极，雄狮般扑向日军，怒斥："你们这些狗杂种，杀人放火，伤天害理，迟早不得好死！"随即一个耳光打在日军脸上，转身跳入窖内。王发的妻子手无寸铁，死死咬住一个日本强盗的手指，被另一个日本强盗刺穿胸膛，推入窖内。就这样，在怒吼中，在哭喊中，34 名妇女儿童全被关到山药窖内。日军抱来大捆大捆的柴草，点着后扔进窖里，又压上黄土，最后用磨盘盖上。大约半个小时后，估计里边的人都被烧死、闷死，这才离去。

日军走后，王家窑村人赶回来抢救，镐刨锹挖，34 名妇女儿童排了一院子。当时医疗条件很差，村民就用盐洗，用醋喷，仅救活了 5 名妇女，其余全被熏死。死者有年逾七旬的老人，有不足周岁的婴儿，上下四代人。全村无家不戴孝，户户遍哭声。有的被哭瞎了眼睛，有的活活气疯，有的无法生活，悬梁自尽。

王家窑惨案后，距离王家窑不远的怀安城发生了"贱一半惨案"。

1937 年 10 月，日军侵占了怀安城。当时，怀安城是县城，十分繁华。城中的"贱一半"商店，商品相当齐全且物美价廉，同样的商品比其他商店要便宜一些，故取名"贱一半"，即价格贱一半之意。

入城之前，日军的飞机进行了俯冲轰炸，城中花园附近扔下 3 颗炸弹，炸毁了水塔。随后日军冲进城里，到处抢夺。一群日本兵冲进"贱一半"商店，3 名来不及躲避的店员当场被鬼子兵用刺刀挑死。其中一位姓任的被捅了 27 刀，惨不忍睹。在"贱一半"商店，地下室里藏着的 5 个店员被活活杀死了，还抢走了店内的 1000 块银圆和大量商品。在大街上，日军四处搜索，农民郝庄吓得东奔西跑，被日本兵抓住杀害了。"贱一半惨案"中，8 名店员遇难，大街上还被枪杀了 1 人。

三、赤城清狱屠杀

1943 年夏末，日军为了报复此前的"龙关监狱暴动"，从监狱里提出 36 名"犯人"，他们大多是共产党龙关区县重要领导干部和革命群众。日军和于化龙特务队70多人押着他们向刑场走去。运送“犯人”的交通工具是马车和牛车。车上的人知道凶多吉少，但他们从容不迫，用依依不舍的目光向大家告别。刑场旁边是一个长9米多、宽1.5米、深2米的萝卜窖。鬼子把24名“犯人”赶过小河，强制他们一字排开，跪在萝卜窖边上，头扎红布条的刽子手，手持大刀，手起头落，一连砍了20多个。更让人可恨的是，日军杀了人，还让中国的屠夫去剖死人的心，作为他们的下酒菜，真是野蛮到极点了。被逼迫的屠夫，无奈下到坑里，哆哆嗦嗦地剖了3个人的心，浑身发软，瘫在那里，再也干不下去了。屠夫回去后，没几天就被吓死了。

1944年8月2日，平北根据地的战场开始了局部的反攻，日军狗急跳墙，到处乱抓乱杀。驻赤城县的日军首席指挥官和指导官川口、山下、栗村、金良马等，对关押在赤城监狱中的抗日志士又恨又怕，谋算着要对他们下毒手。

8月，清狱大屠杀终于发生了。

这次屠杀的“犯人”一共是34人。第一个是龙赤联合县委宣传部副部长，兼九、十区区委书记孟宪铭，他入狱一年多，受尽毒刑，坚贞不屈。他听到狱警点名，毫不畏惧，猛地推翻了桌子，狠狠地瞪了狱警一眼，拖着沉重的脚镣手铐从容地走了出来。

孟宪铭1938年入党，在冀中平原北部的安次县一带工作。1939年，为了扩大解放区，他又接受任务，到永清县七区开辟工作并担任区委书记。1940年孟宪铭同志说服了家人，报名来到冀热察区党校学习，从此便从冀中来到了平西。1941年孟宪铭同志在党委宣传部担任支部巡视员，负责训练农村支部委员工作，先后在平西的宛平、平北的昌延和龙赤县办过多期支委训练班。1941年秋，他随冀热察区党委宣传部部长张明远同志到平北视察工作，当时平北开辟不久，扩大新区急需干部，孟宪铭同志毅然留在了平北，担任龙崇赤联合县县委宣传部副部长兼九、十区区委书记。

龙崇赤联合县九、十区地处长城内外，毒蛇口、锅嘴窑、羊坊等地都设有敌人据点。这里已经被敌人统治了5年，环境十分险恶。孟宪铭同志以坚忍不拔的毅力，迎难而上。一个人单枪匹马开展工作，由于他正确地执行党的统战政策，积极发动群众，建立人民武装，很快地打开了九、十区的新局面。

1943年初春的一天晚上，孟宪铭身患伤寒从孟家窑转移时，被蚂蚁洼地主白老六发现。白老六是羊坊据点伪军头子杨林的亲妹夫。孟宪铭走后，白老六马上把孟宪铭的行踪报告给了杨林。杨林立刻和部下刘俊德带着人,由白老六、徐涛带路抓捕孟宪铭。

敌人将孟宪铭押送到羊坊据点。天下着大雪,杨林为收买孟宪铭,特意准备了一桌丰盛的饭菜招待。孟宪铭看都不看一眼,支撑着带病的身躯,用烤火木炭在墙壁上写下 10 个铿锵有力的大字:“革命不怕死,怕死不革命!”历数了汉奸杨林认贼作父、卑鄙无耻的罪恶行径。

几天后,孟宪铭同志被转送到龙关监狱。在狱中他依旧坚贞不屈,表现出了一个共产党员的民族气节和高尚情操。敌人用辣椒水、杠子夹等酷刑折磨他,他毫不屈服。他说:“我是中国人,不但有血肉,而且是有骨头的!”宁死不投降。敌人软硬兼施,但孟宪铭早已识破敌人诡计,使日伪军指挥官田野秋山只得灰溜溜地离去。

孟宪铭知道敌人黔驴技穷,会下毒手,便和同监的村干部郭步跃说:“我不能出去了,你如果能出去,请一定把我坚壁在马营的东西转告给组织!”

8 月 2 日赤城清狱屠杀,跟着孟宪铭走出来的是一区区委书记杨克南。杨克南是个知识分子,也是条硬汉子,20 多岁,左额上长有一片白发,人们一提起“白毛”,谁都怕他。过堂时他曾打过伪县长两记响亮的耳光,骂过日本参事官的暴行,早已把生死置之度外了。还有孟宪铭和杨克南的通信员张秉义、薛玉山,一区区长,以及张玉环、张守义、陈芝、田曾禄、倪生金、倪生银、李发扬、李旺、解宽、李龙、杨之美、祁贵、李杨春、孙玉植、大老郑、韩玉等共 34 人。

这 34 人,有的是县区、村抗日干部,有的是朴实百姓,他们都被架到监狱门外,站了一大片。孟宪铭和杨克南看出了势头,抓紧时机带领难友们高喊:“把小日本从中国赶出去!”“共产党万岁!”“八路军万岁!”难友们愤怒的呐喊声、高呼口号声,久久地在赤城上空飘荡。杨克南还激昂地唱起了京剧二黄:“杨克南出狱来龙归沧海,骂一声日本鬼汉奸卖国贼……”当时 100 多个伪警察像木鸡一样呆呆地听着,有的低下了头,想到自己也是中国人,不禁黯然神伤。

日军怕伪军思想动摇,气急败坏地大声吆喝着:“八格牙路!不许喊!不许唱!快快地下脚镣子。”铁匠和狱警们手忙脚乱地砸完了脚镣,在川口指导官和人称白脸太军的监督下,由狱警大队长陈耀宗指挥,两个警察架着一个“犯人”,在一片口号声和叫骂声中扭出了监狱大门。

在赤城城门洞内外挤满了人,大多数善良的老百姓都是来为这些抗日英雄送行的。这时一个操着外地口音的难友乘机大声演说:“同志们,老乡们,同胞们！为抗日牺牲是光荣的,我们倒下去会有更多的人站起来！我们的血海深仇是会有人报的!”乡亲们听了都默默点头,不少人流下了眼泪。“打倒日本侵略者!”“打倒汉奸卖国贼!”的口号声震得城门洞都发颤。

刑场设在龙门道西边的乱坟岗,四面架着机枪,吓唬着人们不许观看。“犯人”们排成一排,都让脸朝西跪下,有几个人硬是不跪,大骂日军。在混乱中日军开始用机枪“点名”,有的拿大枪射击。白脸日本军官用指挥刀一口气砍死7个,尸体狼藉,血流遍地。日军把上了年纪的人用刺刀砍死,把青壮年反绑在乱坟岗的树上,牵来一只大狼狗。他们指谁,大狼狗就扑上去,把爪子搭在谁的肩上,从上到下狠咬,内脏给叼出来,其状惨不忍睹。

烈士们倒下的尸骨未寒,日军就喝令留养局的乞丐将死者的衣服剥光。正当乞丐剥第4个人衣服的时候,这个人耳朵被穿了个眼儿,当时吓昏过去了,等乞丐给他剥光衣服,扔下坑时,他慢慢地苏醒了过来。他乘乞丐们又去抬别人时,忽地站起来,撒腿就向西坡上的庄稼地里跑。

刑场这边又有一个没被打死的老人也跑了。日军只顾追老汉,前一个人已经钻进了高粱地。日本指挥官率领人马在南山沟一带搜了半天,也没找见。

跑出乱坟的同志叫韩玉,是八路军40团侦察员。他光着身子跑到张浩村边的一家,借身衣服穿上,连夜跑回了根据地医院。这是赤城监狱大屠杀中,唯一一位死里逃生的人。

四、南滩惨案

南滩村坐落在张北县西北部大乌营山的脚下,村东是一个东西100米、南北40米大的土围子。四角建有炮台,里边住着3户大户人家,围子西是一个住有20多户普通百姓的小村。

1943年12月18日,伪蒙古军打着“剿匪”的旗号,尾随土匪驻扎在永德堂。伪蒙古军是活动在西北地区的一支少数民族武装,是日本军队操纵下的傀儡武装。他们狗仗人势,酒足饭饱之后,欲乘兴逞逞威风,连夜到了南滩村西。

寂静的夜晚,突然响起枪声。南滩村的百姓经常被兵匪骚扰,一听枪声,是兵是匪就能判断个七八成。他们听得有机枪声,一想不对劲,土匪没有这样的枪。人们连滚带爬跑出屋子,有的上了房,有的跑出村,往西一望,黑乎乎的一片,从西山上蠕动着向村中过来。

这时,敌人的机枪、冲锋枪、小钢炮一齐向围子射来。顿时,小小村庄弹片横飞,硝烟弥漫。围子西居住的平民百姓,手无寸铁,听到枪声,躲得快的青壮年躲到围子里,行动缓慢的老弱妇孺,被关在大门外,不得不在大门道里避身。

南滩村有联庄会,虽说只有一座土炮、一座台炮、4 支土枪、2 条钢枪,但有土围子做掩护,即使兵临城下,也能抵挡一阵。伪蒙古军虽有装备精良的 400 多人,也未能一口气攻下。

经过 2 小时的激战,天亮时,伪蒙古军攻占了围子西的村庄,他们抓住开小店的张万金让他给围子里传信,他们是蒙古军 7、8 师来“剿匪”的,是土匪就缴枪。联庄的回信,你们“剿匪”就去大小庙湾吧,不准打围子,也不准你们进村,进村就打。伪蒙古军一个教官也摆着小白旗喊:“我们是部队,不准打。”围子里边的人说:“管你部队不部队。”话音一落,那教官就被打了个倒栽葱。伪蒙古军恼羞成怒,疯狂至极,钻进百姓屋里,挖开窟窿向围子扫射。围子终因势单力薄,被敌人包围起来。

疯狂的敌人嗜血成性,他们见人就杀,将躲避在大门道里的妇女小孩用刺刀活活挑死。一名孕妇也藏在那里,伪蒙古军挑破了她鼓起的肚子,未成形的孩子被摔了出来。他们抓住一名当时只有 13 岁的小孩,用枪逼着他往大门道里背柴火。伪蒙古军将柴火点着,企图将大门烧开。里边的人用石头、麻袋将大门堵了起来。伪蒙古军见状不行,又将围子西北角的一堆柴草点着,趁着滚滚的浓烟,架上梯子蹿入院内,墙上架着机枪,嘶叫着“缴枪饶命!缴枪饶命!”那明晃晃的刺刀戳进村民的胸膛,刺刀沾满了无辜百姓的鲜血。

在炮台里抗击的人,早已知道对手是伪蒙古军,但他们没有屈膝,因为弹尽,躲在炮台里,伪蒙古军也不敢接近。伪蒙古军抓住一名大同来此地当长工的青年,恐吓一阵以后,一伪蒙古军连长对他说:“你的任务,叫炮台缴枪,不缴枪的没命。”青年把伪蒙古军的信送进炮台,并要回信。里边的回答是:“我们没纸也没笔。”可当村民一出炮台,一阵机枪吼叫声,就把他们打倒在地。躲避的不能幸免,抵抗的格杀勿论,挑死的、打死的,不计其数。男女老少、本村的、外来走亲躲匪的,都没有逃过尸体纵横相枕,鲜血流成了河。

张北县南滩村遭受伪蒙古军的一场惨杀,36 名百姓倒在了血泊之中,6 人留下重伤,这是日伪侵略者在张北历史上留下的又一血证。

日军怀着征服者的疯狂和为战死者报复的仇恨心理，野兽般“实施彻底性扫荡”，妄想“发扬日本的武威而使中国畏服”，从精神上摧毁中华民族的抵抗意志。目睹暴行的美国记者德丁控诉：“日军毫无节制的残暴只能和欧洲中世纪黑暗时代相匹敌。”《纽约时报》则形容为“远古野蛮时代发生的事”。

第 三 编

在重重包围中前进

第一章 风雨飘摇

第一节 日伪对根据地的“蚕食”进攻

一、挖空心思的侵略手段

推广“治安强化运动”

日军开始大力扶植、利用汉奸和伪军，日伪合作，对华北敌后抗日根据地进行所谓“三分军事，七分政治”，集军事、政治、经济、文化、交通、特务为一体的“总力战”，以达其确保占领华北之目的。日军由此把“治安肃正运动”发展成为“治安强化运动”。“治安强化运动”是日本帝国主义“以华治华”“以战养战”方针的具体运用。从1941年春到1942年底，日军在华北连续推进了5次“治安强化运动”，简述如下：

第一次是从1941年3月30日到4月3日，为时5天。由伪华北政务委员会委员长王揖唐等汉奸活动于第一线，实则“由日方在暗中幕后极力指挥”，主要内容是：“剔抉、破坏共产党组织；训练行政机关职员；扩大保甲制的地区，统一实行户口调查；扩充及训练自卫团”；“普及宣传东亚新秩序”。其重心是加强和巩固汉奸统治能力。

第二次是从1941年7月7日至9月8日。其特点是：日军对晋察冀抗日根据地进行长达两个月的“封锁”和“扫荡”，伪华北政务委员会官员密切配合。伪官员“分赴各该管辖区，进行巡视和鼓励，或身临前线指挥讨伐，或领导加强自卫组织，建设治安道路”。日军还组织政治工作班，对华北居民进行欺骗性宣传、医疗、宣抚，从思想、政治、经济、文化等方面配合其军事“扫荡”。

第三次是从1941年11月1日至12月25日。其重点是：“在于进行灵活的军事行动的同时,断然进行有力的经济战。"即实行"彻底封锁",使抗日根据地的"一切物资,一概不准外流"。为实现其目的,日军对抗日根据地实行残暴的烧光、杀光、抢光政策。

第四次是从1942年3月30日到6月中旬。日军急于稳固华北,这次"治安强化运动"的特点是,在过去3次"治安强化运动"的综合基础上:(一)以"先发制人的手段",对八路军进行彻底的不间断的"肃正讨伐"。首先把主要着眼点放在河北省的彻底"肃正"与迅速"恢复治安"方面。因此,在这一次治安强化运动中,日军对华北敌后各抗日根据地的"扫荡"显得空前频繁和惨烈。其中,冀中、冀东、冀南等区尤甚。(二)大力诱导、扶植伪华北政务委员会下属官兵"独立自主"地积极开展活动。(三)把"肃正讨伐"与行政、经济、文教等各种行动措施,有机地结合起来进行活动。

第五次是从1942年10月8日至12月10日。其特点是:(一)日军"开展了激烈的肃正作战"。(二)采取设置经济封锁线、物资流通限制线、物资检查所,制造长城沿线等地区的无人区等残毒方法,进一步加强对抗日根据地的经济掠夺和经济封锁。(三)"特别注意与军事工作相配合的文化工作。"

五次"治安强化运动"的基本特点是:规模一次比一次扩大,手段一次比一次凶残毒辣,给沦陷区老百姓的生命财产造成了严重危害。

推行沟墙、碉堡分割计划

日本侵略者在"治安强化"同时推行沟墙、碉堡分割计划,加强对平北抗日根据地的控制,阻止八路军和人民的联系,扩大敌所谓治安区。沟墙,也叫"封锁沟",敌所谓的"治安沟""惠民沟",老百姓则叫它"毁民沟"。沟的目的是阻止八路军和群众的联系。沟墙宽12米,深5米多。抓民夫挖沟,日军监工,肆意杀害民工成为家常便饭。

怀柔地区的"治安沟"经沙峪口、平义分、苏峪口、岐庄、北宅、口头、西三村、红螺镇、崔家坟、范各庄、邓各庄、大水峪等村,全长40里,横贯全县东西。

密云的"治安沟"西自康各庄,东至辛庄全长也是40里,"治安沟"以北至长城广大地区,划为"无人区"。河东从大华山经水浴进入怀柔也挖了一条10多里的"治安沟"

昌怀密地区,敌人从1942年4月开始,强征5000多青壮年劳力,沿着山边挖"治安沟"。从昌平的桃峪口,途经丰滦密九区的平义分、北宅、白厂,四区的红螺镇、范各庄、流水庄，六区的康各庄、卸甲山、署地、坟庄，二区的北白岩、尖岩、庄户，三区的董各庄、燕落、不老屯、学各庄、石匣，长达180里，挖了深5.3米、宽8.7米的"治安沟"，每隔500米建一座岗楼。

延庆地区，从康庄岔道到永宁，长达40里，企图封锁平北10团所在地区并割断中国共产党南北山之间的联系，确保山地为敌占区；龙延怀五六区，以龙关为中心向外扩展，企图压缩中国共产党北山中心区，并切断西部与西北部的联系。

结合"蚕食"，不断进行分区"扫荡"

1942年，敌人对平北抗日根据地的"扫荡"时间比任何一年都长，次数最多，手段也最毒辣。1月"扫荡"龙(关)赤(城)，3月分区"扫荡"，5月大"扫荡"，7、8、9三个月"清剿扫荡"。敌人在战术上搞"交替扫荡""反复扫荡""长途奔袭""铁壁合围""梳篦式扫荡""隐蔽集结"等。

短则几天，长则几个月。以后，日军又发明所谓"新战术"，即"蚕食"，像蚕食桑叶一样，逐步从根据地边缘向中心区压缩，以缩小平北抗日根据地，扩大敌占区，最后达到消灭根据地的目的。

"扫荡"与"蚕食"有时交叉进行，有时同时并举。1942年全年，敌人共发动大小"扫荡"32次，抗日村干部和积极分子被杀害430多人，被捕1100人，被烧毁房屋25580多间，群众损失粮食3630多担、牲畜2100多头。平北抗日根据地受到严重损失。在延庆和怀来地带地方工作曾一度难于进行，丰滦密地区的大部分村政权遭到破坏、变质。

1943年是日军"蚕食"政策表现最明显的一年，除1943年9月对北山中心区进行了一个半月大"扫荡"之外，其余完全采取分区小"扫荡"结合其一定时间"蚕食"之目的。同时，平北抗日根据地则逐步转变右倾，积极自愿反"蚕食"斗争，故1943年亦是敌我"蚕食"与反"蚕食"斗争空前尖锐的一年。但平北抗日根据地稳定性较1942年以前相对增大。

修"人圈"，制造"无人区"

"小日本，心太恶，害得百姓没法活。烧杀奸淫不用说，集家又组合。说集家，真可怕，强盗鬼子命令下，好房好屋拆趴架，硬把'人圈'搭。修'人圈'，万人愁，拿着百姓当马牛，群众生活如罪囚，哪能有自由。"这是抗日时期流传在承德地区的一首歌谣，真实地反映了当时人民的生活，有力地揭穿和批判了日本修“人圈”的罪恶目的。

伪满洲国“西南防卫司令部”大村少将，拟订了《西南地区治安肃正实施方案》。这个方案就是“集甲并屯”方案，主要是制造大片土地无人居住，所以也叫“无住地带”，或叫“无人区”。伪宣化省发出布告说：“……为挽救垣城内居住之良民脱离匪患，于匪跋扈区指定‘无住地带’，而令彼等良民移住无匪地域而使敌匪（指抗日武装）欲穿无衣，欲食无粮，欲住无屋，杜绝其活动之根源，使其穷困达其极点，俾陷入自行歼灭之境。”

“集甲并屯”，就是敌人用刺刀，限令几天内，周围十里八里各自然村的老百姓抛掉土地，拆掉房子，搬进指定的部落（敌人美其名曰“部落”，平北百姓称其为“人圈”“围子”）。“人圈”，双层围墙，里层较低，可登墙站岗。墙的四角构筑炮楼，留一个或几个大门，门上设有门楼（实为岗楼），太阳下山闭门，太阳出来开门，门口有警察或自卫团把守。当时的行政组织是大村长、甲长、部落长（自卫团长），部落里有行政警察、部落警察两种。时刻监视着部落里的居民，稍有抵触者，就视为通“匪”，轻则入监，重则处死。

在长城沿线，“人圈”外的“国界”处，均划为无住地带，插上木橛，不准逾越，发现私通，开枪射杀。

1943 年 12 月伪满政府宣布完成集家并村任务。长城沿线的“无人区”有 1000 千里，面积约 25000 平方公里，人口 100 万，修部落 667 个。

老百姓被集中到“人圈”之后，失去了人身自由，失去了家园，失去了土地，过着食不果腹、衣不遮体的非人生活。生活上，一切物品包括粮食、布匹及日用品均实行“配给制”，但保甲长及大小头目层层盘剥，真正到群众手中的所剩无几。每年每人配给不到一尺小白布，倘有人冒险换点布，一经查出，要以经济犯治罪。没有粮食，只能吃树皮、野菜，导致全身浮肿，皮肤绽开数不尽的口子，个个面如土色。

“人圈”住的就更惨，由于房少人多，人们没处住，牲口圈、席棚里、山药窖，都成了人们吃饭睡觉的地方。一丈多见方的戏台上竟然挤住了 20 户。而苛捐杂税，更是多如牛毛。如“粮谷出荷”“民生集谷”“地亩捐粮”“民生捐”“地亩附加税”“门牌税”“协和会税”“牲口税”“出生费”“死亡费”“宰杀费”等，同时承担。其他杂税还有“送草”“送柴”“送猪”“送礼”（宪兵队长结婚或寿辰，每甲 70 元；警察中队长以上官员，每甲 30 元）等杂税，除此之外还有“自卫队员费”“棍团费”“劳工费”“村甲职员费”等，名目繁多。“人圈”里由于人多，环境卫生恶劣。尤其是夏季，屋里遍地是污泥浊水，粪便臭气熏天，苍蝇、蚊子、臭虫等恣意肆虐，鼠疫、伤寒、霍乱、疟疾传染病广泛流行。还有一种可怕的血液病，得了病的人鼻口流血，传染很快，死亡率极高。

"黑夜千山火，白昼有枪声。村村起狼烟，户户有白骨。"这首诗是"无人区"的真实写照。

研究"无人区"40 多年的党史专家陈平曾说："南有南京大屠杀，北有千里无人区。"据河北省党史资料研究，从 1939 年至 1945 年，在无人区内人们背井离乡，流离失所，被日军残害或间接致死的军民就达到了 35 万人之多。

日军其他阴险策略

日军在大的军事活动间隔期间，则以成群的特务、叛徒、宪兵、警察武装侵扰，包围村子，搜捕抗日工作人员和村干部，摧毁中国共产党基层组织，打击分散活动的班排武装和游击队。勾结抗日队伍内暗藏的坏分子待机行动，或里应外合抓捕中国共产党干部，或瓦解威迫武装投降，或刺探情报，配合其武装"清剿"。敌人在各种封建迷信组织掩盖下，秘密网布奸细组织，增其耳目，以此作为其推行"蚕食"政策的内应与先遣队。在政治上进行诱降，使抗日军民内部的动摇分子入其圈套，为其所用，再派回原地进行破坏，对平北抗日根据地威胁很大。

此外结合武装侵扰，所到之处，开会放映影片，散发传单，张贴标语，抓住中国共产党工作中的弱点搞扩大的欺骗宣传，例如"今年打不败日本，日本永远不能败""八路军要开走保卫陕甘宁边区去了""国共要分家"等，以此蛊惑人心，消沉抗战意志，引诱群众跟着敌人跑。

在经济上对抗日根据地进行封锁。

日军对抗日根据地"彻底实行经济封锁，使敌之生存条件枯竭，自行灭亡。这是肃正上最有效的手段"（伪《蒙疆新报》载）。计划所有粮食全归"合作社"，百姓吃粮到合作社领取。布棉、药品、煤油、食盐、火柴等均实行配给制。不交粮食不配给，交粮食的则低价配给。伪察南政厅规定：食盐配给原定量的一半，火柴按户口本，每月半小盒，煤油按户口本，每月一斤以内。其他一切物品完全禁运，杜绝民间贸易，实行商业独裁，划定伪币流通地区，掌握金融霸权，民间实行购货登记表册，封锁各种物资，逼种鸦片，减少粮田，以扰乱民食。春耕秋收，进行军事破坏，使民无法生产。逼买用具、药品、报纸，推销腐旧商品。实行非法筹款，加征房捐、地捐、商业捐、人头税等，搅得民不聊生，苦不堪言。

以文化为主要手段，加大宣传力度，建立以奴化教育为核心的殖民地教育体系，在教育中渗透亲日防共方针，在学校强制开设日语课，把日语课列为必修课和“国语”，奴化训练贯穿学生日常全部生活，建立各级教育“指导监督”机构。组织新民会、民生会，实施“反共和平”教育，组织宣抚班，破坏八路军的威信，挑拨上层分子的阶级意识，造谣共产党的“暴行”，制造假消息，迷惑人心，打击抗日情绪，散发煽动性的画报。“由该县署弘报股大批印制促其及觉醒之传单”，“张贴于适宜之地点，以唤醒匪共之来归”（见伪察南政厅《龙赤延东部三县特别工作计划》）。进行挖心战术，制造混乱。大肆宣扬“王道乐土”“皇军必胜”的反动思想，向中国人民灌输效忠天皇思想：每逢过日本天长节等节假日，各机关、团体、学校、居民户在门前悬挂日本国旗，参加纪念活动；行人出入城门，路过岗哨，见到日本人必须敬礼。举办日语培训班，强迫老百姓学习和运用日本语、唱日本歌、背诵所谓“国民训”。通过四处张贴布告、标语、漫画，放高音喇叭，打鼓吹号，在集市、街道、村头进行大肆宣传，丑化、污蔑共产党，说红军是长着红头发、绿眼睛、“青面獠牙”、“杀人放火”、“共产共妻”的魔鬼。利用报刊电台，对沦陷区人民进行奴化宣传。通过一系列奴化教育，使占领区的老百姓成为无反抗意识的“顺民”，企图从心理上征服中国的民心。

敌人对根据地的“蚕食”进攻，运用以上各种方式，从1942年开始，一直持续了两年多，使抗日根据地受到极大损失。

二、意志薄弱，叛变投敌

1942年，平北地区抗日斗争最为艰难，异常残酷，平北军民为坚持抗战、争取胜利，付出重大牺牲，仅龙关、赤城两县，每6人即有一人为国捐躯。但也有意志薄弱的人，在敌人威逼利诱下，叛变投敌，给平北抗日根据地造成恶劣的影响和破坏。

张泰事件

1942年1月，伪察南政厅制订的《龙赤延东部三县特别工作计划》，特别提出对共产党组织的破坏“是破坏工作中的重点的重点”。所以成立延庆县“灭共”司令部，伪县长谢玉辉充任司令，两个日本人充当顾问，各村普遍建立“灭共”支部。又组织一个“灭共”挺身队，全副武装，配合“讨伐队”，分区搜索，到处进行破坏，袭击区县游击队，逮捕工作人员，在各村清查检举抗日干部，并“派出谋略宣传员散布流言蜚语，以期引起敌方内讧和崩溃”，“揭露共产党的罪过，促使民众觉醒，大力扶植民众多厌匪和排敌思想”。特别是大量利用“说降客”，通过各种关系（例如家属、亲属、朋友、同乡、同学）及金钱、女色等手段，对抗日人员进行劝降、诱降，从内部瓦解。

一段时期，延庆川“说降客”活动十分猖獗，使一些投机分子和不坚定分子投敌叛变，造成严重损失。

1942 年初，敌策划活动在二区的 5 中队施行，队长祁秉元（收编的土匪头子）和指导员武殿义带领 30 余人持枪投敌，到永宁宪兵队当了特务。1 月，二区区长石春生因惧怕艰苦斗争而脱离革命，逃跑回家。4 月，由于敌特告密，伪警察包围三司村，打死县委组织部部长徐亮和区长刘玉，抓走区委书记苏瑞勋和副区长傅德春。十三区区长徐达天在黄坎被捕。8 月 11 日，七区区委书记傅常英投敌叛变，抓捕七区区干部 11 人（内有区长张仲田和自卫军大队长）。9 月，地委机关警卫队王成起带两个班持枪投敌，到延庆当了伪警察队长，给川区工作造成极大危害。秋，三区区委书记苏建国在长陵被特务暗杀。10 月 20 日，二区刚提拔的区长赵子龙（赵有章）持枪投敌。10 月 24 日，赵有章策划汉家川党支部书记等人叛变，区委书记高万章和区组织干事杜茂全被捕。11 月，四区区长王库投敌，在王仲营抓捕四区青救会主任许庆裕和 10 团侦察员周喜龙等 7 人。由于王库告密，区自卫军大队长许清易被捕。八区区委书记林平和青救会主任杨国柱被捕。

王库投敌前，与延庆日伪勾结，企图将曾威带领的 10 团侦察连在小张家口歼灭。因曾威警惕性高，提前突围，日伪阴谋落空。

昌延县议员、有名的“说降客”张泰，原来就脚踩两只船，公开为我方办事，如买子弹、日用品等，秘密与特务队队长苏雨田相勾结，将县议会开会的情况和议员名单交给敌人。日伪还将昌延县委书记史克宁的未婚妻及其父胁迫至延庆、永宁，大造舆论，蛊惑人心，企图诱史克宁投敌。

敌人对根据地的“蚕食”进攻，从 1942 年开始，一直持续了两年多，使昌延根据地受到极大损失。1941 年 5 月以后，日伪军对延庆川的大“扫荡”，造成川区短时期的混乱状态，虽没有摧毁川区的整个工作，但 1942 年敌人的“蚕食”进攻，却搞垮了二区、四区、五区、七区、八区，六区也受到很大损失，大部分区干部不得不到南山和部队一起活动。整个根据地经受着抗战以来最艰苦、最复杂、时间最长的严峻考验。

针对敌人改变策略，广泛地利用了特务和叛徒，以政治进攻为主进行“诱降”“逼降”“劝降”活动，平北地委有着清晰的认识。1942年6月19日向整个平北地区发出《平北地委为张泰事件展开反敌诱降阴谋运动的通知》，明确：

（一）立即纠正对敌这种阴谋表现麻痹和“束手无策”的现象，我们必须严重认识，对于敌人所派遣的“说降客”的活动置之不问不闻，是足以助长敌人诱降活动横行无忌的。因此应当在政治上尖锐地揭露“说降客”的通敌叛国罪行。他们是替敌人做亡我国灭我种的开路先锋，是要使全中国人民服服帖帖地受敌人的宰割。只有在群众中揭露“说降客”的罪恶，才能使敌人的诱降阴谋无隙可乘。

（二）对于根本的首要的为群众痛恨的“说降客”，应由政权予以积极逮捕，依通敌危害民国罪，断然处理，公布他的罪状。替敌积极进行诱降活动的“说降客”，是死心塌地的汉奸，是不能以“两面派”和一般汉奸视同一律的。

（三）同时我们也要反对可能发生的另一种倾向，就是把首要分子与被人利用而不自知的分子混为一谈，滥捕滥杀的现象，造成恐怖，迫使可以被争取的而死心塌地为敌服务。因此，我们只要能治一两个首犯，而对于其他胁从分子等，除在政治上予以打击外，当须积极争取，使他们畏威怀德，改过自新，至少不替敌人积极进行诱降活动。

以上是我们对付敌人诱降阴谋及“说降客”的基本原则。根据这些原则，今天以处决张泰为开始，在平北范围内广泛展开一个反对诱降阴谋活动。

6月间，平北地委专署将“说降客”张泰在北山处决，特别要求昌延县委要广泛发展群众，控告张泰鱼肉群众、为非作歹、通敌叛国的种种罪行。处决张泰后，由专署出布告，公布张泰的罪行，在各地广泛张贴，造成声势，敦促“说降客”向政府自首，争取从宽处理。地方武装积极活动，打击特务叛徒，进行武装宣传，鼓舞群众的斗争情绪。

地委在处决张泰后，到处张贴处决张泰的布告，给叛徒特务极大震慑。

六区在古城村召开数百人的群众大会，坚决支持政府处决张泰。地委布置反“降诱”锄奸工作，建立锄奸小组70多个，有组员222人。侦察工作做得很好，对延庆川敌特的大量罪恶掌握得一清二楚，打击又准又狠。延庆川有敌特174人，一个短时期内，处决杀剩20余人，沉重打击了敌人的诱降阴谋。

苏冀叛变

苏冀是河北省新乐县人，1942年在龙延怀联合县三区任区委书记。后来，他成立了10多个人的区小队，打击特务和小股伪军，为开展抗日活动做了一些工作。

1942年，平北根据地进入最困难时期，很多村干部、抗日积极分子被杀害、被捕。苏冀看到当前的斗争形势，感到前景一片渺茫。想着身为区委书记，不知哪一天成为日军刀下鬼，何不对酒当歌抓紧快活？

安逸享乐的想法充溢着苏冀的头脑，他的生活逐渐地腐化起来。时常大吃大喝，沽酒买醉，还找年轻好看的女人陪他风流。更为严重的是，1943年秋天，他带领区小队在甲咀村边，抓到了一个修京张公路的日本工头。苏冀私自决定，先向这个日本工头要一些钱财，又向沙城的日军要手枪、子弹，作为释放日本工头的交换条件。联络人是甲咀村一贯道（邪教组织）头子赵有富。

赵有富和日军不但没有谈成，反而被扣押在日本工头的驻地。日军在沙城4大队的40多名骑兵将日本工头抢回了沙城，打乱了苏冀的如意算盘。事后，苏冀刻意隐瞒这件事情，未向上级组织和领导做任何汇报。直至11月份，龙延怀联合县县委在里石峡开会，传达平北地委的西坡会议精神时，才知此事。

县委宣传部部长郑林首先提出给苏冀处分，地委组织部部长刘书亭同志请示上级同意后，县委决定给苏冀党内警告处分，并在会议上做了宣布。苏冀虽然怀恨在心，当时也未表态。

会后不久，苏冀回到三区，给县委写了一封信，内容是“我受不了你们的纪律，再见”。

与联合县委“再见”之后，苏冀带了10多名区小队队员，从杨家山出发，投降了沙城日本5330特务队顾问范子信。在范子信的推荐下，苏冀当上了山下特务队的队长。

苏冀叛变之后，在龙延怀联合县造成恶劣的影响。有人听说他投靠日本人后，吃香喝辣，颐指气使，也动了邪念。不久，区武委会主任李占林又带着焦家沟的何有仁、南山堡的董树吉、秦家沟的牛元喜等 4 人投靠了苏冀的特务队，李占林当上了副队长。

苏冀叛变投敌，时任龙延怀联合县农会主任的王平[①]临危受命，被派到三区担任区委书记。

1944 年的农历八月十五日，王平和县财政科科长郭廷杰到常庄子村开会。会后，他们住到常庄子村。不料被敌人密探发现，向特务队队长苏冀告密。苏冀带特务队将王平和郭科长包围在屋内。苏冀厚颜无耻地喊叫，让两人投降。王平他们听到喊声，冲着外面就是一梭子子弹，愤怒地谴责叛徒。子弹快要打光了，王平对郭廷杰说："死也不能当俘虏，你先打死我。"郭廷杰打死王平后，又开枪打死了自己，两人英勇就义。

王平是个英俊豪爽的青年，牺牲时只有 24 岁。他长得膀大腰圆，国字脸，高鼻梁，大眼睛，说话声音洪亮，讲话时鼻尖上总爱冒汗。他爱憎分明，平易近人；他谈笑风生，喜欢唱歌，所以特别招青年和儿童们的喜爱。在王平的影响下，怀来县成长起来包括董存瑞在内的一大批英雄模范。就是这样一位受老百姓爱戴的英雄，被叛徒苏冀谋害。

李祥瑞叛变

1943 年，刚进入冬季，平北地区已是天寒地冻，一片萧条。10 团团部和特务连，住在延庆西二道河沟里边莲花滩村。昌延联合县基干大队住在箭杆岭村。

一天晚上，月淡星稀，昌延联合县抽调基干大队 2 排，由指导员李祥瑞带领，配合八区区干部到延庆城以西各村筹粮筹款。临近半夜，他们返回时，本应回到箭杆岭村休息。李瑞祥带领 2 排走到西红山南沟里老银庄村，村北山沟内有 3 户人家。他说天气冷、时间晚，就在那几户人家里住下。

部队走进农家时，司务长于德水觉得 30 多人住在这里，明天早饭就是个问题。部队刚住下，于德水不顾疲劳，就出来到老银庄村搞粮食和蔬菜。天黑森森的，他走得不快。刚出村没走多远，他找个地方解手。于德水刚蹲下，猛然听见 3 户人家那边，枪声和喊杀声响成一片，在寂静寒冷的冬夜听得

---

① 王平（1920—1944），河北任丘人。1943 年，任龙延怀联合县三区区委书记、抗联主任等职。1944 年 10 月，因叛徒告密，与县财政科科长郭廷杰一起被日伪军包围，饮弹自尽，时年 24 岁。

异常清晰。经验丰富的于德水没有站起来,而是躲在那里,弄些乱草和风刮来的高粱叶,盖在身上伪装好。过了一会儿,枪声不响了,四周又恢复了宁静。于德水赶紧站起来往箭杆岭村跑去。他上气不接下气地跑进村庄,向基干大队队部报告说:“2 排已经和敌人在老银庄打起来了。”队长说,30 多人一个人也没回来,这里面肯定有问题。

原来敌人来到老银庄北沟,将 3 户人家包围起来。坚决不能坐以待毙!2 排排长刘存良、副排长王宝春积极要求应战,要和敌人拼个你死我活。指导员李祥瑞不同意,说被敌人包围了,只要开枪就是死路一条。他坚决不让打,也不让拼,让全排缴枪投降,每个人都留条活路。

两个排长和战士听见指导员的决定,眼都急红了,血性男儿怎么变成胆小鬼?李祥瑞带头缴了自己的枪,扭头又命令排长、战士们缴枪。在指导员李祥瑞的逼迫下,站在敌人枪口下的 2 排全体战士缴械投降了。30 多人一枪没有还击,都做了俘虏。除了司务长跑回箭杆岭村驻地,找到基干大队外,其余每人背一条枪,被敌人押走。

过了几天,李祥瑞又跑回来了,说是趁敌人不注意偷跑的,他什么秘密也没有泄露。基干大队哪里相信他的话?早就提高了警惕,开始对李祥瑞隔离审查。通过延庆据点里的内线调查了解,李祥瑞已经叛变了革命,当了可耻的叛徒。县基干大队 2 排 30 多人,当了敌人的俘虏。他们的叛变,给昌延联合县基干民兵大队造成不可弥补的损失。

昌延联合县政府、基干民兵大队和八路军 10 团在莲花滩村召开军民联合大会,声讨叛徒李祥瑞的罪行。会后由县政府和军法处宣布李祥瑞死刑,立即执行。

贪图富贵、贪生怕死的叛徒们,走上了万人唾骂的不归之路。

第二节　平北儿女宁死不屈

从留存下来的档案《一九四三年提拔与损失干部的比较表》和《一九四三年各县损失干部统计表》可以看出,当时干部的损失很大,甚至提拔的速度和数量赶不上损失的速度和数量。

如昌延联合县新提拔干部占现有干部总数的 43.3%,损失数与干部总数比高达 56.7%,干部损失的原因,牺牲占 35%,被捕占 59%。这些冰冷的数字背后,是一个个为了革命事业前仆后继、英勇不屈的鲜活生命。

一、花甲之年意如钢

“我是不是最老的党员啊?”宣誓毕,温克明略带忧伤地问。

“不,你有一颗年轻的心,你有青年的热血与激情,你有中国人刻进骨头里的爱国情怀,你是我们最好的党员之一!”

两双粗糙有力的大手紧紧地握在了一起。

这一年,是1940年,温克明56岁,光荣地加入了中国共产党。

温克明,延庆柳沟人,1884年生于贫寒的农民家庭。幼年父母双亡,过着流浪的生活。后为生活所迫,替人当兵10年,结束军旅生涯回村务农。1936年家乡沦陷,曾组织民众武装抗击日军的侵略,虽然年纪大,却是平北早期的革命干部。

1942年夏天的一个晚上,柳沟南堡街上聚集100多民众,一边乘凉,一边在听村里说书艺人王顺和弹弦人曹文撰的西河大鼓《粉妆楼》。

驻柳沟城内据点的敌人,被游击队吓破了胆,每天夜里派一个班的兵力,到城外巡逻放哨。这天晚上,伪自卫队的一个班有10个人,执行巡逻任务,他们很远就听见热闹的说书声,偷偷来到说书场听书。昌延县政府参议员胡成热情地招待他们,给他们搬出2条长板凳,把伪自卫队孙班长让在正座上,让伪自卫队队员都坐在板凳上,还用香烟、茶水招待着。当书说到妓女与淫汉那种“淫色劲儿”的时候,伪自卫队队员把大枪安然地放在板凳上,个个歪戴着帽儿,耷拉着脑袋,嘴里叼着香烟,眯缝着双眼听得入了迷。

这时候,温克明带领事先隐蔽好了的20多名游击队队员,握枪冲向敌群,大声喊道:“不许动,缴枪不杀!”孙班长扭头“啊”的一声要逃跑,温克明“叭”的一枪将他打死。其他伪自卫队队员傻了眼,慌忙跪倒在地举起双手说:“缴枪投降。”游击队缴获了10支大枪和不少子弹,迅速把敌人押出村,钻进青纱帐,安全地转移到燕羽山上。城内的敌人发觉后,在城头上乱放一阵子枪。

从此,柳沟一带传颂着温克明带领的游击队是“神兵天降”的说法。

1943年,温克明代表平北地区,参加了在河北阜平召开的晋察冀边区第一届参议会,见过边区首长,受到深刻教育,抗日热情更高了,工作更积极了。

1943年4月的一天,温克明带着秘书张体芳,在石佛寺村镇压了一个罪大恶极的汉奸，接着走东家串西家，向民众宣传抗日道理直到半夜。两人又饿又累，心想不要麻烦村民了，就在村边的场房里凑合一夜吧。4月的夜晚还有些冷飕飕的，在房里的温克明他们饥饿寒冷，前半夜睡不着，后半夜睡得很香。不想汉奸告密，快天亮的时候，他们被伪军包围了。

温克明一看阵势，日伪军足有50多人，四周山头都被占领了。他冷静地做出分析，知道来者不善，立刻命令秘书："你年轻，赶紧跑，我来掩护。"其实他明白，自己一个人一支枪，活着出去的可能性很小，其实早已把生死置之度外。

此时的温克明反而镇静了，他占据有利地形，凭着一支抢，打死了多个敌人，击退了日伪军的数次冲锋。

日军急了眼，喊着骂着踢着，逼伪军往前冲。温克明又接连打死几个敌人，一会儿，子弹打光了。敌人叫嚣着："温克明你被包围了，跑不了了，快出来投降吧。"

温克明抄起一根木棒，躲在门后准备着，进来一个砸一个，又一连打倒3个伪军，接着和七八个伪军扭打在一起。经过一场激烈的对打，终因寡不敌众，温克明被打昏。伪军将他五花大绑拖上了汽车，关进了南口警察署大牢。

在南口警察署大牢，日军明白温克明是昌延地区知名人士，不敢轻易动硬的，先由警察副队长孙森劝说，接着警察署署长摆了一桌丰盛酒席劝降。温克明把八仙桌子掀翻，杯盘酒菜满地都是。

日本宪兵队队长山本中尉亲自审问，温克明怒目而视一言不发。山本说什么中日亲善，建立大东亚共荣圈，只要投降将功赎罪，官儿可以比共产党那边大，有马骑有车坐，呜里哇啦说了一大堆。

温克明闭着眼睛连听都不听。警察署署长是为讨好主子来帮腔，没等他说完，温克明站起身来，手指他鼻子破口大骂："你们这群民族败类、汉奸走狗，劝我叛变投降，没门儿，我早已是共产党员了，就是要杀净你们这些汉奸走狗，把日本鬼子彻底赶出中国！"山本听不下去了，暴跳如雷，各种酷刑都用到了。温克明几次昏过去又被凉水喷醒，醒来后他骂声不绝。敌人想听的，他一个字儿也没有说。

敌人威逼利诱严刑拷打，各种奸计都使到了，就是无济于事，丝毫动摇不了温克明的意志。敌人黔驴技穷，拿出最后一招。路边，三步一岗五步一哨，垭口处山梁上架着机枪，两排荷枪实弹的鬼子兵，押着温克明走向山坳。

走到山崖根一棵老松树下,温克明不走了,他转过身来,叉开双腿,傲然站在松树下,在众多敌人脸上扫视了一圈。

温克明的慷慨大义,震慑了敌人,连日军山本也无言以对,只能咆哮着:“这是最后一次机会,到底投降不投降?”温克明斩钉截铁地说:“让我投降,做梦去吧!”

1943 年 5 月最后的一天,温克明牺牲了。“捐躯赴国难,视死忽如归!”花甲之年的温克明的凛然大义和英雄气概,与延庆大地山水共生同辉。

二、铁骨铮铮的高传纪

今天 19 岁的人刚刚举行完成人礼,能够激动地宣布:“这一年,我对自己的所有行为负责!”而 19 岁的高传纪,为了民族的独立和人民的幸福,他的生命以最破损的结局却又是最高贵的形式,永远定格在青春韶华!

高传纪是山东潍县人,父亲曾任山东掖县中学校长。1937 年七七事变后,还在读中学的高传纪,看到国土沦丧、山河破碎,就立志抗日救国。8 月,高传纪在中学加入民族解放先锋队,1938 年 8 月加入中国共产党,1939 年春去延安,在联大学习,后随联大到晋察冀边区。

1942 年,高传纪联大毕业后,积极要求到抗日救国的最前线。他被分配到艰苦的平北抗日根据地,担任龙赤联合县四区的区委书记。他在工作中,吃苦耐劳,团结同志,艰苦朴素,任劳任怨,工作很有起色。虽然工作不久,但在干部和群众中留下极其深刻的印象。

夏季的一天,高传纪从海家沟准备到羊倌村发动群众,进行反“扫荡”。他走到羊倌村梁上,不幸被龙关“扫荡”的特务抓捕。龙赤联合县四区是平北抗日根据地的中心,敌人千方百计想摧垮根据地的抗日组织。他们派遣特务、奸细进行打探,但总是一无所获。现在抓到高传纪,正好要从他口中得到一些情况。

高传纪被敌人押到龙关县的宪兵队监狱里,狱警声嘶力竭地审问:“你的上司是谁?”高传纪怒目相视,冷眼以对,一声不吭。“哪几个地方有你们的组织?”他仍然一声不吭。“你们的武器弹药都藏在哪里?”他还是一声不吭。

高传纪面对敌人一次次拷问,始终挺胸怒视,缄默不语。几次过堂,皮鞭、木棒、镣铐、辣椒水、老虎凳的折磨,对他都无济于事。敌人气得眼都红了,恼羞成怒,在龙关城集市场的重光塔下,埋起木桩,将高传纪绑在桩上。

“铁嘴钢牙也叫你开口讲话!”残暴的敌人咆哮着。高传纪怒视着敌人。

“说不说?”“说不说?”“说不说?”残忍的敌人狞笑着,放开了如狼似虎的军犬,扑向了高传纪。军犬狠命地撕咬着、吞食着,向着一个鲜活的血肉之躯……围观的群众不忍看,低下了头,默默地离开了集市。

高传纪牺牲时只有19岁,烈士虽然只留下几块遗骨残骸,但他的精神不死,犹如海陀山上的苍松,冬夏常青。

三、古城堡中的烈士墓

河北宣化城东北,有个村庄叫葛峪堡。这里群山横亘,河水环绕,依山傍水的地理位置,成就了它重要的军事城堡的地位。这是一座落满历史尘埃的村庄,民间有“先有葛峪堡,后有宣化城”之说。村子东南处,矗立着4米高的点将台。点将台不远处,是烈士张文远之墓。

张文远(原名郗天佐,曾用名江北),1920年9月生,原籍陕西省华阴县,由于父亲经商迁至三原县。在三原中学参加民族解放先锋队,是民族工作和抗日救亡宣传工作的积极分子,曾演出《放下你的鞭子》等戏剧。在三原中学地下党的领导下,积极参加反对国民党压制学运和迫害进步教师的斗争,受到师生好评。

1938年7月,张文远中学毕业,由中共三原中心县委推荐,经中共陕西省委批准,前去延安学习。同行20多人,自费徒步走到延安。张文远被分配在抗日军政大学学习,在抗大入党。1939年春,随抗大二分校奔赴抗日前线,经组织分配至晋察冀军区抗敌剧社工作。1940年底,到华北联大五队(教育学院)学习。皖南事变时,联大校部在平山县会口开大会,声讨反动派破坏抗战、破坏国共合作的罪行。各队互相拉歌,站起来指挥教育学院唱歌的就是张文远。4个月学习结束后,参加教委会临时组织的贯彻统一累进税工作组,被分在晋察冀边区二专署山西盂县的一个村。这里吃水困难,离村10多里有一口井,需用毛驴驮水或人去背水,上山下山极不方便。村里有“窖井”,冬天把雪堆进去,雨天让雨水流进去。下雨天,每家把凡能盛水的家什摆在院子里接雨水。第一天进村,由于不了解情况,张文远他们洗脸、漱口后把水倒在地上,老乡用惊奇与不满的眼光看。第二天,了解当地用水困难的情况后,每人每天只用半茶缸水擦脸、漱口。张文远很快适应了当地的生活。

1941年夏季，成立教育学院高级一队，张文远在队里学习。当时他的文艺作品，曾获晋察冀边区学联一等奖。一天傍晚，同学们三五成群，在阜平县台峪村的河滩上散步，天南地北地谈着。同学刘希贤是北京人，会拉胡琴，就说："抗战胜利后，我请你们吃涮羊肉。""哈！真香，又在精神会餐了。"同学邓文质插了一句。张文远问同学："你对恋爱问题怎么看？"同学说："环境残酷，现在不谈。日寇未除，何以为家？打走日本鬼子再说。"张文远接着说："英雄所见略同，抗日胜利后再说。"

1942年，华北联大缩编，一些同志分配到平北根据地工作，其中就有张文远，化名江北，担任龙崇宣联合县三区区委书记，创建了宣化农村第一个党支部。

1943年6月5日，张文远和区治安员黄考政及民政助理员张正清3人，在葛峪堡开展工作，被特务陈六石头（陈洪照）告密。

常峪口的伪军闻讯赶来，冲入堡中，张文远等越城突围。敌人继续追捕，在向台子梁的路上，张文远中弹身负重伤。他为了保护黄考政和张正清脱险，把手枪和文件交给他们，并以命令的口气，令二人突围出去。

张文远自己留下两颗手榴弹，决心与敌人斗争。敌人追到跟前，他甩出手榴弹，炸死几个敌人。黄、张二人脱险了，张文远由于流血过多昏迷而被捕。敌人把他抬到常峪口据点，张文远苏醒后大骂敌人："你们是不是中国人？有没有中国人的心？甘心做亡国奴吗？"就这样，敌人没有得到任何口供，却被斥责，狗急跳墙，杀害了年仅23岁的张文远。

张文远牺牲后，抗日军民把他掩埋在葛峪堡村东南。平北地委和专署曾发文，将葛峪堡改为文远堡，并立碑以志纪念。

四、壮士血染白龙潭

2010年8月，在延庆东南部山区白龙潭，人们清理这个宽20米、深18米的巨型石潭时，挖出了铸铁的手榴弹弹壳。看着锈迹斑驳的弹壳，70多年前抗日英雄岳坦宁死不屈、血染白龙潭的事迹，再次被人们颂扬。

位于延庆大庄科的白龙潭，在昌赤公路的南山峡口处西侧，距大庄科村5里。

1914年，岳坦出生在大庄科乡杨树沟（水泉沟村的一个自然村）的一个穷苦农民家庭里，全家4口人，没有一个吃闲饭的人，但仍然盖不起几间房，挤在一个炕上。

1937年，伪满在大庄科村安了警察分所，统治当地老百姓。伪所长王小猴及伪警察横行霸道，欺压百姓，搜刮民财，侮辱妇女，百姓不得安宁，激起民愤。大科村村长工董学升等40多人，在这年5月1日夜里，砸毁了警察分所。

这件事，当地百姓拍手称快。富有正义感的岳坦心里痛快极了，他亲眼看见王小猴祸害百姓的事，深切感到自己20多年来挨饿、受冻都是那些罪恶的人造成的。仇恨的种子埋在心里，他敬佩董学升敢作敢为的义举，盼望这里的人们早日得到解放。

1940年1月，八路军来到霹破石、沙塘沟、铁炉等村，宣传党的抗日主张，发动群众，建立救国会，建立党的组织。岳坦参加了抗日游击队，因为他勇敢正直，先后担任了村自卫军队长、民兵中队长。他和指导员王俊英（香屯村人）、大队长王德荣（汉家川村人）密切配合，组织民兵站岗放哨、埋地雷、送情报、掩护干部，为开辟根据地做出了贡献。由于他工作积极努力，认真负责，1941年光荣地加入了中国共产党。

1941年夏天，伪满西南防卫司令部大村少将，拟定了一个《西南地区治安肃正实施纲要》，以加强西南边境的“治安”。在这一带强迫百姓拆掉自家房屋，到邻近大村修围子（老百姓称“人圈”），迫使百姓都搬到里面去住。同时，严加管理，妄图割断群众与八路军的联系。

比较大的围子是汉家川村，它包括水泉沟、杨树沟、暖水面等10多个自然村。由于群众的反抗和抗日政府领导群众不断斗争，直到1943年也未全搬入围子里，老百姓宁肯在山坡上搭起临时窝棚。岳坦家的房子也被拆光了，他家的窝棚搭在杨树沟的东山坡上。杨树沟是一条南沟，沟口北边是一条公路，沟里住着10多户人家。

汉家川一带属于昌延联合县二区，区长刘文科领导这里的群众进行“反围子”斗争，敌人恨之入骨，四处张贴告示，悬赏买刘区长的人头，要活捉“刘黑子”（刘文科惯于夜间行动，敌人如此称呼他）。

1943年6月19日，刘文科带领游击队袭击周四沟敌人后，返回途中，带着通信员于长印深入农村，发动群众筹集公粮，拂晓来到杨树沟岳坦家中的窝棚。刘区长太累了，刚一进门，就倒下呼呼睡着了。岳坦和他嫂子怕区长出事,分别在门口和山下放了两道岗哨。

不大一会儿,嫂子从山下神色惊慌地跑回来,说山沟里来了敌人。岳坦忙把刘区长叫醒,领着他和通信员往山上跑。他们刚跑到山上,突然“叭”的一声枪响,子弹擦着岳坦的耳朵飞过,原来另一座山上也来了敌人。步兵、骑兵,黑压压的一片。岳坦当机立断,让区长和通信员滑进一片茅草丛里隐蔽好。看着他俩藏好了,岳坦故意向另一个方向跑去,把敌人引开了。他跑出10多米远,就被敌人抓住,反绑了起来。敌人把他围在中间,一个日本军官倒握着步枪,恶狠狠地砸在岳坦的左肩上,厉声喝问:“刘黑子在哪儿?”

“不知道!”岳坦沉着地说。“公粮在哪儿?”敌人追问。“不知道!”岳坦提高声音说。敌人打一下问一句,再打一下,再问一句。岳坦始终都是3个字:“不知道!”敌人下了毒手,打断了岳坦的左臂,大臂和膀子只剩一条筋连着。筋被拉长了,胳膊几乎耷拉到膝盖边,但他还是3个字:“不知道!”

藏在草丛里的刘文科心像刀割一样,他抓过于长印手里的枪,想冲出去与敌人拼命,救下岳坦。于长印一把按住刘文科的手,轻声说:“不能开枪!岳大哥受这么大的苦,就是要保护你啊!”刘区长心里明白,岳坦保护的不单单是一个党的干部,他要保护的是区政府和游击队。刘文科忍住两行热泪,依了通信员。

岳坦被伪军押着从山坡上下来,他估计刘区长还在附近,怕敌人再搜山,突然大喊:“快跑呀!游击队在山里边埋上地雷了!”伪军被地雷炸怕了,听岳坦一喊,信以为真,就拼命地跑下山坡,准备沿着山路返回大庄科。

岳坦忘记了疼痛,他知道到了大庄科据点,敌人对他会上刑、拷打、追问。他想,刘区长一定很着急,他要来救我,我决不能连累他。如果我死了,就不会来了。他走到水泉沟北边的断崖上,下面就是白龙潭。这时,岳坦转过身来,破口大骂敌人,猛地跳进了白龙潭,白龙潭水激起了波浪。

岳坦的壮举,让伪军措手不及。他们无可奈何,怕回去交不了差,哄骗他说:“快上来,保证给你治好伤。”岳坦浮在水面上,还是破口大骂。恼羞成怒的敌人连射几枪。岳坦沉下去了,水面上浮起了殷红的鲜血。

岳坦被伪满洲军枪杀在白龙潭里,时年29岁。

1987年7月,大庄科乡政府在岳坦牺牲地白龙潭旁的北山坡上,修建烈士纪念碑,正面镌刻“革命精神永放光芒”,背面碑文记载岳坦为革命捐躯的生平事迹。1995年,白龙潭烈士纪念碑被列为延庆县文物保护单位。

五、勇把青春祭山川

为了抗日胜利的共同信念，平北地区的百姓宁可自己牺牲，也要保护抗日干部周全。他们用生命诠释了，人民才是最伟大的英雄！

1942 年，日伪军到昌延联合政府的根据地进行大“扫荡”，当时八路军的卫生队驻扎在大庄科乡的四道沟。张德正家的两间房是伤员养伤的场所，住着 10 多个伤员。照顾伤员、保护伤员，成了张德正一家的日常工作。

抗日时期，老百姓为对付日本侵略者，每个村的山坡上都有一棵消息树，最先看到日军的执勤人，就把树放倒，其他看到的村民就可以及时准备应对。密切注意山上消息树，是张德正的首要任务。

一天，张德正忽然看见山尖上的消息树倒下，传递着敌人要来了的消息。张德正箭一般冲向屋里，一边对八路军伤员说：“鬼子来了！咱们先躲躲，快跟我来！”一边背起一位重伤的八路军战士，朝提前选好的山洞走去。张德正把重伤员放下、安顿好，抹了抹头上的汗水，转身急忙跑回家里，又背起一位重伤员，送到了山洞里。其他能走的伤员互相搀扶着，跟着张德正紧急隐藏。张德正汗流浃背地往返家与山洞之间，终于把所有的伤员都转移到了山洞里藏好，他才喘口气。

张德正本来也想跟伤员藏在洞里，可是他仔细往周围一看，路边的草丛，还有遮挡洞口的杂草被踩倒了很多，明显能看出痕迹。如果不赶快把踩倒的草扶起来，敌人顺着被踩倒的杂草，很快就能找到藏伤员的地方。

张德正看到这种情况，赶快走出石洞，把洞口周围踩倒的草扶起来，又用石块挡好。顺着小路的方向，他返回去扶草掩饰着。做完这些事情，他觉得不能再回到洞里，为了八路军伤员的安全，毅然选择了别的藏身之处。

张德正向藏伤员的山洞反方向走去，走了几十步，伪军呼啦啦来了一群人。他撒腿就跑，想跑得离伤员远一点。伪军在后面紧追把他抓住。

领头的伪军问张德正，八路军的伤员藏在哪里，张德正瞪了他们一眼，一声不吭。伪军问了几遍，张德正仍然什么也不说。他的蔑视惹怒了鬼子。同来的伪军轮流对张德正用刑，枪托向张德正砸去，耳光、拳头像雨点儿一样落到他的脸上、身上，血水顺着张德正的嘴角流了下来。

伪军问他知道不知道伤员藏在哪里。张德正忍着剧烈的疼痛，还是摇了摇头。伪军见这样没有效果，就把他摁倒在地上，找来一根木棒子，放在张德正的肚子上,用劲地擀,像擀面条一样来回滚动。张德正两手两腿被摁得死死的,疼得直抽搐,鼻子和嘴像喷泉一样冒出血水。尽管疼得钻心,但张德正始终不吭声。领头的伪军见问不出什么结果,就叫两个伪军每人拽着张德正的一只脚,拖着他的身体,在山坡上来来回回走着"之"字形。张德正的胳膊、后背、大腿被荆棘扎着,被砂石摩擦着,很快血迹斑斑。刺骨的剧痛从全身袭来,疼得他昏死过去。拖了一阵,两个伪军累得满头大汗,喘着粗气停下来,冲张德正脸上浇水。

张德正勉强睁开眼睛,忍着剧痛依然一声不吭。伪军见到这种情况恼羞成怒,大喊着:"不说,拖死你!"又叫来另外两个伪军,继续在山坡上来回地拖着。拖一阵子停下来,问一遍张德正。见张德正不说话,就再换两个伪军,再拖,然后再问。张德正鲜红的血迹染红了山坡,一块块、一条条的肉散落在山上、草丛间。在非人的折磨中,张德正紧咬牙关,始终一声不吭。年轻的张德正,就这样被伪军活活拖至奄奄一息,至死也没有说出秘密。

日伪在四道沟什么都没找到,只好灰溜溜地收兵。张德正的父亲和哥哥在收殓烈士的尸体时看到,张德正的后背,只剩下带着血迹的骨头,没有血肉。父子俩强忍着巨大的悲痛,把张德正的遗体埋在了四道沟的山冈上。

新中国成立后,在张德正烈士牺牲的地方,竖立起一块纪念碑,上面写着"人民英雄流芳百世"。张德正的生命永远定格在风华正茂的20岁!

"为什么战旗美如画,英雄的鲜血染红了它。为什么大地春常在,英雄的生命开鲜花。"在平北抗日根据地,在延庆这片热土上,无数仁人志士、英雄豪杰,为了革命胜利奋不顾身,英勇牺牲,他们的光辉事迹与巍峨的海陀山融为一体!

第二章　怒潮汹涌撼平北

第一节　龙关砸狱记

伤病陷魔掌，斗志坚金石。

一举越重关，归来人六十。

这首诗是时任平北军分区政治部民运科科长的刘力生，为庆祝高昆山、李庚尧等同志龙关越狱暴动胜利归来，欣然所作的。

这究竟是怎么回事呢？

一、身陷囹圄，意志如钢

1943 年 3 月，巍峨的海陀山装点着绿装，妫水河两岸垂柳婆娑，野花争艳，塞北的春天如期而至。

和煦的春风唤醒了龙关县。龙关县是民国时期察哈尔省的一个县，原县城位于河北省张家口市赤城县龙关镇。日本占领时期，对龙关这块地方很重视，认为龙关与满蒙接壤，战略地位十分重要。它的得失关系到整个华北地区的得失，因此在龙关下了很大的力量。日军在龙关驻了 4 个中队 500 多人，由松井中佐带领。另外还有 2 个警察中队、3 个特务连，总兵力 2000 多人。

龙关监狱，高墙铁门，墙上架着纵横交错带刺的铁丝网，进入院子要过 3 道大门，可谓壁垒森严。狱内伪警日夜巡逻，阴森恐怖。监狱是四合院，正房住着伪警察，东房西房关押着要犯，南房是散押的“犯人”。当时龙关监狱中关押着 46 名“犯人”，其中 25 名是共产党八路军干部，主要有高昆山（又名高文)、李庚尧(又名李建唐)、冯森、罗林、江虹等人,还有18名是刑事犯。

凶残的敌人对监狱中的同志采取惯用的手段,一边审问一边用各种惨绝人寰的刑罚。用烧红的炭块或者烧红的铁条烙烫肉体,伴随着吱吱的声音,一股股焦煳味散发开来。皮鞭蘸盐水抽打,放出洋狗撕咬,致使皮开肉绽,血迹斑斑。隆冬季节,监狱中四面透风,凛冽的西北风直往屋里灌,破屋里如同冰窖。监狱中的同志冻得瑟瑟发抖,晚上无法睡觉,手脚肿成大包后流脓水,疼得手不能自如伸展,脚不能走路。敌人采取种种残暴的手段,妄图使他们屈服,说出党和八路军的秘密。但我们的同志,没有一个屈服的,人人的意志都如钢铁一样坚强,他们互相鼓励,头可断,血可流,决不软弱投降!

平北军分区40团副参谋长高昆山,1943年1月13日,化装到桑干河地区开辟工作,去收编活动在洋河南黄羊山的土匪武装。他们一行5人,夜宿一家民宅时,因汉奸告密,被日伪军包围。经过两个多小时激战,突围未果,在子弹将要打光的情况下,保存好随身携带的文件和现款。“宁可自杀,不做俘虏!”几个人决定杀身成仁。高昆山留下最后一颗子弹,对准自己太阳穴,扣动了扳机。因子弹卡壳而未果。他们被敌人抓捕,押在龙关监狱。

高昆山双手反绑着被带到摆满刑具的审讯室内,毫无惧色。日本宪兵队队长安里假惺惺地对他说:“咱们可是朋友。”高昆山大吼一声:“咱们是朋友?你给咱一粒子弹吧,那才算朋友。”说着一头向安里猛地撞过去,要以死相拼。安里后退几步,灰溜溜地走了。

平北专署民教科科长李庚尧,1942年12月30日,在龙崇赤联合县正阳墩被日伪军包围抓捕,押在龙关监狱。敌人一边对他用刑,一边逼迫他说出实情。李庚尧理直气壮地回答:“我是一个中国人,为了挽救中华民族的危亡,打败日本侵略者,早已把生死置之度外了,刑具又何所惧!你们想从我口里得到你们想知道的东西,那是痴心妄想!”敌人一连审讯他20多天,毫无结果。一计不成又生一计,敌人举起机枪,对准李庚尧的头威胁说:“还有最后一次机会,不说就毙了你!”李庚尧面对敌人的枪口,大义凛然,面不改色。敌人只好放下枪,假枪毙的阴谋又一次失败了。

在龙关监狱,还有几位坚贞不屈的党的优秀干部。有龙崇赤联合县组织部部长罗林。罗林是河北阜平人,1931年入党,1940年赴平北,任卫生队指导员、农救会主任、区长、中共龙崇赤联合县委组织部部长等职务,新中国成立后曾两度担任中共延庆县委书记。还有龙崇赤联合县财政科科长冯森、40团排长蔡茂等视死如归的英雄。

龙延怀联合县五区妇教会主任江虹，1942年12月12日晚上，和区委书记赵成竹等几人，去二道川王家窑子村找村干部商量筹集慰劳品的事，不料被村里的地主报告了龙关的敌人。敌人纠集50多人，把他们包围在一间小屋里。特务们在外面叫缴枪投降，他们拼命抵抗。打了一阵，江虹他们弹药打完了，终因寡不敌众，落入了敌人手中。敌人审讯，她什么也不说。一个日本鬼子不分青红皂白就打了她几个耳光。江虹只觉得轰的一声，什么也听不见了，耳朵被打伤了，血顺着嘴角流下来，当即昏倒在地上。敌人用凉水浇醒后再打。她暗暗提醒自己："咬紧牙，什么也不说，什么也不承认，等待胜利。"敌人气急败坏，一面往炉子里烧烙铁，一面提起水壶准备动刑，一个翻译官说："你还真不怕死，你那么年轻，死了多可惜。聪明人不吃眼前亏，只要你回心转意，给皇军做点事，找个有钱的丈夫，多好啊！"江虹怒目圆睁，大声斥骂了汉奸走狗一通。敌人狠狠地打了她几个嘴巴，仍然得不到什么情况。敌人见硬的不奏效，便又换了一套软的手法，称之为"怀柔"，实际就是诱降。

高昆山、李庚尧、罗林、冯森等几个关键人物，是敌人选中了作为主攻对象的。敌人请他们赴宴会，用金钱、美女、高官、厚禄做诱饵，加以引诱。宴席上，找来几个女戏子对他们说："你们看哪个好就叫哪个来跟你们睡觉。如果要找太太，在外面看见哪个好就叫哪个给你们当太太。需要什么就给你们买什么。"几名同志根本不为美色所动，他们斥责敌人的卑鄙伎俩。敌人还许高昆山以"大队长""剿匪司令"等要职，但这些统统遭到了拒绝。敌人的阴谋一次次失败了，同志们在狱中进行着不屈不挠的斗争。

二、商量对策，实施计划

高昆山和李庚尧被关在一个牢房里。李庚尧刚入狱时发现敌人对高昆山很优待，心里有几分怀疑。后来两人经过接触交谈，才互相取得了信任。狱中的同志们的革命信念都没有动摇，大家虽身陷牢笼，饱受酷刑，但都没有向敌人投降，还向往着根据地，向往着重新投身革命的洪流之中。摆在当前的问题，如何才能逃出这壁垒森严的监狱呢？这是大家日夜都在深思的。要么是等死，要么是投降，要么就是砸狱暴动，不是鱼死就是网破。逐渐地，一个狱中暴动的计划便酝酿形成了。

一天，高昆山和李庚尧看看四周没有狱警监视，又在一起交谈。李庚尧把多少天来埋藏在心中的一个想法说了出来，他说："根据目前情况，我有组织狱中受难同志一起砸狱的想法，你认为如何?"听到这里，高昆山当即表示赞同说："对，我们应该想办法冲出去。"因为这正是高昆山多少天来想说而未曾说的话。这真是不谋而合了。两人微笑着握了握手，仿佛看见一束火炬照亮昏暗的监狱。他们认真分析了形势、人员情况，认为会得到冯森、罗林、江虹等多数同志的支持，估计力量是充分的，但客观条件还不够成熟，还需要再做充分的准备。两人又多次商量，制订周密的计划。坚定大家必胜的信心，这是成功的保障；进一步做争取翻译张政山和其他狱警的工作，为越狱争取多方力量；注意观察敌情和地形，扫清前进中的障碍；做好保密工作，不能让计划功亏一篑。有了计划在胸，他们秘密而积极缜密地进行准备工作。

高昆山和李庚尧两个人开始实施计划。尽快让狱中同志们的体力恢复。每天都吃发霉变质的食物，或者稀得舀不上来米的饭，饥肠辘辘。大家面黄肌瘦，体力衰弱。要想暴动成功，没有好的体力是难以越出牢笼的。高昆山等同志利用敌人给的优待条件，托狱警到龙关城弄了300斤金黄的小米，给每人每顿添一碗饭，让大家吃得稍微饱一点，为越狱储备体能。经过一段时间补充饭量，狱中同志们的体力得到了一定的恢复。

高昆山有机会还讲故事，讲民族英雄坚贞不屈的故事，教育、鼓励大家，从思想上进行越狱准备。他们还尽量接近狱警，不能把他们拉过来，至少也要达到麻痹他们的目的。

三、寻找时机，对敌斗争

每天晚上8点多钟，狱中同志就一起唱起八路军的歌，互相鼓劲。不仅如此，他们还主动向敌人发起进攻。日本宪兵队队长安里宣称他们来中国是为了"维持东亚秩序"，建立什么"共荣圈"等，并责问高昆山为什么不愿跟他们干。高昆山反问："譬如我们中国人去侵略你们日本，你作为日本民族的人该怎么办呢？能答应吗?"后来听说，安里接到家里的来信和全家相片后非常想家，高昆山借机问他："你来到中国，家里父母妻儿都在想念你，难道你不想家吗？你还不是为了给军国主义卖命才来的吗？哪里是'维持东亚新秩序'呢?"一番话，击中安里心中柔软的地方，安里竟然无言以对了。

高昆山他们几个人，利用一切机会做翻译和狱警的思想工作，收到了明显的效果。通过平时观察了解，担任“龙关灭共工作班”日语翻译的张政山可以作为突破口。张政山在张家口期间曾被伪察南政厅逮捕拘役数月。在被拘役期间，日本人也曾给他用过刑，所以他对日本人心怀不满。释放后留在伪察南政厅特务厅当翻译。他有个好友叫魏健，曾留学苏联，当时在张家口民生会任秘书，经常给他讲些爱国道理，对他影响很大。

高昆山和李庚尧在狱中受审时都由张政山带着，他们就利用这个机会做张政山的思想工作。仅李庚尧在被提审来往的路上，就做他的思想工作20多次。高、李还向他推荐了一些进步书籍，并设法让他搞到了手。同时，狱中八路军战士大义凛然、视死如归的民族气节，深深感染着他。耳濡目染，他的思想有了明显的变化，对狱中同志的态度慢慢地好起来，并利用一切机会做一些有益的事。他利用职务之便，去掉高昆山、李庚尧等人的刑具，允许他们在院里自由活动，也提出想办法把高昆山和李庚尧救出去，报答他们。高昆山和李庚尧他们说，要走，大家一起走，不能只顾自己逃走。张政山备受感动，更加认识到八路军舍己为人的品格。

龙关监狱翻译除了张政山，还有卢长胜、张莳夫等。张政山把高昆山、李庚尧领出来，对他们说：“张莳夫和武健民（叛徒）都是死心塌地的亲日分子，咱们要设法把他们撵走，不然以后不好工作。”并建议高昆山：“明天安里问你为什么不投降，你就说这里不好，特务们在外面横行乱搞，尤其是武健民和张莳夫。武健民娶小老婆……”高昆山听了张政山的建议，向安里说了武、张两人为非作歹的事。安里听了这些话很恼怒，再加上张政山暗中添油加醋，说两人的劣迹。没过多长时间，安里就把武、张二人调到了张家口。高昆山、张政山联手设计，拔掉了一个障碍。

高昆山等几位领导，还做通了狱中群众的工作。有一个因官司入狱的群众，每天给敌骑兵队铡草。就让他利用这个机会了解敌情，下午放风时悄悄汇报。几位同志对敌人的一举一动都很清楚。

四、多方力量，共同谋划

高昆山、李庚尧在八路军中担任要职，敌人对他们十分重视，千方百计想诱使他们投降，对他们比较优待。狱警们看到张翻译对高、李态度越来越好，因此也不敢怠慢。还有一个因素，龙崇赤县大队的中队长宋老五也被押到龙关监狱,他和监狱的警长(看守长)杜善金是亲戚。高昆山通过宋老五和杜警长拉上了关系,经常和狱警们一块儿玩牌、打麻将。和他们混熟后,高昆山常替杜警长玩麻将,每次都给他赢些钱。杜善金玩得高兴了,就拿出部分赢来的钱请客,高昆山、李庚尧、冯森等人也经常被请去喝酒。后来高昆山他们很自由,可以从牢内随便出入。锁子只挂着不锁。看守的屋子他们可以随便出入,枪支在哪里,东西放在什么位置,他们都了如指掌。

在高昆山、李庚尧积极准备暴动的同时,冯森和吴珍也产生了暴动越狱的想法。吴珍是龙关玉泉堡人,1942 年 5 月因刑事犯罪而被捕入狱。入狱后与八路军"要犯"比,他的官司很平常。警务科和看守所里都有吴珍的同学,所以没过多长时间就让他做饭。吴珍读过书,有点文化。几个看守都不识字,吴珍不光做饭,还负责传送监狱日志。警务科如有批示,就念给所长及全体看守人员。后来凡是动笔墨的事都由吴珍管。吴珍把这些事情都处理得不错,渐渐地敌人对他的看管放松了,他有一定的自由,出入很方便。

日军大"扫荡"最疯狂的时候,特务队每天往监狱里抓人。在龙崇赤正阳墩,冯森和田山两人被抓了进来。过了一段时间,吴珍和冯森住在一个监号,两人相处得很好。吴珍有什么话也敢和冯森说。吴珍悄悄问:"咱们在监狱坐到什么时候才算了结,难道就没有个办法吗?"冯森说:"逃出去!我也有过这个打算,你看戴镣铐那些人怎么能跑呢?"吴珍眼睛亮了,一字一句地说:"只要咱们大家齐心,我看能行!"

吴珍和冯森交流后,心底的愿望更加强烈。有一天狱中放了两个人,铁匠剁完镣子,将镣子遗落院中。吴珍趁机把镣子拾起来,秘密地藏好,以备将来越狱时用。万事俱备,只欠东风,他们盼着越狱最佳时机。

开始,吴珍托冯森多次向高昆山、李庚尧请示,但由于狱中人多复杂,稍有疏忽,不仅前功尽弃,而且还会有危险。为了保密,高、李始终没有表态。直至暴动前一天,才正式通知冯森、吴珍他们。

五、抓住时机,举行暴动

1943 年 3 月 30 日,天气晴好,和煦的春风照得大地暖洋洋的。大部分日本侵略军及伪军都出城"扫荡"去了,城内空虚,兵力很少。翻译张政山也留下了,他为了让狱中的人自由些,便在院里大声说:"今天皇军都出城围剿八路军去了,大家要小心啊!"得到这一重要情报后,高、李经认真地分析研究,认为时机已成熟,决定举行暴动。

此时,吴珍也得到了一个重要情况,他在值班日志上发现了日本参事官去张家口受训前,给杜警长的一个书面命令,满满一张纸。内容大意是:在日军“扫荡”期间,要严加看管。如果城内或城外发生紧急情况,就将主要政治犯就地处决。字平时用蓝水批阅,这次用红墨水写的,表示十分重要。吴珍一看心急如焚,赶快将日志拿给冯森和高昆山、李庚尧看。高昆山还注意到一个情况,一连几天晚上值班的狱警都拿上了枪,带上了刺刀。往常爱张罗打牌的杜警长也不张罗了,有一种黑云压城的气氛。情况万分紧急,这也是促使他们决定暴动的一个重要因素。

暴动前,高昆山、李庚尧他们进行了周密的安排。高昆山、李庚尧和吴珍负责正房;胡永旺、李进功负责西房;田山和冯森听到正房动手后,负责到正房援助。开大门是吴珍和任云的事。

当时一连几天晚上,龙关城南关正在唱戏。30 日那天晚上,5 个狱警中有 2 个去看戏了。张政山也拉着翻译卢长胜看戏。真是一个好机会!高昆山像平时一样邀请杜警长玩牌,杜推托不过,玩了起来。吴珍借着给敌人擦灯的机会,把 6 支大枪和部分子弹集中起来放在一卷行李底下。胡永旺和李进功已把镣子从腕上抹下去了,2 个人拿起了炉钩和炉盖,时刻准备着。

玩了几圈牌,到晚上 10 点钟左右,高昆山和吴珍对视一下。高昆山突然紧皱眉头,弯腰捂着肚子,很难受的样子,起身要出去解手。杜警长神色倏然紧张起来,两眼直勾勾地盯着李庚尧。李庚尧沉着冷静,若无其事地对杜善金说:“杜警长,你这把牌不错呀!”杜善金见一切正常,这才又松了一口气。高昆山出院找到了冯森和罗林安排一番之后,又手捂肚子,慢腾腾地挪回正房。杜善金让高昆山继续玩,高昆山指指肚子,摆手说不能玩了,杜信以为真。吴珍趁机上了炕,坐在了底下有枪的那卷行李上看他们玩牌。

高昆山一边喊肚子疼,一边去菜案上找菜刀。没有找见菜刀,一眼发现了炉边的一根通条。说时迟,那时快,顺手操起了通条,照牌桌上就是一通条,将灯打灭,将警长杜善金一通条打倒。李庚尧与另一狱警搏斗,这时杜善金好像明白了什么,说:“高队长,平时我对你不错呀!”一阵求饶,瘫软在那里。按计划,西房听到正房动手也立即动了手。冯森、罗林、胡永旺、李进功用炉盖猛砸低头玩牌的狱警刘进财的头,刘进财被打昏了。接着他们给杜善金、王聚财、刘进财戴上铐子,一起推进监号笼中锁上。吴珍抄起藏在行李底下的大枪,发给大家。监号的人们听到动静,砸开牢门冲出了院子。

监号相继被打开，人们从黑暗的屋里跑出来，兴奋、紧张、焦急，想一下子飞出去，逃离关押他们的人间地狱。

跨出牢门的人们脚下还有镣铐，大家用剁子剁开沉重的脚镣。按照计划，龙赤七区上虎村青年主任任云，利用他平时给监狱管钥匙的便利，迅速打开狱门。高昆山端着枪在最前面带领着大家冲了出去，李庚尧在后面掩护。这时候，敌人发觉了，激烈的枪声响了起来。同志们用刚缴获的几支枪向敌人还击，掩护大家。

六、周密安排，暴动成功

黑夜中，高昆山带领大家向北城墙奔去。

高昆山、李庚尧两人每一次散步，都在观察敌人兵力的布置情况，熟悉地形。日军为了向高昆山等人炫耀其武力，达到震慑的目的，让张政山带领高昆山和李庚尧到城墙上观看炮兵打靶，两人借机观察了城墙的高度、上下路线及敌驻防、火力配置等情况。翻译张政山还以“怀柔”为名，领着高昆山、李庚尧出城，看城墙外面的地势。暴动前夕，张政山领他们到北城墙特意观察了一次地形。龙关北城墙东面是一座方丈庙，中间有个豁口，高仅两米左右。张政山领他们到了那里，缓慢地说：“好好看看，要走只有这条路可行了。”并让他们记住这里的标志。高、李两人心领神会地点点头，又悄悄地观察越狱隐蔽前进的路线，做到胸有成竹。

依照查看好的路线，高昆山领大家直奔北城墙最低处跑去。城墙上还有一个岗哨，高昆山让冯森和另一名同志去解决。岗楼里亮着灯却没有人，大家就一齐往城墙上冲。吴珍把事先准备好的麻绳拴在城墙垛子上，把被子扔下去当垫脚。高昆山指挥着大家，个别人顺着绳子溜下去，大部分人纵身跳下。

夜间黑暗，只有几颗星星在闪烁，模糊看不清。大家跳下城墙时，有 5 人当场牺牲，有的摔伤了，有的丢了鞋。为了缩小目标，大家分散行动，向根据地奔去。由于狱中同志的突然行动，敌人根本没搞清是怎么回事，还以为是城外来了大部队呢。他们不敢轻举妄动，龟缩在城内，乱放冷枪来壮胆。高昆山、李庚尧、冯森、江虹和高昆山的警卫员马玉山 5 人在一起，他们跑了一夜到了窑湾。

3 月 31 日，一轮红日升起来，万道霞光映照大地，新的一天开始了。高昆山、李庚尧他们转到了龙延怀六区鞠庄子村。久别重逢,区干部和乡亲们热情地接待了他们。他们见到同志们,就像见到了亲人。大家很激动,江虹一边笑一边抹着眼泪。当时八路军 44 团团长詹大南带着部队,住在不远的白象寺。村干部为了安全,用毛驴把他们送到白象寺。他们见到了詹团长,詹团长又派战士把他们护送到了平北抗日根据地大海陀,在那里见到了覃国翰司令员,受到了段苏权政委以及 40 团政委王启刚的热情欢迎。其他越狱同志也陆续回到了根据地。

龙关监狱暴动事件给了日军沉重的打击。事件发生后,城里的日伪军十分害怕,再三研究加强防范,严格控制城门的出入。日伪的报纸也纷纷登载消息,并声言要追查原因,但始终没有结果。之后日本人对龙关的人员和兵力进行了一番整顿,安里被调到唐山 228 部队,后被八路军打死在那里。翻译张政山被调回张家口,“灭共班”被调到了沙城。同时对监狱也进行了清理,剩下的一些刑事犯,日本人认为没什么用也都放了。日本人在龙关从此便一蹶不振,此后再也没有在这里立住脚。

龙关暴动成功了,正如春天不能遏止一样,英勇无畏的革命战士迎来崭新的生机盎然的春天。他们在高昆山、李庚尧的领导下,冲出牢笼,终于回到了亲人的怀抱,他们为胜利而欢欣鼓舞。根据地的干部也奔走相告,为之庆贺。龙关暴动,燃烧起抗日的焰火,在《晋察冀日报》上,受到北方局通令嘉奖。

第二节　锄奸震慑敌伪

1943 年 2 月,平北地委下发《平北地委关于目前锄奸工作方针的决定》。根据平北地区“抗日游击战争与反敌探特务、叛徒奸细斗争异常残酷复杂,而且战争愈接近胜利则愈残酷”的抗日环境和特点,平北地委制定了“镇压与瓦解叛徒,打击诱降分子,破坏敌人说降客的特务组织,争取与分化并打击敌人在我区及我占优势区各种公开与秘密的伪组织,瓦解敌人御用的落后会门,建立党的各级保卫组织与建立健全公开锄奸部门,培养各种锄奸干部,并广泛地开展群众的锄奸教育与锄奸运动”的锄奸方针,加大力量建立党内保卫组织系统,开展党内外锄奸教育。并结合实际提出针对叛徒,诱降的特务机关及人员,伪组织,叛徒家属、亲属,落后的会门、教门,内奸的具体对策,把反内奸与反叛徒斗争作为每个党员日常任务之一。

一、神出鬼没卫兴顺

1918年,卫兴顺出生在群山环抱的大庄科乡汉家川河南村。他从小家境贫寒,只上过三冬私塾。家里人口多,老少三辈10多口人,却只有不到10亩沙土坡地。他年纪稍大,就打短工,或卖山柴,贴补穷日子。

1937年5月1日,董学升组织40多人的便衣队,砸伪警察分所,伪满洲军到处抓人,将卫兴顺等七八个人抓到热河省关进监狱,严刑拷打。卫兴顺宁死不屈,对日伪军恨透了,决心不当亡国奴,誓死要报仇。2个月后被保释回来,从此对日伪愤恨不平。

七七事变后,日本侵略者很快占领了长城沿线,日伪军经常在大庄科乡"扫荡"骚扰,人民处在水深火热之中。

1940年初,八路军游击大队随平北工作团挺进平北,在八达岭以东长城沿线创建抗日根据地,成立了昌延联合县,派周楚华、高万章到莲花山一带开辟工作,建立区政权。

这里在日军的铁蹄践踏下,人民生活极其悲惨。周楚华、高万章他们一到,就宣传共产党的抗日主张。群众高兴地说:"这下可好了,共产党、八路军大救星来了!"群众积极报名参加区游击队,很快一支30多人的游击队就建立起来了。由于卫兴顺苦大仇深,作战勇敢,被大家推为队长。

初秋的一天晚上,卫兴顺带领游击队来到二道关。他们摸进伪甲长家里。伪甲长正在炕上抽大烟。卫兴顺一看这一情景,就要动手。高万章用手捅了捅卫兴顺,又摇了摇头,暗示他不要发火。

高万章对伪甲长说:"这次我们来,你也明白,在这之前,早听说你这甲长很坏,为什么不交公粮?"伪甲长满以为有满洲军这座靠山,几个八路军地方干部他不怕,就说:"公粮收不起来呀!"

卫兴顺一听又火了:"你把公粮送到满洲军那里啦!还敢撒谎?"

"送给满洲军又咋样!"伪甲长话头也硬了起来。

高万章说:"怎样也不怎样,那你就跟我们走一趟吧!"

伪甲长被带出了村,来到小山沟。高万章对伪甲长说:"你投靠日本当汉奸,抗拒抗日政府不交公粮,只有死路一条。"卫兴顺掏出了枪,处决了这个伪甲长。

事后,贴出了处决二道关汉奸甲长的布告。其他村的伪甲长,以后都不敢不送公粮了。

在党的培养下,卫兴顺阶级立场更坚定,英勇善战。1940 年 9 月,高万章介绍他加入了中国共产党。

没过多久,卫兴顺参加了平北老 10 团。在袭击柳沟敌据点时,他不怕牺牲,冲锋在前,杀伤了许多敌人,还缴获了一挺轻机枪。

卫兴顺在战斗中表现出色。10 团团长白乙化在全团表扬了他,并提拔他任 1 连 1 排长。

1942 年 10 月,由于叛徒告密,二区区委书记高万章被捕了。

县委又派刘文科到二区担任区委书记兼区长,领导二区人民进行"反围子"斗争。

刘文科来到二区后,了解二区是伪满、伪华北、伪蒙疆统治的三角地带,斗争极其残酷,特务、汉奸、"说降客"活动猖狂,又目睹了群众缺吃少穿的悲惨光景,日军"集家并村",把群众关在"人圈"里,生活上完全丧失了自由。刘文科向县委汇报后,县委决定立即除掉汉家川围子,打开"反围子"斗争的局面,调卫兴顺任二区游击队队长。

卫兴顺在回二区的路上,对刘文科说:"刘区长,我家在汉家川,父母妻儿都关在围子里,可不要因为这就碍手碍脚。党咋说咱就咋干,就是我老子当了汉奸,我也要除掉他!"

刘文科听到这言语,又看看卫兴顺,他没有说话,心想,这是多么感人的肺腑之言啊!只有饱受残酷压迫的人才能说出来呀!

深夜,他们摸进汉家川围子,轻手轻脚地来到抗日积极分子阎子伶家,弄清伪保长温永兴等几个铁杆汉奸的情况,然后通知联络员以上的人来开会。几个汉奸不知道什么事,全都来了。

刘文科给他们讲话,告诉他们:"共产党又来了,八路军又回来了。共产党是领导人民抗日的,谁死心塌地为日本鬼子办事,绝没有好下场!"会后将几个汉奸留下,对他们说:"死也叫你们死个明白,这就是当汉奸的下场!"

卫兴顺当场就处决了温永兴。其他几个拉到县上枪毙了。卫兴顺朝天连打 3 枪,高喊:"共产党又回来了,游击队又回来了!哪个有种向敌人报告去吧!"又贴出处决汉奸的布告。群众听到枪响,拥到街头一看,是区游击队回来了,都喜出望外,不知说啥好了。在这场合,卫兴顺就势发动群众:"乡亲们,共产党、游击队回来了,我们把围子拆了。"群众抗日情绪十分高涨,挥镐舞锹,很快就把围子拆掉了。

敌人费了九牛二虎之力修了几个月的围子，一夜工夫全完了。

二、齐心合力抓特务

到1943年，平北抗日根据地对敌斗争更加尖锐复杂。当时敌众我寡，敌强我弱。知己知彼，百战不殆，党领导八路军不和敌人集中力量打大仗，主张大搞游击战争，有利就打，没利就走，抓着时机，消灭敌人。打鬼子、抓特务、捉汉奸，在抗日根据地已形成高潮。县区村的干部和群众都积极投身到行动中，形成坚不可摧的大网，让卖国求荣的汉奸走狗无法逃出人民的手心。

1942年10月，昌延联合县基干大队(县大队)，住在延庆县城东南12里的大泥河村。

一天上午10点钟，三分队战士在大泥河村小南山头上站岗，发现村子北边墙外有两个人。延庆10月的天气比较寒冷，不时刮来一阵凉风，但两人转来转去就是不进村。站岗的战士认定他们不是好人，十有八九是特务。基干大队李队长，立即集结队伍，向战士讲一定要提高警惕，赶快出村跟踪，不能让他们在眼皮子底下跑掉，抓住他们带回来，如果询问是好人，立即道歉放人；如果是坏人，立即请示领导处理。李队长命令，一分队从西头出击，往北往东合围；二分队从东头出击往北往西合围，形成一个包围圈。一分队按照计划，悄悄到村外西头，往北搜查。道东有个小崖头，战士们往上一爬，看见其中一个人在那里大便，另一个给他拿着枪，站在旁边等。几个战士用枪一比，喊道："站住，不许动！举起手来！"站着的那个人，一手拿一支二把盒子手枪，另一手拿着一把轮子枪。一看战士端枪过来，他把那支轮子枪往拉大便的人面前一扔，撒腿就跑。这个拉大便的人往起一站，提起裤子就跑，也顾不上拿枪了。手提着裤子跑得慢，战士把他捉住了。另一个人跑远了，战士们喊他投降，他反而加快了脚步。从他们身上带枪，又拼命逃跑来看，绝对是特务。战士照他打了两枪，把他打挂花了，躺在那里起不来了。三分队战士赶到后，又给他补了一枪，就地击毙了。

各分队战士迅速包抄过来，看看那个人已经死了，是一个麻子脸。战士把活的押回去，交给八路军10团处理。基干大队得了两把手枪。这次行动没用一个钟头，干净利索地抓住特务，鼓舞了战士英勇杀敌的斗志。

昌延联合县基干大队在大泥河捉特务，龙延怀联合县一区区委书记王平，在沿线前平坊也抓特务。

1943年7月的一天，平北抗日根据地龙延怀联合县一区区委书记王平，获悉蒙疆自治政府，即察哈尔省直属警察队200多人，要从怀来县三里庄火车站上车，到延庆伪县政府。火车经过前后平坊等村庄。

王平书记得知这一重要情报后，从一区驻地怀来县黄家冲村跑步到后平坊村，要从这200多人中，抓个“舌头”（俘虏）回来。王平书记是个胆大心细、有勇有谋的人，可是村干部还是觉得是件难事：“你是一个人，敌人200多人，你有什么办法在警察队行军时抓个活人？”王平不紧不慢地说：“在警察队行军时抓个‘舌头’是个难事。只要咱们同心协力，在敌人面前机动灵活，抓好时机，看好形势，就能把难事变成容易的事。”大家还是放心不下。王平说：“派10名村游击小队民兵，两个人一组迅速到前平坊村、陈家岗村、刘铁桥等村探听消息，及时回来汇报敌人的活动情况。”

游击小组走后不久，很快就回来报告消息。怀来城三里庄火车站，的确来了200多个警察。前面有两个人，背着大草帽，穿蓝衣服来开道。这两个特务，已经到达陈家岗村，距离警察队伍有半里路。这两个家伙不是送上门来的“舌头”吗？机会来了。王平不动声色，又命令村游击小组的民兵，注意敌情变化，随时回来汇报情况。

不大一会儿，村游击组人又来汇报，前面两个特务，已走出前平坊村庄户街。王平马上布置岗哨，趴在房脊上监视敌人动向。一个岗哨目不转睛地盯着前方，另一个汇报：“前边两个特务，已经到村边上。”没到5分钟，房上岗哨又说：“特务进村了。”王平听后，马上跑到村西头，隐藏在队员王正明家的过道内。这时候，特务已经来到西头。这两个特务本应从后平坊村一直往北走，走过村西头，顺汽车路往东，直奔黑龙庙方向去延庆。谁知这两个家伙想进村找点便宜，走到村西头，就进后平坊村了。刚走到王正明家门口，王平手拿两把手枪，一个箭步冲到两个特务眼前，以迅雷不及掩耳之势，三推两搡，把他们推进过道里边。特务还没有弄清怎么回事，就被游击组下了手枪，捆上从后门往南，走进苇地，顺着河套到刘铁桥，去了黄家冲村。

王平指挥队员一枪没打，活捉两个特务，得了两把手枪。王平书记与队员一起，迎难而上，知难而进，迎来胜利的曙光。

三、古堡锄奸

1943年的春天，天气乍暖还寒，阴云笼罩着日军炮火洗劫过的长城城堡——密云县石塘路。虽然春风拂过，但依然显露着残垣断壁，破败不堪，街道两旁的房屋清晰地留着烟熏火燎的痕迹。

日军"扫荡"之后，留下一个日军小队和4个汉奸特务，在城堡中心设立了据点。特务队队长叫李连成，人称李阎王。另一个是高怀，外号高坏。从他们的外号中就能看出两人凶恶残暴的本性。这伙特务认贼作父，倚仗日军的势力，抓人抢粮，无恶不作。有一次，赶河厂村郑保长带着民夫去修炮楼，李阎王狗仗人势，硬说他是"磨洋工"，说声"打！"话音未落，高坏抄起木棍，照民夫头上一棍子打下去。看民夫没有求饶，就抡起棍子，用力地打下去，几棍子就打得郑保长等人昏死过去。

一次，特务高坏到石塘路南门肉铺，白吃白喝不算，还假装和掌柜套近乎，虚情假意地说："干这行真不好，伤天害理。不干吧，日本人不答应；干吧，咱们都是三里五村的乡亲，左右为难呀。"开始，掌柜没有理会他。过几天，高坏又说了这番话。掌柜还是没有看透这家伙的用意，便说："你怎么不投八路军呢？眼看小鬼子快完蛋了。"高坏说："想投八路军人家不相信怎么办呢？"掌柜看见他很真诚的样子，就实话实说："你们要投八路军，是真心，我就能引见。"高坏当时表示谢意。谁知太阳刚刚落山，掌柜让小伙计上门板的时候，高坏就把肉铺掌柜逮去交给日本兵。

日本兵让特务用棍棒打、皮带抽、灌汽油、坐老虎凳，用刺刀割去耳朵，用菜刀剁去手指，动用种种酷刑，逼他说出八路军的住处。肉铺掌柜宁死不屈，最后被活活折磨死，至死才明白，高坏就是披着人皮的禽兽，是日军的走狗，专门陷害善良的同胞。

一天，特务队队长李连成碰到一个外乡商人，看见他拉着两匹骡子，驮着土布。李阎王硬说是给八路军送的，不由分说，将这名外乡商人捆绑到据点内的一个木桩上，派人找来一名屠户，逼着屠户掏外乡人的心脏。屠户被逼无奈，只好哆哆嗦嗦地割开肚皮，剜出外乡人拳头大的心脏。李阎王一把抓起血淋淋冒着热气的人心，狼吞虎咽地吞下肚去，对在场的人恶狠狠地说："我吃了人心，有了豹子胆，以后打仗我什么都不怕。"4个特务横行乡里，无恶不作，经常强奸妇女。有的妇女被糟蹋以后，爬上长城，跳下山涧而死；

有的投进滔滔的白河身亡,使不少家庭家破人亡。

汉奸走狗的罪行,对根据地的抗日斗争造成很大的威胁,老百姓恨之入骨,恨不能拧下他们的脑袋喂狗。

石塘路当时有牛凤祥、邓德如、任文礼 3 名共产党员。他们听了群众的控诉,查明这几个汉奸的罪行,决心为民除害。

这天,接到给日军和特务做饭的自卫队队员送出情报:4 个特务一起赌钱,高坏总是输了不给钱,一名特务还到董各庄特务中队去告状。高坏又气又恼又害怕,嘀咕着想逃跑。牛凤祥把这个情况告诉了邓德如和任文礼,三人商讨了计划。牛凤祥安排他俩在鼓楼下面,距离石塘路城中敌据点很近,他自己在南街监视特务的行动。

第二天上午,高坏果然出来了,走到鼓楼前向烟摊的沈掌柜要烟抽。沈掌柜说:“这里没有好烟,到家里去拿吧。”高坏随沈掌柜往南街走去,隐藏在附近的邓、任两人看见机会来了,一使眼色,悄悄跟踪过去。在南街监视的牛凤祥也发现了这个情况,在高坏拿香烟的工夫,三个人碰面嘀咕几句。邓、任去找绳子,牛凤祥在墙角处等待时机。

不一会儿,高坏拿着 10 盒香烟从沈掌柜家大摇大摆地往回走。牛凤祥假装在街上溜达,与高坏碰个对面,擦肩而过。突然,牛凤祥猛转身,将特务抱住,欲按倒在地,但没有按下去,两人扭打在一起。这时,邓德如、任文礼一个健步上前,将高坏牢牢地按在地上,用脚踩着让他动弹不得。高坏拼命扭动身体,想要挣脱,还想喊救命。三人迅速用准备好的旧毛巾堵住他的嘴,用牛皮绳紧紧地捆住胳膊,找来沈掌柜带路,出了城堡南门,来到石城口外的长城根下。南石城村的自卫队队员听到这个消息,找来镐和锹,七手八脚地挖了一个大坑。这时,牛凤祥派邓德如回村,观察据点中日军和特务的动静。他和任文礼把特务捆在一棵大杏树上,数说其罪行。高坏筛糠似的浑身哆嗦着说:“我有罪,我有罪。”战战兢兢地请求宽恕。这时候,南石城村的部分群众赶到这里,齐声喊:“狗汉奸,不干人事,砸死他!砸死他!”

正在这时,石塘路城走出几个人,远处看像是日本兵和特务。以防万一,牛凤祥他们把高坏迅速推进坑里,用大石头结果了他的性命。这个作恶多端、死心塌地为日本鬼子卖命的汉奸,得到了应有的下场。

高坏失踪后,3 个特务认为他逃跑了,暂时没有追查。

过了几天,石塘路的几个党员又从内线得知,特务队长李连成下午要去董各庄上司那里报告军情。李连成一个人去汇报,这又是个难得的锄奸好机会。牛凤祥、邓德如、任文礼三人一商量，决定埋伏在特务返回的必经之路——塌子沟菜园。三人等了一会儿，远远看见李连成骑着毛驴过来了。待他走到菜园的时候，牛凤祥三人从菜园窝棚里同时冲上去，出其不意地把特务队队长从驴背上拉下来。李连成还没有弄清怎么回事，就被缴了武器。他们把特务拉到塌子沟西的山沟里，用山石砸死。李阎王去见真的阎王了。

石塘路村几天内除掉两个特务，这个消息像春风一样，传遍村庄。剩下的两个特务龟缩在据点里，不敢轻易出门了。牛凤祥三人和在石炮沟附近活动的八路军10团取得了联系，决心除掉最后两个特务，彻底除害。10团派1连连长周德礼带领一个排，来到距石塘路3里的赶河厂西峪村。牛凤祥三人，带领马营村和石塘路11名精明强干的自卫队队员也来到西峪，共商锄奸计划。大家认为，特务虽然人数少，但住在据点内，里边有30多个日军，还有迫击炮、重机枪等精良武器，必须制订一个既不惊动日军又能消灭特务的计划。当即决定分3路围住日军据点。

作战方案制订以后，已是三更时分。由牛凤祥带路，潜入城中，一路负责警戒，另外两路分别从前后院摸进特务住所。一个曾给据点站过岗的自卫队队员佯装成送情报的人，叫醒特务，递给他一张叠成三角形的白纸。当特务发现这是一张空白纸，刚要发脾气的时候，乌黑的枪口早已对准了他的胸口，他还没来得及反抗就被捆了起来。后院的特务同时也束手就擒。军民携手出击，抓获两个特务，押着他们来到石塘路城外西峪沟门的时候，战士们打了两排子弹，吹起了胜利的军号。嘹亮的号角声在石塘路上空久久地回荡。

第二天清早，日本小队长发现4个特务都被八路军除掉了，不由得说："八路，胆子大大的！"不久，日军担心八路军围剿他们的老窝，撤离了石塘路据点。

四、"乞丐"抓特务

1943年12月，日军驻赤城参事官井上熊召集全县100多名日伪特务，连续开会数天，主要商讨对付八路军龙崇赤联合县敌工部部长安宏达①的办法。

---

① 安宏达（1919—1945），北京宛平县斋堂（今属门头沟区）人。1937年加入中国共产党。1940年5月任龙崇赤联合县六区区长、县委敌工部部长。1945年8月在与赤城守敌磋商受降事宜时，被敌人杀害，时年26岁。

井上熊在会上说:“真奇怪,我们的城门守得紧紧的,八路的安宏达竟然能进城,还能下饭馆喝酒吃饭,探听我军情报,捕捉我特工人员。如果再不想办法对付他,我这个参事官也不保险了!”他接着号召特务们想办法,一定要捉拿安宏达。特务们听了议论纷纷,乱说一通,有的说:“安宏达究竟是个什么样的人?大概长着三头六臂吧?不然为什么这样神通广大?”有的说:“宪兵队那么多人,出发抓了10多次也找不见,去的人少了反被人家抓去杀掉。”有的干脆说:“抓到安宏达不容易,比登天还难哪!”

井上熊听特务们的议论,个个表现得无能为力,生气地叫喊:“我们100多人,难道对付不了一个安宏达?谁能抓到他亲自交给我,要钱要官,都有!”重赏之下,日伪宪兵特务队队长郭荣,听了井上熊的话,想到升官发财的机会来了。他拍着胸脯,夸下海口说:“保证在10天以内,将安宏达抓来,面交参事官!”正在气头上的井上熊,听了他的话,转怒为喜,高兴地拍着他的肩膀说:“郭队长,你的大大地行,钱、官一定地给!”郭荣受宠若惊,随后趾高气扬地走出据点,好像伸伸手就能抓住安宏达。他找来破旧衣服套在穿的衣服外面,化装成一个讨饭人,走出门去,又返回来把驳壳枪掖在腰里,匆匆出城打听安宏达的下落。

日军要抓的安宏达可不是一般的人。他1937年7月参加革命,先在第4纵队的邓华支队,后转到平西专署工作,又到民族革命进修中学学习,期间加入中国共产党。毕业后随白乙化的10团到平北,曾担任龙崇赤联合县六区区长、县委敌工部部长。

无巧不成书。当时,安宏达正在根据地石家窑村,他想这种天气出门,不能引起人们注意,也化装成要饭的,要进城去探听日伪活动情况。

寒冬腊月,凛冽的西北风呼呼地刮着,滴水成冰。安宏达走到大马山村时,在大街上遇到了一个要饭的,不是别人,正是特务队队长郭荣。这小子手脸黑不溜秋,流着长长的鼻涕,蜷缩着身子。他装出一副可怜的样子问:“喂,你冷吗?”安宏达看了看他说:“我走着路,还挺热哩!”郭荣看了看村边一座小山神庙,吸着气说:“啊呀!我冷得很厉害,咱俩进这庙里避避风吧!”安宏达想,讨饭人自来亲,就说:“走,进去避避也好。”两人走进小庙,安宏达想暖和一下,从兜里掏出烟锅、烟荷包。正要吸烟时,郭荣见状,连忙从里面衣服兜里掏出日制高级香烟,递给安宏达说:“给,抽一支烟卷儿吧!”安宏达接过来边吸边想:一个讨饭人,怎么吸高级香烟呢?莫非……他对这个讨饭人产生了怀疑。郭荣急于想从他口里打听情况,边抽烟边问着话:“你姓啥？”“姓路。”“叫啥名字？”“路君。”“家住哪里？”“龙家村。”“打算到哪里去要饭？”“想进赤城要点好吃的，好几天没有要到吃的东西了。”安宏达话的意思是，我是八路军，打游击。进城探听敌情。但是郭荣一点也没有听出来，装出很关心地说：“千万别进城，日本人说怕八路军的安宏达混进城，查得很严。凡是生人，不管是啥人，抓住统统杀头，要饭的也不放过！”安宏达说：“我这个要饭的可不怕日伪坏蛋，今天早晨安宏达还在这里给人们开会哩，我也去听了听。”“他讲啥呢？”“他讲抗日要唤起民众，还骂日本鬼子在城里尽胡闹，和腊月的肥猪一样，等着挨刀横死哩！”郭荣被当面骂了还挺高兴，因为他正需要打听安宏达的消息，马上问道：“安宏达带多少人？还在这个村里吗？”“连他才两个人，开完会就走了，听说他去石家窑了。”郭荣一听暗暗欣喜：今天我的运气还算好，这个要饭的认识安宏达，和他混熟了，不愁抓不住安宏达。看来我有洋财可发，大官可做哩。想罢他就和安宏达商量，要他带着到石家窑村去讨饭，还将一盒高级香烟塞在他的手里。安宏达看出了他的门道，心想：反正你不是好人，领着你到了根据地再说。于是，两个人出了大马山村，朝根据地石家窑方向走去。

安宏达和郭荣，一前一后地走在山村的小道上。郭荣是个大个子，腿长，走得快，走在前头；安宏达走在后头，无意中把郭荣的脚后跟踩了一下。郭荣弯腰提鞋时，安宏达一眼看见他掖在后腰皮带上的驳壳枪，心中的疑惑全被证实了，这小子就是特务！两个人继续赶路，安宏达边走边琢磨如何夺枪，因为他未带枪，拼力气不是郭荣的对手，必须智斗。安宏达急中生智：既然你这个讨饭的带枪，别人就不能带吗？想到这里，他用手指头狠狠地戳郭荣的后背心，大声说道：“不许动，举起手来，不然我就毙了你！”郭荣怔了一下，马上举起了双手，一动不动地站在那里。安宏达眼疾手快，迅速夺过郭荣的手枪，推上顶门子，对准他的脑袋，理直气壮地告诉他：“现在你该明白了吧？我就是安宏达！你要找的人就在眼前！”郭荣手枪没了，一听这些话吓得瘫在地上，央求饶命。安宏达告诉他不要害怕，只要投降必留活命，让他起来老老实实地走。郭荣颤抖着站起来，安宏达在后边押着他，翻过一道山梁，在天黑前顺利地回到根据地石家窑村。

“乞丐”部长捉“乞丐”特务的故事流传在平北地区，大家对赤手空拳抓特务的安宏达赞赏有加。

1945 年 8 月 20 日，攻打赤城时，安宏达殉难于赤城南桥下。中华人民共和国成立后，赤城县人民政府将烈士牺牲的地方命名为“宏达街”。

五、诱敌出洞

1943 年,是抗战最艰难时期,也是群众保家卫国抗日最积极的时期。龙崇宣联合县的百姓在根据地的同志和地下党组织的动员下,掀起了反霸锄奸活动。

李智是龙崇宣联合县回子沟门的村长,本地人。他当了村长以后,为老百姓服务的活,什么都不干,成天在下五村窜来窜去,不是打听谁是党员,就是了解八路军游击队在哪里活动,像苍蝇一样到处乱叮。敌人一来,他就把掌握的情况殷勤地献出来。他的种种劣迹,逃不过群众的眼睛。群众反映,他是个铁杆汉奸,是日军精心安插的坐地特务。这家伙为虎作伥,效忠日军,真是头顶生疮脚底流脓——坏透了。

李智自己去打探情况,还用了一个看门的杂役。经常打发杂役到各村去探听消息,回来告诉他,再写成情报告诉特务。特务们来了以后,往村公所炕上一躺就要大烟抽,腾云驾雾地过完了烟瘾,再睡一觉,吃过饭,拿上李智提供的情报回西湾子驻地。

一次,八路军两个"新华通讯社"记者,从四台嘴下来准备到黑土沟,路过回子沟门向老乡要了两碗水喝。喝完水没有休息一会儿,就急匆匆地赶路了。不一会儿,就从马沟村飞奔来 4 个骑马的特务,到了回子沟门向在村边站的人们问:"村长在吗?有人看见两个人下去了没有?"村长李智马上从人群里钻出来,殷勤而焦急地指给他们说:"刚刚过去两个人,往那边去了。走得不远,还能追得上,估计这会儿不会到圪嘴子。"特务们听完,顺着李智手指的方向,打马直追下去。疾走的两名记者听到后面的马蹄声,马上向南坡跑去,想躲藏起来,不幸被敌人发现,敌人一直追到山顶,向两个同志射击。一阵枪响,两名记者倒在山头牺牲了。

圪嘴子地下工作人员、民兵英雄赵世民和许有太,绕道爬上山顶,把两名牺牲同志的尸体掩埋好。他俩刚回到村里,听到李智还在街门台上炫耀,说如果今天不是他李智,这两个人是不会被特务追到的,他还写了一个详细的情报让特务们带走了。赵世民和许有太听到这里,恨得牙痒痒。

10 月的一天,龙崇宣联合县武工队来了以后,赵世民和许有太把情况详细做了汇报,回子沟门李智这个钉子不拔掉,龙崇宣联合县的前沟开辟工作不知会受多大损失呢。武工队队长石序山经过了周密考虑,与赵世民、许有太研究出一个诱奸出洞的办法。

第二天,武工队荷枪实弹,排着队伍,浩浩荡荡从回子沟门村公所门前经过,直奔西湾子方向。队伍过去一个多小时,有两个歪戴着帽子,穿着伪军衣服的人,来到回子沟门村公所,正好碰上李智在。他们问:“有队伍下去没有?”李智连忙说:“有,八路军武工队刚过去。”两个人拉长了脸,生气地说:“村长为什么不写情报?”李智忙赔着笑脸说:“你们看!我正写,二位就进来了。”说着从抽屉里取出一张纸,上面已经写下了:“报告:今天下午,有八路军的大队从南沟下来……”这是一张没有写完的情报。显然是听到有人进来,刚刚把情报藏起来的。伪军说:“这情报没写完,继续写。”李智取过纸,连连称是。他把纸放在桌子上继续写:“大约 120 人,大部分有枪,其中不带枪的是没穿军装的干部。沿着沟下去,可能是要住在圪嘴子,望皇军快快进剿!有事再报。村长李智。10 月 5 日。”

两伪军看到写完了,收起情报说:“事关重大,请李村长随我们一同去见皇军!”李智想反正情报属实,见谁怕啥?说不定提供情报能得到皇军大大的奖赏呢!他幻想着皇军给他厚厚的票子……他掸了掸衣服,便随两个伪军出了门。出村李智要向北走,到西湾子汇报。可两个伪军令他向南走,他认为伪军要去侦察、核实情报,便随伪军掉转了方向。

3 个人不知不觉走到圪嘴子村边,突然听到有人喊:“口令?”伪军不紧不慢地回答:“锄奸!”他们进了庙门,呀!满院子都是人。李智吃了一惊,才如梦初醒,两个伪军带他不是到皇军那里报喜,而是他的末日到了。现在八路军当场抓住罪证,他这只老狐狸被八路军“诱敌出洞”的计谋捉住了。

李智惊魂未定,想转身逃跑,只听台上一声大喊:“把罪大恶极的汉奸李智押上来!”赵世民、许有太等几个民兵呼啦啦围上来,七手八脚地将李智绑起,戴上了上书“汉奸特务”的尖尖纸帽,押上台去。武工队历数了李智甘心事敌、沦为中华民族败类的种种罪行,又公布了他写的情报。这时犹如打断脊梁的癞皮狗李智,已浑身如筛糠,缩成一团,瘫在那里。他才知道中了计,原来两个伪军是八路军战士。

“打倒日本帝国主义!”“打倒汉奸走狗!”随着群情激愤的口号声,一声清脆的枪响,李智被就地正法,得到严惩。但他临死还不知道为了惩办他,县武工队进行了全面部署安排。派出“伪军”的同时,民兵赵世民、许有太已将群众集中在圪嘴子村庙里等待,引蛇出洞后召开锄奸大会。李智与日军狼狈为奸,残害八路军和百姓,最终得到应有的下场。

严惩李智后，以前沟为中心的龙崇宣联合县发展得很快，不久就成为一块巩固的抗日根据地。

六、坐筐出城

1943 年冬天，10 团有 3 个连队在伪军据点的旧县村，对该据点的伪军开展了政治宣传攻势。

夜晚，深蓝的天幕，月光皎洁，遍洒光辉，把大地照得一片明亮。刮了半天的西北风停止了，周围传来一两声狗叫。旧县伪军据点里昏黄的灯光若明若暗。

部队荷枪实弹全副武装，围着旧县据点进行行军训练。他们步伐坚定，威武雄壮，“一、二、三、四”整齐的口令传得很远。走了几圈，他们又铿锵有力地唱起《三大纪律八项注意》，“第八不许虐待俘虏兵，不许打骂不许搜腰包……”歌声和口令声形成巨大的震慑力，据点里的伪军有的没有睡觉，屏息凝神地听着；有的睡梦中恍惚听到声音被惊醒，侧耳倾听。岗楼中站岗的伪军目睹了 10 团连队的训练，抱着枪还有些瑟瑟发抖。

10 团战士训练了一会儿，原地停下来，把小炮、机枪架上，对伪军和伪大乡的人员进行宣传。他们说明反法西斯战争的大好形势和共产党对伪军政人员的政策，告诫他们都是中国人，有的还是本乡本土的乡亲，放聪明些给自己和家人留条后路，当伪军不许欺压老百姓。这些有政策又有温度的话语，在寂静的冬夜传到据点里的伪军耳中，他们静静听着宣传，想着自己的故土和家人。

看着据点里的灯光亮了一些，10 团让伪乡长苏广明出来。如果不出来，看看部队能不能打下这个据点。

苏广明就是旧县本村人，以前通过村里人对他做争取工作，宣传“中国人不做亡国奴”“替日本人卖命没有好下场”的言论，教育他不许死心塌地给日本侵略者干事，不许欺压百姓。苏广明对党的政策也有所了解，也久闻 10 团威震敌胆的盛名。此时，苏广明有些犹豫不决，开城怕 10 团连队冲进去，捣毁据点；不开城，10 团连队压在眼前，并且他认可 10 团和八路军的做法。于是，据点里想个稳妥的办法，找来一只大筐，拴上粗绳子。苏广明坐在筐里，据点伪军从墙上往下慢慢地顺绳，大筐摇摇晃晃地送下来。苏广明和 10 团见了面。

中央军委在《关于对伪军政策问题的指示》中强调:“伪军中两面派分子事实上是存在的,也是必然会有的,我们应当承认两面派的地位,控制他,使他不完全倒在敌人方面来反对我,这是很必要的认识。”

10团按照指示,对苏广明进行教育。本是贫苦出身的苏广明满口答应不欺压百姓,尽自己力量去应付日本人。从后来的实践中证明这次政治攻势是起了作用的。

有一个历史典故是“倾筐倒庋”,意思是把所有的东西都从筐子里、架子上拿出来,形容尽其所有。而伪乡长苏广明坐筐下城,是尽其力量参与抗日活动。劝降苏广明,是抗日战争时期八路军对敌据点伪军进行瓦解工作的成功一例。

针对平北地区错综复杂的敌情、日军兵员成分变化以及心理特点,平北根据地军民采用心理战与军事打击相互配合,进行政治攻势、心理进攻,用以瓦解敌人、锄奸反特,在反“扫荡”斗争中,发挥着不可估量的作用,谱写着斗争传奇。

第三章　特殊战线的使命

第一节　秘密情报线

1941年7月7日，中共中央发出《关于成立调查研究局的通知》，决定成立中央调查研究局，中央调查研究局担负国内外政治、军事、经济、文化及社会阶级关系各种具体情况的调查与研究工作。内设情报局（情报部）、政治研究室、党务研究室三个部门。调查局（情报部）在晋察冀边区设第一分局，在伪满洲国内形成工作网络，在对敌斗争中发挥着重要作用。

一、朱欣陶在昌平

1938年秋天，日军铁蹄下的昌平县城，东西南三座城门加派了岗哨，荷枪实弹的日伪军像猎犬一样警戒着；城中心的鼓楼改成了炮楼，用沙袋堵死了楼下四面的门洞，只留下一些小孔，孔中探出了日军乌黑的枪管。市面上商业萧条，街道上行人寥寥，整座县城死一般的寂静。这是由于不久前八路军两次攻克了昌平县城，敌人加强了戒备，把昌平县城变成阴森恐怖的活地狱。

在八路军攻占昌平县城后，伪县长王霁光被吓破了胆，躲进民宅里几天不敢回县衙。日本人为了加强对昌平这一平北战略要冲的控制，踢开了王霁光，从伪河北省冀东道调来了警务科科长朱欣陶[①]，接任昌平县伪县长。

---

① 朱欣陶（1898—1985），江苏人。1944年加入中国共产党。抗日战争时期，受中共河北省委宣传部部长姚依林派遣，打入伪冀东政府。曾接任伪昌平县长，利用伪县长的身份为八路军收集情报、护送过往的干部。中华人民共和国成立后，在定陵博物馆、十三陵特区工作。

敌人哪里知道，朱欣陶早就是在敌人心脏里战斗的党的地下工作者。

1936年，国民党宪兵三团在北平制造白色恐怖，大肆抓捕共产党人，镇压抗日救亡运动。这时，朱欣陶冒着生命危险，在家中掩护了中共北平地下党领导人姚依林和黄敬。

1937年8月，姚依林在天津任中共河北省委宣传部部长兼天津市委书记，为了地下工作的需要，指示朱欣陶打入伪冀东组织。朱欣陶经过私人介绍，在唐山伪冀东防共自治政府民政厅当了秘书，后又任科长。1938年，冀东、冀察伪组织合流，在北平成立日本卵翼下的伪中华民国临时政府，冀东政府改为伪河北省冀东道。朱欣陶按照党的指示，乘机把伪冀东道警务科科长的职务捞到手。警务科表面上是管理冀东所属22县的警务行政工作，实际是负责搜集中共活动情报，每天编写、递送秘密情报的机关。

朱欣陶打入伪冀东组织后，利用警务科科长职务之便，把每天报送驻天津伪冀东组织头目的情报多抄写一份，由联络人员转送给中共天津地下党组织领导人。

这时期，朱欣陶还按照党组织的指示，和中共冀热边特委领导人、原中共河北省委书记李运昌有直接工作联系。当时，李运昌正根据党中央和北方局指示，领导冀东暴动即“冀东人民武装抗日大起义”的准备工作。1938年6月，中共冀热边特委在丰润县田家湾子召开军事会议。会上决定，冀东暴动时间定在7月16日。这时，朱欣陶从敌人内部获得重要情报，能否及时把重要情报告诉党组织，关系冀东暴动能否成功。朱欣陶便火速约见李运昌。李运昌开完军事会议后赶到唐山，朱欣陶向他当面报告，从敌人那里获悉，党中央派来支援冀东暴动的八路军第4纵队已到平谷县靠山集。敌人已经掌握党准备在冀东组织暴动的消息。为了破坏暴动，敌人正准备将发了枪照的23万支民枪收缴起来。朱欣陶还向党组织建议，要动手就早一点动，等敌人把枪收走就不好办了。李运昌得到朱欣陶提供的重要情报后回丰润县，经特委研究重新做出决定，将暴动日期提前10天，改在1938年7月6日。

在这之前，朱欣陶还将冀东22县的详细地图，日伪警察和保卫团的编制、驻地、武器装备和头头姓名等情报，秘密地报送给地下党组织。

冀东暴动，是中国共产党领导的、有组织有计划的冀东地区全民性抗日武装暴动，参加的约有20万人。暴动中成立抗日联军39个总队，拥有10万名武装人员。抗日联军配合八路军攻占了迁安、宝坻、平谷、蓟县、乐亭、卢龙、玉田等7座县城。摧垮了敌人的伪政权和当地反动武装，建立了抗日民主政权，为创建以灵雾山区为中心的冀热边抗日根据地奠定了基础。朱欣陶在这次震惊中外的冀东暴动中，做出了特殊的贡献。

1938年秋天，日本人调朱欣陶接任伪昌平县县长，一方面是为了加强对昌平的控制，同时对朱欣陶的活动也有所觉察。朱欣陶来昌平之前，向姚依林做了请示。姚依林指示，昌平地处平西、冀东之间，这个据点很重要，应该去。朱欣陶到昌平后，姚依林也因工作需要，到了平西根据地，任中共冀热察区党委宣传部部长。朱欣陶受中共冀热察区党委领导，他的主要任务是向根据地提供情报，掩护八路军过往工作人员。

1939年春天，吴德从延安开完中共六届六中全会回到平西。冀热察区党委决定让吴德去北平、天津和冀东一次，一方面传达六届六中全会精神；一方面贯彻区党委的工作指示。临走时，姚依林给朱欣陶写了信，让吴德去找他，让他把吴德安全护送到北平。吴德携带姚依林的信，出平西根据地来到昌平。

一天傍晚，伪昌平县政府的传达员老徐来到县长室，向朱欣陶报告说："外面有一位先生要见您。"朱欣陶出去一看，原来是吴德，便连忙让进屋里。吴德一进屋就握住朱欣陶的手，亲切地说："欣陶同志，我身上带着重要文件，组织命令你，务必在今天把我送到北平。"说着将姚依林的信交给了朱欣陶。朱欣陶见到吴德心情格外激动，便一面为他安排茶饭，一面盘算怎么把他送到北平。

当时，伪昌平县政府内有一个日军联络员，名叫高桥清四郎，人们都叫他"顾问"。这个家伙是个酒色之徒，常常晚间去北平城里寻欢作乐，第二天早上再回昌平来。朱欣陶心想这一点正好可以利用，就去找他。朱欣陶对高桥说："顾问，你好久没到北平去了，又该喝一顿去喽！"高桥一听，来了兴致说："怎么县长的请客？"朱欣陶说："好，我请客，我请客。"说着便拿出事先准备好的50元伪钞票，递给了高桥。高桥拿到钞票以后，高兴得不得了。朱欣陶又给伪警察局打电话，要警察局立即派人派车，护送高桥去北平。等高桥一坐上小汽车，朱欣陶就走上前去对高桥说："顾问，我有一位老朋友，来找事做，咱们这里不好安排，我想让他坐车跟你去北平……"高桥马上说："好的，好的，县长的朋友，我的可以带去。"朱欣陶还当着高桥的面，对吴德说了些抱歉的话，送了他20元钱。就这样吴德坐上日本顾问的汽车，平安地进了北平城。

朱欣陶还利用伪县长职务之便，营救八路军工作人员。当时，伪昌平县政府承审处有一位姓贲的承审，此人颇有爱国之心，干伪差使只为混碗饭吃，并非甘心给日本人为奴。一次，承审处转来一名共产党嫌疑犯，宪兵队非要将此人处死不可。朱欣陶便与贲承审商量，怎样才能既保护这个人，又可以搪塞宪兵队。贲说有办法。朱、贲二人便在上报伪河北省高等法院的判词中，制造了许多漏洞。上报之后，果然被驳了回来，使此人被开释出狱。

朱欣陶以伪县长身份做掩护，在昌平为党做地下工作一年多。到1940夏天，日本人对他产生怀疑，将他撤职查办，扣押在昌平。直到1941年夏，朱欣陶才经县商会保释离开昌平。

朱欣陶离开昌平以后，由于联络人员被捕，一度与党组织中断联系。1944年冬，朱欣陶和爱人张子馀(中共党员，地下工作者)一起，到根据地去找党。朱欣陶在根据地加入了中国共产党。之后，他受组织派遣，又回到敌占区北平，继续做地下工作。在他的家中，掩护着八路军秘密电台和报务员。

新中国成立以后，朱欣陶又于1957年来到昌平，任定陵博物馆副馆长，为发掘定陵地下宫殿，创建国内第一座专题性博物馆做了大量工作。

朱欣陶在昌平工作20多年，对昌平怀有深厚感情。在他病重期间，一再恳求组织在他百年之后，将骨灰撒在昌平的土地上。1985年，朱欣陶以88岁高龄病逝于广州市。中共昌平县委和十三陵特区党委，千里迢迢将他的骨灰空运到京，按照他生前意愿，撒在了昌平十三陵的土地上。

二、"姜飞腿"取情报

延庆南山根据地小金房，是果树园村的一个自然村，是昌延联合县委书记史克宁和游击队常驻的地方。小金房只有10多户人家，在燕羽山西麓半山腰上，是通往马坊区和延庆的主要交通要道，距柳沟敌据点7里。小金房有位穷苦农民叫姜元喜，他年轻，身高，腿长，走起路来赛小跑，人们形象地称他"姜飞腿"。自从他当上了县交通员，经常冒险穿过敌人占领的心脏区，从南山跑北山送秘信、送情报，"姜飞腿"有了用武之地。

1942年春天的一个早晨，史克宁正给游击队布置战斗任务，派"姜飞腿"下山，去柳沟城外南窑找县议员胡成先生取情报。"姜飞腿"头搭蓝布巾，身穿补丁破衣，脚穿一双山鞋，背上粪筐，大步流星地来到胡成家里。正巧，胡成刚要把写好的紧急情报派人送出去，忙对姜说："你来得正及时，日伪军200多人已从柳沟出动，要去小金房'讨伐'，想吃掉县政府和游击队。""姜飞腿"领会了胡成之意，急忙把紧急情报藏在衣服的补丁里，又缝上几针，保证万无一失。

"姜飞腿"拿上镰刀和一条麻绳，扮作打柴人，急忙往外走。等他走出村一看，黄乎乎的日伪军排成双队，疾步向小金房出发。"姜飞腿"看见后，迅速钻进东南沟，穿过田野树林，绕过山冈柴丛。敌人发现了他，开了两枪，子弹从他右肩上边擦过。嗖嗖而过的子弹不能阻止他的决心，他想：只要我人在，就是拼出命也要提前把情报送到，让领导和游击队转移出去。他更加快了疾跑的速度。说他是"飞腿"，一点也不过分，一路上唰啦地飞奔着，像离弦的箭一样。他刚跑出4里远的口子里时，敌人很快就要追上来。他又奋不顾身地穿过一个个小山林，顺着山路，跑得汗流浃背。等他上气不接下气地把紧急情报交给了史克宁，史克宁得知情况立刻带上政府工作人员和游击队转移。刚转移出村不到一里远，敌人占领了小山头，把小金房紧紧包围了，进村挨门挨户翻箱倒柜地搜查个遍，连个"八路"影子也未搜查出来。

下午3时许，燕羽山山头上响起了枪声，包围小金房的敌人撤走了，"姜飞腿"立了功。

三、智送粮菜送情报

1942年冬天，井庄村村长席海全接到昌延联合县政府一封"秘信"，让他速给马场北地送公粮小米，以解决游击队无米之炊的境地。这事难住了席海全，敌人到处"讨伐"，搜查运往南山的物资，妄想困住根据地。怎么办，派谁去送粮为好呢？

席海全思前想后，想到张贵，他为人忠厚，有勇有谋，办事认真，就找他商议送粮的事儿。张贵一听这事，愿为抗战出力，他说："游击队饿着肚子怎能打鬼子？困难再大也要把粮送去。我从小没少进山割柴放牧，闭着眼睛也能找到。"他爽快地接受了送粮任务。

为了不走漏风声，张贵天还没亮就起来，赶上他家的一头骟驴，把家里的一石200斤小米驮上，带上"证明书"和干粮，冒着呼呼的北风和危险上路了。从村里到北地约有20里路，加上绕道需走近30里才能送到。为了躲避柳沟据点和岗楼的监视，张贵不走大路走小道，一出门往西奔玉皇山沟，再顺沟往南走柳沟西河套无人走的沟里。

张贵赶着毛驴，走到二道河村西沙河滩时，天刚蒙蒙亮，果然碰上了高山寺的警察队。他们端着刺刀盘问检查，把张贵全身和驴驮搜个遍，搜出证明书来，说他私通八路，是给八路军送粮的，把张贵捆住，打他两个大嘴巴，让把粮食送到高山寺局子去。张贵急中生智跪下央求道："老总呀，别误会，我不是给八路送粮的，是给孟家窑我妹妹送小米的。我妹夫早早死去，留下孤儿寡母 5 口人没得吃，我这个当哥哥的、当孩子舅舅的，总不能见死不救呀。去给他们送点粮食，回来顺便割驮柴火。我说的是实话，不信你们去打听，我要真是给八路送粮的，你们就杀了我。"警察队听他说的一席话，又看他是个老实人，才给他松绑，放了过去。张贵担心再遇上警察队，赶上粮食驮子一路小跑，到上午歇二歇时候，把粮食送到北地游击队那里。吃过午饭，他在山上割驮柴，到天黑才回到家，把"收粮条"从鞍屉里取出来交给了席海全。席海全对他感激地作揖说："老张哥你真行，辛苦你了，太谢谢你了！"

有一次，张贵赶两头驴，驮一垛米，驮一垛山药、白菜和粉条，绕过柳沟据点，走石河口子里的八里河套，再攀过燕羽山到沙塘沟。当行至二司河套时，有两个特务持短枪从二司河套走过来，他们边搜查边问："老头，你是给八路送的吗？""不是。"张贵闷声回答。特务上去打了张贵两棍子，嘴里骂着，把米口袋扎个大口子，小米哗哗地直往出流。张贵很心疼，急忙从帽子上取出针线把口子缝上。特务让他把粮菜送到柳沟据点去。张贵连忙上前回话说："老总呀！我不是给八路送粮菜的。我是用自家粮菜到山里换点山货，再去县城卖掉，买点棉花、花布，好给家人做棉衣过冬呀！"他说着掏出两张蒙疆票递给两个特务说："老总，你们请行个好吧，把我放过去吧！"特务一扬头，把他放了过去。张贵赶上毛驴，绕道攀山交到沙塘沟县政府。第二天割两驮柴，大摇大摆地回了村。

张贵每次送粮都化险为夷，深得村干部的信任。

1943 年春天，席海全交给他一封紧急情报。张贵把情报藏在驴鞍屉里交到县政府领导手里。原来是县城集中 500 名日伪军要去沙塘沟一带"讨伐"，要县政府、游击队和群众及时转移。第 3 天拂晓，敌人果然把这里的几个村包围了，进村折腾一阵子，被地雷炸死 20 多个，乱放了一阵子枪就撤走了。

几年间，村干部经常派张贵送粮食和情报。张贵拉着一两头驴，披星戴月，冒严寒耐酷暑，翻山越岭，冒着被敌人搜查的危险，以“粮菜换山货”为名，把粮食、蔬菜、情报等秘密送到南山根据地的沙塘沟、铁炉等村的县政府或游击队。张贵出色地完成任务，多次受到县区领导和游击队的表扬。

第二节　医疗卫生保驾护航

平北军分区的卫生工作，是平北抗日斗争中一个重要组成部分。卫生队和休养所凭借海陀山山高、沟深、林密的自然条件，克服重重困难，一次又一次地粉碎了敌人妄图搞垮后方的阴谋。在恶劣的环境中，医护人员想尽各种办法，用精湛的医术医治伤员，使他们不断康复归队，为抗战胜利做出特殊贡献。

一、卫生机构逐步健全

1940 年 6 月，段苏权和 7 团参谋长彭寿生，带领 7 团 2 营到平北。在佛峪口和日军遭遇，战斗非常激烈，给予了敌人沉重打击，但部队也有很大伤亡。战斗结束后，在龙延怀联合县县长蔡平的支持下，把伤员交给仅有 17 岁的共产党员卫生班班长刘洛彬同志负责。当时和刘洛彬一起的还有吕文章、王守志等 4 个年纪小跟部队行动有困难的卫生员。他们把伤员安置在当地群众家里，后又转移到大海陀山的黑龙潭。这时伤病员已由原来的 30 多人，增至 100 多人，由一名在这里养伤的参谋协助他们负责行政管理工作，后方休养所就形成了。

1940 年，活动在丰滦密的 10 团和活动在赤城地区的平北游击支队（40 团前身）都建立了自己的卫生队和后方休养所。休养所先后由张友台、谭文亮、赵淤培等同志任所长，以大海陀山的三官庙、黑龙潭、瓦窑沟、大南沟、团家沟、石佛寺一带为主要活动地区。

1942 年 5 月，晋察冀平西抗日根据地为了补充和支援平北抗日根据地，由詹大南、曾威带了 8 团和一部分司、政、后、卫干部到了平北。杨维森任平北军分区卫生处处长（杨维森之后是高彪），刘国辅①任协理员，陈森任医务

① 刘国辅（1914—1981），陕西米脂人。1935 年加入中国共产党。抗日战争时期，曾任晋察冀军区 40 团政委等职。中华人民共和国成立后，曾任装甲兵学院干部部部长、第二坦克学校政治委员等职。1964 年晋升为少将军衔。

主任，成立了 2 个休养所。

1942 年底，平北抗日根据地伤员多，病员少，技术力量调配有困难，上级决定将一、二所合并，成立卫生处附属休养所。由王化轩任所长，魏元君任指导员（魏调学习后，李荣合任指导员），李华新任副指导员，任秀川任主治医生。

1943 年 4 月，晋察冀军区又派来了大批医务卫生人员，使平北卫生机构的力量得到充实和加强。

1944 年春天，随着部队的发展和壮大，各县都成立县支队，也都派了卫生所所长，从此平北军分区的卫生机构，更加健全起来了。

二、克服困难护伤员

当时平北军分区要求：卫生机构任务就是给伤员治好伤、治好病。敌人来了要隐蔽好、保护好伤病员，争取不受损失或少受损失。首长的嘱咐是卫生员坚持后方战胜敌人的精神支柱。

平北抗日根据地处于平西和冀东两个根据地之间，又紧挨敌侵华大本营北平，战略地位极为重要。日伪军对这个平北地区特别注意，经常进行残酷的军事“扫荡”和经济上的封锁，给医药供应带来了严重的困难。

当时药品器材，主要是靠关系到敌占区去买，或者部队缴获送来。常用消毒药品、消炎药品、精制棉、纱布经常告罄。

在艰苦的环境中，卫生战士总能想方设法解决困难，精制棉用光了，就把棉衣里的棉花抽出来，经消毒后代替。纱布用光了，就用棉衣里子经消毒后代替。消毒药没有了，就用盐水洗伤口。伤病员发烧没有解热药、镇痛药时，就采些黄芩、柴胡熬汤给患咳嗽的病人喝；没有祛痰止咳药，就挖些远志根熬汤喝。有的同志胃肠不好，大便干燥，就挖些野大黄根，用以润肠。这种药少吃些可以通便健胃，多吃了就要腹泻，他们也在工作中逐渐摸索出相应的剂量。

北山卫生所活动范围内，群众很少，粮食主要靠延庆、怀来两地群众的供应，龙关、赤城附近海陀山的群众也供应一些，但因路途较远，加上敌人“扫荡”、特务监视，粮食运送时有间断。有时一锅饭仅放三四碗米，饭碗里清汤寡水找不到几个米粒。缺粮时他们就用野菜、山果充饥，山菠菜、山葱、苦菜、蕨菜、蘑菇、椴树叶都吃过。苦菜用水煮熟，放在水里泡一泡，吃的时候,开始很苦,但越嚼越甜,大家乐观地叫它“革命菜”,就像革命一样,先苦后甜,苦尽甘来。

卫生所在大山里隐藏好几天,米吃光了,只能找野菜吃。有的同志吃了就吐,但吐了还得吃,尽管如此,卫生员坚决做到了不犯群众纪律,不侵犯群众利益。吃群众的粮,到期一定偿还。有一次,在石佛寺村,魏元君看到伤病员实在没有东西可吃了,就和观里的老道士商量,把他的土豆挖出来吃,并亲自给他打了借条,等搞到粮食就如数还他。还有一次在石门,卫生员同一位老太太商量,借了她家的菜和土豆,后来卫生所有了粮食,就及时还给了她。

为应付敌人的“扫荡”,卫生所平时把粮食分散在各个隐蔽的山洞里。

1942 年夏天,住在石佛寺的伤员没有粮食吃了,卫生班副班长吕文章带领卫生员王宗志、赵柱子和炊事员等趁着雨夜,每个人找到一块发磷光的木头,背在背上,一个跟着一个到 20 多里外的大南沟口石洞里背小米。由于大雨滂沱,小米都淋湿了,又无处晾晒,结果小米都发酵了。煮出饭来吃着发甜,大家开玩笑地说:“这饭还真有点麦芽糖的味道呢!”

被服方面就更加困难,大雪纷飞的严冬,大家都穿不上棉衣,卫生员就用羊毛代替,因为都是粗羊毛,慢慢地羊毛就顺针眼跑了。棉衣变成了夹衣,夹衣又变成了单衫,难挡风寒。被子和褥子都很薄,夜里睡觉只好靠铺草取暖,或者两个人睡在一个被窝里,互相以体温取暖。由于衣服不能经常换洗,长虱子成为普遍现象,大家开玩笑地说:“虱子是光荣虫。”

卫生所住的是庙宇、炭窑、石洞和手动搭的简易草房,敌人“扫荡”时都给烧毁了。敌人走后,卫生所的同志又在原地搭起了新的简易房。挖房框、砍椽子、搭石板炕,依山搭起的一层层的简易房,远看还真有点像城市的层层楼房。

卫生员在海陀山一带坚持斗争,一旦发现敌情,迅速把重伤病员背的背、抬的抬,分别送到较隐蔽的石洞里,每天按时给换药、送饭。喂饭、喂水、接屎、接尿更是常事。

轻伤员天不亮就吃完饭,换完药,由工作人员扶着到茂密的树林里隐蔽起来。敌人来了,大家机智勇敢地和敌人周旋,不叫苦,不怕累,不怕险,不畏死。每个重伤员都携有两枚手榴弹,必要时就和敌人同归于尽。

敌人一走,大家有说有笑,时而哼唱革命歌曲。他们还制定了一套制度和纪律,要求人人遵守。比如上山时,夏天有山洞小溪的地方,踏石头走。走草地时,尽量不留下脚印,或者踏着一个脚印走,绝不暴露行踪。

三、艰苦条件下的医疗保障

大海陀卫生所建立起来后，各个部队的伤病员就不断地送来。大多数伤病员经过南山、北山休养所治愈出院重返前线，送后方是极少数。

尽管当时医药器械极端困难，医疗环境极其简陋，但全体医药卫生人员，千方百计地为伤病员进行治疗，给予他们身体上的治疗和精神上的抚慰，使他们大都能解除病痛，恢复健康，重返前线。

1942年，第二休养所在团家沟，因为二所主治外伤，每次战斗后，伤员都送到这里。伤员们多数是伤口内残留弹丸、弹片和有腐骨，因此长期不能愈合。所长姜惠抓住敌人“扫荡”的空隙时间，为伤员做了手术。

当时的手术室设在一个小山神庙里，伤员躺在门板上接受治疗，室内最多只能站两三个人，医生直不起腰来，稍一伸腰就会碰到房顶，只好弯着腰操作。郭声九同志右上臂负伤，后因为有腐骨长期没有治愈，经过扩创，取出腐骨，很快地出院了。刘占虎连长左腿负伤，也是在这里做的手术。1940年9月，魏元君在打黑河时，左下肢筋骨负伤，因为伤口内有腐骨，带伤坚持工作了好几年，也是在这里给他做了扩创清理手术后痊愈的。有时因为有敌情，不能在室内做手术，就在树林里，石洞中用白布一围，为伤员做手术。就这样一批一批的伤员从这里重返前线。

卫生战士们深深知道，治好1个伤员，就等于扩充5个新兵，有的1个顶10个。

1942年冬天，赤城二区区长王雪年受敌人袭击，跑到山上，两脚脚趾都冻掉了，肉烂露骨，走起路来疼痛难忍，长期不能愈合。当时卫生所没有麻药，经研究，决定采用寒冷麻醉的方法为他做手术。当时正是三九天气，卫生员用冰水将他的一只脚冻麻木，迅速消毒后，为他切除了坏死的脚趾骨。王雪年非常坚强，硬是说不痛，在他的要求下，接着又为他做了另一只脚的手术。经过一段时间的治疗，王雪年也健康地出院了。

1943年的夏天，休养所在大南沟，一天，八路军8团团长詹大南的爱人李凡临产，送到这里来。当时卫生员都没有接产的经验，更没有产钳之类的器械，再加上李凡年龄偏大，又是第一胎，当时还有敌情，不敢在房子里生，只好来到大南沟北山上一个炭窑里。经李树、刘昌玉、蔡克俭等同志的精心护理，产程达20多个小时，小生命终于安全降生了，母女安全无恙。大家心情愉快，一再向母女表示庆贺。

团长詹大南特别高兴，给这个孩子取名为窑生。这个孩子也就是詹大南的长女詹化文。

1944年，卫生所在大海陀南沟，40团送来了10多名伤员，其中有一名姓韩的战士，下颌骨粉碎性骨折，下嘴唇全部打掉了，吃饭非常困难。卫生员就用绷带把他的下巴兜上，用小米菜粥、拌莜麦面、苞米糊糊喂他。经过细心照料和治疗，小韩很快地痊愈了，出院时，非常激动，含着眼泪对医务人员说："不是你们这样护理我，饿也把我饿死了。"

痊愈出院的战士们重上前线，有力地支援了前方的杀敌斗争。

第三节 坚守文艺宣传阵地

1937年8月25日，中共中央政治局在洛川会议上通过的《关于目前形势与党的任务的决定》，内容共八条，其中第八条提到：

> 共产党员及其所领导的民众和武装力量，应该最积极地站在斗争的最前线，应该使自己成为全国抗战的核心，应该用极大力量发展抗日的群众运动。不放松一刻工夫一个机会去宣传群众、组织群众、武装群众。只要真能组织千百万群众进入民族统一战线，抗日战争的胜利是无疑义的。

平北抗日根据地把宣传工作作为中心工作之一，利用文艺演出、报纸、刊物，服务军民，推动了抗日斗争的开展，有力地配合了在军事战线上的抗日运动。

1942年2月29日，《平北地委对丰滦密工作的指示》中提出的第一项中心工作就是强调在群众中进行普遍的宣传，克服群众的恐慌与动摇，并提出一些具体的宣传口号。

一、战斗在烽火线上的文艺尖兵

"在伟大祖国的最前线，我们出入古老的长城，我们战斗在敌后的敌后，与日伪军进行殊死斗争！我们是英勇的抗日先锋，要坚持冀察热的抗战，我们战斗坚定,奋勇前进!要争取新中国的实现。”这歌声来自平北地区抗日宣传队,他们唱出了党和群众的心声。

军队和地方干部相继进入平北,开辟抗日根据地,相应地先后抽调了部队的宣传队、挺进剧社、西战团等单位的文艺工作者,随部队进入平北地区。

1942 年的春天,全体文艺战士集中在赤城县的前孤山村,军分区司令员覃国翰、政治委员段苏权接见了大家,政治部主任杨春圃介绍了平北地区的战略地位和部队情况,并宣布成立宣传队。

宣传队由陈靖、吴凤翔负责,宣传员男同志有王景太、刘自敏、孙欣、王坤林、贾健、梁春琴、陈培、路铁成、郭志强、李元禄、田忠、张立忠、梁维舜、安根、高成、薛正保、李广森、侯殿卿;女同志有徐兰、王尹、林琦、苏群、杜家兰。还有分配去冀东的柳溪、花宝书、袁辅义、孟宪林、石景山、周梦鱼也都暂时留在宣传队工作。平北抗日宣传队战斗在长城内外的抗日烽火之中,成为一支在平北广大地区奏响抗日胜利序曲的文艺尖兵。

第一次演出有“事故”

1942 年,抗战异常艰苦。根据地在山中坚持的军地干部战士,仍保持着高昂的战斗热情。

杨春圃希望宣传队立即组织一台演出,以振奋部队战斗情绪,活跃部队文艺生活。宣传队于是马上召集全体战士,研究演出节目。大家七嘴八舌,有的会这个,有的会那个,最后确定:大合唱 3 首歌曲,即《挺进剧社社歌》《救国军歌》《长城谣》,跳乌克兰舞和青年舞、女声小合唱、口琴独奏等,最后演一幕活报剧。同时还准备了预备节目。宣传队临时从供给处弄来一些布缝成了幕布,借了几个煤油灯。服装有的是借老乡的,基本上全是黄军装。大家利用村中间的空地搭了个台子,演出是从会后第 3 天晚上 6 点开始,部队和老百姓来得真不少。

演出开始唱起了歌,歌声一落,掌声四起,部队情绪一下子高涨起来了,有的部队还喊起了口号:“打倒日本帝国主义!”“中华民族解放万岁!”《长城谣》唱完后,穿插了舞蹈。女声小合唱是利用旧调填的新词,最后压轴戏是活报剧,当枪毙汉奸时,使用的是去掉弹头的真子弹,因为留的火药过多,把孙欣的棉衣穿透,把肚皮都烧伤了。闭幕了孙欣仍爬不起来,痛得浑身出汗,一动不动。把他扶起来,马上去上药,他痛得咬着牙,可他还说不要紧。军分区的领导非常生气,当场批评了效果组,很好的一台晚会,被这一事故泼了冷水,直到夜里一点多,台上才收拾完。

宣传队回到宿舍,还没睡觉,就听到了枪炮声,敌人从东、北、西三面包围了前后孤山村,分区机关紧急向南转移,一边行军,一边将宣传队人员分配到部队去,女同志分配去地方。多数宣传员是在政治干事率领下,分到各团、支队,然后再分配到连。基本上是每连一名宣传员,任务是组织开展连队青年队工作等。

在连队中锤炼成长

多路敌人的反复“扫荡”,迫使部队化整为零,以连排为单位单独活动。宣传员们有的分配到山沟里与医护人员共同为伤病员服务,没粮食吃,就采野菜、蘑菇,煮熟了喂伤病员;下雨了给伤病员搭棚子;敌人搜山了就抬着重伤员转移,承受着多方面的艰巨工作。分配去执法队的宣传员,负责对犯人警戒,还要经常躲避日伪军的追捕;在连队的宣传员,除了不站岗放哨外,比战士还要辛苦,部队休息时,他要做鼓动工作或教唱歌,部队行动时,他要与连队干部到各房东家,了解群众反映,检查群众纪律,每次总要追赶部队。部队到哪里,标语就写到哪里。是党员的因那时连队中的党组织还未公开,只跟指导员或支部书记联系,连队执行特殊任务,宣传员总是走在前面,连队与地方干部组成武工队,负责到敌占区捉捕汉奸、伪保长,进行筹粮、筹款、药品、布匹等物资时,都有宣传员参加。

在捉伪保长、镇长时,都是战士把宣传员托在手上举上墙头,宣传员跳入院内,打开大门,战士们再进去,捉住伪保长,进行教育,责令他把款、粮等物资,送到根据地里去。

组建新兵连时,宣传员又去从事对新兵的教育。连队打仗时,这一群不知天高地厚的十五六岁的少年,认为是大显身手的好时候到了,他们总是冲锋在前,退却在后,个个赤胆忠心,英勇无畏。袁辅义在赤源骑兵连队,他从来就不知什么是怕,一打仗就冲在前面,支队首长看他作战勇敢,任命他为连队支部书记,人们送他一个外号叫“小老虎”。和他在一起的战士们,有些人不知他的名字,可是一提“小老虎”,人人都知道。

孟宪林每次作战都与侦察员在一起,在一次战斗中,他用打不响的枪,俘虏了一名伪军连长,缴获了一支德国造手枪。10 团 1 连的贾健,在怀柔县峪口战斗中,俘虏了敌军中队长和 2 名士兵,缴获 1 挺机枪和 700 余发子弹,还有 2 个手榴弹,为此受到了上级的表扬,还奖励他 3 块银圆。10 团 2 连的李元禄,在进攻延庆柳沟的战斗中,参加了7人突击组,每人带了一个手榴弹,目标是消灭碉堡下的前沿战壕火力点。7人分3组,从民房的窗户进入,接近战壕,一阵猛攻。敌人的战壕火力点四处开花,王亢团长在城墙上高喊“打得好”。

在人们的眼里,宣传员都是孩子,以为他们“好奇心盛”,是儿童的心理反应,哪里知道,他们都是1938年和1939年就参军的“老兵”了。虽说当时年纪才十二三岁,可都是在战斗中生活长大,经过百战的磨炼,不管多么艰苦,他们从不说苦叫累。冬季塞外的严寒有时把他们冻昏,苏醒后,又是生龙活虎般地工作起来。随着队伍东进打入伪满洲国时,他们看到村里老百姓的家中,赤身围着火盆,全家人只有一条破裤子,谁出屋谁穿。他们目睹人民的苦难,泪流满面,把自己的衣服被子送给乡亲,以实际行动宣传党的政策。部队有时吃不上饭,好心的炊事班班长,总要找一点吃的给他们,但多被拒绝。连队有的半年多不发津贴费,有时发点大烟土,他们都保存起来,用于给战友治病。战士有什么心里话,都愿意向宣传员讲,因为他们心直口快,无所顾忌,敢向任何人提意见。人们在背地里说:“这些‘小家伙’,不愧是政治机关派来的。”连队干部、战上都很喜欢他们,爱护他们。

宣传队的政治攻势

利用敌人“扫荡”的间隙,1942年秋季,宣传队集中于南街沟,吴凤翔也从40团回到宣传队,组织队员的业务训练和政治教育,集中与分散练习发声、乐器、演技等多方面的技能。10月份全部到教导队学习,政治课是学的“中国革命与中国共产党”,军事课是从步哨员到班、排、连进攻与防御,还学习了各种武器的使用方法。毕业后研究创作,大家共同编了一本油印的《歌曲集》,基本是旧调新词,以这本《歌曲集》为教部队唱歌的教材。政治部各位科长、干事们,全都投入到编写标语传单的工作中,以便宣传员到敌占区去书写和张贴,写得最多的是刘力生。

传单有50多种,路铁成和几个人油印了很长时间,有不少传单宣传队员都能背诵,以便到敌占区书写。

1943年下半年,平北军分区决定发给宣传队8条马步枪,分别配给了张立忠、李元禄、贾健、王坤林、田忠、袁辅义、高成、赵平安。未发枪的刘自敏、王景太、路铁成、白金山、陈培、郭志强,每人配了两颗手榴弹。队长有支驳壳枪。在队长吴凤翔带领下,真正成了武装宣传队,单独活动在游击区和敌占区,主要任务是配合主力部队对敌发动政治攻势。所到之处路口、村头贴传单,墙上写标语,写得最多的是路铁成,他的美术字写得好。深入在敌占区,都是白天隐蔽,夜间活动,向敌据点喊话,用弓箭把传单射到敌人据点里去;也给伪保长送警告信,有时也与地方干部、民兵等在一起组织活动。

在10团活捉大汉奸赵海臣,召开群众公审大会处决后,宣传队利用这个好机会,大力开展了政治攻势,向敌伪军及其家属宣传"日本快要完蛋,及早劝亲人弃暗投明、改邪归正,八路军欢迎他们"等内容。宣传队利用一切手段宣传党的政策,从山里到山外,从南山到北山。所经之地,大造声势,搞得各个据点的敌人真假难辨,弄不清是什么部队,也不知要进攻哪里,异常恐慌。

在集中开展政治攻势,活动了几个月后,宣传队又分散去各连队开展文艺活动。宣传员到哪里,哪里就有歌声、笑声。组织连队游艺活动,是最受战士欢迎的。小型比赛,使连队充满了生机。唱歌比赛、体育比赛、游艺比赛,把连队生活搞得热火朝天。

1943年秋,宣传队又集中到平北军分区机关驻地南碾沟,组织创作与演出,先后演出了《铁的八路军》《门里门外》《送郎上前线》等节目。宣传队与40团参谋孙再兴创编了《三怪》剧本,此剧描写希特勒、墨索里尼、东条英机的末日来临,当初他们张牙舞爪,疯狂不可一世,现在是死神降临,万分惊恐,以快板押韵的格调演出,受到上下普遍好评。

宣传员血染沙场

宣传员不仅用文艺的武器进行战斗,而且也用手中的枪弹向敌人冲杀,不管在什么样艰难困苦的环境下,都勇往直前。他们多是贫农或矿工的子弟,少年时代离开了父母,投入革命,在连队的战火中成长起来,从来没有个人的要求,在历次的战斗中,有的英勇牺牲。

原挺进剧社音乐教员祁式超,江苏人,是上海学生,1938年历尽千辛万苦,参加了新四军,后到延安学习,1939年到挺进剧社工作,1942年自愿到艰苦的平北分区工作,偶然被医务人员意外地点错了眼药,导致他双目失明。在敌人反复"扫荡"中,他隐蔽在陈家沟南山,不幸被叛徒许苏出卖,落入敌手。他勇敢坚定,视死如归,大骂日本、汉奸走狗,与敌人抱在一起搏斗,惨死在敌人的刺刀下。这位很有音乐才华的文艺战士,死得如此悲壮。

袁辅义,密云县人,贫农的儿子,13岁入伍参加冀东大暴动,14岁入党。

跟随第4纵队宋时轮支队南征北战,任宣传员。1939年底,宋支队改编为挺进军第9团,他任团宣传员。在著名的“百团大战”中,因作战勇敢和积极抢救伤员,曾被9团授予“模范军人”和“模范青年”称号。1941年,精兵简政,决定送他去晋察冀陆军中学学习,他坚决要求去平北。当时平北十分艰苦,战斗频繁。在一次战斗中,身负重伤,不幸牺牲。这位人称“小老虎”的英雄少年,牺牲时还不满18岁。

孙欣,山东人,因家乡灾荒,童年时代逃到北平,流浪街头讨饭,干杂活,吃尽了苦。“一二·九”运动时,被当时的中国大学学生会主席白乙化遇到,为他找了个卖报的工作。七七事变爆发,白乙化奔赴绥远垦区工作,孙欣跟随白乙化到了垦区。垦区暴动时,成立抗日民族先锋队,1938年先锋队到雁北地区与359旅会师,孙欣此时已经入党,1939年调到挺进剧社工作,1941年到平北后,分配到40团工作,多次参加对敌斗争。一次在往永宁南山的一个小村转移时,遭敌伏击,孙欣壮烈牺牲。这位以演“反派”人物著称的文艺尖兵,过早地走完了他的一生。

平北军分区的宣传队,在近3年的战斗历程中,平均每4人就有1人非死即伤,历经了艰险困苦,圆满地完成了各项任务。部队壮大,地区发展,在宣传队的基础上,1945年成立了“长城剧社”,王景太(改名柳堤)、陈培、侯殿卿、白金山等同志仍留在剧社工作,又调来了一批新同志,其他老队员们都走上了新的战斗岗位。

二、思想号角《挺进报》

风雷号角海陀山,华夏英雄斗虏篇。
笔阵刀锋在前线,拼将热血洒边关。

在海陀山北麓,有一个隐蔽的山洞,那里丛林杂草,地形非常隐蔽。这个山洞近千平方米,洞壁多为钟乳石,但破损严重。在洞口处有石炕和灶台,灶口处有灰痕和烟迹。由于洞内土和水都要从山下运来,炕是石板搭的,灶台是干垒的。

这里仍然留存一些残存的瓦碴和板凳,传递历史的烽烟。这里曾是平北地委机关报《挺进报》的旧址,这里吹响的抗日号角,在巍巍海陀山上长久地回响。

毛泽东曾经说过，夺取政权不仅要靠“枪杆子”，还要靠“笔杆子”。平北地委机关报《挺进报》，除了刊登“新华社”的新闻外，主要刊登平北地区的新闻和评论文章。这些内容紧密结合当时各方面的斗争，如反“蚕食”、减租减息、村政权建设等，架起了党与群众思想上的桥梁，鼓舞了军民斗志。同时，还积极配合部队和地方干部，通过宣传形势和政策，对敌发动政治攻势，瓦解敌伪军，成为对敌斗争的思想武器。

1942年，张致祥①担任平北地委宣传部部长，徐明②为民运部部长，《挺进报》从平西抗日根据地转移到平北根据地，作为平北地委和冀东地委机关报。

《挺进报》有社长、编辑、采购、发行20多人，一部收发报机、一架油印机、两块钢板是全部家当。从1942年到1944年，报社三次迁址，先后住在西坡村旁的老虎沟、南碾沟附近的石片沟和大朱家沟里的小朱家沟等简陋的地方。

1942年，日伪共进犯平北根据地1554次之多。这一年，报社记者安适、赤城发行站站长伍晋志等5人，为守护这份党报光荣牺牲。日伪对平北中心区实行“三光政策”，制造“无人区”，妄图扼杀共产党、八路军这支抗日力量。根据地缩小了，困难加重了，但平北军民在艰苦卓绝中坚持了斗争。

《挺进报》抓住一切斗争间隙，不定期地坚持了编辑和出版工作。全年一半以上的时间要在打游击的途中坚持办报，巩固思想阵地。编辑人员背着文具、稿纸、地图和少量的参考资料；报务员背着收发报机和大块的干电池、电码本；文书背着钢板和油印机。只要一停止行进，马上就地开始工作，架设起电台，安放好油印机和稿件袋。老乡的炕沿、锅台和露天的大石头，都是写稿的“书桌”，有的稿子还是在膝盖上写出的。一发现敌情或听到枪声，报社人员马上撤下天线，背起收发报机和油印机就走。遇到敌人包围和追击时，在几分钟内迅速收拾完毕，和部队一起，投入激烈的战斗。报社人员都是能文能武的战士。

《挺进报》在平西的时候，是用石印出版，迁到平北之后，由于环境残酷，

---

① 张致祥（1909—2009），江苏常州人。1928年加入中国共产党。抗日战争时期，曾任平北专署专员，平北地委宣传部部长兼挺进报社社长等职。中华人民共和国成立后，曾任文化部副部长、中共中央对外联络部副部长、中国国际交流协会副会长等职。

② 徐明（1916—1985），黑龙江阿城人。1936年加入中国共产党。抗日战争时期，曾任平北地委宣传部部长、民运部部长等职。中华人民共和国成立后，曾任中国人民解放军空军副参谋长、国防科学技术委员会训练基地司令员等职。1961年晋升为少将军衔。

在一个时期内，只能用油印出版，但基本上坚持了3日一刊。发行范围，除发分区、县、区三级党政群机关和部队外，还送到了北平郊区及张家口、承德附近，包括昌平、顺义、怀柔、密云、丰宁、滦平、延庆、怀来、宣化、龙关、赤城、崇礼、沽源、宝昌等县的广大农村。限于条件，印刷份数不多，但是每份报纸都能辗转传阅，保存很长时间。很多部队和地方干部常把报纸带在身边，像重要文件一样保存着，走到哪里就拿出来，给群众宣读、传阅。

1944年春天，抗战形势转好，根据地也较为巩固，《挺进报》改为四开四版、三天一期的石印报，发行份数为1500份左右。石印机和印刷用的石板，是通过北平的地下关系买到的，装在一列北平到张家口的火车头里。当列车停在南口北边一个小站时，把机器和石板卸下来，用几头毛驴驮着，昼伏夜出，经过延庆等地，辗转运进延庆北山。石印机的拆卸运输，难以适应游击战争环境，需要有个比较稳定的地方，就请拥军模范赵顺，在侯庄子亮棚沟附近的半山腰上，找了一个地形隐蔽的山洞，把机器装在洞里，成为石印厂。石印报比油印报字迹清楚，印刷份数多。在印刷之前要用毛笔蘸上药墨，将字写在药纸上，然后通过手摇机器的轮子，用重压力把药纸上的字迹拓在石头上，再用手摇机器轮子，一次一张地印刷。一期报纸印完后，要把石头磨光，才能再拓再印。

山洞里整天见不到阳光，潮湿昏暗，再加上营养不足，报社人员脸色蜡黄，但是他们把红色的革命种子播撒到《挺进报》这片思想的阵地中。

文书们的字迹写得工整美观，有仿宋体字、黑体字、楷体字、美术字，还有画的花边、插图，和铅印报纸没有多大差别，让人看到寒冬中的春意、黑暗中的曙光。

有几名记者长年在分区所属各县活动，或者随军战斗和采访。记者还在地方干部、小学教师和部队指战员中组织通信网。这样，地方新闻稿件源源不断地投到报社。军分区、地委和各县的负责同志也为报纸写稿。军分区政委兼地委书记段苏权、副书记武光①、陆平②等同志，都亲自过问报社工

---

① 武光（1911—2015），河北深泽人。1931年加入中国共产党。抗日战争时期，曾任平北地委副书记。中华人民共和国成立后，曾任北京航空学院党委书记，新疆维吾尔自治区人民委员会第一副主席，中国社会科学院副院长、党组副书记等职。

② 陆平（1914—2002），吉林长春人。1933年加入中国共产党。抗日战争时期，曾任平北地委副书记等职。中华人民共和国成立后，曾任铁道部副部长，北京大学党委书记、校长，第七机械工业部副部长等职。

作，指示报道方针和内容，并为报纸撰写文章。

报纸是桥梁，把平北军民的心连在一起。为了瓦解敌伪军，各级党委都成立了敌工部，县里的敌工部下设几个敌工站，《挺进报》成了向敌占区散发的重要宣传品。

1944 年，中共中央决定各级党委成立城市工作部，把开展敌占区大城市、交通要道的工作，提到与根据地建设同等重要的地位。这时更多的《挺进报》传入了敌占区，成为团结教育群众、打击敌人、争取抗战胜利的重要武器。

在残酷的斗争中，报社得到了群众的大力支持和掩护。敌人知道北平附近的八路军有个《挺进报》，也知道山里有个印刷厂，但他们一直没有发现印刷厂的所在地，这主要得益于群众的帮助和支援。因为《挺进报》在群众中有广泛、深刻的影响，对于敌人威胁很大，所以敌伪"扫荡"时，把它列为"搜剿"目标之一。最无耻的是盘踞在怀来的敌人，仿照《挺进报》的样子，编了一个伪《挺进报》，企图欺骗当地人民。但那张伪《挺进报》一到群众手中，马上就被识破了。人们说："这个《挺进报》是假的，八路军的报纸不说这些鬼话。"

1944 年 4 月 1 日的《晋察冀日报》上，刊登了一条这样的消息："创刊于 1939 年 9 月 1 日的《挺进报》，在平北改版，内容、形式均有改进。"这条消息像阳光，鼓舞了报社同志们的斗志，他们决心更好地守护它。

随着抗日战争形势的发展，《挺进报》一步一步地发展壮大起来。1945 年 8 月，日本投降，历史掀开了崭新的一页。1946 年，由于形势发展的需要，组织决定把平北的《挺进报》和平西的《群众报》合并，出版《察哈尔日报》。平北《挺进报》光荣地完成了抗战时期的历史使命。

第四章 “反围子”斗争

“集家并村”，推行“部落化”，制造“无人区”，是伪满洲国推行其“固边政策”的重要内容之一。

“无人区”政策，最初日伪政权曾在东北三省实行过，后来又将所谓“成功经验”推行到冀热察地区。在冀、热、察边界长城沿线，即所谓“满洲国西南国境线”上，推行“集家并村”，形成了“千里无人区”。

日伪的“无人区”政策是有组织、有目的、有计划进行的，大体经历了三个阶段：第一阶段从 1939 年秋到 1940 年秋，为局部小集家阶段。第二个阶段从 1940 年秋到 1941 年 10 月，为制订计划和试行阶段。第三个阶段从 1941 年 11 月到 1944 年春，是大规模“集家并村”阶段。

伪满西南防卫司令大村少将，在 1941 年拟定了《西南地区治安肃正实施纲要》，并于该年冬开始执行。其具体办法是，强逼群众拆毁或烧毁原有房屋，修筑围子，门上写着“××部落”（日伪叫“部落”），大门两旁写着“东亚共荣”“民生向上”，然后强迫群众离开原来住地，拖儿带女，搬进围子居住，并强迫青壮年组织自卫队，在围子的出口处和其中的十字路口立岗设卡，规定天亮前和太阳落山后百姓不准进出，违者一律以“共匪”论处，就地枪决。生活上一切物品，包括粮食、布匹及日用品均实行“配给制”，但经伪保、甲长及大小头目层层盘剥，真正到群众手中的已所剩无几。政治上严加控制，并实行奴化教育。群众失去了起码的人身自由，犹如被囚在暗无天日的地牢一般，所以，百姓都称之为“人圈”，如同牛圈、羊圈一样，把人都圈起来。老百姓被迫迁离的地区不准住人，即所谓“无住地带”，也叫“无住禁作区”，其罪恶目的是企图割断共产党八路军与人民群众的联系，使之失去群众，站不住脚，被迫离开根据地，以保证伪满洲国边境的安宁，巩固其野蛮的统治。这就是其“固边政策”的实质，也是敌人“蚕食”进攻的重要内容。

整个“无人区”，东起山海关以西的九门口，西到赤城县独石口以东的老丈坝，日伪在近千公里的长城线上全面大集家。到 1944 年春，日军制造的“千里无人区”计划基本完成。据统计，“千里无人区”涉及现在的河北、辽宁、内蒙古、北京、天津 5 个省、区、市的 25 个县（区），总面积为 5 万平方公里，总长度大约 1000 公里，因此，被称之为“千里无人区”。

第一节 “敌人建，我们拆”

一、昌延二区“反围子”

伪满洲国西南边境的边缘，正是昌延联合县二区一带。1942 年初春，日伪军突然增加军事力量，增派警察，分驻各村，强迫群众修围子。当时，伪满洲军一个团，团部驻扎四海。大庄科、永宁、四海各驻扎一个营。干部群众突然遭到袭击，一时间显得惊慌无措。

大庄科是二区中心。县委及时指示二区区委，先进行“合法”斗争，要各村甲长到大庄科日伪据点那里，代表全村群众反映问题。现在正是春耕大忙季节，青壮年都去修围子，种不上庄稼，人误地一时，地误人一年，秋后就没有粮食给你们交，待种上地再修也可。经过各村甲长三番五次的要求，敌人答应了。春耕刚结束，敌人又强迫群众修围子。各村甲长便拿着区长的命令，公开向敌人说：“你们叫修，八路军下命令不叫修。我们如果修了，要当汉奸处置，我们命都保不住。老百姓也不敢修呀！就算修好了，八路军也要下令拆的。”敌人不答应，说他们有军队，八路军没有办法，不然，就烧村里的房子。

当时，主力 10 团不在昌延，二区只有 20 多人的游击队，而且是改编的祁秉元的土匪队，纪律不好。看来，抗拒修围子已不可能，敌人真要烧房子，群众会受更大的损失。

如何应对难题？区里召集各村甲长开会，集思广益，研究对策。指定哪个村先修什么地方，后修什么地方，围墙下边留下暗道，以备围子修成后，敌人包围就从暗道突围；向群众说明，修围子是应付，不放弃有利时机进行彻底破坏，不管什么时候接到突拆围子的命令，要发动群众突击拆毁；各村修围子的人数，由区里规定，或 10 人，或 20 人。敌人来了，增加一些；敌人走了，减少一些，以消极怠工对待；加强岗哨，彻底坚壁清野，同时在村外山沟盖窝棚，打窑洞，准备必要时可转移出围子分散居住。

各村采取这些措施,大大延缓了敌人修围子的计划。敌人发觉了一些问题,采取的手段更加毒辣,利用亲友、社会关系,大肆进行“诱降”活动,或抓捕抗日干部,破坏“反围子”斗争;或挑拨离间,诱使那些不坚定分子投敌叛变,瓦解抗日阵线。二区区小队持枪投敌,到永宁当了特务队。二区区长石春生被捕,刚提拔的区长赵有章(赵子龙)10月投敌。

10月24日,高万章在营城子村组织群众拆围子,姓刘的甲长不拆,秘密报告了大庄科的敌人。敌人很快包围了营城子,高万章走脱,到汉家川村找区长赵有章商量工作。当时赵有章已叛变,并与甲长温永兴勾结,设下圈套,一面热情招待,一面派人报告敌人,高万章被捕了。二区的工作整个陷入瘫痪,“反围子”斗争失败。

1942年冬天,县委派刘凤鸣同志到二区工作,任区委书记兼区长,要他只身进入“无人区”,恢复二区工作,开展“反围子”斗争。

刘凤鸣由县委交通员傅德玉带路进入二区,为工作方便,改名刘文科。

刘文科到二区,白天住在一个老“堡垒户”家里,晚上由傅德玉领着转山头了解情况。傅德玉告诉山下是什么村,住多少户,有没有汉奸特务,是哪几个村并成的围子,有谁是抗日的坚定分子。这个时期,敌伪控制极严,具体情况不明,他们一直没有下山进村,在周围秘密活动。

经过一个多月的考察,刘文科已经掌握了二区的基本情况。人民急切盼望共产党快回来领导他们进行斗争,因为在围子里的生活暗无天日。刘文科查明情况,立刻返回县委汇报。县委听了汇报,有理有据,十分满意。研究决定,从汉家川开刀,除掉汉奸,拆毁围子,打开局面。并大造舆论,告诉二区人民,共产党回来了,八路军回来了,苦难的日子到头了。号召二区人民在共产党领导下,在八路军的支持下,坚决开展“反围子”斗争,决不让敌人阴谋得逞。

刘文科在县委印了许多处决汉奸的布告,准备到处张贴。为加强武装斗争,调10团的排长卫兴顺作为二区游击队队长。

卫兴顺人熟地熟,对敌斗争十分有利。

他们趁月黑风高摸进汉家川围子里,除汉奸,又朝天连鸣数枪,高喊:“共产党又回来了!八路军又回来了!”并把镇压汉奸的布告张贴在大街上,署名二区区长刘文科。

睡梦中的群众被惊醒,纷纷跑到街上来看。刘文科和卫兴顺趁热打铁,向群众说明铁杆汉奸已被镇压，还有几个要送到县政府处理，并组织骨干分子，发动群众拆毁围子。群众情绪被点燃起来，他们在茫茫黑夜看到黎明的曙光，急忙回去拿铁锹、镐头，不到一夜工夫，汉家川的围子就被拆毁了，外村搬来的群众又纷纷搬回原村居住。

第二天天刚亮，大庄科伪满洲军得到报告，说来了许多八路军，拆毁了汉家川的围子，汉奸被镇压了。敌人吓得晕头转向，怎么也搞不清八路军为什么来得这么快，来得这么多，立刻派伪满洲军到处搜山，搜来搜去，连个八路军的影子也没有找到。

趁拆毁汉家川围子的有利时机，县委决定，组织游击队与主力10团互相配合，进行突然袭击，又将台自沟的5个敌炮楼烧毁，同时发动群众拆毁围子。不到半个月，鸽子峪、王家堡、杏树台、二道关的围子全都拆毁了，取得了“反围子”斗争的第一个大胜利。

“反围子”斗争的初步胜利，就像希望的火炬，群众看到有党的坚强领导，有区游击队的配合，斗争的情绪更高涨了。敌人强迫群众白天修，游击队就发动群众抵制，或者少去人，或者去些老者弱者充人数，或者消极怠工，或者马马虎虎修得很不结实。几天修起的围子，发动群众在夜晚，没用几个小时就拆毁了。后来，由于区游击队发展壮大到20多人，各村又建立了游击小组，民兵组织也加强了。敌人到处抓人修围子，游击队、民兵到处袭击敌人，弄得敌人焦头烂额，顾前顾不了后。

敌人威胁伪保甲长们强迫拉群众修围子，区政府常常发出警告，并不断打击死心塌地为敌人效劳的人，给伪保甲长们很大的震慑力。他们不敢明目张胆地去组织群众修围子，经常向伪满洲军头目说：“我们再强迫老百姓修围子，共产党就把我们当汉奸处置了。”加上倾向于抗日的保甲长们千方百计地抵制，敌人的罪恶计划无法实施，不攻自破。

冬去春来，经过一年多的艰苦工作，敌人不但没有建起一个像样子的围子，相反的是，各村的抗日政权建立了，基层党的组织恢复了，并在斗争中发展了新的党员，武装斗争也扩大了，致使敌人白天不敢轻易出来活动。二区的一部分村庄成了根据地，一部分成了游击区，敌人的控制区已经很小了。新的局面打开了，二区又成了昌延中心区的重要组成部分。党领导人民，形成抗日的铜墙铁壁，摧毁了敌人“民匪分离”的阴谋，取得“反围子”斗争的初步胜利。

二、夜袭三道川

三道川位于河北张家口的赤城县。1933年，日军占领黑河川后，以长城为界，将这里划归伪满洲国。白草、三道川、青羊沟等较大的村落都建有警察署、分驻所，并屯扎重兵，严加防范。老百姓在日伪的残酷统治下，缺衣少食，没有自由，过着非人的生活。

1943年7月的一天，40团团长钟辉琨和副参谋长高昆山准备拔掉三道川围子，打击他们的嚣张气焰。黄昏时分，暮合四野，他们带领400多人，从赤城县龙门所的后楼出发，沿着蜿蜒的山路，穿过古长城，向目的地进发。

夜幕降临，星斗云垂。部队行进到井沟，距离三道川还有几十里的路程。团部命令部队停下来，在此休整两天，派孙进才、王德举、刘振林到青羊沟一带打探敌情。3人骑马来到离三道川不远的地方，山高路险，崎岖不平，他们下马牵着步行。转过山头拐过几道弯，借着月光，看见半山坡的一棵大松树下有一农舍，一个妇女正在门口眺望。孙进才向她问路，这时对面走来一个人，依稀可见中等个儿，留着分头，看样子不像种地的普通老百姓。孙进才他们连忙闪到巨石后面观察动静。那人哼着小曲，大摇大摆地走过来。“站住！”孙进才3人边喊边嗖地站起来，吓了那人一跳。那人一看对面有人，转身要溜，被王德举一手拽住，任他怎么反抗也无济于事，被押着回到了井沟。

果然不出所料，3个侦察兵押回来的人是个伪军，叫谢展，同那家女人相好。问他：“三道川有多少日伪军？多少武器装备？”他头摇得像拨浪鼓，连声说：“不知道！不知道！”审问他的战士一看软的不行，就来硬的。见他还不肯说，就用绳子把他吊到葫芦架上，要拿枪把揍他。这个伪军一看战士动真格的，吓得浑身筛糠似的发抖，尿湿了裤子。“您别打，我说！我说！”原来他是个炮兵，交代说，三道川有日伪军300人，武器齐全，1门九五式步兵炮，5挺机枪……

根据敌情，钟团长经过周密部署，由永宁村村民李寿凯和俘虏的敌炮手谢展带路，在夜幕的掩护下，专找深山捷径小路，顺利地向目的地进发。部队在急行军中，虽然大汗淋漓，但个个摩拳擦掌，还没有到半夜，就赶到三道川附近。

三道川是一座馒头山，三面是陡峭的斜坡，只有一面是路。日伪军为了固守,修了好几座明碉暗堡。40 团第一次冲锋,由于敌方火力太猛被压下来,10 多个战士腿脚挂花。高副参谋长派 2 连增援,准备再攻。这时敌人的火力突然小了,孙进才立即带领一个班悄悄地摸到山下,沿两侧茂密的蒿草向上爬。为转移对方注意力,40 团同敌人正面交火。因敌炮手被抓住,大炮成了哑巴,不能发挥威力了。孙进才和战友们剪断铁丝网,爬上庙台,进了一个四合院式的寺庙。看见敌人大部分溜掉了,地上横七竖八躺着几十具尸体。只有东房那边还有枪声,他们踩着满地子弹壳冲进去,发现只有个两日本鬼子架着机枪打得正欢。徐世荣绕到敌人背后,冲上去夺过一个鬼子的枪,孙进才跟着一枪把他打倒在地。另一个见势不妙,撒腿就跑。两人追到院里,他口口声声叫着:“我是中国人,我是中国人!”孙进才冲着他的大腿就是两枪,徐世荣又补上一刀,结果了他的性命。

三道川这次战斗,日军官山田和一个军曹毙命,30 多个伪警察当了俘虏。缴获迫击炮一门、枪支弹药一批,能带的带走,不能带的和敌人驻所全部烧毁。

第二天清晨,当朝霞染红了山头,平北部队在钟团长和高参谋长的带领下,快马加鞭返回驻地。白草警察署知道被袭击后,派重兵奔向三道川,没有扑到八路军,只好垂头丧气地收尸安魂。

平北军分区政委段苏权专门在炭窑沟召开庆功会,给孙进才和大炮照了相。那名炮手立功赎罪,经过教育也加入了八路军的队伍。

三、政治攻势

在“反围子”斗争的同时,龙赤联合县三区区委,还对围子中的敌人发动了政治攻势。

1943 年夏天的一个晚上,夜空像水洗过似的洁净无瑕,月光如水,静静地洒在地上。山风微微吹拂,十分清爽。万籁俱寂,依稀能听到树上的知了在叫。伪满洲国境线的山顶古城头的日本碉堡,闪着点点灯火,仿佛一双双凶恶的狼眼,眨巴着,射出窥视的绿光。

龙赤联合县三区区委书记陈鸿义带领区卫队 34 人,全副武装,按照事先探明的路线,悄无声息地翻过长城高山,绕过敌人岗楼,穿过伪蒙疆与伪满洲国的国境线,在伪满洲国划定的“无住地带”行进。

龙赤联合县三区,地处后城龙门所北川的狭长地带。东面是一道高山峻岭，巍峨挺拔，古城绵延起伏，顺着山顶，从北向南逶迤而去，与伪满洲国丰宁县的黑河川成为一条自古以来的天然分界线。黑河川在1933年已被日本铁蹄践踏。1940年龙赤联合县三区开辟后，也曾越过长城在毗邻三区的大、小龙池，车道沟和上、中、下碌碡湾等十几个小村建立党的组织开展抗日工作。集家以后，人们被赶进围子，这些小村成为无人区。抗日工作停止，群众情绪十分低落，犹如跌进黑暗的万丈深渊，在敌人刺刀和皮鞭下苦熬奴隶般的岁月。根据这一情况，陈鸿义召开了区委会，研究决定：采用针锋相对的方式，进入无人区，在围子中宣传抗日，重新点燃群众的抗日热情。

经过几天准备，三区队员选择了集家不久的茨儿营子围子，这里离三区近，有并村的党员，群众基础好。茨儿营子围子又在黑河边的公路旁，影响大，更主要的是敌人防卫力量薄弱。

到了茨儿营子围子外面，三区在南北大路设置了警戒。正待他们摸抄的时候，敌人发觉了，"叭叭"枪声划破夜空。陈鸿义觉得偷袭已不可能，只好改变原定方案，见机行事。他从侦察得知，伪满洲军只一个班，无重武器，其余是拿木头枪的青年团，20多个人。陈鸿义决定争取时间，采用强攻。围子不高，在机枪掩护下，区卫队员搭着肩向围墙上攀，身手敏捷，人人骁勇，个个争先，很快上了围墙。围门上守卫的敌人在区卫队机枪急速火舌的喷吐下抬不起头，只知胡乱放枪。很快全体区卫队冲进围子，敌人只好乖乖缴了枪。

枪声惊醒了围子中的群众，他们从街头巷尾、牛棚、猪圈、屋旁、篱下的栖息之地，纷纷拥向戏场。三区队员将罪大恶极的伪满洲军班长绑在戏台柱子上。在闪烁的油灯下，陈鸿义站在戏台上，向群众开始了演讲。他高声而亲切地说："乡亲们，我们八路军游击队来看望大家，大家受苦了。敌人'集家并村'，妄图割断咱军民的联系，这是痴心妄想！只要有群众，就有八路军。你们在边墙外，我们在边墙里，但我们一直都在惦念着大家，记挂着大伙儿无房住、无衣衫、无粮吃……"陈鸿义看着台下有人眼里闪着光，有人擦眼抹泪，还有的放声痛哭，继续讲，"乡亲们，我们这牛马不如的生活是日本小鬼子一手造成的，抗日！抗日！不抗日是没有出路的。我们只有团结起来，与鬼子斗到底！"台下群情激愤，有人喊："我们不当亡国奴！"陈鸿义接着又对群众讲："长城西是我们龙赤联合县三区，我代表三区党委、区政府告诉大家，三区的大门永远为黑河川的广大人民群众敞开着。没吃没穿可到三区去换点，我们不征税，提供所有方便。实在活不下去可到三区投亲奔友，我们时刻欢迎！”群众一听，仿佛看到了黑夜中的光明，他们高呼：“我们到三区去！我们到根据地去！”会场气氛热烈，群众口号声传得很远。

在围子不可久留，陈鸿义又对俘虏讲：“八路军一贯履行中国人不打中国人的政策，你们告诉满洲军，都是中国人，怎么能为日本鬼子死心塌地效劳？怎么能欺侮自己同胞兄妹呢？你们就不能人在曹营心在汉，为抗日做点贡献，为自己留条生路？要知道无人区绝不是针插不进水泼不进的地方。告诉你们，我们想来就来，想走就走，谁好谁坏，八路军心里有本账。你们班长忠实事敌民愤极大，一定会受到抗日政府的惩罚。”接着，三区队员对伪满洲军的十多个俘虏教育释放，押着班长返回。队员将标语、传单撒满围子街头，沿着崎岖曲折的小路，穿过长城往回走。

东边的天空，已露出鱼肚白，黎明又要来临了。三区区卫队队员，满怀着胜利喜悦回到了根据地，圆满地完成了任务。

第二天天明，人们奔走相告：“八路军还在！中国不会亡！鬼子长不了啦！”八路军神兵天降，飞进茨儿营子围子的消息，传遍了黑河川，也温暖了黑河川的群众。在群众满怀希望的传播中，越传越神，说八路军会飞檐走壁，能日行千里夜走八百，有机枪大炮；说鬼子是秋后蚂蚱蹦跶不了几天啦；还有的说满洲军欺侮老百姓，一见八路军磕头如捣蒜，吓得屁滚尿流。这些说法，表达了群众的心声。

黑河川苦难的群众，在白色恐怖中看到光明和希望，抗日热情激发起来，化成了滚滚的抗日洪流。

四、丰滦密护青抢粮

1942 年夏天，日伪实施“集家并村”，控制老百姓的耕种。丰滦密政府就想尽办法，组织群众开展保护青苗的“护青”斗争。

丰滦密二区任财粮助理的倪介瑜，把老少妇女转移到山里去住，青壮年回到本村种地，以保证秋后有粮。

日伪军为了不让老百姓种地，就频繁出来进行破坏活动。敌人出来了，倪介瑜得到情报就及时组织老百姓转移；敌人走了，老百姓就抓紧时机撒种浇地。敌人抓不到人，就报复性地把在房茬子里搭的草棚子烧掉，有时连续烧几次。老百姓无处可住，就住到山洞里去，没有山洞自己凿一个。

区里的工作人员也同老百姓住到一起，大家互相鼓励，保存力量，共同和敌人斗争。敌人再狡猾，人民总是有办法，终于不误农时把地种上了。

春夏之际，青壮年抢种的青苗长起来了，雨水比较充沛，长势良好。敌人一看，又驱赶大批老百姓，带着镰刀进根据地割青苗。

到嘴的粮食岂能被敌人抢走？

倪介瑜接到情报，司营子、白马关的日军和伪满洲队要来椴树梁一带割青苗。他连夜赶到西庄子、迎城岭、西湾子等几个地方组织民兵。民兵集中后，倪介瑜进行了战斗动员与部署，分三路埋伏在豁拉山3个地方，抢占了有利地形。

天刚蒙蒙亮，日伪军果然押着老百姓来毁青苗。待到走近，由倪介瑜指挥，民兵用自制的牛腿炮（一个铸铁筒子，里面装上铁沙，安上发火装置）从三面冲着椴树梁方向开炮。轰隆轰隆的炮声，夹杂着枪声，震耳欲聋，烽烟四起。敌人摸不清底细，以为被八路军大部队包围了，便仓促收兵逃回了据点。

10团部队也击毙来莲花瓣割青的伪军数十人，下营自卫军也用牛腿炮将割青的敌人轰跑。

伪满军一个连到南香水峪抢粮，五区队政委王波带领2连与敌人于南香水峪北山展开激战，敌伤亡惨重，而王波于此战斗中不幸被炮弹击中以身殉国。经过一番苦战，敌人割青抢粮的阴谋诡计未能得逞。

除了抢粮，敌人还卡断由平原运粮的来源。八路军军政人员每天粮食六七两，老百姓的生活更苦了。人们吃野菜，出现浮肿现象，军民吃饭问题陷入十分困难的境地。

面对如此严重局面，各县政府对军需民用物资果断采取措施。

1942年夏，丰滦密联合县政府下达征粮任务，在石洞子、迎城岭设立粮食转运站。山地村庄挖粮窖、地洞（利用梯田坝坎），准备贮藏粮食。秋后，军政人员越过封锁沟，去征收粮食、鞋袜等物品，大部队做好掩护工作。征上来的粮食在夜间运到粮站过秤，然后藏起来。像营城岭粮站每夜能接收50多驮粮食。

敌占区通过上层关系、敌工关系，代买些食盐、布匹等物资。密云城内大商号店曾给八路军偷运粮食、医药等物品。

1942年秋，征粮工作十分顺利，形势有所好转，党员干部、群众抗日情绪高涨起来，干部也更加团结了。

第二节　破交斗争

破交，指破坏敌人电话线和交通线，这是阻止敌人情报联络和行动的一个重要方面。平北根据地发动组织党政军民，一般利用夜间挖敌公路、炸敌桥梁、割敌电线，积极开展破交斗争。

一、程家窑截击火车

程家窑村位于八达岭长城脚下、京张铁路旁。村庄四周群山环抱，形成山间小盆地。抗日战争时期，侦察人员得到情报，从张家口开往北京一列客车，车内有全副武装的日伪乘警30多个，请上级领导定夺。

1943年6月7日，昌延联合县基干大队队长陈敬安、指导员李祥瑞、副队长姚配均，接到重要情报后，立即开会研究。他们决定，夜里12点以后，在程家窑村南截击火车，活捉日伪铁路警察。会后马上召开全连动员大会，布置兵力和截击办法，给各排分配任务。这次战斗，要勇猛迅速，速战速决。战士们听到部署，士气高涨，决心打个漂亮仗。

1排排长孙柱宽带领全排埋伏在程家窑村东边，准备从火车头节往火车尾节打。2排排长蒋秀起带领全排人，埋伏在村西边，准备从火车尾节往火车头节打，两个排在火车中间会合。3排长刘存良带领全排人，先占领程家窑村南边土城墙破炮楼小山头，作为本次战斗的预备队，专门打掩护。安排妥当，战士们迅速就位。

呼啸的火车一闪而过，要截击必须给火车设置障碍。连部让区干部从程家窑村找来了王满先，通过王满先又找来了两个可靠的劳工，悄悄地拆掉铁路南边一根铁轨。部队已经埋伏在东、西、北三个地方，只等火车过来冲击铁轨一掉道，战斗马上开始，战士即往车厢内冲。

从夜里12点开始，一直等到凌晨3点。茫茫夜空下，疏星淡月。战士们眼都没眨地注视着西边，终于看到火车冒着白烟、风驰电掣般地奔来。只见火车飞驰到拆掉的铁轨外，就听到咔嚓的声音响起来，火车脱轨了，喘着粗气停在那里。战斗立即打响，三面枪声激烈。“冲呀！杀呀！”“中国人不杀中国人！”“交枪留命！”战士们勇猛冲进车厢，高声大喊：“旅客们不要怕，不要乱动！基干大队不杀、不抓一个好人！”“全车铁路警察不要顽抗！缴枪不杀!”那些警察们听见喊话后,纷纷双手高举枪支弹药,表示投降。

战士们打到中间车厢时,伪警察缴枪后,发现车座底下钻进一个人。副班长陈永升拿枪托就往他屁股上砸,这个家伙从底下爬出来,站起来就夺陈永升的枪。班长谢明山见敌人和副班长夺枪,照准这个亡命徒就是一枪,跑到跟前又照他胸部扎了一刺刀,结束了顽固的敌人的生命。战士们又往前打了一节车厢,收缴完了伪警察的枪支弹药,又发现车座底下露出一个屁股,陈永升又用枪托砸他屁股,想捉个活的。没想到这个伪警察,手里有个手枪,从车底下突然飞出一梭子子弹,打在陈永升的脚上,顿时鲜血直流。陈永升副班长挂花了,另一个战士眼疾手快,照着敌人后背就是一枪,这个家伙也见了阎王。紧接着又往后车厢冲打,打到最后第二节车厢,发现 2 排战士们,再打最后一节车厢,就被日军的歪把子机枪狙击在车尾后边不能前进。原来最后一节车厢,有一个连的日本兵,武器弹药充足,装备先进。日军仗着武器好,死命打。2 排采取强占硬攻的办法,组织多次冲锋,都没有冲进去。人员伤亡很大,只剩下 20 多个人。2 排排长蒋秀起牺牲了,副队长姚配均、1 排排长孙柱宽等人都负了伤。战士们冲到最后一节车厢跟前,扔进去几颗手榴弹,打死打伤不少日军。为了防止康庄火车站敌人增援,基干大队迅速打扫战场,清理伤员,撤出阵地。

程家窑截打火车,基干大队虽有伤亡,但取得了胜利,俘虏伪警察 30 多人,缴获大枪 30 多支、子弹 2000 多发。后来得到敌人方面的情报,敌人损失比基干大队多 3 倍。

二、民兵巧摆地雷阵

1942 年春天,冰雪还未消融,日军就开始对海陀山平北抗日根据地中心区进行春季大“扫荡”。

龙赤联合县五区县政府机关所在地设在赤城县纪宁堡村。日军妄图攻占纪宁堡,进而偷袭平北地委和军分区。他们纠集了日伪军 2000 多人,趾高气扬地从雕鹗据点出发,妄图以迅雷不及掩耳之势,“围剿”平北抗日根据地。

龙赤联合县四区,离雕鹗敌据点只有十多里。前后孤山、元通寺等山沟里的小村庄,是通向地、县政府机关的必经之路。得到情报后,上级指示四区区委要迟滞“扫荡”敌人,争取宝贵时间,以掩护机关部队安全转移,区委审时度势,决定组织游击队进行地雷战,打击敌人,遂派区干部贾振兴组织率领前后孤山、元通寺一带游击队阻击敌人。

3月的早晨,春寒料峭,呼啸的寒风不能阻挡摩拳擦掌的游击队队员。贾振兴和其他干部经过细致研究,认为子弹特别金贵,每个人有三五颗,利用居高临下的地势,敌人往上进攻就往下推石头。子弹更不能浪费,要确保一颗子弹击毙一个敌人。用游击队的优势石雷、地雷歼灭敌人。选择了后孤山到元通寺路上狭窄的一段山沟,游击队员挥锹挖土,埋下了一颗颗地雷。埋好地雷后,队员们在两旁山崖下的石雷中填满了炸药,连好了导火线。一切准备停当,队员们隐藏在山石后面,注视着敌人来的方向。

临近中午,敌人气势汹汹地进山了。他们先用重炮向村庄轰击,用机枪向两边山头猛射,腾起大量尘土和烟雾。敌人借着炮火,边打边行进。一会儿进了石雷群,元通寺游击队员张英站在地雷阵前,冲敌人放了两枪,与敌先头部队接上火后,诱敌深入。敌人尖兵踏响了大路上的踏板雷,进入了地雷阵。只听轰隆一声,倒下10个。敌人惊慌失措,旋即向大路两边撤离,进入了两侧的石雷群。只听贾振兴一声喊:“打!”早已按捺不住的游击队队员,手榴弹带着怒火投向敌群,一阵烟雾中敌人被炸飞。石雷发挥巨大威力,天崩地裂,惊雷隆隆连成一片。陷入地雷阵中的敌人被炸死30多个,伤了20多个,哭爹喊娘,哀声一片。这当头一棒打得敌人晕头转向,抱头鼠窜。敌人吃了“铁西瓜”的苦头,像毒蛇一样探头探脑地往前爬。日军指挥官只好下令停止前进,派出工兵,在前面探测地雷。日军用探雷器,往往侦探不出游击队员埋的地雷、石雷,不时有爆炸声传来。敌军大部队不敢往前走,像蜗牛一样在后面爬行,一天只能前进2里地。

四区游击队巧妙利用地雷作战,顺利地完成了上级领导分配的任务,阻击了敌人,迟滞了他们的前进速度,给平北根据地机关和部队赢得转移外线作战的机会。在战斗中,杀伤了大量“扫荡”敌军,为春季反“扫荡”做出了贡献。

日伪军不断向三区“扫荡”,掠夺粮食和柴草,龙赤联合县三区民兵也大摆地雷战进行反“扫荡”。

民兵们在实践中,根根地雷的性能,自制了防御雷(封锁路口、道旁,挂在门、窗上,放在柜内)、进攻雷(埋在敌人住处及其周围)、破坏雷(钉子雷、子母雷)等。为了让地雷发挥威力,他们到处挖坑,放几个驴笼头,真真假假,假假真真。敌人一头雾水,每次“扫荡”都是以失败而告终。敌人有时也能找到埋的地雷,起走后,抢着向主子献功去。这样,地雷不仅杀伤不了敌人,反而使一些敌人领了奖赏。赔本买卖再也不能干下去了,不能让敌人的阴谋得逞。怎么办?民兵人人献计献策,琢磨制造一种即使敌人踏上去炸不死,就是敌人起走了也叫他丧命的地雷。经过反复研究,多次试验,终于制成了一种定时硫酸雷。这种雷敌人踏上去能爆炸,起走到一定时间也能爆炸,都有杀伤力,试验成功了。

又一次,区武委会干部耿世昌和张午政带两组民兵,一组将定时硫酸雷悄悄地埋在土木西门北店南边,并且留下了一定的痕迹。另一组把雷埋到别处。计划让土木的日伪军起走,抱到警察署办公室爆炸,让敌长官坐坐有声"飞机",可是左等右等不见有人出来。不知过了多久,5个土木大乡的敌警察从西门出来,他们一看路口有地雷的痕迹,觉得领赏的机会来了。他们蹑手蹑脚地把地雷起出来,争着向主子献功。抢来抢去,最后敌警察王权抢到手里,别的警察跟在他后面。他们边走边看,刚走到西门附近,只听轰隆一声巨响,硫酸雷爆炸了。敌警察王权当即死亡,血肉横飞。其余几个沾了光,个个都受了伤,灰溜溜地跑进城内向主子报丧去了。

昌延联合县的李明,也擅于摆"地雷阵",被称为"地雷阎王"。

李明1907年7月出生于延庆三司村,从小家境贫寒,后因生活所迫,全家逃荒至白草洼村。

1942年秋天,驻扎在赤城后城的日伪军经常"扫荡"董庄子、常庄子、下堡、白河堡一带。昌延联合县六、十区小队决定在火石沟钻石头、埋地雷,非叫敌人尝尝咱们石雷的味道不可。

游击队来到火石沟,凿眼儿的凿眼儿,放药的放药,埋雷的埋雷,大家累得满头大汗,但一想到石雷能炸敌人时,就把累全忘了,不到两个小时,满沟的石雷全埋好了。

果然,第二天早晨200多日伪军就气势汹汹地出发了,当官的骑着洋马,挎着大洋刀,日伪军扛着三八大盖,上着明晃晃的刺刀,杀气腾腾。乡亲们在山头上看到,敌人离火石沟越来越近了。突然轰隆一声震天巨响,紧接着就是一声又一声的巨响,敌人踏上雷了,整个山沟都在欢笑,日伪军人仰马翻。一阵惊天动地的爆炸后,日伪军像炸了窝的蚂蚁,狼狈地从火石沟里逃出来,抬着30多个炸死炸伤的日伪军,狼狈地溜回了后城据点。

火石沟战斗后,李明对用地雷打击敌人产生了浓厚兴趣。经过反复实践,李明精心制造了300多颗各式各样的地雷,研究了各种各样的地雷战法。

当时在延庆北山群众中流传着“山头上开花山头上白，敌人出发报信来。八路军来了烧开水，敌人来了地雷埋。地雷好像大西瓜，扒开泥土埋上它。里面装的是仇和恨哪，炸得敌人脑袋开了花”的民谣。这首民谣，便是当时地雷战的真实写照。

从 1943 年起，县、区办过 8 次地雷爆破训练班，每次李明都被请去当教员，经他训练的骨干民兵就有 500 多人。在李明的带动下，全县广泛展开了地雷战。

1943 年初秋，400 多敌人对白草洼进行“扫荡”。突然，几条道上接连响起了震天动地的轰隆、轰隆爆炸声，当场炸死 30 多个日伪军，剩下的抱头鼠窜。

地雷战在白草洼、米粮屯、韩郝庄一带到处开花，炸得日伪军不敢轻举妄动，整天龟缩在碉堡里。

秋后，李明又带领游击队在白草洼据点周围埋下 70 余颗地雷，炸死炸伤日伪军 20 余人。李明他们还配合主力部队，将敌人围困在古城据点 10 天。从此，敌人再不敢上白草洼来了。县城的敌人一听到李明的名字，又恨又怕，曾悬赏两万元捉拿他，还把白草洼叫成“要命洼”。

敌人不敢到白草洼这一带“扫荡”，就在平原到处烧杀抢掠。李明说：“敌人在哪儿活动，我们就把地雷埋到哪儿。”一天晚上，在夜幕的掩护下，李明率领游击队来到东龙湾，在日伪军所谓的“安全区”埋下了几十颗地雷。第二天，大摇大摆的日伪军被炸得血肉横飞。

李明 1944 年加入中国共产党后，一直担任二区游击队队长、村委会主任。善于大摆地雷阵，多次打击敌人，曾被县委记大功一次。由于李明战绩卓著，1950 年被原察哈尔省选评为全省劳动模范、爆炸英雄。1950 年 9 月，出席全国战斗英雄会议，被评为全国民兵战斗英雄；9 月 26 日，受到毛泽东主席接见。同年 12 月 8 日，在北京受到朝鲜领导人金日成接见。1960 年，再次受到毛泽东主席接见。他多次出席全国及省市民兵代表大会，还被邀请到天安门城楼上参加观礼活动。

三、龙延怀三区破交

到 1943 年，龙延怀联合县政府逐渐发展为 8 个区，其中的三区，包括龙关县小北川的大部分村庄，北至草庙子，南至杨大人庄，西至沙城窑子头公路,东到白龙潭山根,辖40多个村庄。

三区这块地方,物产丰富,自古称为“米粮川”,交通方便,沙赤公路贯通中心。这地方又是山脉重叠、沟壑交错,与平北革命根据地——海陀山脉脉相连,是沙城通往大海陀的必经之地。三区这块地方在历史上是兵家必争的战略重地。

这样肥沃的土地,日伪军当然不能放过,先后在土木、石盘口、王家楼村安上了据点,建立了大乡,控制周围各村庄。在这种情况下,根据地经过艰苦工作,先后在武家堡、石盘口、草庙子、常庄子、常寨子等村站住了脚,开始发展党的组织,建立政权,相继在各村建立了农民自卫队,按年龄分为老年队、中年队、青年队和儿童团。自卫队队员手持长矛大刀,站岗放哨,传送信件,警戒敌人,保卫政权。随着形势的发展、武装斗争的需要,紧接着建立了区卫队。

三区民兵组织起来后,最初活动仅是站岗放哨、传送信件、保卫会场、押送俘虏等简单任务。随着经验丰富,逐渐担负起破坏交通,使敌人运输中断;割断电线,使敌人联络失灵。高柱区长和区卫队今天跟这几个村的民兵要五六十斤电线,明天跟那几个村的民兵要百八十斤电线;今天叫这几个村的民兵把公路挖几道深沟,明天叫那几个村的民兵把公路垒几道石坝。这样安排,民兵天天有活动,天天把敌人搞得如同热锅上的蚂蚁坐卧不安。为了狠狠打击敌人,区委根据县委的指示,组织全区民兵搞了几次大规模的割电线活动。

1943年春天,龙延怀县委研究决定要割掉土木至沙城段沿平绥路日军专用电话线(每根6股,有8号铜丝),这个任务交给了三区。区委接到任务后,立即研究了办法和具体行动方案,抽调草庙子、石盘口、常庄子、常寨子等村的精锐民兵600多人。前一天夜里派小队侦察,看是否夜间有巡逻兵。第二天再深入隐蔽监视,看是否有变化。经过一夜一天的细致侦察监视,情况良好,按原计划进行。

夜幕笼罩,等待出发的600多名民兵,在区卫队的配合下,精神抖擞。他们手持锯子、钳子、斧头等工具,赶上毛驴,神不知鬼不觉地来到指定地点。会上电线杆的民兵如同猴子一样嗖嗖几步爬了上去,叭叭几声剪断了电线。杆下的民兵手脚麻利地把电线卷成小卷,手持锯子的民兵熟练地把电线杆一个个锯倒。

经过两个小时的紧张奋战,民兵将土木西至奚家堡大约10里长的敌电话线全部割断。民兵出色地完成了任务，肩背、牲口驮，带着胜利的喜悦，神不知鬼不觉地返回了驻地。

敌人从民兵的破交中学得更狡猾了。电话线是民兵割断的，敌人就抓民兵白天强迫修复。可是到了晚上无人看守时，这些民兵再给破坏掉，仍然把敌人整得毫无办法。以后敌人索性在电话线上吊上地雷、手榴弹。民兵开始不知道这些损招上过当，以后也学精了，破坏之前先侦察好，把地雷、手榴弹悄悄地摘下来再动手，照样能破坏电线。

1944 年春天，各村民兵在区卫队的领导下，又搞了一次大的行动。一天深夜，区卫队在庙庄村集合，各村民兵 500 多人，手持大刀、手榴弹、地雷，携带斧头、锯子等工具，趁鬼子和伪军熟睡之时，民兵一鼓作气，把土木至二台子段铁路专用电话线全部刨断，电杆放倒。电线除人肩背外，还用牲口驮了 16 垛。人逢喜事精神爽，胜利的喜悦鼓舞着民兵，他们忘记了疲劳，连夜把胜利品送交海陀山根据地。

频繁地破交割电线，搞得敌人有时中断运输，有时指挥失灵，非常狼狈。民兵每次大的行动后，土木、沙城的敌人都要向三区报复性地反扑，扬言要夺回电线。然而敌人的每次反扑都遭到三区民兵英雄们的痛击，白白扔掉几具尸体，两手空空扫兴而归。

四、破交小英雄董存瑞

在龙延怀三区的破交斗争中，涌现出一位小英雄，他就是后来著名的战斗英雄董存瑞。

1929 年 10 月 15 日，董存瑞生于河北怀来南山堡村一个贫苦农民家里。

董存瑞从小没有念过书，六七岁跟着家里人干农活儿。1940 年，八路军来到了平北地区，建立了龙延怀联合县政府，南山堡县政府三区。

八路军在南山堡一带活动，耳濡目染，小小年纪的董存瑞，心中萌发了抗日的种子。

1943 年春天，区抗联会主任王平，把南山堡儿童团作为全区的一个试点。他对这件事特别重视，讲了成立抗日儿童团的重要意义，谈了当选儿童团团长应具备的条件。孩子们一致推选 14 岁的董存瑞当团长。从此，董存瑞领着小伙伴们站岗放哨、查路条、传送鸡毛信，还积极配合减租减息运动，宣传群众，监视敌人，投入到了火热的斗争生活。他掩护王平虎口脱险，传为佳话。后来,董存瑞加入民兵,如鱼得水,更加活跃起来,工作更积极,斗争更勇敢。

为配合主力部队作战,区组织各村民兵到沙城进行破交,计划将沙城北一里处的6条通信线全部割断,使敌人通信失灵,失去联络。民兵分为警卫组、断杆割线组和卷线组。断杆割线组最容易暴露目标,因而任务最重也最危险。董存瑞积极报名要到断杆割线组。一声令下,几百民兵开始行动。董存瑞几下子就爬上电线杆,工夫不长就下来了,动作相当麻利。等断杆割线组民兵把电杆一锯断,电话线早断了。

大家都很奇怪:每次断线,要花很大力气,而这次这么痛快,董存瑞用什么办法断线呢?等董存瑞再次上杆,大家才发现,原来他用一个锯齿形的破镰刀头代替钢锯断线。这样既节省了时间,又减少了危险,提高了效率。民兵问他:"你是怎么想出这个法子的?"董存瑞调皮地一笑:"前几回断杆割线,费挺大劲也弄不断电话线,既耽误时间,又容易暴露目标,我想要是有个小锯就好了,就找来镰刀头,用锤打上豁,一试挺管用。"大家把董存瑞的"锯齿形镰刀头断线法"在民兵中广泛推广,收到了良好的效果。

董存瑞无论干什么事情,不仅肯花力气,而且肯动脑筋。南山堡附近的焦家沟、三清殿、秦家沟、东梁村一线,是沙城方向敌人进攻三区的咽喉要道。为了阻止敌人进攻,民兵在这一线的小道、大道和沙河里都埋有地雷。在执行埋雷任务时,董存瑞特别注意琢磨在什么地方埋、怎样埋,才能更多地消灭敌人。为了搞好伪装,他找来大人、小孩的鞋和毛驴蹄子,埋好地雷,在上面按上鞋印、驴蹄印,再用自己帽子轻轻蹭一下,看上去好像根本没有埋过东西。由于伪装巧妙,敌人多次被炸得血肉横飞,人仰马翻。一提起这一带的地雷阵,敌人就心惊胆战。民兵们都很喜欢这个机灵聪明的小战友,在董存瑞的影响下,民兵们的斗争热情非常高涨,整个南山堡的抗日工作,开展得轰轰烈烈。董存瑞在民兵斗争中也得到了锻炼。

1945年9月,董存瑞成为一名正式的八路军战士,实现了自己朝思暮想的愿望。从此,董存瑞离开了故乡的热土,开始接受革命熔炉的洗礼。董存瑞到部队后,舍生忘死,英勇杀敌,3次荣立大功,并多次受到上级嘉奖,还光荣地加入了中国共产党。

1948年5月25日,19岁的董存瑞在解放隆化的战斗中,为扫除部队前进路上的障碍,舍身炸碉堡,用鲜血和生命开辟了部队前进的道路,成为一代又一代人学习的楷模。

2009 年 9 月 10 日,董存瑞被评为“100 位为新中国成立做出突出贡献的英雄模范人物”。

第三节　巩固根据地政权

一、杨金花舍命护文件

杨金花生于 1909 年,是海陀山五里坡村人。1940 年 6 月,平北军分区司令部成立后,她渐渐知道,八路军就是共产党的抗日队伍。她心想:共产党的队伍真好,能带领我们穷人求解放,我也应该入这个党!她把这个想法告诉了丈夫晏广路。老晏一听高兴地说:“咋不好呢?共产党是咱们穷人的党,咱跟着党走准没错儿!不过有一样你可得记住,你要加入这个党就得给党保守秘密,不怕掉脑袋。”得到了丈夫的鼓励和支持,杨金花的决心更大了,她加入党组织,成为海陀山地区最早的共产党员,并被推选为南碾沟村妇救会主任,带领妇女们为部队做军鞋、军装、军被,担负护理伤员、传送情报、站岗放哨等任务,积极参加抗日活动。新中国成立后,担任南碾沟村妇联主任,曾多次被县、乡评为“优秀共产党员”。

1943 年 9 月 15 日晚,从五里坡传来情报,日伪军进了山谷,正向南碾沟进攻。平北军分区司令部当即决定,主力部队向北转移,村民向东沟隐蔽。

转移工作安排就绪后,司令员覃国翰突然将杨金花叫来,给她一批文件和党旗,叮嘱她一定要想办法保存好。

杨金花和丈夫老晏连夜爬上帽子山,在一个隐蔽的山洞里,挖坑把文件柜埋好。等部队全部撤走后,她才赶着小猪,向村东山沟撤离。

天亮时,日伪军进村“扫荡”,把平北军分区司令部驻地翻了个底朝天,什么也没找到。于是,一把火烧了几间土房,抢走几头牲畜。

杨金花和乡亲们躲在离村十里远的东山上,见村里冒着浓烟,她心里惦记着藏在山洞里的文件,决定无论如何也要回去一趟。

杨金花跑往村沟口一看,半里之外就是日伪军搭的一片帐篷,透出微弱的光亮。于是,她连忙赶着小猪,悄悄离开,朝着藏文件的山洞跑去。

刚到山梁,天已渐亮。突然,杨金花发现前面有人影晃动,还能听到皮靴的咔嗒咔嗒声。她知道碰到日伪军了,便急忙赶着猪往另一个方向跑,不料小猪却叫了起来。这一下惊动了日伪军,慌忙朝这边开枪。

杨金花一口气跑到“落落山”的山崖边,眼见敌人快追到近前,她心想:绝对不能被日伪军活活捉去。于是,她两眼一闭,纵身跳下悬崖。

没想到的是,杨金花恰好被山崖上的一丛荆棘挂住了,手腕被摔断。日伪军发现她没死,就把她从树枝上揪了下来,连拉带扯地拖上山顶。

“是不是给八路送信的?八路军司令部藏哪儿去了?快说!你不说,信不信老子崩了你!”

杨金花说:“俺是白岭后山村的人,俺没见过八路军司令部,俺家的小猪丢了,俺是出来找小猪的,见你们追,俺害怕,一不留神就掉下去了。”

日伪军见她一个村姑,看她也不敢撒谎,就没再接着问。

“下山的路怎么走啊?快说!”杨金花心想:哦,原来是不认路了,这就好办了,先把他们打发走了再说。“你们往南走,往右拐就下去了。”日伪军按着杨金花指的路,一窝蜂下山了。

日伪军走远了,杨金花刚松了一口气,谁知后面又紧跟着来了两个汉奸,其中一个认出了她:“哎,那不是南碾沟妇救会主任吗。”“嗯,就是她,今大非得弄死她,要不咱俩的命可就难保啦!”

杨金花闻声仔细一看,这不是前两天刚刚投敌的那两个人吗?这两个叛徒!她刚要跑,其中一个叛徒扑了上来,抓住她就往山崖下推,另一个叛徒也朝她连连开枪,杨金花一躲闪,再次掉下了山崖,滚到山底时,杨金花早已昏了过去。

丈夫老晏在山上等了一整天不见杨金花回去,天黑后听说敌人撤下山去了,便和大女儿出来寻找,终于在“落落山”找到了满身是血、浑身是伤、昏迷不醒的杨金花。

她的肋部、腋窝、腿部、臀部等多处被枪弹打中,一只手腕和一条腿骨折。大家都说她能活下来,真是命大。

杨金花醒来后,强忍着疼痛对女儿说:“闺女,赶紧找你爹去瞧瞧,那两个小木箱还在不?”她挣扎着想要坐起来,一抬头正看见丈夫和司令员覃国翰走进来,身后的警卫员正抱着那两个小木箱。覃国翰快步走到杨金花身边,握住她的手说:“放心吧,大嫂,您用生命保护的那些文件啊,一样也没少,我代表组织谢谢您!”看见小木箱还在,杨金花这才放下了心,微笑着点了点头,说:“这些都没什么,保住文件我就踏实了。”

二、新保安武工队

1943年初夏的一天，庄稼刚长出绿苗，40团政委阎子庆和政治主任王启刚把平北军分区昌延大队7中队政治指导员王亚夫找去，认真向他交代了一项任务。

原来，平北军分区准备组织两个武工队，团里决定由王亚夫负责带领其中一支队，去沙城、新保安、八宝山地区开展工作。工作的任务，一是积极向群众宣传共产党八路军的抗日主张，使人民群众认识到八路军是抗日的军队，要和人民群众一起打倒日本帝国主义和汉奸卖国贼，保护人民群众的生命财产，永远和人民群众在一起；二是尽快恢复那里党的组织和政权组织，扩大游击队；三是筹粮筹款筹鞋子，解决部队的供应问题；四是扩大兵员，补充主力。

王亚夫听完团里的任务，郑重地保证，一定出色完成任务。

王亚夫知道新保安这一带位置的重要性。河北沙城、新保安、八宝山地区处于战略中枢位置，它既是张家口的东南大门，又是控制平绥铁路线的咽喉要地，加上这里物产丰富，盛产玉米、稻谷、水果和煤炭，历来是兵家必争之地。

从1941年开始到1942年，日伪军连续进行血腥“扫荡”，控制了这一地区。分区当时确定派出武装工作队恢复政权，其意义十分重要。从地理位置上看，往西北可直接威胁伪蒙疆自治政府，向东北可以支援大海陀根据地，向南打开平西到平北之间的交通要道，送干部、信件、物资都可以走这条近路。

从当时的物资需要看，恢复了这一地区，可以解决平北抗日根据地物资上的一些困难。派一支武工队到这一地区工作，等于在敌人心脏插一把刀子，用勇敢和智慧，为部队进行战略反攻创造有利条件。

王亚夫根据上级指示和对敌斗争的特点，迅速组建了精干的武工队。当时团领导确定抽调40团2连的一个副排长带7班十来个人做武工队的骨干，并抽调团的司令部、政治处、后勤处，还有龙关、延庆、怀来地方10名干部，组成了武装工作队。上级委托王亚夫负责总的工作，任队长和工委领导。不少同志主动要求参加武工队，青年干事张耀是最积极的一个。全队30多名同志，30多支长短枪。武工队组成后，便迅速插入指定地区，主动开展工作。

早在1940年,沙城、新保安、八宝山地区就曾经是抗日游击根据地,建立了党的组织,开展了抗日活动。后来由于日伪军的疯狂“扫荡”,加上八路军内部有人叛变投敌,尤其是被收编的骑兵大队部分反水,投靠了敌人,使这一地区又沦入敌手。当时,敌人在长安岭、高棚子、麻峪口、东洪站、西洪站和沿铁路线的宣化、下花园、沙城、新保安这一圈修了据点,以后又在窑子头等地修了据点,把沙城、新保安以北的八宝山地区完全包围起来了,形成铁桶一般。

八宝山地区过去有的是一面政权,大部分是两面政权,敌人反复“扫荡”后,政权组织垮了。群众也存在着两怕思想,既怕日本和伪军烧杀抢掠,又怕八路军站不住脚待不长。因此,开始有的群众不敢接触武工队,更不敢主动为武工队做事,这些不利因素都给开展工作带来了困难。但是,再大的困难也压不垮,再多的困难也难不倒武工队。党的指示、抗日斗争的大好形势和敌占区人民群众遭受日伪军残酷统治的凄惨情景,都给队员战胜困难增添了信心和力量。

武工队遵照钟辉琨团长、阎子庆政委等领导的要求,针对八宝山地区敌人活动猖狂的情况,采取了稳扎稳打的办法。依靠八宝山的有利地形,白天不露面,隐藏在八宝山平安寨一带山区,晚上再出山活动,开展工作。过了几天,武工队对情况有了一些了解,便走出山区,扩大活动范围,熟悉各方面的情况,尽快争取在敌人心脏地带扎下根、站稳脚。首先宣传组织山区群众起来抗日。虽然这一地区党的组织垮了,政权垮了,但是不少老同志还在,老骨干还在。群众虽然怕敌人烧杀抢掠,怕八路军待不长,但心还是向着八路军的,抗日的火种没有熄灭。根据这些有利条件,武工队把工作灵活地展开了。

武工队避开白天的嘈杂,晚上离开山区,突然插到铁路以南地区,开群众大会,宣传党和军队的抗日主张,当天晚上又回到山区。这样工作一段时间后,对各方面的情况有了进一步的了解,群众多了,胆子也大了。有时晚上到铁路南做完工作,少数队员就留在当地,继续做工作,其他人返回山里。通过工作,不少基层的关系接上了。他们觉得时机成熟了,在山区临时建立了一些党的组织和地方政权,选了村长、联络员,并同龙延怀县里取得联系,成为上下联系的桥梁,工作初步打开了局面。

随着形势的发展,武工队对敌斗争的方式也有了改变。开始只能集中活动开展工作，有了一定的群众基础，站住了脚跟，武工队便采取集中活动、分散开展工作相结合，10天左右集中一次。虽然很多地方有敌人的据点，但是队员分散在各个村子里活动，目标小，行动快，进出都很方便。这样敌人很难发现，即使发现了，也很难抓到。与此同时，武工队还采取了相应的战术。集中小分队积极活动，有时故意暴露目标，吸引敌人，以保证分散的队员开展抗日活动，做基层工作。这样做不仅有效地牵制敌人，争取做工作的时间，有利于对敌斗争，而且武工队本身还可以挤出时间进行休息整顿以利再战。这种战术正如打网，能随时打开，又能随时收拢。打开以争取群众，收拢以应付敌人。

武工队深入敌后能够站住脚，能够完成任务，最根本的一条是依靠群众，没有基本群众，将一事无成。当时八宝山地区敌人的大小据点较多，无论他们走到哪里，住到哪里，都和敌人靠得很近。特别是后来敌人知道了这支武工队，从各方面加强了防范，还在麻峪口等地组织了骑兵大队，专门用来对付武工队。有时武工队在一个地方开会，敌人得到情况后，很快就集合几个方向的兵力合围。武工队要想站住脚，完成任务，光靠少数基本群众还有许多问题难以办到。于是，武工队既重视依靠群众，又依据党的政策，在据点林立、周围尽是敌人的复杂环境中站住了脚，筹粮筹款有了来源。

“射人先射马，擒贼先擒王。”武工队经常到当地那些有权势的，有人在敌伪军中做事的，有土地财产的地主、资本家家里，宣传党和军队的抗日主张、方针政策。开始留少数队员在这些人家里，与他们交代清楚，武工队的人留在这里，明天来接，他们的安全由你们负责。这些人一般都很怕事，既怕日本汉奸，又怕武工队，更怕在他们家里出事，也只好硬着头皮按照武工队的吩咐办事。

有一次，武工队在铁路北了解三间房、大黄庄、朱官屯等村庄的情况时，群众反映大黄庄有一个地主，土地多，在新保安、张家口有买卖，他家里还有人在敌伪军里干事。武工队根据这一情况去找他。一天晚上，武工队走出山区，绕过了沿途的村庄，穿过了铁路，直插大黄庄。大黄庄有围墙，又有大门。怎么进去呢？一不爬墙，二不走大门，顺着一条水渠通道进了大黄庄，直入这个地主家里。找来老地主和他家里人，说明是八路军武工队，到这里来就是要向群众宣传共产党八路军的抗日主张，动员群众支援八路军打日本。讲了这些道理之后又说，今天来你家，哪个村庄也没有过，周围敌人不知道，当地老百姓也不知道。如果你不向敌人送情报，谁也不知道，今天就住在你们家里。如果敌人来了，武工队走不了，那就只好在你们家打仗了。老地主是个明白人，权衡利弊，听后答应保证安全。武工队在炕上睡觉，他坐在屋里，眼也没眨，守护着安全。以后在三间房、朱官屯，也采取了同样的办法，很有成效。

武工队在发动农村群众的同时，还注意发动和组织煤矿劳工，提高他们的觉悟，有组织地同敌人进行斗争。在日军“扫荡”中，当地煤矿劳工还利用矿井掩护同志，帮助武工队克服困难。这些事实说明，依据党的政策，密切联系和依靠群众，这是在敌占区开展工作行之有效的办法，也是取得胜利的法宝。

武工队在敌占区活动，远离领导，直接与地方政权和群众打交道，很多时候要独立处理问题，政策性很强。队员坚持做到，严格按照党的方针政策办事，模范地执行三大纪律八项注意。在整个开展恢复工作中，没有杀过人。有时抓住伪军和特务，通过教育引导，他们有好的表现，当场释放，争取为武工队做事，从而分化瓦解敌人。

有一次，武工队在路上抓住一个伪警中队长的亲属，一没打，二没骂，向他宣传党的政策和抗日主张。这个人表现还好，声言要支持武工队打日本。后来，他果然遵守诺言，给武工队送了些粮食、子弹、布匹和电台急需用的电池，表明了抗日决心。对伪职人员，每次抓到都要警告他们，八路军既往不咎，但如仍旧干坏事，绝不宽容。这样影响是很大的，对恢复八宝山地区的抗日工作起了不少作用。当然，武工队也不是一味地采取说服教育政策，对于那些经反复做工作仍然顽固不化的敌人，还是要打击的，以震慑敌人，显示武工队的威力。如在桑干河和洋河中间，有一个叫双树子的敌人乡公所，很反动，不让群众支持抗日活动。对于这种顽固分子，采取强硬手段。武工队打了他，缴获了他的一批物资，赶跑乡公所人员。强硬的做法，对其他反动分子有很大震动，鼓舞了群众。对边远地区不愿交粮款的顽固分子，有时也采取突然袭击的办法打他。

武工队在敌占区工作，环境苦，困难多，吃饭时饥时饱，住的是河滩房子和果树园中的窝棚，还经常与敌人打仗。在艰苦的条件下，武工队从干部到战士团结一致，有苦同吃，有难同当，互相照应，互相关心帮助。有时工作中出现了问题或失误，也不互相埋怨，而是齐心协力攻克难关，赢得胜利。和谐友善的战友情怀，温暖了艰苦的岁月，增添了抗战的无穷力量。

武工队从 1943 年初夏到 1944 年下半年，一年半的时间，插入敌后，恢复沙城、新保安、八宝山地区的抗日斗争,团结教育了广大群众,唤起了他们的抗日热忱。平安寨、枣儿口、八宝山地区恢复了党的组织,建立了抗日政权,撒下了抗日的种子,为八路军筹集了大批粮食、布匹和军需物资;多次顺利地护送了过路干部和上级的文件,为主力部队扩充了一部分兵员,出色地完成了上级交给的任务。

敌后武工队在党的领导下,始终和群众同命运,共呼吸,以群众的苦难为自己的苦难,以群众的欢乐为自己的欢乐,随时宣传党的政策,严格地执行"三大纪律、八项注意",播撒下了抗日的种子,鼓起了群众的斗志,开辟了地区,打击了敌人,取得了胜利。

三、谷万刚率部起义

1942 年春天,乍暖还寒的时候,从卢沟桥东宛平县过来一股土匪,到怀来地区投奔日军。土匪头子叫谷万刚,部下有 70 多人。为了讨好日军,谷万刚自称"皇协军",意思是协助日本军队进行军事活动。

当时,南北两山抗日烽火熊熊燃烧,越燃越旺。日军在怀来驻扎的人员并不多,正需要像谷万刚这样的替死鬼为其卖命,以此稳固据点。

日军对这部分土匪不了解底细,很不放心,所以没让进城,命令他们分别驻在妫水河南岸相距 7 里的达子营和定州营两个村。大队部设在达子营石建山的家里。日军打起如意算盘,既能监视他们,又能控制调动他们。

这股土匪,是由谷万刚和姚万振率领的两杆人员组成。他们身为土匪,各有各的心思和打算。大队长谷万刚担心副大队长姚万振制造分裂,就让姚万振和他弟弟姚万堂两个中队的 50 多人,把守在附近达子营村,处在眼皮底下,随时调遣。将另一个中队 20 多人,由副大队长谷万刚堂弟谷德江带领住在定州营村。一旦发生叛乱,谷万刚好与手足弟弟联手,策应解围。谷万刚这样处心积虑地部署,以防万一,对付土匪内讧。

日军十分狡猾,他们看出这步险棋,认为土匪再抢劫勒索、为非作歹也是中国人;他们和地方有钱有势的人再有矛盾,毕竟是家庭内部的事儿。日军对于他们不得不小心,多加防范。但是,介于平北抗日根据地不断壮大,对他们侵华目的构成威胁,所以对这股土匪采取又拉又打的策略。

首先是拉,千方百计死死挟住这股势力,利用他们做挡箭牌进行"剿共",消灭八路军,所以把"皇协军"改名为"剿共军"。给他们每人配备一匹从坝上抢来的马，及部分枪支弹药。用装备收买人心，让他们死心塌地地为日军效劳，当挡箭牌做替死鬼。

其次是打，不给他们发军饷、给养等生活所需要的一切，让他们自行解决。

谷万刚看出日军对他们的不信任，没有享受到据点中伪军的待遇，但为了生存，他们一方面打着“剿共”旗号到各处抢劫民财；另一方面以大小头目娶老婆，给孩子做满月，过生日为名，强迫村民凑份子收礼；再一方面，也是最重要的手段，就是与日军周旋，假报“剿共”战果，欺骗日军多领赏钱。

谷万刚这帮“剿共军”表面上归顺了日军，但他们并不想当铁杆汉奸。他们有原则，兔子不吃窝边草，一般不伤害当地群众利益，有时达不到要求，还敢和日军叫板。谷万刚这帮土匪，成了日军手中的刺猬，扔了舍不得，抱着又扎手。

谷万刚、姚万振这帮匪帮，最初活动在京西宛平县五江、黑寨一带，平西建立了抗日根据地，他们不了解共产党团结抗日的政策，听了“共产共妻”的宣传，怕伤害自身利益，才来投靠日军，找个靠山。没想到来了之后，日军没有把他们正眼看，千方百计进行刁难，找他们的不是。

1942 年夏天，平北地区以武装斗争为主，开展游击战。山下各村都相继建立了党组织，有了游击队的活动。为了争取这股武装势力，孤立和打击敌人，根据地通过不同形式打进他们内部宣传，让他们认清形势，了解抗日政策。

谷万刚他们渐渐认识到，当初听信蛊惑，原来共产党八路军是抗击日军，保家卫国，是让老百姓过上好日子的。经过多方面做思想工作，其中有一部分人动了心思，向往光明。

日军对投靠“皇协军”的匪帮根本信不过，把谷万刚他们的“皇协军”改名为“剿共军”，让他们去“剿共”打头阵羊。谷万刚队伍“剿共”不但不出力，还接二连三变着法儿欺骗“皇军”，假报战绩要奖赏，不给就跟“皇军”出难题……日军认为“剿共军”迟早要谋反，倒不如早日除掉。日军有了预谋，只等时机。

1943 年秋季的一天夜晚，怀来城里的日军以发军饷为名，命令“剿共军”驻扎在定州营的那个中队，火速到达子营总部集中，按人头领饷。暗地里派二百多宪兵和伪军前来“围剿”，打算就地消灭。

谷万刚对这次突然接到的命令起了疑心，于是，没等敌人来到，就采取了紧急行动。深夜，当日军宪兵和伪军从四面八方赶来包抄时，谷万刚率领部队早已提前逃走。日伪军连个人影也没见到。

在逃跑途中，副大队长姚万振带着他领导的一个中队，跨过妫水河上的一座公路桥，向北面奔去。姚万振因事先未与八路军联系，人困马乏，驻在黑龙庙村打算过夜。不料，被追来的敌人包围了，全部被吃掉。

谷万刚带领其他部分，绕小道，进南山，越长城，逃进昌平深山中。天亮到达昌平南口时，队伍内部发生叛乱。堂弟谷德江坚持要跟从日军，要带着一部分土匪继续投敌。谷万刚当机立断，开枪打死了谷德江。这一声枪响，稳住了队伍人心。谷万刚率领五十多人起义，投奔八路军，被编入昌宛怀联合县大队，掉转枪口，加入到抗日前线的队伍中。

谷万刚率部起义，在平北地区引起很大震动，直接削弱了敌人"剿共"的力量，进一步增强了地方武装对敌斗争的实力。平北抗日根据地地委对谷万刚带头起义，表示热烈欢迎，给了很高评价。

四、政权建设逐步扩大

平北抗日根据地建立、发展、壮大，引起了侵华日军的极大恐慌和仇视。1941 年至 1943 年连续三年对平北抗日根据地进行所谓的"强化治安""施政跃进"运动。伪察南自治政府还制订了"赤城、龙关、延庆三县特别肃正治安计划"，企图仿照伪满洲国在长城沿线搞"无人区"的办法，将海陀山区从靖安堡（今白河堡）到烂角庙村的地方搞成"无人区"，不给共产党、八路军驻足生存之地。

平北抗日根据地在此期间同敌人展开了"扫荡"与反"扫荡""蚕食"与反"蚕食""并村"与反"并村"的最激烈残酷的生死搏斗。在反复斗争较量中，虽然县、区、村抗日政权遭到了巨大损失，但敌人搞海陀山"无人区"的罪恶阴谋未能得逞，抗日军民扎根海陀山的决心不动摇。

为了打破敌人"扫荡"、"蚕食"、步步进逼海陀山根据地中心区域的阴谋，平北地分委决定继续向敌后之敌推进发展，扩大抗日根据地游击区，缩小日伪占领区。1943 年 5 月，决定开展龙崇宣近敌地区，以原龙延怀联合县八区（龙关县赵川北山，今属宣化县）、龙崇赤联合县七区（崇礼县前沟）为基础,建立龙崇宣联合县。

开始,从平北40团抽调一个班武装和15名地方干部组成龙崇宣武工队,贾岫亭任队长,王一心①任政委,并成立中共龙崇宣联合县工作委员会,王一心任工委书记,王育之(王煜文)②任县佐,隶属于龙延怀联合县县委领导。

王一心,河北省灵寿县人,抗日战争爆发时参加革命工作,曾到晋察冀军政干部学校和延安中央党校学习,1941年到平北曾任龙崇赤联合县委组织部部长、昌延联合县民运部部长。这次地委又派他率工委和武工队开辟新区。

龙崇宣地区,西临伪蒙疆自治联合政府驻地张家口、伪宣化及下花园煤矿,南临庞家堡铁矿,东临龙关县城,北临崇礼县城,是伪蒙疆政府沟通坝上与内地的又一重要通道。敌在此狭小的区域建立了30余处据点,还从坝上各县抽调伪蒙古军轮流到一些据点驻防,加强防范。

王一心任龙崇赤联合县委组织部部长时,曾在前沟(二区)开展工作,认识一批抗日骨干,有相当群众基础。这次带武工队进入开辟地区后,首先在大南沟村召开了有石嘴子村赵世民、黑土沟村赵文元、黄土窑村许有太、常沟村老牛倌(真名不详)等抗日骨干大会,参加会的有一百余人,宣传党的抗日政策,表明工委与武工队不走了,要与群众在一起抗战到底的决心,并宣布:搞好春播,不准种大烟(鸦片);给敌送假情报,不送真情报;对敌要粮要款虚应付,能不给即不给,能少给就少给;伪甲长要保护区干部,不准告密;告密要受到严惩。号召大家团结起来共同抗日。

武工队的出现,并扎根下来,使抗日干部、群众受到很大鼓舞。经过一段深入扎实工作,武工队和工委不光站住了脚,还建立和恢复了6个区政权,一区辖龙关城以北(原龙崇赤五区);二区辖崇礼县前后沟;三区辖赵川北山;四区辖宣化城北、张家口近郊区;五、六区辖宣化贾家营一带;以后又开辟崇礼县西沟为七区。武工队开辟新区越来越大,抗日运动如长江滚滚,势

① 王一心(1917—2002),河北灵寿人。抗日战争时期,曾任龙崇赤联合县县委组织部部长、龙崇宣联合县县委书记等职。中华人民共和国成立后,曾任南京建工学校、煤炭部江苏物资管理处党委书记等职。

② 王煜文(1914—1987),河北怀安人。1942年加入中国共产党。抗日战争时期,曾任龙崇宣联合县县长、崇礼县县长等职。中华人民共和国成立后,曾任张家口市建设局局长、天津大学党委书记、天津市政协秘书长等职。

不可当。

1943 年 5 月 3 日,滦昌怀联合县恢复,到 1943 年底,滦昌怀县的工作已经开辟到怀柔县城附近,并向牛栏山、高丽营方向发展。此时,10 团政委李光辉①兼滦昌怀工委书记,秦城为副书记,办事处主任方城。由于工作恢复和发展,滦昌怀工委改为县委,办事处改为联合县。田华任县长,刘作垣任县委书记。新开辟的滦昌怀联合县,114 个村占全县行政村的 41.91%;人口 99830 人,占全县原有人口的 58.5%。由于形势发展快,到年底,滦昌怀向南已开辟到顺义境内,因此,成立滦昌怀顺县的条件已经成熟了。1944 年 1 月 25 日滦昌怀顺联合县成立,县长田华,县委书记刘作垣。

通过整理支部、发展党员、开展整风、进行民选等措施加强党政建设,平北抗日根据地政权建设得到恢复和发展。根据《平北一九四三年恢复再建、新开辟地区统计表》,恢复再建的行政村达到 415 个,占平北全有的 29.3%,新开辟的行政村达 273 个,占平北全有的 19.54%。总计新增加行政村 688 个,占全平北行政村总数的 48.84%。1943 年,除永宁山区外,平北抗日根据地的版图不仅恢复了 1942 年大"扫荡"前的地区,而且有些超过,并在敌后的敌后形成了各种形式的游击根据地。

第四节　艰苦的战斗

1942 年到 1943 年,是抗日战争进入相持阶段以来最困难时期,也是平北抗日根据地自 1940 年开创以来最困难时期。

从 1941 年底开始,10 团不得不化整为零,除留一小部分坚持留在丰滦密根据地,支持和配合丰滦密联合县政府,领导当地群众斗争外,主力部队跳到外线作战。

1942 年 2 月 23 日,以平北游击支队为主改编为平北军分区 40 团。同月,8 团调入平北分区。1942 年底,8 团编入 40 团,撤销 8 团番号。

1942 年 2 月,平北地委改晋察冀边区冀察区第 12 地委,1942 年 7 月 18 日任命段苏权为代理书记,苏梅调离。1943 年 2 月,平北地委归平西管理,改称平北地分委。

---

① 李光辉(1912—2003),湖南平江人。1930 年加入中国共产党。经历过长征。抗日战争时期,曾任晋察冀军区第 10 团政委。中华人民共和国成立后,曾任南昌步兵学校校长、福州军区副参谋长等职。1955 年被授予少将军衔。

1943年1月10日，中共平北地委召开扩大干部会议，时任第12分区政委兼代理地委书记段苏权做工作报告，会议作出《关于平北目前形势与任务的决议》，指出目前平北党的任务应当是以武装斗争为主，广泛发动群众，开展反“蚕食”斗争与政治攻势；面向敌占区，开辟与坚持多块小块游击根据地，以求巩固中心山岳地带。

而在这一时期，日伪军为进一步推行固边政策，阻止平北抗日根据地向热河发展，调集伪满洲军两个旅的兵力，从独石口以东，沿长城一线，开展所谓固边“扫荡”。独石口设有指挥部，在君子堡、马营、云州等地各驻一个营，不时出击“清剿”。平北抗日根据地面临一场更大的战斗局面。

一、转变局面的两场战斗

1942年4月8日，伪满洲军34团集结大水峪、琉璃庙等处据点约1000人，其中还有日军100多人，对隐蔽在“臭水坑”的丰滦密联合县政府和10团的后勤机关，进行长途奔袭，制造了“臭水坑”惨案，使抗日队伍遭受了极大的损失。

敌人以为丰滦密联合县政府已经被消灭，10团已经被打垮，丰滦密地区抗日游击力量已不足为道了，只要再稍加“清剿”一下就可以从根本上解除心头之患，于是伪满洲军、“讨伐队”，突然神气十足起来。

“臭水坑”惨案之后，由于八路军10团在外线活动的主力部队一时未能收拢，敌人便大摇大摆地搭起帐篷住进山区，对坚持内线斗争的10团部队、游击队不分昼夜“清剿”，杀害无辜群众。

敌人的这一举动不但给恢复地区的斗争造成了极大妨碍，而且对当地群众的心理也造成了极大的负担和压力。

为激发军队和人民群众对敌斗争的信心，八路军除了积极宣传群众、教育群众不要被敌人一时的、表面的气势汹汹所吓倒，同时也在认真考虑必须给敌以沉痛教训，打击他们的嚣张气焰，给处于白色恐怖之下的人民群众以鼓舞。

1942年8月中旬的一天，凌晨2点，10团在完成护送干部去冀东的任务后，王亢团长指挥团侦察连，请当地老乡当向导，在树木、荆蒿掩护下，顺着山沟悄悄摸向驻于二道沟西北平台的敌伪帐篷群。

在行动前，王亢一再提醒大家，如果碰到敌哨兵问话，就说是自己人。

假如敌哨兵开枪，战士不准开枪，以最快的动作迅速接近敌帐篷群后再猛烈开火。敌人前卫哨发现八路军，竟然连枪也未敢放，吓得抱头鼠窜了。战士们格外振奋，利用十分有利的形势，按原定计划迅速扑向了敌人帐篷群，以集束手榴弹和狂烈的射击打向敌帐篷群。

睡在帐篷内的敌人一听枪响，早把白天欺辱老百姓的那份神气丢到爪哇国里去了。混乱之敌有的被当场击毙，有的被击伤，哭爹叫娘，如惊鸟兽散，跌跌撞撞地四散逃命。

敌人遭此夜袭后，便撤除在山里实行“驻剿”的帐篷群，而且从那以后，敌人也不轻易进山“搜剿”和偷袭八路军了。而八路军却针对敌人烧房和“集家并村”的恶毒手段，从北平城买来花旗布，制作成帐篷，住到深山里，与敌人进行不屈不挠的斗争。敌人见此，知道已无法奈何10团了。当地人民群众更相信，黑暗只是暂时的，从而也进一步坚定了胜利的信心。

10月14日，团长王亢和政委吴涛又得到一个确实的情报：密云县的板城子和石匣两个据点的日军100多人，“扫荡”到古石峪村，正丧心病狂地放火烧民房。接到情报后，王亢团长和吴政委立即决定以最快速度收拢活动在附近的1、3连和侦察连，扑向古石峪村，对“扫荡”烧房之敌狠狠打击。

古石峪村坐落于密云县城东北面的群山之间，有50来户人家，村前有一条小河，其源头由七山顶、驼骨梁两座大山渗出的泉水汇合而成，经古石峪径向半城子、兵马营方向流去。这里的土地虽然不多，好在山不秃，又有水源，群众的生活还算过得去，房子也大都是由砖瓦盖成。在那兵荒马乱的年月，这里的人不能不算是一种幸运了。可是凶残的日本强盗却将它付之一炬。

当王亢和吴涛率领部队分别由北面、南面和西面赶到古石峪时，远远就听到村民们一片凄惨的哭叫声。此时此刻，战士们真是怒火满胸膛。根据地形、敌情，王亢与吴涛当即向各连下达了作战任务：1连和3连分别由北、西两个方面扑向敌人，侦察连迅速占领村南山的制高点并担任警戒和打援任务。

战斗打响了，1连和3连与日军进行激战，狡猾的敌人边战边从村内向村外的东南山退去，抢占有利地形进行顽抗。见此，王亢立即命令1连长周德礼抢占东南山。周连长即令1排抢占东南山，2排以强火力压制并迟滞敌人行动。3连在连长王金玉率领下勇猛地冲向敌人，不幸中弹壮烈牺牲。1连1排抢占东南山时，由于道路选择不当，绕道太远，再加上那天刮着东南风，烧房子的浓烟遮住了在西面和北面的1连、3连的视线，敌人趁机抢占有利地形，做拼死顽抗。经过4个多小时激烈战斗，敌人于黄昏时被迫撤走。

此战共击毙日军南岛中队长以下80多人，截获敌人抢来的粮食70多驮，缴获机枪1挺、步枪50多支、战刀1把、望远镜和照相机各1架。部队牺牲连长王金玉以下10多人，伤10多人。

此战虽未能将敌人彻底消灭，但歼来犯之敌大部。胜利消息传出，丰滦密地区的人民群众舒心地笑了。他们看到，尽管敌人眼下还很凶狂，但八路军照样还在游击根据地，照样消灭敌人。

两场战斗以后，斗争虽然依然残酷，但是人民群众已从悲观失望的情绪中振作起来了。他们决心和10团一起，以更加英勇的斗争去改变目前的不利形势。

二、长嵯突围战

“它壁立千仞，自为山峰。山是一块石，石是一座山。它空山不见人，但闻人语响。在岁月的长河中，乱石穿空，形成四十里壮阔的丹霞地貌。”

这几句诗描绘的就是四十里长嵯的特点。

四十里长嵯，位于河北赤城东南部。在巍巍群山中，有一处石头山称为“后城赤壁”，当地人把峭壁叫作“嵯”。后城赤壁通体是一整块高600米的摩天巨石，峭如刀削。这种丹霞地貌，在北方非常少见。真是天接云涛连晓雾，不识长嵯真面目。

从龙门所南部小堡子南山起，高山绝壁，断云锁雾，向南绵延40多里，从样田与南卜子之间穿过，至后城白河北岸戛然而止，得名四十里长嵯。其间山体陡峭，树木丛生，悬崖峭壁，连绵不断，少有路径，行人断绝。东西宽10里，海拔1840米。从远处看，山势犹如一堵摩天石壁，险峻而又壮美，直指蓝天。嵯之南、北、西三面如削似切，鬼斧神工，宛如一段顶天立地的石长城。嵯东沟岔纵横，层层叠叠，较为平缓，可直达嵯顶。嵯上平坦，有小嵯、二道注、张鞍子等十几个小村，如星似珠，洒落在长嵯之巅。嵯势险峻、陡峭、巍峨，有仙人桥、一线天、侧刀缝……地理位置十分险要。长嵯上每隔一段均留有燧石烽火台，实为一夫当关、万人莫开的易守难攻之地。

四十里长嵯系一整块岩石（砂石砾岩），为远古造山运动的奇作，是亚洲第二巨石。就在这块石上，曾有过一次惊心动魄的激烈战斗。

1942年5月，冀热察挺进军在平西新组建了一个团，番号为晋察冀军区第11团，团的干部框架已经齐备，加上地方党、政干部60多人，由平西经平北去冀东开展斗争。事关重大，第一批由10团政治处副主任方诚[①]带一连护送，至密云境内打退敌人阻截，完成了护送任务。第二批由军区指派10团团长王亢、政委吴涛、参谋长才山带领3营沿途护送。当时平汉、京石路为敌人侵占，并严密封锁。这些干部只能从平西起程，通过平北山区通道，然后转送冀东。

5月23日，部队在怀来通过平绥铁路时，被"扫荡"的日伪军发现，暴露了目标。敌人不会放过机会，集结兵力一路围追堵截。至赤城南部时，敌人已组织了怀来、延庆、龙门所等地的2000多兵力，黑压压地围拢过来。面对日伪军的四面包围，知己知彼，百战不殆，对赤城地形十分熟悉的王亢团长，在向导的引导下，机智地把部队带入了四十里长嵯，以密林为掩护，以绝壁为屏障，在大山中与敌人周旋。

王亢率部转移到样田南部，这一带长嵯的山势十分险峻。长嵯西部的山脚下，从北至南依次分布着尹家沟、磨石沟、核桃沟、崔家窑、范家沟等村庄。为掩护主力突围，王亢命令一个班的战士向北运动，以吸引敌人兵力。战士们至尹家沟村东长嵯下，被敌人团团包围，8名战士奋不顾身地引开了敌人，部队顺利爬上长嵯，占据了有利地形。

部队爬上长嵯后，敌人步步紧逼。王亢当机立断，不能恋战，决定让团参谋海健，率一个加强排在范家沟村东的长嵯隘口上阻击敌人，掩护干部和部队向嵯东突围。日伪军在飞机和炮火的掩护下，一次次向嵯头发起猛烈攻击。天刚拂晓，先头部队的一个连就与从沈家沟往嵯头爬行的敌人接上了火。与此同时，后城方面的敌人从南梁上来了，北面红沙梁、梁家沟的敌人也相继围攻上来，坚守在隘口的指战员与敌人展开生死搏杀。

阻击部队凭险据守，利用有利地形一次次打退敌人的进攻。战士们一颗颗子弹射向敌人，前面的倒下去，后面的又冲上来。子弹打光了，手榴弹扔完了，战士们就掀起大石头，愤怒地砸向敌人。敌人的一次次冲锋均被打垮，骄横的敌人望"嵯"兴叹。敌司令官气急败坏，亲自督战。担任掩护任务的指战员们，死死地把敌人阻击在长嵯西侧。由于敌众我寡，力量对比极其

---

① 方诚（1916—1946），原名李连阁，河北献县人。1937年参加革命，同年加入中国共产党。曾任10团政委、滦昌怀办事处主任、察哈尔军区察北分区政治部副主任等职。1946年病故于察哈尔省张北县，时年30岁。

悬殊，终因弹尽无援，阻击部队被敌人包围在嵯头上。战士们望着主力部队和干部安全转移，脸上浮现出欣慰的神情。面对一步步逼上来的敌人，他们毅然砸毁枪支，高喊“誓死不当亡国奴，誓死不当俘虏！”一个接一个，毅然从五六百米高的巍峨嵯顶，纵身跳下了万丈悬崖。他们的口号声在山谷中回响……

英勇无畏的战士们，他们年轻的躯体扑向了这块用生命誓死捍卫的土地。他们用热血浇灌了塞北的烂漫春花……

这场战斗，除一名叫龙文水的战士被树枝托住生还外，10 团参谋海健率领的 36 名八路军勇士，其中还有到冀东赴任的冀东专员夏德元①、准备接任 11 团政委的耿玉华②等人，全部壮烈牺牲。

在烈士的掩护下，王亢率部越过长嵯，向东冲下山去，经胡山庄东行，从长伸地南横穿河谷，由南尹家沟向东南转移，最终摆脱了敌人重兵的围困。

突围出来的干部继续由平北分区司令部侦察科科长王身新率领侦察连护送，向延庆东南部转移进入昌平。途中歼伪治安局一个班，缴步枪 12 支。过潮白河进入冀东根据地边沿时，又遭日伪军 1000 多人合击。部队一边战斗，一边掩护干部队伍转移，经过 3 个昼夜的艰苦奋战，历尽艰辛，才摆脱了疯狂的敌人，终于把这批从平西根据地派往冀东的干部送达冀东根据地盘山，完成了护送任务。

这次突围战，毙敌司令官以下官兵 200 多人。激烈的枪炮声平息了，战斗过后，当地老百姓自发地悄悄掩埋了烈士的遗体。险峻的山崖下，多年后进山采药的人还发现过当时没有找到的烈士的遗骨。

在后来民政干部的走访中，当地尹家窑村 80 多岁的姚宽老人说，那年他 14 岁，跟着大人们在夜晚悄悄地掩埋了在长嵯山阻击战中牺牲的八路军烈士，为防备敌人盗墓，地面上没有留下标记，但有一处 8 个烈士一起掩埋的地点，他是记得的，都是 20 岁左右的年轻后生，可惜连个名字都没有留下。老人说到这里泪眼蒙眬，所有在场的人无不动容。在老人的带领下，民政干部

---

① 夏德元(1903—1942)，天津蓟县人，曾任冯玉祥部下的骑兵连连长。1938 年参加冀东暴动，任蓟遵兴联合县游击支队队长。1939 年加入中国共产党。1942 年任冀东地区行署专员。1942 年 5 月壮烈牺牲。

② 耿玉华(1912—1942)，原名耿环，河北遵化人。1936 年加入中国共产党。1942 年任晋察冀军区 13 军分区 11 团政委；同年 5 月下旬，由平西返回冀东途经平北赤城县四十里长嵯时，被日伪军包围，壮烈牺牲，时年 30 岁。

将这8名烈士的遗骨迁到了烈士陵园。

在长嵯突围战70周年纪念日,当年在这片英雄的土地上坚持抗战的老战士的后代,都是已年过半百的人,来到了长嵯战场的山脚下,祭奠10团的37名壮士。

范家沟村支部书记给八路军后代,讲述了在当地老百姓中广泛流传的战斗故事,并拿出一枚他在山上捡到的三八大盖的子弹壳。无法考证这弹壳是敌人的,还是八路军战士的,但是,它是这场激烈战斗的见证是毫无疑问的,后人把它珍存。村书记说,早年间山上这些炮弹壳和子弹壳多得可以用筐抬。

70年过去了,走进大山深处仔细寻找,还能找到当年的战斗遗迹,还能捡到战斗中遗留下来的炮弹壳和子弹壳,可以想到这场战斗艰苦卓绝的程度。

巍峨矗立的四十里长嵯,是英雄壮士的不朽丰碑,永载史册。

三、蚕房营战斗捉放铃木

蚕房营位于怀来川东北部,背靠海陀山,面临妫水河。物产丰富,果树很多,是有名的果乡。这一带是平北游击区,群众条件好,工作较有基础。平北军分区40团侦察连连长刘凤岐、指导员王建书奉命在这里进行游击活动。

1942年8月7日,驻守在怀来的敌伪警备队出来骚扰。他们毫无顾忌,大摇大摆,窜到蚕房营村南,被一片飘香的果园吸引住了。他们像野兽一样钻进去,乱揪乱摘,大吃大嚼,弄得地上满是梨、海棠、苹果,甚至连树杈子都折断了。看园子老头急得眼珠子血红,悄悄跑来报告,要求部队消灭敌人,为民除害。

军分区即指令40团侦察连执行这个任务。在团政治处副主任刘汉才的协助指挥下,侦察连领受任务,不失时机地出击。连长刘凤岐下达命令,1排主攻,2、3排掩护,并提出要求和注意事项。指导员简短扼要地做了战前动员,鼓动大家英勇作战,杀敌立功。战士们精神饱满,决心打好这一仗。

1排战士在何排长带领下,利用青纱帐和果树林做掩护,巧妙地包抄到敌侧后,神不知鬼不觉地向前摸去。由于敌人正在贪吃、戏耍,接近到100米时,仍然没有发觉;接近到50米、30米……战士们手榴弹、机关枪、步枪一齐向敌开火,炸声如雷,子弹似雨。敌人猝不及防,慌了手脚,一时间哭爹叫娘，仓皇逃窜。

在追击中，王指导员指挥的1排2班，活捉了一个负了伤的日军。他颤抖得浑身像散了骨架，驳壳枪还背在身上，根本不像当兵的人。收兵回来，军分区政治部敌工科科长徐辉对他谈话教育。这名军人说了自己的身世和经历。他叫铃木，近40岁，在家里经商，被征入伍。虽说是分队长，但没有受过军事训练，不懂军事。来中国时间不长，还没有打过仗，更没有杀害过中国人。由此可见，日本太平洋战场开辟，拉的战线越来越长，兵源严重不足。徐辉科长了解情况后，进一步严肃指出，日本人到中国打仗，是侵略战争，是非正义的战争，对日本来说是无前途的，是必败的。这场战争，不仅中国人民受害，给日本人民带来的也将是灾难，日本人民也是受害者。铃木连连点头说："我们老百姓都祈求和平，做梦都盼着回国跟家人好好过日子。"

按照八路军的俘虏政策，军分区领导派人把铃木送到大海陀卫生所治疗养伤。伤愈后，根据他的意愿把他释放，送回怀来县城。临走时，铃木流着眼泪感谢，永远不能忘记平北军分区的恩情，争取退役回国，并告诉乡亲，和平是人类的期望。

关于这次战斗，1942年8月22日《晋察冀日报》报道："8月7日，敌伪50余向蚕房营（怀来北）进犯，遭我某部痛击，敌仓皇逃窜，计伤敌伪16名，毙敌伪7名，俘铃木分队长1名、伪军2名，缴步枪7支、驳壳枪2支、子弹200发、其他军用品，我伤3名。"

四、骑兵英雄吴广义

"马蹄踏处坚城破，战刀挥舞鬼神惊。"这两句诗恰当地描写了吴广义指挥骑兵大队横刀策马、强攻智取、英勇杀敌的战斗故事。

吴广义是辽宁省建平县人，抗战时期，任平北分区龙崇赤骑兵大队大队长，他有勇有谋，指挥有方，英雄事迹至今仍在平北一带传颂。

智取沽源城

1942年，平北军分区为了钳制敌人，配合主力作战，派吴广义率领骑兵大队飞驰于康保、沽源一带，不断袭击敌人，破坏敌人运输线。

沽源城位于张家口的东北面，北临内蒙，是敌人的后方，驻守着300多日伪军，储存着大批军用物资。伪军仗着人多势众，经常出来四处搜索，寻找八路军的行动线索,对部队极为不利。骑兵大队决定拔掉这颗毒钉子。

1942 年 9 月中旬,袭击沽源城的战斗开始了。

吴广义生得高大魁梧,声音粗豪洪亮,作战英勇机智,经常化装去侦察敌情。这一天,吴广义又进行了一番巧妙化装,只见他身穿伪满洲军的军官制服,脚蹬长筒皮鞋,系上武装皮带,戴着大队长军徽,说一口地道的东北话:“揍你个兔崽子的!”真是神气活现、威风凛凛。一切准备就绪后,吴广义带着一班伪军装束的士兵,大摇大摆地直奔沽源城。

吴广义一行,抵达沽源县属的蔡家沟伪乡公所门口时,他粗声粗气地朝屋内高喊:“我们是国军的先头部队,今日路过此地,要些马料。”还没有等里面回话,吴广义他们不请即入。这时碰巧伪乡长从县城开会回来,一见吴广义部队的派头,认为“国军”驾到,连眼也不敢正视,连忙拱手哈腰,作揖让座,油嘴滑舌地奉承说:“早就听说你们要来,果真来到,请,请,请!”茶烟招待,敬如贵宾。

吴广义见他一副奴才相,一阵厌恶,然而为了侦察敌情,压着心头怒火,把要马料的事说后,便趁机详探军情。伪乡长见“国军”长官询问,哪里还敢怠慢?便竹筒倒豆子,一五一十以真情相告。从他的口中得知,留在沽源城的仅有伪县警一个大队,由伪警署署长、警察大队队长统率。伪乡长还生怕“国军”长官不高兴,更加卖弄内情地说:“我们正是回来准备粮草配合扫荡的,县上已等着长官驾到呢!”

吴广义边听边思索着,敌城空虚,是个难得的良机,此时迅速进攻,一举可拿下。沽源县是个旧城,四周筑有城墙、工事,硬攻有困难。他灵机一动,将计就计,弄清伪大队长及伪军住址后,随即说:“我有要紧的事,要立即跟县城通话。”他说到这里停顿一下,又加重语气说,“我要跟警署署长说话!”

“是,是,是……”伪乡长连声应诺,尽情卖力讨好,左呼右喝地接通了电话。吴广义接过耳机,对方答话说:“署长外出赴宴去了,我是警察大队长。”吴广义泰然地说:“我是满洲国军的先头部队骑兵大队长,现奉命前来商议‘讨伐’事宜,请转告署长。”“欢迎!”对方答得满腔客套。

吴广义放下耳机,严肃地向伪乡长说:“草料可要派得合理,准备好了,赶快送到指定地方,回头我派人来。”说罢即飞马回营,布置出击。

战士们接到出击命令,人人枪上弹,刀出鞘。吴广义说明智取沽源办法后,挑选了 30 多名精明能干的战士,叫他们也化装成伪满“国军”,作为尖兵部队,其余人员随后接应。布置完毕,吴广义飞马疾驰,直奔沽源城而来。

30来里的路程，一闪间，城墙在望了。守在城堡上的伪军哨兵，早已得报“国军”前来消息，规规矩矩地开城迎接，让队伍毫无阻挠地直闯警署大院里去。听说“国军”驾到，城里的伪军顿时忙乱一团，伪警察大队长还列队布置了欢迎场面。

吴广义率队进了伪警署大院，一跃下马，大踏步直逼伪警察大队长跟前。没等这位大队长躬身敬礼，吴广义甩手啪啪给他两个响亮的耳光，劈头大骂：“皇军已讨伐去了，你们为什么还按兵不动？”伪警察大队长被打得脸上红肿，眼冒金星，依然是丈二和尚摸不着头脑，呆若木鸡。正在这时候，那个伪警察署署长大概也是听说“国军”到了，醉醺醺地回来了。吴广义跨步向前，照例甩上两巴掌，厉声骂道：“你们还迟迟按兵不动，一定私通八路。”这家伙被打得捂住双脸，正要辩解，早被战士们解下了武器。接着，其余伪军也被下令缴械。当他们稍微清醒过来，意识到发生什么事情的时候，后续部队已陆续赶到，层层包围，敌伪已如瓮中之鳖，动弹不得。此时他们才知道上了大当，但已经晚了，只好缴械投降。

吴广义率领骑兵大队不费一枪一弹，俘虏伪军300多人，缴获战马300多匹、军用武器物资一大批。次日，日军闻讯赶来扑了一空，原来骑兵大队早已带着缴获的物资，撤离沽源城了。

大梁底伏击战

1943年的春天，本是草长莺飞的美好时光，但日军却对以海陀山为中心的平北抗日根据地，进行拉网式的大“扫荡”。

5月4日，平北骑兵大队正驻扎在龙崇赤联合县的马营界墙村，接到了南天子村革命“堡垒户”王万顺送来的情报，说沽源县西辛营和孤咀窑据点的敌人，明天要到崇礼县清水河一带进行“扫荡”。接到情报，大队长吴广义随即与龙崇赤联合县工委进行了研究，一致认为日军向西“扫荡”，沽源崇礼交界的南梁是必经之路，这里地形险要，两山对峙，峭壁陡立，刀劈剑削，鬼斧神工。中间大沟山路直通清水河，可攻可守，是伏击敌人的理想之地，决定痛击来犯之敌，给日军来一个下马威。

对于这次伏击战，吴广义负责指挥步骑兵两个连，乘夜幕掩护出发，神不知鬼不觉地直奔沽源崇礼两地交界的南梁大沟。吴广义部署骑兵，黑夜埋伏在大梁底两山山腰最狭窄的一段高地，这样布置就像一个大口袋，让敌人有进无回。吴广义的指挥部，设在南天子南山与梁底柏长城墩台的下面。

5月5日清晨，朝霞映红了蜿蜒曲折的山头长城，冰化雪消，暖风和煦，雁阵群群，春意盎然，美丽的平北山河怎容日本侵略者肆意践踏？战士们按照部署进入阵地，人人摩拳擦掌，个个义愤填膺，怀着对日军的刻骨仇恨，只待一声令下，歼灭来犯之敌。大梁底山沟幽深，阴森恐怖，也像一口偌大的棺材，等待侵略者的腐尸入葬。

时近中午，埋伏在大梁底的骑兵大队战士，紧握长枪，目不转睛地盯着前方，焦急地等待敌人进入埋伏圈。烈日当头，终于看着沽源日军指导官米林和西辛营警察署署长任成，带着日伪军300多人，从李家天方向横冲直撞，来势汹汹，直向骑兵大队的埋伏圈进发。

荷枪实弹的战士们早已热血沸腾，按捺不住心头怒火，手榴弹揭盖拉弦，机枪、步枪子弹已上膛，瞪着眼睛。敌人近了，又近了，已钻入了口袋中。吴广义队长手枪一举，将20多个敌人骑兵尖兵排放过，一声令下，下达了攻击命令。霎时间，手榴弹、机枪、步枪一齐开火，像瓢泼大雨，劈头盖脸，射向敌阵，在震撼山岳的隆隆回响声中，硝烟四起。正在前行的敌人，毫无准备，被打得晕头转向，不知所措，乱作一团。米林指导官吼叫着抽出战刀督战，喝令伪军往前冲。伪军知道往前冲就是送死，畏缩不前，处处躲藏，不敢进攻。米林指导官举起望远镜瞭望，一个伪军来了火气，瞄准了他的脑袋，啪地从背后给一枪。还在挥刀的米林不知怎么回事就应声倒下，脑浆迸裂。

骁勇的骑兵战士，手挥战刀，跃马飞鞭，如天兵天将，从山梁上，从沟壁中，从丛林里，箭一般冲向敌阵，骑马驰骋，战刀飞舞，左砍右劈，寒光闪闪，一颗颗日军头颅像西瓜一样滚在深沟山路。擒贼先擒王，伪军见指挥官一命呜呼，知道大势已去，趁骑兵大队与日兵厮杀之际，无心恋战，择路逃窜。

仅仅用了半个小时就结束战斗，除少数伪军逃跑外，大部分被歼。米林指导官被击毙，活捉警察署署长任成，打死打伤敌人50多人，俘敌100多人，缴获机枪3支、步枪100多支，缴获战马100骑。骑兵大队带着缴获物资撤出阵地，胜利返回驻地界墙。

五、巧计袭敌

莲花滩伏击战

莲花滩村，今隶属延庆井庄，为交通要冲，110国道旁。村南有3座小山，远眺如莲花散落而得名。抗战时期，这里称为马场区，是共产党最早开辟的根据地之一。

1943 年 2 月 6 日深夜，黯淡的星光中，县城日军据点纠集 400 多日伪军，利用黑夜的掩护，到冯家庙、莲花滩一带"清剿"游击队和县区干部。

敌来我打！面对敌人嚣张的气焰，10 团团长王亢命令狠狠地打。根据地势，王亢率 10 团 3 个连和部分游击队民兵，布下了伏击战。命令 2 连埋伏在莲花滩村南的梁头上；4 连埋伏在通往青龙桥火车站的西梁头上；侦察连埋伏在村东梁头上做掩护；60 名游击队员和民兵埋伏在冯家庙村南准备打阻击。四面埋伏，就像把敌人装进粮食的口袋里，扎紧袋口，痛打落水狗。

早晨太阳刚露出头，敌人以 3 路纵队步行来到距莲花滩 3 里的冯家庙村。观察已久的王亢，派一个班的战士，从冯家庙向莲花滩方向诱敌，战士们边打边跑向埋伏圈。敌人看见人数不多，派出一个连的兵力，一边开枪，一边追，喊："抓活的！抓回去领赏！"一直追到莲花滩南梁。眼看距梁头有 30 米时，王亢一声令下："打！"2 连战士居高临下，怀着对敌人的刻骨仇恨，机枪、步枪、手榴弹，一起向他们飞去，形成道道火网。子弹如雨点般飞落，手榴弹就地开花，枪声爆炸声交织在一起，响彻在山间。敌人还没有弄清怎么回事，就脑袋开瓢、尸体横飞，扑通扑通地倒下。他们这时候才知道遇上了八路军主力部队，追到这里上当了，一时慌了手脚，乱了阵容，如热锅上的蚂蚁到处乱爬。

腿快的敌人慌不择路，要从西梁逃到青龙桥去。当他们惊慌失措地逃到梁头时，又遇 10 团 4 连阻击。一群群敌人冲上来，又一群群被子弹打得东倒西歪，到处乱滚。有的要从大庙口子逃走，王亢立即命侦察连的两个排，绕路到冯家庙村南，配合游击队，截击溃逃之敌。游击队民兵，他们早已布下了地雷阵，地雷发挥威力，石破天惊，敌人被炸死炸伤 20 多人，其余的举手投降，做了俘虏。

伏击战打到了中午，结束了战斗。歼敌 250 多人，缴获机枪 3 挺、步枪 200 余支和弹药物资等。莲花滩伏击战如冬日的阳光，温暖了延庆山川，老百姓看到抗日的希望和光明的未来。

巧杀"回马枪"

1943 年 6 月，王亢率领 10 团部队，重回昌延地区已经半年时间，尽管开展了一些灵活机动的战斗，但还没有歼灭或重创过敌人，因而地区的形势并未有实质性变化，敌人依然很猖狂，驻延庆县城的伪蒙疆骑兵大队，凭借着剽悍的战马，时不时地突然袭击，包围某一个村庄，给10团和地方工作的恢复造成了极大的障碍。10团曾几次寻机歼灭他们，都未能奏效。

6月上旬的一天，王亢和曾威率领10团1、2、4连正在延庆东南方向16里处的老银庄一带活动。伪蒙疆骑兵大队闻讯突袭，气势汹汹，妄图"剿灭"他们。

老银庄的东、西、南三面群山起伏连绵，当伪蒙疆骑兵大队突然袭击时，10团借助这里的有利地形，沿着东山沟，越过窑湾东梁，往瓦庙村的峰亩梁转移。

骑兵可以在平川地带横冲直撞，信马由缰，然而到了山区就寸步难行，失去了往日的威风。敌人一看到10团战士从南山马场川退走，就以为万事大吉了。恰巧此时正逢午饭之时，敌人就闯进村里，挨门挨户搜罗米面鸡鸭，生火做饭，把整个村子搞得鸡飞狗跳，乌烟瘴气。

王亢率领10团刚转出去不远，看到敌人没有来追赶，就登上附近最高的一座山梁，放眼眺望，看到村中这幅情景，心中不禁一喜，真是天赐良机。

于是，王亢同曾威商定，以奇袭手段痛打老银庄之敌。王亢当即指挥1连迅速抢占老银庄村东小山梁，以火力猛袭村中之敌。2、4连由村东南向西迂回包抄，切断敌人后路，防止逃跑。

当王亢带领部队翻过石亩梁，顺沟下到窑湾直奔老银庄东山时，便被敌人在山上设置的一名便衣侦探发现了。侦探发现情况后，扭头就往村中跑，企图去报告。1连战士见此情况，以迅雷不及掩耳之势抢占了村东的小山梁，展开火力，对准村中之敌猛烈射击。在村里的敌人做梦也没想到10团会杀回马枪，正当他们想饱餐一顿时，10团如神兵天降。毫无设防的敌人一时慌乱起来，不知所措。有的端着碗被击毙，有的扔下鸡腿逃进了村外的庄稼地里。

遗憾的是，10团2、4连包围圈拉得太大，收拢不及，又加上东北面有高山寺敌人据点，王亢团长担心腹背受敌，未能在此方向设置兵力，致使溃逃之敌从老银庄经达默口子逃回延庆县城。战士殉职1人。毙敌10多个，其中有一个日本指导官。缴获战马20多匹，步枪、弹药一部分。

战斗结束后，有一特务当时藏起来未能逃走。10团撤离后，这个特务被村民们发现后砸死。当地老乡反映，10团撤离后的第3天，敌人重新返回村里，用老乡家的木柜装走被打死的日本指导官尸体。

10团巧杀"回马枪"，伪蒙疆骑兵大队遭此打击，不久又在柳沟西山被八路军设伏,全歼该敌一个排,其嚣张气焰完全被打下去,以后再也不敢单独出来,骚扰村庄。

六、拔据点的故事

小河子

小河子,位于沽源县城南20里,地处坝头,西接张家口、张北、崇礼公路,南与赤城公路相连,是交通要道。日伪为了控制北部地区,在这个要道处设立了据点,设置警察署,派50多个伪警察据守,设防比较坚固。

当地群众对伪警察天天催粮要款、搜刮民财的罪恶活动早已深恶痛绝,盼望着八路军早点把这个据点拔掉,消灭“讨伐队”。

1943年6月,40团两个步兵连和一个侦察骑兵排,决心为民除害。他们以化装奇袭的手段,准备拔掉敌人盘踞在小河子的据点。

40团经侦察获悉,敌“讨伐队”活动频繁,日军和伪满军也经常来往于小河子,便于部队化装奇袭。经过研究,决定由政委阎子庆率两个步兵连和一个骑兵排,进行化装。团侦察排化装成日军,作为部队的前卫,经脑包山东滩,从正面直插小河子。如敌人发现立即转为强攻。4连在脑包山小厂东侧隐蔽,接近小河子南门;5连经小厂高宏子,向小河子北门以东公路两侧迂回。一个对敌包围圈形成了,并对沽源方向派出警戒。

拂晓前,部队由二道坝、西坝地域出发,经西辛营子据点,进至脑包山,分两路向预定的位置前进。骑兵排化装成日军“讨伐队”的骑兵排,由“伪军”带路,扛着日军膏药旗,浩浩荡荡地直奔小河子东门而去。把守的敌哨兵发觉后,大声问是哪方队伍、干什么的,侦察排排长即令敌哨兵放下吊桥,沉着应对:“皇军讨伐队已到,你们所有人立即列队到吊桥外来迎接,不许迟误。”伪警察署长听了哨兵的传话,看看身着日军服装的部队,丝毫没有怀疑,即刻命令全部伪警排队,他带头出了据点。这时4、5连已从四面将据点团团围住,侦察排一拥而上,大喝一声:“不许动,缴枪不杀!”伪警察看着荷枪实弹的队伍,吓得目瞪口呆。他们觉得事到临头,保命要紧,乖乖地放下了手中的武器。

40团战士一枪未发,俘虏了伪警察署长在内的50多人,缴获轻机枪2挺、步枪40多支、军马40匹。奇袭小河子,端掉了据点,削弱了日伪势力。

40团战士奇袭小河子据点,又在后孤山打了一个漂亮仗。

平北抗日根据地中心位于海陀山以东地区，驻有分区党政军机关和供给、卫生后勤部队。40团领导率两个连驻在海陀山北麓，守卫着中心根据地北部的门户。40团一个连驻在赤城县后孤山村，与雕鄂日伪军相距10多里路。后孤山村是敌人进入中心根据地北边门户的必经之路，经过元通寺，翻过南山即到达分区、地委、专员公署驻地。

1943年初秋时候，日伪军组织了对平北根据地中心地区的多路围攻。从雕鄂出发的敌人，由日军一个大队和伪军组成，为主要的一路。拂晓前，敌人行进到前孤山与阻击连警戒部队接火。战斗开始后，连队主力迅速占领了后孤山西南各高地，支援警戒分队。当时，团里给40团的任务，是坚决阻止敌人前进，保证全分区党政军领导机关和后勤部队的安全转移。

连队依托有利地形，机枪不断射出一梭梭子弹，喷出条条火舌。手榴弹在天空形成一条弧线，砸向攻上来的敌人。战斗开始不久，下起了蒙蒙细雨。秋雨带着寒气，打湿了战士单薄的衣裳，战士们仍然奋不顾身，一次次地阻击敌人进攻。

下午3点，2连贾连长带一个排赶来配合阻击连战斗。团部参谋传达了团部首长的指示，要连队做好反击敌人的准备。阻击连根据指示，迅速调整了部署。连长杜存业带2排与2连的一个排在正面组织火力压制敌人。指导员苏健带1排到敌占领的无名高地西北侧，以火力压制和侧击敌人。副连长池满银、副指导员石金柱带领3排占领冲锋出发阵地。战士们严阵以待，时刻做好向敌人发起冲锋的准备。

下午4点，团领导发起号令，3排在阻击连和2连一个排的火力掩护下，向日伪军发起猛烈冲锋。经过几个回合的战斗，终于将高地北一个无名高地的日伪军打垮了，并迅速占领了高地。敌人不甘心失败，几十分钟后，日伪军一个中队，在密集的火力支援下，向3排占领的无名高地实施反击。阵地上的草木都被打焦了，弥漫着浓烈的焦味。3排与冲上来的日伪军又展开了激烈的肉搏战，因寡不敌众，在火力掩护下撤出了战斗。石金柱副指导员牺牲了，3排排长负伤了，班长和战士伤亡20多人。尽管战斗惨烈，但是阻击连是抗战初期从陕北红军抽调干部组成的连队，战士政治觉悟高，经过多次的战斗锻炼，作战经验丰富，都在浴血奋斗。3排战斗中虽然伤亡很大，撤退中组织负伤同志先退，其他同志将牺牲的同志和他们的枪支、弹药全部带了回来，显出了顽强的战斗风格。

天黑时，连队完成了团部赋予的阻击敌人进攻的任务，迟滞了敌人的行动,为根据地分区机关和军民转移赢得了时间。他们快速撤出阵地,胜利返回。

攻打柳沟城

延庆柳沟,距延庆城东南30里,古为长城关隘,作为居庸关一重要门户,在明清时期为屯兵驻地,至今保留有城墙、城门、古庙等遗迹。西靠九龙山,东邻燕羽山,位于两山之间的开阔地。日伪看中了这里的地势,建立了据点。

1943年7月,柳沟据点内的伪蒙疆大队,为了防止八路军袭击和封锁,强行抓了600多民夫,沿着延庆南山根据地构筑一条封锁沟。敌人每天早上7点,便派出一个30多人的小队到柳沟西梁,占领阵地。他们居高临下,一方面监视民夫劳动,一方面防止八路军袭击。

王亢团长得知情况后,决定消灭敌人的这个小队,命10团2连在西山制高点上担任掩护任务,1连埋伏在山鞍部,担负歼灭敌人的任务。1连连长周德礼接到任务后,凌晨3点从马场川出发,一路上急行军,4点多到达伏击地域。

周德礼仔细观察了地形,和指导员王非研究,觉得在山鞍部埋伏太靠西,容易打成击溃仗;如果在山鞍部和柳沟敌据点之间埋伏一部分兵力,就能将敌人的这个小队全部歼灭。连队的干部都点头,同意周德礼的意见。决定1排由副连长李成忠同志率领埋伏在山鞍部,防敌占领有利地形顽抗和逃窜;周德礼率领连主力埋伏在敌人必经之路的南侧山鞍部东侧新挖的封锁沟里,待机歼敌。这样不仅可以隐蔽兵力,而且可以断敌退路。连里6挺轻机枪、1挺重机枪和全连的武器都能对敌人进行水平射击,地形非常有利。部队埋伏好后,严密伪装,不露动静,周德礼在一个隐蔽处观察敌情。柳沟据点的起床号声、出操的口令都听得一清二楚。战士们严阵以待,决心把敌人消灭在封锁沟里。

早晨7点钟左右,敌人的那个小队照常成一路纵队,走出柳沟据点,直奔八路军埋伏地域而来。不一会儿,敌人进入埋伏圈内。眼看敌人的3个尖兵就要到达山鞍部1排埋伏的位置时,周德礼用小旗发出信号,令部队占领好射击位置。等敌人完全进入埋伏圈时,周德礼才下达"打"的命令,全连所有火器同时开火。战士们纷纷把仇恨的子弹,如雨点般射向敌人。还在走路的敌人,做梦也没有想到八路军会在离敌据点这么近的地方打伏击,一时不知所措，捂住头，如老鼠一般，到处乱跑乱窜。敌小队长负隅顽抗，命令他率领的两挺机枪射手进行射击。敌机枪手就地卧倒在偏坡上，胡乱射击，找不到子弹从哪里来，根本打不准。连队 2 排从右翼、3 排从正面同时向敌人冲击，形成一个包围圈。

3 分钟左右，八路军全歼敌人小队，击毙敌小队长以下 28 名，缴获敌轻机枪 2 挺、步枪 10 多支、战刀 1 把。八路军无一伤亡。

柳沟伏击战，王亢战机抓得好，周德礼地形选择得好，战士们火力发扬得好，天时地利人和，取得这一光辉的胜利，打掉了敌人的嚣张气焰。

柳沟伏击战，为后来端掉这个据点扫清了障碍。

1943 年农历十月，天寒地冻，凛冽的西北风呼呼地刮着，像吹着口哨。恶劣的天气是作战的好时机。王亢团长指挥 10 团主力的 3 个连，在部分游击队员及民兵的配合下，准备攻克柳沟据点。按照部署，两个连和部分游击队员、民兵包围据点，一个连在柳沟西梁做掩护。

20 日夜里，游击队、民兵根据白天的观测，利用熟悉的地形，割断了敌人通往县城的电话线，又在柳沟北城外路口布下了地雷阵，并将敌人饮水井填平。外围工作完成后，迅速包围了柳沟城。接着，八路军两个连从东西南城门闯进城内，一举歼灭了伪自卫队。

21 日凌晨，王亢派冯营长由伪甲长做向导，去土围子与敌警察队长李矮子联系谈判投降事宜。这个李矮子顽固不化，拒绝谈判投降。王亢气愤地说："他不投降，咱就打！软的不吃吃硬的，给他点颜色看看！"

下午 2 点，王亢下达命令，号声一响，早已隐蔽在中街房顶的战士，用步枪、机枪、手榴弹，对准土围子、炮楼进行猛烈的射击投弹。枪声大作，硝烟四起。战士们一边打，还不断向敌人开展政治攻势："中国人不打中国人，你们被包围了！快投降吧！缴枪不杀，优待俘虏！"敌人负隅顽抗。战斗打到下午 3 点，八路军闯入关公庙的伪大乡院，活捉 12 名汉奸特务和大乡人员，缴获长短枪 10 支和部分军用品，烧毁了坑害百姓的苛捐杂税账目和文件。余火未熄，夜里风势越来越大，燃起的火苗引着了伪大乡房屋，随之，关帝庙和学堂也被引着，火光冲天。

22 日拂晓，驻延庆县城敌人纠集延庆、康庄 300 多个日伪援军，妄图夺取西梁阵地，吃掉八路军。早已埋伏好的战士居高临下，从早晨 7 点打到下午 2 点多。经数次冲锋激战，战士一次次把敌人打得溃退下山。敌伤亡近百，日暮降临，敌人不敢恋战，趁着天黑前的微弱光亮，狼狈逃窜到县城。半夜，柳沟据点敌人盼援军未到，骑马偷偷出北城门逃跑，被地雷炸死炸伤10多个。有的逃到老君堂村边，被游击队、民兵截击，歼敌10多个。狡猾的李矮子冒险带走20个残兵逃到县城。

23日，党政军趁热打铁，发动附近上千名群众，七手八脚拆毁了柳沟炮楼、土围子和城墙，拔掉了这颗毒钉子。

24日，驻扎在延庆县城的敌人不甘心灭亡，做垂死挣扎，调动500多日伪军，向玉皇山和柳沟一带进攻。八路军掩护群众迅速转移到燕羽山上，村里没有人烟。敌人扑个空，转身进攻到玉皇山和柳沟时，被地雷炸死炸伤20多人。敌人见他们的"狗窝"和城墙被拆毁，没法再住了，一气之下抓走无辜百姓赵红文、段二计等13人，抢走许多牲畜、粮食、肥猪和财物。同一天，敌人3个连向燕羽山下的果树园、口子里、小金房进犯。八路军猛烈攻击，歼敌50多人。

这几天战斗共歼敌近200人，缴获大批武器。从此，敌人再也不敢轻易向这里进攻"扫荡"了，形似凤凰的古城又恢复了往日的宁静。

七、太子沟战斗

1943年秋末冬初，凌厉的西北风呼啸着，阴冷而萧瑟。王亢率领的10团团部和昌延联合县领导机关都活动在果庄、北地一带深山区里。一天，县委在果庄开会，向干部布置平北地区的工作。

果庄东北方向50多里是大庄科村，驻守着伪满洲军35团2营，少校营长赵海臣。说起这个大汉奸，恶贯满盈。他是辽宁黑山县人，原是东北占山为王的土匪，烧杀掠夺，残害百姓。后来日本占领了东北地区，他投靠日军，更加残暴嚣张，当上了伪满洲军驻四海的营长。这是个杀人放火无恶不作的禽兽，群众称他是"见东西就抢、见房就烧、见人就杀的铁杆汉奸"。每次出去"扫荡"，他诡计多端，扮成士兵模样，悄悄地溜出，又偷偷地溜回，使人弄不清他的真实面目和行踪。

赵海臣在周边县的一些村庄，敲诈勒索，捆绑吊打，杀人放火，干尽了坏事。怀柔的黄花城、黄坎、沙峪、渤海所、慕田峪、三渡河等地区，经常遭受赵海臣率部"搜剿"、袭扰。一次赵海臣率部在渤海所连驻10天，搜捕滦昌怀顺县长、区长肖尊一、李芳伶、卢化民及其他抗日军民。10天出去"扫荡"10次，每到一处搜刮抢掠，杀人放火，干尽坏事，老百姓恨之入骨。一天，苇店村将一批军鞋送到北沟村坚壁清野。赵海臣得知消息,派兵将北沟村农会主任曹进祥抓到渤海所严刑拷打,逼问军鞋藏到哪里去了,抗日干部藏在什么地方。在延庆,仅在大庄科村,他就杀害抗日干部和群众10多人,双手沾满了罪恶的鲜血。

赵海臣对平北解放区的骚扰、破坏相当严重。一次他乘王亢团长不备,带着队伍偷袭了八路军在立石沟村的团供给处,抢走为部队准备的几百套过冬棉衣。抢走了八路军的军需供给,他的阴谋得逞。从此,他的气焰愈加嚣张,口出狂言:"我要像捡芝麻一样,一个一个地捡老10团,最后要把王亢捡到手。"

赵海臣的狂妄,使得10团决心除掉赵海臣这条毒蛇,还周围百姓和部队一方安宁。

就在昌延县委开会布置工作后的第二天,伪满洲军35团在伪团长刘书元的带领下,窜到果庄,企图袭击八路军军政机关。这个团的2营原本在驻地留守,赵海臣由于偷袭供给处得了一次便宜,他还要得寸进尺。早晨8点左右,他也溜出大庄科带着队伍奔向果庄一带,妄图继续寻袭供给处,给军政机关制造困难,釜底抽薪。

当时,10团的4个连队驻在北地和三道岭2个村。中午时分,王亢在北地村山梁上,居高临下用望远镜向果庄北大梁细细察看。看到敌人放警戒哨,下撤向果庄村;又看到太子沟方向上空烟雾弥漫。

太子沟,里里外外有很多石头,小如鸡蛋大如草帽,还有一人多高的石头立在那里,南北各有两座较高的山头。沟内散落着数十户人家,周围有些小块的山间耕地。太子沟地形特殊隐蔽,是八路军的一个秘密基地。这里老百姓心向八路军,所以隐藏一些重要的东西。10团把机要资料、王亢团长平时所记日记和军用物资都藏在这里。如果东西像上次那样被赵海臣部搜掠去,损失就大了。情形十分紧急,王亢团长决定亲自率着1、2、4连去太子沟察看情况,留下团部和3连在驻地防守。

王亢率部队赶到太子沟东大梁上,向沟底一看,不出所料,赵海臣率伪军这时正烧得起劲。他们见什么就烧什么,把老乡的筐笼、麻袋、棉被都点着火;烧不了的东西就用枪托砸,或者用脚蹬倒。他们到处搜索、焚烧10团的物资。太子沟内,一片狼藉,缕缕黑烟冲向空中。敌人的野蛮行径,更加激起了战士们的满腔仇恨,决心痛击敌人。

王亢命令4连一个排迅速占领果庄北大梁,扼守制高点,防止走向果庄方向的敌人主力回援，另两个排为预备队。又命令1、2连分别由太子沟左右两个小山坡上插下去，构成两面夹击敌人的态势，让敌人钻进我们布置的大口袋中，再无逃脱之路。

下午3时左右，在王亢的指挥下战斗打响了。战士们听到团长“一咬牙”，作战就十分骁勇，利用有利地形，同时向敌人开火。他们把憋在胸中多日的怒火，伴着机枪步枪、手榴弹投向敌人，一时间爆炸声震撼整个山谷。气势汹汹的敌人哪里会料到遭到埋伏，被突如其来的猛烈攻击，吓得晕头转向，立即乱作一团。被击中脑袋的，还没来得及喊娘就扑通倒下，一命呜呼了。没有被击中的，捂住头慌忙躲到大石头后面，乱枪还击。战士们看到敌人的败相，越战越勇，越打越猛。

赵海臣这时才知道打错了算盘。他不敢在沟底恋战，带着残兵败将拼命地往山上攻，企图占领制高点，负隅顽抗。再狡猾的狐狸也逃不出好猎人的手心，他万万没有料到王亢预先埋伏在山顶上的两个排，在这里已等候多时。战士们摩拳擦掌，准备瓮中捉鳖。当敌人爬到半山腰，距离战士只有20多米时，说时迟，那时快，一声令下，一阵激烈的枪声和手榴弹的爆炸声在敌人头顶上响起，几十个伪军脑袋开了花，哭爹喊娘中，纷纷滚落到山下。10团战士边喊边冲，如出山猛虎，直扑敌阵，要敌人缴械投降。

赵海臣的队伍，死的死，伤的伤，被俘的被俘，早已溃不成军。不大一会儿，太子沟里的枪声由密集到稀疏，渐渐停下去了。八路军开始清扫战场，但没有发现赵海臣。

狡猾的赵海臣不甘心坐以待毙。太子沟东侧有个小沟，他想从此越东梁逃跑，不料被战士们猛烈地阻击退了回来。他同日本指导官田岱，还有20多个伪兵，只好慌里慌张地抱头鼠窜。看见一个大石头与山相接的地槽，他们钻进了里面。几个战士继续搜索，看到大石前的地槽，正欲进去，里面不时射出一梭梭子弹，使得一名战士负伤。其他战士立刻趴下，朝洞口还击。战士们一边还击，一边喊话，但死心塌地的敌人却依然往外打冷枪，气得指导员接连往里投了两颗手榴弹，里面这才没有声音了。

战士们又继续喊话：“快点出来，不投降就把你们全部炸死！”沉默了几分钟，这一小撮残敌此时看到大势已去，无路可走，才把枪扔了出来，一个个举着双手，耷拉着脑袋走了出来。那个把脑袋藏在石头缝里的赵海臣，也举着双手爬了出来。战士如惊雷一般地质问：“谁是赵海臣？”半晌无人回答，伪军们不由得朝一个满脸横肉的人身上望。战士盯着他又厉声问：“谁是赵海臣?”此时的赵海臣,知道已无法像以前那样逃脱,只得垂头丧气地回答:“本人就是。”

这时,伪团长刘书元带领的伪军,窜到果庄,扑了个空。听到太子沟一带的枪声,知道已发生激烈战斗,不知王亢军事部署,不敢贸然救援,赶紧带着队伍溜出果庄绕道逃窜。刘书元的离去,彻底斩断了敌人增援的幻想。

这次太子沟战斗,从3点开始到5点结束,整整打了2个小时,击毙敌连长、军医以下100多人,俘虏伪少校营长及日本指导官以下70多人,缴获机枪3挺,步枪、手枪100多支。

太子沟战斗胜利了,恶贯满盈的赵海臣被活捉,伪军2营被歼灭。胜利的消息像冬日的暖阳,极大地鼓舞了昌延地区人民群众的抗日热情。王亢带领10团继续秉承英勇奋斗、一往直前、不怕牺牲的传统,连续袭击攻打敌人据点、车站、警察所,不断刷新歼敌纪录。10团的威名远震平北,伪军日军轻易不敢出动了。

县政府在延庆莲花滩村召开群众大会,公审赵海臣,惩治汉奸,鼓舞民心。临时搭成的公审台前挤满了来观看的老百姓,足有千人。有些妇女骑着毛驴,拿着剪刀来参加,说要把赵海臣千刀万剐。大会由县政府秘书张子丰主持,县长郭蕴讲话。王亢代表团部参加大会并简要讲了太子沟战斗的过程。接着群众开始揭发控诉赵海臣的罪行。有的人手指赵海臣,控诉他的为非作歹;有的忍不住朝赵海臣身上唾口水;有的想冲上去,恨不得剥他的皮吃他的肉,亲手撕烂这个大祸害。赵海臣在群众的声讨中,额上渗出冷汗,两腿不住哆嗦,瘫坐一团。最后,县公安科科长张俊英代表政府宣判赵海臣的死刑。众人拍手称快。

3名战士迅速把铁杆汉奸赵海臣拖到了树林中,举起大石头,照着他头上、身上砸去,结束了他罪恶的一生。其余俘虏包括日本指导官田岱,全部释放。

日本指导官田岱回到承德后,日关东军驻承德的第九独立守备队司令安腾忠一郎少将逼令田岱剖腹自尽。事后,安腾忠一郎少将还特地就此写信给王亢。因王亢忙于在外指挥作战,信被留在后方的10团卫生所所长陈世华那里。据陈世华回忆,信的大意是,为了大日本皇军的体面,已责令被贵军放回的田岱剖腹成仁云云。

太子沟战斗大捷,伪满洲军赵海臣部被歼,是反“蚕食”斗争中的一次重大胜利。从此,昌延地区的抗日斗争形势向着更加有利于平北的方向发展。

1942 年至 1943 年,平北全党、全军、全体人民不畏流血牺牲,在"扫荡"与反"扫荡"、"蚕食"与反"蚕食"以及"归围子"与"反围子"斗争中,抗日根据地不仅没有被敌人"蚕食"掉,而且有了新的扩展。

同时,根据地的恢复与扩大,也解决了供需问题,实现了财政经济的自给,分散牵制了敌人的力量,造就平北抗日根据地巩固、发展更加有利的新形势。

在此期间,世界反法西斯战争发生根本性转折,日军逐渐失去战略主动权,1943 年 7 月开始,抗日战争进入战略反攻阶段。

从 1943 年 7 月开始,中国共产党领导的敌后军民在华北、华中、华南地区,对日伪军普遍发起局部反攻。

1943 年 9 月 8 日,意大利宣布投降,并投入同盟国一方。从此,德、意、日法西斯轴心国实际上解体,日本法西斯更加孤立无援。

1943 年 10 月和 1944 年 5 月,中国驻印军和远征军在缅北、滇西也开始反攻作战。

1943 年 11 月,美、英、中三国政府首脑罗斯福、丘吉尔、蒋介石在埃及首都开罗开会,通过《开罗宣言》,要求战后日本归还占领中国的所有领土,包括台湾及其附属岛屿。至 1943 年 12 月,日军在兵力严重不足的情况下,被迫收缩战线,华北方面军停止向抗日根据地进攻。

在平北等抗日根据地纷纷取得局部反攻胜利的基础上,中国抗日战争开始进行战略全面反攻。

第 四 编

团结起来,夺取最后的胜利

第一章　局部反攻

1943年底，平北抗日根据地的版图不仅恢复了1942年大“扫荡”前的地区，而且还有了扩展，基本上了实现了平北地分委全面反“蚕食”斗争中的指示——“决定到敌后之敌后创造各种形式游击根据地的方针。”形成了对敌人的反复包围，扭转了1942年敌人“扫荡”对平北根据地压缩的被动形势。由于根据地的恢复、再建与发展，有效地牵制了敌人，达到巩固根据地的目的，实现了财政经济“自力更生”的方针。正是取得了这样的胜利成果，1944年平北地区的抗战随即转入了反攻阶段。

按照党中央和军区的指示，1944年，平北抗日军民更广泛地开展游击战斗，采取主动出击的战术方针，把战斗引向敌占区，扩大解放区战果，恢复许多敌占城镇村庄，消灭敌伪更多的有生力量。同时，更广泛地开展大生产运动，改善群众生活，巩固抗日政权，积极地为战略大反攻进行着精神和物质的准备。

这一年，詹大南任平北军分区司令员，段苏权任政委，钟辉琨任副司令员，王亢任参谋长，吴涛任政治部主任。1月，中共中央北方局提出1944年全华北的方针：

团结全华北人民的力量，克服一切困难，坚持华北抗战，坚持抗日根据地，积蓄力量，准备反攻，迎接胜利。

与此同时，平北地委根据平北军事、政治、经济日益好转的情况，指示平北：1944年的总方针要“以巩固为主，同时不放弃有利条件下的壮大和发展”。

平北地分委根据平西地委指示精神，在全区发起了参军和拥军、拥政活动。此时的平北抗日武装，包括主力部队、游击大队，以及各联合县、区的民兵游击队。这些抗日武装都比过去壮大了许多。平北抗日根据地的广大农村，发展了党员，建立了党支部，团结和凝聚了广大人民，提高了抗战积极性，增强了抗战力量。

1944年，成为抗日战争进入战略反攻的转折时期，也是战略相持阶段接近结束的一年。

抗日战争进入到1944年，国际形势日益好转。斯大林格勒战役以后，苏军将战线向西推进了600多公里，战场形势发生了有利于苏军的变化，轴心国集团内部的士气受到了很大影响。为了夺回战略主动权，希特勒决定在库尔斯克地区发动一次大规模的进攻，以此挫败苏军的进攻锐气。为了进行库尔斯克战役，双方都把自己所能集中的最大兵力投入战场。库尔斯克战役后，德军永久性地丧失了苏德战场的主动权，从此彻底丧失了战略进攻能力的德军不得不转入全线防御。

1944年1月18日，苏军突破了包围列宁格勒长达900天之久的德军严密封锁圈。在朱可夫和伏罗希洛夫元帅的指挥下，红军突破了拉多加湖南部的纳粹阵地，重新占领了德军的军事要地。冲破重围，意味着苏联可以利用芬兰湾和铁路线为其部队供应物资，此举更为斯大林进击巴尔干各国增添了锐气。

同年6月6日至8月25日，以英美两国军队为主力的盟军先头部队总计17.6万人，在强大海陆空掩护下，在法国北部海岸诺曼底半岛的瑟堡至塞纳河入海口的勒哈佛尔一线大举登陆，连续攻下了犹他、奥马哈、金滩、朱诺和剑滩五处海滩；此后，288万盟国大军如潮水般涌入法国，势如破竹，成功开辟了欧洲大陆的第二战场。

国际战场的风云变幻，也使得国内解放区战场如火如荼地准备着局部的反攻。

冀东部队在开辟平绥线南、张家口西南、桑干河以北地区的工作中，经过3个多月的苦战，解放了平绥线南、张家口西南的广大地区，该地区东至宣化、涿鹿；西迄天镇、阳原以西的镇门堡、东集井；南邻桑干河，与蔚县、广陵地区衔接。总面积达10500平方里。

第一节　迎接抗战新局面

一、适应形势调整方略

1944年，对于平北根据地而言，是相对稳定，同时也是比较顺利的一年。

1944年3月15日，平北地分委在赤城县大海陀深山区召开了“扩干工作会议”，根据平西地委指示精神，会议决定，1944年平北地区的工作要“大刀阔斧地发动群众以巩固现有阵地为主,同时也不放弃有利条件下的积极扩大和发展”。

春夏之间,平北地区周围敌人有部分被抽走,并开始转变其部署,由极端的分散配置、据点碉堡“蚕食”政策,转变成相对集中的机动兵力,对平北地分委根据地进行“讨伐”和“扫荡”、奔袭和合击。敌人的“扫荡”,3月份由龙崇赤、龙崇宣两区开始;5月初“扫荡”转到龙延怀、龙赤和昌延,持续了两个月。9月,在龙赤、龙延怀山区“扫荡”了一周时间。11月,“满蒙”联合向北山地区“扫荡”近两个月。连同敌人的奔袭在内,各地区反“扫荡”时间,多不过三个月。其中昌延、滦昌怀顺较少,只有龙崇宣南山“驻屯清剿”时间很长。丰滦地区日伪据点由1942年底的42个减少到23个;日伪兵力由4000人减少到2000人,并且90%是伪军。

敌人采取的这种措施,已经说明,他们的兵力捉襟见肘,同时也再一次证明了平北抗日根据地军民积极反“蚕食”斗争的进一步胜利。

8月中旬以后,伪蒙疆借助伪满洲军的“固边推进”,先后恢复独石口、后城据点,由东向西,侵入了平北抗日根据地二三十里“警备区”,“讨伐”区域甚至波及张家口以东。同一时期,伪蒙疆敌人在“保路护矿”的方针指导下,对龙崇宣南山进行摧毁性“扫荡”。11月以后,更是重点“驻屯清剿”。从此,满蒙由1943年所谓“国境划界”的满蒙分离局面,又形成了联合局面。这是敌人针对伪蒙疆兵力显见不足,而根据地军民斗争的不断胜利所采取的一种新的措施。

时任平北地委副书记兼军分区政治委员的陆平,在1944年7月党员干部大会的报告中总结了平北当时的形势。

报告指出:自3月会议以后(3月15日,平北地分委召开的“扩干工作会议”),到现在(7月)平北是始终处于反“扫荡”中,这次反“扫荡”于5月中自龙崇赤开始,之后,相继转到龙延怀、昌延和龙赤地区,自开始至结束,先后共历3个半月的时间,至6月末战役方算告一段落。

在战术上敌人这次“扫荡”和过去有所不同,其基本不同,有以下几点:

(一)敌“蚕食”失败又来了新的阴谋,他撤退了一些小据点聚集机动兵力,改变过去分散配备办法,实行“肃正”伪军,加强特务工作;

(二)野战性、机动性加大,用奔袭合击等办法,企图消灭我主力和指挥机关；

（三）持久性，反复性加大，在这三个月里敌曾不断反复“扫荡”，到处破坏；

（四）由于其兵力不足，不能全面“扫荡”，于是采取有重点地使用兵力在每一时期内，各有一个重点，集中力量，尽力突击；

（五）带有轮番性“蒙疆”“伪满”“华北”各地区敌伪轮流进行“扫荡”，企图使我军疲于应付，经常处于战争之中。

陆平在此次报告中，将这次敌人“扫荡”共分为两个时期，即5月底以前是奔袭合击，6月以后是有重点地“搜山”、“清剿”、掠夺物资，企图破坏根据地军民的生存条件。

敌人一段时间的“扫荡”虽然使出毒辣的阴谋诡计，但在平北抗日根据地军民的一致努力之下，反“扫荡”终于胜利了。除了个别部分由于马匹和准备不足而遭受了一些不必要的损失以外，根据地的武装和物资财务并没有受到什么大的损失，敌人“清剿”的企图再度归于失败；在反“扫荡”过程里，根据地曾取得了街口、吴风营等各次战斗的胜利，收复了独石口、后城等重要据点，在军事上打击了敌寇，振奋了军心。同时，根据地政治攻势的蓬勃开展，又粉碎了敌寇所谓“施政跃进”的计划。

1944年，平北抗日根据地在军事上，基本赢得了主动地位，这个主动地位的获得，是由于敌我力量有了变化，同时也是根据地主力部队主观上，采取先机制敌所造成的结果。春夏之间进行了较有规模、有组织的战役出击，这种行动与政治攻势相结合，在斗争的胜利影响下，开始围攻占领区边沿的敌人据点，打开了向外发展的有利局面。5、6月虽还处在反“扫荡”中，但依然扩大了战果，取得了胜利。9月敌人的“扫荡”，在根据地有准备的前提下，民兵地雷战与外线战斗有机结合，短时即被粉碎。8月开始有组织的围点斗争，也收到了良好的效果。

军事成绩，超过抗日战争以来的以往年份，主动战斗的次数大大增加，在1944年的234次战斗中，共毙伤俘虏敌伪2081人，缴获轻机枪18挺、炮2门、投弹筒2个、步马枪583支。攻克和逼退敌人据点、碉堡53处，中心区的3条封锁线（第一条：东山庙、长安岭；第二条：白草洼、旧县、西灰岭、柳沟、高山寺；第三条：黑山寨、九渡河）也被粉碎了。特别是双营、猴儿山、景陵、新营子、李官屯等战斗，表现出八路军英勇顽强的战斗精神，同时也对保护党政民干部和反抢粮斗争有很大的鼓舞士气的作用。

组织和武装广大人民进行战争,以人民军队为骨干,依靠广大人民,建立农村根据地,进行人民战争。平北人民武装的战斗和爆发,此时虽还不是普遍性的群众运动,但在工作较有基础地区已经是燎原之势了。比如何金海的游击小分队就是一个典型,特别是地雷爆炸起了决定性作用,杀伤了敌人,震慑了敌胆,1944 年,仅民兵就毙伤俘虏敌伪 503 人。

由于军事胜利的鼓舞,发展和加强了地方武装,特别是发展整理和强化区游击队的方针,得到良好的效果,由于加强了这一方针,解决了兵源问题,使得当时的地方武装与主力比例为 57 :100。

1944 年 1 月 22 日,时任平北地委副书记的武光,在亲自起草的给平北地分委的信中提到:

> 根据地的巩固与发动群众是分不开的。群众的组织与发动的程度是测量我根据地巩固程度的标准,因之发动群众是当前巩固我平北根据地的头一个重要任务,与基本问题。
>
> 发动群众的中心关键在于从对敌斗争与民主民生的斗争中去进行,除此以外别无他图,但切记过分地分散干部平均使用力量,而是应该遵照中央的指示,集中力量,突击一点,吸取经验,以指导全平北更有效地发动群众。
>
> 更进一步积极主动地展开对敌地武装斗争与广泛深入的政治攻势,从对敌斗争中给群众以更多的实际教育,减轻对敌斗争的负担,或脱离敌人以改善群众的生活,是发动群众的主要环节之一。
>
> 在对敌斗争中武装斗争是主要的斗争形式,因之必须发动广大群众来积极参加这一斗争,也即是说必须广泛而普遍地建立各种各样的地方武装与民兵组织。在这一重要任务下党政军民的干部必须共同努力,尤其是各级党委必须加强对民兵工作的领导,各主力兵团与地区部队必须加强对地方武装与民兵的帮助和培植。
>
> 减少各游击组一般的抗战勤务,强调其破交、打特务、捉汉奸、与配合部队袭扰敌人等战斗任务,以提高民兵的情绪与威信,这也是发展民兵组织与开展群众游击战争的重要条件。

随着群众斗争的发展与深入,平北抗日根据地组织人民参加武装斗争的积极性更为提高,在组织方面,积极发展队员加入党组织,11891 人的游击队员,有 822 人入党,组织建设得到了相当的发展与巩固。

村政权在部分地区改造得较好,人民的"冬学运动"①开展得有声有色。

这些都证明平北抗日根据地的工作取得了比较显著的成绩,单一政权由 1943 年的 157 个,增加到 1944 年的 322 个。

随着有利形势的变化,在根据地积极向外发展的方针下,顺义和宣化境内及赤源坝外,部分地区得到较大的发展,共有 260 个村庄、22 万同胞,脱离日伪统治。这些地区大多村庄稠密,经济富庶,具有一定文化基础。而在宣化东南地区的发展中,在地方工作组的帮助下,从贯彻政策发动群众做起,使发展工作打下了基础,这种方针同只做征收工作、画地图式的发展有很大的区别。为了达到巩固工作的要求及适应地区新的发展形势,1944 年底,由冀察党委决定,原来的 6 个联合县划分为 8 个县治:赤城、龙关、延庆、昌平、崇礼、宣化、赤源、怀顺。

武光针对 1944 年在巩固工作的发展上提出了明确的要求:

> (一)从组织上、政治上、思想上巩固党,这里包含着以下几项具体工作,即继续彻底整顿党的下层组织,加强干部的整风学习,加强整体党员的阶段教育、革命气节与革命前途的教育,以提高我平北党的战斗力,而准备迎接更复杂与更残酷的斗争。
>
> (二)在我巩固地区,深入检查与更进一步贯彻党的各种基本政策,主要是土地政策、劳动政策与以合理负担形式出现的税收政策,以求得我平北根据地更进一步的巩固,在游击区更进一步积极主动地掌握革命的两面政策,有计划地猛烈开展政治攻势与敌伪工作,抓紧一切机会,利用一切可能的条件,进行民族革命的反法西斯的民主的教育,以稳定我巩固区的外围阵地。
>
> (三)在可能的条件下彻底改造下层政权,但方式可以是逐渐的、个别的、自下而上的和自上而下的。
>
> (四)广泛地、普遍地建立下层群众组织与党的组织,逐渐克服

---

① 冬学运动,1940 年 10 月 22 日和 11 月 10 日,《大众日报》先后发表了题为"普遍开展冬学运动"和"开展冬学运动的关键"的社论。自此至 1946 年,解放区每年冬季都有一次冬学运动。冬学时间一般自 11 月至翌年 2 月,主要内容是识字和明确抗战(革命)道理。冬学运动对提高解放区人民的政治文化素质有重大作用。

各种组织与工作不平衡的现象。而打下我们在农村中坚强的战斗的基础活的堡垒。

(五)教育并帮助某些干部克服粗枝大叶的工作作风,而代之以精雕细刻的细腻的实事求是的朴素的工作作风,以深入群众深入工作。

(六)在巩固工作上,主要力量应放在我单方面政权在山地巩固区,但对于延庆川、怀来川的工作同样必须深入和加强,以求得南山和北山、平西和平北相互联系的确保无阻,同时从军事与财政经济的观点来看,延庆川、怀来川对于坚持并巩固平北与巩固平西根据地,亦均有其严重意义。

二、军民团结迎新局面

由于胜利的鼓舞和国际形势的急剧有利的变化,1944 年,平北抗日根据地的人民和军队的情绪是高涨的。

如果说 1943 年恢复和发展了 1942 年所失的阵地,那么 1944 年,则是较为深入和进一步发展的一年,特别是 8 月以前的发展局势,是平北地区过去任何一年所没有的。

1944 年新年来临之际,平北军分区宣传队为南碾沟和大海陀村的抗日军民演了一台过年大戏。

此时,平北军分区机关驻地南碾沟的全部房子,被敌人烧过几次,又几次重建,大部分都是草棚子。粮食供给也很困难,大部分是山药蛋,小部分是小米和玉米。至于穿的棉军衣就更困难了,平北地区不产棉花,连土布也没有,军装主要靠关系用大烟土换布匹染料,跨过几道封锁线,运到根据地再加工成成衣,棉衣一年一套,爬高山钻树林,还不到过新年,就破破烂烂的需要打补丁了。

就在这样的物质条件下过新年,竟然敲锣打鼓地唱起大戏来。这在根据地是从来没有过的新鲜事,不仅党政军干部们非常兴奋,就连周围十几里的山里群众也都轰动了。在艰苦的战争年代,这确实是个特大新闻。乡亲们扶老携幼,有的骑着毛驴纷纷赶到南碾沟来看戏,演一场不行,就再演一场,第二场还不行,只好再演第三场。就这样在平北根据地抗日军民的欢腾声中,一连唱了 3 天大戏。

有些干部、战士和群众，在天寒地冻的野外露天戏台下，连看了3天戏，有时冻得实在坐不住了，就站起来跺跺脚，搓搓手，甚至出去跑跑步、爬爬山回来继续看。有几个演员嗓子唱哑了，手脚冻肿了，但是在观众高涨的情绪鼓舞下精力倍增，终于坚持演完了。南碾沟演了3天之后，根据军分区首长的指示，又翻过海陀山到大海陀村，为40团做了慰问演出。

一出出大戏唱暖了人心，也唱红了平北抗日根据地，更唱出了1944年平北地区抗日战争的新局面。

第二节 战场的节节胜利

一、开年的胜利

1944年，平北党政军干部和广大群众，与敌人进行了英勇顽强的斗争，恢复扩大了解放区，在根据地的巩固上也有长足的进步。从1944年春开始，根据地军民进行了围困和拔除日伪据点的斗争，广大居民密切配合，断敌用水、粮柴，严密封锁敌人的通信联络，在打围结合下，收到了良好的效果。

这一年，平北根据地军民攻克与逼退敌人据点碉堡54座。4月，赤城县民兵300余人，在县委书记赵振中和一区区委书记杨韶华（即肖远烈）领导下，用一个月时间，逼退后城伪满洲军据点，缴获一批军用物资，受到晋察冀边区政府的通报表扬。5月4日，40团刘国辅和吴广义副参谋长率两个连，趁黑夜埋伏于沽源和崇礼两县交界处的大梁底，将出来“扫荡”的西辛营子和孤嘴窑子据点的敌人击溃，共计毙伤俘获70余人，其中包括日军指导官米林和伪警察署长。8月16日至11月14日，龙关县民兵在县长刘谦领导下，围困东山庙伪警察据点长达90天，终于迫使敌人撤退。基本上改变了敌我双方犬牙交错的态势。

为便于指挥作战并为大反攻做好组织准备，根据中共中央军委1944年7月指示，9月至11月，晋察冀军区先后成立了冀察、冀晋、冀中、冀热辽4个二级军区，并以各区部队为基础，组织了野战军。冀察军区司令员郭天民，政委兼政治部主任刘道生，参谋长易耀彩，辖4个军分区：第1军分区，司令员肖应棠，政委杨士杰；第11军分区，司令员肖文玖，政委杜存；第12军分区，司令员覃国翰，政委段苏权；第13军分区，司令员何能彬，政委吴光。新编第44、第45团。

平北支队改为12军分区，受冀察军区领导。随着形势的发展，1944年底恢复了平北序列为冀察第12地委。根据冀察区党委决定，平北地区由原来的6个联合县(昌延、龙赤、龙崇宣、龙延怀、赤源、滦昌怀顺)改建为8个县(赤城、龙关、延庆、昌平、崇礼、宣化、赤源、怀顺)。

1944年，平北地分委根据地在斗争中不断地发展壮大，主力部队和地方武装都壮大起来，遇到敌人，不再躲避，而是主动迎击了。

1944年的年初，10团在团长王亢的带领下，从丰滦密根据地战略转移，来到了阔别已久的延庆川。团长王亢、副政委曾威在昌平德胜口外的果庄见到了时任昌延联合县的县长郝沛霖同志。郝沛霖将当地的敌情和地方工作向二人做了详细的汇报，平北地区的百姓听说这支英雄的“老10团”回到了延庆，心里都猜出，10团重回延庆，正是为了开始恢复延庆抗日救国军事活动。

1944年1月18日，这天恰好是腊月二十三，农历的小年，清晨的天气格外寒冷，雪花从灰蒙蒙的天际缓缓飘下来，地上的积雪已经能没过脚脖子了，人踩上去咯吱咯吱地响。驻扎在昌延联合县古城村晋察冀军区第10团的战士们却个个豪气万丈，一大早，战士们迎着刺骨的寒风，望着漫天飘舞的飞雪出操去了。炊事班的同志们，为了给联合县政府的工作人员和10团的战士们改善生活，包了一顿饺子。这会儿，饺子刚下了锅，正等着战士们出操回来，让战士在这喜庆的小年里，吃上顿热热乎乎的饺子。

正在这时，放哨的战士，发现东南面距离古城约100米左右的地方，一队日本兵和伪满军向古城包抄过来。突发的敌情令人猝不及防，与此同时，在西边放哨的战士报告，古城西面有80多个敌伪警察也包抄过来。小小的古城村，突然之间，东南、西两面被敌人包围，情况十分紧急。在古城内的晋察冀军区第10团兵力，只有团部人员和两个连，另外就是昌延联合县基干队和县大队的百十号人。

县长郝沛霖、10团团长王亢、副政委曾威3人商议之后很快做出了决定：调七区游击队长杜林和指导员刘清富等10余人，带领着炊事班10余人向北山方向撤离。炊事员急忙把煮好的饺子，连汤带水装在洋桶里，挑起就走。西面的敌人发现有人往北山上跑，立刻开火。洋桶被打坏了，热乎乎的饺子从大窟窿里往外漏。有的炊事员倒下了，饺子撒在雪地里。

就在敌人向炊事员队伍开火的时候，副政委曾威率领一个排，带着一挺重机枪，在西北山坡早就埋伏好了。这时的敌人忘乎所以，以为打个胜仗没问题。谁承想,这时候八路军的重机枪从西北山坡上像喷火的巨龙,给冲上来的敌人以迎头猛击。敌人一倒就是一大片,看着山坡上凶猛的火力,再也不敢贸然前进。

这时候,东面的王亢举着枪,亲自率两个连冲出古城。当时敌人当中流传一句话:“天不怕,地不怕,就怕王亢一咬牙。”此时10团战士们来势凶猛,一场激战敌人渐渐支持不住,怯了阵且战且退。10团战士奋勇追击,一直把东部的敌人追到常家营以南,狠狠地压住敌人火力,敌人再也无法向河套这边进攻了。

与此同时,西面的警察队也受到同样的打击,被逼得节节后撤。敌人满心以为,设计好的两面夹击法,能够一举拿下刚刚在古城站住脚的10团,没想到却被10团的战士打了一个两面逃窜。

古城战斗打了将近一天,10团在1944年的新年就打了一个漂亮的大胜仗。此次战斗缴获了1挺机枪、20多支步枪,外加16匹战马,俘虏了敌人负责通信的一个鸽子班。

鸽子这种象征和平的吉祥鸟成了战利品,真是对战争的极大讽刺。

二、转战双营

双营村距离延庆县城东北10余里,这里原是清代骑兵驻扎营地。四周筑有高3丈、底宽2丈5尺、顶宽1丈有余的围墙。只有东、西两面开有城门,住着不到百户人家。城墙以外,一二里范围内没有村庄和树木,地势平坦。登上双营城墙四顾,可以一览无余,就是田里跑着一只兔子也能看得清清楚楚。由于这里的城墙是用黏土垒起来的,既厚又高,真是易守难攻。

1944年3月2日,王亢率领10团向古城村西南方向的双营村转移。10团进驻双营,大胆地向延庆县城逼近,就是为了引诱日军前来进攻,以达到一举调歼敌人“清乡队”的目的。延庆地区日军豢养的“清乡队”,是由当地的地痞、流氓分子及由于根据地形势恶化后,队伍中的一些意志薄弱者受敌诱降而叛变投敌的分子所组成的。其中就有1942年秋天,平北地委警卫队队长王成起等人。这支凶暴残忍的“清乡队”,由延庆的日本警务署科长毛利和5县(所谓5县是指延庆县、怀来县、龙关县、赤城县、涿鹿县)指导官恒野直接指挥。

这条日本养的恶狗,不但熟悉八路军活动规律特点,更是对当地群众中的“堡垒户”了如指掌。他们在延庆地区为非作歹,残民以逞。根据地的许多地方干部、地下党员被他们抓捕;许多“堡垒户”受他们的迫害;当年许多受减租减息政策得到实惠的群众积极分子遭拷打、被关押,甚至杀害;很多八路军家属,更是他们欺辱敲诈的对象,整个延庆川地区被他们搞得暗无天日。当地人民群众切齿痛恨这些“两条腿的畜生”。10团转战到昌延地区后,一直在寻机歼灭这股敌人。这次10团团长王亢选中了双营这个地方。

1944年3月2日,10团团长王亢、副政委曾威率领3个连队和周德率领的游击队进驻双营村。指挥所就设在靠近城东门的潘会的家里。敌人的情报也真够快的,10团进入双营村的当天下午,延庆城里的日军就得到了信息。下午两点多钟,团长王亢站在双营城的城墙上,从望远镜中看到,近200个敌人急急忙忙出了延庆城东门,出城不远便折转向北,停在县城东北不远处一个叫三里河的野地里。日军架起八一式迫击炮,连续向双营村方向轰击,许多炮弹就落在指挥所附近。日军在“清乡队”王成起的透露下知道双营这个地方城高墙厚,所以只是远远地朝这边打炮,迟迟不敢发起进攻。

团长王亢一看敌人远远地打炮,就是不上钩,于是找来副政委曾威,迅速商量决定:以散兵为诱饵,诱使敌人上当。团长王亢立即命令周德的游击队和各连的所有勤杂人员装扮成的溃逃的散兵,出双营西门朝北山黄柏寺方向跑,并要求他们跑得越乱越好。

敌人突然发现一股“溃逃”的八路向北山跑,而且散兵游勇,毫无战斗力,立刻下令停止了对双营的炮击,转而轰击这股“溃逃”的人群。这时候,王成起带着手底下的“清乡队”,在日本主子面前看出了效忠的机会。全部“清乡队”便向着佯装“溃逃”的人群追击而来。

日伪军以为八路军真的被炮火吓跑了,就以胜利者的姿态收起了迫击炮,耀武扬威地回县城去了。只留下了警务署科长毛利和5县指导官恒野率领着“清乡队”,他们一直追到米家堡西南的田野里,排成东西一列横队,用机枪和步枪对着周德的游击队和各连的所有勤杂人员装扮成的溃逃散兵的方向一阵乱打。

正在“清乡队”大显淫威的时候,团长王亢指挥着1连、2连、4连的战士们,早已经包抄到米家堡村西敌人的背后。一声令下,机枪、步枪顿时便开了火。这一下,敌人到死也没想到,八路在自己的背后开了枪,一下子乱成了一锅粥,溃不成军。佯装“溃逃”的周德游击队听到枪声,也立即折转身来,从而形成了四面合围之势。

激烈的枪声、手榴弹爆炸声,将这伙怙恶不悛的敌人吓蒙了。战争刚一打响,10团战士首先击毙了声嘶力竭挥舞战刀的毛利和恒野。“清乡队”这伙亡命徒,别看平日耀武扬威,现在一看自己的两个日本主子已经横尸田野,一个个变成了丧家之犬。他们有的如同被打蒙了的老鼠东逃西窜,有的趴在地上装死,有的一个劲儿地往同伴尸体底下钻,更多的是乖乖地跪在地上,举起双手投降了。

战斗只经过了短短30分钟就结束了,击毙了毛利、恒野以下30多人,俘获30多人。“清乡队”覆灭的胜利消息很快在延庆川大地传播开来。人民无不拍手称快。双营战斗拔除了延庆川地区的一颗毒钉子,从此以后敌人再也不敢轻易到村里随便逞凶了,人民再也不用提心吊胆地过日子了。虽然,日军还没有最终被消灭,但是没有“清乡队”这伙人的为虎作伥,日军就成了聋子、瞎子。

三、三战三捷

到了1944年5月,为了打开连通昌平北部山区通向平原的两扇大门,10团指战员在王亢团长的率领下,在十三陵长陵、景陵地区再显神威,与日伪军一日三战,称得上“一日三战,三战三捷。”

长陵东,景陵南,有两个紧紧相连的村庄,这就是长陵村和景陵村。这里,北面是崇山峻岭的山区,南面通向平原是北平的北大门,北部距抗日根据地黑山寨、“后七村”40里,南距日伪统治中心的昌平县城40里,是山区军民进入平原的咽喉之地。敌人为了对平北抗日根据地进行封锁,切断这条交通线,在这里构筑了碉堡,设立了伪警察所,驻有警察和伪军。从昌平来的日伪军,到山区进行“扫荡”,经常从这里出发或落脚。

1944年,日本侵略者在抗日军民的打击下,不断遭到失败,已经日暮途穷,惶惶不可终日。驻守在景陵据点的伪警察,每天天一擦黑,就龟缩进据点里。夜里不敢睡觉,白天不敢出门。

王亢带领的10团战士,想着把这颗钉子起出来。

战前,王亢对敌情进行了认真的侦察和分析:“敌人的炮楼虽高,视野广阔,但哨兵白天麻痹,疲惫不堪,上岗即睡觉,岗哨虽有等于无。炮楼虽有枪眼和瞭望孔,但由于墙厚死角很大,而且越是靠近它,死角越是大。只要我们快速接近炮楼,就有可能不被敌人发现。”

大家一致认为,拔除这个据点,要用奇袭手段夺取,尽可能不用强攻。

一个战士一拍大腿:“团长,您看。”说着往大家身上一指:“咱们的军装和伪军的都是黄色,晚上就更难分了。到时候,咱们随机应变,如果敌人的哨兵盘问,就说是满洲军从山里‘扫荡’回来的。”

5 月 29 日拂晓,团长王亢、政委曾威、参谋长赖富①,率领 10 团 1、3、4 连和特务连,由根据地黑山寨村出发,分四路纵队踏着崎岖不平的山路,向长、景陵村敌人据点进发。

队伍的前边,是一个尖刀排,当队伍行至老君堂村南,王亢挥手命令队伍停止前进。这一带山多林密,距离敌人据点很近,透过树荫可以清清楚楚地看清楚敌据点。团部命令:由参谋长赖富率领 1 连智取警察所;4 连奔向长陵前面担任警戒;团部和 3 连进入长陵,准备策应。

紧接着,赖富参谋长命 1 连政治指导员到景陵村南进行警戒;侦察班长带领 3 名身着便衣的战士直奔敌据点。赖富命令 4 名战士:“你们 4 个,其中 1 人进去后要迅速占领敌炮楼,把哨兵搞掉;2 人进据点后,要机智地缴获敌人枪支,稳住敌人。我带领主力冲进去。”

早上 8 点,身着便衣的侦察员行至离炮楼不远时,敌哨兵问:“你们是哪部分的?”

“我们是满洲军,刚从山里‘扫荡’回来。”侦察员按照事前准备好的不假思索地回答,边说边带尖刀排走近据点跟前。这时,敌人哨兵一看,才弄清是八路军,他一边放枪一边往里跑,扯着嗓子大喊:“有八路!”

侦察员、尖刀排乘势冲了进去,迅速占领了敌炮楼。据点内的敌人正在吃饭,一看来了这么多人,傻了眼,有几个扔下饭碗要跑。

侦察员大喝一声:“不许动,举起手来!”敌人一个个都成了俘虏。

此时,侦察班长也冲进敌小队长室,还没容他弄清是怎么一回事,也已被缴械。这场战斗,一枪未放,干净利索,不到一小时就把敌据点占领,当即把炮楼捣毁;将俘虏集中到长陵村,由政工人员进行训话,要他们站在人民方面,不要再给日本人当汉奸,做反人民的勾当。

端了景陵据点,团长王亢判断,一定会惊动附近炮楼的敌人,当即派出战士在长陵南、东和东北方向进行警戒;同时命令,“1 连长率两个排到长陵

---

① 赖富(1913—1991),福建永定人。1936 年加入中国共产党。经历过长征。抗日战争时期,曾任晋察冀军区 40 团团长、察蒙支队支队长等职。解放后,曾任华北军区装甲兵参谋长、北京军区装甲兵参谋长等职。1955 年,被授予大校军衔。

西部,占领有利地形,做好隐蔽准备迎战”。

不到11点,昭陵据点的伪警备队40余人,听到消息以后,在队长王朝信、副队长张小章的带领下,由西南朝景陵方向赶来。

这块送上嘴的肥肉,绝不能让它跑掉,坚决吃掉它。敌人距离10团警戒线越来越近,却一直没有看到一点动静,当敌人完全进入10团伏击圈后,参谋长赖富首先鸣枪,司号员吹起了冲锋号,埋伏在附近的战士一跃而起,叭!叭!从四面八方猛烈向敌人射击,当即有十几个敌人被击毙击伤。

顿时,枪声、手榴弹爆炸声、缴枪不杀的呼喊声,混成一团,吓得敌人魂飞魄散,他们胡乱地放一阵子枪,掉头就跑。这时候,1、2排战士如猛虎般地扑向敌人。跑不掉的敌人一个个把枪举过头顶,哀求饶命。平时耀武扬威、欺压百姓的伪警备队小队长王朝信,踉踉跄跄地正在拼命地往前奔,还没跑过河滩,就被战士一把抓住。

王朝信点头哈腰地说:“不知道是八路军主力到来,要是知道我决不敢出来呀!您饶命吧。以后,我再不给日本人当汉奸办坏事了。”

王亢一听,笑了:“那好,饶你也成,让你的人缴械投降,立功赎罪。”

王朝信连连点头,一个劲儿地说:“好好,兄弟一定尽心竭力效忠八路。”

王亢命令一个连队,由王朝信带路,直奔昭陵据点,收缴了看家和逃回的伪警备队的武器。

就这样不到半天,连拔景陵、昭陵两个敌据点,10团无一伤亡,军威大振。当地民众听到这个消息,奔走相告。

过晌,群众代表同10团的干部、战士一起共进了一顿香喷喷的压饸饹面。几位团首长向当地群众了解了当地的情况,对眼下形势进行了讨论。有的同志提出:“上午我们连续打了两个胜仗,这里离昌平、南口很近,敌人是不会善罢甘休的,恐怕日军会来报复。”

王亢放下手里的粗瓷大碗:“鬼子来,我们这次就和他们较量较量,让他们也尝尝我们的厉害!”

赖富同志也一拍大腿:“对!咱们打的就是日本,不打日本还叫什么抗日?”

王亢立即命令:“1连在景陵伪警察所隐蔽,准备打正面,由我亲自指挥;4连和特务连埋伏在长陵宫门前至陵嘴一带,由赖富参谋长指挥;3连由政委曾威指挥,埋伏在景陵西坎堰至白桥,准备在敌人进入埋伏圈以后,切断后路,以防溃逃。大家记住,只要我不开枪,谁也不准打。”

下午3点，4连的哨兵报告："昌平方向来了敌人。"

接着在地里干活的群众也赶来报告说："从大宫门那边过来3辆汽车，上边坐着日军和汉奸队。"

参谋长赖富用望远镜一看，前面是伪军，后面是日军，他们穿着白衬衣，腰间扎着子弹袋和手榴弹，拿着枪上着刺刀，从胡庄向这边开来。赖富命4连严密监视敌人。

就在各连刚挖好工事隐蔽到指定地点时，敌人已抵临前沿阵地。前边是3个日本兵和一个翻译带路，后边是大队日伪军，有200多人。他们一看地里和长陵、景陵村外没有人，便警惕地把队形散开，沿着河西坎长陵东侧摸索前进。

由于河坎过高，4连看不到敌人的行踪，眼看敌人就将越过4连的隐蔽地。在景陵担任正面指挥的团长王亢首先看清了敌人的行动，拔出手枪，啪的一声发出了战斗号令。

参谋长赖富听到枪声，命令通信员马上通知4连"跟我冲！"赖富带一个警卫员向敌人冲去。刚冲出不远，回头一看，后面队伍没有跟上来，他把警卫员背的三八式步枪要过来，命通信员跑步通知4连赶快跟上。赖富冲出不远正碰上两个日军士兵从河槽里往上爬，他一枪打死了一个，另一个赶紧把头缩回去了。

这时，4连也跟上来了，赖富参谋长命令："跑步占领河西坎。"

此刻，1连已经和日军交了火。当日军进入阵地，离1连30米时，敌人扔了一阵手榴弹，接着就是冲锋。1连战士一见日军，都红了眼，连枪都没放，就与日军拼开了刺刀。

3连从西坎堰也冲了过来。4连和特务连连续向敌人发起冲锋，日军用小钢炮射击，但都没有命中。冲杀声、枪炮声、手榴弹轰炸声、日军士兵叽里呱啦的乱叫声交织在一起。

此时，敌人的队伍已经被10团切成几段，敌人乱了阵脚。伪军望风披靡，听见枪炮声就吓破了胆，有几个奔永陵方向逃命跑了，又有十几个奔向白桥企图逃跑。不久，4连也被隔开了，形成了犬牙交错的形势。

阵地上，4连距敌二三十米远，由于双方对峙，不能前进。这时参谋长赖富想去拿距他五六米远一个日军尸体旁的枪，刚要起身，迎面敌人即向他射来一颗子弹，赖富急忙把身子缩回坎下。紧接着对面又飞来一颗子弹，正打在他隐身的一块石头上。赖富参谋长赶紧带警卫员、通信员和司号员向左转移。突然,日军向他们投来一颗手榴弹,参谋长赖富没有顾及,警卫员见了一下扑到赖富身上。司号员、通信员也随即卧倒。赖富还没弄清是怎么一回事,又一颗手榴弹飞来,在他们身旁爆炸。他们爬起来,借着手榴弹的浓烟,转向了左侧。

战斗打了大约两小时,敌人已经全部被压在了景陵西边、大桥东边的一块麦田里。日军利用麦苗、柿树、坝阶做掩体,进行顽抗。老10团指战员采取两个拼一个的战法,与日军展开了肉搏战,连续发动15次冲锋,最后,终于刹住了日军的凶恶气焰。

敌人横躺竖卧,麦地里、河槽里、坝阶上扔下了几十具尸体,最后只剩下9个人。1个日军指挥官、1个翻译和7个日本兵。在10团战士紧紧的包围下,他们最后躲进一个干涸的河沟里,背靠背地围成一圈,利用一棵大柿树,负隅顽抗,固守待援。最后在10团战士的围攻下,也做了刀下鬼。

晚上,有老乡报告南口的日军又来增援了,10团遂立即主动撤出战斗,安全地从德胜口向山区转移了。

这一天,连续3仗都取得了胜利。拔除两个敌据点,痛击了日伪军。给敌人以沉重的打击。3次战斗,除击毙击伤敌伪一部分外,计俘虏日军2人、伪小队长以下40人,缴获轻机枪3挺,步枪46支,短枪4支,子弹1500余发,电话机、油印机各1架;打开了连通昌平北部山区通向平原的两扇大门。

四、大战猴儿山

抗日战争的形势,随着几场战役的胜利日益好转,原来低沉下去的群众活动又重新恢复活力,垮下去的基层政权组织、各种群众组织,在10团帮助下重新建立,并开始发挥作用。延庆、昌平地区形势的好转,对西北部山区根据地斗争是一个极大的支持和鼓舞,敌人对山区的各种封锁被打破,对山区的物资保障又源源不断地送了进去,山地与平川的斗争烈火又连成了一片。

巍峨的海陀山像冲天的火炬,1944年反攻的火焰,同时也照亮了西部的群山。当地的人民高兴地唱道:“一九四四年,环境大改变。苦难龙崇宣,就要见晴天……”

此时,平北军分区指示龙延怀区1中队,配合龙崇宣联合县,发动进攻,拔除据点，包围张家口、宣化，扩大根据地，迎接大反攻。连长谢瑞①、指导员王建书率领两个排的战士，从平北抗日根据地的中心海陀山区，一路高唱《大刀进行曲》来到新区凤凰山长城脚下的前沟一带。

这支部队曾是40团特务连，为了巩固平北地区的抗日力量，根据党中央关于“精兵简政”，实行“一元化领导”的指示，在1943年初改编成为龙延怀区1中队。他们到了龙延怀、龙崇宣一带拔据点、打伏击、夜袭伪乡公所，神出鬼没地打击敌人，迫使汉奸龟缩在西湾子、赵川、宣化不敢随便出来。

为了进一步扩大斗争成果，4月8日，龙崇宣县委在黑土沟召开县、区干部会议，50名领导干部集中在这里，研究向敌人展开“樱花节”攻势，扩大抗日根据地，为迎接全面反攻的高潮到来做好准备。

县委进行两天会议，被宣化县葛峪堡一个大地主，向驻在张家口的日军司令部告了密。日军得到消息后，乐坏了，以为小小的四五十名土八路，没什么了不起，满有把握一举消灭。于是连夜下了命令，做了部署，由赵川直奔猴儿山而来。

4月9日夜间，正在开会的同志们，先收到了东望山方面送来的情报：宣化敌人300多人在今日下午进入了赵川。紧接着又收到西湾子、中山沟的情报：伪骑兵正由后沟向前沟运动。

此时，敌人增兵合力攻击，就是为了消灭1中队这支抗日力量，妄图将燃烧在长城两侧的抗日烽火一举扑灭。县委书记王一心、县长王煜文和连长谢瑞、指导员王建书共同分析敌情，大家认为靠近霍家洼附近的猴儿山地势险要，地形复杂，如果猴儿山被敌人占领，八路军就会陷于被动，孤守一地。到那时全连和五十多名干部就有覆灭的危险。抢占猴儿山，化被动为主动。按照连队党支部的研究部署：连长谢瑞带1排迅速占领主峰，指导员王建书带3排占领中锋，县区干部占西峰，组成三角防御。谢连长、王指导员一面派人继续侦察，一面动员各排战士，准备在这里冲破黎明前的黑暗，进行一次生死奋战。

龙崇宣联合县的中心区，地处长城要塞，西距张家口30余公里，是向坝上进军，长城内外的联络点，更是收复张家口、宣化的前哨阵地。

猴儿山就在霍家洼村后，是崇礼、宣化两县交界处，被崇礼县前沟乡的

---

① 谢瑞（1918—1944），山西朔县人。1938年入伍，1939年加入中国共产党，曾任八路军冀热察挺进军第40团连长、龙延怀区队1中队中队长等职。1944年秋，与到雕鄂抢粮日伪军战斗，中弹牺牲，时年26岁。

谷嘴子、大松沟、黑土沟，宣化的葛峪堡、拒兵堡、大小营盘和常峪口紧紧环抱。古长城横跨其上，越巅走岭，显得格外高耸挺拔。西边，是千仞高崖，陡不可攀；北边，是万顷白桦，林涛滚滚；东边，朝小营盘方向稍低，半坡上有一个烽火墩台，山头上四五个凸起的山峰；南边，朝常峪口方面是断崖绝壁。

这时，空中彤云密布，雨雪纷飞。塞外的气候瞬息万变，一夜的大雪将猴儿山覆盖成一片冰天雪地。拂晓前，气温突然降到零下 30 多度。连长谢瑞带着 1 排的战士们已经抢占了主峰，抗击敌人的主攻方向。指导员王建书带领 3 排攻占中峰，抗击北面助攻的敌人，并随时掩护着 1 排右翼的安全。侦察班、炊事班和县区干部占领西山头，担负警戒和阻击南北两侧来敌。

天慢慢大亮了，战士们发现东面主峰下的山包上集结了 300 多日军，像野狼一样漫山地嚎叫着；中峰东北侧山梁上，从谷子嘴方向杀来 300 多伪蒙军；右侧山下有从常峪口方向来的 300 多伪军和特务队，霎时对猴儿山形成了三面包围。

连长谢瑞、指导员王建书做了战斗动员："同志们，我们一定要坚守阵地，保卫县区干部的安全，与敌人血战到底，坚持到黄昏就是胜利。"战士们也纷纷表示战斗决心，这信念，哪怕天塌地陷也能顶得住。

日军少将雉野雄三亲自督战，日军、伪蒙军、汉奸和特务队近千人，装备着大、小炮，掷弹筒，机关枪，疯狂地向猴儿山猛攻。上午 7 点，敌人向阵地不断逼近，连长谢瑞大吼一声："打！"

机枪、排子枪和手榴弹一齐向敌群猛击，冲在前边的敌人倒下了一大片，后边的日军嗷嗷叫着滚下山去。谢瑞、王建书始终和战士们战斗在一起，共产党员的阶级本色，在他们的身上得到了淋漓尽致的体现。这光辉映衬在全连每一位战士的身上，敌人野狼似的冲锋，一次一次像坍塌的墙壁垮了下去。

上午 10 点，敌人又集中炮火向主峰发起了猛攻，炮弹发出吱吱响声，山头上顿时硝烟弥漫，沙石四起，尘土飞扬。这是敌人惯用的战术，一阵狂轰滥炸之后，一群群鬼子、伪军猫着腰又冲上来。坚守在战壕里的勇士们待与敌人相距只有 50 米的时候，谢瑞又喊了一声"打！"顿时，日伪军又被打死 30 多人，其余的退到山下，就这样，敌军一连冲了多次，都被击败。

寂静，只有寒风微微地吹着草和树叶，空气中弥漫着血腥、火药混杂的浊气。这不是敌已退兵，而是激战前的寂静。不到半个小时的寂静，就被山下敌人的嘶吼声打破。他们摆成蛇形列队，个个端着上了刺刀的枪，顶着钢盔，像一条垂死挣扎的草蛇，慢慢地蠕动着向主峰冲来。眼看只有百十米的距离了，1排排长鲁珍主张机枪、步枪、手榴弹齐发，先杀个痛快再说。这命令却被谢瑞制止了："现在的距离还远，这样，后边敌人的山炮一定要打过来，等敌人再靠近点，他的山炮就不敢打了。"

说话的工夫，敌人又前进了几十米。谢瑞"打"字一出口，战士们的步枪、手榴弹一起向敌人开了火。敌人倒下10来个，没有被打死的敌人疯狂地向上冲。守卫在主峰上的1排战士们，一个人要对抗十五六个敌人。1排长鲁珍在全排阵地上像一只猛虎，敌人进攻到哪个班的前沿阵地，他就跑到哪个班指挥反冲击。1班长郭凤林的左胳膊上被炮弹皮打伤了茶碗口大小一块，下半截胳膊被严寒冻得麻木了，看到敌人高声鼓励大家："我们要狠狠地打，坚决地杀！"抓起手榴弹向敌人甩去。当他甩到第16颗手榴弹时，他的右侧头骨被炮弹皮打掉了一块，脑膜一下露了出来，说不出话，他还用手比画着，示意战士们勇敢地守着这个战壕。战士们把他拖下来，上了药，他又跑回阵地投入战斗。他知道，战士应该怎样坚守阵地，动摇和紊乱都会招致失败。在他的鼓舞下，每位战士都坚守在自己的岗位上，沉着地射击。

炽热的炮火把猴儿山上的冰雪都融化了。早年冯玉祥将军率领部队挖下的战壕里积满了雪水，战士们爬在没膝的雪水里，饥饿、寒冷袭击着他们，炮火熏灼着他们，个个面孔焦黑，难以辨认，衣服被弹片打破，身上流着血，但依旧岿然不动。敌人一次又一次冲锋都被他们一次又一次地打下去，打得敌人血肉四溅，死尸满山。

这时，县委书记王一心、县长王煜文等领导干部来到主峰，和谢瑞、王建书一起对敌我双方的情况进行了冷静的分析。王建书说："虽然我们连续打退了敌人的六七次进攻，但敌我力量相差悬殊，弹药又不足，形势很严峻，县区干部能突围的就组织突围。"县委果断地决定，烧掉文件，同敌人决一死战。于是，县区干部在阵地上烧毁了党的文件，面对长城，举手宣誓："为抗日救国，决不投降！英魂寄长城，热血洒中华！"声音激荡着千山万壑，震撼着巍巍长城。

主峰打得正激烈的时候，指导员王建书把3排7班补充到1排。现在只剩下8、9两个班的力量，由他和支部书记王俊忱、3排副排长吴玉声指挥，既要对付从右侧迂回进攻主峰的鬼子、伪军，又要阻击向中峰进攻的伪蒙古军，战斗很是激烈。

中峰没有战壕，又比主峰稍低一些，战士们倚石头做掩体，向敌人射击。

雉野雄三为配合他的主攻方向,命伪蒙军多次向中峰冲击。3 排的子弹不多了,王建书一面指挥战士们沉着应战,一面鼓励大家:“同志们! 刺刀见红最英雄,杀敌立功最光荣!”王建书洪亮的声音,像熊熊的火炬,照亮了战士们的眼眸。

王建书集中了步枪射手和机枪组成火力网,用喊“一、二”打排子枪的方法,“走不近不打,瞄不准不打”。战士们用排子枪一齐向敌人射击,子弹犹如一群抱着火的雄鹰飞落在敌人的阵地上。霎时间,泥沙四起,刚才还撅着卫生胡髭扬扬得意的伪蒙军大队长拉西扎木,这一眨眼的工夫,被打得天昏地暗,晕头转向,缩回到山脚下不敢前行。

打了整整一天,战士们早晨还没来得及吃上一口早饭,就投入了激烈的战斗,此时都已经饿得筋疲力尽了。群众看在眼里,疼在心上。空着肚子怎能打仗? 村粮秣委员刘恺赶忙筹集粮食,给战士们做饭。当地有个口歌:“三十里的莜面,二十里的糕,十里的凉粉饿弯腰。”当地的莜面是最顶饿的。战士们吃饱,打仗才能有后劲。乡亲们半前晌,做成了 20 斤莜面饼子,烀了 80 斤土豆,趁热包裹好,由刘恺带着 3 名群众,从东坡往山上送。

日军正在进攻,炮声震耳,子弹乱飞。刘恺在山里长大,经常上山,爬山不在话下,他跑在最前面。敌人的子弹扑扑地打在他的脚下,嗖嗖地飞过他的头顶。刘恺心想,豁出命来也要把饭送上去。坡陡路滑,几个人手挽手,你拉我推,一步一步艰难地向上攀登,终于在敌人的炮火中爬到山顶。有群众的帮助,更增强了战士坚守阵地的信心和力量。敌人十六七次进攻都被龙延怀区 1 中队一一打退了。

狡猾的雉野雄三深知,天黑后 1 中队必然突围,如突围出去,就无法向他的上司交代。他不甘心失败,集中兵力,决心再用最后一点临死前的余力攻下龙延怀区 1 中队的阵地。此时,1 中队的全体指战员也清楚,离天黑只有 3 个小时了,只要坚持到天黑,就能保护县、区干部胜利突围。

下午 5 点,敌人在即将天黑前,新一轮的进攻又开始了,十几门大、小炮,十几个掷弹筒,几挺重机关枪,十几挺轻机关枪,一齐向阵地袭来。紧接着,近千名日、伪军像发了疯一样,同时从三面向主峰发起第 19 次攻击。敌人的太阳旗插遍了山前山后,呐喊声响彻了空谷旷野。

连长谢瑞、指导员王建书带领着战士们守卫在阵地上,在十几倍于己的敌人面前,毫不畏惧。黄昏很快过去,黑夜笼罩在猴儿山上,指导员王建书带一个班在第二个山头阻击敌人,掩护县区干部和部队从西山头陡坡,在夜色的掩护下滑雪向山下突围。县、区干部和部队刚撤退，敌人就冲了上来。

这时，阵地上只剩下掩护撤退的指导员王建书、支部书记王俊忱、3排副排长吴玉声、9班长和一个战士了。王建书沉着冷静，指挥着战斗，但敌我力量相差悬殊，看着时间差不多，就带着大家顺着中峰南边的悬崖向下滑去，等敌人再冲上山顶时，连一个人影也没见到。

这个战斗打得巧妙、勇猛！真不愧为“飞腿夜眼神八路，钢筋铁骨子弟兵！”

敌人用了近千人的兵力，连续对阵地进行了十几个小时、20次的攻击，却连一根毫毛也未得到。日军指挥官雉野雄三恼羞成怒，杀了那个告密的大地主，扫兴地撤回了张家口。

这次战斗，1中队杜常和、李连山、王怀、戴成名、李选、侯荣义、于占元7人牺牲，21人受伤，创造了华北抗战史上又一个以少胜多的光辉战例。1中队荣获晋察冀军区授予的“英雄长城中队”的称号，徐向前元帅在鲜红的奖旗上亲笔题写“长城中队”；杨成武将军题写“猴儿山英雄七烈士”纪念碑。连长谢瑞、1排长鲁珍、1班长郭凤林荣立特等功，指导员王建书受到通令嘉奖。猴儿山战斗的胜利，保卫了龙崇宣联合县50多名县区干部，大大振奋了根据地军民的人心。延安新华广播电台还播送了猴儿山战斗的事迹。

猴儿山战斗后，赤城、龙关一带的根据地抗日一面政权由13个行政村增加到62个，脱敌人口31146人。

7月，平北军分区40团政委阎子庆、副团长邓典龙带领1连、4连、特务连和骑兵1连强攻西营据点，经40分钟激战，全歼守敌，俘虏伪警察伪职员40多人，活捉伪警察署署长许长更和警长郝生魁。同时，由副参谋长吴广义率领骑兵1连1部化装成伪军，奇袭小河子据点，俘敌20余人。

8月中旬，驻前沟谷嘴子村的1中队3连何柴义、安宇率领的基干队30多人，得知西弯子出动300多步兵和100多骑兵向前沟“扫荡”的情报。连长杜存业将主力首先带到猴儿山29军挖的战壕内隐蔽，基干队将敌诱至猴儿山，3连战士迅速跃出战壕，猛冲猛打。半个小时内，歼敌100多人，敌特务队长李志忠、巡官白金龙毙命。余敌见势不妙，仓皇逃窜。缴获机枪2挺、步枪50余支。

9月8日，在平北军分区副政委肖文玖指挥下，由平北军分区40团政委阎子庆率领3、4两个连攻打新营子敌据点。骑兵1、2两个连前进到高家营，向乌拉哈达方向警戒，破坏公路，阻击张家口可能增援的敌人。1连做预备队,团警卫排在新营子东南方山根下掩护电台和包扎所,负责转移伤员。命令下达后,各连迅速投入战斗。副团长邓典龙身先士卒,英勇战斗,以身殉国。此次战斗,全歼敌 150 人,其中有日本指挥官 3 人,缴获机枪 3 挺、长短枪近百支、军马 10 余匹,还有其他物资,如粮食等。

10 月 21 日,这天夜间,平北部队趁敌在李官屯未建成据点之前,急行军袭击 100 多日伪军,激战一个多小时,除俘敌 24 人(内有小队长 2 人)外,其余敌人全部被歼灭,包括日本指挥官 1 人。缴获大炮 1 门、轻机枪 4 挺、步枪 65 支、短枪 3 支、子弹 29000 发、望远镜 3 架、战马 17 匹。

1944 年终,《晋察冀日报》报道:"平北局面日益开展,1944 年毙俘敌伪 2000,解放同胞 20 万。"

第三节 民兵敌后奇袭

一、民兵的重要地位

中国人民抗日战争的胜利已经证明,没有民兵的配合和支持,要战胜日本侵略者是不可能的,而民兵之所以能在抗日战争中发挥极其重要的作用,又是与中国共产党对民兵建设的高度重视分不开的。

抗战全面爆发后,中国共产党便制定了放手发动群众,动员一切力量,实行全民族抗战的路线。1937 年 8 月,《中共中央关于目前形势与党的任务的决定》中指出:"共产党员及其所领导的民众和武装力量,应该最积极地站在斗争的最前线,应该使自己成为全国抗日的核心,应该用极大力量发展抗日的群众运动。不放松一刻工夫一个机会去宣传群众、组织群众、武装群众。只要真能组织千百万群众进入民族统一战线,抗日战争的胜利是无疑义的。"

中国共产党领导下的民兵武装,在抗日民族解放事业中,做出了不可磨灭的贡献,占有突出的重要地位。这种地位和作用,主要表现在以下几个方面:

第一,广大民兵形式多样地开展对敌斗争,单独或配合主力军作战,沉重打击敌人,支持敌后抗战。抗日战争时期,民兵对敌斗争的主要任务是反"扫荡"、反"封锁"、反"围困"、反"蚕食",保卫群众利益,保卫抗日根据地。各地民兵在"抗日救国""抗日保家乡"的口号下,不仅积极站岗放哨、盘查行人、捕捉特务、维持治安，而且用土枪土炮、大刀长矛等原始武器，同武装到了牙齿的日伪军汉奸进行英勇顽强的斗争。民兵武装多在本地区活动，对本乡本土的每一个山头、每一条河流、每一条道路，都了如指掌，他们利用这些有利条件三五一伙，声东击西，出没无常地打击敌人，广泛开展毁路基、扒铁轨、炸桥梁、割电线等破坏敌人交通的活动。敌人白天修，民兵夜间毁，经常弄得敌人铁道不通，电话不畅。广大民兵有时利用夜间到敌人据点撒传单、贴标语、组织伪家属随同喊话，瓦解敌伪军；有时主动出击敌人，截汽车、攻据点、拔碉堡；有时深入敌人巢穴，剪除首恶分子，为民除害，充分表现了民兵对敌斗争的大智大勇。民兵通过形式多样的对敌斗争，取得了辉煌的战绩。民兵除单独作战外，还积极配合部队作战。主力军、游击队、民兵三结合的武装力量，成为一个不可分割的整体，使人民战争的威力得到了充分发挥。广大民兵为部队探消息、传情报、运军粮、送弹药、抬伤员、当向导，从多方面支援部队作战，保证前线的需要。正规军作战的每个胜利，都离不开民兵的直接或间接支持。

第二，广大民兵在敌后抗日游击战争中，创造了许多新战法，丰富和发展了八路军的游击战术。随着抗日游击战的深入发展，各地民兵在实践中，根据当时的斗争形势、不同的地理条件，以及民兵本身具有的高度分散性、群众性、地方性的特点，集中了群众的智慧，创造了许多新的战术战法。他们运用“避强击弱”、“速打、速决、速走”和“打、走、散、躲”相结合的游击战术原则，广泛开展麻雀阻击战、地雷爆炸战、奇袭扰乱战、增援解围战、隐蔽捕捉战、交通破袭战等战术，迫使日伪军四面受敌，日夜不宁。各地民兵根据具体情况，灵活运用游击战术、战法，广泛开展了群众性的游击战争。在敌人行动之前，民兵就做好反“扫荡”的准备，侦察敌情，破坏交通，埋设地雷，坚壁清野，封锁消息，使敌人来了吃不上饭，喝不上水，被动挨打。当敌人开始进攻时，广大民兵就运用麻雀战、地雷战，阻击迟滞敌人前进，掩护群众转移。敌人深入根据地腹地时，民兵则三五成群，到处打冷枪，扰乱敌人。敌人疲惫时，民兵又积极主动进行打击，消灭零星分散之敌。当敌人撤退时，民兵就前后左右拦截，追歼敌人。广大民兵就是这样配合主力军，一次又一次地粉碎敌人的“扫荡”“清乡”，保卫了抗日根据地。

第三，广大民兵踊跃参军，壮大了抗日武装力量。各抗日根据地的几百万名民兵，不仅是坚持与发展根据地、配合主力军与游击队作战不可缺少的力量，而且是八路军、新四军、游击队最雄厚的后备军。由于广大民兵都是劳动人民的子弟,具有较好的政治素质和军事素质,参军后就能投入战斗,大都成为优秀的人民战士,有的还成了部队的骨干和战斗英雄。

第四,广大民兵既是农业生产的保卫者,又是农业生产的突击队。民兵"一手拿锄,一手拿枪",敌人来了就打仗,敌人不来就生产。战斗和生产相结合,是抗日根据地民兵的光荣传统。广大民兵响应党中央的号召,春耕时保卫群众耕种,秋收时防备敌人抢粮,组织群众自力更生搞生产。

二、民兵英雄何金海

《晋察冀日报》1945年3月15日对"平北民兵"做了如下的报道:

> 平北讯:由于各种政策初步贯彻,群众开始发动起来。人民武装的领导得到加强,使平北1944年的人民武装斗争走上了空前活跃的阶段,更加巩固与扩大了平北解放区,而民兵数量也比1943年增加了一倍,现在已拥有43641人。在去年春季中,各地民兵就结合如火如荼的政治攻势,针对(蒙疆)敌伪的五次施政(跃进)开展了积极的活动。平北民兵战斗英雄何金海率小队于一个月3日内打进龙烟铁矿19次,解放工人700名。昌平、怀顺民兵一次破交即达130里之多……总计全年作战394次,比1943年的112次增加了近三倍。爆炸在1943年逐渐开始,去年(1944年)炸桥185座。共计毙伤俘虏敌伪503名,比1943年(毙伤俘虏敌伪)87名多了5倍,并伤敌之战马63匹,其他也都比历年战绩卓越。在破击战中,破击了33次,破汽车路1384里,破桥31座,毁碉堡83个,割电线15000斤,破电杆637根。缴获驳壳枪1支、六轮子手枪1支、步枪9支、牛枪2支、土枪19支、子弹195粒、手榴弹55个、炸药20斤、其他军用品很多。

在这篇报道中提到的何金海,就是千千万万平北民兵中的一员。

何金海1925年生于河北省饶阳县王钟村,后来随着家人逃荒到了张家口市宣化区庞家铺镇白庙村。童年时代,家境贫寒,为生存给地主放过牧,当过杂工,15岁时到宣化龙烟铁矿当童工。

1937年10月20日,日伪军强行接管了龙烟铁矿,疯狂掠夺矿石资源,开始对龙烟铁矿实行野蛮的法西斯统治。1939年，龙烟铁矿株式会社理事长山际满寿一，委托北支那开发株式会社，拟订了一个所谓的“龙烟铁矿开发五年计划”，掀开了日伪军有计划、有步骤、有既定目标的疯狂掠夺序幕。一方面，大量开采急需大批量地招募矿工；另一方面，日本帝国主义在龙烟铁矿实行惨无人道的法西斯统治。劳工们每天下坑都要干十多个小时的活，披着星星走，顶着月亮回，过着终日不见太阳地狱般的生活。

何金海每天看见自己的同胞被累死、冻死、饿死、烧死，惨无人道的暴行让他幼小的心灵受到极大的震撼，仇恨的种子深深埋在他的心底。1940年1月，晋察冀军区开辟了平北抗日根据地，建立了中共平北地委和平北军分区，将延庆、怀来、龙关3县合并为龙延怀联合县。庞家堡铁矿周围17个村子属联合县政府五区管辖，以罗忠为区委书记，在龙烟铁矿开展了卓有成效的抗日斗争。何金海开始在党组织的培养下，做一些放哨站岗、传递情报等工作。1942年，平北抗战根据地的地方武装相继成立，他被任命为坝口村民兵小队长。不久，组建了民兵游击队。怀着对敌人的满腔仇恨，在何金海的带领下，抢枪支、夺岗楼、缴获粮食等物资，民兵游击势力迅速壮大，威名远扬。

1944年，春天的一个夜晚，塞外乍暖还寒，天气阴沉，伸手不见五指，何金海率领着游击队民兵，经过周密准备，在夜幕掩护下，轻车熟路，很快逼近了炮楼。这次他们的任务是端掉敌人的炮楼，为下一步夺取矿山炸药做先期的准备工作。

此时，敌人也发现了黑暗中的人影，警报器嗷嗷叫得像几天没吃食的饿狼，探照灯唰的一下也亮了，硕大的光柱，在夜幕中豁开了黑暗的面纱。紧接着，灯光封锁了前进的道路。机枪、步枪一起朝着游击队疯狂地泼洒过来。

何金海知道硬拼肯定吃亏。他马上命令队员赵林富迂回到敌人侧翼，向着敌人的火力还击。自己在火力掩护下，迅速匍匐到电线附近，拔出腰间的斧子砍断电源。顿时，警报器成了哑巴，四周漆黑一片，何金海抓紧时间命令队员，支起带来的土炮向炮楼攻击。自己不时地在装炮的间隙，向炮楼甩着一颗颗手榴弹。大家吼着，喊着：“给鬼子卖命死路一条！”“缴枪不杀！”

矿山四周炮楼里的日军不知来了多少八路，龟缩在壳里，只知道乒乒乓乓地胡乱放上几枪，给自己壮胆。

黎明前炮楼里的敌人全部逃回矿山，何金海乘胜追击，率领小队连续将周围的3座炮楼都拔掉了。一夜之间,连端敌人4座炮楼,放火点燃,冲天大火在熊熊燃烧,越烧越大,仿佛要把侵略者统统埋葬在人民战争的火海中。

1944年夏天,平北的战略反攻即将开始,此时海陀山根据地军分区兵工厂制造地雷、手榴弹急需大量炸药、雷管。龙烟矿山开山取矿,有的是炸药、雷管,何金海从小在矿上,对矿上的情况了如指掌。他将矿山敌人炸药库情况侦察清楚后,汇报给分区。分区决定命何金海带领游击队民兵,由龙延怀联合县区队一个中队配合,夺取敌人的炸药库。

深夜,队伍静悄悄地将炸药库包围。看守炸药库的日军知道最近情况不妙,增加了不少防守。每晚换班执勤,队伍刚刚一靠近,就被执勤的日军发现。顿时,机枪、小炮一起开火,打得火光四起,硝烟弥漫。队伍一时难以接近。

何金海迅速调整了部署,依仗着对矿上的地理熟悉,何金海选择了有利的地形地物,在敌人猛烈的炮火中,匍匐着向前迂回。慢慢地接近敌人,何金海转身和队员说:“今晚缴获不了鬼子的炸药,咱们谁也不回去!”

游击队集中了所有火力,在县区队猛烈火力掩护下,何金海带着民兵一鼓作气冲了上去。一阵手榴弹拼杀,看守炸药库的日军十分顽固,在武士道精神的召唤下,拼命地进行着抵抗。民兵队员更是越战越勇。何金海率先逼近看守炸药库的日军,甩手两枪将两名日军的指挥员打死。其余日军群龙无首,狼狈逃窜。民兵一拥而上,冲进仓库,缴获炸药千余斤、雷管一部。

这次战斗在县区队打援掩护下,民兵们胜利地完成了夺取炸药的光荣任务。一个小时后,敌人增援部队的汽车从宣化开进矿山,区队和何金海民兵小队背着炸药雷管唱着胜利之歌,已经返回了根据地,向海陀山兵工厂进发了。

日伪军为支援所谓“大东亚圣战”疯狂掠夺龙烟铁矿矿产资源,实行“紧红”计划。日本人所说的“紧红”计划,就是为了疯狂掠夺龙烟的铁矿石资源,用武力强行增加矿工劳动强度,延长井下作业时间,以达到成倍提高计划产量为目的,经常发动高产突击。一般是每月发动两次,每次持续一个星期,在“紧红”期间,一方面加紧欺骗宣传,如“凡能多挖红,完成‘支援大东亚圣战’要求的,每人发给一斤头箩白面”;另一方面,为强迫劳工下坑,为了防止劳工逃跑、怠工,他们把宪兵队、自卫队、特务、把头全部动员起来,岗楼里荷枪实弹,日本人牵着狼狗到处巡视。

就在全国人民的抗日斗争进入到最残酷最艰难时期,龙烟铁矿株式会社理事长山际满寿一,准备再一次发动更大规模的“紧红”。这次不但对矿上的工人加紧压榨,还新添了千余人的矿工。这些人有从晋南俘获的国民党兵,有的是从晋冀鲁豫、晋察冀、平西、平北各解放区“扫荡”中抓获的抗日军民。白天逼迫着他们入井开矿,运送矿石;晚上在沙子地新添的工棚就寝,工棚旁有日军一个班和几个工头看管警戒。

为了抵制和破坏日伪军的掠夺计划,中共龙延怀联合县五区区委书记罗忠深夜潜入矿山,迅速与魏永喜等党员取得联系,并连夜组织积极可靠的矿工们召开骨干会议,研究形势,分析情况,布置任务,周密安排。为了尽量避免伤亡和牺牲,会议通过了采取“反欺骗”“灵活机动”“协同应对”等战略战术,赶在日伪军行动之前,发动全矿工人抵制日伪军“紧红”。同时指示何金海率领的游击队:“一定要想尽一切办法,克服困难,不惜任何代价,解救苦难同胞。狠狠地打击敌人刻意掠夺矿产资源的嚣张气焰。”

1944 年秋天的一个夜晚,夜深人静,云雾漫天,万籁俱寂,龙烟铁矿四周炮楼的探照灯一闪一闪的,像一只只饿狼的眼睛,窥视着平北大好河山,守护着红石山这块肥肉。何金海领着游击队员们,沿着崎岖蜿蜒的山间小路,机警地绕过矿区外的炮楼,神不知鬼不觉地潜入了矿山,摸向沙子地工棚。何金海将民兵队布置在山上,监视炮楼和随时打击可能前来增援的敌人。自己挑了十几个游击队员,去工棚摸哨制敌。

很快游击队员们在夜幕的掩护下靠近了工棚,日军的值班房里亮着小灯,日军一个个像死狗一样睡着了。屋外巡逻放哨的伪工头靠在墙角,迷迷糊糊地打着盹儿。墙根立着鬼子的长枪和刺刀。游击队员们蹑手蹑脚来到小屋的墙根下,一个队员猛地从伪工头的身后锁住了他的喉咙,还没等伪工头反应过来发生了什么,嘴巴早已经被毛巾堵住,反剪着胳臂被放倒在地上。与此同时,何金海领人已冲进屋内,低吼一声:“不许动!”这时候躺在床上的鬼子才知道,他们立在墙角的枪支已经全部被突击队员缴获了。

日军班长表面装得很沉着,点头向着游击队员说:“呦西,呦西。”手却突然从枕下摸出手枪,手疾眼快的游击队员一枪结果了他的性命。另一个日军趁乱挥起军刀,向游击队员冲来,何金海抬手一枪将这个鬼子的脑袋揍开了花。其余的敌人知道反抗的下场,全都乖乖地跪在地上做了俘虏。

何金海留下两人看住值班房里的日军,带着其他游击队员冲出了屋子。他们对着工棚里的人大喊:“矿工兄弟们,我们是八路军,是来解救你们的,快跟我们跑!”矿工们闻声冲出工棚。在游击队员的带领下,千余被折磨得体无完肤的矿工,沿着小路逃出了这人间地狱。

游击队员押着俘虏，带着矿工进入了根据地，又一次完成了上级交给的任务。解救了沙子地的矿工，这一下给日军的“紧红”计划以重重的打击。

何金海几次大闹矿山，使人民群众抗日热情日益高涨，纷纷支援游击队。而矿山上的敌人却成了惊弓之鸟，惶惶不可终日。龟缩在炮楼里的敌人，只顾自己性命安全，谁也不敢再出动，见到八路军、游击队只是胡乱地打上一通枪，就算是给自己壮壮胆了。汉奸、矿警嚣张的气焰也大为收敛，在鬼子面前应付应付，特别对八路军的活动装聋作哑，睁一只眼闭一只眼，这样对民兵开展工作极为有利。

日本帝国主义把控龙烟铁矿的核心称作“劳务系”。这是日本人在矿山生产的指挥部兼司令部，是整个矿山的核心要害部门。捣毁“劳务系”，扰乱日本人的生产秩序，让他们疯狂掠夺矿产资源支援罪恶战争的美梦彻底破灭，是龙延怀联合县，乃至平北抗日军民的一大快事。何金海向区委书记罗忠同志主动请缨，罗忠同志与其他领导研究决定，再次派何金海的游击队完成这个任务。

趁着秋夜的习习凉风，何金海挑选了 10 名精兵强将，每人腰里别着手枪，身上藏着手榴弹，跟随夜班矿工混进了矿山。游击队员穿着和矿工一样褴褛的红色衣衫，满脸红色机油垢，跟矿工一模一样。何金海小时就在这里当过劳工，他对矿山井上井下建筑设施、机关兵营、大路小道可以说是了如指掌，对鬼子、汉奸的作息时间、活动规律也十分熟悉。

游击队员顺利地摸到了矿山“劳务系”办公室门外。此时，办公室里灯火通明，日军正在开会。何金海放出几个警戒以防不测，然后进行了简单的安排部署：“这里是日本人的办公室，里面不会有太多武装，大家速战速决。”游击队员迅速按照何金海的部署各就各位。何金海估摸了一下时间，向队员们一点头，随即一脚踹开了“劳务系”办公室的大门。何金海两颗手榴弹一起甩进屋里，在震耳欲聋的轰轰声中，游击队员破门而入，人人手持双枪对着日本人就是一顿猛扫。开会的日本人做梦也没想到，游击队员犹如神兵天降，被打得非死即伤，完全失去了战斗能力。活着的日本人眼睁睁地看着自己身上的手枪被游击队员缴获而走。

用了不到 5 分钟，日本人在龙烟铁矿的老巢——“劳务系”办公室，被炸得一片狼藉。昔日，他们耀武扬威，趾高气昂，没想到今天做了异乡之鬼。三四名受伤的日本人渐渐从昏迷中醒来，哭爹喊娘，回味着突如其来的恐怖瞬间，哀叹着：“八路！八路真是神兵天将吗？”

"劳务系"办公室的一声巨响,轰醒了正在执勤的日军。矿山炮楼的枪眼里吐着一条条火舌,整个矿山响起了乒乒乓乓的枪声。这时候的游击队,早就在何金海的带领下迅速撤离了,敌人的枪声仿佛是在为英勇的游击队员放庆功的鞭炮。

随着平北根据地整个形势的好转,何金海的民兵队伍越战越勇,龙延怀联合县五区、八区,又将碾儿沟、大段地、观音堂、常庄子、车道沟、杨家窑、白庙等几十个村子的民兵都组织起来,以大坝口何金海的民兵游击队为基地,成立了红石山游击队。从此何金海领导的这300多人的队伍,不仅大闹红石山、三进下花园,更是向着最终的胜利不断前进。

1944年秋,平北地分委、军分区武装部召开的民兵工作总结表彰大会上,地分委书记、军分区政委段苏权同志正式授予何金海同志为民兵战斗英雄称号,奖给驳壳枪一支,并号召民兵向何金海同志学习,狠狠打击敌人。

三、军鞋情意长

如果说何金海是平北千千万万民兵的缩影,那么广大妇女更是平北抗日根据地的无名英雄。在硝烟弥漫、战火纷飞的年代,广大平北妇女,在中国共产党领导下,积极投入抗日斗争,站岗放哨、检查路条、缝军衣、做军鞋、送郎当兵、送儿参军、拥军优属、支援前线、护理伤员、保护干部等,在与日伪军的斗争中,涌现出无数叱咤风云的英雄、模范,做出了许多可歌可泣的光辉事迹。

军队打仗,军鞋最急需。自然,做军鞋的任务就落到农村妇女的身上。她们感到,给八路军做军鞋是非常光荣的,要克服一切困难来完成。

1944年,抗战形势由相持阶段转入反攻阶段,部队的人数增加了不少,做军鞋的任务就更大了。

龙延怀联合县一区的做军鞋任务,开始大村100双,小村50双。1944年后,军队增加到一个师级单位,做军鞋的任务就更大了。区长晏风、区妇女联合会主任卓凤玉,开各村村长和妇联会主任会议协商决定,16岁到60岁的女同志,限每人在7天之内做出一双军鞋。

任务好布置,有些人确实有困难。16岁的姑娘根本没有做过针线活儿。呆、病、残的女人也没有能力,把人愁得吃不下,睡不好,有的上火牙痛。但她们知道,做军鞋是政治任务,关系到抗日、民族的解放,绝不能向上级打退堂鼓，对任务不能要求减、缓、免，心甘情愿，谁也没有怨言。当政府把布、麻、线等鞋料发下来之后，她们编成5个人一个小组，会做的，不会做的，只会干简单活儿的都搭配开。小组长统一安排，谁会哪个工序谁就做哪个活儿。有的做鞋底，有的纳鞋帮，有的搓绳子，有的绱鞋，谁也不闲着。婶子大娘姐妹们坐在一起说说笑笑，你帮助我，我教给你。为了鼓舞大伙儿的干劲儿，有的还唱起了歌谣《做军鞋》：

王大娘，汗直淌，油灯下面做鞋忙。飞针走线情意深，做出军鞋一双双。送给山里八路军，穿在脚上打豺狼。

唱完大家笑得前仰后合，轻松愉快，无忧无虑。转眼间日子到了，都完成了任务，实在不会做的，靠大家的帮助也完成了任务。会做鞋的人越来越多，越做越熟练，有的不等上级任务分下来就做两双。任务一到，立即就拿出来。

1944年2月初，上级给延庆柳沟村派下做500双军鞋的任务。全村共有百名18至45岁的妇女，平均每人要做5双鞋，月底完成。时间紧，任务急。这下可难住了村里正在开干部会的同志们。妇救会主任贾桂珍坚定地说："前方战士昼夜打鬼子，要是没鞋穿，光着脚怎能打胜仗？只有咱干部带头，发动妇女。夜里不睡觉，也得把这任务完成！"

干部以身作则，发挥模范带头作用。贾桂珍带领妇救会委员韩桂芝等5名妇女干部，首先按照各户不同情况，把做军鞋任务落实到每个妇女头上。然后干部分工合作，不分白天晚上，挨门逐户地向广大妇女宣传抗战形势和动员做军鞋。

贾桂珍、韩桂芝这些妇女干部，到各家各户一一帮助解决问题。她们不分白天和晚上，跑遍了全村家家户户。有的生活困难，家里无钱买鞋料，她们就发动有钱人送布、送麻；有些妇女缺乏做鞋经验，就动员有经验的婶子、大娘手把手地教；搓麻绳把腿搓出血，就动员她们的公爹、丈夫用"拨吊"打纳底的绳；有的不会绱鞋，就动员村里的鞋匠王自周等6人，帮她们绱鞋。还出现不少公婆帮儿媳、丈夫帮妻子、邻里姑嫂互帮互教互学的好局面，就连小男孩也学会了打麻绳，小女孩也能帮妈妈做鞋帮。

她们夜里回到家，安排好孩子入睡，点上煤油灯，连夜带头做起军鞋来。一双鞋，从用旧碎布打成"袼褙"，到裁剪成鞋帮、鞋底；从搓纳鞋底用的麻绳,到捻……

她们随时总结交流做鞋经验,对质量好的表扬,质量差的改进,不合格的重做。发现有个地主婆做假鞋,她用草纸铺鞋底。在妇女会上严肃地对她批评教育,再也没人敢做假鞋了。这样,加快了做鞋进度,也保证了鞋的质量,人人争做合格军鞋。

2月23日,区里来人说,县城300多日伪军要来柳沟一带大“扫荡”。村武委会主任胡寿录,立即组织民兵掩护。贾桂珍、韩桂芝等十多名干部,连夜到户发动群众,把已做好的军鞋藏在土窑洞或炕洞里,然后组织转移到燕羽山上。贾桂珍把军鞋背在身上,对武委会主任胡寿录说:“只要人在,鞋就在。”

第二天拂晓,敌人果然进了村,汉奸领着敌人到处搜查干部和军鞋,把贾桂珍、韩桂芝等十多户干部家里搜遍,无一所得。敌人赶走村里部分牲畜和猪,狼狈逃回县城,军鞋却无一损失。干部群众回村后,继续做起尚未做完的军鞋。

到了月底,她们把500双军鞋送往前线,受到政府的表扬。她们虽然眼睛熬红了,身体累瘦了,心操碎了,但平北战士们的脚下穿着这一针针一线线的军鞋,踏着整齐的步伐,走向胜利。

通过做军鞋这件事,也宣传妇女在抗日中的作用和贡献,提倡男女平等,丈夫不能打媳妇;婆媳平等,婆婆不能骂儿媳妇。各级妇联会是女同志的主心骨、贴心人。广大妇女从封建思想的束缚下解放出来,参政议政,当家做主人。妇女的精神面貌变了,她们演戏,经常迈开双脚,甩开膀子上大街上扭秧歌。有的扭得入了迷,手里端着泔水去喂猪,听见锣鼓声就扭起来,泔水洒在身上都不知道,走到猪圈前才发现,自己对自己笑起来。

四、严惩害群之马

海陀儿女虽然铁骨铮铮,但害群之马一直都有。

自古以来,汉奸都是令人反感、让人鄙视的群体。他们或是政治投靠,或是贪生怕死,或是为了获得不正当利益,纷纷向日伪军屈膝。

龙崇宣联合县后沟(二郎城沟)伪乡长赵英,就是窑子湾村一个出名的恶霸反动大地主,是一个死心塌地、老奸巨猾的铁杆汉奸。

在平北地委的直接领导下,经过1943年的艰苦斗争,龙崇宣联合县终于在二区的前沟和三区的北山建立了一块巩固的抗日根据地。在这种大好形势下,县委为了迅速扩大解放区,把前沟这块根据地与龙关的西北部、赤城的西南部解放区连成一片,便决定开辟后沟(二郎城沟),并千方百计设法尽快拔掉太子城伪警察署。因为后沟马丈子一带距离崇礼县城和太子城伪据点上下只有十余公里,是崇礼通往龙关的交通要道和咽喉。这块地区的开辟,对全县的抗日斗争十分重要。

后沟是日伪的新民乡。伪乡长赵英在西湾子坐镇指挥,带领鬼子或派遣小股敌人、特务在后沟一带进行骚扰、破坏、捕杀抗日根据地的干部和群众,抢夺财物。县委和二区区委一致认为除掉这个大汉奸,是打开后沟局面、拔掉太子城伪据点、孤立伪县城的一个重大措施。于是二区区委书记胡桐荫同志(化名胡子奇)下定决心深入发动群众,想尽一切办法,尽快把赵英捉住,为民除害。

胡桐荫为了活捉赵英,施展了许多斗争艺术,采取了很多斗争策略。开始,一面给做地下工作的同志布置侦察赵英活动的任务,另一面把重点放在准备打西湾子通向太子城一带公路上的伏击战。他给敌人制造了很多假象,想着把赵英从县城引出来捉获。但是老奸巨猾的赵英,得知区游击队经常在后沟一带活动,便龟缩在西湾子不敢出来,使几次伏击落空。虽然打了几次小胜仗,但连赵英的影子也没有见着。

一天,两个年轻民兵找到胡桐荫,听说县城有两个与赵英经常有来往的伪军,途经马丈子去了太子城伪警察署。太子城据点的敌人准备明天有一个班押送东西到西湾子。胡桐荫与石序山、马常荣(区武委会主任)同志经过研究判断,这两个伪军在第二天很可能与押送东西的敌人一块儿返回县城。为了捉住这两个活“舌头”,便决定第二天在马丈子和转枝莲之间的石盘寺湾伏击敌人。

这是1944年的冬天,塞外的严冬,冰天雪地,寒风刺骨。下午5点多钟,两个伪军,伙骑一匹马出现在山湾处。当敌人进入伏击圈后,胡桐荫同志出其不意地抓住了敌人马头,石序山、马常荣同志两支驳壳枪紧紧对准敌人大喝一声:“不准动,缴枪不杀!”

两个家伙被这突如其来的情况吓得呆若木鸡,从马背上掉下来,结结巴巴地说:“老爷饶命,我们是士兵。”就这样捉了两个俘虏,缴了两条枪、数十发子弹。

原来这两个伪军都是后沟人,一个叫田忠昌,是炭天沟村的,一个叫陈志亮,是水泉村的,是敌人司令部的传令兵,经常出入赵英的家,对赵英的情况非常熟悉。这两个伪军家里都是贫苦农民，经过政治动员以后，都表示再不当汉奸，陈志亮为了立功赎罪，答应亲自带路到县城活捉赵英，为民除害。

西湾子可不是个简单地方，它是崇礼的伪县城，张家口的北大门，战略地位十分重要。日本鬼子侵占张家口之后，为了确保张家口市的安全，在西湾子驻有重兵把守。西门口是警察署，有伪警察3个中队；东门口是蒙古署，有蒙古骑兵3个中队；中间是伪县公署，除文职人员外，有特务连、宪兵队、日本中队、伪警察和小岛、渡边5个日本指导官，总计500多人。在东西山上和县城周围数十个大小碉堡、堑壕、铁丝网和外堑壕形成了一个包围圈，特别是夜间一不小心就有掉进去的危险。同时敌人防范很严，每到晚上在重要交通要道和十字路口都设有岗哨，巡逻兵在大街小巷到处皆有。在审讯中证实他们交代的情况与游击队平时掌握的敌情完全一致。

胡桐荫、石序山、马常荣几位同志终于研究出了几套作战方案，并决定第二天夜入虎穴，活捉赵英。天亮以后，刚刚开完会，胡桐荫就把全体同志召集起来，进行了战前动员，根据敌我双方情况说明了几个行动方案，并提出了要求，规定了纪律，特别强调一切行动听指挥，在任何情况下绝不能乱了阵脚，行动一定轻便秘密，绝不能暴露目标，一步走错就会带来严重的后果。

1944年底的夜晚，狂风像猛兽一样在怒嚎，寒冷像针扎似的刺得脸蛋疼。在胡桐荫带领下，区小队经过急行军，在午夜12点左右，悄悄地通过头道营和南瓦夭公路，靠近了县城南面。按照预定的计划和选定的路线，许有太带领区小队埋伏在城外掩护，胡桐荫、石序山、马常荣、常海生等5名同志化装成特务。伪军陈志亮前面带路，拔开了城墙下水道口，神不知鬼不觉地摸进了县城。

赵英居住在县城中央的宽沟深部，到达赵英的居住地不仅要通过四五道岗哨和交通路口，而且距离城墙外堑壕还有将近二里路，这就必须做到行动敏捷，速度快，机智勇敢，沉住气，力争在最短时间内完成任务。同时为了尽量避开敌人的岗哨和巡逻队，少找麻烦，以免耽误时间和发生意外，几名同志分成两截，保持了一定距离，避大街转小巷，一直走到大街。到了交叉路口时，恰巧碰见了敌人巡逻兵，由于口令对答如流，也就混过去了。就这样很快摸到了赵英住的院外。

胡桐荫迅速又敏捷地翻进了院子，悄悄开开大门，留下两个同志守大门。伪军陈志亮趴在窗户底下向屋里悄悄地说："赵乡长睡下没有，我们有重要情报向你报告。"屋里的咳嗽了一声问道："谁啊？"大家一听，正是铁杆汉奸赵英的声音。

胡桐荫、石序山、马常荣3位同志破门而入。这个恶贯满盈的恶棍,正躺在炕上和其小老婆脸对脸抽着大烟。他做梦也没想到八路军居然就站在他的眼前。赵英见势不妙扔掉烟,伸手要摸手枪,胡桐荫一个箭步扑上去,按住了他快要抓起枪的手。石序山、马常荣同志两条手枪对准了赵英脑袋:“不许动!”

就这样,在短促的时间内,这个死心塌地投靠日伪军的大汉奸伪乡长被胡桐荫顺着原路带出了县城。当城内日本指导官小岛、渡边、伪县长冯进选得知赵英被八路军捉走后,立即传令全城戒严搜查,城内放鞭炮一样四处响起了枪声。胡桐荫他们撤到了马丈子时,发现后面一队敌兵尾追而来,但是在区小队掩护下很快摆脱了敌人,胜利而归。战士们还风趣地说:“你们别欢送我们了,是我们今天对不起小岛指导官,实在没时间去看望他了,请你们告诉他,后会有期。”

活捉赵英的消息传开以后,二区前后沟的群众纷纷控诉赵英的罪行,并强烈要求人民政府为群众申冤报仇。龙崇宣县政府根据群众的要求,在窑子湾村召开了千人公审大会,当场予以处决,使这个罪恶累累的大汉奸受到了应有的惩处。

这件事威震四方,大快人心,使龙关、赤城、张北、沽源、康保、尚义、商都、宝昌等察东与察北所有县城的敌人惊恐起来。从此什么“胡大胆”“夜猫头”传遍了崇礼各个角落。这一来,更加鼓舞了群众抗日到底的志气,打灭了日、蒙、伪和汉奸、地主的嚣张气焰,迅速打开了后沟局面,太子城伪据点的敌人也很快逃跑了。

从此,崇礼县的南北部与赤城、龙关西部解放区大面积地连成一片,由崇礼、马丈子到龙关雕鄂(地委机关所在地)的50多公里的公路上畅通无阻,把崇礼的敌人孤立在伪县城动也不敢动,这更为解放崇礼县城创造了条件。

五、反邪教砸道坛

抗日战争时期,敌人不仅以正式军人的形象出现,还潜伏在封建迷信团体中,以和尚、道士等身份蛊惑群众。

《平北地委关于目前锄奸工作方针的决定》中特别指出:“关于落后的会门、教门的对策:(一)对于落后封建迷信团体之潜伏其中的敌探奸细,有确实证据者杀无赦。(二)对于各种教会的宣教士如和尚、道士和回教的阿訇确有敌探奸细破坏分子之事实者,应按具体情形轻重分别打击之,送交县或专署司法科处理或驱逐出境。(三)对于教堂或佛堂之住持者(如先天道、三教圣迷迷教等),如为敌所麻痹,应由政府明令解散其组织,对于住持者给予教育,使之自首自新,对其余无知者应教育或感化之。”

1945 年初夏的一天上午,阴云遮住了天空,使人感到憋闷,透不过气来。顺义县城西 15 里,有个大村叫张喜庄。村中有座阴森森的炮楼,炮楼顶上送丧幡似的膏药旗在阴风中飘摇。

从村西来了两个人,一个是 20 岁出头的青年,长方脸,身材壮实,头戴顶细麦莛凉帽,身着一件蓝色长衫、青布裤,足蹬一双圆口千层底布鞋。猛一看,一个精明的商人打扮。细眼一瞧,黑色裤口下,白色粗布袜筒却显得分外惹眼。他是平北地区怀顺联合县六、七区区委书记兼武工队政委王旭东。身后跟着的人表面上是张喜庄乡公所会计,实际是八路军工作人员,叫周世江,三十出头。两人瞥了一眼敌人炮楼,径直奔村西北的一座三合院走去。

这座三合院的主人是韩占奎,50 岁左右。别看他只有 8 亩地,却租种地主两顷多地。他肩不挑,膀不动,手不提篮,雇人给他种地,日子过得比一般地主强多了,是精明过顶之人。他还专吃“好汉子钱”,不管附近谁出外倒腾什么,比如有人到口外买牛羊马驴,贩到关内卖,他都入份空头股。如果赚了,他理所当然分红,还分大头;要是赔了,他入股没交一分钱,就赔两句话。凭着他手底下有人有枪,没人敢惹。那年头日本侵华,光有枪不行,要站住脚得有靠山。他想脚踩两只船、三只船。一贯道既与国民党有联系,也是日本特务的外围组织。他就钻营办了一贯道。

韩占奎专门盖了 5 间大厅,发展道徒,遍布各村。经常会集几十人、百余人,一次活动就长达 10 多天。可他也知道八路军活动频繁,十分厉害。为了站住脚,他又挖空心思想和八路军联系,搞好关系。他让乡公所会计周世江想办法,提出和王旭东“拜把子”。韩占奎真是滑透了。

那时,日本侵略中国,就像一只狼冲进院里。党的政策是搞统一战线,枪口一致对外。经过请示县委,让王旭东向韩占奎提出条件,他答应,就可以和他“拜把子”。王旭东向韩提出了 3 个条件:一是解散一贯道;二是把枪交给八路军打日本;三是搜集日伪情报向八路军报告,韩占奎都满应满许。可他光说不办,只交了 1 支手枪 12 发子弹,让周世江转给区里,一贯道他还照常办。

王旭东身经百战，做事利索，他怎能让韩占奎糊弄？王旭东从平北10团抽来一个班，当政委又兼两个区的区委书记，活动在从顺义县城到北平安定门、东直门这中间几百个村庄的大平原上，对付日伪军，打击汉奸特务、伪保长甲长，开辟地区，建党建政，制敌电线，破敌交通，筹粮筹款筹军鞋。特别是孙河这个交通咽喉要地，把着温榆河桥，修有炮楼，驻伪军一个中队。他敢在敌人眼皮底下，组织各村壮年，一夜之间，把冯家营、马连店、花型坎、泗上、罗各庄、枯柳树等几十个村庄的敌人电线电杆剪断放倒，运到北山根据地。就凭着武工队那些人，人喊马叫，声音传出好远好远，敌人连窝都没敢出。他们不仅割断了敌人联系，还震慑了敌人。为了武工队活动方便，他又单枪匹马去孙河街上，找到保长，让他找来守桥敌伪队长，晓以大义，达成了武工队来往过河，伪中队不打枪、不报告的协议。王旭东经历的事能说上几十件，一个韩占奎还不好对付？

王旭东前一天就让周世江告诉韩占奎，他今天到这儿来。周世江考虑王政委亲自闯道堂，考察开坛情况，要特别注意安全。开坛这天人多，什么人都有，对韩占奎说："王政委来这里，安全问题你要负完全责任。"韩占奎连声答应："一定负责。"今天他来，许琳区长怕在敌人眼皮底下发生意外，还特意安排了接应部署。王旭东想，为了砸掉道坛，就是阎王殿也得闯一闯，看看韩占奎葫芦里到底装的什么药，究竟为什么不解散一贯道，不砸了他的道坛誓不罢休。

韩占奎家的三合院，正房5间为卧室，西厢房为客厅，东厢房为厨房，正房和西厢房有旁门通向后院。后院5间新北房即为一贯道堂。当王旭东、周世江两人来到三合院，韩占奎把他们迎到后院一贯道大厅内。厅内有近百人都跪在地下的蒲墩上叩头。天、地、人三才在点传师的指挥下正在进行佛事。天才嘟嘟囔囔地念着，地才在沙盘上鬼画符般地乱画着，人才用毛笔人模狗样地写着。王旭东、周世江跟着韩占奎到佛坛跟前，观察佛坛进行情况，不时也看看跪在地上的人。敏锐的王旭东突然发现人群中有3个穿墨绿呢制服的人，总是看他们俩。那3个人还不时地互相递眼色，不住地盯着他的脚看。王旭东低头瞥了一眼自己的脚，顿时明白了，一时疏忽，让那3个人看出了破绽。再细一观察那3个人，都像带着手枪。王旭东装作若无其事的样子，找了一个机会，用胳膊肘碰了一下周世江。周世江也早发现了这个可疑情况。王旭东慢慢挪向门口站着，脸上非常平静，心里却在琢磨着万一发生意外情况，机智应付的办法。

时间过得真慢,像凝住了脚步一样。天、地、人三才似乎真像有什么意念在暗中主宰着他们,着魔似的没完没了地念、画、写。王旭东十分厌烦,真恨不得一脚把点传师踢出门外,把无知的天、地、人三才轰到野地里去。他又一想急不得、恼不得,3 个穿墨绿呢制服的陌生人,不知道是什么角色。真要面对面地较量不成问题,但现在没有接触,情况不明,轻易走是走不脱的,再说任务也没完成呢。此时韩占奎心里也在打鼓,谁会料到早上突然从县里来了这么 3 个人,这不是要有戏演吗?他本想在三合院时告诉王旭东,但又怕王旭东再弄来他的队伍,或者他在这儿就干起来,事情就大啦。抱着侥幸心理,也许能应付过去。他偷眼瞧瞧那 3 个人,又瞅了一眼王旭东他们 2 人,心里更紧张。

一直到 11 点多钟,道场活动还没完。那 3 个人就起身退出大厅,韩占奎也立即跟着奔了前院。王旭东用手碰了一下周世江,两人立即尾随到了前院,见那 3 人进了西厢房客厅。王旭东拽着周世江闪身进了正房西屋。西屋是卧室,一个年轻妇女正在哧溜哧溜地纳鞋底子,见进来两个男人,惊慌失措。她刚要出声说话,王旭东摆摆手。周世江赶紧说明王旭东是韩掌柜的朋友,八路军的领导,年轻妇女才平静下来,轻轻叫了声"叔叔"。原来这女人是韩占奎的儿媳。王旭东又向她说:"你别害怕,没有你们家什么事。"让她找出几根绳子。王旭东身在西屋,耳朵却一直在听着西厢房客厅里的谈话声。

韩占奎陪 3 个人进了客厅,心里也明镜似的知道,他们准得盘问他和王旭东是什么关系,他是什么人,稍不小心露了馅,就得吃不了兜着走。想到这里,韩占奎十分谨慎,恭恭敬敬地让座让茶,接着又拿烟灯烟枪大烟泡,侍候 3 人上炕吸大烟。3 人上炕,围着大烟灯侧身躺下,把手枪都放在了身边,你一口我一口地吸大烟,懒洋洋地享受大烟的刺激。韩占奎立在地上,一个人突然问他:"韩占奎,说真格的,那两个人是什么人?干什么的?"韩占奎赔笑说:"他们是我的朋友,真的!在北京开买卖。"另一个拿腔拿调地说:"不会吧?你今年 50 多岁,他那么年轻,也就 20 多岁,相差 30 多,能会是朋友?"韩占奎说:"交朋友还分岁数?再说我们都做买卖……"没等韩占奎说完,又一个人劈头问他:"你说他在北京做买卖,他为什么穿布袜子呢?只有八路军才穿这种袜子!"

4 个人一问一答,谈话声音越来越大。王旭东在西上屋侧耳听,越听越清楚。正当韩占奎被问得张口结舌,一时回答不上来时,王旭东迅速蹑手蹑脚从西屋出来,疾步奔了西客厅。他一手挑开门帘,一手端着手枪,大喝一声:“不许动!”一下子把4个人都镇在了那儿,眼睛瞪得溜圆,吓得一动不敢动。“你们不是问他,我是干什么的吗?我告诉你们,我是五、六区的区委书记,武工队的政委,叫王旭东。怎么着?”这时周世江也来了,王旭东侧身闪出一条道,让周世江进屋:“老周,把他们的枪下了!”周世江疾步上前,把3人身边的手枪拿了过来。“把他们捆上!”韩占奎这时真不知该怎么办好。3个人被突如其来的喝声吓蒙了,直哆嗦,听王旭东命令把他们捆上,直喊:“王政委饶命,我们是有眼不识泰山……”“别废话!老周,捆上,带走!”韩占奎一听要带走,忙点头哈腰地说:“王政委,这3位都不是外人,这位是县财政科长,那位是民政科长,他是兵役科长。今儿是误会。在我家发生这事,您把他们带走了,我没法交代呀!我个人好说,一家子老小全完了。您给我留点面子,饶了他们这一次吧!”“饶?他们卖国求荣,倚仗日本人欺压百姓,能饶吗?”3个科长齐声说:“王政委,我们也是没办法,拉家带口,混碗饭吃,不敢仗势欺人……”

其实王旭东心里早已考虑,虽然在敌人炮楼底下带走这3个人,可能冒点危险,但有许区长安排接应,问题不太大。可真这么办,老周在乡公所就待不下去了,韩占奎还有一拨子势力,也就不好争取了。何况,这样一来,八路军在这块地区开展工作将受到一定影响。但是也不能轻易地放他们。现在正是时机,顺水推舟,就坡下驴,还得安上一根能牵动他们的套绳。王旭东便向周世江使了个眼色。老周一看心里也明白,便插话说:“王政委,您看韩掌柜求情,您就给韩掌柜的一点面子,饶了他们吧!”王旭东说:“好,你既然这样说,就给韩掌柜留个面子。都是中国人嘛,应该一致对外,共同打败日本侵略者!”3个科长忙接过话茬:“王政委说得对,应该共同打日本。”王旭东面向他们说:“光说不行,得来真格的。咱们丑话说在前头,摆摆条件,好说好散,不然别怪我不客气!”“好说,有话好说,您摆条件。”3个伪科长连连答应,唯恐王旭东发怒。

“就3条:一是搜集日伪军变化情况;二是向抗日政府缴款;三是给我们弄枪弄子弹。不难为你们,多少不限,每月至少送一次,交给韩掌柜,让他转给我们。”又转脸对韩占奎说,“这是冲你的面子,你得当保人。”韩占奎忙说:“我愿意担保,不知他们3位愿不愿让我担保。”3个科长急不可耐地说:“愿意,求你给担保。”韩占奎说:“到时可别让我作蜡!”3个伪科长说:“不会!你放心,你放心。”王旭东一看火候说:“就这样,你们说话不算数,到时可别怪我不讲义气!老周,把绳子给他们解开。”解完绳子,有个科长问王政委:

"枪?"王旭东一摆手说:"枪不能给你们!不过你们甭担心交不了账,等我们走时,到村西放2枪,你们就说被八路军劫走了,让韩掌柜给证实。"他又对韩占奎说:"枪的事你给当个证人。今天我来,看看一贯道开坛情况,你这不是糊弄人吗?你说,日本人为什么支持一贯道?国民党怎么也不反对它?这是什么道理?你不说我也知道,你又想讨好日本,又想讨好国民党,还想糊弄八路军……""不不,不敢!"韩占奎一听揭了他的老底,脸唰地红了,赶紧表白:"真的不敢!"王旭东紧接着说:"那咱就说干脆的,你这个一贯道坛砸不砸吧?"韩占奎一看王旭东的态度容不得他含糊,便说:"王政委,我一定砸,明天就砸!"

王旭东一看时间不早了,和周世江赶快离开了这个三合院。此时,天空的浓云已渐渐变薄,村中敌人的炮楼好像也矮下了半截。两人大步流星向村西走去。两声清脆的枪声震动着大地,传出很远很远……

王旭东走后,韩占奎把一贯道坛撤了,先后向他和许琳区长交了几支手枪,还提供了线索。放回的3个伪科长也送了枪支、子弹和经费。还有从几个地主家抄出几支手枪。这些枪支武装了区委、区政府的干部。

王旭东砸道坛,也砸碎了压在人民群众心头的种种羁绊,增强了他们胜利的信心,燃起了他们的抗日斗志。

坚决依靠人民,充分动员人民群众。建立巩固的革命根据地,依靠广大人民群众,消灭和驱逐敌人,实行波浪式的推进政策,逐渐将根据地扩大为解放区。在以武装斗争为主的同时,必须把一切革命人民都组织在一起,积极、主动、热烈地从事援助军队的各项工作,发展生产,支援前线。从而把人民战争的斗争形式在各条战线上广泛而又全面地开展与配合起来,最终取得了伟大胜利。这就是伟大的人民战争,这就是人民取得最终胜利的法宝。

第四节　为有牺牲多壮志

我们的成绩不是轻易取得的,而是用人民的流血牺牲换取的。1944年,仅武装部队阵亡的有邓典龙、夏青田①、谢瑞等175名同志,地方的区级以上干部损失96人。有的同志在敌众我寡的悬殊情况下,英勇壮烈地牺牲,如李

① 夏青田(1918—1944),安徽金寨人。1935年随红四方面军参加长征。1939年任挺进军第6团3营营长。1943年任平北支队司令部通信股长。1944年1月,任龙延怀联合县十三区队副区队长;5月4日,在姜庄子村遭敌袭击,壮烈牺牲,时年24岁。

健、王伶、卢化民、冯道正、王平、郭延杰等同志；或至死不屈，牺牲在敌人的刑场上，如孟宪铭、杨克南等同志；或带头杀敌因而光荣受伤，如赵普、张惠民同志。这些同志可歌可泣、惊天动地的事迹，是中华民族的光荣。

一、硬汉邓典龙

1944 年 9 月 19 日，晋察冀军区平北支队所属步兵 40 团，向张家口东北 40 里处的下新营敌伪据点发起突然袭击，一举全歼守敌。邓典龙这位参加过二万五千里长征的老红军，就牺牲在了这场战役中。

1944 年，邓典龙同志在平北军分区 40 团任副团长，当时他只有 39 岁。经过长征和抗日战争的洗礼，他的额头过早刻下了道道皱纹，古铜色的脸也显得十分的消瘦，看上去像 40 多岁的人，但他深邃的眼睛却总是闪烁着坚毅无畏，充满胜利的光芒。

邓典龙是江西省于都县人，出生在贫雇农家里。从小学过木工，当过泥瓦匠，为追求革命真理，争取劳苦大众的解放，青少年时代，就远离家乡，投身革命，跟着党爬雪山、过草地，走过了史诗般漫长的二万五千里长征，来到平北的抗日战场。

此时的邓典龙已经成长为一位优秀的指挥员，在每次战斗中，他总是身先士卒冲锋在前。他不仅刻苦学习，而且善于总结经验，他经常对团参谋员说："每次战斗后一定要好好地总结经验。"由于他的提倡，"战后总结会"已经成了 40 团的一个制度了。

1943 年春，40 团一连驻进团部附近的大海陀山脚下进行休整，一天，邓典龙叫过参谋刘益民问："司令部把训练计划发给 1 连了没有？"

刘益民脱口而出："马上发！"

其实，这时计划还没有搞出来，邓典龙发觉刘益民说了谎，便对刘益民说："要实事求是，要雷厉风行，作风不要疲沓。"虽然没有直接批评参谋刘益民，但却对他有很大的促进。

邓典龙重视搞好军事，重视搞好军民关系。一次，40 团 2 连一个新战士，在行军中不慎踩倒了群众的一棵青苗，他发现后亲手将踩倒的青苗扶起来，并让那个战士从河沟端水浇上才罢休。

还有一次，当地群众送了一点咸菜给通信员小李。吃饭的时候，小李就将这点咸菜给战士们吃了，当时谁也没问咸菜是怎么来的。部队将要出发时，邓典龙忽然把大家叫到面前，大家以为有什么重要的事情，谁知他一见面就问："你们违反群众纪律了没有？"战士们茫然地互相你看我，我看你。"真的没有吗？"这时候，邓典龙微微一笑，"吃的那碟咸菜，你们给钱了吗？"这下战士们才恍然大悟，忙说不知道小李给了没有，邓典龙说："问题就在这儿，我已经检查过了，肯定没给钱。我们一定要认真执行'三大纪律八项注意'啊！"最后，直到战士们把钱交了老乡，他才号令出发。

邓典龙生活极其艰苦朴素，能和战士同甘共苦。谁要是不认识他，可看不出他是一个团级干部。1943 年春节前夕，40 团 2 连住在龙关县雕鹗堡附近的燕子地休整，邓典龙在 2 连蹲点，他提出要活跃连队生活，开展文体活动。在他的号召下 40 团 2 连开展了秧歌舞等活动。他也兴高采烈地和战士们一起跳起来，虽然他跳的姿势不好看，但是他认真的样子让战士们觉得官兵就像手足兄弟一般亲切。

因为邓典龙吃的、穿的、用的都与战士毫无二致，行军中他从来不骑马，总是让马驮着东西，或者让给其他同志骑。一次，一个战士脚板上磨起了一个大水泡，行路很不方便。邓典龙让警卫员把马牵过去给他骑。那个战士有些不好意思地连忙说："我没有病！我没有病！"邓典龙风趣地说："你没有病，怎么掉队的？"说得大家都笑了起来，那个战士无话可说，只好上了马。

邓典龙最让战士们敬佩的就是，在战斗中，始终冲锋陷阵在前。1944 年 9 月，入秋的平北庄稼都熟了，群众正忙着收割，抗日战争也进入到了决战阶段，胜利的曙光已经隐约可见。40 团奉命，长途奔袭张家口东北 40 里的新营子据点。

新营子村分为上新营和下新营两个村，全村有百十户人家。在一条东西走向的山谷中，清水河北侧的山脚下，这里是伪蒙疆首府张家口通往崇礼县西湾子的必经之路，是张家口的一个最重要，也是最后一道屏障。要解放张家口，必须先要拔掉它。

据点设在下新营西北角张万成家老院子里，自 1942 年 5 月开始修建，原属崇礼县警察署管辖，由于抗日军民的破坏和袭扰时建时停，两年多还没建成。这次建立据点是两个月以前，伪蒙疆自治政府警政厅从察北各县抽调部队轮流驻防，同时掩护修建清水河公路大桥，这个据点已陆续将原有院墙加高加固到 1 丈 5 尺，院墙外的东、南、西三面挖了壕堑，深一丈多，宽七八尺。四角修了炮楼。在北山包上修了半地下碉堡，挖了交通沟，与围墙东北角的炮楼相连，有警察守卫放哨。

邓典龙和其他团首长对战斗进行了周密的部署,邓典龙命令参谋刘益民带领两名侦察员和一名实习参谋提前出发,对新营子的据点进行侦察,并嘱咐大家要化装、要注意保密,以最快的速度彻底查清敌情。派出去侦察的战士脱去军装化装成龙崇宣二区区小队队员的身份,以征粮、缴款、收军鞋为名,进入了新营子。任务完成得很顺利,并捉回了一名俘虏。

第二天黄昏,平西军分区副政委肖文玖、40 团政委闫子庆和邓典龙带 3 个步兵连,赶到距新营子外 10 里地的一个小山村里。根据侦察结果和俘虏供词,3 个人进行了具体的战略部署。团首长要求各连队,发扬夜战的特长,利用夜间的有利条件,接近敌人。

命令下达以后,各连迅速投入战斗,4 连从下新营东北角进攻北山包上的碉堡,指导员王亚夫带领突击排隐蔽巧妙,神不知鬼不觉就摸到哨兵身边。哨兵惊慌失措,胡乱打了一枪掉头往碉堡里跑。这正好给 40 团带了路,突击排紧紧跟着哨兵到碉堡入口。前卫战士顺手丢出一颗手榴弹,随着爆炸突击排飞身冲入碉堡,拿下了制高点。

担任从西南方进攻的 3 连,在 4 连打响战斗前为隐蔽接敌,绕到下新营村,从玉米地里向西运动。当他们接近敌人时,敌人已经被 4 连的攻击所惊动,指导员毫不迟疑立刻发起进攻,刹那间枪弹呼啸,手榴弹轰鸣,泛起一片火光,伴随着战士们的喊杀声响彻夜空。

可是敌人躲在碉堡里居高临下,战士隔着壕堑向敌人投弹很困难,也不好隐蔽,因而几次猛攻都没有成功。

在此情况下必须改变战术,采取有力措施才能减少伤亡,解决战斗。邓典龙和身边的同志简单地交换了意见,又一同向肖文玖汇报战斗进行情况和遇到的困难,同时研究决定让预备队投入战斗,向东南角上的敌人碉堡进攻。同时,紧急召开连队干部简短会议,重新部署进攻。邓典龙说:“这笔血债一定要敌人加倍偿还!”

战地会议决定,从东北、东南、西南 3 个方向一齐发起攻势,突破一个缺口,敌人的防御就垮了。3 连新组成两个突击队,每队两组,一个投弹组,一个突破组,每组 4 人。各组分别由副连长李占元、副政委张耀、1 排魏排长和一个班长带领,分两路由西南碉堡两侧同时猛攻,全连机枪掩护突击队进攻,连长杜存业统一指挥。

随着进攻号令,各连战士就像离弦之箭冲向敌人,一时间杀声震天,密集的子弹像一串串火花,手榴弹的爆炸声在山谷中回荡。3 连的突击队员个个奋勇向前，冒着枪林弹雨搭人梯、越壕堑，经过短暂而激烈的厮杀，突破了敌人的防线。

与此同时邓典龙为了争取时间，迅速解决战斗，亲自带领1连勇士冲向东南角敌人碉堡。敌人防守线被从东面和南面突破，残敌被压迫到西大院西北角的几间房子里，还在顽强抵抗，这时4连也从东北角突然冲进围子占领了北房顶。

就在这战斗即将结束，进入尾声胜利在望的时候，一个负伤的日本军官躲在暗处，向与战士一道登上云梯，正在指挥战斗的邓典龙打了一枪。这颗子弹击中了邓典龙的胸部，当时血涌如注，邓典龙一下从云梯上栽落下来。战士们冲向前去，把他从血泊中救起来，这位勇敢而又亲切的副团长，因为伤势过重，只说了一句："把我这点钱替我交最后一次党费……"就再也没能睁开眼睛，没有亲眼看到抗战的胜利，永远安息在这片他曾无数次战斗的土地上。

战士们见此情形，肺都要气炸了，要为邓副团长报仇的呼声此起彼伏。怒不可遏的战士们更加勇猛地扑向敌人。敌人垂死挣扎，战士们从房顶上、墙壁上挖洞把手榴弹塞进房里，在爆炸声中敌人死的死伤的伤，这时才无可奈何地缴械投降。

邓典龙牺牲后，指战员不愿把自己亲爱的首长埋在战场上，大家抬着尸体走了百十多里，怀着对邓典龙的悼念和爱戴之情，把他安葬在塞北巍峨的猴儿山下。在他墓前，战士们竖立了一块石碑，这石碑就像邓典龙伟岸的身躯一样，雄赳赳气昂昂地矗立着，看着战士们迎接抗战的胜利。

二、钢筋铁骨曹一川

战场上的流血牺牲让我们为战士而歌唱，而那些牺牲在日本侵略者屠刀下的英魂，更让我们无比悲痛。

他是一位教书先生，为抗击日伪军侵略，愤然加入抗日洪流之中。他曾两次杀敌，三次入狱，最后被日军挖去双眼残忍杀害。他就是抗日英雄曹一川。

曹一川是北京密云人，原名曹克敏，知识分子，1914年出生于黄土坝村，1931年毕业于县高等中学，后到曹家路村当教师。1937年8月，密云全境被日伪军占领，曹一川不愿继续任教，回到家乡。由于日本帝国主义的铁蹄踏界，民不聊生，他虽然是地主家庭出身，但在民族仇恨、民族遭殃、遭受欺压下，他也同样处在水深火热之中。国土沦丧，山河破碎，他忧心忡忡，惶恐不安，后来在自己家里办起了学校，潜移默化地向学生灌输爱国主义思想，鼓励他们学好本领，拯救中华，赶走列强，使中国人不当奴隶。

1940年，中共冀热察区党委派八路军挺进敌后开展抗日游击战争，建立平北抗日根据地，挺进军10团挺进密云，在丰宁、滦平、密云三线长城内外的边缘地带，建立了丰滦密联合县。黄土坝村属于丰滦密联合县的三区所辖，区委书记兼区长江卓经常在曹一川家宣传开展抗日工作。曹一川目睹了守卫长城的国民党守军整团整师的节节败退，也看到了为数不多的八路军，插入敌后，迎敌而上，同时也饱尝了日本侵略者的欺压奴役和蹂躏，认识到了只有跟着共产党才能抗日救国，只有共产党才是人民的希望。

1941年，在党组织的启发下，经江卓同志介绍，曹一川正式参加了抗日工作，担任了丰滦密联合县三区的文教助理。1942年底，敌人对丰滦密联合县进行了大规模的疯狂“扫荡”，战斗形势急剧恶化。曹一川由于两次被捕，身份暴露，组织考虑他的安全，于1943年初，将他调往平北中心海陀山中心区的龙赤联合县工作。

曹一川到龙赤联合县后，开始任县公安科科员，化名林森。在锄奸反特工作中做出了很大贡献，他既能按照党的政策区分敌我不同性质矛盾，又能严厉打击汉奸、特务、卖国贼，对案情摸得透、抓得准。1944年秋，根据工作需要县委又调他到龙赤联合县二区，任民教助理。11月，到龙关二区后，县委决定在上桥子村开办民校教员培训班，分配曹一川负责安排生活培训和进行组织工作，60多名学员在上桥子村培训学习。

11月17日凌晨，培训班被叛徒告密，敌人在后城的据点，派出了一个营的伪满军包围了上桥子村。敌人将曹一川和30多名学生住的王荣家团团围住，从窗口伸进枪口，在门外咆哮。曹一川却沉着冷静地向同志们递了一个眼神，守门同志领会了他的意思，拉开门栓。曹一川猛地冲出，敌人一个没留神，让曹一川跑了出去。

曹一川不是为逃跑，是怕身上的文件落入敌人手中。他跑出半里路，迅速掩埋了文件。当他埋好后，敌人正追到眼前。曹一川从容地站在敌人面前，大义凛然地看着敌人。文件保住了，可曹一川却被捕了。

入狱后，由于叛徒指认，曹一川身份暴露，被日军单独关押进行重点审讯。敌人先以地位、金钱收买，被他严词拒绝。敌人见软的不行，便大打出手,曹一川挺胸立正,威武不屈,敌人望着不屈的曹一川问:“你就不怕死吗?”

“怕死不革命,只有你们这些软骨头的狗才怕死!”掷地有声的回答激怒了敌人。

敌人把曹一川一次次打晕,但他醒来继续痛斥敌人,历数敌人的滔天罪行。敌人恼羞成怒,用木棒、皮鞭凶狠地毒打曹一川,竟将他的面部肌肉打得脱落下来。可是他仍咬牙切齿地控诉敌人罪行。凶残的敌人挖出了他的双眼,打断了他的双腿,他仍不屈服,继续大骂日伪汉奸。最后敌人用绳索拴住曹一川的脚腕,拉到后城东门外,敌人一路拖一路用刺刀乱刺曹一川的全身。根据解放后参与此事的伪军交代,当时曹一川身中50多刀,虽然全身血流如注,但还是拼全力喊出:“打倒日本帝国主义!你们的末日到了!”残暴的敌人恐惧万分,怕他再喊,用刺刀捅进他的嘴里,一通乱搅,直至把舌头搅烂。

11月19日,曹一川同志壮烈牺牲,时年30岁。

中共龙赤联合县号召全县党员向曹一川学习。曹一川坚强不屈的斗争精神,被报往平北地委,追认曹一川同志为中国共产党党员。

1945年2月6日《晋察冀日报》以“赤城民族烈士曹一川被敌挖眼剖腹,壮烈殉国,临死高呼打倒日本帝国主义!”为题报道了烈士壮烈牺牲的经过,揭露了敌人的残酷罪行。号召晋察冀军民学习曹一川同志伟大的爱国主义精神:这种精神是永远不死的,他与日月同辉与天地共存,他那崇高的民族节气直冲霄汉,他那铮铮的铁骨、不屈的英雄身躯永映长虹。

三、卫兴顺壮烈牺牲

敌人是懦弱的,他们对强大起来的抗日军民恨得要死,怕得要命。

在延庆的大地上曾活跃着一支让敌人闻风丧胆的民兵游击队。1940年初,八路军游击队随平北工作团挺进平北,在八达岭以东长城沿线创建抗日根据地,成立了昌延联合县,派周楚华、高万丈两名同志到莲花山一带开辟工作建立政权区。

这里在日伪军铁蹄的践踏下,人民生活极其悲惨,周楚华、高万丈一到,就宣传党的抗日主张。群众积极报名参加游击队,很快建立了一支30多人的游击队,大家都推选大庄科乡汉家川村土生土长的卫兴顺当队长。

卫兴顺带领着这支游击队在二道关处置过抗缴公粮的伪甲长,参加过10团袭击柳沟据点等战斗。

1944年3月1日晚上,游击队夜袭周四沟后,卫兴顺带领游击队员进入了香屯村休息。战士们在王永贵家北屋大炕上刚睡着,大庄科、二道关、黄花城3个据点的五六百敌人,突然包围了香屯村。一个连的敌人,拥进了香屯村王永贵家的四合院。

敌人开始只是诱降:"卫队长,快出来吧! 到太君那里,给你个团长干干!"

卫兴顺一直不吭声,指挥着战士们从窗户门缝里一个劲儿地往外射击和扔手榴弹。刹那间,四合院内瓦砾飞溅,尸骨纵横。敌人见劝降无效,就集中火力还击。尽管游击队员英勇奋战,但困在屋里,又是寡不敌众。最后子弹打光了,卫兴顺鼓励大家不能束手就擒,准备带领战士们白刃肉搏,杀开一条血路冲出去。不料刚打开门,一颗子弹就穿入了他的胸膛,敌人蜂拥而上,鲜血从卫兴顺的衣襟流下。他手扶门框,双目怒睁,威不可侵。

这时,一个戴眼镜的日本军官上来威逼劝降:"你的,区长刘文科在哪里? 公粮在哪里? 说出来,保证医好你的伤,给你个大官的干活。"

卫兴顺一言不发,艰难地移动双腿,逼近对方,突然啪地一记耳光打在了那个家伙脸上,眼镜飞出好远。日本军官暴跳如雷,咆哮着将卫兴顺五花大绑,推到群众当中,逼着群众去找铡刀。老百姓宁可吃敌人的枪子、皮鞭,也站着不动。敌人无可奈何,自己找来铡刀,把卫兴顺的脖子按在铡刀床上,继续威逼劝降,妄图以此征服卫兴顺,吓倒老百姓。

敌人失算了,卫兴顺不愧是中国共产党党员,脖子枕在铡刀床上高呼:"中国共产党万岁!"痛骂汉奸、走狗都没有好下场。卫兴顺慷慨就义后,敌人用木杆挑起他的头颅示众,木杆上挂着一张白条,上面写着"赤匪游击队长卫兴顺"。香屯村子附近的群众痛哭流涕哀悼这位壮烈牺牲的抗日英雄。

刘文科闻讯赶来,敌人已经撤走,他和群众一起把卫兴顺烈士的尸体安葬在山冈上。敌人杀了卫兴顺,想以此威慑老百姓,可敌人却万万没有想到,就在埋葬卫兴顺尸骨的地方,当时就有很多青壮年自愿报名参加游击队,决心为卫兴顺同志报仇,三两天的时间,二区游击队又组织起来。

成千成万的先烈,在胜利的前夕英勇地牺牲了,后来者高举起他们的旗帜,踏着血迹继续前进了。

第二章　巩固根据地经济

第一节　反经济勒索

政策是中国共产党的生命线，也是抗日根据地赖以生存、巩固、发展的根本保证。在度过了1943年抗日战争最严重困难的阶段之后，平北抗战根据地迎来了1944年的转折。

中国共产党审时度势，制定了一系列正确的新的政策和策略。发动政治攻势，瓦解伪军伪组织；反敌经济封锁，开展对敌经济斗争；为实行革命的两面政策，创建两面政权，完善民主建政；实行生产自救，建立自给自足的独立的抗战经济；实行精兵简政；继续实行减租减息等政策。

把对敌军的军事打击与政治瓦解结合起来，重视利用敌人营垒内部的各种矛盾，在军事打击的强大压力下开展有力的政治攻势，利用多种方式解决敌人。

1944年1月22日，平北地委副书记武光同志明确指出1944年平北在巩固工作上应注意的几项，其中提出：

> ……在游击区，更进一步积极主动地掌握革命的两面政策，有计划地猛烈开展政治攻势与敌伪工作，抓紧一切机会，利用一切可能的条件，进行民族革命的反法西斯的民主的教育，以稳定我巩固区的外围阵地。

1944年3月15日，平北地分委在赤城县大海陀深山区召开了扩干工作会议，时任平北地委书记和平北军分区政委的段苏权同志，根据目前的任务和贯彻执行党的指示，在扩干工作会上做了详尽的解析和具体部署，布置

“樱花节”政治攻势，主要指出结合春季战役出击的有利形势，开展政治攻势，以巩固军事胜利成果，争取人心进一步向我，扩大解放区。

由于各根据地军民认真贯彻执行了党的这些政策、策略，终于带领平北抗日军民向着最终的胜利大踏步地前进。

一、姜国亭筹粮

1944 年，平北地区日伪军事力量开始削弱。这一年，日军精锐部队被调往太平洋地区，新兵士气低落，战斗力差。敌人的据点一个个被拔除，抗日军民则越战越强，积蓄力量准备战略反攻。

4 月，日军发动春季大“扫荡”，烧毁龙延怀联合县窑子沟、石香炉、光梁洼、赵家窝铺一带村庄。敌人“扫荡”的目标原来是为了配合其所谓“施政跃进运动”。所谓“施政跃进运动”，是日军对绥蒙地区推行的企图以军事、政治、经济、文化相结合的“总力战”，企图以此摧毁抗日力量和抗日根据地。但由于平北根据地军民将军事活动与政治攻势相结合，使得敌人的阴谋遭到了严重的失败。敌人要扩大“青年团”，在龙赤地区仅仅抓去了 5 个人；敌人要 20 万“储蓄捐”，各地老百姓都一致抗交，收获很小；敌人在昌延地区要款，原定数额是 200 万，但仅完成了 60 万，敌人催不上来，只好放弃了自己的计划。

同时，平北抗日根据地制定了一系列有关政策。例如：对日军要揭露其非正义的侵略战争性质，激发起厌战情绪；对伪满洲军启发其民族自尊心，抗日军民在山石上写下：“满洲军兄弟们，枪弹进膛，细细思量，子弹射击，何人受伤？”“中国人不打中国人！”等。经过这些宣传和思想争取工作，有的伪满洲军在战场上朝天上放空枪，有的还丢下子弹。对当地的伪军政人员的争取就更有便利条件，因为他们都是本地人，许多人家在乡村，可以通过各种关系，向他们进行说服工作，争取他们不当死心塌地的汉奸亡国奴，为自己留条后路。

时任延庆县六区区长的姜国亭和其他区领导干部，对六区各村给敌人干事的军政人员了如指掌。谁表现如何、家庭情况怎么样、如何进行争取工作等都进行分析，然后通过各种关系进行争取、瓦解。

1944 年的一天，姜国亭带领十几名八路军战士到延庆双营村筹集军粮。当时，筹粮的办法主要有三种途径：派粮、借粮和捐粮。派粮的主要对象是地主、富农和中农。派粮时，一般采取预派的办法，即事先通知对象户，宣布派粮数目和交粮的大约时间，让其有所准备，以便部队来时能及时交出粮食。借粮的对象一般是略有余粮的农户，还粮的日期不定，早的几天便可偿还，迟的则到解放后才还清。捐粮，则是一种群众性的运动，一般是在派粮、借粮尚不能满足供给的情况下，才发动全区群众捐献粮食，所捐的粮食大多是红薯、薯干这些杂粮了。

双营村距离延庆县城东北十余里，这个村里有不少“堡垒户”，当年许多“堡垒户”是在减租减息政策中得到实惠的群众，积极向根据地捐粮食。虽然捐的都是些杂粮，但这也都是从他们牙缝里挤出来的。姜国亭带着战士们进入了双营村，坐在老乡家的炕上一边计划着筹粮，一边和老乡说：“鬼子的日子长不了了，各处都在反攻，10团也从山那边过来了。”

“是啊，不过老姜，你们也不能不防着点县城里的伪军他们没事还老出来转悠呢。”

姜国亭把烟袋锅子在鞋底上磕了磕：“不怕，碰见了正好跟他们好好聊聊，哈哈……”姜国亭爽朗的笑声让屋里的气氛顿时轻松了几分。

一边聊着天，老乡一边把热气腾腾的窝头端出锅：“趁热，赶紧吃了。吃完别等天黑，你们就能回去了。”

正在大家津津有味地吃着窝头的时候，一名负责放哨的战士，急匆匆地跑进屋里：“报告，伪军进村了！”

双营村离县城近，城里的伪军没事就来这里“打打秋风”。今天不知道又是奉了什么命令来村里要吃要喝，二十几个伪军晃着肩膀，站在双营村的城墙外向里叫唤着：“赶紧给老子们开门……”可是半天没见城里有什么动静，一个伪军头子眨巴眨巴眼睛：“平常叫门挺痛快的，今天怎么半天不开门？别是里面有共产党吧？兄弟们，给我大声喊。双营里面要是有八路，咱可不能空手回去！”

二十几个伪军，端着枪围在双营城外，扯着脖子在那儿喊着：“消灭八路军！有种的出来……”

“头儿，我听说他们八路有个头儿叫姜国亭，说不定也在里面……”

“对！没错，姜国亭给我出来！”

眼看城门就要被他们撞开，姜国亭隐蔽在城上向下看，心里暗暗盘算：如果这时候突围出去，肯定要跟他们交手。交手倒不怕他们，可是这刚刚筹齐的粮食……这里的百姓……想到此处，姜国亭一挺身，突然出现在城头上。

“我就是你们要捉的姜国亭！”

城底下的伪军看到城上突然冒出一个人来，也被吓了一跳，顿时城里城外一片寂静。伪军大眼瞪小眼地看着城上的姜国亭。姜国亭站在城上，落日的余晖将他染得像尊铁铸的雕像。

伪军头目咽了一口吐沫，指着城上的人，结结巴巴地问：“你……你就是……姜……国亭？”

“对！你不是要捉我吗？可以！但是我有几句话，说完了再捉也不迟。”

“说……你死到临头了，看你还能说出什么来！”

“兄弟，听你的口音，也是延庆人啊，哪个村的？”

“我……我是哪人……你管不着！”

“别这么说啊！我是延庆北张庄的人！你也是延庆的。咱们同饮妫河水，同吃妫川粮，说不定谁和谁还是亲戚哩。”

“谁……谁跟你是……亲戚！”

“不是亲戚，咱们总都是中国人、都是延庆人吧！谁家没个爹娘？哪家没个老婆孩子？你们的爹娘等着你们孝顺，你们的妻儿老小等着你们回家团圆。咱们可不能相互残杀，这么办……”说着姜国亭用手往城里一挥手，“我让我这里的百八十人把城门打开，我们绝不会对你们开一枪投一弹！你看行不行？”

伪军头目一听，舌头差点掉在胸口上：我的妈！百八十人！我这才几个兄弟，幸亏没撞进去，这要是真撞进去，说不准谁把谁活捉了呢。想着，伪军头子脸上露出了奸笑：“呵呵呵，我说……姜同志，您说话可要算话！一枪不发？”

“一枪不发！兄弟，我们八路军的枪口只打日本鬼子，不能打咱中国人！”

“对……对对对！说得对！这么办，你也别着急。我们今天就是路过，咱们是……你走你的阳关道……我走我的独木桥。咱们井水不……犯河水。”

“好！”

伪军头目向着自己手底下的人一挥手，果然全部撤走了。有人趴在伪军头子耳边小声问：“咱们怎么就撤了？”

“废话！不撤还等着八路打出来啊！再说，这小日本我看也没几天好日子了,咱们还是少造孽吧!”

看着伪军远去的背影,姜国亭立即带领着战士顺利地运出了筹集的军粮,回到根据地。

二、政策攻心战

如果说姜国亭在双营村的还算一次遭遇战,那么旧县的白草洼据点,就是用政策宣传与军事斗争相结合的办法拿下来的。

白草洼村就在延庆县城东北方向的山脚下,离县城 26 里,属于旧县管辖。旧县的地势北高南低,是个不规则的三角地带。延庆地区的老百姓流传着这样一首民谣:“北靠山,南连川,五万亩青山,五万亩良田,中间五条大沙滩。”这五条大沙滩便是:白草洼、古城、阎家庄、北张庄和三里庄村。白草洼村是个交通要道,通过村子往西北,可到达原平北地委所在地南碾沟村,往北可到达赤城县的白塔、野猪窝村等地。

日军为了割断南北山抗日根据地的联系,1941 年 9 月从延庆、永宁、康庄 3 处,调来伪军 100 多人,又从白草洼和附近的几个村,抓来 200 多人充当民夫。用了两个多月,在白草洼北山的梁头上修了 1 大 2 小 3 个炮楼,大炮楼 3 丈多高和 2 个小炮楼成“品”字形居高临下。炮楼据点驻着 60 多个伪警察,它就像 3 只饿狼时刻窥视着山下的一举一动。

这个据点就像一块疥癣,根据地军民早就想拔掉它,为此做了不少工作。比如白草洼村有个姓王的伪甲长,通过他给伪军送信、送传单,进行宣传鼓动,从思想上进行瓦解;村里养着 12 条狗,晚上八路军一行动就叫起来,给伪军报信儿。于是就让伪甲长派人夜间送出来,把狗杀了。民兵英雄李明带领民兵埋地雷,封锁伪军的去路。这么一来,伪军的吃、喝、用等生活物品难以运上山头据点,弄得他们一天到晚提心吊胆,一是怕,出来进去生怕踏响地雷;二来,又怕哪天八路攻打上来;最怕就是日军完蛋,背上个汉奸的罪名。所以每天游神不定,无心打仗。

1944 年初的一天早晨,白草洼村地下党员林子厚,接到平北地委参议员张华亭的一封信,让他到果树园村找 10 团有事商量。驻在果树园村的 10 团团长王亢、副政委曾威见到老林便说起了白草洼据点。

“拔掉白草洼敌据点,咱们一个团,拿敌人六十几个人的炮楼没问题。为避免不必要的损失,我们决定还是以智取为好。不行,再强攻。”

“团长,您说得对。您别看白草洼这个据点不大。但是地势可不利于强攻。敌人在上,我们攻上去牺牲太大。最好把上面的伪军引下来,一口一口地吃掉。他们也不傻,知道到处是地雷,恐怕也不容易。我想了,让他们知道咱们真回来了最好。”

“老林,说说你的想法!”

“团长,您以10团的名义写一封信,我带上去,咱们学一个‘断臂说降陆文龙’。今天后晌过后我要是还没下山,您不用管我,该咋打咋打!”

说完,林子厚带上信就上山了。接着10团和县大队出发,包围了白草洼村。

林子厚从北边的山坡上摸进了炮楼。伪警长孙德胜不在,他把信交给伪班长王禄。王禄一见信,脸都吓白了。林子厚说:“10团首长叫我转告你们:缴械投降,宽大处理。如果不答应,那就……”

老林话还未说完,王禄就吓哭了。王禄请求说:“等我们的队长回来不行吗?”

林子厚淡淡地说:“我倒好办,可人家部队不等呀!”王禄一听急得跺起脚来。

王禄马上找来伪班长袁兴、情报队长赵青,三人一商量,决定和谈,“不过得讲讲条件……”

林子厚下山,找到张华亭和陈怀德说明情况,他们一同上炮楼。刚到山头,伪军便把枪放在炮楼里,排好队举手行礼表示欢迎。他们走进炮楼,张华亭说:“你们要做个有良心的中国人,不要替日本人卖命杀自己的同胞,要弃暗投明。中国人不打中国人。好汉不当亡国奴,共产党不打也不杀,一律宽大处理……”

一气儿讲了半个多小时,伪军被说得心服口服。又见10团在山下把他们包围得水泄不通,只好同意投降,但又怕不好交账,就说:“你们一枪不打,等日本鬼子追究起来,我们没法交代呀。”

林子厚说:“那好办,你们把枪缴了,我们到外边打打空枪,就说炮楼是我们拿下来的,这不就行了。”

伪警察一听,觉得这样既能保命,又能和日本人有个交代,便在炮楼上乱放一阵枪,扔了几颗手榴弹,把炮楼点着了。伪警察下山缴了武器,10团首长和县委负责同志对他们进行了教育,让他们吃了一顿大米饭、白菜炖肉,按照他们的要求都放他们回了家。

就这样，白草洼据点被拔除了，盘踞在延庆的日军得知此事，气得都要炸了。

政治攻势可以少流血、不牺牲就能俘获敌人拿下据点，之所以能够成功，首先要建立在正义和非正义基础上，让伪军懂得，非正义是不得人心的，而且终究是要失败的；其次要建立在武装斗争基础之上，人民的力量越强大，瓦解敌人也就越容易。除了瓦解敌人，争取更多开明绅士、社会名流为抗日工作也是开展政治攻势的主要方向。

永宁伪镇长韩玉龙是平北抗日政府争取的开明绅士。延庆永宁镇民情淳厚，文风昌盛，仁人志士，继久不衰。一向有着“南胡、北聂、东赵、西池、韩半城”的说法。韩玉龙生于清末，为人精明能干，家里有土地50顷，除此之外韩玉龙还善于经营。他的商业涉及杂货、药品、布匹、粮食、肉类、皮毛等多个行业；酿造业有酒、醋、酱和酱油等作坊。韩玉龙经营的产业发展得很快，到民国后期，韩氏家族的商业用房的总面积，占永宁城内商业用房总面积的近一半，因此，人们称韩玉龙为“韩半城”。

昌延联合县政府了解到，韩玉龙是一位开明绅士，抗日战争期间，虽任永宁镇伪镇长，但绝对不是死心塌地地给敌人干事的人，很有争取的可能。经过周密的调查研究，昌延联合县政府的同志们找到了北张庄的田俊喜。田俊喜是清朝时代的武秀才，在当地也是社会名流。姜国亭、吕文山同志便秘密地拜访了田俊喜，请他去争取韩玉龙，为抗日做出贡献。

田俊喜先生接受了这项任务，经过多次往来，以及昌延联合县政府诸多同志的努力，韩玉龙欣然加入了抗日救国会，并以其特殊身份为抗日救国做工作。韩玉龙为了表示加入抗日救国会的意愿，他向抗日救国会交了一支手枪作为会费，并向昌延联合县政府提供了很多日伪的情报。最突出的一项贡献是把伪延庆县政府贯彻执行的伪蒙疆自治政府《第五次施政跃进计划》送给了昌延联合县政府。

三、反勒索税金

伪蒙疆自治政府的《第五次施政跃进计划》，主要目的是敌伪对根据地群众的疯狂勒索和掠夺。

1943年秋，日军深陷侵略战争之中，军事、经济皆捉襟见肘。来自喀喇沁的吴鹤龄以伪蒙疆自治政府政务院院长的身份，组织了“兴亚协进会”，鼓动胁迫民众献金、献铜、献铁以支援穷途末路的日伪军,并向张家口地区的鸦片经营者勒索了一大笔钱,从日本购买了两架飞机,希图为伪蒙疆政府建立空军打下基础。

伪蒙疆政治建立后,一直公开推行鸦片种植,并且建立了一整套与之相适应的调拨、交流系统。通过制定的运输线路,源源不断地把巨量"蒙疆"鸦片运销到日军占领区。

据统计,自 1939 年到 1942 年的 4 年中,就有近 2000 万两鸦片投放市场。最高年度为 1942 年,当年收缴量竟然高达 1124 万两,输出金额 7759.8 万元,利润高达 3196 万元。鸦片收入一直维持着日伪政权的统治。

日伪军占领下花园后,几度强迫这里的农民种植鸦片。此次勒索鸦片经营者下花园也在范围之内。下花园地处鸡鸣山山脚下,是平绥路上一个小镇。下花园附近设立龙延怀联合县七区,县委区委接到上级的指示,决定在此征收鸦片税,把鸦片经营者的钱收到抗日政府手里,绝不能落在敌人腰包里,再次充实他们的武力装备。

下花园的伪乡长,个人烟田近百亩,不仅自己抗税不交,还阻止全乡烟民交税。针对这一情况,县委决定派何金海的"红石山游击队"配合七区政府向烟民收缴税费。

1944 年的夏末秋初,何金海带领突击队,趁着夜幕的掩护兵分两路。一路由副队长李生旺带领七区民兵和村干部,每人手持棍棒,来到伪乡长家的大烟地。大家抡起手里的棍棒,将即将开花的大烟桃统统打烂,将直挺挺的罂粟秆撂倒,狠狠地踩在地里。另一路由何金海带领潜入下花园伪乡公所,准备处死伪乡长。谁知这个老奸巨猾的家伙,白天在这里作威作福,到了晚上就偷偷摸摸地跑到城里找他的老相好去了。何金海一见扑空了,便将事先准备好的刷子、墨汁拿出来,在伪乡公所的墙上写下了几条标语。

第二天,伪乡长一进伪乡公所的大门,迎面墙上斗大的几个大字:"抗税不交者必死!"落款是:"八路军平北红石山游击队大队长何金海。"顿时,吓得伪乡长瘫坐在地上。此时有人跑来报告,大烟地被毁得一塌糊涂。伪乡长吓得好几天不敢出门,躲在屋里天天数着月份牌过日子。

龙延怀联合县七区的政治宣传,是根据人民的切身利益来动员与组织人民,把人民当前的利益和爱国心联系起来。何金海的红石山游击队在下花园的大街小巷写了不少标语:"交了储蓄捐,百姓倾家荡产!""咱们要活命,不交飞机捐!""鬼子的施政跃进,就是要老百姓死净要尽!"等等,在鼓舞群众组织起来对敌斗争上起了不小的作用。

从此,老百姓凡是种烟的,都纷纷向抗日政府交税。伪乡长烟地虽遭破坏,但他慑于八路军的威力,按亩如数将税款委托他人交给人民政府,并附信一封表示:"愿求活命,永不为敌!"

伪蒙疆政府准备以"储蓄"及"飞机捐"的名义,掠夺20万万元巨款,仅在宣化(察南十县)范围内,即准备掠夺1000万元;在龙赤掠夺31.7万元;在昌延五区,敌特准备讹诈10万元以上。当时,延庆康庄铁路警察所的伪警察也四处为日军跑着筹钱的勾当。

1944年3月上旬的一天,妫水南岸宗家营村的一位群众积极分子,向一区民兵队长、武委会主任闫守甫报告说:"今晚康庄铁路警察所的金翻译和特务闫九芝到保长家,取他们搜刮群众的500块现大洋。"

闫守甫和区里一碰头,区委书记王平、区长郭廷杰即刻命令闫守甫:"一定追回这笔钱,还给群众。"

闫守甫连夜带着16个民兵,直奔宗家营村。到宗家营村必须过妫水河,当时正是河开雁来的季节。从冰上走,要掉到水里,如果蹚水过河,有的冰未化,挡住去路;如果边蹚河边砸冰,又太慢,怕敌人带着款跑了,他们决定从大桥上过去。这座大桥是简易的木板桥,紧靠敌据点,是日伪军为从妫水河北岸去南边的康庄镇往来方便,临时搭的桥。

闫守甫和16名民兵战士,从西五里营村出发,往东南经过前黑龙庙和后黑龙庙村,一直往南就是日军据点。这个据点有一土围墙,围墙里盖着两处院,住着伪联乡队警察。追款心急,走路脚重,附近村传出狗叫声。闫守甫怕惊动敌人,立刻命令:"脚步放慢,轻一点!"到敌据点时,狗叫声渐渐停止了。他们屏住呼吸躲过敌人据点,来到桥北头,迅速过桥后,直奔宗家营村伪保长的家。

敲开保长家门,保长一看来头全都明白了,不交代游击队这一关肯定过不去;交代得罪了日本人,那治人的手腕多着呢。保长眼珠一转:对!不如来一个脚踏两只船!

"闫队长,干脆跟您实话实说吧。姓金的带着现大洋300元去了大营村,还有200元没收上来,闫九芝等着取款,为了逃跑方便,他就住在最南头老赵家的小西屋里。我可都跟您说了,您得给我保密啊!"

闫守甫答应了保长的请求,然后带着民兵迅速堵住了闫九芝的屋门。

闫九芝被抓获了，民兵押着他奔向康庄大营村，继续抓捕金翻译。闫九芝为了给金翻译留一个逃跑的机会，故意磨磨蹭蹭，民兵朝着闫九芝的屁股就是一脚。这下闫九芝更逮着理了，一瘸一拐的简直成了累赘。

闫守甫看着特务的嘴脸，知道他的想法，在路过张老营村的时候，派 4 名民兵把闫九芝看起来。自己带着 12 名民兵，继续向大营村追去。

大营村的保长丁先是个冥顽不化的家伙，死活不肯说金翻译的下落。闫守甫问："丁先，你知道我们的政策吗？"

"什么政策？我不知道！"

"坦白从宽，抗拒从严！"说着，闫守甫向民兵使了个眼色。民兵战士抡起巴掌，在丁先的脸上留下了两个巴掌印。

"哎……你们不是不许打人吗？怎么还动手啊！"

"丁先，你要是再不说，就不是动手了！"

丁先一看，知道今天是躲不过去了，才吞吞吐吐地说："金翻译刚打我这儿走，他回康庄铁路警察所了！"

闫守甫立即带着 12 名民兵，沿着田间小路向康庄方向追去。

深夜，金翻译深一脚浅一脚地正往康庄跑，突然发现后边有人追上来，吓得他使劲地往前跑。他跑得再快，也比不上神腿闫守甫。越追越近，金翻译被闫守甫一脚踹在后腰上，跌倒在地。民兵上前把金翻译死死地按在地上，紧紧绑住他的双臂，从身上搜出现大洋 300 元。

天亮时，金翻译、特务闫九芝和追回的现大洋一并交到区公所。区公所叫把钱款和几个人押到县政府。特务得到了应有的下场，现大洋归还给了百姓。

正是有了韩玉龙提供的这些情报，平北根据地军民早做准备，使得敌伪人财两空。敌伪原准备在龙赤地区抓青年 150 人，结果只被骗去 3 人，并有 2 个青年从据点逃出，要求参加八路军。在昌延联合县 3 个区中，敌人原准备抓捕青年 177 人，结果只弄去 5 人。在龙延怀五区原被敌抓去青年 40 余人，攻势开展后，都逃跑了回来。另外，在该县两个区中，很短时期内即有 20 余青年自动投入区游击队。同时敌伪准备在昌延五区讹诈 10 万元以上的款项，只弄去 2 万元左右。

平北抗日根据地粉碎了敌人"施政跃进计划"的阴谋。基本上打垮了敌伪"第五次施政跃进计划"在平北范围内的掠夺计划，在人力、物资争夺战上，获得重大胜利。

第二节　冲破经济封锁

一、大生产运动及精兵简政

抗日根据地军民大生产运动，早在1941年5月中央军委《关于陕甘宁边区部队生产工作的指示》中就提出明确要求，这是打破敌人对根据地经济封锁，实现军工民用自给自足的重要途径与方法。

1942年1月，时任平北地委书记的苏梅，在地委扩大干部会的报告中，就如何打破敌人经济封锁，克服根据地面临的财经困难，做出了具体安排，要求：发动群众向敌据点内购买生活日用品；各县要准备一个营所需要的布匹鞋袜；吸收敌占区商人、小贩向根据地贩卖必需品，并加以保护，实行买卖公平（有敌探嫌疑者例外）；严格实行预决算和粮食制度；整理税收和经费；开展反贪污浪费斗争；实行节约等。

由于1942年敌人的疯狂"扫荡"，平北各根据地的大生产是从1943年开始的。

1943年2月，平北地区专署、军分区召开生产节约动员大会，成立了领导生产的"春耕委员会"。3月，平北地分委发出了《关于加紧春耕增加生产的指示》，要求各级党委建立强有力的生产委员会加强领导。

为了很好地进行生产，减少荒地，对农家耕具、畜力、种子、劳力状况着实调查登记，虚弱无力者，可由政府从其他方面加以调剂；支部、党员起核心带头作用；提倡家庭副业，儿童也要养猪、养鸡，尽可能做到一家养一口猪，一人养一只鸡，并大量养羊，养羊不收累进税；奖励劳动模范，开展生产竞赛；党委、军队、团体除帮助群众生产，要自己种蔬菜、搞副业等。根据地分委指示，各县、区、党、政、军各部门，开荒种地的积极性都很高，出现了"一手拿锄头，一手拿枪杆，敌人来了坚决地打，敌人走了就生产"的劳武结合大好局面。

平北军分区机关在海陀山东麓的南北碾沟一带开荒200多亩。龙赤联合县五区还组织了区干部开荒队，由区委负责人安宏达当生产队长，提出两年自给口号。该区纪宁堡的耕地从原来的480亩，扩大到800亩。

各级政府还鼓励和组织群众搞货物易地贩运，疏通山内外物资交流。有的地方争取一些商人为根据地服务，解决部分物资困难。在巩固区，创办了贸易公司或合作社，经营布匹、牛羊、粮食、医药等，采取措施扩大手工业和副业生产。四区有个村子,抗日政府发放了生产贷款400元,仅25天,以这笔贷款做本钱赚回818元。另一个村子响应政府号召,建立了生产委员会,全村56户,有29户得到贷款解决了生产急需,有21户靠搞副业编筐,挣了不少钱,还有6户当小贩,整个村子生产搞得很红火,连好吃懒做的懒汉也动起来。

龙延怀联合县的农救会会员,为了发展副业生产挨门动员群众捻毛线、织毛袜。在妇救会组织下,妇女们也都投入生产活动。县委机关20多人,除坚持工作外还种地40多亩。学校的师生课余时间也开荒种地,发展生产,做出应有贡献。

1944年大生产运动开展的规模和收获更胜过1943年,各联合县党、政、军、民、学各级单位由原来的靠政府供给,逐步变成了自给。有的单位还自给有余,从而大大减轻人民负担,改善了生活。

与此同时,各联合县也贯彻了中央及地委提出的“精兵简政”政策。

1942年6月,平北地委召开了军政委员会联席会议,做出“积蓄和收集财政资源,厉行节约渡过难关”的决定,开始减少冗员,缩小机构,减少开支。在部队机关减少非战斗人员,紧缩上层机构,充实基层,扩大战斗部队。地方机关也同样缩小县级机构,充实区级,克服本本主义、党八股等脱离群众现象。号召各单位老弱残人员转业参加生产,以使军政机关、部队更加轻快敏捷,以适应艰苦环境的对敌斗争需要。

为了贯彻各项经济政策,加强党对财经工作的领导,地、县分别成立了经济委员会,抽调干部专门搞财经工作。

平北地分委1944年3月进一步明确规定:“要进一步严格掌握财政制度,实现财政统收统支,肃清浪费与贪污,节约不必要的开支,以达到取之合理、用之得当的目的。”由于大生产及节约运动的开展、精兵简政政策的贯彻实施,不仅粉碎了敌人的经济封锁,缓解了平北地区无力养兵的矛盾,使根据地度过了严重困难,有力地支援了军事斗争,巩固了根据地,而且在政治上也产生了极其深远的影响。

二、合理负担争取群众

平北地区是游击根据地,而这块根据地的巩固程度,是斗争胜利的关键,因此必须充分发动群众,从团结各阶层的对敌斗争中,反对敌寇掠夺,摧毁敌伪统治,才能使根据地逐渐巩固。另外一方面,平北各块根据地的发展是不平衡的,其中有抗日一面的地区,有抗日优势两面的地区,也有抗日劣势的两面地区,所以,在发动基本群众时,注意分别,适当地联系进行斗争,减轻封建剥削,削弱与摧毁封建统治,以求得群众生活的改善与实现民主政治。在财政经济方面,动员和积蓄可能得到的财政经济资源,作为前进的本钱,不浪费一文钱,也不吝啬必须开支的经费;财政开支放到战争上去;粉碎敌人的经济封锁;严格执行预决算制度和粮票制度;整理税收,合理负担;开展反贪污浪费斗争;整理村经费等。

平北地区各联合县从根据地建立初期一直到1943年5月,部队的军需供给和地方机关的各种开支,均用行政手段按地区进行摊派征收,这种不分贫富的摊派方法很不合理,给广大贫苦农民及一部分中农户造成了很大负担。为改变这种不合理状况,平北地分委、办事处根据"有钱出钱,有力出力,钱多多出,钱少少出"的抗战经济政策,在1943年重新公布了《晋察冀边区合理负担暂行办法》,指示各联合县对以前的摊派办法进行改革,采用免征点和统一累进税相结合的办法。这一办法规定,按地亩多少、耕地的好坏计算产量、分等设级,一石粮为一个负担亩,负担亩越多,累进税越大,负担也就越多。还规定了免征点,穷苦的贫雇农多数为免征对象。

由于征收农业统一累进税(合理负担)以地主富农的收入多少分等累进税收,收入越多,累进税越重,因此开始实行时,有些大户、富农有情绪,找区县领导提意见,但经过各级干部认真细致地做思想工作,逐步得到了扭转。

各联合县的巩固区在县委领导下,派出工作组,奔赴农村,先做深入细致的宣传教育工作,在提高认识的基础上,进行实际调查,再进行评议工作。由于各县区县委、区委的重视,这一工作很快在各区开展起来。

三、减租减息稳民心

为了调整各阶级的关系,既能团结各阶层力量于抗日统一战线之中,又能使广大贫苦农民生活得到初步改善,以激励调动广大人民的抗日积极性,使抗日斗争持久进行。1940年2月,晋察冀边区根据中共中央的指示与要求,公布了《减租减息单行条例》。

1943年1月10日,平北地委在《关于平北目前形势与任务决议》中,"关于租佃、债息法令的修正"部分明确:租佃债息,除一般执行1941年2月晋察冀边区参议会通过租佃债息条例外，根据平北情况做如下决定：(一)减租(原条例第四、五条)一律减少15%~25%。(二)额外剥削(原条例第八条)死租、押租取消，并取消承租人(即二地主)及其承租的耕地全部或一部。但承租土地而以同等租额分租他人者，不以转租论。(三)因灾欠款，租佃双方均实行收获产物的375与625或425与575之比分配之。(四)债息问题非法剥削(原条例上十三条)借一斗米，而作价大又加一的高利贷一律禁止。

1943年5月，平北专署办事处颁布《租佃债息条例》，明确规定二五减租和一五减息。二五减租就是在原租额的基础上减收25%，减收以后的地租不能超过土地正产物总量的37.5%，不足者，依其约定。一五减息是指借债的利息不得超过一分五。增资是指要求地主富农为长工或雇农增加工资，以成年人每年的工资能维持一般农民生活水平为原则，能养活一个或一个半人为标准。

由于西坡会议上思想认识问题解决得好，对政策有了深切的了解，龙延怀县委在姜庄子村里石匣山沟内，先后举办了为期一个月的2期训练班，学员50人左右。学习内容除党的知识外，主要是"双减一增"的政策。

县级领导干部深入到区从事社会经济调查工作，选择具有代表性的村庄进行试点，总结经验。在做好充分准备工作的基础上，先在抗日一面政权的村子开展了减租减息、增加工资的工作。落实土地政策的结果，既改善了基本群众的生活，推动了生产，又团结了富农，巩固了抗日统一战线，加强了对敌斗争。

1943年10月1日，毛泽东发出了《开展根据地的减租、生产和拥政爱民运动》指示，指出："我党在根据地内细心地、认真地、彻底地争取群众，和群众同生死共存亡的任务，较之过去六年有更加迫切的意义。今秋如能检查减租政策实施，并实行彻底减租，就能发扬农民群众的积极性，加强明年的对敌斗争，推动明年的生产运动。"

12月6日，晋察冀中央分局给平北地分委的指示信中强调："在不妨害团结的原则下，广泛发动民主民生的斗争，彻底实行减租减息(在巩固区)、增加工资，并宣传反对毛驴政策(指劳役制度)，宣传党的土地政策以及发动基本群众的积极性，是平北党刻不容缓的任务。"

落实土地政策，标志着平北地区在农民土地问题上，开始由抗日战争时期的削弱封建制度剥削，向变革封建土地关系、废除封建制度过渡。

通过减租减息、合理负担，减轻了贫雇农民的经济负担，增加了收入，提高了生活水平。如麻峪口村陈怀亮,租种草庙子村地主刘金钊30亩地,减少地租13石6斗。又如草庙子村农民梁占元、梁德、梁廷谦、刘存祯等人,借以放债为生的地主孟存根的钱,欠下的债务,通过减息核算,已超过五年,付利已超过本金,都给一笔勾销了。

随着经济上的逐步好转,群众从思想上亲近民主抗日政府了,知道中国共产党是为人民群众谋利益的。于是要求参加抗联会、青救会、儿童团的人也越来越多,积极参军参战,站岗放哨打敌人,在当时最为光荣。

四、佯送粮食袭击敌人

兵马未动,粮草先行。在平北抗日根据地,每年秋天,公粮便成了敌我争夺的焦点。八路军抗日救国,是老百姓自己的队伍,不交给八路军心里实在过不去;日伪军经常"扫荡",到村中烧杀抢掠,抓捕干部群众,肆意祸害,不交给这些强盗,又实在惹不起。这种处境,使两面政权村子的干部十分为难。

1942年秋后,地瘠民贫的龙崇赤联合县九区墩上村又该交公粮了。经过敌人半年多"扫荡",人们从牙缝挤出这点粮食,比金子还宝贵,怎么能给敌人呢?墩上村村长,便与区委书记李治安商量,两人反复琢磨,终于想出了对付敌人的办法。

塞外深秋,草枯花谢,朔风卷地,北雁南归,一片萧瑟。地处古长城下的墩上村寒意浓浓。东方泛白,从村内出来10多辆牛拉木质的旱板车,咯吱咯吱地朝东边方向,向敌人的据点羊坊缓慢蠕动着。这一溜车上,拉的全是公粮。走到一个三岔路口,村长(也是敌人甲长)突然叫大家停车。只见从山上下来10多个区卫队员,他们耳语一阵。区卫队员大步流星直向东面羊坊敌人据点方向走去。村长立刻命令大家赶快扭转车头,挥鞭赶牛,一路向北,急速而去。

这时候,三岔路口传来轰轰的爆炸声,接着枪声大作。枪声、爆炸声划破清晨的晴空,随着高山回音传向四面八方。

不一会儿,区卫队返回爬上北山头制高点,目送着运公粮车队远去,掩护着他们行进。村长没有随运粮车队回去,而是继续向东走,进了羊坊据点向敌人报告:"我们来交公粮,半路叫八路军给截住,连窝端走了。你们快去追吧!"羊坊据点日伪队长杨林问:"他们有多少人?"村长边说边比画着:"哎呀，黑压压的一大片。”杨林哼了一声说：“这儿没大部队，又是那些土八路干的。去一个排，你领路快去追！”

太阳已经升高了，接近正午，暖洋洋的。伪军怕中了埋伏，在路上慢慢腾腾走，毫不情愿地挪步。敌排长不时地问：“八路有多少？走了没有？”村长一本正经地回答：“老总，他们下来就截车，枪炮一打，我吓得差点尿了裤子，哪里还顾得上数有几个人？再说他们劫粮后要走要留，要打埋伏，要押粮车，确实没向我这个皇军甲长报告。”一番话逗得敌人想笑又笑不出来。

到了三岔路口，村长指着弹坑说：“这个大坑就是今天清早炸的，就在这儿劫的车！”排长端详着弹坑，哼了一声，不屑地说：“手榴弹的印儿，肯定又是游击小队干的。”他又向前走了几步，看着车辙印儿命令道：“劫向北面，追！”

轰、轰、轰，不知从哪里飞来的手榴弹，震天动地地响起来，在敌群中炸开了花。“冲啊！”埋伏的区卫队从高处掩体冲击，一阵排子枪响，敌人又应声倒下几个。追赶游击队的敌人被猛烈一击，霎时间阵脚大乱，纷纷逃命。返回的路上，又遭到民兵的二次伏击，狼狈逃窜回到羊坊据点的敌人不足一个班了。真是偷鸡不成又蚀了一把米。

敌人完全中计了，陷入了区卫队事先设好的圈套。原来粮食就是交给人民政府的，为了应付敌人，区委决定派区卫队佯为劫车，由村长到据点报告敌人。区卫队在三岔路口埋伏，如果敌人出动，就打伏击。

运粮任务完成了！在区卫队伏击敌人时，旱板车上的公粮已疾驰赶到根据地，交到八路军手中。此后，敌人再不敢轻易走出据点要粮了。两面政权村子的公粮，带着老百姓的浓情厚谊，源源不断地交给八路军，供应抗日根据地。

五、巧买物品的老五爷子

日伪政权为了统治中国人民，建立保甲制，让各村有一个人长期当甲长。

1943 年，延庆耿家营推选赵梦满当甲长，人称老五爷子，善于对付日军、警察、特务汉奸。赵梦满表面上跟日军警察、特务很亲近，经常向他们汇报一些情报。

有一次区委队来耿家营村住一夜，第二天夜里就走了，出发说往北走，实际出村就往南边去了。区委队走后的第二天，赵梦满去康庄报告说：“昨晚来了40多名八路军,由村东头路过往北边去了。”在这同时,敌人也接到大小曹家营的汇报,觉得赵梦满忠心耿耿为他们办事。其实暗地里,赵梦满实实在在地为八路军办事。八路军缺什么东西,就找赵梦满要。赵梦满接到任务就去城里购买,再想办法运回来。

当时八路军办公用的文具,在农村缺得可怜,延庆城里商店文具多得很,可日军和汉奸,在城门口把守得相当严,不让这些用品出城,如果被查出来,就给抓走蹲大狱。赵梦满有办法,买上文具后,一点一点地往出带,或者让小孩子给带,或者多去几个人,每人带一份,不引起伪警察的注意。遇到伪警察盘问,孩子们就说:“我们这是念书写字用的。”这样的说法合情合理,伪警察就不再问了。

有一次,赵梦满一下就买30支钢笔,装在捎马子(也叫褡裢,可搭于肩头或驴、马背上的长形厚布袋,中间开口,两端皆可盛物品),走在城门口让伪警察给搜出来了。

伪警察立功似的把赵梦满带到警察大队部,向大队长报告说:“这个人带30支自来水钢笔,一定是给共产党八路军买的,请队部处理吧!”

赵梦满向警察队长说:“这是我儿子在村里念书,给他们同学买的钢笔。教书的先生是我哥哥叫赵梦怀,他发动学生买钢笔,练点钢笔字。全班有50多人,如今孩子们都互相比,一个买都要买。看这种笔新鲜,价格又不贵,村里的人让我给从城里带钢笔。您说乡里乡亲的托我办这点事,不办不合适呀!不看孩子还得看大人呢!这是30个人的,还有20多人买不起的没让带。我哪里知道买这东西犯法,要知道犯法我也不买它呀!请队长关照点吧,我绝对不给共产党八路军办事呀!不让往出带我就再退了它。”

伪警察队长平时没少受赵梦满的小恩小惠,就说:“赵甲长别多心,弟兄们不认识你,这是误会。我们对你是绝对相信,请你带走吧!”临走时,赵梦满悄悄送伪警察队长50元日伪蒙疆票,走在路上又悄悄给送他出门的勤务兵10元。30支铅笔花了60元人情钱,蒙过了日伪警察,把钢笔带了回来。

八路军用的钢笔好买好带,军需物资购买运送,困难就大多了。

平北抗日根据地的八路的兵工厂,在海陀山后边的老苗地,专门制造地雷和手榴弹。化生铁水需要烟煤、大炭的硬火,才能烧成铁水。烟煤、大炭是紧缺物资,日伪军看得更严,城镇里烟煤大炭严禁外运。

康庄火车站有烟煤、大炭,就是不卖给农村人。区政府来人让赵梦满设法从康庄买烟煤大炭2000斤。这种物资难买难运,让日军发现就要杀头。

赵梦满也知道此事难办，可是八路军需要，再难办也得办。

赵梦满就到康庄四分署找警察队长说："我当日军甲长，整天躲在康庄里边，怕共产党八路军捉去。家里没人种地，没柴火烧。夏天好说，冬天挨冻受不了，我想买点烟煤和大炭，留冬天生火暖和屋子，请大队长给写个条批4000斤。冬天您家也生火，给您2000斤，我运回家2000斤。"

伪警察大队长听说给他2000斤，立即批了条子。赵梦满雇了两辆大铁车，先给伪警察队长送到家里2000斤，然后拉回耿家营2000斤。当天晚上，村里派13头小毛驴装上烟煤和大炭，连夜给北山老苗地送去，解决了八路军兵工厂所需。

六、"红远号布店"和"万家大药房"

河北怀来县东大街路北有个"红远号布店"，西大街路南有个"万家大药房"。两家买卖字号规模大，货物全，服务好，价钱也较便宜，在顾客心中享有很高的信誉，生意自然很兴隆。

"红远号布店"由杨光荣、王庆、霍振刚3人合办，杨光荣是老板；"万家大药房"是独资经营，掌柜叫万登元。他们两家买卖虽不是同行，但彼此关系很好，遇到困难互相帮助，所以在竞争中能顶住风浪立住脚跟。人们羡慕地说："买卖家都能像他们这样讲诚信，就没有做不好的生意。"

就在两家买卖兴旺发达之时，1937年秋天，日军进入怀来，日本人强迫两家店经销日货，商家生意每况愈下，越做越不景气，不少商店关了张。而他们两家顶着日本人的强大压力和受到的限制，暗地里坚持自行经营，和日本商号对着干。

1938年，八路军游击队进入平北，不久在城里城外健全了党组织，有了地下工作者活动。

怀来县城内，最早接受中国共产党领导抗日的是爱国知识分子郑挽九先生。后来一街的颜中礼、张玉林，二街的孔繁林、胡顺，三街的邹奇、郝永升、王元等人先后加入了党组织。城内的抗日工作主要靠这些同志来开展。

1943年，随着海陀山南北抗日队伍的不断壮大，敌人封锁越来越严，生活用品购买也越来越困难。为此，城内地下党通过做工商界一些爱国人士的统战工作，争取为夺取抗日胜利做贡献。

已经参加了地下党组织的"红远号布店"老板杨光荣，不但千方百计为抗日的队伍筹集很多布匹、棉花等物资，还以接待来往生意人做掩护，把布店变为地下交通站，为南北两山抗日搜集敌人的活动情报。同时，他还在有关同志的协助下，在“万家大药房”等商号设下了联络暗点，互通情报，发动大家抵制日货，振兴民族经济。

当时“万家大药房”是城内最大的药店，店内负责卖药的伙计是个中年人，名叫宋耀庭，城外三里庄村人，是个穷苦家子弟，10 多岁就到店里学徒，负责抓药打发货。1943 年春天，黄家冲村跑小买卖的徐之仁受龙延怀联合县县长蔡平的委托，到该店购买药品，从此与他接上关系，后来徐之仁便成了这里的常客，不但买了很多药品，还搞到敌人很多的活动情报。

开始，掌柜的万登元不了解，后来发现情况不正常，经过询问，他不但没有制止，反而出主意、想办法，给了多方面的帮助和支持，并再三嘱咐伙计：“支持抗日理所当然，但千万要小心行事，万万不可走漏消息，更不能让敌人抓住把柄。”买卖双方配合得默契，没有发生意外。

有了货源，往外运是个大问题。怀来东西南北 4 个城门，都有日军和警察把岗，搜查出入行人，稍不注意就会露馅，造成损失。为此，县、区领导对这项工作十分重视，派徐之仁利用八路军从敌人手中缴获的大烟土、钱票，打通门岗，收买伪军中的大烟鬼放行，还动员城内地下党想办法派人去搞到药品、布匹等物资运出城，送到海陀山指定地点。

邹奇是城内地下党组织主要负责人，他出身贫苦，对八路军怀有深厚感情，他和“红远号布店”老板杨光荣、“万家大药房”伙计宋耀庭早有联系，多次参与抗日筹集物资活动，他每次接受运输任务后，都会找本街和他一起长大的好伙伴王元，共同研究对策。

王元父母早亡，4 岁送进救济院，7 岁给有钱人家放羊，17 岁被日本抓走到东北当劳工。修铁路中途跳火车被救，返回后给开牛羊肉铺的本家三大爷打工。参加地下党组织后，头一次往城外送情报，被特务抓捕，关了 20 多天，打个半死。敌人放狼狗咬，他也不承认。经过地下党组织营救出狱后，又以到乡下买羊为名，赶着毛驴，多次到龙延怀联合县政府所在地大海陀村送药品、布匹等急需物资。

王元经历了两次险情：一次是在 1943 年秋后的一天，赶着毛驴从“佛峪口”进山，走到松山深处遇到狼拦住去路。急中生智，他想到老人说的“狼怕鞭响，狗怕哈腰”“狼是铜头铁背麻秆子腿”等经验之谈，挥起手里的鞭子，啪、啪、啪地打了几个响鞭，接着，从地上拾起几块石头扔过去，打在狼腿上。

狼嚎叫一声，拐着腿逃跑了。再一次，是1944年春季的一天下午，王元改道而行，从石河沟北上，走到长寨子村北，忽见一个打猎的后生，气喘吁吁地从对面跑过来。王元问他："咋回事，跑什么，是不是遇到狼了？"猎人摇手说："不，不，敌人'扫荡'过来了，你快躲躲吧，别让他们把你的毛驴抓去了。"王元急中生智，把毛驴赶进柴火林子藏在大石头后面，躲过了灾难，平安把东西送到目的地，受到了蔡平县长的表扬，王元心里感到无限欣慰。

生意兴隆的"红远号布店"和"万家大药房"，就这样机智灵活地为海陀山根据地提供军需物资，赢得了人心，彰显民族气节。

第三节　减租减息大生产

一、落实减租减息增资政策

1941年到1943年，在日军封锁、"扫荡"、"蚕食"及五次"施政跃进计划"摧残下，平北抗日根据地的农业生产遭到了严重破坏。同时，根据地内又连续发生旱灾、雹灾等百年不遇的自然灾害，更加剧了抗日军民物质上的极度困难。

1944年以来随着局势的变化，平北地区的共产党组织在各地频繁召开干部会议，积极加强保粮生产运动、反特工作及反"扫荡"的对策。特别在对伪满行政力量的伸展方面，诸如逐渐改革行政区划及建立新县政府等项工作，均有进展。

在各级党组织和抗日民主政府的领导下，广大军民发扬自力更生、艰苦奋斗的精神，以极大的努力战胜了严重经济困难，为全面恢复发展抗日根据地、准备对日反攻奠定了物质基础。

在军事形势好转的形势下，地方工作也有所加强。1943年10月1日，中共中央《开展根据地的减租、生产和拥政爱民运动》文件指示："我党在根据地内细心地认真地彻底地争取群众，和群众同生死共存亡的任务，较之过去六年有更加迫切的意义。今秋如能检查减租政策实施，并实行彻底减租，就能发扬农民群众的积极性，加强明年的对敌斗争，推动明年的生产运动。"

1943年12月6日，晋察冀中央分局给平北地分委的指示信中又强调指出："在不妨害团结的原则下，广泛发动民主民生的斗争，彻底实行减租减息（在巩固区）、增加工资。"并宣传反对"毛驴政策"（所谓的"毛驴政策"指劳役制度,像赶驴上山一样,一拉、二推、三打),宣传党的土地政策以及发动基本群众的积极性,是平北党刻不容缓的重大任务。

为了建立自给自足的独立的抗战经济,1944 年以来,平北地区连续开展减租减息增资政策,群众被发动起来了,负担面适当地缩小,照顾了劳苦大众的生活。

平北地分委副书记武光在写给平北地分委的信中提道:

> 减租减息不仅在我巩固区应彻底实行,既在我抗日两面及双重政权地区亦应运用这种精神与原则进行某种程度的减租减息。但最主要的是不论停止资敌或减租减息必须走群众路线,必须动员群众推动群众去争取实现。强调"用群众自己的手,来取得自己的利益",切记单纯的行动命令,以便逐渐克服对敌人"明不资暗资"或对地主"明减暗不减"的现象。

为了调整地主、富农以及贫下中农的阶级关系,既能团结各阶层力量于抗日统一战线之中,又能使广大贫苦农民生活得到初步改善,激励调动广大人民的抗日积极性,使抗日斗争持久进行,平北地区各联合县在根据地巩固区将"减租减息"的工作开展得扎实有序。各联合县一方面训练区级和小区群众工作干部,提高政策水平;另一方面,县级领导干部深入到区从事社会经济调查工作;选择具有代表性的村庄进行试点,总结经验。

在做好充分准备工作的基础上,首先,在抗日一面政权的村子开展了减租减息、增加工资的工作。龙赤联合县的孙庄子、石家窑、南梁 3 个村的共同特点是只有富农,没有地主。3 个村共有富农 10 户、89 口人,占有耕地 763 亩,人均 8.6 亩,年总产量 73476 斤,人均 815 斤;中农 40 户、168 口人,占有耕地 1174 亩,人均 7 亩,年总产量 111300 斤,人均 663 斤;贫农 44 户、168 口人,占有耕地 522 亩,人均 3.1 亩,年总产量 50268 斤,人均 299 斤;雇农 10 户、30 口人,占有土地 7 亩,人均 2 分,年总产量 647 斤,人均 22.5 斤。这类村子只有无劳力户才出租少量土地,富农多数都雇工自己经营,所以这里的工作重点是增加工资。

而在有地主富农村,存在着租佃关系和剥削形式,这类村户,是减租减息与增加工资两项工作并重。经过调查,县级领导干部了解到租佃关系与剥削形式有以下几种:

（一）固定地租，也称“死租”。经地主与佃户双方商定，按照常年产量确定租额。如亩产150斤，租额50斤或70斤。不论丰歉年景均以原定租额交租，一定数年不变。

（二）雇工经营与出租土地双重办法。占有较多土地的地主、富农，好地则以低工资雇工经营，差一点的土地则以高租额出租给佃户，双手齐下，各剥一层皮。

（三）半种地。地主富农将一部分或全部土地出租给佃户，所产粮食对半开、三七开或四六开，地主得大头。如果佃户使用地主的种子、肥料，要在秋收分粮时从大堆中扣除，然后再对半分粮。

（四）地租押金。地主为了多收租额，佃户为了种地，一定数年。除粮食的租额外首先要交一定数量的押金。到期收地时，有的归还押金，有的则不归还，一剥两层皮。

（五）劳役租。如一户地主有地百亩，只出租50亩次地，不收租，但佃户必须承担经营50亩好地，不付工钱。还有一种形式，把100亩土地出租给佃户，除收常规租额外，还要承担地主家的杂活和差役。

（六）带捐租。凡地主所出租之土地，除规定交租外，佃户要承担所有土地的一部分或全部官税或杂役工，人称带捐税。

（七）上打租。佃户从地主手中租入土地，一旦确定租额，先交一部或大部，地主又转手借给他人吃利息。

（八）招佃户入门种地。地主为了多收粮食，寻找认为可靠的劳力到家种地。管饭吃，给房住。所用肥料、种子、畜力均以价折粮。秋收时先从大堆中扣除，然后对半开。

（九）势力租。较有势力的富农或富裕中农，以较低租额租入庙田或校地或从居住城镇之地主手中租入土地，转手以高租出租给佃户，从中牟利，俗称“二东家”。

（十）阴雨租。佃户从地主手中半种土地，如遇阴雨连绵有荒苗危险时，地主则强行佃户雇工锄地，但佃户无钱支付工资，则由地主支出，秋收时归还，按二分或三分计息。

（十一）地租兼借贷。佃户想种地，但无垫本，地主借给种子、肥料、畜力一律折价，按二至三分计息，租额照交。

所有这些租佃关系与剥削形式，就像铁链一样套在农民的脖子上，既跑不了，又离不开，年复一年忍受着痛苦。特别在战争年代，农田产量下降，租额与杂税加重，生活日益贫困，只好靠借债生活。利息有月三分、季三分、年三分、死三分、活三分、大加一、现扣利、奔奔利、驴打滚等，越积越多，越陷越深，最后只能出卖仅有的房屋或土地，直到破产。

针对这样的情况，减租减息不能单靠行政命令，要发挥农、工、青、妇联各救国会的作用，通过他们放手发动各阶层群众，提高广大贫苦农民的阶级觉悟，要敢减敢要。通过对地主、富农的教育，让他们自觉执行政府的政策，对积极响应抗日政府号召，主动减租，增加工资的给予表扬；对少数抵制捣乱者给予处罚甚至镇压。对于参加抗日工作的上层人士，既要求他们带头减租减息，又继续加强对他们的团结。

龙延怀联合县大队长姬永明，同时也是县参议会参议长、平北游击支队第1大队的大队长。他家是地主，在赤城县大海陀阎家坪有耕地120亩全部出租。开始减租过重，他也没有对抗，从政策上提出建议。龙延怀联合县政府认为他的建议是合理的，给他按政策做了纠正。他很满意，抗日热情很高，对敌斗争坚决。

按照上级政策要求，开始是“二五”减租，后来是“三七”减租，即一石租子减二斗半或三斗。减息是按中央规定“一分五厘”计算，对旧债旧息进行彻底清理。如果利息超过本金的一笔勾销，还做了今后放债“利息不得超过一分”的规定。增加工资是指以长工原工资为基础，有的增加三分之一，有的增加二分之一。

龙赤联合县五区13户地主出租耕地47亩，原定粮租13石，实减3.2石，占24.6%；有8户地主，出租土地37亩，原定钱租155元，实减26元，占16.8%；有9户地主属于半种地，耕地78亩，改对半分为四六开；有3户三七开，农民得大头。三区93户地主，原租额228.6石，实减56.6石，占24.8%。六区88户地主，出租土地1760亩，也施行了二五减租。

巩固区与游击根据地在1944年的减租减息增资政策执行比例达到了79%。

除了减租减息，前文也提到，减少负担也是平北地区各联合县的工作方向。

以龙赤联合县年产100斤谷的耕地作为一个负担亩（中等地），每人扣除一亩半为免征点，其余土地再按亩摊派。龙崇赤联合县、龙延怀联合县，虽免征点的扣除不等,有的一亩半,有的二至三亩,但总的政策原则一样。

合理负担执行情况虽不平衡,但合理负担在各阶层中及整个负担面上更为合理。根据1945年2月《冀察十二地委扩大干部会文献》的数字统计,具体为:负担面适当缩小,部分的减轻了,基本群众的负担照顾了他们的生活;在合理负担调查中大量增加了土地,由于反假报,打破了过去黑地不拿负担的习惯,以龙崇宣成绩较大,根据15个村庄调查材料,1943年土地总亩数24800亩,1944年合理负担调查土地总亩数34737亩,发现黑地9937亩,相当原土地数的40%;从各阶层负担比重上,贫农的负担减轻多了。

随着经济上的逐步好转,群众从思想上亲近民主抗日政府,知道中国共产党是为人民群众谋利益的。同时在斗争中,长工、佃户和贫苦户亲眼看到工会组织的重要作用,只有参加农民工会,积极组织起来,才能共同对敌。于是要求参加抗联会、青救会、儿童团的人也越来越多。积极参军参战,站岗放哨打敌人,在当时成了最为光荣的事。

二、打击敌伪抢粮

平北根据地的生产搞得如火如荼,敌人也在暗地里窥探着根据地胜利的果实。1944年5、6月,正是麦收季节,地里的麦子有的已经收割完毕。饱尝战争之苦的抗日军民,面对着金黄色的麦场,打心眼里感到高兴。

然而,驻在当地的日军和伪军也眼红,不惜出动大批人马,四处抢粮。一天,据侦察员报告:驻在密云县城里的100多人,其中日军48人,伪军、特务队有五六十人,在日本顾问和督察长的带领下,用3匹大马驮着“九二”式重机枪,耀武扬威地由县城向董各庄进发,下乡抢粮。

当时,驻军十区领导下的五区队,正在黄土坎驻扎。区队长师军同志立即命令大家整队出发,坚决消灭这帮家伙,为民除害,保护麦收。

6月的天气骄阳似火,战士们冒着夏日的炎热,汗流浃背,在区队长师军同志的带领下,一路小跑,赶到了董各庄。这时敌人也已经到达了董各庄。狡猾的敌人一看八路军的军势凶猛,锐不可当,便立即往回撤,企图逃跑。

丰滦密五区队全体指战员,岂能让这帮家伙在眼皮下逃跑,一阵猛追,一直追到清水潭。当时,参加这次战斗的共有3个连队,1连战士刚刚赶到清水潭村头的时候,敌人正在那里架着“九二”式重机枪,妄图顽抗。1连战士一个冲锋上去,打倒了敌人的机枪射手,全歼了这伙敌人,一挺油黑锃亮的重机枪，还未等敌人架好，就被缴获了。其余的敌人一看不好，便纷纷往村里龟缩，他们想凭借一墙一屋和八路军巷战。为了彻底消灭这伙敌人，区队长师军同志立即命令，兵分三路，包围村子。1连在村西南，2连在村西北，3连在村东南。

上午10点钟，3个连队同时向敌人发起猛攻。枪声、手榴弹的爆炸声以及同志们的喊杀声，响彻了清水潭的上空。整个清水潭顿时烟雾滚滚，火光冲天。英雄们一个个精神抖擞，奋勇杀敌。有的端着枪，穷追猛打；有的翻墙跳院与敌人展开了血战；也有的爬上房顶，揭开瓦片从房上往室内扔手榴弹。

在八路军猛烈的打击下，穷凶极恶的敌人立即陷入一片混乱，溃不成军，犹如过街老鼠东窜西跳，有的刚一露头，就被英雄的战士打倒在地，成为战争的牺牲品；也有的一看形势不妙，便立即举枪投降。

就在战斗激烈地进行的时候，带领日伪军参加抢粮的日本顾问和督察长，一看到这景象知道抢粮食不用想了，还是保命要紧。带领伪县政府的几位科长，在一伙伪军的掩护下，想趁混乱中突围逃跑。

在他们还没有出村的时候，就被五区队参谋长王振东①同志所带的1连战士全部活捉。整个战斗不过一个来小时便胜利结束了。只有五六个鬼子，躲在了一户地主的大院，凭借着院墙，一枪一枪地向外射击，发出鬼一般的哀叫声。

这次战斗，共打死日军十八九人，其中包括小队长1人，俘虏伪军八九十人，其中包括日本顾问1名、伪警察长1名和几名科长，缴获了全部武器装备，而五区队只伤亡3人。为了防止意外，区队长师军同志立即命令大家，放弃对那几个日军的追歼，打扫战场，携带着战利品，满怀胜利的喜悦，向山区转移了。

穷凶极恶的敌人，经过这次战斗，损兵折将，几乎全军覆没。阴谋抢粮的计划成为泡影。从此，再也不敢轻举妄动了。而丰滦密人民对此，无不拍手称赞“打得好”。

敌人就像没有脑子的狗，记吃不记打。在丰滦密地区不能得逞的计划，不但不吸取教训，还要在延庆来个故伎重演。

---

① 王振东（1916—1986），河北饶阳人。1936年加入中国共产党。抗日战争时期，曾任平北丰滦密区队参谋长等职。中华人民共和国成立后，曾任46军副军长、54军副军长兼参谋长、新疆生产建设兵团副司令等职。1964年晋升为少将军衔。

1944年9月,10团特务连驻扎在延庆西二道河至高庙屯一带,主要任务是帮助这里的老百姓抢收庄稼,防止延庆城的日本人到根据地抢粮。

一天,天下着蒙蒙细雨,特务连的战士和乡亲们把打下来的粮食刚刚收好,盘踞在延庆县城内的日伪军300多人,就赶着大骡车出了东城,直奔东南方高庙屯方向。他们是来抢粮的。

10团团长王亢刚从外面回来,就得到了情报。王亢嘿嘿一笑:“来得好啊,我这手正痒痒呢!”自从进入延庆以来,10团没少和敌人开火。领教过几次10团的威力,敌人也知道10团的王亢不好惹。平时老老实实地龟缩在城里,很少敢主动出来。秋收的季节到了,敌人眼睁睁地看着根据地打下来的粮食,就想着抢一把就跑。想到这儿,王团长和战士说:“看来城里的鬼子没粮食吃了。他们既然敢来抢,咱们就给他们点颜色,让他们少白日做梦!”

王团长利用早就观察好的地形设置埋伏,立即命令一个连跑步到达指定地点,待命出击。特务连的战斗是在大榆树村西埋伏好,战斗打响以后负责截住逃跑的敌人,断了敌人后路,把日伪军装在一个口袋里打。这就是当时八路军常用的关门打狗、堵住笼子捉鸡的战术。

上午10点,敌人赶着大车向着根据地的方向而来。一路上连个八路的影子都没看见,几个伪军还在暗自庆幸:“看来今天咱们是来对了。”

“这话怎么说?”

“你瞧呀!要是八路的10团在这儿,咱们能这么顺顺当当地就进村吗?我可告诉你们,一会儿粮食装上车咱就走,千万别耽误。抢粮食是皇军布置的任务。可咱们不能把脑袋也赌上,万一碰上八路……”

伪军一边说一边往村里走,不知不觉完全钻进了10团布置好的“口袋”。还没等那个伪军头子把话说完,就听不远的地方一声令下:“打!”顿时,密集的子弹搅合着初秋的细雨,向敌人的大车队袭来。

敌人如同热锅上的蚂蚁乱了阵脚,刚才还是一片寂静的村庄,突然就成了沸腾的热油锅。敌人千算计万筹划也没想到,县城边居然有如此强大的八路军军事力量。

伪军头目一把丢开手里的缰绳,一骨碌就钻进了大车底下。本来想有大车的掩护,不至于被打死。可是他怎么就忘了,驾车的骡子可不像他这么聪明。听见枪声一响,骡子惊了撒开四蹄,没命地乱撞,可怜的伪军头目,连粮食的影子还没看见,就被活活地轧死了。

日本军官听见枪声，挥舞着指挥刀，“巴嘎巴嘎”地一通乱叫，大概他是在命令惊慌的骡子，让它们停住，不要乱。日伪知道又是八路军在这里，立即掉头陆续往回撤。就在敌人掉头的一刹那，有二三十个伪军随着枪声倒下，再也没有起来。

这时候，隐蔽在大榆树村西的特务连动了手。3排排长“老黑牛”的重机枪开了槽。敌人整排整排的就像放高粱一样往地下倒。手榴弹一颗、两颗、三颗……颗颗都在敌人的人群中爆炸。

从上午10点开始，到下午1点多钟战斗结束。全歼日伪军300多人，缴获各种枪支300多条、骡马100多匹。一个受了伤的伪军哭丧着脸说：“早知道是10团在这儿，我们就算在城里饿死，也不敢出来抢粮食啊。”

这场战斗不仅让延庆城的日伪军损失巨大，更重要的是保住了老百姓在抗日根据地、在大生产运动下辛辛苦苦打下的粮食。

粮食是宝贵的，不能让敌人抢走一粒。抢走了，也要把它从敌人手里夺回来。1944年11月，地处长城脚下的龙崇赤联合县九、十区，已朔风怒号，大雪纷飞。在冰天雪地里，行进着一支部队。他们沿着赤（城）宝（源）公路的西道公路南侧的崇山峻岭，爬山梁，越沟壑，在崎岖的山路上隐蔽前进。

这支部队就是八路军平北主力部队40团的一个连。他们的目的地是红土湾，任务是截击被敌人抢去的粮食。战士个个义愤填膺，人人摩拳擦掌、雄赳赳气昂昂地向前疾驰。天寒地冻滴水成冰，但人人心中燃着一团火。他们必须抢在敌人运粮大队前面赶到红土湾，否则失去战机，根据地抗日军民辛苦一年的劳动果实就会付之东流。

到了红土湾，大家都汗流浃背了。北风吹来，热气腾腾，战士们的眉毛、胡子上结上了层层白霜，全连战士顾不得天气严寒、浑身疲乏，迅速投入了战斗准备。

驻赤城敌人为垂死挣扎，便囤粮积草，秋收就开始在根据地“扫荡”抢粮，夺取人民丰收果实。由于根据地军民齐心协力，团结一致，开展了反“扫荡”反抢粮斗争，敌人计划一次次都被粉碎了，收效甚微。就在前几天，他们动用重兵，从赤城出发，勾结羊坊据点敌人，协同在龙崇赤联合县产粮的九、十区，松树堡，界墙，大水坑，堆上等十几个村子抢粮，将粮食集中在大水坑村，装上备好的车辆、马匹、驴驮，准备押运回赤城。

龙崇赤县委得信后，与40团协商，进行了研究部署，决定派一个连部队，在运粮公路上选择有利地形，伏击敌人，截回粮食。区村干部提议，认为红土湾是克敌制胜的最佳地点。

红土湾在通往赤城大路的北端,在根据地九区范围之内。大路从黄土崖中间通过,到这里恰又转了个90度的直角弯。两边土崖直立如削似切,有几十米高,百余米长,形成了一个天然的口袋,如站在弯处崖头,大路迎面而来,看得一清二楚。这里的黄土色深如赤,胶性大,十分坚硬。因此,这里叫红土湾。站在崖头俯瞰,简直是座埋葬敌人的天然墓坑。

时近中午,敌人的运粮大队来了。前面是马队几十个人荷枪实弹开路,后面紧跟着运输粮食的百余辆大车,驮子两侧有步兵保护,后面又是几十步兵断后。敌人运粮队浩浩荡荡进入了伏击圈。田连长沉着镇定,直到敌人先头部队进到弯处崖下,才发出“打”的信号。

霎时,3挺机枪同时向敌群扫射,手榴弹也甩向敌阵,山摇地动,浓烟滚滚。敌人被这突然的一阵狂风暴雨般的袭击、猛攻,打得晕头转向,不知所措,缓过神来,才知中了埋伏,急着后退。出了红土湾企图夺取山梁高地,掩护敌人脱逃。谁知准备打援的3排战士从埋伏山梁,居高临下,又一阵猛打。田连长已指挥战士,刺刀见红,冲入敌阵,展开了肉搏战,敌人已成惊弓之鸟,不顾抵抗,丢下10具尸体,夺路逃窜。

战士截获了全部粮食,取得了彻底胜利。迎着夕阳,大踏步向西返回抗日根据地。敌人受此重创,彻底死了到根据地抢粮的心思。

三、稳固商贸市场

在平北地区这样南北物价悬殊,商店工作极不健全的条件下,如何运销和调剂南北物资,如何解决生活和军需物资的极大匮乏,也是摆在平北抗日根据地军民面前的重要问题。

为了交流物资,解决抗日军民的生活问题,昌延联合县政府于1944年春天,分别在蔡家窑子和碓臼石两个村建立了“万合顺”和“万合公”商店。这两个商店采取游击的方式进行商贸活动,商店设置了隐蔽人、物的场所,安排了探听敌人消息的情报人员,顽强机智地进行着“敌来我撤,敌撤我干”的抗战经济。

在敌伪特务、伪警察频频骚扰破坏的日子里,商店的同志巧妙地利用山势地形,灵活地开办早市、夜市。

这种被敌人逼迫出来的游击市场,不宜使用货币,而是采用原始的以物易物的方式。买卖双方根据粮食、布匹、牲畜和生产生活用品的行情、质量定价,在市场管理人员的监督下售出、买进,成交后向商店缴纳1%的管理费。

由于社会急需和经营得当,来自昌平、延庆、赤城和怀来南山等地的交易者逐渐增加,有时日达300余人。到1944年的年底,“万合顺”和“万合公”两个商店各有资金800万元(伪蒙疆货币)。

碓臼石村地处3个伪政权的交界线上,又是抗日部队和延庆南北山游击队活动的联络地点,作用很大,抗日军民都把这里看成“温饱供应处”全力保护它。军分区主任曾威就要求区游击队和当地民兵要狠狠打击来犯之敌,保护“万合顺”和“万合公”商店的商贸活动。

高振平、张子丰等负责采购,财务、保管的同志千方百计地组织货源,搞好物资交流,冒着生命危险与敌伪周旋。正是有像他们这样的同志,“万合顺”和“万合公”商店的商贸活动才能在根据地生根发芽,维持着根据地的商业活动。1945年6月,随着抗日战争的节节胜利,“万合公”商店由碓臼石迁到了接近平川的二道河,业务进一步扩大,用处更为增强,为1945年9月21日的八路军解放延庆城奉献出不少钱粮物力。

根据地的生产得到了发展,不仅保证了机关部队的供应,减轻了人民负担,也进一步扩大了平北抗日根据地的影响。平北抗日根据地党政军领导同志一起认真团结知识分子和开明绅士,在根据地内进一步推行“三三制”,实施民主选举,组织人民参政,巩固和扩大了抗日民族统一战线,坚持贯彻执行晋察冀边区统一合理负担等政策,从负担制度等经济利益上团结各阶层人民,进一步提高了群众抗日的积极性。广大群众用挖战壕、送军粮、参军参战的实际行动,支援着抗日战争,从而不断增强了抗日武装力量,有力地配合了八路军主力部队的局部反攻。

经过1944年的奋斗,平北根据地抗日军民,从武装斗争、政治攻势、生产发展各个方面的努力工作,使根据地的形势取得了根本好转,并创出新局面。

到日本投降前夕,平北已经形成大片巩固根据地,并与冀东、平西根据地连成一片。截至1944年底,根据地主力部队的活动范围已达到南距北平城6.5公里的北立水桥和孙河一带,在西北方已进到张家口以东青边口一带,在北面攻克了崇礼的西辛营子和小河字(旧沽源县城),在东北方向深入到丰宁的黑河川。

日伪的《每日新闻》报道中宣称："他们像细菌一样，有空就钻，因之满洲国的行政不能浸润于热河……他们从南平一直发展侵入到西北部的丰宁县，康德七年（1940年）八路军的策动就表面化了。于是延安的触角伸长到满洲国。"

第四节　拔据点突破封锁线

一、围困高山寺

昌延联合县根据平北地分委的决定，加强游击根据地和游击区的工作，使地区里的村庄逐步脱离敌人的统治，不断巩固和扩大抗日根据地。

第一步，首先教育群众，使群众认识到脱离敌人统治的政治意义和经济意义；第二步，动员群众拒交敌人的各种摊派负担，同时组织群众建立与加强各种自卫组织，加强锄奸保卫工作，坚决打击亲日分子，和敌人开展各种斗争，保卫抗日政权和人民。

延庆南山马场川"南六村"就是这样脱离敌人的统治转变为抗日一面政权的。

这6个村子是紧靠根据地的抗日两面政权，距敌人高山寺据点最远的不足10里，最近的不足5里，八路军在此地经常活动，占有相对优势，村里有党的秘密组织，不是敌人"扫荡"期间，高山寺据点的敌人不敢轻易出来乱窜。

高山寺据点驻有一个中队的伪军，据点设在一个高出地面200多米山上的孤庙里。它四面环山，都高达五六百米，只有北面有一条顺马场川流出的20米宽的干河套。当地人叫它"大门口子"，是从坝外通向北平和南北山根据地的咽喉要道。敌人占据高山寺，可以控制根据地的交通命脉，阻断经济来源，监视根据地军民的抗日活动。

昌延联合县的同志们向群众进行脱敌斗争的宣传教育，同时经过对上层分子做统一战线工作，阐明昌延联合县现行政策，进行教育，他们对脱离敌人统治也表示赞同。但是隐藏在抗日两面政权中的个别亲日分子反对脱敌。这时，镇压亲日分子，搬掉绊脚石，袭击高山寺敌据点，才能完全断绝与敌关系。

1944年，平北抗日根据地军民在昌延联合县委的领导和主力部队的配合下，发动全县民兵，平毁了东起永宁、西至康庄的封锁沟，拔掉了敌人设在封锁沟沿上的两个岗楼,大大打击了敌人的疯狂气焰。趁此机会,县委书记葛震、县武装部长李宝镛经过周密的研究,决定围困高山寺,拔出楔入抗日根据地的这颗“钉子”。

高山寺在昌延联合县一区,1944 年 4 月初的一天,葛震、李宝镛把一区区委书记雷英、治安员卢廷玉和当时担任区民兵大队长的黎光辉叫到孟家窑,传达了军分区开展“围点斗争”的指示:“今晚上 10 团要配合行动,你们要发动民兵一起参加。”最后,葛书记拍了拍黎光辉的肩膀说:“小黎,主力部队还有其他任务,不能长期在这里,围困的任务就交给你们一区民兵,要利用你们现有武器,把高山寺围困下来。”

太阳快落山时,东沟、八家、窑湾和南六村的民兵游击组带着各种各样的武器在冯家庙村集合了。雷英同志做了动员后,天刚黑就带着民兵,随同 10 团的部队一起,浩浩荡荡地开进了二道河子。按照预定方案,兵分三路:一路由雷英同志带领 10 团一个连的兵力包围高山寺,给伪军上政治课;一路由黎光辉带领爆破组,在通往高山寺的路上埋设地雷,并负责填死高山寺脚下汪家门前的一口水井;另一路由卢廷玉同志带领部分民兵召开二道河子群众大会。

雷英带领连队进入了阵地,一个京东口音的连队干部隐蔽在一个高房上,冲着高山寺大声喊话:“伪军兄弟们,请你们李队长答话……”话音未落,岗楼里向房上打了一枪,听见岗楼的伪军嘴里还不干不净地骂:“他妈的,你们是什么人,有种的上来!”

轰隆!掷弹筒在炮楼上开了花,只听“妈呀!”一声,高山寺据点乱了营,接着听见一个伪军官凶狠地说:“谁叫你们打枪?”他又冲山下说:“长官,请不要打枪,敝人姓李,是队长,我这里洗耳恭听。”

“李队长你听着,我们是八路军 10 团,现在我们首长给你讲话!”

“是,是,我们听着。”这个伪军队长外号“李大气”,他手底下的伪军们一听说是 10 团,吓得腿肚子转了筋,都鸦雀无声了。10 团威震长城内外,伪军们个个心里明白:冯家峪一战,100 多日军算了“伙食账”,太子沟一仗,200 多个伪满洲军报销了,日本指导官田代被活捉,伪营长赵海臣就处决在莲花滩。

“李队长,现在给你上一堂政治课。”雷英同志以他那陕西口音讲了国际国内形势,“如果死心塌地为鬼子卖命,想想赵海臣的下场。我们已经包围了据点,出路只有投降,如若执迷不悟,我们就围着你们,饿也把你们饿死,渴也把你们渴死,何去何从,自己选择。”

雷英同志的话一下子把伪军们震住了,只听见伪军们议论纷纷吵个不停。在部队的掩护下,冯家庙游击组长李明德带着游击组员在高山寺门外五六十米的地方这里挖个坑,那里埋个雷,真真假假,假假真真,埋了一大片。

在围困高山寺的同时,卢廷玉同志带领民兵在二道河子召集了群众大会,宣讲了国际国内大好形势,最后特别向甲长和地主说:“从今天起,谁也不能向高山寺送水、送粮、送柴,违者按汉奸论处。”甲长和地主们听了,你看我,我看你,然后还是甲长点头哈腰地说:“一定遵命! 一定遵命!”

拂晓,部队悄悄地撤出了二道河子。部队一撤,敌我力量发生悬殊变化。敌人一个中队,百十号人,有3挺轻机枪、八九十支步枪;民兵人虽多,却只有十几支步枪和土枪、单打一、手榴弹、地雷。在此情况下只能斗智,不能硬拼。

按原定方案,在柳沟西梁和大门口子东侧山上派出了瞭望哨,监视柳沟和延庆州的敌人。规定“白天看烟,晚上看火;少数敌人,点一堆火;多数敌人点3堆火;白天在山上瞭望,夜晚隐蔽在路边监听;在东沟、八家、二道河子,各设一个联络哨,发现山上的烟火立刻报告”。一切办妥,为防不测,留下少数民兵,暗中监视山上敌人和村内的汉奸。大部分民兵也秘密撤出二道河子,转移到东沟村。

一个白天过去了,山上的伪军没有下来,山下的伪组织人员没有敢上去。晚上,游击队把南六村和东沟、八家、窑湾的民兵集合在东沟村编成两个连,悄悄地进入了二道河,又包围了高山寺。

雷英同志大声地喊着:“1连长,做好战斗准备,防止敌人突围!”

卢廷玉同志操着京东口音,大声应着“是!”并大声命令:“1排长,你们盯住大门。”

“2排长,监视东北角的炮楼。”

“3排长,你们做预备队。”

3个民兵排长连续地答应了3个“是!”

这一招,还真灵,高山寺的伪军听到山下3人的不同口音,误认为10团还在山下,把雷英同志当成10团的首长,再加上二道河街上人来人往,人声嘈杂,四处犬吠,真不知有多少部队,更不敢轻举妄动了。

第二天白天,游击队又在大门口子两侧山上、通往柳沟两侧山上和高山寺的南山上各派出几十名民兵,故意地忽隐忽现迷惑敌人。高山寺的伪军看了,误认为是打援和打掩护的部队,就更六神无主了。

这样三天、五天过去了,还不见高山寺的动静。游击队来到东沟村问甲长老尹头,他报告说:“敌人早有准备,在山上有20多口大水缸,每口能装四五担水。不过也快了,百八十人一天也得点水的。”

果然不出所料,第6天敌人就断了水,剩下一缸水,只供队长、小队长喝,其他人只能喝一小口,润一润嗓子,第七天连一滴水也没有了。干渴的伪军们连说话的劲也没有了;有的伪军开始翻围墙,开小差。

一个伪军被游击队员俘虏了,据他的交代:“两天没喝一口水,嗓子都冒烟了。”

狡猾的敌人,把一个伪军班长换了便衣,拂晓时,趁游击队不备,从围墙上跳了下来,偷偷地进入了二道河子一个姓吴的地主家,拿出了“李大气”的亲笔信,要他无论如何也要向山上送水,又拿出一封信叫他派人送到延庆城,请求派人解围。

姓吴的地主,是暗藏的奸细,这几天看高山寺被围困了好几天,心里像长了草,急得像热锅上的蚂蚁团团转,一筹莫展。看见“李大气”的信如获至宝,一面派人去延庆送信,一面抓人往山上送水。可是群众谁也不干,怕八路军抓住当汉奸处理,有的人干脆鞋底子上擦油——溜了。他没有法子,只好傍天黑时,逼着他的两个长工,挑着三担水,绕过游击队的地雷群,贴着围墙根,把水送上了山。

姓吴的地主知道送水的事被游击队发现了,不敢回家。晚上带着长工在大门口子外边的一座古庙里存身。当晚黎光辉带民兵继续围困高山寺。雷英、卢廷玉带几个民兵去抓送水的地主,半夜里赶到古庙抓住他们3人。

当晚,游击队撤到冯家庙村,村里正好驻着10团的部队,大家觉得这回可以好好睡一觉了。万万没有想到,游击队员刚睡着,村西边枪声大作,被包围了。在主力的掩护下,民兵押着犯人,顺着马场川的干河套,冲上白龙坑,才把敌人甩掉,在长城下的三岔沟,审问了送水的人。

地主只承认向山上送水,矢口否认其他坏事。经过个别审问,长工交代了地主曾派人向城里送情报。这时,游击队才恍然大悟,伪军是地主勾引来的。就地处决了这个姓吴的地主,卢廷玉对长工说:“看到了吧,我们八路军说话是算数的,谁再往山上送东西,就是这个下场!”

雷英接过来说:“我们的政策是专门打击铁杆汉奸,念你们俩是被迫做坏事,释放你们。”

这两人看见地上血淋淋的尸体,早已吓得魂不附体,听说释放他俩,连声说“是……是……”,赶紧溜走了。

二、延庆伪军来解围

延庆来的敌人是解高山寺的围,一看主力部队撤走,他们便大模大样地开进了二道河子。高山寺的敌人看到救星来了,自然喜出望外,可是他们慑于外面埋设的地雷,就是不敢下来。

这会“李大气”咧开嗓子喊:“外边有地雷!”

下边的伪军听了之后,吓得赶紧趴下不敢动。还是一个伪军官有经验,让士兵抓牲口蹚地雷,伪军们纷纷跑向村里,一会儿工夫,便从群众家中抢来了几头毛驴和骡子,赶着往高山寺跑。伪军们趴在地下,小心翼翼地看着。只听轰轰两声巨响,两颗地雷爆炸了,一头骡子当场被炸死,其他牲口发了疯似的跑了下来,拦也拦不住。

山上的伪军以为地雷被排除了,一窝蜂似的跑了下来。轰轰又是两声巨响,有两颗地雷开了花。十几个伪军被炸倒,其余的又都缩了回去。山下的伪军指挥官也被吓呆了,他只好强迫几个伪军顺着牲口跑过的蹄印向山上爬,折腾了一个多钟头,总算爬上去了。指挥着山上山下的伪军合在一起,把粮食搬上去。然后又去抓老百姓往山上挑水,可是青壮年都跑光了,只抓来几个年岁大的老头,没有法子,只有强迫伪军往上挑,可是井只有一口,容纳不了那么多人,他们又跑到东沟、八家两村去挑;又从老百姓家抢来大小水缸、柴火,甚至把群众的门窗拆下来,送往高山寺当柴火烧。到后半晌的时候,从延庆来的伪军害怕八路军主力部队打回来,顺着大门口子撤走了。

下午,游击队转移到门泉石村,葛震同志也在那里。他对战士们说:“不要灰心,要从失败中吸取教训。”李宝镛也说:“要动脑筋,多想办法。”大家一起制订了二次围困的方案。

傍晚,游击队到了窑湾村。通知南六村民兵在窑湾村集合,大家一起上了高山寺对面的南山,亲自观察高山寺周围的情况,一直看到从延庆来的伪军撤出大门口子,这才下了山,进入东沟村。

了解了敌人白天的活动情况,晚上掌灯时,大家按预定计划分两个连队,重新开进了二道河子,包围了高山寺。由冯家庙村游击组长李明德带领民兵,在高山寺门外埋设地雷。

雷英叫起伪军队长“李大气”,又给他们训了一顿话。开始“李大气”一再否认他请援兵的事,直到给他摆出了事实,他才不吭声了。

“李大气”带着哭腔说:“长官,我也是出于无奈,山上弟兄的妻儿老小都在延庆,我们要投降怕连累家里人,不投降,又没吃没喝,军心浮动,才写了一封信,请求上级让我们撤退。没有想到上边不准我们撤退,把我们逼上死路。我知道我有罪,以后我一定立功赎罪。”

雷英命令他们要不缴枪投降,要不就在山上等死。

“李大气”又露出了本来的凶相:“老子倒要看看,你们几个土八路能把我李大气如何！来人给我守住山口!”

夜里三星上来时,按老办法安排好,民兵们又悄悄地撤出了二道河子。

三、坚壁清野拔据点

在二道河子的群众大会上,卢廷玉同志宣布处死姓吴的地主的消息后,乡亲们无不拍手称快。地主老财、伪组织人员面面相觑。他们心里既怕八路军,又怕伪军,纷纷要求进山躲藏,卢廷玉答应了他们的要求,让他们到山里投亲靠友。贫苦群众按照游击队的要求,天不亮就带着干粮到地里干起了农活。老乡们一面躲避敌人,一面参加生产,晚上帮助围困敌人。从此,二道河子白天就剩下老弱妇女,再没有坏人敢向山上送水了。为了节省人力,晚上马场川的民兵轮流进入二道河子,白天留下少数游击队员监视敌人。十几天过去了,进入阴历五月,青纱帐起来了,战士们转移到高山寺南面的高粱地里。

按照李宝镛“要动脑筋,多想办法”的思路,游击队开个“诸葛亮会”。这天下午,游击队在东沟村集合民兵中队长、游击组长进行会议。大家分析了形势,一致认为现在十几天过去了,山上的水又快用完了,要防止敌人狗急跳墙和延庆城的敌人再次增援。东沟村长梁永同志说:“咱们的大铁炮可是威力无穷,一打一大片。还有咱们的大抬杆。”

会埋地雷的冯家庙村游击组长李明德说:“咱们还得使用拉火雷和坏水雷杀伤敌人。”

还有的提出坚壁清野,把粮米油盐柴都坚壁起来,把挑水的水桶、盛水的缸都藏起来,就是敌人来了也弄不上去。

大家献计献策,当天晚上,游击队把两门100多斤、长约3尺的古炮装上火药和碎铁片,抬到高山寺门前南侧,炮口冲着高山寺大门,炮底靠在工事内的大石头上。李明德同志带着他的游击组,从高山寺南侧隐蔽地爬上围墙根,悄悄地绕到高山寺门外十几米处,埋好地雷,按上了鞋底和蹄印。坏水雷故意露出破绽,埋在地下。

"李大气"是个狡猾的家伙,他知道背水比金子还贵重,虽说延庆城的伪军答应定时增援,但也怕出意外,因此对山上的水定量供应只准喝不准洗。十几天过去了,水已经用了一半,就怕援军不到,更是心急如焚。进入6月山上的水已经是寥寥无几。

"李大气"眼看着援兵无望,军心混乱,决定破釜沉舟,孤注一掷冲下来抢水,他满以为大门口没有地雷,冲出门贴墙根往北可以冲出去。就派一个小队,下了死命令,机关枪、步枪一个劲儿地向游击队猛烈地扫射。"李大气"认为时机到了,下令:"冲!"

谁知20多个伪军刚冲出大门,游击队的炮就震怒了,轰轰两声,接着4只大抬杆嗵嗵嗵几下,浓烟带着铁砂、铁片飞向敌群。伪军纷纷倒地,没伤着的也拼了命地往回跑,"李大气"指挥着另一支伪军向下冲。这时,拉火雷又开了花,"李大气"一看眼前的阵势,才知道自己是黔驴技穷,无计可施了,只好留下五六具尸体,关上庙门缩了回去。

这天夜里,游击队爬上去捡回了敌人白天留下的5支步枪和子弹,接着游击队按第二步方案开始行动。从山根底下开始,逐渐向岗楼下掏洞。掏的掏,运的运,由于是土山,进展很快。民兵们故意大声地说:"挖到炮楼下,装上一棺材黄色炸药,管叫黄狗坐'飞机'。"

伪军们被白天一仗打得早已成了惊弓之鸟,听了民兵的话,吓得尿了裤子,赶快报告了"李大气"。

"李大气"心里也明白,这一招可厉害,一颗地雷杀伤力就那么大,一棺材炸药,连尸首也得炸没了,急得他像磨道上的驴,在地上转来转去。一会儿,他找来一个小队长,让他换上便衣,化装成老百姓,拂晓时,从西北角吊下去,秘密进入柳沟打电话。延庆城的敌人接到电话,知道局势紧迫,第3天上午,200多敌人带着工兵,一路打枪开进了二道河子,可是他们不敢上山,先让工兵排雷。还真起出了两颗,当敌人的工兵抱着剪断了弦的地雷正兴高采烈的时候,地雷发怒,坏水烧着了炸药,轰轰两声,炸倒了四五个。伪军们吓得目瞪口呆,连军官们也瞠目结舌。后来还是抓来一群羊,赶上去蹚地雷。地雷排出了,山上的伪军一哄而下,起晌的时候,高山寺的伪军才和延庆的敌人一齐撤走了。

敌人一走,游击队从东沟村东山上下来,派出了瞭望哨,发动全马场川的群众,带着锹、镐,连夜拆除高山寺围墙和古庙。群众边拆边说:“围困战术真叫好,民兵个个是英豪,不用机枪和大炮,敌人被咱打跑了!”

延庆南山马场川“南六村”就这样在武装斗争和强大的政治攻势下脱离了敌人的统治,转向抗日一面政权。

抗日两面政权是对敌斗争在极端困难情况下的一种暂时的政权形式。随着形势好转,敌占区变为游击区,游击区变为抗日根据地巩固区,政权形式也逐渐转变为抗日一面。到 1944 年结束时,平北抗日根据地的单一政权达到了 322 个,比 1943 年的 157 个增加了一倍还多。这其中,都是武装斗争和经济斗争的综合结果。

第三章　夺取最后胜利

1945年,在人类的历史长河中,注定是不平凡的一年。这一年的1月9日,美军登陆菲律宾吕宋岛;1月13日开始,德国军队从东普鲁士到丹麦和德国本土的海上进行着名为"汉尼拔行动"的大溃退;2月4日之后的一周时间里,斯大林、罗斯福、丘吉尔在12世纪就已建成的世界历史古城、克里米亚半岛南部海岸的度假胜地雅尔塔召开了会议,签订《雅尔塔协定》;2月13日,苏联红军攻占了匈牙利首都布达佩斯;4月1日美军在冲绳岛登陆,4月5日,苏联通告废除《日苏中立条约》,同时向东方增兵;4月30日苏军占领德国首都柏林,德国法西斯独裁者、纳粹德国元首阿道夫·希特勒在地下室服毒自杀身亡;5月8日,德国最高统帅部的代表签字宣布无条件投降。

国际形势发生了变化,必然影响到国内形势的变化。曾经骄横一时的日本侵略者,在全国人民的抗日浪潮下,陷于孤立无援的困境中。从2月至5月,日本进行两次"兵备动员",拼凑了40多个师团,约240万兵力,准备固守本土,还在妄图将中国东北及朝鲜北部与其本土连成一片,负隅顽抗。虽还在垂死挣扎,但却变成了惊弓之鸟,所到之处无不遭受到沉重打击。从5月开始,八路军、新四军对日、伪军发动了大规模的夏季攻势,摧毁日、伪据点,解放了一些县城和集镇,打通了许多解放区的联系,基本上把敌人逼退到铁路沿线和一些主要公路线,为转入全面反攻创造了有利条件。

在日本国内,4月上旬局势变化,7月铃木内阁成立。日本本土的防卫作战也正在进行准备。7月26日,中、美、英促令日本投降的《波茨坦公告》公布后,日本天皇在27日主持最高作战会议,但始终没有做出一致的决议。铃木首相在7月30日宣称,"要把大东亚战争进行到底"。8月8日晚,苏联根据"雅尔塔会议"精神"忠于同盟国义务",宣布从8月9日起与日本进入战争状态。

由于苏联这一行动,对日战争的时间将大大缩短。对日战争已处在最后阶段,最后战胜日本侵略者及其一切走狗的时间已经到来了。

第一节　反攻战场传捷报

一、南梁战斗

1944 年 12 月 18 日,黄土高原的冬天寒冷而漫长,一场大雪之后,“惟余莽莽”。杨家坪的窑洞里炉火正旺,毛泽东放下手里的文件,提起手边的笔,给当时任八路军晋察冀军区代司令员兼政治委员的程子华写了一封信。

信中对日本帝国主义与国民政府的形势做了预估,最后毛泽东写道:“希望你们努力向雁北、绥东、察哈尔、热河及冀东敌占区发展,扩大解放区。同时努力从事城市工作。”

程子华接到毛泽东的信,立即转达到晋察冀下属的各个军分区。自此平北抗日根据地进入到了一个新的阶段——战略反攻。

如果说 1944 年战斗还是在日伪“扫荡”时八路军给予阻击或伏击,进入 1945 年,已经不再是小范围的阻击,而是大规模的主动出击和全面的反攻。

敌人不甘心失败,由于兵力不足,只有驻守重要点线据点,加紧应付盟国返攻的准备,以图苟延残喘垂死挣扎,延缓败局的来到。

日本帝国主义侵华史料《华北治安战》一书,也记述了当时的战局发展与日本国内的战争动向:“……华北方面军确保华北重要地区,在 9 月底以前要大体完成山东半岛方面对美作战准备,同时与关东军相策应,大体完成对苏作战准备。”由于平北抗日根据地跨冀、热、察三省,因此战略地位越来越重要,也就成为敌我两方争夺的重点之一。

敌人从没有放弃对根据地的“讨伐”“扫荡”“清剿”,妄图以此消灭抗日根据地,确保其满洲国与华北的联系。日军渡边渡少将率领独立混成第 2 旅团,分布于张家口和宣化、怀来。伪蒙疆宣化省直辖警察大队,大部分分布在宣化、新保安、延庆。于泽朴率领伪满洲军第 8 旅驻扎在丰宁,第 2 团驻扎在白草,第 6 团驻扎在东卯,前推至赤城的龙门所、后城。陈明山率混成 25 旅,辖骑兵 44 团驻扎在大滩。

随着战争局势的发展,日军内部军心动摇,日伪军之间矛盾重重。敌人为了稳定军心,笼络民心,彰显军国主义还有力量,能够挽回失败的命运,采取了集中部分兵力远距离奔袭的作战手段。1945 年 5 月 10 日,龙关的日军

200 人，乘汽车经三岔口、上下虎叫村和雕鹗的敌人混在一起，约 500 人向南梁扑来。

南梁是平北抗日根据地龙延怀联合县二区一个十多户人家的山村，南依海陀山，北向雕鹗川，东北距离敌人重要据点雕鹗堡 20 余里，西北距平北军分区司令部驻地蔡家窑子约 5 里，隔着一条山梁，是平北军分区司令部的屏障。

很明显，敌人的意图是占领南梁的有利地形，居高临下，从后侧翼包抄平北军分区司令部领导机关，聚而歼之。这是敌人的如意算盘，而战斗就是从这里打响的。

当时分区警卫连驻南梁担任警戒。警卫连是一支经过战斗洗礼、能攻善守的连队。连长王宁邦是陕北红军，作战英勇。指导员王亚夫、副连长姚佩军率全连 100 余人参加了这场战斗。指导员简短有力地进行了政治动员，全体战士个个表示多杀敌，多缴枪，奋勇向前。

敌人兵分两路，一路主要是伪军，沿南梁东沟向上迂回以为策应；另一路是日军主力，从行军铺沿南梁的梁脊向上直奔阵地。南梁村南边有一块小高地，东西长约 50 米，南北宽约 30 米，激烈的争夺战就在这个小高地上打响了。

敌人在优良炮火掩护下猛攻，警卫连居高坚守，用手榴弹将敌人打下去，就这样敌人一次次冲上来，警卫连一次次把他们打下去。敌人攻不下阵地，占有不了有利地形，警卫连也无力量吃掉敌人。反复争来夺去，双方都战亡不少，形成了对峙。

战斗最激烈的时候，警卫连战士“大老胡”端起大刀，冲进敌人阵地，一连劈倒 3 个日军，一颗子弹打中了“大老胡”的后背，他不顾伤痛，拉响了身上的手榴弹与敌人同归于尽；还有一个战士和日军抱在一起，嘴里咬下敌人的耳朵光荣牺牲。

战斗持续到下午两点，从 30 多里外的阎家坪调来了 40 团 2 连。2 连当时一边担任警戒一边搞生产，接到命令跑步赶来投入战斗。

说起 2 连，可是个有名的英雄连队，1944 年夏天在猴儿山保护地方干部，杀伤敌人，立下了战功，被晋察冀军区授予“长城中队”的光荣称号。这个连队在连长鲁真、指导员王建书的带领下，立刻加入了战斗。2 连的增援，给了警卫连强有力的支持和鼓舞，战士们勇猛冲杀，手榴弹在敌群爆炸，南梁外的小高地成了火海，打得鬼子只有招架之功没有还手之力，再没有向前前进一步，敌人凭借优势火力顽强抵抗，坚持到黄昏。

在警卫连和2连的联合火力下，日伪军向行字铺方向退败。退到行字铺又受到从朱庄子来支援的40团1连的袭击。敌人逃回龙关，把3辆汽车的尸体烧了，还在龙关建立了所谓的“忠灵碑”。

这次战斗因为弹药不足，而未能全歼敌人。但是这次战斗对久在平北作战的八路军打阵地阻击战是个很好的锻炼。平北地分委书记兼平北军分区政委段苏权回忆说：“过去部队多是分散活动，打游击，这次在阵地上顶住敌人的进攻，凭借着步枪、手榴弹大量杀伤敌人于阵前，是一次有意义的尝试。”

二、里应外合光复崇礼

南梁战斗后，形势更加好转，为早日解放平北创造了有利条件，平北地区居民为配合察南战斗战役，开展了新的战斗行动。序幕已拉开，雄壮威武、有声有色的反攻大戏就要开始了。

1945年7月6日的《晋察冀日报》报道了一则重要的新闻：“长城线‘七一’大捷，我军光复崇礼县城。”里应外合光复崇礼县城，可以说是在1945年党的生日到来的时候，平北抗日军民向这个纪念日呈献的一份好礼。

其实，早在1945年2月前后，平北抗日根据地的党组织就在崇礼县城内部建立了两条内线关系。一条，是由平北军分区从被俘后教育释放的伪军人员中建立的派遣关系；另一条，是由龙崇宣联合县公安局建立的内线关系。担任内线的两个人，一个叫田芳，一个叫朱玉山，他们原本是抗日根据地的干部、战士。被敌人俘虏后，敌人想利用他们为敌服务，但他们并没有向敌人屈服，而是与地方党组织取得了联系。为了较好地隐蔽，两条内线关系是分别由部队和地方各自掌握的。地方上由崇礼县公安局局长刘勋、专署公安科科长葛启掌握；部队上由军分区司令部侦察参谋王国瑞同志负责。

6月中旬，由崇礼内转来田芳、朱玉山的一份秘报，大意是“随着整个战局发展，崇礼城内空虚，人心惊慌。内线人员力量有所发展，约有10个人可以随时掉转枪口，新建的伪军3中队基本为我控制。援助县城的日军小分队30余人即将离城北去，建议我军立即采取行动，解放崇礼城！”

地分委书记兼军分区政委段苏权和军分区的司令员詹大南、副司令员钟辉琨、政治部主任曾威迅速开会，段苏权对大家说：“如果情况属实确实是一个很好的机会。”

司令员詹大南说：“考虑到崇礼县城是张家口的外围据点，又是张家口东北边的屏障，攻克它不是轻而易举的事。不能有侥幸心理，必须设想到各种可能发生的事情，做好足够准备，以防万一。”

“不错，我同意司令员的看法。这是一次需要集中使用我平北分区部分主力、关系成败的重大军事行为，要慎重从事。”副司令员钟辉琨说，“应该立即指派地方和部队有关部门，分头设法了解崇礼县城敌伪的情况，同时组织部队进行战斗准备。”

经过10来天的努力，汇集了各方面了解的情况，证明内线情报属实，这样平北地委定下了采取军事行动收复崇礼县城的决心。段苏权做出决定：“将原来两条内线关系统一起来，协同一致行动，均委任田芳掌握。同时由钟辉琨同志率40团先行进到大、小口子和砖楼一带，进一步查明敌情，并与当地党政领导共同筹划和准备工程事宜。”

钟辉琨和崇礼县委书记王一心、县长王煜文、县委组织部部长胡子奇，根据掌握的敌情进行了分析，大家一致认为：“时机，不能放过。”6月27日，钟辉琨发回电报：“内线均无变化，建议按原计划行动。”

6月29日，地分委书记兼分区政委段苏权和军分区的司令员詹大南率10团和分区特务连奔赴太子城、砖楼一带与40团会合了，冀察军区政委兼政治部主任刘道生、参谋长易耀彩也亲临前线指挥战斗。

崇礼城内驻有日本指挥官5名、伪警察大队3个中队和1个特务队，共有兵力400余人。这时候的敌人早就是惊弓之鸟了，只要战斗一打响，敌人必然要从张家口、张北或宣化、赤城等地迅速调兵增援。特别是张家口距此很近，且有公路连通，敌人闻讯之后定会使用机动车辆沿公路增援。因此平北地委决定使用较大的兵力向张家口方向担任阻援任务。

10团团长这时已经由李荣顺继任。1944年夏，团长王亢到晋察冀军区党校学习。11月，李荣顺任副团长兼参谋长。1945年3月，王亢调任平北军分区参谋长兼热西支队司令员。李荣顺成为10团第3任团长。

李荣顺生于1917年，是湖北省荆门县桥头村人，幼时家境贫寒，8岁给地主放牛，14岁到一家工厂当学徒工，刚16岁就参加了工农红军，在湘鄂西的第2军团第6师第18团当战士。1935年初加入中国共产党，1935年9月，李荣顺随部队参加了长征，在一次反“围剿”的战斗中，他负了伤，可仍坚持行军打仗，胜利到达陕北。

1938 年第 4 纵队挺进平北时，李荣顺在 4 纵队第 31 大队任特派员，参加了沙峪战斗。1939 年 2 月 7 日冀热察挺进军改编，李荣顺任第 7 团 2 营教导员，营长是红军强渡大渡河十八勇士的英雄连长熊尚林。

1941 年到 1943 年间，李荣顺先后担任警卫大队政委和龙赤区区队长。在开辟平北的斗争中，带领广大军民多次粉碎了日伪军的“扫荡”和进攻。

这次解放崇礼的战斗，以 10 团团长李荣顺、政委吴迪和崇礼县支队支队长刘义荣①、政委王一心为攻城部队；40 团由团长赖富、政委刘国辅、参谋长杨森、主任陈昶率领，布防在榆树林、三道河一带，破坏电话线和公路，担任阻击张家口增援敌人的任务。赤源骑兵支队长胡广义、政委方城率领本支队，布防在东沟门到大夹道沟一带，以防御来自张北、狼窝沟方向的援兵。

情况有时瞬息万变，6 月 29 日，崇礼城内敌情发生了意外的变化，由张家口突然来了一支 200 余人的日军“讨伐队”。这个意外的情况给攻打城里带来了极大的困难，这不仅因为日军的战斗力远比伪军强，在日军的督战下，伪军也将拼死抵抗，而且当时八路军弹药奇缺，不可能进行一次持久的攻坚战，特别是如果战斗不能速战速决，援军一到，很难实现光复崇礼的目的。此时内线人员更为焦急，情报送不出，日军又不走，眼看一切安排已经就绪，攻城的日期迫近，怎么办？

内线人员李荣贵来找田芳：“得想办法把敌人调走。”

李荣贵急急忙忙跑去报告：“太君，有情报！”

“快说！”一个日本军官蹦了起来。

“八路军有几千人在威远门一带杀猪宰羊，大吃大喝，准备担架、城梯，据说要打大囫囵、张北城呢。”

日本军官半信半疑，命令再派人核实。不久，在内线人员安排下，西湾子的甲公所来人报告，确有其事，再加上北面骑兵支队的活动，终于使敌人上了当。

6 月 30 日黄昏，八路军主力部队向崇礼县城出发了。当部队进抵距县城仅 12 里的三道营子、马丈子一带时，天气突变，大雨如注，山上的水流一时猛涨起来，部队无法涉水过河，被迫停止前进。在距离县城几公里这样一条小小的山沟里停驻，这样多的人马，稍有不慎是会很快暴露目标的。在这紧

---

① 刘义荣（1916—2007），江西于都人。1936 年加入中国共产党。经历过长征。抗日战争时期，曾任晋察冀军区新 6 团团长。中华人民共和国成立后，曾任中国人民解放军反坦克炮兵师首任师长、北京军区炮兵副司令员等职。1955 年，被授予大校军衔。

要关头,地方党组织有力地配合了大部队,迅速动员了大批党员干部和可靠的民兵与部队一起,严密封锁了全部通往崇礼的道路,过往行人许进不许出。

这时几位负责人脑子里都盘旋着一个难以解决的重大问题:面临如此情况,是打还是撤?很明显,不打,很可能错过良好的机会,时不再来,特别是全部内线关系有可能暴露;但如果等雨停水退后按原计划行动,又有可能因时间耽误久了,意图暴露,敌人增加防范,迅速增援,就达不到里应外合、出敌不意、突然袭击的目的了。最后决定还是等待雨停水退,查明情况再做决定。

大雨下了整整一夜,部队只得在三道营子、马丈子这条沟里原地宿营。第二天,天虽放晴了,但部队不宜在白天行动,必须更加严密地封锁消息,同时派出便衣侦探等候内线送来最新情报。

大约晚上 9 点半,派在沟口的侦察员迎到了内线派来的联络人员:"虽然大军迫近,但未泄露消息,敌人没有察觉,情况也没有变化。"段苏权认为虽然延误了一天,但按原计划还是有把握的,于是命令部队当即行动。当大部队抵达距崇礼县城 8 里的时候,内线朱玉山领着另外几个人前来接应部队,飞速向崇礼县城进发。

攻城突击队由 10 团担任,当时二连长李凤仪任队长,朱玉山在前当向导,指挥部紧随大部队之后。由于事前已做了周密的部署,各哨卡都已换上了内线人员,县城公署周围的 4 个炮楼也已由 3 个队接防。内线人员情况熟悉,处处接应,在敌毫无察觉的情况下,顺利地通过了岗哨,迅速接近了东门。

雨后的夜空,乌云聚拢,突然,漆黑的夜空里一颗信号弹划破了寂静的夜空。内线人员从里面打开了崇礼县城的大门。主力部队兵分 3 路冲入崇礼伪县公署大围子,一时间,枪声喊杀声响成一片,这可真是:兵自天上降,水从山顶来。伪军们一个个惊慌失措,还没来得及做认真的抵抗就被缴械了。准备潜逃的首席指挥官兼县长渡边被英勇的战士活捉。

紧靠县公署后面的北山上,有个大碉堡,里面有 20 多个伪军,有 1 挺重机枪、2 挺轻机枪和 30 多支步枪。他们发现电话不通,又看不清楚外面的情况,吓得不敢出来,派人打白旗出来要求停火,等天一亮就出来投降。很明显这是在耍花招,主力部队调整部署增强了兵力,决心歼灭北山的顽敌。北山碉堡是敌人部署俯视崇礼县城的一个制高点,它居高临下可以直接以火力控制全城,这伙死不甘心的敌人妄图凭借据点,拖延时间等待援军。没想到,被团副参谋长周德礼和连长李占元率领的战士,一鼓作气端了下来,从而取得了光复崇礼县城的全胜。

这次战斗,俘获敌伪200多人,缴获步枪300余支、轻重机枪各1挺、电台2部、卡车1辆、子弹数万发。此外,从敌伪仓库里还缴获了大量粮食、棉花和布匹,为日后的大反攻补充了装备、辎重。主力部队的战士们兴高采烈地说:“这仗打得真漂亮,过了一个有意义的七一纪念日。”

平北根据地军民,经过2个月的浴血奋战,先后攻克与逼退了敌人30余处据点,解放了崇礼县,使中心根据地连成一片,这样形成了根本的变化。

三、龙门所伏击战

仅仅过了半个月,八路军平北、平西主力部队,又在地方干部和民兵的紧密配合下,在赤城县龙门所镇打了一场漂亮的伏击战,一举歼灭伪满军一个营,这是继收复崇礼县之后的又一次胜利,给敌人以沉重的打击。经过这次战斗,平北、平西主力部队不仅改善了武器装备,更充沛了部队人员,一大批被俘虏的伪军参加了部队,为解放张家口创造了有利条件。

龙门所位于长城西侧南北走向的山谷里,是伪满洲国通向蒙疆的咽喉,由此向西30里穿越一个山岭便是赤城县。因此敌人一直把他看作一个重镇,设有镇公所和警察署,并驻扎了伪满洲军的一个连。

7月10日,晋察冀军区代司令员兼政委程子华,命令平北部队组织热西战役,配合冀热辽部队向东挺进。为执行这项命令,平北地区党政军领导专门做了部署,带去了大批布匹、食盐,准备换取给养和救济灾民。

7月16日,地委书记兼军分区政委段苏权率领10团,自龙关东南的雕鹗堡一带出发,经孙庄子、青罗口、后城,至南卜子、巡检司一带,并在这里宿营。次日,分区司令员钟辉琨率领刚由平西调来的44团也赶到这里。目的是东出长城,先打万泉寺这个拥有几百户人家的大圩子,冲破敌人“集家并村”建立起来的“人圈”,然后继续向东卯、大阁、围场进攻。

7月17日下午,部队按照预定计划向万泉寺方向移动。段苏权率领10团先行,钟辉琨率44团跟进。先头部队正准备越过长城,钟辉琨从后面赶上来说:“老段,有新的情况。”

段苏权立即命令部队停止前进,钟辉琨说:“我骑兵侦察员获悉伪满洲军第5军管区所辖5旅6团2营,由日本人副团长田太茂率领,今天从东卯镇经巴图营子、龙门所、祥田向赤城进发,准备把龙门所的伪公所人员和‘讨伐队’接回来,重新建立龙门所据点,已经让龙门所替他们准备饭菜和草料了。”

“老钟，你怎么想？”

“如果明日敌人返回，重新占据龙门所，不仅会切断我军东进之路，而且还要迫使我军打一场得不偿失的消耗战，这对我们十分不利。”钟辉琨凝视着段苏权，“我建议放弃打万泉寺的计划，改为到龙门所打伏击战。”

“没错！抓住这个战机，出敌不意地在运动中消灭敌人，我完全赞成这个意见。”

当即，段苏权和钟辉琨把10团团长李荣顺、政委吴迪和44团团长雷澈龙、政委徐元甫等几位同志召集来，说明改变行动计划，到龙门所打伏击战的意图，大家一致表示赞成。由钟辉琨率领44团，由团长和政委指挥，埋伏在龙门所西北侧小高山上，控制制高点，担任阻截赤城方向支援敌人和侧击敌人后尾部队；段苏权率领10团到龙门所后再具体部署兵力。

部队马上由云盘梁东南长城附近折回，连夜行军。第二天拂晓前赶到龙门所预定打伏击战的地点。三区区委书记张玉印和区长赵祝三也率领武工队随后赶到，他们的任务是封锁消息，配合部队作战。

为了确保这次战斗的胜利，段苏权又对敌我双方力量和有利不利条件做了深入的分析：伪满洲军6团2营有3个步兵连、1个机炮连约400人，伪军“讨伐队”约200人，伪镇公所人员约10人，敌伪兵力总计不超过700人。10团的5个连和44团的4个连，加上分区警卫连，兵力约1000人，在数量上远超过敌人，并且大都是具有作战经验的老战士，政治觉悟高，士气旺盛。敌军不仅数量少，还远离后方孤军深入，而且他们是当地群众所仇恨的日本帝国主义的雇佣兵，内部派系复杂，矛盾重重，但伪满洲军装备精良，武器齐全，弹药充足，有较强的战斗力，且多是本地的地痞流氓、熟悉地理情况的地头蛇，因而也不可轻视。

10团的战士，一起登上龙门所北城墙察看地形研究兵力部署。

龙门所四周都是崇山峻岭，中间有一条南北走向的河流，东西两侧离城不远有一座小山，溪水由西山脚下流过。北门外是一处开阔的平地，东北侧是片坡地，种满了高粱、玉米，坡下便是人行便道，北通朱家庙、牧马堡，西北通辛庄子、赤城，向东有一条公路通黑河川的巴图营子、东卯镇。城内一条南北大街，靠北门有座钟楼，往南有老爷庙和戏楼，南门外的公路，经蒋家堡、祥田，南可通后城、白河堡，西北通兴仁堡、赤城。这时正值盛夏，四周都是青纱帐，这样的地形，这样的季节，真是打伏击战的理想地理条件和时机。

看完地形，段苏权对大家说：“由10团团长、政委指挥3个连，埋伏在龙门所东北侧山坡上的青纱帐里，准备腰斩敌本队；另一个连和分区警卫连的2个排，部署在龙门所东山上，负责警戒黑河川方向阻击增援敌人；10团第3连占领龙门所北门外小桥两侧的两座独立建筑。两个排埋伏在内，另一个排加上警卫连一个排和通信勤杂人员、机关干部留守城内做预备队。大家一定要勇敢作战，严密伪装，遵守战场纪律。”

这一天，赤日炎炎，大地如火，加之部队连夜行军，没有得到很好的休息。特别是西山上的44团，他们阵地远离村庄找不到水喝，大家又累又渴，嗓子眼里直冒烟。幸好中午下了一阵暴雨，战士们在阵地上接雨水，吃了点干粮，虽然衣服全湿透了，但情绪十分高涨。有人说笑话：“洗了个雨水澡，真痛快。”

吃完干粮，大家趴在湿地上耐心地等待着敌人，从1点等到2点，一点动静都没有，直到下午3点仍然不见敌人的影子，战士们的情绪有些松懈了，有人说：“敌人不可能来了，是不是从阵地上撤下来休息一下。”

段苏权让通信员通知大家，没有命令不得擅自离开阵地。下午4点多，设在西山上的瞭望哨突然发现通往赤城方向一个村子的群众纷纷向外跑，马上向段苏权报告：“敌人从赤城出发，经小榆树沟、辛庄子，走山路奔龙门所来了。”听到这个消息，全体指战员顿时精神焕发，一个个摩拳擦掌，一天的疲劳顿时消失。

到了黄昏，敌人隐隐约约地出现了。前卫尖兵分队大约30人，后边有几个骑马的，紧跟着的是大队人马，耀武扬威地列队向前进。当敌人接近龙门所时，有个伪军发现了山上瞭望哨，惊恐地跑到太田茂跟前：“报告太君，山上有八路。”

太田茂拿起望远镜，向四周望了望，满不在乎地说：“几个土八路，小小的，不理他！”

日伪军于是不知死活地一直进入了伏击圈。为了全歼来敌，不使敌人漏网，段苏权远远地盯着敌人，直到敌人前卫部队抵达城内钟楼附近时，才发出攻击信号。随着嘹亮的军号声，埋伏在东西两侧和城内的部队同时出动，以泰山压顶之势，分3路向敌人进行围攻。顿时火光闪闪，山崩地裂。步枪、机枪、冲锋枪、手榴弹声响成一片，敌人措手不及，被打得人仰马翻，像没头的苍蝇一样，滚在一起相互碰撞哭喊，有的当场毙命。趁敌人混乱之际，主力部队迅速发起冲击，把敌人切成数段。城内警卫连和机关勤杂人员，堵击敌人尖兵分队；44团从西山上冲下来，截击后面的敌人；10团的3个连也跃出阵地,从青纱帐里一跃而出,袭击敌本队。顿时,军号声、冲杀声,伴随着敌人的惨叫呼号声组成了一篇壮丽的乐章。战士们一面喊着“缴枪不杀”的口号,一面抓俘虏、缴武器。敌人扛在肩上的歪把子机枪,还没有脱下枪衣,掷弹筒还装着他们抢来的瓜果,就被战士夺了下来,迫击炮只打响了一发炮弹,也成了战利品。在阻击敌尖兵分队时,有的机关干部和其他人员没有枪,就从老乡家里拿来铁锹、锄头、菜刀、木棒,勇敢地和敌人肉搏,摄影员贾建赤手空拳抓住一个俘虏,缴获了一把驳壳枪。交锋的敌人,在战士们勇猛的冲击之下溃不成军,有的乖乖地投了降。

但是敌人不甘心失败,继续向八路军发起了反攻。敌人企图抢占北门外的一座独立建筑,同3连2排展开了激烈的争夺战。敌人两次冲进院内,都被院里的战士们奋力阻击出来。分区司令部参谋王刚同志在夺取中英勇牺牲。2排长郭发禄在战斗中一个人就干掉了6个敌人。机枪射击手赵永福正瞄准射击,突然从侧翼窜来一股敌人。他们端着刺刀,号叫着直向赵永福扑来,敌人的刺刀眼看就要戳到他身上了,但赵永福毫不畏惧,左手握住机枪,右手抓住了敌人的刺刀,身后的敌人用刺刀又猛刺进他后背,他急忙闪身,但刺刀已戳进了他的肩膀,顿时右肩失去了知觉,这时这3个敌人又扑上来,勇士赵永福在危险面前沉着刚毅,视死如归,直到我增援部队赶来,那负伤的肩上仍然扛着那挺机枪。

正面大路上的战斗,尤为激烈。

敌人利用大路两侧的地形和优势的火力拼命抵抗。10团3个连相继组织了几次冲锋,效果都不大。就在紧要关头,团长李荣顺当机立断,马上命令3连连长孙玉录带领一个排和连部人员30余人,从龙门所西北角向敌侧翼迂回袭击。战士们每人携带4颗手榴弹,以玉米地为掩护,悄悄向外摸。当到达投弹距离时,趁敌不备,将手中的手榴弹投向敌群。霎时间,弹片纷飞,硝烟滚滚,敌人队形大乱,伪副营长当场毙命,其余敌人见势不妙纷纷逃离阵地。受阻的连队在硝烟弥漫中迅速向前冲,和敌人在大路两侧的庄稼地里展开了白刃战。

战士们冲杀着,追逐着,几分钟后敌人死的死,缴枪的缴枪,狡猾的伪满洲军营长、日本士官学校学生王国士躲在庄稼地的一个小土坑里,也被1连9班班长生擒。

另一股敌人,在太田茂的指挥下,企图抢占西山制高点。44团指挥员主动出击，给以迎头痛击，把敌人压制在山脚下的河滩里。这时候，只见团长雷澈龙，率领一个通信班直奔太田茂，准备将他活捉。太田茂慌着手脚，像受惊的野兽一样"啊"地猛叫一声，举起手枪就向雷团长打来。

一名通信员一个箭步冲上去，用刺刀对准太田茂的头部猛力捅去。太田茂脑部被刺伤，手枪也掉在地上。太田茂抽出指挥刀，张牙舞爪，扑了过来。另一名通信员从坎上推下一块大石头，轰隆隆地向太田茂砸去。这个双手沾满了中国人民鲜血的日本法西斯武士，两腿一蹬，一命呜呼。事后他的老婆抱着他的灵牌哭着回了承德。

敌军失去了指挥，更加溃不成军，一个个做了俘虏。敌"讨伐队"大都是本地人，熟悉地形，因此溜掉一小部分，大部分也成了俘虏，跟在敌人后面准备到龙门所修筑工事的"铁锹队"，听到枪声早就掉头跑回了赤城县去了。

战斗结束，整个战斗用了 2 个小时，抗日武装以伤 13 人、亡 6 人的代价夺取了胜利。这次战斗共击毙敌指挥官太田茂以下 50 多人，俘虏 270 余人，缴获迫击炮 1 门、手炮 1 门、掷弹筒 3 具、轻机枪 11 挺、长短枪 218 支、望远镜 4 架、战马 17 匹等，还有一批弹药和其他装备。

从 5 月 10 日至 7 月 20 日，经过 70 多天的努力奋战，攻克和逼退敌人据点 32 处，毙伤敌伪 323 人，俘虏日军 4 人、伪军 810 人，缴获迫击炮 1 门、马炮 4 门、制弹筒 4 具、重机枪 3 挺、轻机枪 19 挺、长短枪 784 支。解放崇礼县城，龙门所伏击歼敌，又使得北部赤城、沽源、崇礼等地 451 个村庄、18800 人和 9000 多平方公里土地得到了解放，与张北地区连成一片；北部与中部龙关、赤城地区基本上打通。龙关县境内已经看不到日本鬼子的影子，宣化、怀来地区的敌人也像哑巴一样，威胁大大减弱。延庆川已经为抗日政府所控制。

至此，根据地被分割的形势基本结束。平北根据地的抗日军民终于就要迎来最后的大反攻，取得全面的胜利。

第二节　会师张北

一、骑兵挺进敌后

在抗日战争的艰苦岁月里，平北的骑兵部队，活跃在察北坝上草原，打击敌人，壮大自己，开辟抗日根据地，这就是平北军分区的骑兵大队。这支骑兵成为新中国骑兵部队的前身，在1949年10月1日的开国大典上一展雄姿，后来成为新疆军区独立8师，守卫着祖国疆土。

骑兵大队始建于1941年。这年春，分区政委段苏权率领平北游击支队，北出马莲口，在崇礼县重要据点狮子沟，全歼了敌人的守敌50余名，缴获战马50余匹、步枪50余支。为了适应坝上对敌斗争的需要，部队在龙赤根据地石头堡子修整时，利用这些战利品，从各连选拔了一些会骑马的战士，组建了骑兵一连，连长陈有力。

1942年秋，在两次袭击大囫囵后，又缴获了战马100匹。这样一来，一个连已经容纳不下了，分区命令组成2个骑兵连。同时，为了统一指挥成立了平北骑兵大队，大队长李忠志。

1944年，抗战局势的扭转，骑兵大队也走出了1943年的困境，在接连的战斗胜利和地方政府的支持下，补充了新战马。1944年春，在原有2个骑兵连的基础上又增加了步兵3连。这时也是骑兵大队最强的时期，2个骑兵连，1个步兵连，1支游击队，一共400多名战士、200多匹战马。

1945年一开春，平北地委为了迅速开辟察蒙新区，决定先成立张北县工委，以一个精干的班子，率领骑兵，进入张北、崇礼之间坝顶一线调查研究，熟悉情况，以便开展下一步的行动，准备收复察北和内蒙中部湿地。

张北、崇礼之间的坝顶地区是一条长百余里、宽二三十里、由西南蜿蜒向东北的狭长小山区，面向坝上茫茫草原，背靠坝下深沟山区，便于骑兵活动。这里地处高寒，农业年收一季，产量低而不稳；牧场虽然宽阔但是很多荒无人烟，畜牧少又瘦弱，再加上日伪的横征暴敛，人民的生活极其困难。这一地区从1941年开始，就成为平北抗日根据地的游击区，但由于部队的长期流动，群众工作没有正常开展，加上日伪的宣传欺骗和残酷镇压，这里的人民对敌虽然怀有极大仇恨，但对抗日工作又不敢大胆支持。针对这样的局面，察北地分委决定以武装斗争为主，用战场上的胜利来宣传教育群众，树立抗战必胜的信心，同时加强对农村的领导，坚持贯彻党的政策，发动群众，建立抗日组织，公开对敌斗争，以巩固根据地。这个决定得到了上级的批准，也赢得了群众的维护，在这场斗争中，骑兵大队迅速历练成为一支每战必胜、越战越勇的“铁骑兵”。

4月底，骑兵大队进入崇礼县狮子沟以北的大五号村一线，这一带被人叫作“号子沟”，是因为当年开荒者把这条山沟分别编成若干号，每号一村，所以得名“号子沟”。

4月30日上午,队伍刚刚进入这里,侦察员就发现伪骑兵百十来人,由北向南沿号子沟的西梁行进。侦察员悄悄地尾随着这股敌人,通过敌人的动向判断这伙敌人是从大囫囵去往崇礼方向的,应该是到崇礼县城执行护送任务的。

侦察员迅速将侦察的结果向支队领导汇报,政委柴书林①判断:“这股敌人今日很可能仍由去路或号子沟返回大囫囵。”柴书林略一沉思:现在敌人的战斗力不强,士气低落,我们跟踪查明这股敌人今后的动向,力争在回来的路上消灭他。

柴书林将情况汇报给上级,上级把另一个骑兵连约百人临时增派到这里。果然不出所料,当天的晚上,这股敌人就从崇礼县原路返回,在红旗营子附近宿营。

柴书林笑着说:“这伙敌人看来是送上门来的,我看这伙敌人在这一带从未遭到过严重打击,也没有发现过我们的军情,很可能明天一早,沿红旗营子、石窑子村一线上坝返回原地,咱们可不能放走他们啊!”

战士们听着手里不停地擦着枪:“政委,说吧,怎么个打法?”

“好,那咱们就在敌人上坝前选好阵地,预设埋伏,把他收拾了。”

事有凑巧,这股敌人第二天一早就动身,似乎按照支队设计好的路线往石窑子村去了。中午,行进到石窑子村往北二里地的扯旗沟村时,正好碰上这里有一家正在举办婚事。敌人可不管什么请帖、份子礼的事,看到有酒有菜,早就馋得迈不开步子了。

就在敌人猜拳行令的时候,支队已经选定在他们的归路必经的扯旗沟北坡设置好了埋伏。用一小连约70人的加强火力,在正面阻击,堵住敌人的去路,不允许敌人突围。另一连,约百人迂回到敌人侧后,只要正面打响,立即向敌人猛冲。

这伙伪骑兵吃到酒足饭饱,日头偏西才慢悠悠地上了马。领头的日伪指挥官坐在马鞍上摇摇晃晃,一边剔着牙缝里的残渣,一边还高兴地哼起了小曲。正当他们在马上东倒西歪地沉浸在酒席宴上的美酒佳肴的时候,胯下的马却带着他们缓缓地走进了埋伏圈。

突然,路边山上一顿火力,像泼水一样向他们袭来,这伙日伪军顿时吓

---

① 柴书林(1913—1995),河北张北人。1936年加入中国共产党。抗日战争时期,曾任察蒙骑兵支队副政委等职。中华人民共和国成立后,曾任上海警备区副司令员、上海警备区正军职顾问等职。1964年晋升为少将军衔。

呆了,还没反应过来是怎么一回事,一柄柄雪亮的刺刀已经砍到了他们的头上。十几分钟后,大部分敌人缴枪投降,少部分人夺命而逃,也被骑兵支队抓了正着。

查清战果时,发现除了一名日伪军指挥官潜逃外,其余百余人以及枪、马全部被骑兵支队缴获。敌人做梦也没有想到,他们吃了一顿饱饭却成了“饱死鬼”。

这一仗,在骑兵大队挺进敌后的行程上首战告捷旗开得胜,对坝上军民鼓舞极大,让这里的百姓知道了敌人确实已经不堪一击,而抗日部队的力量正是勇不可当,增强了进军草原的决心和信心。

正在平北地区夏收攻势的猛攻之下,新区人民初见曙光,抗战必胜的信心倍增,抗日组织如雨后春笋般纷纷建立,广大人民群众游击队,配合主力,围困敌人据点,积极行动,日伪军已经陷入四面楚歌之中。

二、驿马图“攻心战”

张北县根据地内的伪乡镇据点在骑兵大队的打击、围困下,有的撤退,有的白天办公晚上就逃到县城和较大的据点,个别孤立的据点,虽然还在苦苦支撑门面,但也已经是惶惶不安了。

驿马图是张北县根据地内一个孤立的伪军据点,驻有步、骑兵百余人,马四五十匹。这里虽然已陷入人民战争的汪洋大海,但这伙敌伪凭借着占独立的山头上,可以俯瞰群山的有利地形,再加上内外有两层土堡和重火力的保护,妄图死守不愿退出。就这样他给附近的几个小据点壮了不少的胆,附近的红旗营子伪公所,就想着依靠这个据点苟延残喘。这些留在抗日根据地腹地的据点,对抗日后方是极大的威胁,也牵制着向敌后方发展的动向。

张北县委决定,必须乘着大好形势,想尽办法也要拔掉这些钉子,解除草原的后顾之忧。

如何打好这一仗?张北县委领导认为关键性的问题要把情况了解清楚,情况准了才能定出正确的打法。为此,县委动员党、政、军、民,县、区、乡,上、下、左、右齐动手,共同去摸清情况。为了积极把情况摸准摸细,县委还组织了临时情报组,专司其职。

就在5月底,当平北抗日武装强袭了伪察蒙首府张北县之后,随即准备攻打驿马图附近时，情况组送来了新的情报："驿马图的敌人现在越来越紧张、惊恐，他们已经把原来驻守在据点里的伪军家属，除了他们署长的，全部都撤到了张家口近郊。"

敌人害怕了，撤走家属的目的，一是减轻堡内的食物负担；二是免遭伤亡；三是便于保密，防止家属为抗日政府送情报。

这样一个新情况，引起了张北县委干部、战士的极端重视，在部队中顿时扰动起来。根据这些新的情况、新的动向，为了打好这一仗，县委及时召开了战前动员会，除了军内干部以外，还吸收了地方有关人士的参加。在会上，有的同志说："这样一来，钉子难拔了。敌人甩掉了包袱，依仗工事，就能够长期固守，我们既没有攻坚的经验，又没有强攻的准备，硬攻看来是难以奏效；如果长期围困，敌人粮草充足，我们围不了多久，张家口的敌人就会回来增援。"

有的战士持反对意见："我看不一定。敌人撤了家属，就是给我们送来了攻陷碉堡的大炮和炮弹。"

"你这是啥意思？"

"这就叫作因势利导，顺手牵羊。只要我们认真教育动员，组织好伪军家属，强制他们向堡内喊话，劝里面的人投降，然后在咱们的强攻之下迫其就范，这样文武齐用，软硬兼施。你们想想看，对这些贪生怕死、恋家爱子、早已丧失斗志的乌合之众是可能有用的，只要我们文武软硬配合默契，拔掉这些据点是有把握的。"

经过七嘴八舌的激烈争论之后，县委决定攻克驿马图据点的主要打法是"攻心战"。充分发挥政治攻势的威力，组织伪军家属到阵前喊话，劝其亲属投降，同时做好了强攻的准备。要准备打援，密切配合"攻心战"，夺取战斗胜利。

做出决定后各方积极投入战斗，首先是组织有关人员负责教育、动员伪军家属，以便有组织地上阵地喊话。同时给他们确定了喊话的内容："认清形势""赶快回头""放下武器""向人民请罪""不给日本人做殉葬品""被打死后永远是个汉奸，永世不得翻身""做个中国人"等，准备就绪以后，当晚县委决定按照既定方案把伪军家属有组织地带到碉堡的周围，并用足够火力监视敌人的射孔，防止敌人的火力反攻，破坏我们的进攻。

这一招确实有效，在四方喊话的围攻下，碉堡里一片寂静，既不敢向喊话队伍射击，也没有听到反驳的声音，这样相持了一段时间，敌人并没有出来投降。

“看来他们还在观望，认为只是喊话而已，不一定强攻。”

既然如此，那就来点真的看看吧。立即组织火力强攻配合喊话，把全部火力集中向敌人堡内射击，还把仅有的一发掷弹筒的炮弹也用上了。说来真巧，这发炮弹正打在敌人指挥官署长的房顶上，吓得署长老婆拖着丈夫出来要投降。恰在此时，堡外又发起一次喊话高潮。

伪署长在内外夹击之下，举起了白旗走出碉堡。但是，他提出的第一个条件，要主要负责人进入碉堡，向投降人员讲清条件才肯撤出。当时阵地上只有骑兵大队政委柴书林和大队长两人，为了战斗彻底胜利，柴书林决定进堡和伪军面谈。大队长作为掩护，为柴书林进入城堡后的安全，把伪署长留在了阵地上。柴书林带着一个精干的武装组，由随同伪署长出来的伪军做向导，提前进堡内集合人员，集中武器，搜寻警戒。

柴书林进堡以后，刚在队前讲了几句，突然从侧面打来一枪，眼看队伍要散。柴书林大喊：“不要怕，坏人在捣乱，大家安静地听我讲！”伪军被柴书林的镇定吓得不敢乱动，稳定了伪军。柴书林讲述了共产党的俘虏政策，顺便把投降人员带出了碉堡。

同时，骑兵大队也整队进入堡内搜查，找到了打枪的坏人。天亮了，柴书林迅速发动群众拆除了碉堡，遣散和安置了投降人员，并在庆祝大会上处决了阴谋破坏受降、死心塌地的汉奸。

驿马图“攻心战”，成功拔除了平北根据地在张北腹地内的一个巨大的钉子，也吓跑了周围的一群小鬼，从此大片根据地已经再也没有敌人的踪影，使抗日武装力量放开了手脚向草原进军。

这支从 1941 年春，由段苏权、吴广义组建的平北军分区第一骑兵支队，到后来的骑兵大队，经历近 4 年战火的洗礼，已经兵强马壮，成长为平北军分区除 10 团、40 团外的第 3 支主力。

1945 年，为了向察哈尔省北部和草原进军，张北县抗日政府宣布成立，平北地委决定组建察北地分委军分区，柴书林为察北地区专员。初将骑兵大队改为察北支队，因为六区也有一个察北支队，为了避免重名，所以改为察蒙骑兵支队。曾任平北军分区 40 团团长的赖富，调任察蒙支队支队长。到 1945 年 8 月，察蒙支队已经发展到拥有 5 个骑兵连、3 个步兵连、700 多匹战马、1300 余人的野战部队，成为开辟坝上草原根据地的主要武装力量。

三、会师苏蒙联军

1945 年 8 月 12 日，平北军分区的部队正在围攻赤城，军区转来正在延安开会的聂荣臻、萧克、刘澜涛发来的电报，电告：蒙古人民共和国已对日宣战并出兵，可能直趋张家口，命令骑兵沿张（家口）库（伦）大道与苏蒙联军联络。

8 月 14 日，察蒙支队分别从崇礼、赤城一带出发，向多伦方向进发。8 月 16 日，又接到了分区电报，命令改向张北与苏蒙联军会师。

原来，1945 年 8 月 8 日、10 日，苏联政府和蒙古人民共和国政府分别对日宣战。8 月 11 日，苏蒙联军骑兵机械化集结群右翼部队进入内蒙古的二连浩特，然后兵分两路：一路取道滂江，于 8 月 13 日占领化德，8 月 14 日晚进入张北县；一路挺进苏尼特右旗，经商都一线到达张北与滂江部会合。至此，苏蒙联军以快速迅猛的作战，击溃沿途日伪军及伪蒙疆的骑兵，一举占领察北重镇、伪蒙疆政府察哈尔盟政府所在地张北城。

苏蒙联军主力野营在县城周围，炮兵阵地设在张北城外西河滩一带，进驻县城苏蒙联军有一个团的兵力，一个上校城防司令，委派伪县长刘连升等组成了临时县政府。

察蒙骑兵支队的先行连最先抵达张北，但苏蒙联军对支队有怀疑，收缴了他们的枪支和电台。原来苏蒙联军在进入国境内，一股敌伪、特务冒充八路军与他们联络，趁其不备搞了个突然袭击，这让苏军很恼火。所以不论什么人来联络，都要先解除武装，然后再谈判，另外苏蒙联军里没有中文翻译，为了便于和苏蒙联军联络，他们临时在城内找了两个懂一点蒙语的商人做翻译。经过柴书林、吴广义在苏军指挥部的解释，才消除了误会，察蒙骑兵支队才得以顺利地进入张北城。

就在大家刚刚进入张北县城后的第二天，平北分区司令员詹大南于 18 日也抵达了张北。大家围坐在一起，詹大南和大家说起了自己到达张北的经历。

原来，为配合苏蒙联军的进军，平北军分区主力部队奉命立即放弃对赤城的包围，迅速西进，在 8 月 15 日，到达张家口东南 30 里的青边口及其附近地区，抓紧做攻打张家口的准备工作。

在到达青边口的第二天，军分区侦察参谋才长山，从张家口附近侦察敌情回来,交给军分区司令员詹大南一张当天的《蒙疆日报》。这张报纸原是大报,但这一天却改成了小报,在一个很不显眼的位置刊登了一篇"蒙疆报道",消息大意是:"化德城垣今晨发生激战,似为苏蒙联军,该方战事不容乐观。"

詹大南看到这里,放下手里的报纸,沉吟片刻:"这是一条十分重要的新消息。我们只知道,苏联已经出兵东北,在2连及其他方向可能出兵,但尚没见确切战报。看来他们已经到张北。"

才长山问:"司令员,要不要核实一下?"

这时段苏权也听到了,走过来问:"消息确定吗?"

"马上联络晋察冀军区。"

3个小时后,电报员拿着聂荣臻司令员的电报,"酌你立即与苏联红军联络!"

"老段,你的脚伤……我看还是我去吧!"

段苏权点点头:"那好,叫张克宇同志跟你一起去。"

詹大南和地委委员、城市工作部部长张克宇带一部电台,由10团3连连长孙玉禄、指导员袁伯修带领全连护送,去张北与苏蒙联军联络。

从青边口到张北,要从张家口东南到正北绕半个圈,需经过好儿道山梁和深沟,还要绕过敌伪占领的村镇。道路虽然十分难走,但大家情绪很高,都想尽快地到达张北,与苏蒙联军取得联系。大家昼夜兼程,于8月18日拂晓,到达张北县城附近。

找到当地群众一打听,原来县城已为苏蒙联军占领,察蒙骑兵支队也在城内。詹大南决定立即进城,首先与支队取得联系。但守卫城门的苏蒙联军对远道而来的"朋友"不信任,操着谁也听不懂的俄语要求:"枪支、电台、照相机都被扣下,你一个人可以进去。"

当天上午,詹大南在张北县城内见到察北地区专员柴书林,察蒙骑兵支队长赖富、副支队长吴广义、副政委肖泽泉,见面之后,彼此才知道此前的经过。

接待詹大南的是两个苏联中校,詹大南对他们说:"我们是中国共产党领导的八路军,是奉命来与贵军联络的……"但苏蒙联军仍然坚持要有斯大林的命令,才能与前来接洽的人谈判。

经过再三协商,苏军方面同意先归还部分武器和电台,双方都向上级汇报。当晚,詹大南电告段苏权:"苏军拒绝与我谈判,要斯大林来电才能与我谈判,而且他们没有中文翻译,请电告中央转告苏军有关同志,令其部队与我接洽配合。”随即,转来了朱德总司令致苏联红军攻克张北的贺电。

第二天,詹大南带着朱总司令的贺电向苏蒙联军表示祝贺。至此,苏军才基本消除疑虑。从这以后,才开始与苏军商谈协商作战问题。苏军受到雅尔塔会议协议的制约,在中国华北不能越过长城向南进深,而此时詹大南对此一无所知,谈判的时候苏军又处处保密,因此谈判过程异常艰难。

最后双方商定:8 月 20 日,协同攻打张家口,八路军主力在东、南两面配合进攻,排以上单位用红旗联络。但苏军并没有采纳詹大南的建议,只是在口头上达成了攻打张家口的协议。

詹大南给段苏权发去了电报,将协商的结果进行了详细的汇报。此时,苏军奉命将张北城交给了八路军,察蒙骑兵支队 3 连进驻张北县城东关,接管了 70 多个仓库。

四、激战狼窝沟

8 月 19 日,苏蒙联军以猛烈炮火轰击日军狼窝沟的前沿阵地。当晚扎哈罗夫中将邀请詹大南、赖富、柴书林、察蒙骑兵大队副政委曾凡友等到县城南城门城头观战。30 里外的狼窝沟,苏蒙联军开炮的火光映红了夜晚的天空,轰击声震荡着张北草原。

狼窝沟位于张北县城南 30 里,张家口西北 60 里,坐落在黑风口西侧,是野孤岭下的一个小山村。野孤岭属阴山山脉,东西绵延数十里,山高坡陡,最高处海拔 1700 多米。岭北地势逐渐平缓,是广阔无际的草原,岭南明显陡峭,山势高峻,沟壑深纵。黑风口是野孤岭的天然沟口,他将野孤岭东、西分开,是沟通张家口和坝上各县以及内蒙古的咽喉要道,因此狼窝沟一带成为历来兵家必争之地。

1936 年日军侵占了张北及察北大部,从 1939 年秋日本侵略者在野孤岭一线做对苏作战准备,到 1945 年日本投降,沿坝顶修了长 600 多里点、线结合的环形永久建筑堡垒工事。明碉暗堡 200 多个,有明暗交替的战壕、交通沟联通,阵地北侧前沿挖了 5 米宽 4 米深的战防壕沟,壕沟内、外设有铁丝网,网内外均有复杂的雷区,驻守野孤岭日军独立第 2 混成旅团的主要兵力是:第 4 步兵大队,1 个速射炮中队;第 2 野炮中队,1 个工兵中队;旅团部设在张家口,旅团长先后为松甫丰一少将、渡边渡少将。1945 年 8 月初,日本为全面对苏作战,将该旅大部云集坝头,有五六千人,自信筑垒工事固若金汤,企图借此险要攻势阻止苏蒙联军南下。

对苏蒙联军出兵中国,日本“中国派遣军”总司令部最初的对策是,准备全面对苏作战。8月9日,日派遣军总司令部接到苏联参战的通知,立即下令上海方面的118师团师团长内田银之助向张家口挺进;命令第13军3个师团和第6军做好增援张家口的准备。8月13日,日军华北方面军得知苏蒙联军约有一个师的兵力,顺张库公路南下,已进入化德,估计14日即将到达张北,立刻请求派遣军总司令部派兵增援,总司令部下命令第13飞行师团把主力转用于华北,协助华北方面军作战。

8月14日午后,日派遣军总司令部接到大本营全面开始对苏作战的命令,第二天,独立第2混成旅团部署在张北城的警备中队,在苏蒙联军强大攻势面前,仓皇逃窜到狼窝沟防线。

8月15日中午,“中国派遣军”总司令冈村宁次收到日本天皇停战求和的录音广播后,当即表示了服从的态度。第二天,蒋介石致电冈村宁次:“军事行动停止后,日军可暂保有其武装及装备,保持现有态势,并维持所在地之秩序及交通,听候中国陆军总司令何应钦之命令。”

当时,在蒙疆地区有40000多日本人居住,仅张家口就有16000多人。为保护他们的侨民向京津地区撤走,日本侵略军凭借狼窝沟一线构筑的工事,负隅顽抗,拒绝向苏蒙联军缴械投降。

对于8月15日日本政府的投降公告,8月16日苏联红军总参谋部发表声明:“只有当日本天皇命令自己武装部队停止战争行动并放下武器,并且命令确实付诸行动时,日本武装部队才算投降。”并要求:“从8月20日12时起,全线停止对苏联军队的任何军事行动,是缴械投降的最后期限。”

苏蒙联军从8月14日开始,在苏蒙联军扎哈罗夫中将指挥下,每天都炮击日军狼窝沟,坝头一线阵地实行火力侦察,破坏日军工事,并派飞机在日军阵地上空盘旋飞行,实施空中侦察。

对于苏蒙联军的进攻情况,日军狼窝沟驻地旅团的迁田喜太郎参谋,电话向张家口日军司令部的作战主任参谋田村清作做了报告,田村清作的回答是:“交战,要给我极力避开。派遣军使要求停战两天,张家口的日本人撤退预定在21日就结束,无论如何也要坚持到22日。”于是狼窝沟一线阵地日军,为达到拖延时间的目的,要了种种花招,在阵地上让士官摇动用床单做的白旗,摆出要投降的姿态,傍晚扩音器用俄语蒙语播放了“停战”的要求。

8月20日早晨,天刚蒙蒙亮,苏蒙联军以急促的炮火两次攻击狼窝沟一线阵地，长达一小时之久。第3次炮击起始，炮火再次延伸。苏蒙联军以轻型坦克、摩托车部队发起大规模进攻。

在进攻日军阵地前沿北路大桥争夺战中，联军先后逼退日军数十次反扑，蒙古人民军战斗英雄阿尤西虽身负重伤，仍然坚持与日军搏斗而壮烈牺牲；英勇的苏蒙联军终于夺取了大桥，使联军主力部队得以迅速通过，勇猛地冲向野狐岭日军阵地。

先头部队在雷区受阻，不少摩托车被炸得腾空而起，联军战士有的负伤，有的牺牲，但联军不惜一切代价继续冲击，越过雷区又陷入了敌人的防坦克壕沟。先头部队再次受阻，经过反复冲锋与日军短兵相接，展开了英勇的拼杀，击退了日军数次反扑，近中午，终于冲上了日军重武阵地，首先突破了黄花坪、老北台口等日军重武阵地前。

在苏蒙联军强大的攻势下，中午，日军派出迁田参谋作为正使、中川少佐作为副使，还有两名翻译、一名下士军官组成的军使团，举着白旗交涉停战事宜。苏蒙联军指挥官提出，要求日军全部在当日15点30分前完全解除武装。迁田诡辩："解除武装可以，但是这么大的阵地传达命令是需要时间的，参谋自己也没有这么大的权力，要回去请示上司。"最后，日方答复说："6小时以后可以接受解除武装，但必须经军司令部批准。"企图用这一花招再次拖延时间。

8月20日晚上，苏蒙联军向日军阵地发起了进攻，一直深入到黑风口东侧的山岳地带，突破了日军阵地防线，日军增田中卫带的第1中队拼命抵抗，展开了短兵相接的白刃战。日军金田少佐带的第3大队，从膳房堡赶来增援，拼死反扑。苏蒙联军居高临下，扔出了雨点儿般的手榴弹，杀伤了大批日军，战斗异常激烈。

苏蒙联军也付出了惨痛的代价。随后撤回原阵地，枪炮声逐渐平静下来。8月21日双方继续交涉，日军以种种借口故意拖延，拒不缴械投降。8月21日夜间，日军在夜幕的掩护下开始悄悄向张家口方向撤逃。8月22日晨，日军大部撤退，并从60多日军尸体上割下小手指，装入饭盒带回日本。

8月22日，苏蒙联军再次向日军阵地发起全线进攻，整个战斗以苏蒙联军占领日军狼窝沟一线全部阵地而宣告结束。

狼窝沟之战，苏蒙联军共毙伤俘敌日军860人，其中击毙200多人，俘虏军官82人、士兵578人，缴获了大批弹药和军用物资。苏蒙联军在战斗中充分发扬了崇高的国际主义精神，做出了很大牺牲，有54名苏联红军、6名蒙古人民军付出了宝贵的生命,有300多名战士负伤流血,为中国人民的抗日战争事业做出了贡献。战斗结束后,当地政府和人民在山峰上,修建了苏蒙联军烈士墓。1957年经国务院批准在黑风口西侧野狐岭山峰上,修筑“苏蒙联军烈士塔”以志纪念。

苏蒙联军沿张库大道出兵察北,连克化德、商都、张北,激战狼窝沟一线,沉痛打击了日军独立第2混成旅团之主力。这一战役,苏蒙联军驻狼窝沟坝头一线抑制了国民党军队向张北地区的进攻,使八路军得以向张北、张家口周围迅速集结,于8月23日收复了具有重要战略意义的张家口市,打破了蒋介石、傅作义妄图攻占张家口的计划。

就在苏蒙联军在狼窝沟一线与日军奋战的同时,8月20日上午詹大南电告段苏权:协助苏蒙联军迅速破坏铁路、公路和电话线,切断日军撤退。

21日段苏权回电:“我10团、40团二十日占领张家口市区河东全部,到日落终不见苏军行动,我军暂撤出市区,并问苏军进展情况。”

詹大南将电报情况告诉了苏军,苏军听后很高兴,并商定22日按原计划进攻张家口。

24日詹大南召集有关人员开会,宣布返回张家口前线,在万全坝的公路上,碰到了前来迎接的同志。这时詹大南才知道,日军主力已经从张家口撤退,八路军主力已于23日攻入张家口,现在已经全部解放了。

第三节　解放张家口

一、拂晓攻城

1945年8月11日,也就是日本政府发表乞降声明的第二天,正在冀察区党校工作的林明被副校长葛琛同志叫到了一边:“小鬼,日本鬼子投降了,现在报社、新华社正在组织记者团,准备进军大城市,你赶快去报名,马上出发!”

“我可不行,我没干过新闻工作,到记者团能做什么?”

“不会做,还不会学吗?抗战就要结束了,一切都要重新开始,好多你想不到的任务还多着哩。”

林明清脆地答了一声“是!”便向着报名处跑去了。

新华社冀察支社和冀察群众报报社就驻在涞水县下明峪。当天下午林明就到了这里，电台的同志们已经开始抄收延安总部的进军命令了。一道接着一道的命令，同志们都在热烈地议论着未来局势的发展，议论着马上进入张家口后如何进行新闻工作。大家都沉浸在胜利的欢腾之中。

8 月 18 日，部队从军区驻地李各庄出发，记者团跟随着大部队急速北上。5 天后的 8 月 23 日傍晚，部队终于抵达了张家口的南郊。这时，从城里开出几辆大卡车，将远路而来的记者团同志们接进城里。

卡车一路向北，在夕阳的余晖中，部队的战士们正在打扫着战场，搜索着残敌，远处的枪声时紧时缓地清晰可辨。卡车开得很慢，带着记者团的同志们在这硝烟中驶向这座曾经是“蒙疆联合自治政府”所在地的张家口。

就在记者团到来的 3 天前，即 8 月 20 日，收复张家口的战役打响。

张家口又称“张垣”“武城”，1928 年设察哈尔省，张家口为省会。这个地处冀、晋、蒙三处交会的塞外山城，在 1937 年七七卢沟桥事变日本侵略军占领北平之后不到一个月，被日本侵略者攻占。不久，汉奸于品卿和夏恭在日本人的卵翼之下，分别成立了伪“察南自治政府”和伪“晋北自治政府”。1939 年，日本侵略者又策划和指使汉奸于品卿、夏恭与“蒙古联盟自治政府”主席德穆楚克栋鲁普——就是所谓的“德王”——在张家口拼凑起了伪“蒙疆联合自治政府”。从此，张家口成了日本帝国主义奴役察哈尔、山西、绥远地区汉、蒙人民的中心。

1945 年，冀察军区部队于 5 月至 7 月间相继发动了察南战役和平北战役。7 月 1 日，攻克崇礼县城，使张家口周围的张北、崇礼、宣化、怀来等地区的广大乡村成为平北根据地民主政权的一部分。8 月 13 日，第 13 军分区的部队攻克怀安县城，部分主力深入到万全、兴和、尚义一带进行活动。经过 3 个月的战斗，大大改变了战场形势。日军在受到沉重打击之下，被迫收缩在张家口及平绥铁路沿线的重要据点里。至此，张家口实际上已陷入平北抗日武装的四面包围之中。

1945 年 8 月 14 日，日本政府正式宣布无条件投降。这时苏联已出兵东北，右翼苏蒙联军一部正向张北方向推进。此时，蒋介石为了抢夺抗战胜利果实，于 8 月 11 日，也就是日本政府发出乞降照会的第二天，一连发出 3 道命令，命令其嫡系部队“积极推进，勿稍松懈”；同时，蒋介石却命令八路军、新四军“原地驻防待命”，不准向敌伪收缴武器；命令日伪军“维持治安”，等待国民党政府派员前去受降。蒋介石又命令第 12 战区司令长官傅作义由绥远东进，抢占张家口，在长城一线建立封锁线，防止中国共产党领导的抗日武装挺进东北。

在这个关键时刻，我党提出了“针锋相对，寸土必争”的方针和“分兵北进”的决策，一面命令绥远的八路军阻止傅作义的部队东进；一面命令冀晋、平北和冀东三区的部队迅速分兵北进，与苏蒙联军配合作战。

正在延安开会的晋察冀军区司令员兼政委聂荣臻、副司令员萧克、副政委刘澜涛立即发电报给代司令员兼政委程子华和副参谋长耿飚：“命令冀察军区的部队首先攻占张家口。”

自此，收复张家口的准备工作便紧张地开始了。此时的平北根据地的主力部队10团、40团在雕鹗堡、三岔口一线迅速集结，立即进行各项准备工作，补充新兵和武器弹药。这次部队首次装备了从敌人手里缴获的重机枪和迫击炮，同时动员群众组织运输队和担架队，并对所有人员进行了政治动员和入城教育。部队情绪十分高涨，个个摩拳擦掌，准备迎接新的战斗。接着，根据上级指示，在抗日联合县支队的基础上，组建了新编第4团和新编第6团2个步兵团。

8月15日上午8点，平北军分区收到冀察军区电报，命令詹大南和段苏权率领平北军分区主力攻克张家口；钟辉琨和陆平指挥各县支队围迫各县城，令敌伪投降。

出发前，平北军分区做了两手准备，争取和平受降。如果敌人拒绝投降，就以武力收复张家口。军区的命令：詹大南和段苏权率领10团，团长李荣顺、政委吴迪；40团团长杨森、政委刘国辅；分区教导大队和直属分队立即向张家口进发。平北地区专员张孟旭，率领专署机关随军前往。

部队行军速度很快，15日的晚上就赶到了张家口以东30里的青边口，先头部队进至距张家口20里的羊房堡。

此后，詹大南代段苏权前往张北与苏蒙联军接洽，直到24日返回，这段时间的工作由段苏权负责。军分区一面派出侦察分队了解情况，一面进行战前准备。

8月16日，驻张家口日军司令部派出的两名骑兵，打着白旗寻找平北军分区，联系投降事宜。平北军分区把朱德总司令要日军投降的命令交给了他们。

8月17日，平北军分区派出2名代表前往张家口日军司令部谈判，日军同意平北军分区提出的受降条件，但要请示北平司令官后才能办理投降事宜。

8月18日，冈村宁次通令各部队：“中国大陆的日军武器完全缴交中国中央政府，绝不交于其他任何地方部队。”当平北军分区再去催促时，日方改口：“我们已接到冈村宁次的命令，只能向蒋介石的‘合法政府’投降，不准向八路军投降。”

段苏权听到这里，狠狠地将手里的烟头摔在地上：“早就料到他们有这手！根据上级通报，日军有可能继续抵抗，伺机撤退。”一边说一边转向军事地图，指着地图，“傅作义的先头部队正在向张家口方向开进，活动在兴和、尚义、张北一带的国民党地方土匪武装，也准备配合傅作义的东进部队抢占张家口。驻张家口的伪军也同傅作义取得了联系。在这种情况下，我们只能靠武力去收复了！”

8月19日，段苏权收到了去往张北县与苏蒙联军接洽的詹大南的电报：“苏军计划于20日进攻张家口，要求平北抗日武装从东南两面配合进攻。同时要求平北抗日武装破坏张家口至北平的铁路，以防止敌人逃跑。”

当晚，段苏权立即召集了团、队干部会议，分析了当前敌情，研究确定了战斗部署。

8月20日拂晓，段苏权和军分区政治部副主任王启刚，率领各团、队指挥员来到张家口以东的1177高地察看地形。

张家口北傍长城，南接平川，北、东、西三面环山，地势险要。清水河由北向南把市区分为东西两部分。连通市区有一座大铁桥，西区为居民区，伪政府机关及敌军司令部均设于此；东区有火车站、油脂公司和部分商店及民房。日本驻“蒙疆联合政府”的领事馆和部分后勤仓库设在东山坡下。此时，张家口地区驻有日军第2独立混成旅团和刚从上海调来的第118师团，共10000多人，还有伪警察约3000人。日军主力大部集中在张家口西北60里的春垦及大、小狼窝沟一带筑垒地区，以防御苏军的进攻。

张家口没有城墙，只有一般防御设施，守城任务主要由伪军担任，这对进攻是很有利的。根据地形和敌人的设防情况，段苏权和战友们进行了具体的战斗部署。为了切断敌人退路，派10团一个连攻占榆林飞机场和十三里外敌军营房。

二、攻克塞北重镇

8月20日清晨6点，部队发起了攻击。经过激烈战斗，40团很快攻下了东山坡南山敌人碉堡，占领了有利地形，居高临下，冲下山去。8点占领了日本大使馆。部队冲进使馆时,使馆人员已经跑光了。40团指挥所便设在这里。军分区指挥所此时也进到东山坡。教导大队作为预备队,并担任北侧警戒。部队继续向清水河大桥方向攻击。随后,10团一部打进日军后勤警卫部队的营房,消灭了部分敌人。随后,10团主力进至火车站附近,经过反复争夺,占领了车站及其周围建筑物。至下午3点,清水河以东地区已经全部被平北抗日武装占领。10团的第二连按计划攻占了十三里营房和飞机场。

这一天的进展比较顺利。部队坚守在清水河以东一线,等待苏蒙联军的消息。一直到天黑,也没有传来任何苏蒙联军的消息。段苏权立即指示:部队撤至人头山、羊房堡一线待命。

当晚,段苏权给还暂在张北县的詹大南发去电报,通报战况时间及苏蒙联军情况。这时才得知,原来苏军拒绝与八路军同行,一直没有办法了解苏军的意图。直到8月21日晚,詹大南才发来电报说,苏军在狼窝沟进攻受阻,并说苏蒙联军22日仍按原部署进攻张家口,要求八路军按原计划行动。

8月21日,防守狼窝沟的日军开始撤退。下午3点,日军撤退的先头部队到达人头山以西的甲官坪村,在这里碰到了10团的阻击。一直打到天黑,敌人丢下一批重装备,绕道南逃。这一天,钟辉琨指挥新编第6团和延庆县支队攻占了康庄,破坏了怀来到康庄的铁路和公路大桥,截断了敌人退路。接着,察南军分区的察北支队解放了尚义县城。

8月22日上午,段苏权率领平北抗日武装再次向张家口发起进攻,部队很快占领了清水河以东地区。侦察分队越过清水河,进入河西市区。上午11时左右,从大同方向撤下来的大批日军乘火车到达张家口。敌人以铁甲车开道,企图通过张家口火车站向北平撤退。当他们发现火车站已被占领时,就在车站以西与平北抗日武装展开激烈的争夺。10团在40团一部的支援下,凭借有利地形和建筑物,进行顽强阻击。敌人反复冲锋10多次,一直被阻击在火车站西面,不能前进。

日军把大炮和重机枪架在敞车上,向平北抗日武装射击,掩护步兵冲锋。这样一来,对平北抗日部队的威胁太大。为了避免过大的牺牲,段苏权立即命令部队稍向后撤,敌人乘机夺路南逃。

下午3点,防守狼窝沟的日军主力退入张家口,沿着清水河东岸向火车站败退,企图乘车东逃。在油脂公司附近,正在10团侧翼掩护10团作战的40团2连、3连、4连马上进行了阻击。敌人为抢夺活路,凭借优势兵力拼命反扑，企图攻占“宣门”石楼，掩护残余部队沿铁路逃窜。40团2连的战士在连长鲁珍的指挥下，利用有利地形与敌人展开了激烈的战斗。3团和4团的战士在2连左右翼紧密配合下，用步枪、刺刀、手榴弹向敌人发起了猛攻。敌人越逼越近，眼看就要冲到“宣门”石楼底下了。2连排长杨占山、机枪班长张存义、射手易海彬冒着敌人密集的炮火，端起机枪，利用石楼上的垛口作为掩护，站起来向敌人猛烈射击。机枪打红了一挺又一挺，他们和步兵战士紧密配合，打退了敌人10多次冲锋。敌人越聚越多，杨森在2连阵地上一面指挥抗击敌人，一面指挥3连、4连积极支援“宣门”战斗。由于平北抗日部队英勇抗击，龟缩在火车站和货场附近的敌人没有前进一步。

下午6点，从坝上又撤下来一批日军，他们为了逃命不惜一切代价，再次向2连发起了进攻。这时候，2连、3连、4连战士不顾敌人三面包围，顽强地坚守。战斗越打越激烈，在阵地前沿机枪响，手榴弹炸，一片火海。日本鬼子鬼哭狼嚎，40团此时也伤亡了十几人，战士张进友腿部受伤，坚持不下火线。

就这样，战斗整整打了一天，始终没有得到苏蒙联军的消息。于是段苏权命令部队撤至人头山一带监视敌人。平北抗日部队刚刚撤出战斗，大批日军就分多路急速向北平方向撤走。夜里，日军的后卫部队一路经过人头山西侧山地时，遭到10团的阻击，丢下几门山炮和部分马匹，仓皇退走。

同时，在8月22日，战斗在铁路沿线的新编第6团攻占了怀来火车站；龙宣怀支队和著名民兵英雄何金海带领的游击队攻占了下花园发电厂和沙城；新编第四团在沙河镇北伏击南口撤向北平的日军，缴获卡车两辆；崇礼县支队再度收复了崇礼县城；赤源游击队和民兵收复了宝源县；察蒙骑兵支队一部收复了康保县。

8月23日拂晓，多年盘踞在张家口市内的最后一批日军，集中到火车站附近加紧撤退。此时，平北抗日部队的侦察分队随即进入市区。接着40团从东山坡北侧进入市区，并于12时左右包围了德王府。在平北抗日武装强大的政治攻势下，龟缩在德王府里的伪蒙疆军政头目及700多名伪军警，全部缴械投降。

10团一部进攻火车站，另一部越过清水河大桥攻入市区，同伪军展开了巷战，俘虏了一批伪军和部分日军。100多名伪军向万全县逃跑，10团乘胜追击，收复了万全县。与此同时，从张家口以南46里西庄子赶来的察南军分区第20团的两个连攻占了西山坡，随即冲入市区。

下午3点,张家口市内的战斗结束了。

张家口一战,平北抗日部队共毙伤俘日军200多人、伪军警2000多人;缴获步枪及轻重机枪1万多支、子弹500万发、大炮数10门、炮弹8万余发、军马数千匹及大批军用物资,活捉了伪"蒙疆政府"副主席于品卿和伪张家口市长韩广森。

傍晚,冀察区党委、军区的部分领导和一批干部开着卡车,带领着新华社冀察支社的记者团,从张家口南郊开进了张家口市区。直到晚上8点,林明和同事们跳下了卡车,走进了日本驻蒙军司令部。这里是"渡边军部"所在地,就坐落在宣化大街南头路西,大门里有一片建筑物,记者团的同志们被安排进靠近操场的一个大厅里。

林明划着了火柴,检查灯泡和电路,几分钟后大厅里灯火通明。推开窗子,看着这座被平北抗日部队夺取的塞外重镇,大家有说不出的喜悦和激动。此时记者团团长雷行走到林明跟前:"真没想到,你还有这两下子。正好广播电台没人懂,明天你就去接管了吧!"

"我哪懂广播电台啊,就是小时候玩过矿石收音机……"

雷行笑着说:"不懂就学嘛。别人连这点也不懂呢,明天你就去接管广播电台,电台控制到我们手里,我们要把收复张家口的消息,用电波传给所有中国人。"

8月24日下午3点,林明和新华社冀察支社通信员赶到了原日伪广播电台,这座广播电台还沿用着日语的名称叫"放送局",在上蒙古营胡同的尽头,原址是"三官庙",临街的前排房子是个二层楼,楼下是传达室,二楼就是编播办公室和唱片资料室。进入院子西边,是一大一小两个播音室。这里的设备非常齐全:供有线广播用的50瓦扩音机一台,10千瓦、500瓦、50瓦增音机各一台,以及和东京、奉天通讯的电讯设备等。"放送局"的中国职工看到日本人仓皇逃窜,主动地将这里的设备保护起来,等待人民政府的接收。林明仔细地看着这些保存完好的设备,心里高兴极了。

正在这时,一位身穿军装的女同志走到林明面前,向林明敬了一个礼:"报告,战线剧社战士陈紫薇前来报道!"原来这是记者团团长雷行特意安排来的"播音员"。

下午5点,工作人员做好了一切播音前的准备。林明和陈紫薇走进播音室,陈紫薇戴着军帽,端坐在麦克风前,用清脆、柔和而又略带一点颤抖的声音播送着:

“张家口新华广播电台！张家口新华广播电台！现在播报新闻！现在播报新闻……日本鬼子投降了！我平北军分区八路军指战员经过三日激战，完全收复了察哈尔省会张家口。被日本帝国主义侵占8年之久的张家口，终于回到了人民手中。”

这声音向全世界宣布，塞外重镇张家口解放了，回到了中国人民的怀抱！大境门上的“大好河山”4个大字迎接着英雄的人民军队，雄赳赳、气昂昂地阔步而来。

第四节　平北战场的全面胜利

一、战后的城市管理

张家口是由中国共产党领导的抗日武装解放的第一座大城市，中共中央和毛泽东主席对张家口的治理与建设极为重视，从延安派来大批干部到张家口工作。1945年8月12日，晋察冀边区行政委员会为了做好晋察冀边区辖区内各大城市的接收工作，任命时任平北地委委员、平北专员公署专员的张孟旭为张家口市市长。

1943年3月，张孟旭在中共晋察冀分局党校参加了10个月的整风之后，被分配到平北地区，正是抗日战争最艰苦的时期。日伪军正在不断“蚕食”平北根据地，根据地人民的生活异常艰苦。张孟旭到平北以后，立即同平北根据地的党政军其他领导一起，针锋相对地同敌人展开了反“蚕食”斗争。同时为了增强抗日根据地的经济实力，发动各地党政军民组织起强有力的生产委员会，认真制订1943年的春耕播种计划。在平北地委军分区、专署等党政军干部集体的带领下，根据地内男女老少齐出动，拆封锁墙、填平封锁沟、开荒种地，平北专属机关也开荒一百多亩。1945年8月，随着抗日战争进入到最后的全面反攻阶段，当时担任平北地委委员、平北专员公署专员的张孟旭受命率领平北地区部分党政干部，随同平北八路军部队向张家口进发。

8月23日，就在入城当天，张孟旭以张家口市长的身份发布了“安民公告”，宣布了中国共产党在张家口执行的各项方针政策。此时张孟旭深感使命光荣，责任重大，因为在此之前，中国共产党的工作重心一直在农村，从未领导和治理过大城市。张孟旭本人也是长期在农村革命根据地工作，从未在城市，尤其像张家口这样的大城市中担任过要职，缺乏领导和管理城市的工作经验，加之张家口在日伪统治时期是伪“蒙疆自治政府”首都，日伪溃败后，给张家口以及接收张家口的中国共产党留下的是一个烂摊子，治理和建设任务十分繁重。

在困难面前张孟旭没有畏惧，而是勇敢地担负起党和人民赋予的责任，他认真地学习党所制定的关于城市工作的政策，努力把党中央、中共晋察冀中央局和晋察冀边区行政委员会的指示，同张家口的实际结合起来，并使之具体化。

进城不久，张孟旭在市政府全体干部大会上，向市政府全体工作人员明确了张家口党和政府工作的中心任务：“当前张家口市党的工作的中心任务是在中国共产党的领导下放手发动群众，组织各界人民，发展壮大人民力量，造成基本群众的优势，惩办汉奸卖国贼，彻底肃清法西斯残余，为建设新民主主义的张家口而奋斗，这是中国共产党在张家口的全部工作的总任务，也是市政府全部工作的总任务。

“日本侵略者占领张家口 8 年，张家口人民过了 8 年奴隶般的生活，受了 8 年的苦难。张家口是共产党领导的八路军在与日伪军顽强斗争中解放的，我们庆祝张家口的解放，同时也要对张家口的人民负起很大的责任，我们的责任和任务就是和张家口人民团结在一起，把张家口建设成为革命的持久的根据地，为支持全国的革命做出新的贡献。”

张家口解放了，日伪统治秩序迅速土崩瓦解，被日本侵略者统治压榨下的张家口人民自动地组织起来破坏敌伪的一切设施，夺取敌伪的物资。但在此期间，汉奸、特务、伪军警以及盘踞在这里的地痞流氓也趁机大肆活动，组织起“警防团”浑水摸鱼，打劫敲诈，枪杀人命，有的居然还冒充八路军抢劫商店。张孟旭面对敌特分子的破坏立即采取行动，成立了张家口卫戍司令部，对张家口实行军事管制。

9 月 12 日，张孟旭来到张家口新华广播电台，在广播中严重地警告破坏分子：“……假如你们继续这无法无天的捣乱行为，抗日人民和政府是绝不能饶恕你们的。你们如果彻底悔悟，赶快回头，向政府悔过，我政府仍本着宽大政策，既往不咎，给予你们以反省悔过的机会，同时更希望我市市民、同胞随时提高警惕，防范这些捣乱分子，一旦发现这类无耻之徒，你们可以公开地或秘密地向政府告发检举他们！”

就在张家口解放的一周时间里，全市 90%的工矿企业陆续恢复了生产。

从1945年9月开始,张家口人民开展了轰轰烈烈的对汉奸、封建把头的清算和控诉运动。9月到10月期间,全市召开大规模斗争会166次,参加斗争的工人达1.2万人,清算出款项1000多万元。当时较大规模的斗争大会有:南瓦盆窑工人斗争汉奸刘润生,理发工人斗争恶霸张子清,下花园、张家口铁路工人斗争连任举、何进仁……10月8日,张家口全市举行公审大会,将伪市长韩广森、崔景岚公开处决。12月底又在晋察冀边区以及张家口市组成特别法庭,公审大汉奸于品卿,并枪决。

不但如此,为了解决人民温饱问题,张孟旭组织人民政府立即着手赈济贫苦难民的工作。9月10日,发放赈济粮食70万斤、棉衣2000套、棉花4200斤,受到赈济的人民群众捧着人民政府发下来的物品说:"你们再不来解放张家口,我们不冻死也得饿死。人民政府好啊!"

1945年9月,中共晋察冀中央局、边区政府和晋察冀军区司令部以及边区其他党政机关先后迁入张家口市。晋察区党政军机关迁至宣化城。

从1945年8月23日至1946年10月10日的一年多时间里,张家口市被定为晋察冀解放区首府、直辖市,当时的张家口成为晋察冀边区军事、政治、经济和文化的中心。在此期间,张家口市在中国共产党的领导和民主政府的管理下,在政治上、经济上、文化上都取得显著成绩,并因此而享有"第二延安""文化城""东方模范城市"等多种美誉。

二、追歼逃敌

张家口的收复,打乱了日、伪、蒋的如意算盘。他们马上联合起来与平北抗日政府争夺。一直躲在河套地区的傅作义军,在日军独立第四警备队和汉奸李守信、伪蒙疆骑5师的配合下,抢归绥,占大同,夺取了中国共产党抗日武装从日伪军手中解放的武川、卓资山、陶林、丰镇、集宁,结聚近3万人沿平绥路东侵。与此同时,蒋介石也命令胡宗南的第1军、第3军、第16军、第27军和孙连仲的40军日夜向北急进。这就使刚刚解放的张家口,又处于国民党军队的危胁中。

1945年8月30日,中共中央强调:"巩固张家口战略要点和已得的胜利,有非常重要的意义。"同日,中央军委指示:"应设法夺取宣化、怀来,控制南口。"并部署平汉线两侧部队阻击胡宗南、孙连仲军北上,命令晋绥部队在集宁以西铁路两侧和大同以西地区,采取侧击、伏击、尾击和破坏交通等手段，配合晋察冀部队反击东侵的傅作义、马占山军。

根据中央的指示和部署，晋察冀军区迅速改变原来大反攻时的部署，撤回向平、津进军的主力，调2万大军到张家口附近集结，命令冀察部队扫清张家口周围拒降的日伪顽敌，为集结主力开创战场。其他军区也都做了相应的部署。

1945年9月1日，40团与平西分区44团及察南分区宣化支队解放了宣化，接着涿鹿县城也被察南怀涿支队收复，使得张家口以东的局势转向稳定。

为配合收复张家口，早在8月15日，平北军分区副司令员钟辉琨就率领新编的新4团、新6团在下花园以东铁路沿线活动，破路与追歼逃敌，并与沿线各县武装及民兵配合，收复了下花园、土木、康庄和西拨子等车站。9月5日，正当钟辉琨率部围攻怀来县城时，却接到立即攻克新保安的命令，于是迅速转战新保安。

新保安位于河北省怀来县西部，是张家口南大门的“锁钥”，坐落在洋河之滨，背伏崇山峻岭，是内地通往塞外和大西北的必经之路，自古就是设防屯兵的理想城镇。依山面水，居高临下，进可攻，退可守，乃兵家必争之地。该城钟楼上有块石刻匾额，上书“锁钥重地”。

要守住张家口这块战略要地，必须把这“锁钥”牢握在手！1945年9月15日，段苏权奉命带领平北军分区机关和特务连的同志，并携带大炮、弹药和军需物资，从张家口向新保安出发。

火车顺洋河向东南行，到下花园车站，就不往前开了，战士们整装继续前进。中午在离新保安2里路远的西水泉村，找到钟辉琨的指挥所，并见到新6团团长刘义荣、政委王志廉，新4团团长白开和、政委邱阜等人。供给处处长毛家庭等人正忙着分发军衣。

段苏权和钟辉琨同志研究敌情：“守城顽敌头子，是伪蒙疆宣化省警务厅厅长宋万里。守城的主力部队是伪蒙疆宣化省警察4大队，大队长聂汝霖，共有4个连，600多人，武器精良，装备齐全，于6月调来新保安、沙城驻守。”

原来，宋万里一到沙城，把所有逃来的伪警察百余人编成怀来县警察大队，委任范子信为大队长，就共谋策划合兵新保安，与大同之敌遥相呼应，以固守待援。碰巧，8月底，宣怀支队及民兵围攻沙城，于是他们就乘机抛弃沙城逃至新保安。接着，9月3日，国民党军从北平派来一架飞机，扔下委任令和传单,委任宋万里为先遣军11师师长,范子信为先遣军教导团团长,并令其固守新保安,等待“国军”接防。在宋万里还没有来新保安以前,守城的伪军,起初慑于八路军主力部队包围全面大反攻的声势,曾打算投降。自宋万里到了这里,经国民党封官加爵,更旗易帜,又嚣张起来。他们倚仗城高墙厚站在城头叫骂着:“你们这帮土八路,赶紧向我们投降吧!”

新凑伪军虽然武器精锐,但已经是孤军奋战,士气低落;八路军虽然装备不良,但已经是身经百战的胜利之师,情绪高昂,再加上城外远郊,都是老根据地,人民群众与抗日武装主力休戚相关,而且并肩战斗了6年之久,有着无比勇敢的拼搏精神,攻克此城,胜利在握。

傍晚,钟辉琨和刘义荣带段苏权到近城处,借青纱帐的掩护,仔细地察看地形。据志书和碑文记载:这座城是明朝万历四年至十七年(公元1576年至1589年)间修筑的,城高3丈6尺,底部厚1丈6尺,长与宽都是2里13步。宋万里、范子信踞守后,在城上又修建了几十座碉堡、掩蔽部和四通八达的战壕。北面墙高无门,是一片开阔地,难以接近。南门外有一条东西走向的河渠和一片水网稻田。城东关虽有数十家住户,可是敌人却构筑了许多明垒暗堡,设防严密,而且从东关向东到火车站,是相距300多米的明地,也是易守难攻的地形。只有西门外偏北有座古庙,庙前有座戏楼,北边有座平绥铁路的双孔涵洞,是可利用的接敌之“地物”。看罢地形,研究了攻城方案。

9月16日晚,两门三八野炮拉到城南水渠坝,计划先把城门轰开,然后部队冲进城里。可是,9月17日拂晓,开炮后发现城门圈内,堆满了沙袋和砖石,炮力太小,无法轰开,不得不放弃这个方案。

9月18日,改用炮火掩护、步兵搭梯攻城。炮兵阵地设在城北高坡上。天刚发亮,大炮齐鸣,城上碉堡一个个被削平炸塌。在大炮和机枪火力掩护下,新6团战士抬着木制云梯冲上前去,可是几次冲锋,都因暗堡里敌人火力射击而失利,指战员伤亡三四十人,团长刘义荣也挂了彩。

近午时,步兵暂停攻城,炮兵继续轰击城上碉堡工事,为再次强攻创造条件。下午,城上挑出白旗,要求谈判投降事宜,八路军主力停止炮击。接着,从东门出来4个人,扛着大白旗,为首的是穿着军官服的参谋官。

钟辉琨把他们带到城西古庙中,段苏权向这几个人重申要无条件投降的命令,并宣讲八路军对待投诚反正者的一贯政策。来人唯唯是听,口答回去请示再作答复。实际上,这是敌人惧我炮火、探我虚实的缓兵之计。他们一面派人谈判,一面发电报给怀来,转北平国民党军,利用谈判拖延时间,请求北平援救,所以,他们一去就杳无音信。

在西线,进犯柴沟堡和万全的傅作义、马占山,经冀察军区主力部队猛烈反击,已败回集宝、丰镇一线。此后,遵照晋察冀军区司令员兼政治委员聂荣臻的命令,平北军分区詹大南司令员率领10团、40团转战东线,加强军事力量,首先攻打新保安,然后扫清怀来、延庆的拒降敌人。

就在宋万里、范子信玩缓兵之计的当天下午3点多,10团首先来到新保安。经与钟辉琨研究:“敌人所以玩弄缓兵之计,正是他们虚弱动摇的迹象,我们应当不失战机而乘胜前进。”于是决定,次日全力总攻,由10团3连担任主攻突击队。

傍晚,段苏权带领政治部副主任王启刚、10团团长李荣顺、政委吴迪看了地形,并对搭梯攀城及火力配备做了具体部署。其他各团也都依照部署观察了地形。

9月19日凌晨3点半,各团连进入了阵地。天刚破晓,发出了总攻信号,大炮朝向敌城工事一齐轰击。担任主攻的10团3连奋勇冲向西北城角,竖梯攀城。不料此时薄雾散尽,朝阳迎面,战士逆光看不清城上敌人,而敌人却背光能看清八路军的主力部队。正当突击队冲到距城50米处,城上敌人集中火力扫射,经过两三小时的激烈战斗,始终未能冲上去,只好寻找有无被炮火轰开的豁口,从那里攀城占领阵地。

10团3连1排接到命令后,冒着敌人猛烈的火力往返寻觅,终于在北城偏左处,找见被炮火轰开的豁口。但距地面太高,单兵攀不上,必须搭人梯,经攀登多次进攻,均未成功。在此情况下,只得立即撤下来,暂停进攻,清理伤员,整装待命。

下午,詹大南率领40团赶来,经商议决定:待夜幕降临后,再次发动攻城。当晚6时半,总攻信号发出后,大炮、机枪、步枪一齐向城头轰击。这时,早就等在火车站的40团1连3排向东关迅速进攻,他们顺利地通过了一段开阔地,不料在接近敌人前沿阵地时,7班战士掉进陷坑内,一时难以爬出。于是改变了打法,由7班打正面,8、9班从两侧迂回到敌后,经过半小时激战,俘敌十余人,其余逃回城里。40团占领了东关,遂向翼侧扩展战果。与此同时,在城北担任主攻部队的10团4连直奔北城偏左豁口。豁口虽被炮火一再轰击,仍离地面很高,须用人梯才能攀上,这时敌人集中火力拼命反抗,李荣顺团长头部中弹负伤,医生韩秉章和几名战士也随着倒下,但勇敢的战士们在张振华连长的率领下，终于搭成人梯登上城头，消灭了敌人，占领了城头阵地。接着向西门冲去，一路上没有遇到抵抗，战士们打开了城门，城外部队冲进城内。

这时城内守敌已经全部溃散，狼狈地从南门逃出，被警戒在那里的新6团、新4团拦截，40团的一部分指战员也从东关赶来阻击，于是在南门外展开了一场白刃战，最后敌人丢下了几十具尸体逃命。敌人骑兵突围到东门外，他们没有料到，新4团已在东门外至车站及城之东南，用粗铁丝设置了数道“绊马索”，在仓皇逃窜时被绊倒死伤几十人。剩下的残敌，一部分顺城墙根溜到城北跑掉，一部分转回城里的东北角，捅开了早已挖好的洞门钻洞而逃。

这时八路军主力部队已全部进入城内，消灭了所有顽抗之敌。至晚9时许，战斗胜利结束，毙伤俘伪军400多人，缴获武器弹药甚多，这座被日伪侵占8年之久的军事要镇获得解放。

9月19日，收复了新保安，第二天正是农历中秋佳节，指战员们带着节日的喜悦迎接新的战斗。清晨就组建好了一个骑兵侦察排、一个警卫连和一个迫击炮连，作为先行部队，由钟辉琨率领立即出发，乘胜跟踪追击残敌，去收复怀来、延庆和永宁镇。其他部队，除15团5连留在新保安处理伤员和俘虏等善后工作外，由詹大南、段苏权率领，作为后续部队当天下午出发。

刚刚部署完毕，就接到中央的电报，命令段苏权立即接任热河军区司令员，因而率领后续部队的任务，由詹大南完成。

八路军主力部队夺取新保安，使顽伪固守平绥路东段的阴谋土崩瓦解。当段苏权乘车行至沙城时，从延安和晋察冀首批去热河、东北工作的陈郁、孔原、胡锡奎、韩光、钟子云、刘达、谢明等40余人，也都到达这里。此时，怀来城的敌人已弃城东逃，八路军主力部队于9月21日凌晨收复了沙城。

9月21日傍晚，八路军主力先头部队追到延庆城西郊，先着手扫清外围。半夜时分，詹大南也率领后续部队赶来。在部署围歼时，一部分守城敌人仓皇弃城，朝北平方向逃走，刚从怀来逃来的20多残敌，喘息未定也就向八路军投降了。城内伪军和伪县署职员感到大势已去，乱作一团，他们一面派人敲锣打鼓，虚张声势，一面掩护逃命，经过近3个小时的战斗，詹大南率领八路军主力部队进入县城。

此时，张凤元带领伪军逃窜奔向永宁。

永宁镇是延庆东端的重要据点，张凤元带领着他的残兵败将和伪警察

200 多人，见八路军主力部队连克三城，吓得一枪未打就弃城南逃。

这股逃敌在二道河子被护送首批去热河、东北工作东去干部的特务连阻击，刚一开枪，这股敌军就调头北逃，后被平北军分区参议员张华亭和延庆县委书记葛震劝降改编。

就这样，从 9 月 19 日到 22 日晨，总共不到两天半的时间，八路军主力部队势如破竹，解放了整个怀来和延庆 4 座城镇。后来，龙关就在这种锐不可当的形势下，通过军事压力、里应外合解放了，使赤城、大阁的敌人也成了瓮中之鳖。

由于新保安战役的胜利，把战线推到南口一线，不仅确保了从大西北通往东北 4 省的咽喉要道，对保卫张家口战略要地起了重大作用，并且南控华北，西控晋绥，使敌人成为被分割被夹击的局面，为后来的晋察冀野战军消灭蒋军创造了有利条件。可见，中央军委命令和晋察冀军区部署扫清平绥路东段顽伪时，命令首先攻下新保安，确实是非常英明的。

10 月 3 日和 5 日，延庆县政府分别在延庆和永宁召开群众大会，庆祝抗战的伟大胜利，庆祝人民翻身解放，会后举行游行，人民群众个个精神振奋，笑逐颜开，欢庆得到解放。

结　语

平北抗日根据地是晋察冀根据地的重要组成部分。它处于河北、热河、察哈尔三省与伪满洲国、伪蒙疆联合自治政府、伪华北自治政府3个伪政权的接合部;处于北平、张家口、承德三角区域,西北至东南约200公里,东北至西南约125公里,面积约25000平方公里。它与平西、冀东根据地互为依托,互相配合,像一把钢刀插在敌人后方腹地,直接威胁着日伪统治中心——北平、张家口等重要城市和主要交通干线。海陀山作为平北抗日根据地的标志,见证了艰苦卓绝的平北抗战历史。

抗日战争进入相持阶段后,中国共产党审时度势,做出了开辟平北抗日根据地的重要战略决策。其间经历了一波三折,最终使这里成为巩固的抗日阵地并作为连接平西、冀东抗日根据地的桥梁和进入东北的前哨,对坚持晋察冀敌后抗战和夺取全国胜利做出了重大贡献。

平北抗日根据地是一把插入敌人政权心腹中的"尖刀"

平北抗日根据地处于华北抗战的最前沿。正是由于平北抗日根据地的存在,才能够牵制、抗击华北日军、伪军及部分伪蒙军、伪满军、关东军;平北抗日根据地的武装力量直接威胁着平城、平绥两条联系东北、绥远的铁路大动脉,威胁着华北地区日军最大的统治中心——北平,它就像一把"尖刀"深深地刺入伪满、伪蒙疆、伪华北3个傀儡政权的心腹。

平北抗日根据地是平西通往冀东的"桥梁"

作为冀热察和华北抗日根据地的重要组成部分,平北抗日根据地与地处西南的平西根据地、东南的冀东游击根据地形成犄角之势,互相支援,互相配合,对平西、冀东进而对晋察冀抗日根据地的巩固具有重大战略影响。

冀东是侵华日军在华北的腹地,是东北通往华北的咽喉要道。这里不仅有大规模的工业和丰富的矿产资源,还是重要的粮棉产区,有600万左右人口,无论从政治上、军事上,还是经济上和兵源上,日伪军都必须用极大的力量控制冀东,作为其长期侵华战争和"北进"攻击苏联的战略后方。

平北抗日根据地的建立,标志着平西通往冀东的桥梁已经架起,通过这座桥梁,平西的主力部队和党政军干部可以源源不断地支援冀东的抗日斗争。冀东的部队和党政军干部,也可以到平西进行整训。

平北抗日根据地是中国共产党从农村走向城市的"跳板"

平北抗日根据地创建后,在斗争中不断发展壮大。1945 年 5 月至 7 月间,平北部队响应毛泽东"向一切被敌伪占领而又可能攻克的地方,发动广泛的进攻,借以扩大解放区,缩小沦陷区"的号召。平北根据地和察南部队依靠自己的力量独立作战,于 1945 年 8 月 23 日收复了战区内最大的城市张家口。这也是中国共产党在抗日战争中独立夺取、收复的第一座城市。随即,对张家口进行了接管。中国共产党自从 1921 年建立,也是第一次接管大中型城市。张家口市的接管为中国共产党在城市工作中的管理、建设积累了经验。这对在今后的解放战争中接管城市起到了重要的借鉴作用。

平北抗日根据地从 1940 年开创到 1945 年抗战胜利,经历了 6 年的时间。平北军民在中国共产党领导下,发扬了中华民族的英雄气概,为争取抗战的最后胜利谱写了可歌可泣的篇章。

平北抗日斗争异常残酷,尤以 1942 年最为艰难,日本侵略者在这里大肆施行"三光政策""强化治安""集家并村""制造无人区"。在庞家堡,日伪军屡次制造血案,屠杀矿工 27000 余人。平北抗日军民却从来没有在敌人面前退缩,他们众志成城,同仇敌忾,为坚持抗战争取胜利付出重大牺牲,仅龙关、赤城两个县,每 6 个人就有 1 个人为国捐躯,牺牲比例为 6∶1,仅次于"二战"中牺牲最重的南斯拉夫。优秀指挥员 10 团团长白乙化光荣殉国;中共昌延县委书记徐智甫、丰滦密县长沈爽,身陷重围,壮烈牺牲;当代"佘太君"邓玉芬,毁家纾难献出丈夫、爱子 7 人献身抗日。

经过战火的洗礼,经过硝烟的考验,平北抗日根据地的军民越战越勇,越战越强,从 1945 年秋季开始,经平北地区,向东北输送了 10 万军队和 2 万名干部,为建立巩固的东北根据地做出了不可磨灭的贡献,为中国人民的解放事业做出了无私的奉献。

历史是无情的,许多历史的往事像流水中的浮萍,像沙漠中的尘埃,或随流而去,或烟消云散。然而那些为民族独立而奋斗牺牲的先烈,才会被人民载入史册,留给后人永久的怀念。

平北抗战,是成千成万英勇的先辈用热血抗击外来侵略的缩影,是中华民族伟大的抗日战争史册中一段难以磨灭的史实。平北人民炽热的情感、顽强的精神、敢于胜利的英勇的气概,将一直彪炳史册。

图书在版编目(CIP)数据

烽火海陀 / 林遥主编. -- 北京 : 中国文史出版社, 2021.5

ISBN 978-7-5205-2886-3

Ⅰ. ①烽… Ⅱ. ①林… Ⅲ. ①抗日战争-史料-华北地区 Ⅳ. ①K265.06

中国版本图书馆 CIP 数据核字(2021)第 032956 号

责任编辑：卢祥秋

出版发行：**中国文史出版社**
社　　址：北京市海淀区西八里庄路 69 号院　邮编：100142
电　　话：010-81136606　81136602　81136603（发行部）
传　　真：010-81136655
印　　装：北京新华印刷有限公司
经　　销：全国新华书店
开　　本：720×1020　1/16
印　　张：30　　字数：496 千字
版　　次：2021 年 5 月第 1 版
印　　次：2024 年 1 月第 2 次印刷
定　　价：88.00 元